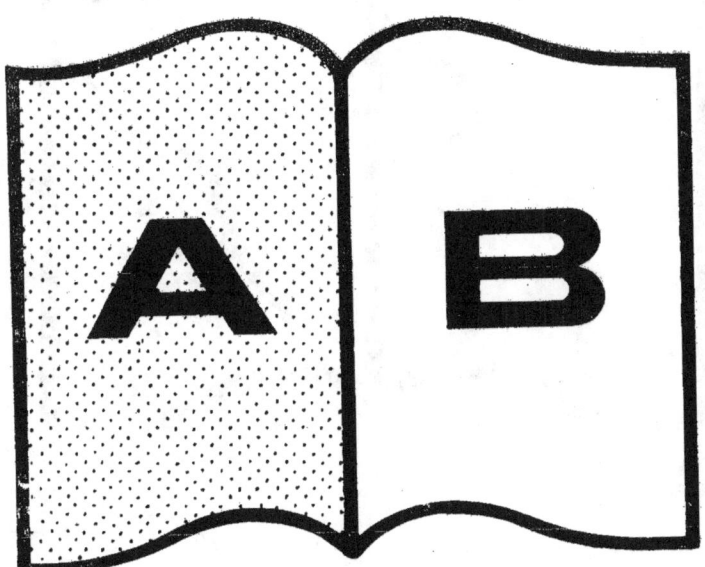

Contraste insuffisant
NF Z 43-120-14

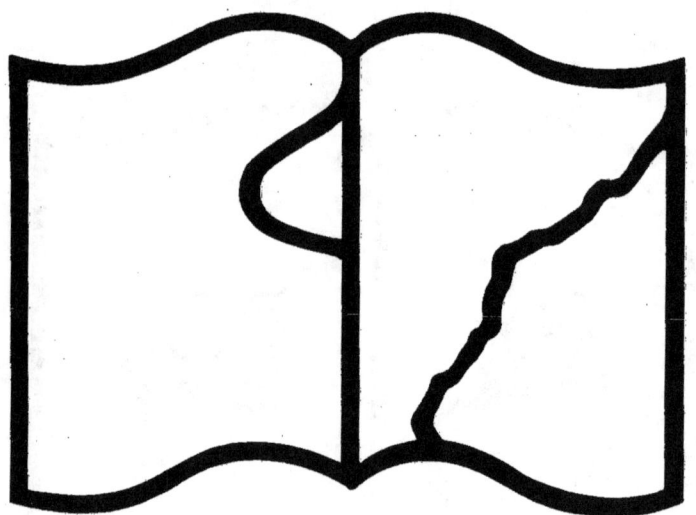

Texte détérioré — reliure défectueuse

NF Z 43-120-11

WALTER SCOTT
ILLUSTRÉ.

CHARLES LE TÉMÉRAIRE.

TRADUCTION DE M. DAUFRY DE LA MONNOYE.

DESSINS DE M. DUNKI.

PARIS,
LIBRAIRIE DE FIRMIN-DIDOT ET Cie,
IMPRIMEURS DE L'INSTITUT, RUE JACOB, 56.

1887.

Tous droits réservés.

4° Y² 1280   R 175043

WALTER SCOTT

ILLUSTRÉ.

TYPOGRAPHIE FIRMIN-DIDOT. — MESNIL (EURE).

ANNE DE GEIERSTEIN.

WALTER SCOTT

ILLUSTRÉ.

CHARLES LE TÉMÉRAIRE.

TRADUCTION DE M. DAFFRY DE LA MONNOYE.

Dessins de M. Dunki.

PARIS,
LIBRAIRIE DE FIRMIN-DIDOT ET Cie,
IMPRIMEURS DE L'INSTITUT, RUE JACOB, 56.

1887.
Tous droits réservés.

CHAPITRE PREMIER.

> Aux entours des glaciers bouillonnent les vapeurs ;
> Sulfureux et blanchis, à mes pieds, les nuages
> Semblent de l'Océan l'écume et les fureurs.
> . . . .
> Le vertige me prend. . . . .
> BYRON, *Manfred*.

QUATRE siècles se sont presque écoulés depuis que se sont passés sur le continent les événements racontés dans les chapitres qui vont suivre. Les archives contenant les documents principaux de l'histoire, et auxquelles on pouvait se référer comme preuve de sa véracité, furent longtemps conservées dans la magnifique bibliothèque du monastère de Saint-Gall ; elles périrent, avec beaucoup d'autres trésors littéraires enfermés au même lieu, lorsque le convent fut pillé par les armées révolutionnaires de la France. Les événements sont fixés par leur date historique au milieu du quinzième siècle, à cette période importante où la chevalerie sur le déclin brillait de ses derniers rayons, prête à s'obscurcir bientôt tout à fait. Elle disparut en certains pays par l'établissement d'institutions libres, en d'autres par celui d'un pouvoir arbitraire, deux ordres de transformation rendant pareillement inutile l'intervention de ces redresseurs de torts qui s'investissaient eux-mêmes sans autre brevet que leur épée.

Au milieu des lumières nouvelles qui venaient d'éclairer l'Europe, la

France, la Bourgogne, l'Italie, plus particulièrement l'Autriche, avaient fait connaissance avec un peuple dont, auparavant, ils savaient à peine l'existence. Les habitants des pays voisins de l'immense barrière des Alpes n'ignoraient pas, il est vrai, qu'en dépit de leur aspect âpre et désolé, les vallées écartées qui serpentaient au milieu de ces montagnes gigantesques nourrissaient une race de chasseurs et de bergers. Vivant dans un état de simplicité primitive, ces hommes arrachaient au sol une subsistance achetée par de rudes labeurs, poussaient leurs chasses hardies au-dessus des précipices les plus sauvages et au travers des forêts de pins les plus épaisses, ou conduisaient leurs troupeaux en des lieux de maigre pâture, presqu'à la hauteur des neiges éternelles. Mais l'existence d'un tel peuple, l'existence, plutôt, d'un certain nombre de petites communautés suivant toutes à peu près le même genre de vie pauvre et rude, avait paru chose peu importante aux princes riches et puissants de leur voisinage : qu'importent aux grands troupeaux reposant dans une prairie fertile, quelques chèvres affamées trouvant une chétive pâture parmi les rochers dont les pics commandent leurs riches domaines.

L'attention et l'étonnement commencèrent de se porter vers ces montagnards au milieu du quatorzième siècle, alors que se répandit aux alentours la nouvelle de sérieux combats, où la chevalerie allemande, voulant réprimer des insurrections parmi ses vassaux des Alpes, avait subi des défaites sanglantes et répétées ; elle avait cependant de son côté le nombre et la discipline, comme aussi l'avantage de l'équipement militaire le plus parfait que l'on connût, et dans lequel, alors, on mettait tant de confiance. On fut grandement surpris que la cavalerie, le seul élément qui comptait vraiment dans les armées féodales de cette époque, pût être mise en déroute par des fantassins ; que des guerriers tout couverts d'acier pussent être défaits par des paysans demi-nus, ne portant pas d'armure défensive, et irrégulièrement pourvus, pour l'attaque, de piques, de hallebardes et de massues. C'était surtout un miracle, que des chevaliers et des nobles de la plus haute naissance fussent battus par des montagnards et des bergers. Mais les victoires répétées des Suisses à Laupen, à Sempach, en d'autres rencontres moins connues, montrèrent clairement qu'un nouveau principe d'organisation civile et de tactique militaire, avait pris naissance dans les régions orageuses de l'Helvétie.

Bien que les victoires décisives qui avaient donné la liberté aux cantons suisses, l'esprit de résolution et de sagesse avec lequel les membres de la petite confédération s'étaient défendus contre les efforts suprêmes de l'Autriche, eussent étendu la renommée des Suisses parmi toutes les nations voisines ; bien qu'ils eussent eux-mêmes conscience de la réputation et de la puissance que leurs nombreuses victoires avaient acquises à eux et à leur pays, les Suisses conservèrent cependant à un haut degré, jusqu'au milieu du quinzième siècle, la sagesse, la modération et la simplicité de leurs anciennes mœurs. A tel point que ceux auxquels avait été confié, dans les batailles, le commandement des troupes de la République, reprenaient la houlette du berger dès qu'ils avaient déposé le bâton du général, et, comme les dictateurs romains, quittaient, pour rentrer parmi leurs concitoyens sur un pied de complète égalité, le rang éminent auquel les avait élevés leurs talents militaires et la voix de leur pays.

C'est dans les cantons forestiers de la Suisse, en l'automne de 1474, alors que ces contrées étaient dans l'état primitif et rude dont nous venons d'entretenir le lecteur, que s'ouvre notre récit.

Deux voyageurs, l'un déjà loin de la fleur de la jeunesse, l'autre âgé probablement de vingt-deux ou vingt-trois ans, avaient passé la nuit dans la petite ville de Lucerne, capitale de l'État de ce nom, admirablement situé sur le lac des Quatre Cantons. Leur vêtement et leur tournure étaient ceux de marchands de la classe la plus relevée ; ils voyageaient à pied, la nature du pays rendant de beaucoup la plus commode cette façon de suivre sa route. Un jeune garçon, paysan des Alpes italiennes, allait derrière eux avec une mule de somme, chargée de leurs marchandises et de leur bagage ; l'enfant montait quelquefois sur l'animal, et, le plus souvent, le conduisait par la bride.

Les voyageurs étaient l'un et l'autre de fort beaux hommes et semblaient unis par un lien étroit de parenté, celui, probablement, de père et de fils. A la petite auberge où ils avaient logé la nuit précédente, la grande déférence et le respect témoignés par le plus jeune au plus âgé, n'avaient pas échappé à l'observation des gens du pays, curieux, comme tous ceux qui habitent des lieux écartés, en proportion du peu d'occasions qu'ils ont de savoir quelque chose. Ils avaient remarqué aussi que les marchands, sous prétexte qu'ils étaient pressés, n'avaient pas voulu ouvrir leurs balles, et offrir en vente leurs marchandises aux habitants de Lucerne, alléguant qu'ils n'avaient rien qui pût leur convenir. Les femmes surtout étaient mécontentes de la réserve des voyageurs : on leur donnait à entendre que les marchandises débitées par ces deux hommes seraient trop coûteuses pour trouver chalands dans les montagnes d'Helvétie ; il avait transpiré, par le canal du petit domestique, que les étrangers avaient visité Venise, et y avaient acheté quantité de belles marchandises, venues des Indes et d'Égypte en cet entrepôt célèbre, le marché général de l'Occident, pour être dispersées de là dans toutes les parties de l'Europe. Les filles de la Suisse avaient découvert depuis peu que les parures et les pierres précieuses étaient belles à regarder ; et, même sans espoir de parvenir à les posséder, elles éprouvaient un désir tout naturel de contempler et de manier la riche pacotille des marchands, et un vif déplaisir d'en être empêchées.

On remarqua aussi que, si les manières des étrangers étaient convenables et polies, ils n'avaient pas, cependant, cet empressement extrême à être agréables que montraient les colporteurs ambulants de Lombardie ou de Savoie, dont les habitants des montagnes recevaient la visite de temps à autre. Les tournées des colporteurs de ce genre étaient devenues beaucoup plus fréquentes depuis que le butin, fruit de la victoire, avait procuré aux Suisses quelque richesse, et enseigné à beaucoup d'entre eux de nouveaux besoins. Les péripatéticiens en question étaient civils et empressés, comme le demandait leur métier ; mais les nouveaux visiteurs semblaient indifférents aux résultats de leur trafic, ou, du moins, à des gains aussi légers que ceux qu'ils auraient pu faire en Suisse.

La curiosité fut excitée davantage encore par cette circonstance qu'ils se parlaient l'un à l'autre dans une langue qui n'était certainement ni l'allemand, ni l'italien, ni le français. Un vieillard, garçon de service dans le cabaret, et qui jadis avait poussé ses courses jusqu'à Paris, disait qu'ils pourraient être Anglais : sur le compte de ce peuple, on savait seulement, dans ces montagnes, que c'étaient de courageux insulaires, en guerre avec les Français depuis bien des années ; qu'un corps nombreux de gens de ce pays avait, à une époque éloignée, envahi les cantons des Forêts, et subi, dans la vallée de Russwyl, une rude défaite, dont se souvenaient parfaitement les têtes grises de Lucerne, auxquelles leurs pères l'avaient racontée.

On sut bien vite que le jeune garçon qui suivait les étrangers était du pays des Grisons ; il leur servait de guide, autant que le lui permettait

sa connaissance des montagnes. Il dit qu'ils allaient à Bâle, mais qu'ils recherchaient volontiers les routes les moins fréquentées. Pas une balle ne fut défaite, et, quittant Lucerne le lendemain matin, les marchands reprirent leur laborieux voyage, préférant une marche oblique et de mauvais chemins à travers les cantons paisibles de la Suisse, aux exactions et aux rapines des chevaliers brigands d'Allemagne, qui, comme autant de souverains, faisaient la guerre chacun à sa fantaisie, et, avec toute l'insolence d'une tyrannie minuscule, levaient des péages et des taxes sur quiconque traversait leurs domaines d'un mille de large.

Durant plusieurs heures après avoir quitté Lucerne, la marche de nos voyageurs se poursuivit avec succès. La route, quoique raide et difficile, offrait le vif intérêt de ces vues splendides que nul pays ne possède d'une façon plus merveilleuse que les montagnes de Suisse : aux défilés entre deux rochers, aux vallées verdoyantes, aux grands lacs, aux torrents qui se précipitent, attributs communs à d'autres élévations terrestres, s'ajoutent les horreurs magnifiques et terribles des glaciers, trait particulier au massif des Alpes.

On n'était pas dans un siècle où les beautés ou la grandeur d'un paysage fissent beaucoup d'impression sur l'esprit de ceux qui traversaient un pays ou qui l'habitaient. Pour ces derniers, les objets, quelque beaux qu'ils fussent, étaient chose familière, associée aux habitudes et au labeur de chaque jour ; et les premiers trouvaient peut-être plus de terreur que de beauté dans la région sauvage qu'ils traversaient, préoccupés de gagner sans encombre l'étape du soir, plutôt que de discourir sur la majesté des points de vue qui les séparaient de l'endroit du coucher. Nos marchands, cependant, à mesure qu'ils avançaient, ne purent s'empêcher d'être impressionnés fortement par le caractère des sites qui les entouraient. Leur route longeait le lac, tantôt au niveau et près du bord, tantôt s'élevant très haut sur le flanc de la montagne, et serpentant à côté du précipice aussi droit à descendre vers l'eau que le mur d'un château vers le fossé qui le défend. La route, à d'autres moments, traversait des lieux d'un aspect plus souriant ; c'étaient de délicieuses pentes vertes, des vallées profondes et écartées, offrant aux regards des pâtures et des terres arables, et parfois de petits ruisseaux, coulant auprès d'un hameau de maisons de bois avec sa petite église et son clocher fantasque, parcourant en zigzag les vergers et les vignes montantes, et trouvant, avec un doux murmure, un tranquille passage jusqu'au lac.

« Ce ruisseau, Arthur, » dit le plus vieux des voyageurs, alors que tous deux s'arrêtaient pour contempler un paysage de ce genre, « ce ruisseau ressemble à la vie d'un homme bon et heureux.

— Et le torrent qui, marquant sa course d'une traînée d'écume blanche, se précipite de cette montagne, » répondit Arthur, « à quoi ressemble-t-il ?

— A la vie d'un homme brave et malheureux, » répliqua le père.

« Pour moi, » dit Arthur, « le torrent, c'est la course résolue à laquelle nulle force humaine ne peut s'opposer : qu'elle soit courte, mais glorieuse !

— Pensée de jeune homme, » répliqua le père, « si bien enracinée dans votre cœur, que la rude main de l'adversité pourra seule l'en arracher.

— La racine adhère encore vigoureusement à mon cœur, » dit le jeune homme ; « et la main de l'adversité s'est cependant, il me semble, exercée déjà beaucoup sur elle.

— Vous parlez, mon fils, de ce que vous connaissez peu. Jusqu'à ce qu'ils aient passé le milieu de la vie, les hommes ne distinguent guère l'heure vraiment prospère de l'heure de l'adversité, ou plutôt, poursuivent comme des faveurs de la fortune ce qu'ils devraient considérer comme des marques de son déplaisir. Voyez cette montagne, portant à son front rugueux un diadème de vapeurs, qui tantôt s'élèvent tantôt s'abaissent ; le soleil les regarde, sans parvenir à les dissiper. Un enfant prendrait cela pour une couronne de gloire ; un homme y voit le signal de la tempête. »

Arthur suivit la direction de l'œil de son père vers le sommet assombri du mont Pilate.

« Les brouillards de cette montagne sont-ils donc un si mauvais présage ? » demanda le jeune homme.

« Interroge Antonio, » répondit le père ; « il te dira la légende. »

Le jeune marchand s'adressa au petit Suisse qui les escortait. Quel était le nom de cette éminence couverte de nuages, le géant de la puissante accumulation de montagnes se réunissant autour de Lucerne ?

L'enfant se signa dévotement avant de raconter la légende populaire. Le coupable Ponce Pilate, proconsul de Judée, avait trouvé en ce lieu le terme de son existence impie. Après avoir passé plusieurs années dans les replis secrets de la montagne qui porte son nom, il finit, plutôt par remords et par désespoir que par pénitence, par se plonger dans le lac fatal qui en occupe le sommet. L'eau refusa-t-elle d'être l'exécuteur d'un si grand coupable, ou son corps une fois noyé, son esprit inquiet continua-t-il de hanter la place où il s'était suicidé ?

Antonio ne se chargeait pas de l'expliquer. Mais on voyait souvent, dit-il, une forme surgir des ondes obscures du lac, et faire comme une personne qui se laverait les mains; et alors d'épais brouillards s'assemblaient autour du lac Infernal (c'était le nom que jadis il avait reçu), puis, enveloppant de ténèbres tout le haut de la montagne, annonçaient une tempête ou un ouragan, qui ne manquait jamais d'arriver peu de temps après. Ce mauvais esprit, ajoutait-il, était particulièrement furieux de l'audace des étrangers qui faisaient l'ascension de la montagne pour contempler le lieu de son châtiment; les magistrats de Lucerne avaient, en conséquence, sous des peines sévères, défendu à qui que ce fût d'approcher du mont Pilate. Antonio se signa de nouveau en achevant sa légende; acte de dévotion dans lequel il fut imité par ses auditeurs, trop bons catholiques pour avoir aucun doute sur la vérité de son histoire.

« Comme le maudit païen nous fait la grimace ! » dit le plus jeune des marchands, tandis que le nuage devenait plus sombre, et semblait s'asseoir sur le front du mont Pilate. « *Vade retro*. Pécheur, je te défie ! »

Un vent, qu'on entendait plutôt qu'on ne le sentait, et pareil au rugissement d'un lion mourant, sembla montrer que l'esprit en peine acceptait la provocation imprudente du jeune Anglais. Des flancs raboteux de la montagne on vit descendre d'épaisses traînées de vapeur qui, roulant à travers les cicatrices de l'imposante hauteur, avaient l'air de torrents de lave qui descendraient d'un volcan. Les roches cannelées inégales formant les parois des ravins, montraient au-dessus du brouillard leurs pointes déchiquetées, comme pour diviser les uns des autres les flots de vapeur qui se précipitaient autour d'elles. Puissant contraste avec ce spectacle sombre et menaçant, resplendissait la chaîne plus éloignée du Righi, brillant de toutes les nuances d'un soleil d'automne.

Tandis que les voyageurs contemplaient ce merveilleux contraste, où l'on eût dit l'approche d'un combat entre les puissances de la lumière et des ténèbres, leur guide, en son jargon mêlé d'italien et d'allemand, les exhortait à presser leur marche. Le village auquel il se proposait de les conduire était encore loin, disait-il, la route mauvaise et difficile à trouver, et si le mauvais Esprit (regardant le mont Pilate et faisant le signe de la croix), si le mauvais Esprit envoyait les ténèbres sur la vallée, le chemin serait dangereux. Les voyageurs, ainsi avertis, rattachèrent les collets de leurs manteaux, enfoncèrent résolument leurs bonnets, serrèrent la boucle de leurs ceintures, et, ayant

chacun en main un bâton de montagne, bien garni d'une pointe de fer, poursuivirent leur route avec vigueur et courage.

A chaque pas, la scène changeait autour d'eux. Chacune des montagnes comme si sa masse ferme et immuable avait été flexible et variable, prenait un aspect nouveau, ainsi que l'eût fait une apparition magique, selon que la position des étrangers par rapport à elle se modifiait avec les mouvements de ceux-ci, et selon que le brouillard, continuant à descendre lentement mais sans s'arrêter, exerçait son influence sur le rude aspect des hauteurs et des vallées enveloppées de son manteau. Les vapeurs ne marchaient pas en ligne droite, mais traçaient en serpentant un étroit chemin le long des sinuosités de la vallée, faisant mille circuits autour des rochers et des autres obstacles qu'il était impossible de surmonter : ces phénomènes ajoutaient beaucoup aux variétés pittoresques de l'excursion ; mais les voyageurs finirent par perdre totalement la notion vague qu'ils avaient eue jusque-là de la direction de leur route.

« Je voudrais que nous eussions, » dit le plus âgé, « cette aiguille mystérieuse dont parlent les marins, indiquant toujours le nord, et les mettant à même de tenir leur route sur les eaux, lorsqu'il n'y a cap ni promontoire, soleil, lune ni étoiles, ni aucun signe au ciel ou sur la terre pour leur dire comment naviguer.

— Cela ne nous servirait pas à grand'chose dans ces montagnes, » répondit le plus jeune ; « car si cette aiguille merveilleuse sait garder sa direction vers l'étoile du pôle nord alors qu'elle est sur une surface plate comme la mer, faut-il penser qu'il en serait de même lorsque ces grosses montagnes s'élèvent comme des murs entre elle et l'objet de sa sympathie?

— J'ai peur, » répondit le père, « que notre guide, plus stupide d'heure en heure depuis qu'il a quitté sa vallée natale, ne nous soit aussi inutile que le serait le compas, d'après vos suppositions, au milieu des hauteurs de ce pays sauvage. Peux-tu me dire, mon enfant, » s'adressant à Antonio en mauvais italien, « si nous sommes bien dans la route que nous voulions suivre?

— S'il plaît à saint Antoine, » répondit le guide, dont les idées étaient évidemment trop confuses pour répondre à la question d'une manière précise.

« Cette eau, à demi couverte d'une vapeur blanche, qui brille à travers le brouillard au pied de ce grand précipice noir, est-ce encore une partie du lac de Lucerne, ou en voyons-nous un autre depuis la dernière montée que nous avons faite? »

Antonio n'eut rien à répondre, sinon qu'ils devaient être encore sur le lac de Lucerne, et qu'il espérait que ce qu'ils voyaient au-dessous d'eux en était un des bras. Mais il ne pouvait rien affirmer.

« Petit chien d'Italien ! » s'écria le plus jeune des voyageurs, « tu mériterais qu'on te cassât les reins pour avoir entrepris cette tâche, aussi incapable de la remplir que tu le serais de nous mener au ciel !

— Paix, Arthur, » dit le père ; « si vous effrayez ce garçon, il s'enfuit, et nous perdons le faible avantage que peuvent nous donner encore ses indications ; si vous usez du bâton, il vous récompense avec le couteau ; car c'est l'humeur des Lombards de se venger. Dans les deux cas, vous perdez au lieu de gagner. Écoute-moi, mon petit, » continua-t-il dans son très médiocre italien, « n'aie point peur de ce jeune homme auquel je ne permettrai pas de te faire du mal ; mais dis-moi, si tu peux, les noms des villages par lesquels nous devons passer aujourd'hui ? »

La manière douce dont le voyageur lui parla rassura l'enfant, qu'avaient alarmé un peu le ton rude et les expressions menaçantes du plus jeune de ses compagnons. Il fit pleuvoir, en son patois, un déluge de noms, dans lesquels les sons gutturaux de l'allemand s'entremêlaient étrangement avec les doux accents de l'italien, mais qui ne donnait à son interlocuteur aucun renseignement intelligible sur l'objet de la question. Si bien que le marchand fut enfin forcé de conclure ainsi : « Conduis-nous toujours, au nom de Notre-Dame, ou de saint Antoine si tu l'aimes mieux ; nous ne ferons que perdre le temps en essayant de nous comprendre. »

Ils reprirent leur marche comme auparavant, avec cette différence que le guide, conduisant la mule, marchait le premier, suivi des deux voyageurs, tandis que jusque-là, placé derrière, il ne les dirigeait que de la parole. Les nuages s'épaississaient de plus en plus ; ce qui n'était d'abord qu'une légère brume, commençait à descendre, à présent, sous la forme d'une petite pluie serrée, se déposant comme une rosée sur les capotes des voyageurs. Des bruissements et des grondements lointains se faisaient entendre au fond des montagnes, semblables à ceux par lesquels le mauvais Esprit du mont Pilate avait annoncé l'orage. Le jeune garçon invita de nouveau ses compagnons à se hâter, mais en les empêchant de le faire par la lenteur et l'indécision qu'il mettait à les conduire.

S'étant avancés ainsi durant trois ou quatre milles, rendus deux fois plus longs par l'incertitude, ils s'engagèrent enfin dans un sentier étroit, courant au bord même d'un précipice. Au-dessous était de l'eau, mais laquelle? ils n'en savaient rien. Le vent, qui commençait à se faire sentir en bouffées soudaines, balayait par instants assez le brouillard pour laisser voir au-dessous les miroitements de l'eau ; mais était-ce le même lac qu'ils avaient suivi le matin? en était-ce un autre ? était-ce une rivière ou un gros torrent? la vue était trop peu nette pour que l'on s'en rendît compte. On pouvait se croire sûr de n'être pas sur les rives du lac de Lucerne, où les ondes ont une large étendue. : le même ouragan qui montrait l'eau aux voyageurs dans le fond de la vallée, leur laissait entrevoir la rive opposée ; à quelle distance au juste? ils ne pouvaient le distinguer, mais c'était assez près pour leur montrer de grands rochers escarpés et des pins chevelus, ici réunis en groupe, là solitairement ancrés au milieu des roches en surplomb. C'était un paysage plus distinct que ne l'aurait offert le côté opposé du lac, s'ils avaient été dans la bonne route.

Jusque-là le sentier, quoique raide et inégal, était suffisamment indiqué, et des traces y signalaient le passage de cavaliers et de piétons. Mais tout à coup, au moment où Antonio, avec la mule de somme, avait atteint une hauteur en saillie, autour du pic de laquelle le sentier tournait brusquement, l'enfant s'arrêta court, adressant à son saint patron son exclamation ordinaire. Arthur vit que la mule partageait les terreurs du guide ; elle reculait, posait les jambes de devant à distance l'une de l'autre, et témoignait, par son attitude, la détermination de résister à toute exhortation d'aller en avant, tant elle était effrayée de ce qu'elle voyait.

Arthur s'avança vivement, non par simple curiosité, mais pour se mettre à même, s'il était possible, de supporter le premier choc, en cas de danger, avant que son père ne vînt le partager.

En moins de temps qu'il ne nous en a fallu pour le dire, le jeune homme était devant Antonio et devant la mule, sur une plate-forme de rocher où la route s'arrêtait court, et de l'autre côté de laquelle un précipice s'ouvrait tout à coup. Quelle en était la profondeur? le brouillard ne le laissait pas distinguer; mais le gouffre ne cessait assurément pas avant plus de trois cents pieds.

Le désappointement qui se peignit sur le visage du jeune voyageur, et que la physionomie de la bête de somme avait exprimé à sa manière, était un puissant témoignage de l'inquiétude et de la mortification provoquées par cet obstacle inattendu, et insurmontable en apparence. Les regards du père, arrivé un instant après au même endroit, n'étaient faits pour apporter ni encouragement ni espérance. Il était avec les autres, contemplant le gouffre brumeux ouvert à leurs pieds, et cherchant autour de lui, mais en vain, une continuation du sentier, qui n'avait certes pas été destiné, dans l'origine, à se terminer ainsi. Comme ils étaient là ne sachant que faire, le fils essayant inutilement de découvrir un moyen d'aller plus loin, le père sur le point de proposer de revenir par le chemin qui les avait amenés, un mugissement du vent, plus terrible encore que les précédents, balaya la vallée. Comprenant tout le danger d'être précipités du poste mal affermi qu'ils occupaient, ils s'attachèrent, pour s'en défendre, aux buissons et aux rochers; la pauvre mule, à sa façon, se raidit de son mieux contre l'ouragan. La rafale arriva avec une telle furie qu'elle semblait aux voyageurs secouer le rocher sur lequel ils étaient, et qu'elle les en aurait arrachés comme des feuilles mortes sans les précautions par eux prises pour se protéger. Le vent, en se précipitant dans la vallée, écarta complètement, pendant trois ou quatre minutes, le voile de brouillard que les bouffées antérieures n'avaient fait qu'agiter et mettre en désordre; il leur montra la nature et la cause de l'obstacle rencontré si à l'improviste.

L'œil rapide mais sûr du jeune Arthur put acquérir la certitude que le sentier, après avoir quitté la plate-forme où ils étaient, avait anciennement continué dans la même direction le long d'une masse de terre en pente, revêtement d'une couche de roches éboulées. Mais, en une des convulsions qu'éprouvent ces régions sauvages où la nature opère sur une échelle si formidable, la terre avait glissé, ou plutôt s'était précipitée du haut du rocher, lancée avec le sentier qui suivait sa crête, avec les buissons, les arbres, et tout ce qui poussait sur sa surface, dans le lit du torrent; car ils purent se convaincre à ce moment que l'eau qu'ils avaient vue était un torrent, et non un lac, comme ils l'avaient supposé jusque-là.

La cause de ce phénomène avait probablement été un tremblement de terre, chose peu rare en ce pays. La pente de terrain, masse confuse, à présent, de ruines tombées les unes par-dessus les autres, livrait au regard des arbres croissant dans une position horizontale, d'autres qui, dans leur chute, s'étant enfoncés la tête en bas, étaient à demi renversés, à demi broyés, jouet du courant qu'ils avaient jadis couvert de leur ombre. Derrière ces débris, un précipice dénudé, semblable au squelette d'un monstre énorme dont on aurait arraché la chair, formait le mur d'un abîme épouvantable; on eût dit le flanc d'une carrière nouvellement exploitée, d'autant plus hideux que sa formation était récente, et qu'il n'était pas recouvert encore de la végétation dont la nature est prompte à vêtir la surface des rocs et des abîmes les plus sévères.

En même temps qu'il reconnaissait ces indices marquant d'une date récente la destruction de la route, Arthur avait observé, plus loin dans la vallée en remontant la rivière, s'élevant au-dessus des forêts de pins entremêlées de rochers, un bâtiment carré d'une hauteur considérable, ressemblant aux ruines d'une tour gothique. Il le montra à Antonio, lui demandant s'il savait ce que c'était; il supposait avec raison que, grâce au caractère particulier du site, ce devait être un point de repaire qu'on n'oubliait pas aisément une fois qu'on l'avait vu. Heureusement, en effet, l'endroit fut bien vite reconnu par le jeune garçon; il s'écria, tout joyeux, que c'était Geierstein, c'est-à-dire, comme il l'expliqua, *le Rocher des Vautours*. Il le reconnaissait, dit-il, à sa vieille tour, aussi bien qu'au large faîte de rochers qui, à peu de distance, s'élevaient en la forme d'un clocher, au sommet duquel le *lammer-geier*, l'un des plus gros oiseaux de proie dont on connaisse l'existence, avait, en des temps reculés, transporté l'enfant d'un ancien seigneur du château. Antonio se mit à raconter le vœu fait par le chevalier de Geierstein à Notre-Dame d'Einsiedeln; et, tandis qu'il parlait, le château, les rochers, les bois et les précipices, s'évanouirent de nouveau dans le brouillard. Au moment où le récit merveilleux se terminait par le miracle qui remit l'enfant aux bras de son père, Antonio s'écria soudain : « Prenez garde à vous. L'ouragan ! l'ouragan ! » L'ouragan venait en effet, et, balayant le brouillard devant lui, donnait derechef aux voyageurs la vue des horreurs qui les entouraient.

« Oui-da! » dit Antonio, d'un air triomphant, au moment où le vent s'abattit, « le vieux Ponce Pilate n'aime guère à entendre parler de Notre-Dame d'Einsiedeln ; mais elle aura le dessus. *Ave Maria!*

— Cette tour semble inhabitée, » dit le plus jeune des deux voyageurs. « Je n'y vois pas de fumée, et les créneaux sont en ruine.

— Il y a bien longtemps qu'elle n'a été habitée, » répondit le guide ; « mais je voudrais, malgré cela, y être arrivé. Le bon Arnold Biederman, le landamman » (premier magistrat) « du canton d'Unterwalden, habite auprès, et, partout où il a le commandement, les voyageurs en détresse ne manqueront pas, je vous le promets, de tout ce qu'il y a de meilleur à l'office ou dans la cave.

— J'en ai entendu parler, » dit le voyageur le plus âgé, qu'Antonio appelait signor Philipson ; « un homme excellent et hospitalier, qui jouit, parmi ses concitoyens, d'une autorité méritée.

— On vous a dit vrai, Signor, » répondit le guide ; « et je voudrais que nous pussions atteindre sa demeure, où vous serez sûr d'une bonne hospitalité, et d'indications utiles pour votre voyage de demain. Mais comment y arriver à moins d'avoir des ailes comme le vautour ? Le moyen de répondre à cette question-là ? »

Arthur y répondit par une proposition audacieuse, que le lecteur trouvera dans le prochain chapitre.

CHAPITRE II.

Approchez. Voyez-vous s'épaissir les nuages ?
Prenez appui sur moi. Mettez votre pied là.
Ce bâton ferré... Bien. A ces buissons sauvages
Accrochez-vous ; et puis l'autre main, donnez-la.
. . . . .
Nous serons au châlet dans une demi-heure.

BYRON, *Manfred*.

PRÈS avoir scruté de l'œil, autant que le permettait l'état orageux de l'atmosphère, la nature désolée qui les entourait, le plus jeune des voyageurs fit l'observation suivante : « En tout autre pays, je dirais que la tempête s'apaise ; mais à quoi s'attendre en des lieux pareils, ce serait téméraire à dire. Si le mauvais esprit de Pilate réside dans le vent qui souffle, ces hurlements prolongés et plus lointains indiquent qu'il retourne au lieu de son châtiment. Le sentier s'est écroulé avec la terre sur laquelle il était tracé ; j'en vois un fragment au fond de l'abîme, marquant de sa ligne battue cette masse de terre et de pierres. Je pourrais, je crois, mon père, avec votre permission, venir à bout de me cramponner le long de ce précipice, et arriver en vue de l'habitation dont nous parle Antonio. S'il y a une maison, il doit y avoir quelque moyen d'y accéder ; et à supposer que je ne trouvasse pas le sentier, je pourrais du moins faire des signaux à ceux

qui habitent près de ce Nid du Vautour, et obtenir d'eux une direction salutaire.

— Je ne puis consentir, » dit le père, « à vous voir courir un pareil danger; que ce jeune garçon y aille s'il s'en croit capable et s'il le veut. C'est un enfant des montagnes, et je le récompenserai largement. »

Antonio repoussa catégoriquement la proposition. « Je suis né dans les montagnes, » dit-il, « mais je ne suis pas chasseur de chamois; et je n'ai pas d'ailes pour aller d'un roc à un autre comme un corbeau. L'or ne vaut pas la vie.

— Dieu me garde, enfant », dit le signor Philipson, « de te pousser à mettre les deux en balance. Va donc alors, mon fils, et je te suis.

— Non, de grâce, mon cher père, » répliqua le jeune homme; « c'est assez de mettre en danger la vie d'un seul : la mienne, de beaucoup moins importante, doit être exposée la première; ainsi le veulent la prudence et la nature.

— Non, Arthur, » répondit le père, d'une voix résolue; « non, mon fils; j'ai survécu à bien des pertes, mais je ne saurais survivre à la vôtre.

— Je n'ai pas de craintes, mon père, si vous me laissez aller seul; mais je ne puis, mais je n'ose entreprendre une tâche aussi difficile, si vous persistez à la partager, sans meilleure aide que la mienne. Pendant que je ferais en avant un nouvel effort, je regarderais en arrière pour voir comment vous atteignez l'endroit que je viens de quitter. Si je tombe, bien-aimé père, ce n'est qu'un être insignifiant qui disparaît, sans plus de valeur que la pierre ou l'arbre qui a roulé devant moi dans l'abîme. Mais vous, si votre pied glisse, si la main vous manque, songez à tout ce qui tombe avec vous.

— Tu as raison, enfant, » dit le père. « J'ai quelque chose encore qui doit m'attacher à la vie, eussé-je perdu en toi tout ce qui est cher à mon cœur. Que Notre-Dame et son chevalier te bénissent et te protègent! Ton pied est jeune, ta main est forte; ce ne sera pas en vain qu'au pays de Galles tu auras gravi le Plynlimmon. Sois hardi, mais sois prudent. Souviens-toi qu'il y a un homme qui, si tu lui manques, n'a plus qu'un seul devoir qui le rattache à la terre, et, ce devoir rempli, te suivrait bientôt. »

Le jeune homme fit ses préparatifs ; et se dépouillant du manteau qui l'aurait gêné, laissa voir sous un pourpoint de drap gris étroitement serré au corps, les belles proportions de sa personne. La résolution du père fléchit lorsque son fils se retourna pour lui dire adieu. Retirant la permission donnée, d'un ton impératif, il défendit de rien essayer. Mais, sans écouter la défense, Arthur avait commencé sa périlleuse entreprise. Descendant de la plate-forme grâce aux racines d'un vieux frêne sortant de la fente d'un rocher, il put atteindre, non sans danger, une étroite saillie formant le bord du précipice ; en la suivant, il espérait aller assez loin pour se faire entendre ou voir de l'habitation dont le guide leur avait parlé. Sa position, comme il poursuivait cette tentative audacieuse, semblait si précaire, que le petit mercenaire lui-même osait à peine respirer en le regardant. La saillie qui le supportait était si étroite qu'elle devenait invisible ; le regard parfois porté en avant, parfois en l'air, mais ne se risquant jamais à jeter un coup d'œil en bas de peur de s'étourdir à un spectacle si effrayant, le jeune homme avançait toujours. Pour son père et pour le guide qui l'observaient, c'était moins un homme usant des moyens ordinaires de locomotion, et marchant sur des objets appuyés à la terre ferme, qu'un insecte rampant le long d'un mur perpendiculaire, remuant et s'avançant sans qu'on se rende compte de ce qui le soutient. Le pauvre père se lamentait amèrement, de n'avoir pas persisté dans la résolution de battre en retraite, et de retourner au gîte de la veille. Il aurait ainsi, du moins, partagé les périls du fils de son affection.

Les facultés morales du jeune homme convergeaient toutes avec énergie vers l'accomplissement de sa dangereuse entreprise. Il s'attachait de son mieux à réprimer les élans d'une imagination suffisamment active en général, et refusait d'écouter, ne fût-ce qu'un instant, les insinuations perfides que la pensée ajoute au danger réel. Il travaillait virilement à réduire toutes les choses qui l'entouraient aux proportions que la saine raison devait leur donner : la vérité n'est-elle pas le meilleur appui du courage? « Cette saillie de rocher est bien étroite, » se disait-il, « mais assez large pour me supporter ; les pointes et les crevasses qui en garnissent la surface sont petites et éloignées les unes des autres, mais je trouve pour mes pieds dans les premières un point d'appui aussi sûr, pour mes mains dans les aspérités des secondes un secours aussi utile, que si j'étais sur une terrasse, le bras posé sur un parapet de marbre. Ma sûreté dépend de moi. Si mes mouvements sont résolus, mon pied ferme, ma main placée comme il faut, qu'importe que je sois ou non tout près d'un abîme? »

Mesurant donc le danger d'après la réalité et le bon sens, soutenu par une certaine pratique des exercices de ce genre, le brave jeune homme continuait son effrayante excursion, pas à pas, avec précaution et courage, avec la présence d'esprit qui pouvait seule le sauver d'une perte imminente. Il arriva enfin à l'endroit où un rocher en saillie formait l'angle du précipice, aussi loin que, de la plate-forme, la vue avait pu atteindre. C'était le point critique de son entreprise, comme aussi le plus périlleux. Le rocher se projetait de plus de six pieds au-dessus du torrent, que le jeune homme entendait gronder, à trois cents pieds de profondeur, comme un tonnerre souterrain. Il examina l'endroit avec le plus grand soin, et, par l'existence d'arbrisseaux, de gazon, et même d'arbres rabougris, fut amené à croire que ce rocher marquait la fin de l'éboulement, et que, s'il parvenait à tourner cet angle, il pourrait trouver la suite du sentier, si étrangement interrompu par cette convulsion de la nature. Mais telle était la saillie du roc, qu'il n'était possible ni de passer dessous ni de le tourner; et, comme il s'élevait de plusieurs pieds à l'endroit où Arthur était arrivé, le gravir était chose fort malaisée. Ce fut cependant à ce parti qu'il s'arrêta, seule manière de surmonter, il l'espérait, le dernier obstacle à son voyage de découverte. Un arbre lui fournit les moyens de se hisser au haut du rocher. A peine s'y était-il établi, à peine avait-il eu le temps de se féliciter en voyant, au milieu d'un chaos de pierres et de bois, les sombres ruines de Geierstein, et la colonne de fumée lui indiquant à côté quelque chose qui devait être une habitation humaine, qu'à sa grande terreur, il sentit la lourde masse sur laquelle il était, trembler, s'incliner lentement, et changer peu à peu de position. En surplomb comme il était, et grâce à la façon dont un tremblement de terre récent lui avait fait perdre l'équilibre, le roc était dans des conditions si peu sûres que la simple addition du poids du jeune homme en avait totalement dérangé l'assiette.

Stimulé par l'imminence du danger, Arthur, par un instinct de conservation, opéra sa retraite avec précaution, allant du rocher prêt à tomber à l'arbre par lequel il y était monté. Comme entraîné par un charme, il tourna la tête en arrière pour observer la descente du rocher fatal d'où il venait de se retirer. Le rocher hésita une ou deux secondes, incertain du côté par lequel il tomberait; s'il s'était dirigé sur celui d'Arthur, il aurait violemment arraché le téméraire à son refuge, ou précipité à la fois l'arbre et l'homme dans la rivière. Après un instant de terrible incertitude, les lois de la gravitation déterminèrent une chute directe en avant. L'énorme masse de pierre, qui pesait au moins vingt tonnes, se précipita vers l'abîme, brisant et broyant dans sa course les arbres et les buissons qu'elle rencontrait, pour s'abattre enfin dans le lit du torrent, avec un bruit égal à la décharge de cent pièces d'artillerie. Le son se répercuta de rivage en rivage, de précipice en précipice, comme autant de tonnerres, jaloux de se surpasser; le tumulte ne devint silence qu'après s'être élevé jusqu'à la région des neiges éternelles. Insensibles aux bruits de la terre, indifférentes à la vie de ceux qui la peuplent, les neiges entendirent ce mugissement dans leur majestueuse solitude, et le laissèrent mourir sans une voix pour y répondre.

Quelles étaient, en ce moment, les pensées du malheureux père, voyant le rocher descendre, mais ne pouvant distinguer si son fils unique l'accompagnait dans sa chute? Son premier mouvement fut de s'élancer vers le précipice qu'Arthur venait de traverser; et lorsqu'Antonio le retint à bras le corps, il se tourna vers le petit guide avec la fureur d'une ourse à qui l'on déroberait ses petits.

« Lâche-moi, vil paysan, » s'écria-t-il, « ou tu es mort!

— Hélas! » dit le pauvre garçon, tombant à genoux devant lui, « moi aussi j'ai un père! »

L'exclamation alla au cœur du voyageur. Ses mains qui menaçaient l'enfant, s'élevèrent vers le ciel, et, avec l'angoisse la plus cruelle, mêlée d'une résignation pieuse, il s'écria : « *Fiat voluntas tua!* C'était mon dernier enfant, l'objet de mes affections et de ma tendresse, et si digne de mon amour; là sur la vallée, » ajouta-t-il, « volent les oiseaux de proie qui vont se repaître de son sang. Mais je veux le voir encore, » dit le père infortuné, tandis que le grand vautour mangeur de cadavres flottait près de lui dans les airs ; « je verrai mon Arthur encore une fois, avant que le loup ou l'aigle ne le déchire ; je verrai tout ce que la terre garde encore de lui. Ne me retenez pas, Antonio, mais restez ici, et que votre œil me suive dans ma route. Si je tombe, comme c'est pro-

bable, prenez les plis cachetés que vous trouverez dans la valise, et portez-les, aussi vite que vous pourrez, à la personne dont vous verrez le nom sur l'adresse. Il y a dans la bourse assez d'argent pour nous enterrer mon fils et moi, faire dire des messes pour nos âmes, et vous laisser encore une riche récompense de votre voyage. »

Le petit Suisse était un honnête garçon ; obtus d'intelligence, il avait une nature bonne et dévouée ; pendant que son patron parlait, il pleurait à chaudes larmes. N'osant plus s'opposer à son dessein ni risquer d'autres observations, il vit l'homme qu'il servait prêt à traverser à son tour le précipice fatal : l'infortuné fils semblait y avoir trouvé le destin que le père au désespoir allait partager.

Tout à coup l'on entendit, au delà de l'angle fatal d'où le rocher s'était détaché sous l'ascension téméraire d'Arthur, le son puissant et rauque d'une de ces grosses cornes, faites des dépouilles de l'urus ou taureau sauvage de la Suisse ; ces cornes, dans les anciens temps, annonçaient les charges terribles des guerriers de ces montagnes, et leur tenaient lieu, dans le combat, de tous instruments de musique.

« Écoutez, Monsieur, écoutez ! » s'écria le Grison ; « c'est le signal de Geierstein. Quelqu'un vient à notre secours, et va nous montrer le meilleur chemin pour chercher votre fils. Regardez donc ce buisson vert qui se détache dans le brouillard. Saint Antoine me soit en aide ! j'y vois flotter un linge blanc ! C'est juste à côté de l'endroit d'où le rocher s'est éboulé. »

Le père essaya de voir ; ses yeux étaient si pleins de larmes qu'ils ne purent distinguer l'objet que lui montrait le guide. « C'est inutile, » s'écria-t-il, voulant en vain écarter ses larmes ; « je ne verrai plus de lui que des restes inanimés !

— Si vraiment, » dit le Grison ; « vous le verrez en vie. Saint Antoine l'a voulu ainsi. Regardez ! le linge blanc s'agite encore !

— Un reste de ses vêtements, » dit le père au désespoir, « cruel souvenir de son malheureux destin. Mes yeux ne voient pas ce que vous dites ; ils ont vu la chute de ma maison. Pourquoi les vautours de ces montagnes ne les ont-ils pas plutôt arrachés de leurs orbites ?

— Regardez encore, » dit le Suisse ; « le linge ne pend pas à une branche ; il est au bout d'un bâton, et on l'agite de droite à gauche. Votre fils est sauvé ; il fait un signal.

— Si cela est, » dit le voyageur en joignant les mains, « bénis soient les yeux qui l'ont vu et la langue qui l'a dit. Si nous retrouvons mon fils, si nous le trouvons en vie, ce sera pour vous aussi un jour heureux.

— Tout ce que je demande, » répondit le jeune garçon, « c'est que vous restiez tranquille, et que vous m'écoutiez ; faites-le, et je me croirai récompensé de mes services. Ce n'est pas avantageux pour un garçon honnête d'avoir affaire à des gens qui se perdent par leur faute ; le blâme, en définitive, tombera toujours sur le guide, comme s'il pouvait empêcher le vieux Ponce Pilate de secouer le brouillard de son front, les terres des montagnes de glisser dans la vallée, les jeunes étourdis de se promener dans les précipices sur une corniche aussi étroite qu'une lame de couteau, les gens affolés, que leurs cheveux gris devraient rendre sages, de tirer le poignard comme des bravi Lombards. »

Ainsi parlait le guide ; il aurait pu discourir longtemps, car le signor Philipson ne l'écoutait point. Tous les battements de son pouls, toutes les pensées de son âme, étaient dirigés vers l'objet dans lequel le jeune garçon voyait une preuve du salut de son fils. Il finit par reconnaître que le signal était réellement agité par une main humaine ; et, aussi ardent au retour de l'espérance qu'il l'avait été en premier sous l'impulsion de la douleur, il allait de nouveau se précipiter vers son fils, pour l'aider, s'il était possible, à gagner un lieu plus sûr. Mais les prières et les affirmations rassurantes du guide, le déterminèrent à rester en place.

« Êtes-vous en état, » disait le garçon avec insistance, « de courir sur les rochers ? Sauriez-vous réciter le *Credo* et l'*Ave* sans en oublier ni en déplacer un mot ? Sans cela, disent nos vieillards, gare à votre cou, en eussiez-vous vingt de rechange. Avez-vous l'œil juste et le pied ferme ? L'œil coule comme une fontaine ; le pied me fait songer au tremble que je vois au bord de ce précipice. Demeurez ici jusqu'à l'arrivée de gens beaucoup plus capables de porter secours à votre fils que nous ne le sommes, vous et moi. A la façon de souffler, ce doit être la corne d'Arnold Biederman, le maître de Geierstein. Il a vu le danger de votre fils, et s'occupe, à l'heure présente, de son salut et du nôtre. Il y a des cas où l'aide d'un étranger connaissant bien le pays, vaut mieux que celle de trois frères n'entendant rien aux montagnes.

— Si cette corne était vraiment un signal, » dit le voyageur, « comment mon fils n'y a-t-il pas répondu ?

— S'il l'a fait, ce qui est probable, » répliqua le Grison, « comment l'aurions-nous entendu ? Alors que, dans ces tapages horribles de l'eau et de la tempête, le bugle d'Uri lui-même résonnerait comme le chalumeau d'un petit pâtre, comment, s'il vous plaît, entendrions-nous le cri d'un homme ?

— Il me semble cependant, » dit le signor Philipson, « entendre, au milieu de ce rugissement des éléments, quelque chose comme une voix humaine. Mais ce n'est pas celle d'Arthur.

— Je le crois bien, » répondit le Grison ; « c'est une voix de femme. Les filles causent entre elles comme cela, d'une montagne à l'autre, à travers l'orage et la tempête, y eût-il un mille de distance.

— Le ciel soit loué de ce secours providentiel ! » dit le signor Philipson ; « nous pourrons, j'en ai la confiance, voir finir en sécurité cette journée pleine de terreur. Je vais répondre à leur cri. »

Il essaya ; mais, inexpérimenté dans l'art de se faire entendre en un pareil pays, il ajusta ses accents au même diapason que celui du vent ; à vingt mètres de distance, il eût été totalement impossible de distinguer sa voix de celle des éléments qui se combattaient. Le jeune garçon sourit de la tentative infructueuse de son patron, et se mit à crier lui-même. Ce fut une émission aiguë, élevée, sauvage, prolongée, produite, en apparence, avec beaucoup moins d'effort que n'en avait déployé l'Anglais, mais créant un son distinct, séparé des autres par le caractère spécial qu'on avait su lui donner, et susceptible probablement d'être perçu à une distance considérable. A ce cri répondirent, sans tarder, des cris du même genre, éloignés d'abord, puis se rapprochant peu à peu de la plate-forme, pour apporter au voyageur anxieux des espérances nouvelles.

Si les angoisses du père le rendaient bien digne de compassion, la situation du fils était, elle aussi, passablement périlleuse. Nous avons déjà dit qu'Arthur Philipson avait commencé son voyage au long du précipice avec le sang-froid, la résolution, la fermeté, si nécessaires en une tâche où tout dépend de la solidité des nerfs. Mais l'accident formidable qui l'arrêta dans sa marche, lui avait fait éprouver toutes les sensations d'une mort imminente, horrible, presque inévitable. La roche dure avait tremblé et s'était fendue sous ses pas, et bien que, par un effort plus mécanique que volontaire, il eût échappé à la ruine qui le menaçait, il lui semblait que la meilleure part de lui-même, son courage et sa force, s'était brisée avec le rocher, alors que celui-ci descendait comme un tonnerre, au milieu de nuages de poussière et de fumée, dans les torrents et les tourbillons de l'abîme troublé par sa chute. Le marin balayé du pont d'un navire naufragé, le marin mouillé par les vagues et battu contre les rochers du rivage, ne ressemble guère à celui qu'au début de la tempête on voyait ferme à son poste, fier de sa force et de son adresse; de même, l'Arthur du commencement de l'expédition, audacieuse avait mieux valu que celui qui, maintenant, juché sur le tronc d'un vieil arbre,

suspendu entre le ciel et la terre, voyait la chute du rocher qu'il avait été si près d'accompagner. Les effets de sa terreur furent physiques autant que moraux, et des milliers de couleurs lui passèrent devant les yeux; il fut pris d'un vertige; ses membres, qui l'avaient jusque-là si admirablement servi, cessèrent de lui obéir; ses bras et ses mains, comme incapables de recevoir ses ordres, s'accrochaient aux branches de l'arbre avec une ténacité qu'il ne savait plus modérer, et tremblaient sous l'empire d'un ébranlement nerveux qui lui fit craindre de ne pouvoir se soutenir plus longtemps dans cette position.

Un incident, insignifiant en lui-même, ajouta aux angoisses de cet anéantissement de la volonté. Tous les êtres vivants du voisinage avaient été épouvantés (on le comprend sans peine) par la chute effroyable dont l'ascension d'Arthur avait été cause. Des volées de hiboux, de chauves-souris, et d'autres oiseaux de nuit forcés de s'élancer en plein air, avaient été prompts à rentrer dans les lierres ou dans les autres abris que leur procuraient les fentes et les trous des rochers voisins. Il se trouva qu'un des fugitifs était un *lammer-geier*, ou vautour des Alpes, plus grand et plus vorace que l'aigle lui-même, et que, de si près du moins, Arthur n'avait jamais vu. Avec l'instinct de la plupart des oiseaux de proie, c'est la coutume de cet animal, lorsqu'il est gorgé d'aliments, de choisir un poste inaccessible, et d'y rester sans mouvement durant plusieurs jours, jusqu'à ce que sa digestion soit faite, et que l'activité lui revienne avec l'aiguillon de la faim. Troublé dans cet état de repos, l'un de ces oiseaux terribles s'était élevé du ravin auquel son espèce donne son nom, et, après avoir machinalement voltigé en cercle d'une aile alourdie et avec un cri affreux, s'était abattu sur le faîte d'un rocher, à moins de quatre mètres de l'arbre où Arthur s'était logé d'une façon si précaire. Un peu engourdi encore, l'oiseau, encouragé par l'immobilité du jeune homme à le croire mort ou mourant, restait perché là et le regardait, sans aucun symptôme de cette appréhension que les animaux les plus hardis éprouvent d'ordinaire dans le voisinage de l'homme.

Au moment où Arthur, essayant de secouer les effets de sa terreur panique, leva les yeux pour regarder autour de lui prudemment et progressivement, il rencontra les regards de l'oiseau vorace et immonde : sa tête et son cou dénudés, ses yeux entourés d'un iris orange-foncé, sa posture horizontale plutôt que droite, différaient autant du port noble et des belles proportions de l'aigle, que le lion se place, dans l'ordre de la création, au-dessus du loup efflanqué, avide, et terrible à voir, tout poltron qu'il est.

Comme captivés par un sortilège, les yeux du jeune Philipson restèrent fixés sur cet oiseau de mauvais augure, sans pouvoir s'en détacher. La crainte de dangers, imaginaires autant que réels, pesait sur son esprit ébranlé par les circonstances. La proximité d'une créature non moins antipathique à la race humaine que peu disposée d'ordinaire à se tenir à sa portée, lui semblait aussi funeste qu'étrange. Pourquoi l'oiseau le regardait-il si fixement, se tournant de son côté, prêt à s'élancer sur lui? L'odieux animal était-il le démon de l'endroit auquel on avait donné son nom? Venait-il pour se réjouir de ce qu'un violateur de ses parages en subissait les dangers avec peu d'espoir de délivrance? Ou ce vautour, né dans ces rochers, avait-il la sagacité de prévoir que le voyageur téméraire était destiné bientôt à devenir sa victime? Cette créature dont les sens, dit-on, sont si subtils, déduisait-elle des circonstances la mort prochaine de l'étranger, et, semblable au corbeau ou à la corneille auprès de la brebis mourante, attendait-elle le moment de commencer son affreux banquet? Faudrait-il qu'il en sentît le bec et les serres avant que son cœur n'eût cessé de battre? Avait-il perdu déjà la dignité de l'homme, le respect qu'inspire à tous les animaux l'être formé à l'image du Créateur?

Ces réflexions pénibles servirent plus que tout ce qu'aurait suggéré la raison, à rendre à l'esprit du jeune homme un peu d'élasticité. En agitant son mouchoir, avec les précautions les plus grandes dans ses mouvements, il réussit à chasser le vautour de son voisinage. Poussant des cris sauvages et douloureux, l'animal s'enleva de l'endroit où il était perché, et étendit comme des voiles ses ailes énormes pour chercher un lieu plus tranquille : l'aventureux voyageur eut un sensible plaisir d'être débarrassé de sa présence.

Rassemblant mieux ses idées, le jeune homme, à même de voir en partie, de la position où il était, la plate-forme qu'il avait quittée, tâcha de rassurer son père en déployant aussi haut qu'il put la bannière avec laquelle il avait délogé le vautour. Comme les deux voyageurs de la plate-forme, il entendit, mais à moindre distance, le son de la grande corne suisse, semblant annoncer un prochain secours. Il y répondit par des cris et en agitant son étendard, pour appeler les secours vers le lieu où l'on en avait tant besoin; et rappelant ses facultés, qui l'avaient presque abandonné, il se travailla pour reprendre espoir, et, avec l'espoir, les moyens d'agir.

Catholique fervent, il se recommanda avec ardeur à Notre-Dame d'Einsiedeln, et, lui adressant des vœux, implora son intercession pour être délivré de sa situation terrible. « Ou s'il faut, clémente Dame ! » ce fut la fin de son oraison, « s'il faut qu'ainsi qu'un renard traqué par les chasseurs, je perde la vie dans la solitude sauvage de ces rochers chancelants, donnez-moi du moins patience et courage, et ne permettez pas que celui qui, quoique pécheur, a vécu comme un homme, ne soit devant la mort qu'un lièvre timide ! »

S'étant recommandé dévotement à cette protectrice, dont les légendes de l'Église catholique font une peinture si aimable, Arthur, bien que chacun de ses nerfs tressaillît encore de ses émotions, bien que son cœur battît avec une violence qui menaçait de l'étouffer, ne songea plus qu'à ce qui pourrait le tirer d'affaire. Mais, en portant ses regards autour de lui, il sentit de plus en plus à quel point l'avaient ébranlé les secousses physiques et les angoisses morales. Quoi qu'il fît, il ne pouvait fixer ses yeux étourdis et égarés sur les lieux qui l'entouraient; la tête lui tournait, et le paysage dansait avec elle. Un chaos de broussailles et de grands rochers s'interposait entre lui et le château en ruines de Geierstein, le tout mêlé et tourbillonnant dans une confusion telle, que s'il n'avait eu conscience qu'une idée pareille était un commencement de folie, il se serait jeté de l'arbre pour se joindre à la danse furibonde créée par le trouble de son cerveau.

« Le ciel me protège ! » dit l'infortuné jeune homme, fermant les yeux dans l'espoir que, s'il parvenait à s'abstraire des terreurs de la situation, son imagination trop active pourrait se calmer ; « je ne sais plus où j'en suis ! »

Cette conviction ne fit qu'augmenter lorsqu'il crut entendre, assez près de lui, une voix de femme, montée à un diapason élevé mais éminemment musical, et lui adressant un appel. Il ouvrit les yeux, leva la tête, et regarda vers le lieu d'où venaient les sons, sans trop savoir s'ils existaient ailleurs que dans le désordre de son imagination. La vision qui lui apparut le confirma presque dans l'opinion que son esprit était à l'envers, et ses sens hors d'état de le servir utilement.

Sur le sommet d'un rocher en pyramide surgissant de la profondeur de la vallée, il apercevait une forme féminine, si enveloppée de brouillard qu'on n'en distinguait que les contours. Cette forme, se détachant dans le ciel, semblait plutôt les lignes mal définies d'un être surnaturel que la silhouette d'une jeune mortelle ; à peine était-elle plus opaque que le léger brouillard dont son piédestal était entouré. La première pensée d'Arthur fut que la Vierge avait entendu ses vœux, et était descendue en personne pour le délivrer ; il allait réciter son *Ave Maria*, lorsque la voix l'appela de nouveau, avec les modulations aiguës et bizarres des cris de la montagne, à l'aide desquels les habitants des Alpes conversent ensemble d'un sommet à l'autre, par-dessus les ravins larges et profonds.

Pendant qu'il se demandait comment il s'adresserait à cette apparition inattendue, elle disparut du point qu'elle avait occupé, et bientôt après redevint visible, perchée sur le rocher des flancs duquel sortait l'arbre où Arthur s'était réfugié. Sa personne et son vêtement indiquèrent alors à Arthur que c'était une fille des montagnes, habituée à leurs sentiers dangereux. Une belle jeune femme était devant lui, le regardant avec un mélange de surprise et de pitié.

« Étranger, » dit-elle enfin, « qui êtes-vous et d'où venez-vous ?

— Je suis étranger, Mademoiselle, comme vous le dites, » répondit le jeune homme, se soulevant de son mieux. « J'ai quitté Lucerne ce matin, avec mon père et un guide. Je les ai laissés à moins de six cents mètres d'ici. Seriez-vous assez bonne pour les avertir qu'il ne m'est rien arrivé, car mon père doit être fou d'inquiétude à mon sujet.

— Volontiers, » dit la jeune fille ; « mais je pense que mon oncle, ou quelqu'un de mes parents, doivent déjà les avoir trouvés, et ce seront de bons guides. Puis-je vous aider ? Êtes-vous blessé ? N'avez-vous rien de cassé ? Nous avons été effrayés par la chute d'un rocher ; je le vois en bas : comme il est gros ! »

En parlant ainsi, la jeune Suissesse vint si près du bord du précipice, et regarda le fond du gouffre avec tant de témérité, que le lien sympathique qui, en de telles occasions, unit l'acteur et le spectateur, ramena le vertige et la défaillance dont Arthur s'était remis un instant ; il retomba, poussant une sorte de plainte, dans sa position horizontale.

« Vous êtes malade ? » dit la jeune fille, remarquant qu'il pâlissait. « Qu'avez-vous ? Où est votre mal ?

— Je n'ai aucun mal, Mademoiselle, sauf des contusions insignifiantes ; mais la tête me tourne, et je me sens prêt à m'évanouir en vous voyant ainsi sur le bord de ce rocher.

— N'est-ce que cela ? » répliqua la jeune Suissesse. « Sachez, étranger, que je ne suis pas plus tranquille assise au foyer de mon oncle qu'à côté des précipices auprès desquels celui-ci n'est qu'un jeu d'enfant. Vous-même, étranger, si j'en juge par les traces que j'aperçois, vous avez suivi les bords du précipice dénudés par l'éboulement ; vous devez donc être au-dessus de la faiblesse, et avoir le droit de vous intituler montagnard.

— J'aurais pris ce titre il y a une demi-heure, » répondit Arthur ; « mais je n'oserai guère, je crois, m'en parer à l'avenir.

— Ne vous laissez pas abattre, » dit sa bienveillante interlocutrice, « pour une défaillance passagère, qui peut, accidentellement, obscurcir l'esprit et éblouir les yeux des plus braves et des plus expérimentés. Mettez-vous debout sur le tronc de l'arbre, et venez plus près du rocher sur lequel il pousse. Observez bien l'endroit. Il vous sera aisé, dès que vous aurez atteint le pied de l'arbre, d'arriver, par une enjambée un peu hardie, au rocher solide où je suis ; après quoi il n'y a plus de danger ou de difficulté valant la peine qu'on en parle pour un jeune homme dont les membres sont entiers et dont le courage est présent.

— Mes membres sont en bon état, » répliqua le jeune homme ; « mais j'ai honte de penser combien mon courage est ébranlé. Je me reprocherais cependant de ne pas savoir répondre à l'intérêt que vous prenez à ma situation, si j'écoutais plus longtemps les suggestions fâcheuses d'un sentiment que, jusqu'à ce jour, je n'ai pas connu. »

La jeune fille le contempla, non sans inquiétude, et avec beaucoup d'intérêt, tandis qu'il se dressait avec précaution, suivant le tronc de l'arbre, presque horizontalement fixé dans le rocher, et qui semblait plier quand le voyageur changeait de place. Arthur, enfin, se trouva debout devant le roc où était la jeune fille. En terrain plat, ce n'eût été qu'une grande enjambée ; mais au lieu d'un pas en terre ferme, il s'agissait de traverser un profond abîme, au bas duquel un torrent enflait son écume avec une incroyable furie. Les genoux d'Arthur s'entrechoquaient, ses pieds étaient de plomb, et semblaient ne plus être à lui. Plus que jamais, il éprouva cette influence des nerfs que n'oublient pas ceux qui en ont été saisis dans une situation pareille, et qu'ont bien de la peine à comprendre les personnes assez heureuses pour n'y avoir pas été soumises.

La jeune fille aperçut son émotion, et en appréhenda les conséquences. Ne voyant pas d'autre moyen de lui rendre confiance, elle sauta légèrement du rocher sur le tronc d'arbre, où elle mit le pied avec l'aisance et la sécurité d'un oiseau ; au même instant, un autre saut la replaçait sur le rocher ; et, tendant la main à l'étranger : « Mon bras, » dit-elle, « n'est qu'une faible balustrade ; sautez avec résolution, cependant, et la balustrade vaudra les créneaux de Berne. » La honte l'emporta sur la terreur, et repoussant le secours qu'il n'aurait pu accepter sans s'amoindrir à ses propres yeux, il fit de nécessité

vertu, et accomplit avec succès l'enjambée terrible qui le mit sur le même rocher que son aimable protectrice.

Saisir la main de celle-ci et la porter à ses lèvres, pour témoigner sa reconnaissance et son respect, fut naturellement la première action d'Arthur. Il n'eût pas été possible à la jeune fille de l'en empêcher sans affecter une pruderie qui n'était pas dans son caractère, et sans engager, sur un point de peu d'importance, une discussion d'étiquette ; or la scène se passait sur un rocher d'à peine cinq pieds de long sur trois de large, au-dessus d'un torrent qui rugissait à quelques centaines de pieds.

CHAPITRE III.

> Maudits soient les métaux ! L'homme est faible, et, pour eux,
> Du commerce il subit le fardeau périlleux.
> Plus brillante est la paix que l'argent qu'on envie ;
> Qu'est-ce que l'or auprès des charmes de la vie ?
> Mais vers la grande ville et le lointain comptoir,
> Franchissant le désert, on court pour en avoir.
>
> COLLINS, *Hassan, ou le Chamelier.*

N cette situation qui, forcément, les rapprochait beaucoup l'un de l'autre, Arthur Philipson et Anne de Geierstein sentirent un peu d'embarras ; le jeune homme craignant, sans doute, de passer pour un poltron aux yeux de la jeune fille qui l'avait tiré du péril, la jeune fille émue peut-être de ce qu'elle venait de faire, et préoccupée de se voir soudain si voisine du jeune homme auquel, probablement, elle avait sauvé la vie.

« Maintenant, Mademoiselle, » dit Arthur, « il faut que je retourne près de mon père. La vie que je dois à votre secours serait à peine un bienfait pour moi, s'il ne m'était pas permis de lui porter aide sur-le-champ. »

Il fut interrompu par un nouveau son de corne, semblant venir de l'endroit où Philipson père et son guide avaient été laissés par leur jeune et audacieux compagnon. Arthur regarda dans cette direction ; mais la plate-forme, difficile à voir de l'arbre qui lui avait servi de refuge, était invisible du rocher où la jeune fille et lui étaient à présent.

« Il m'en coûterait peu de retourner sur ce tronc d'arbre, » dit la jeune protectrice, « et de voir si, de là, je ne découvrirais pas vos amis. Mais je suis convaincue qu'ils sont sous une direction plus sûre que la vôtre ou que la mienne ; la corne annonce que mon oncle, ou quelqu'un de mes jeunes cousins, sont parvenus jusqu'à eux. Ils doivent être en route pour Geierstein, où, avec votre permission, je vous conduirai. Soyez sûr que mon oncle Arnold ne vous laissera pas aller plus avant aujourd'hui ; ce serait perdre le temps que de vouloir rejoindre vos amis ; de l'endroit où ils étaient, ils seront à Geierstein plus tôt que nous. Suivez-moi donc, ou je supposerai que vous êtes las de m'avoir pour guide.

— Supposez plutôt, » repartit Arthur, « que je suis las de la vie, que sans vous, probablement, j'aurais perdue. » Et il se prépara à la suivre. Il jetait en même temps, sur le costume et la personne de son guide, un coup d'œil qui fortifia sa satisfaction d'avoir un tel conducteur. Nous prendrons la liberté de donner là-dessus des détails un peu plus minutieux que ceux qu'Arthur lui-même aurait pu fournir en ce moment.

Un vêtement de dessus, ni assez serré pour dessiner les formes de la personne (les lois somptuaires du canton le défendaient), ni assez large pour gêner dans la marche ou en gravissant les montagnes, recouvrait une tunique un peu étroite d'une autre couleur, descendant au-dessous du milieu de la jambe, mais laissant voir complètement les heureux contours de la cheville. Le pied était défendu par une sandale dont la pointe se relevait ; les bandelettes qui rattachaient la sandale au bas de la jambe étaient garnies d'anneaux d'argent. Le vêtement de dessus était serré à la taille par une ceinture de soie de diverses couleurs avec des torsades d'or. La tunique, ouverte à la gorge, trahissait au col, et un ou deux pouces plus bas, des formes charmantes d'une blancheur exquise. Ce léger aperçu de la personne était encore plus beau que ne l'aurait promis le visage, celui-ci portant les traces du soleil et de l'air auxquels il avait été librement exposé, pas suffisamment pour en diminuer le charme, mais juste assez pour accuser la santé que donne l'habitude des exercices de la campagne. Les longs cheveux blonds de la jeune fille tombaient avec profusion de chaque côté de son visage ; ses yeux bleus, ses traits gracieux, la dignité simple de son regard, indiquaient à la fois un caractère doux, et la ferme confiance d'un esprit trop vertueux pour soupçonner le mal, et trop noble pour le craindre. Au-dessus, ou, pour mieux dire, au milieu de sa chevelure, ornement naturel qui sied si bien à la beauté, était placé le petit chapeau qui, par ses dimensions, ne répondait guère au soin de protéger la tête, mais servait à montrer le goût de la personne qui le portait ; celle-ci n'avait pas manqué, selon la coutume des filles de la montagne, de décorer le petit chapeau d'une plume de héron, et d'y ajouter le luxe inusité d'une mince chaîne d'or, assez longue pour s'enrouler quatre ou cinq fois autour de l'imperceptible couvre-chef, et dont les deux bouts étaient retenus par un large médaillon du même métal.

Ajoutons que la taille de la jeune fille était un peu au-dessus de la moyenne, et que la structure de sa personne, sans être masculine le moins du monde, faisait penser à Minerve plutôt qu'à la fierté de Junon ou aux grâces faciles de Vénus. Le front noble, les membres bien faits et agiles, le pas ferme quoique léger, par-dessus tout, l'absence complète d'un sentiment orgueilleux de sa beauté, et ce regard ouvert et candide qui ne demande à rien savoir et qui n'a rien à cacher ; tout cela n'aurait pas été indigne de la déesse de la sagesse et de la chasteté.

La route que suivait le jeune Anglais, sous la conduite de cette belle jeune femme, était difficile et inégale, mais ne pouvait être appelée dangereuse, du moins en comparaison des précipices sur lesquels Arthur avait passé. C'était la continuation du sentier qu'avait coupé l'éboulement déjà tant de fois mentionné ; et bien qu'il eût été endommagé en plusieurs endroits à l'époque de cette commotion, on voyait cependant les traces d'une remise en état, fort médiocre assurément, mais suffisante pour les communications indispensables, chez un peuple tenant aussi peu que les Suisses aux chemins doux et unis. La jeune fille expliqua à Arthur que le sentier où ils étaient faisait un détour à l'effet de gagner celui que les voyageurs avaient suivi précédemment, et que, pour éviter le danger de la route du précipice, ses compagnons et lui auraient dû tourner à l'endroit où le nouveau tracé s'unit à l'ancien.

Le sentier qu'ils suivaient s'éloignait un peu du torrent ; on en entendait toutefois les mugissements irrités, semblant s'accroître à mesure qu'on en remontait parallèlement le cours. La route enfin tournait brusquement, et se dirigeait droit vers le vieux château, offrant aux yeux des voyageurs l'un des spectacles les plus magnifiques et les plus imposants de ce pays de montagnes.

L'ancienne tour de Geierstein, sans être précisément grande ni remarquable par l'architecture, était saisissante de majesté; elle le devait à sa position sur le bord même de la rive opposée du torrent, qui, juste au tournant où s'élève le rocher portant les ruines, forme tout à coup une cascade de près de cent pieds de haut, et se précipite dans le défilé, à travers un lit de roche vive que ses eaux ont creusé peut-être depuis le commencement des âges. Regardant en face et de haut ce rugissement éternel des ondes, se dressait la vieille tour, si près du précipice que les contreforts par lesquels l'architecte avait fortifié les fondations semblaient faire partie du rocher, et en être, vers le haut, la continuation perpendiculaire. Comme c'était l'usage en Europe durant les temps féodaux, la partie principale du bâtiment était une masse carrée, dont le sommet en ruine était rendu pittoresque par les tourelles qui le flanquaient, différentes de dimensions et de hauteur, les unes rondes les autres angulaires, les unes ruinées les autres encore assez complètes, variant ainsi la silhouette de l'édifice se détachant sur le ciel orageux.

Une porte en saillie d'où l'on descendait de la tour par un escalier, avait, dans les anciens temps, donné accès à un pont faisant communiquer le château avec la rive où se trouvaient Arthur Philipson et sa belle conductrice. Une seule arche, ou plutôt les restes d'une arche composée de pierres désunies, subsistait encore, et passait au-dessus du torrent juste en face de la chute d'eau. Cette arche, autrefois, servait de support à un pont-levis de bois, d'une largeur plus convenable, si long et si lourd qu'on n'aurait guère pu le manœuvrer s'il n'avait trouvé en bas un appui solide. De là cet inconvénient que, lorsque le pont-levis était levé, il était possible encore d'atteindre la porte du château par cette bande étroite de pierres. Mais le passage n'avait pas plus de dix-huit pouces de large, le pied hardi qui s'y serait risqué n'aurait été conduit qu'à une entrée régulièrement défendue par une porte et une herse, flanquée de tours et d'ouvrages en saillie, d'où pierres, javelots, plomb fondu et eau bouillante pouvaient être jetés sur les soldats qui tenteraient l'approche de Geierstein par un chemin aussi dangereux ; la possibilité d'une pareille tentative n'était donc pas considérée comme diminuant la sécurité de la garnison.

Au temps dont nous parlons, le château étant complètement ruiné et démantelé, la porte, le pont-levis et la herse ayant disparu, l'arceau délabré, et l'arche étroite qui unissait les deux côtés du cours d'eau, étaient, pour les habitants du voisinage familiarisés avec les dangers d'un tel passage, un moyen de communication entre les deux rives.

Cependant Arthur Philipson, pareil à un bon arc nouvellement bandé, avait repris l'élasticité de pensée et de caractère qui lui était naturelle. Ce n'était pas, il est vrai, avec une tranquillité parfaite qu'il suivait son guide, dont le pied cheminait légèrement sur l'arche étroite, faite de pierres inégales, et rendue humide et glissante par le perpétuel contact de la pluie fine de la cascade. Ce n'était pas non plus sans appréhension qu'il effectuait cette expédition périlleuse à côté même de la chute d'eau, dont le mugissement l'assourdissait, malgré le soin qu'il prenait de ne pas tourner la tête de ce côté, de peur qu'elle ne s'ébranlât de nouveau à la vue de ces eaux tumultueuses s'élançant du haut d'un précipice pour se plonger dans un gouffre sans fond. En dépit de ces sujets d'émotion, la honte bien naturelle de laisser voir de la poltronnerie là où une belle jeune fille montrait tant d'insouciance, et le désir de refaire sa réputation aux yeux de son guide, empêchèrent Arthur de retomber dans l'effroi qui, peu de temps avant, avait triomphé de lui. S'avançant avec fermeté, sans oublier par précaution l'appui de son bâton ferré, il suivit les pas légers de son guide le long de ce pont dangereux, et traversa à sa suite la porte ruinée en saillie, à laquelle les avait conduits l'escalier également en mauvais état.

Cette porte les introduisit dans un amas de ruines. C'était jadis la cour du donjon, qu'on voyait s'élever, dans sa majesté sombre, au-dessus des débris de ce qui avait été des défenses extérieures, ou des bâtiments affectés aux usages du personnel. Les deux jeunes gens passèrent rapidement parmi ces ruines, sur lesquelles la végétation avait jeté un manteau confus de lierre et d'autres plantes grimpantes ; ils en sortirent par la porte principale du château, pour entrer en un de ces lieux où parfois la nature emprisonne ses charmes les plus doux au milieu de régions dont le caractère général est la désolation et l'aridité.

Vers cette exposition aussi, le château s'élevait fort au-dessus du terrain avoisinant; mais au lieu d'un rocher abrupte comme du côté du torrent, c'était une

pente raide, disposée, comme nos glacis d'aujourd'hui, pour rendre l'habitation plus sûre.

L'éminence était couverte de jeunes arbres et de buissons, au-dessus desquels la tour se dressait dans sa dignité. Au delà de cette pente boisée, la vue était d'un caractère tout différent. Un terrain de plus de cent acres, semblait comme mis à part au milieu d'un cercle de montagnes et de rochers; ceux-ci, non moins sauvages que le chemin où les voyageurs s'étaient égarés, enfermaient, ou protégeaient, pour mieux dire, un espace plein de charme et de fertilité. La surface de ce petit domaine était d'une variété extrême, son aspect général celui d'une colline en pente douce regardant le sud-ouest.

Le principal objet qu'on y remarquait était une grande maison, composée de grosses poutres de bois, sans aucune prétention à la symétrie ou à l'élégance ; mais la fumée qui s'élevait de ses toits, l'étendue des bâtiments de service, le bel état de culture des champs d'alentour, indiquaient le séjour sinon du luxe, du moins de l'aisance. Un verger peuplé d'arbres de produit s'étendait au sud du bâtiment. Des bosquets de noyers et de châtaigniers croissaient en bon ordre, et même des vignobles, de trois ou quatre acres, montraient que la culture du raisin y était comprise et pratiquée. Cette culture est universelle à présent en Suisse ; elle était, en ces anciens temps, le privilège presque exclusif de quelques propriétaires plus favorisés, doués du rare avantage de joindre à l'intelligence la richesse, ou du moins un peu d'aisance.

On voyait de vastes prairies : la belle race de bétail, orgueil et richesse des montagnards de la Suisse, y avait été ramenée du haut des pâtures élevées des Alpes où elle avait passé l'été, pour être plus près d'abris protecteurs lorsque les orages de l'automne seraient à craindre. En certains endroits, les agneaux de la saison dernière paissaient tranquillement l'herbe abondante ; en d'autres, de grands arbres, produit naturel du sol, avaient été laissés, à dessein, sans doute, de les avoir sous la main lorsque du bois de charpente serait nécessaire pour les usages domestiques ; ces arbres, en même temps, faisaient un terrain boisé d'un paysage auquel tout le reste donnait un caractère agricole. A travers ce paradis de montagne, l'œil suivait le cours d'un petit ruisseau, tantôt apparaissant au soleil qui venait de chasser les brouillards, tantôt faisant deviner son passage par la légère inclinaison de ses rives, bordées de grands arbres en certains endroits, ou se cachant sous des bouquets d'aubépine et de noisetiers. Par une courbe gracieuse, indice du regret de quitter cette région tranquille, le ruisseau trouvait enfin sa route hors de ce domaine séparé du monde, et, pareil à un jeune homme qui des jeux innocents et paisibles de l'enfance passe à l'impétuosité de la vie active, s'unissait aux ondes tumultueusement tombées des montagnes pour ébranler sur son rocher la vieille tour de Geierstein, et s'élancer en mugissant dans le défilé où notre jeune voyageur avait été si près de perdre la vie.

Quelque désir qu'eût le jeune Philipson de rejoindre son père, il ne put s'empêcher de s'arrêter un instant pour admirer tant de beautés au milieu de spectacles aussi terribles, et pour jeter un regard en arrière vers la tour de Geierstein et l'énorme rocher qui lui avait donné son nom; on eût dit qu'il voulait s'assurer, par la vue de ces objets merveilleux, qu'il était bien dans le voisinage du rude désert où il avait rencontré tant de périls et de terreurs. Si étroites étaient cependant les limites de cette ferme cultivée, qu'il n'était pas besoin de regarder longtemps pour être certain que le lieu auquel on avait si bien appliqué le travail de l'homme était d'une imperceptible étendue en proportion des régions sauvages au milieu desquelles il était situé. De tous côtés l'entouraient des hauteurs immenses, les unes se dressant comme des murs de roche, les autres vêtues de sombres forêts de pins et de mélèzes, aussi anciennes que le monde. Au-dessus de ces forêts, on pouvait, de l'éminence où était la tour, voir la teinte rosée d'un glacier immense où le soleil réfléchissait son image; plus haut encore, plus haut que la surface gelée de cette mer de glace, surgissaient, dans leur dignité silencieuse, les pics de ces montagnes sans nombre, séjour des neiges éternelles.

Ce qui nous a pris quelque temps pour le décrire, fut perçu par le jeune Philipson en deux ou trois minutes. Sur une pelouse inclinée, en face de la ferme, ainsi que l'on pouvait à bon droit qualifier cette habitation, il avait vu de suite cinq ou six personnes parmi lesquelles à la démarche, à l'habillement, à la forme du chapeau, il reconnut aisément le père qu'il avait un moment désespéré de revoir.

Ce fut donc d'un pas joyeux qu'à la suite de sa conductrice, il descendit la rampe rapide au sommet de laquelle était la tour. Ils approchèrent du groupe qu'Arthur avait remarqué, et d'où son père se détachait au premier rang; celui-ci vint en hâte au-devant de lui, en compagnie d'un homme avancé en âge, d'une stature presque gigantesque. Le port simple mais majestueux de ce dernier, en faisait le digne compatriote de Guillaume Tell, de Stauffacher, de Winkelried, et de ces autres héros de la Suisse dont les cœurs fermes et les bras hardis avaient, au siècle précédent, revendiqué contre des ennemis innombrables la liberté de leurs personnes et l'indépendance de leur pays.

Avec une réserve fort naturelle, comme pour épargner au père et au fils la présence de plusieurs témoins en une rencontre aussi faite pour émouvoir, le landamman, tout en s'avançant avec le plus âgé des Philipson, fit signe à ceux qui l'accompagnaient (c'étaient des jeunes gens) de rester en arrière; ils obéirent, ayant l'air d'interroger Antonio sur les aventures des étrangers. Anne n'eut que le temps de dire à Arthur : « Ce vieillard est mon oncle, Arnold Biederman ; ces jeunes gens sont mes cousins. » Les deux hommes, au même instant, arrivaient près d'eux. Avec le même tact dont il avait déjà fait preuve, le landamman fit signe à sa nièce de s'approcher de lui ; et pendant qu'il lui demandait un récit de son expédition de la matinée, il surveillait l'entrevue du père et du fils avec toute la curiosité que lui permettait sa discrétion. L'entrevue fut tout autre qu'il ne s'y serait attendu.

Nous avons déjà dépeint Philipson comme un père tendre, prêt à courir à la mort au moment où il avait craint pour son fils, et non moins heureux, sans doute, de le voir rendu à son affection. On aurait donc pu croire que le père et le fils se précipiteraient dans les bras l'un de l'autre, et c'était la scène, probablement, dont Arnold Biederman pensait être témoin.

Mais le voyageur anglais, par un sentiment commun à beaucoup de ses compatriotes, voilait ses impressions vives et profondes sous une apparence de froideur et de réserve, considérant comme une faiblesse de donner un trop libre essor aux émotions les plus naturelles et les plus douces. Admirablement beau dans sa jeunesse, son visage, remarquable encore dans un âge plus avancé, dénotait par son expression la volonté de ne point céder à ses passions et de ne point encourager trop la confiance des autres. Son pas, lorsqu'il avait d'abord aperçu son fils, était devenu plus vif par un désir naturel d'aller à lui ; mais il le ralentit ensuite, et, lorsqu'ils se rencontrèrent, d'un ton plus voisin du reproche que de la tendresse : « Arthur, » dit-il, « puissent les saints vous pardonner l'inquiétude que vous m'avez causée aujourd'hui.

— Amen, » dit le jeune homme. « Je dois demander pardon, puisque je vous ai affligé. Croyez bien, cependant, que j'ai voulu faire pour le mieux.

— Il est heureux, Arthur, qu'en voulant faire pour le mieux, vous n'ayez pas rencontré le pire.

— Si ce n'est pas arrivé, » répondit le fils, du même ton soumis et

respectueux, « c'est grâce à cette jeune fille. » Et il montrait Anne, qui, à quelques pas de distance, aurait souhaité peut-être ne pas entendre les observations du père, qu'elle trouvait inopportunes et peu raisonnables.

« Je lui ferai mes remerciements, » dit le père, « quand je saurai comment les proportionner au service rendu; mais pensez-vous qu'il fût à propos pour vous de recevoir d'une jeune fille le secours qu'en votre qualité d'homme, c'eût été votre devoir de prêter au sexe faible? »

Arthur baissa la tête et rougit. Arnold Biederman, voulant venir en aide au jeune homme, s'approcha pour se mêler à la conversation.

« Ne soyez pas humilié, mon cher hôte, pour avoir reçu conseil et assistance d'une fille d'Unterwalden. Sachez que la liberté de notre pays n'est pas moins due à la fermeté et à la sagesse de ses filles qu'à celles de ses fils. Et vous, mon hôte plus riche d'années, qui avez vu, je le suppose, différents pays et bien des choses, vous avez dû voir souvent les forts sauvés par les faibles, et les fiers par les humbles.

— J'ai appris du moins, » répondit l'Anglais, « à n'engager aucun débat sans nécessité avec l'hôte qui m'abrite charitablement. » Et après avoir lancé à son fils un regard animé de l'affection la plus profonde, il reprit, tandis que le groupe retournait vers la maison, la conversation engagée avec son hôte avant qu'Arthur et la jeune fille ne les eussent rejoints.

Arthur put observer alors la tournure et les traits de celui qui les recevait. Ils indiquaient, je l'ai déjà dit, une simplicité primitive, mêlée d'une dignité rude, indice d'un caractère mâle exempt de toute affectation. Le vêtement ne différait pas beaucoup par sa forme de l'habillement de femme que nous avons déjà décrit. Il consistait en un pardessus, fait à peu près comme les chemises d'homme d'à présent, mais ouvert à la poitrine, et recouvrant une tunique ou pourpoint. Mais les habits de l'homme étaient beaucoup plus courts que ceux de la femme, et ne descendaient pas plus bas que le *kilt* ou jupon des habitants des hautes terres d'Écosse. Des espèces de bottes ou de brodequins montaient au-dessus du genou, et le corps se trouvait ainsi complètement protégé. Un bonnet de martre, décoré d'un médaillon d'argent, était la seule partie de l'habillement où l'on pût voir quelque chose qui ressemblât à un ornement. La large ceinture qui serrait le vêtement à la taille, était de peau de buffle, retenue par une grosse boucle de cuivre.

Celui qui portait ce vêtement simple, composé presque en entier de la laine des moutons de la montagne et des dépouilles des animaux que l'on y chassait, aurait commandé le respect en tous lieux, surtout en ces âges guerriers, où les hommes étaient jugés d'après ce que promettaient leurs proportions et leurs muscles. Considéré à ce point de vue, Arnold Biederman présentait la taille, les formes, les larges épaules et les muscles accentués d'un Hercule. Pour ceux dont le regard s'attachait plutôt au visage, les traits fermes et intelligents, le front ouvert, les grands yeux bleus, la résolution qu'ils exprimaient, rappelaient les attributs physiques du roi mythologique des dieux et des hommes. Accompagné de plusieurs jeunes gens, ses fils et ses parents, il marchait au milieu d'eux, recevant, comme un tribut indiscutable, le respect et l'obéissance; c'est ainsi que, dans les troupeaux de daims, ils sont accordés au mâle qui en est le roi.

Tandis qu'Arnold Biederman marchait et parlait avec le plus âgé des deux étrangers, les jeunes hommes observaient curieusement Arthur, et, de temps à autre, interrogeaient tout bas leur cousine Anne, recevant d'elle des réponses brèves et impatientes, qui parvenaient moins à apaiser qu'à entretenir la disposition des montagnards (le jeune Anglais s'en croyait certain) à se divertir aux dépens de leur hôte. Le désagrément éprouvé n'était pas adouci par la réflexion que, dans une pareille société, la moquerie s'attaquait probablement à tous ceux qui ne savaient pas marcher sur le bord d'un précipice d'un pas aussi ferme et aussi tranquille que dans la rue d'une ville. Quelque peu justifié que soit le ridicule, il est toujours déplaisant d'en être l'objet; et c'est humiliant surtout pour un jeune homme là où la beauté en est témoin. Ce fut une consolation pour Arthur de penser que la jeune fille ne prenait évidemment pas plaisir à ce jeu, et désapprouvait, de la parole ou du regard, la rudesse de ses compagnons; mais il craignait que ce ne fût que par un sentiment d'humanité.

« Elle aussi doit me mépriser, » pensait-il, « quoique la politesse, inconnue à ces malappris, lui fasse cacher le dédain sous le masque de la pitié. Elle ne peut me juger que d'après ce qu'elle a vu; si elle me connaissait mieux, » (tel était l'orgueil de sa pensée) « elle me placerait peut-être en un plus haut rang. »

Quand les voyageurs entrèrent dans l'habitation d'Arnold Biederman, ils trouvèrent dans une vaste salle, affectée aux usages généraux de la maison, un repas simple mais abondant. On apercevait sur les murs des instruments d'agriculture et de chasse; les yeux de Philipson père s'arrêtèrent surtout sur un corselet de cuir, une hallebarde longue et pesante, et une épée à deux mains, formant une sorte de trophée. Auprès de ces objets, mais couvert de poussière, mal fourbi et négligé, était suspendu un heaume avec sa visière, semblable à ceux dont se servaient les chevaliers et les hommes d'armes. Toute ternie qu'elle était, la guirlande d'or, ou couronne, qui s'enroulait à l'entour, indiquait un rang et une naissance nobles ; et la crête, un vautour de l'espèce de ceux qui donnaient leur nom au vieux château et aux rochers sur lesquels il était assis, suggéra diverses conjectures à l'Anglais, qui, sachant assez bien l'histoire de la révolution suisse, ne douta guère qu'il ne vît en cette relique quelque trophée des anciennes guerres entre les habitants de ces montagnes et le seigneur féodal auquel elles avaient jadis appartenu.

Une invitation à prendre place à la table hospitalière dérangea le cours des réflexions du marchand anglais, et une compagnie nombreuse, composée de toutes les personnes de conditions diverses vivant sous le toit de Biederman, s'assit à un repas copieux de viande de chèvre, de poisson, de lait préparé de plusieurs manières, de fromage, et, comme dernier service, de venaison sous la forme d'un jeune chamois. Le landamman fit lui-même les honneurs de la table avec beaucoup de bienveillance et de simplicité, et pressa les étrangers de montrer, par leur appétit, qu'ils répondaient au bon accueil que l'on désirait leur faire. Durant le repas, il entretint une conversation avec le plus âgé de ses hôtes, tandis que la partie jeune de la table, comme aussi les gens de travail, mangeaient modestement et en silence.

Avant que le dîner ne fût fini, une personne passa, au dehors, devant la large fenêtre qui éclairait la salle à manger ; son passage occasionna une vive sensation parmi ceux qui l'avaient vu.

« Qui a passé là ? » dit Biederman aux convives placés en face de la fenêtre.

« C'est notre cousin Rodolphe de Donnerhugel, » répondit avec empressement l'un des fils d'Arnold.

La nouvelle parut faire grand plaisir à la jeunesse, particulièrement aux fils du landamman. Le chef de la famille se contenta de dire d'une voix grave et calme : « Votre cousin est le bienvenu ; dites-le-lui, et faites-le entrer. »

Deux ou trois se levèrent, se disputant le soin de faire au nouvel arrivé

Rodolphe de Donnerhugel.

les honneurs de la maison. Il entra : c'était un jeune homme, exceptionnellement grand, agile et bien fait, le visage encadré d'une chevelure brun foncé abondante et onduleuse, avec des moustaches de même couleur, ou encore plus foncées. Son chapeau était petit eu égard à l'énorme quantité de ses cheveux : il était planté sur un côté de la tête plutôt qu'il ne la couvrait. Les vêtements étaient, par leur forme et dans leur ensemble, les mêmes que ceux d'Arnold, mais d'un drap beaucoup plus fin, de fabrication allemande, avec des ornements riches et de fantaisie. Une des manches était vert foncé, artistement galonnée et brodée d'argent ; le reste du vêtement était écarlate. Sa ceinture était semée de filets d'or ; en même temps qu'elle serrait le pardessus à la taille, elle supportait un poignard à manche d'argent. La braverie du jeune homme était complétée par des bottes à pointes si longues qu'elles se relevaient en pic, selon la mode du moyen âge. Une chaîne d'or pendait à son cou, et soutenait un grand médaillon du même métal.

Ce jeune élégant fut à l'instant entouré par la race des Biederman. Il passait parmi eux pour le modèle sur lequel la jeunesse de Suisse devait se régler ; sa tenue, ses opinions, son habillement et ses manières, devaient être suivis de tous ceux qui voulaient être à la mode ; il régnait, sur ce terrain, comme un maître et sans rival.

Arthur Philipson crut remarquer cependant que deux personnes de la compagnie le recevaient avec moins d'admiration qu'il n'était salué par la voix générale des jeunes. Arnold Biederman ne fut pas bien chaud pour accueillir le Bernois ; tel était le pays de Rodolphe. Celui-ci tira de son sein un paquet scellé, qu'il remit au landamman avec de grandes démonstrations de respect, et parut attendre qu'Arnold, après avoir brisé le sceau et parcouru le contenu, lui dit quelque chose à ce sujet. Le patriarche l'invita seulement à s'asseoir et à prendre part au repas.

Rodolphe trouva, à côté d'Anne de Geierstein, une place gracieusement cédée par l'un des fils d'Arnold.

Le jeune Anglais crut voir que le nouveau venu était reçu par la jeune fille avec une froideur marquée ; il avait paru cependant empressé à lui adresser ses compliments, c'était à côté d'elle qu'il avait désiré s'asseoir à cette bonne table, et il avait l'air plus curieux de se faire bien venir d'elle que de toucher aux aliments placés devant lui.

Arthur remarqua qu'il le regardait en parlant bas à sa voisine. Anne lui répondit très brièvement, mais un des jeunes Biederman, assis de l'autre côté du nouveau venu, fut probablement plus communicatif, car les deux jeunes gens se mirent à rire. La jeune fille parut contrariée, et rougit.

« Si je tenais, » pensa le jeune Philipson, « un de ces enfants de la montagne sur six bons mètres de gazon plat, à supposer qu'on en puisse trouver autant dans ce pays, j'aurais plus sujet, je crois, de les empêcher de rire que de leur en fournir l'occasion. Voir ces lourdauds contents d'eux sous le même toit qu'une si aimable et si courtoise demoiselle, ce n'est pas moins étonnant que si l'on voyait un de leurs ours danser un rigodon avec une personne du genre de celle-ci. Que m'importent, d'ailleurs, la beauté de l'une et l'éducation des autres, puisque demain matin me séparera d'eux pour toujours. »

Pendant que ces réflexions traversaient l'esprit du jeune convive, le maître de la maison demanda du vin, et requit les deux étrangers de lui faire raison dans une vaste coupe d'érable; il envoya à Rodolphe Donnerhugel un récipient de la même espèce. « Vous, mon cousin, » dit-il, « vous êtes accoutumé à des vins d'une saveur plus fine que n'en donnent les raisins à moitié mûrs de Geierstein. Croiriez-vous, Monsieur le marchand, » ajouta-t-il, s'adressant à Philipson, « qu'il y a des bourgeois de Berne qui font venir le vin, pour leur table, de la France ou de l'Allemagne?

— Mon cousin n'approuve pas cela, » répliqua Rodolphe ; « tous les endroits ne sont pas cependant favorisés de vignes comme Geierstein, qui produit tout ce que peuvent désirer le cœur et les yeux. » Ces paroles furent dites avec un regard vers sa belle voisine, qui n'eut pas l'air de goûter le compliment. Le Bernois continua : « Mais nos riches bourgeois, ayant quelques écus de trop, n'estiment pas extravagant de les échanger contre un verre de vin meilleur que n'en fournissent nos montagnes. Nous serons plus économes lorsque nous aurons à notre disposition des tonnes de vin de Bourgogne, sans autre peine que celle de les transporter.

— Que voulez-vous dire par là, cousin Rodolphe ? » dit Arnold Biederman.

« Vos lettres, il me semble, respecté parent, » répondit le Bernois, « doivent vous avoir annoncé que notre diète est sur le point de déclarer la guerre à la Bourgogne.

— Vous savez donc le contenu des lettres ? » dit Arnold. « Autre marque du changement des temps à Berne et dans la diète de Suisse. Tous nos hommes d'État à barbe grise sont donc morts, pour que nos alliés de Berne aient mis de jeunes imberbes dans leurs conseils ?

— Le sénat de Berne et la diète de la confédération, » dit le jeune homme, moitié interdit, moitié jaloux de soutenir ce qu'il avait avancé, « permettent aux jeunes gens de connaître leurs desseins, puisque c'est par les jeunes gens que ces desseins seront exécutés. La tête qui pense peut se confier à la main qui frappe.

— Pas jusqu'au moment, jeune homme, où le coup doit être porté, » dit sévèrement Arnold Biederman. « Qu'est-ce qu'un conseiller qui parle étourdiment des affaires d'État devant des femmes et des étrangers ? Rodolphe, et vous autres, allez vous livrer à ces exercices virils qui vous mettront à même de servir votre pays mieux qu'en donnant votre avis sur les mesures qu'il doit prendre. Vous, jeune homme, » ajouta-t-il, s'adressant à Arthur qui s'était levé, « ceci n'est pas dit pour vous, qui n'êtes point habitué aux voyages dans la montagne, et qui avez besoin de repos.

— Non pas, Monsieur, si vous le permettez, » répondit le plus âgé des étrangers. « Nous estimons, en Angleterre, que le meilleur soulagement après qu'on a été fatigué par un certain genre d'exercices, est d'en entreprendre un autre : l'équitation, par exemple, repose celui que la marche a fatigué, mieux que ne le ferait le lit le plus doux. Si vos jeunes gens le veulent bien, mon fils prendra part à leurs exercices.

— Il trouvera en eux de rudes champions, » répondit le Suisse ; « à votre gré, cependant. »

Les jeunes gens se rendirent donc à la pelouse devant la maison. Anne de Geierstein, et quelques femmes de la domesticité, s'assirent sur un banc de gazon pour juger des succès de chacun ; des cris, des éclats de rire, tout ce qui annonce l'exubérance de la jeunesse livrée à ses turbulents exercices, frappa bientôt les oreilles des deux vieillards assis dans la salle du repas. Le maître de la maison reprit le flacon où était le vin, et ayant rempli la coupe de son convive, versa le restant dans la sienne.

« Digne étranger, » dit-il, « à l'âge où le sang devient froid et les idées lourdes, un peu de vin rend la pensée plus alerte et les membres plus souples. Je souhaiterais presque, cependant, que Noé n'eût jamais planté la vigne, depuis le temps où j'ai vu (ce n'est pas hier) mes compatriotes s'enivrer comme des Allemands, et ressembler à des pourceaux, incapables de bon sens, de pensée ou de mouvement.

— En effet, je l'ai remarqué, » répondit l'Anglais, « c'est un vice qui gagne sensiblement du terrain dans votre pays, tandis qu'il y était, je l'ai ouï dire, totalement inconnu il y a une centaine d'années.

— En effet, » dit le Suisse ; « car le vin se faisait rarement chez nous, et n'était jamais importé de l'étranger : personne n'avait le moyen d'en acheter, ou d'acheter aucune autre chose que ne produisent pas nos vallées. Par nos guerres et nos victoires, nous avons acquis la richesse aussi bien que la renommée ; et, tout au moins dans la pensée modeste de l'un d'entre nous, mieux aurait valu n'avoir ni l'un ni l'autre, s'il n'était vrai qu'en même temps, nous avons conquis la liberté. Il est bon, cependant, que le commerce puisse envoyer parfois dans nos montagnes écartées un visiteur comme vous, mon digne hôte, dont les discours annoncent un homme judicieux et entendu ; car si je n'aime pas à voir grandir le goût des colifichets et des babioles que les marchands introduisent, je reconnais que nous autres, simples montagnards, nous en apprenons plus par des hommes comme vous sur le monde qui nous entoure, que nous n'en pourrions savoir par nous-mêmes. Vous allez à Bâle, dites-vous, et de là au camp du duc de Bourgogne ?

— Oui, mon digne hôte, » dit le marchand, « si je puis accomplir mon voyage en sûreté.

— La sûreté, honorable ami, vous pourrez l'avoir si vous voulez attendre deux ou trois jours ; car, alors, j'entreprendrai moi-même le voyage, avec une escorte qui préviendra tout danger. Vous trouverez en moi un guide expérimenté et fidèle, et j'apprendrai de vous sur les autres pays beaucoup de choses qu'il m'importerait de savoir mieux que je ne les sais. Acceptez-vous le marché ?

— La proposition est trop à mon avantage pour que je la refuse, » repartit le vieux Philipson ; « puis-je vous demander l'objet de votre voyage ?

— J'ai réprimandé tout à l'heure ce jeune homme, » répondit Biederman, « pour avoir parlé d'affaires publiques sans réflexion et devant tout le monde ; mais nos nouvelles et ma commission n'ont pas besoin d'être cachées à une personne sensée, qui les apprendrait bientôt par le bruit public. Vous savez sans doute la haine mutuelle qui subsiste entre Louis XI de France et Charles de Bourgogne, surnommé le Téméraire ; ayant visité ces pays, ainsi que votre conversation me l'a fait comprendre, vous êtes probablement fort au courant des oppositions d'intérêt qui, indépendamment de la haine personnelle des souverains, en font des ennemis irréconciliables. A l'heure présente, Louis, qui n'a pas au monde son égal pour la ruse et les artifices, distribuant de grosses sommes à certains membres du conseil de nos voisins de Berne, versant de vrais trésors dans la caisse de cet État, montrant aux vieux l'appât des bénéfices à faire, encourageant la violence des jeunes, use de toute son influence pour pousser les Bernois à une guerre avec le duc. Charles, de son côté, agit (il le fait souvent) absolument ainsi que Louis l'aurait désiré. Nos voisins et alliés de Berne ne se bornent pas comme nous, habitants des cantons des Forêts, au pâturage ou à l'agriculture, mais ils font un commerce considérable, auquel le duc de Bourgogne a plusieurs fois porté atteinte par les exactions et les violences de ses officiers des villes frontières, ainsi que vous le savez sans aucun doute.

— Cela ne fait pas question, » répondit le marchand ; « ces actes sont universellement reconnus vexatoires.

— Vous ne serez donc pas surpris, si, sollicités par un souverain et froissés par l'autre, fiers des victoires passées et jaloux d'ajouter à leur pouvoir, Berne et les Cantons de Villes de notre confédération, dont les représentants, supérieurs par la richesse et l'éducation, en peuvent dire plus dans la diète que nous autres des Forêts, sont disposés à la guerre, où la république a, jusqu'à présent, toujours trouvé victoire, richesse, et accroissement de territoire.

— Et gloire aussi, mon digne hôte, » dit Philipson, l'interrompant avec enthousiasme ; « je ne m'étonne pas que les braves jeunes gens de vos pays se veuillent jeter en de nouvelles guerres, quand leurs victoires passées ont été si brillantes et si illustres.

— Vous n'êtes pas sage négociant, mon cher hôte, » répondit Arnold, « si vous considérez le succès dans les entreprises hardies du passé, comme un encouragement à la témérité dans l'avenir. Faisons meilleur usage de nos victoires. Quand nous avons combattu pour nos libertés, Dieu a béni nos armes; le fera-t-il si nous combattons pour notre agrandissement ou pour l'or de la France?

— Votre doute est juste, » dit le marchand d'un ton plus calme;

« mais n'auriez-vous pas le droit de tirer l'épée pour mettre fin aux exactions de la Bourgogne?

— Écoutez-moi, ami, » répondit le Suisse; « il se peut que nous autres, des cantons de Forêts, nous nous occupions trop peu de ces affaires de commerce, qui attirent si fort l'attention des bourgeois de Berne. Nous n'abandonnerons pas cependant, dans une juste querelle, nos voisins et alliés; et il est à peu près réglé qu'une députation sera envoyée au duc de Bourgogne pour demander redressement. La diète générale, maintenant assemblée à Berne, a souhaité que je prisse part à cette ambassade; de là le voyage dans lequel je vous propose de m'accompagner.

— Je serai fort heureux, mon digne hôte, de voyager en votre compagnie, » répondit l'Anglais. « Mais, en homme sincère, il me semble que votre stature et votre apparence sont celles d'un porteur de défi plus que d'un messager de paix.

— Je pourrais vous dire aussi, mon hôte honoré, » répliqua le Suisse, « que votre langage et vos sentiments sentent plutôt l'épée que la verge à mesurer.

— Je fus élevé pour l'épée, digne Monsieur, avant de prendre l'aune en main, » reprit Philipson en souriant, « et il se peut qu'il m'arrive encore d'accorder à mon ancien métier plus que la sagesse ne le conseillerait.

— Je le pensais bien, » dit Arnold ; « mais vous avez probablement combattu sous les bannières de votre pays contre un étranger et un ennemi national ; j'admets qu'en ce cas la guerre a quelque chose en elle qui élève le cœur au-dessus du sentiment vrai des calamités infligées et souffertes, des deux côtés, par des créatures de Dieu. La guerre où j'ai été engagé n'avait pas un tel relief. C'était la malheureuse guerre de Zurich, où des Suisses poussèrent leurs piques contre les poitrines de leurs concitoyens ; où l'on demandait quartier et on le refusait dans la même langue des montagnes. Vos réminiscences guerrières sont sans doute exemptes de pareils souvenirs. »

Le marchand courba la tête, et porta la main à son front, comme un homme auquel sont rappelées soudain les pensées les plus pénibles.

« Hélas ! » dit-il, « combien n'ai-je pas sujet d'éprouver la douleur que vos paroles expriment ! Quel peuple peut comprendre les malheurs de l'Angleterre s'il ne les a ressentis ! Quel œil peut les apprécier s'il n'a vu la terre désolée et sanglante par la lutte de deux factions furieuses ! des batailles dans toutes les provinces, des plaines remplies de cadavres, des échafauds inondés de sang ! Même en vos vallées paisibles, vous avez dû entendre parler des guerres civiles de l'Angleterre ?

— Je sais, en effet, » dit le Suisse, « que l'Angleterre a perdu ses possessions en France durant bien des années de guerres sanglantes intestines, pour la couleur d'une rose, n'est-ce pas ? Mais ces guerres sont finies.

— Pour le moment, » répondit Philipson, « elles semblent l'être. »

Comme il parlait, on frappa à la porte. « Entrez, » dit le maître de la maison. La porte s'ouvrit, et, avec le respect que, dans ces régions pastorales, on devait attendre des jeunes pour les anciens, la belle Anne de Geierstein se présenta.

CHAPITRE IV.

L'arc manié par lui tant de fois, il le tient,
Le tourne, le retourne, et le regarde encore.
Quelques-uns, en riant : « Mais il n'y connaît rien.
Voyez donc ce qu'il fait. — Il s'en faut qu'il ignore
Ce que c'est, » dit un autre, « et comment on s'en sert.
Cet homme est un archer, ou, du moins, en a l'air;
Il s'y connaît en arcs, j'en donne ma parole :
Peut-être qu'il en fait, peut-être qu'il en vole. »

Pope, *L'Odyssée d'Homère*.

LA belle jeune fille s'approcha, de l'air à demi timide à demi important qui sied bien à une jeune maîtresse de maison, fière et honteuse à la fois des devoirs de matrone qu'elle est appelée à remplir, et murmura quelques mots à l'oreille de son oncle.

« Ne pouvaient-ils pas, ces nigauds, faire eux-mêmes leur commission? Quand ils ont quelque chose à demander, pourquoi ne pas le demander eux-mêmes, au lieu de vous envoyer à leur place? Si ç'avait été raisonnable, quarante voix me l'auraient crié aux oreilles, tant nos jeunes gens de la Suisse sont timides à présent. » Anne se pencha, et lui chuchota de nouveau quelques paroles, pendant que, de sa grosse main, le vieillard caressait la chevelure de la jeune fille. Puis il répliqua : « L'arc de Buttisholz, ma chérie? Sont-ils devenus plus forts depuis l'année dernière, où pas un d'eux n'a pu le bander? Le voici pendu, avec ses trois flèches. Quel est le champion intelligent qui provoque à un jeu où il est sûr d'être battu ?

— C'est le fils de Monsieur, » dit la jeune fille ; « n'étant pas en état de vaincre mes cousins à la course, au saut, au jet de la barre ou du palet, il les a défiés à l'équitation ou au tir de l'arc anglais.

— L'équitation, » dit le vénérable Suisse, « ce serait difficile dans un pays où il n'y a pas de chevaux, et, y en eût-il, pas de terrain plat pour les faire courir. Mais un arc anglais, il en aura, puisque nous nous trouvons en posséder un. Portez-le à nos jeunes gens, ma nièce, avec les trois flèches, et dites-leur, de ma part, que celui qui s'en servira en fera plus que Guillaume Tell ou que le fameux Stauffacher. »

Anne alla prendre l'arme à la place où elle était suspendue avec d'autres précédemment remarquées par Philipson. Le marchand anglais fit l'observation que, « si les ménestrels de son pays étaient appelés à définir l'occupation de la jeune fille, ils n'admettraient pas qu'une aussi jolie main pût porter un autre arc que celui du petit dieu Cupidon.

— Qu'on ne me parle pas du petit dieu Cupidon, » répondit vivement Arnold, en riant à moitié ; « nous ne sommes que trop assourdis des niaiseries des ménestrels et des musiciens ambulants, depuis que ces vagabonds se sont aperçus qu'on récoltait chez nous quelques sous. Une jeune fille suisse ne doit chanter que les ballades de Tschudi et le Ranz des vaches. »

Tandis qu'il parlait, la demoiselle avait choisi, au milieu des armes, un arc de dimension gigantesque, ayant beaucoup plus de six pieds de long, et trois flèches d'une aune chacune. Philipson demanda à voir les armes, et les examina attentivement. « C'est de l'if, » dit-il, « et fort dur. Je dois m'y connaître, car, de mon temps, je me suis occupé de ces choses-là ; à l'âge d'Arthur, j'aurais courbé ce bois aussi aisément qu'un enfant courbe du saule.

— Nous sommes trop vieux pour nous vanter comme des jeunes gens, » dit Arnold Biederman, lançant à son compagnon un regard mêlé de reproche. « Portez cet arc à vos cousins, Anne, et celui qui pourra le tendre, dites qu'il a battu Arnold Biederman. » Comme il parlait, ses yeux se tournèrent vers les formes maigres, et cependant musculeuses, de l'Anglais, et se reportèrent ensuite sur sa puissante personne.

« Vous devez savoir, mon cher hôte, » dit Philipson, « que le maniement des armes ne tient pas à la force, mais à l'habileté et à la dextérité de la main. Ce qui m'étonne beaucoup, c'est de voir ici un arc de la fabrication de Mathieu de Doncaster; cet artisan habile vivait il y a au moins cent ans; il est merveilleux pour la dureté et la force des armes qu'il fabriquait, maintenant presque impossibles à manœuvrer, même pour un Anglais.

— Comment pouvez-vous, mon cher hôte, dire ainsi le nom du fabricant? » répliqua le Suisse.

« Grâce à la marque du vieux Mathieu, » répondit l'Anglais, « et à ses initiales sculptées en creux dans l'arc. Je m'étonne fort de le trouver ici, et si bien conservé.

— L'arc a été, » dit le landamman, « régulièrement ciré, huilé et entretenu; c'est le trophée d'un jour mémorable. Cela vous ferait de la peine si j'en racontais l'histoire, car il a été pris dans une journée fatale à votre pays.

— Mon pays, » répondit froidement l'Anglais, « a remporté assez de victoires, pour que ses enfants puissent écouter le récit d'une défaite isolée. Je ne savais pas que les Anglais eussent jamais fait la guerre en Suisse.

— Pas comme nation, » repartit Biederman. « Du temps de mon grand-père, un corps nombreux de soldats errants, composé d'hommes de presque tous les pays, mais surtout d'Anglais, de Normands et de Gascons, fondit sur l'Argovie et les districts adjacents. Ils avaient à leur tête un grand guerrier, appelé Enguerrand de Coucy : ce seigneur prétendait avoir quelques droits à réclamer contre le duc d'Autriche, et pour les faire valoir, il ravageait indifféremment le territoire autrichien et celui de notre confédération. Ses soldats étaient des mercenaires, se donnant le nom de francs compagnons, n'appartenant à aucun pays, mais aussi braves dans le combat que cruels dans leurs déprédations. Un temps d'arrêt au milieu des guerres constantes de la France et de l'Angleterre avait privé beaucoup de ces bandes de leurs occupations ordinaires, et la bataille étant leur élément, ils la vinrent chercher dans nos vallées. L'air semblait en feu au rayonnement de leurs armures, et le soleil était obscurci du vol de leurs flèches. Ils nous firent beaucoup de mal, et nous perdîmes plus d'une bataille. Mais nous les avons rencontrés à Buttisholz, et au sang des chevaux nous avons mêlé celui des chevaliers, c'est-à-dire de ceux que l'on nommait et estimait nobles. Le grand tertre qui recouvre les ossements des hommes et des chevaux s'appelle encore *la Tombe aux Anglais.* »

Philipson garda le silence une ou deux minutes, et répliqua : « Qu'ils dorment en paix! S'ils ont mal fait, ils l'ont payé de leurs vies ; et c'est toute la rançon qu'un mortel peut donner pour ses péchés. Le ciel pardonne à leurs âmes!

— *Amen,* » répondit le landamman, « et aux âmes de tous les braves ! Mon grand-père était à la bataille ; il passa, aux yeux de tous, pour s'y être comporté comme un bon soldat, et cet arc a toujours été, depuis ce temps, soigneusement conservé dans la famille. Il y a une prophétie là-dessus, mais je ne la crois pas digne d'attention. »

Philipson allait en demander plus long ; il fut interrompu par une bruyante acclamation de surprise venue du dehors.

« Allons voir, » dit Biederman, « ce que font ces étourdis. Ce n'est pas à présent comme autrefois, où les jeunes, dans le pays, n'osaient juger des choses par eux-mêmes que la voix des vieillards n'eût prononcé. »

Il sortit, suivi de son hôte. Ceux qui avaient été témoins des exercices de la jeunesse parlaient, criaient et disputaient tous à la fois ; Arthur Philipson était un peu à l'écart des autres, tranquillement appuyé sur l'arc détendu. A la vue du landamman, tout rentra dans le silence.

« Que veulent dire ces cris? » demanda la voix que tous étaient habitués à écouter avec respect. « Rudiger, » s'adressant à l'aîné de ses fils, « le jeune étranger a-t-il bandé l'arc?

— Oui, mon père, » dit Rudiger, « et il a atteint le but. Guillaume Tell lui-même n'a jamais tiré trois coups pareils.

— De la chance, pas autre chose, » dit le jeune Suisse de Berne. « Nulle adresse humaine n'aurait fait cela, encore moins un chétif garçon, qui a échoué dans tout le reste de ce qu'il a essayé avec nous.

— Mais encore, qu'a-t-il fait? » dit le landamman. « Ne parlez pas tous à la fois. Anne de Geierstein, vous avez plus de sens et de savoir-vivre qu'eux. Dites-moi ce qui s'est passé. »

La jeune fille fut un peu confuse de cet appel ; mais, l'air calme et les yeux baissés, elle répondit :

« Le but était, comme d'habitude, un pigeon attaché à une perche. Tous, excepté l'étranger, s'étaient exercés contre avec l'arbalète et l'arc de guerre, sans pouvoir atteindre la bête. Lorsque j'apportai l'arc de Buttisholz, je l'offris d'abord à mes cousins. Aucun ne voulut le prendre, disant, oncle vénéré, qu'une tâche trop grande pour vous serait nécessairement beaucoup trop difficile pour eux.

— Ils ont dit vrai, » répondit Arnold Biederman ; « et l'étranger, a-t-il bandé l'arc ?

— Oui, mon oncle ; après avoir écrit d'abord quelque chose sur un morceau de papier qu'il m'a remis dans la main.

— A-t-il tiré, et atteint le but ? » ajouta le Suisse étonné.

« Il a commencé, » dit Anne, « par porter la perche cent mètres plus loin qu'elle n'était.

— C'est singulier ! » dit le landamman ; « le double de la distance ordinaire.

— Ensuite, il a tiré l'arc, » continua la jeune fille, « et a lancé l'une après l'autre, avec une rapidité incroyable, les trois flèches qu'il avait à sa ceinture. La première a fendu la perche, la seconde a coupé la corde, la troisième a tué le pauvre oiseau qui s'envolait.

— Par sainte Marie d'Einsiedeln, » dit le vieillard stupéfait et levant les yeux au ciel, « si vous avez vu cela, vous avez vu manier l'arc comme on ne l'avait jamais fait jusqu'à présent dans les cantons des Forêts !

— Permettez-moi, vénéré parent, d'avoir une autre pensée, » répliqua Rodolphe de Donnerhugel, dont le déplaisir était évident ; « pure chance, et peut-être illusion ou sorcellerie.

— Qu'en pensez-vous vous-même, Arthur ? » dit le père, souriant à demi ; « y a-t-il eu hasard ou adresse ?

— Mon père, » dit le jeune homme, « je n'ai pas besoin de vous dire que je n'ai fait qu'une chose ordinaire pour un archer anglais. Je n'ai point à me justifier devant ce jeune homme fier et ignorant.

Le tir de l'arc.

Mais pour notre digne hôte et pour sa famille, je répondrai. On m'accuse d'avoir fait illusion aux regards, ou d'avoir atteint le but par hasard. Quant à l'illusion, voici la perche fendue, la corde coupée et l'oiseau tué : on peut les voir et les toucher. Et si Mademoiselle veut, en outre, ouvrir la note que je lui ai remise, elle y trouvera la preuve convaincante qu'avant de tirer l'arc, j'avais fixé les trois buts que je me proposais d'atteindre.

— Montrez le papier, ma nièce, » dit le landamman. « Cela finira la controverse.

— Non, mon digne hôte ; non, avec votre permission, » dit Arthur ; « ce n'est qu'un jeu, des rimes destinées seulement aux regards de mademoiselle.

— Avec votre permission, Monsieur, » répliqua le landamman, « tout ce qui est bon pour les regards de ma nièce l'est aussi pour mes oreilles. »

Il prit le papier des mains de la jeune fille, qui rougit beaucoup en le donnant. L'écriture était si belle que le landamman s'écria avec surprise : « Pas un moine de Saint-Gall n'écrirait mieux. C'est étrange, » ajouta-t-il, « qu'une main capable de tirer un pareil arc soit assez adroite pour former des caractères aussi fins. » Puis, de nouveau, il s'écria : « Ah ! des vers, par Notre-Dame ! Aurions-nous ici des ménestrels déguisés en marchands ? » Il acheva d'ouvrir, et lut ce qui suit :

> Perche, corde, pigeon : j'espère
> En trois coups terminer l'affaire ;
> Je suis archer, je suis Anglais,
> Fidèle lorsque je promets.
> Cependant, je confesse, belle,
> Que si j'étais visé par vous,
> Un seul coup de votre prunelle
> Vaudrait autant que mes trois coups.

« De jolis vers, mon cher hôte, » dit le landamman, secouant la tête ; « de belles paroles pour amuser les filles et pour leur tourner la tête. Ne vous excusez pas ; c'est la mode de votre pays, et nous savons comment il faut prendre ces choses-là. » Sans aucune autre allusion à la fin de la strophe, dont la lecture troubla quelque peu l'auteur de la poésie et celle qui en était l'objet, il ajouta d'un ton sérieux : « Vous reconnaîtrez maintenant, Rodolphe Donnerhugel, que l'étranger a précisément atteint les trois buts qu'il se proposait.

— Qu'il les a atteints, c'est évident, » dit le personnage interpellé ; « l'a-t-il fait par les bons moyens ? on peut en douter, s'il y a en ce monde de la sorcellerie et de la magie.

— Fi, Rodolphe ! fi ! » repartit le landamman ; « le mécontentement et l'envie peuvent-ils avoir tant d'empire sur un homme aussi brave que vous, de qui mes fils doivent apprendre la modération, la bienveillance, l'équité, non moins que le courage et l'adresse ? »

Le Bernois devint rouge sous ce reproche, mais n'essaya pas d'y répliquer.

« Continuez vos exercices, mes enfants, jusqu'au coucher du soleil, » ajouta Arnold ; « pendant que, mon honorable ami et moi, nous ferons une promenade, pour laquelle la soirée est favorable.

— J'aurai plaisir, » dit le marchand anglais, « à visiter les ruines de ce château, situé près de la cascade. Il y a dans cet endroit une dignité mélancolique qui nous réconcilie avec les malheurs de notre époque, en nous montrant que nos ancêtres, plus intelligents peut-être et plus puissants que nous, ont rencontré néanmoins, de leur temps, des soucis et des infortunes pareils à ceux dont nous gémissons aujourd'hui.

— A votre bon choix, cher Monsieur, » répliqua son hôte ; « nous aurons le temps, chemin faisant, de parler de choses qu'il sera bon que vous connaissiez. »

Le pas mesuré des deux vieillards les éloigna peu à peu de la pelouse, où les cris et les rires avaient recommencé. Le jeune Philipson, en qui les succès de l'archer avaient effacé tout souvenir des défaillances antérieures, essaya de nouveau de se mêler aux mâles exercices du pays, et y obtint de sérieux applaudissements. Les jeunes gens, si disposés tout à l'heure à le tourner en ridicule, commençaient à voir qu'il fallait tenir compte de sa personne et de ses opinions ; et Rodolphe Donnerhugel s'apercevait avec dépit qu'il n'était plus sans rival aux yeux de ses cousins, et peut-être aussi de sa cousine. L'orgueilleux jeune homme se disait avec amertume qu'il avait encouru le mécontentement du landamman, diminué sa réputation auprès de ses compagnons dont il avait été jusque-là le chef, et qu'il courait même le risque d'un désappointement plus mortifiant ; tout cela, son cœur gonflé de dépit l'exprimait assez, à cause d'un petit étranger, sans naissance ni renommée, incapable d'aller d'un rocher à l'autre sans les encouragements d'une jeune fille.

En proie à cette irritation, il s'approcha du jeune Anglais, et, tout en semblant causer avec lui des incidents des jeux auxquels on se livrait encore, il introduisit à voix basse un colloque tendant à tout autre chose. Frappant l'épaule d'Arthur avec la brutale liberté d'un montagnard : « Le carreau d'arbalète d'Ernest a sifflé dans l'air comme un faucon glissant sous le vent. » Et, tout bas, il ajouta : « Vous autres marchands, vous vendez des gants ; vendez-vous quelquefois le gant dépareillé, ou ne vendez-vous qu'à la paire ?

— Le gant dépareillé, je ne le vends pas, » dit Arthur, devinant de suite la pensée de son interlocuteur, et disposé à se souvenir des regards du Bernois pendant le repas, et de ses imputations de hasard ou de sorcellerie. « Je ne vends pas le gant seul, mais je ne refuse pas d'en faire l'échange.

— Vous comprenez, je le vois, » dit Rodolphe ; « regardez-les jouer pendant que je parle, ou l'on soupçonnera ce que nous disons. Vous saisissez les choses plus vite que je ne l'aurais cru. Si nous échangeons nos gants, comment chacun de nous pourra-t-il ravoir le sien ?

— Avec sa bonne épée, » dit Arthur Philipson.

« Avec une armure, ou tels que nous sommes ?

— Tels que nous sommes, » dit Arthur. « Je n'ai pas d'autre habit de combat que ce pourpoint, ni d'autre arme que mon épée ; et tous les deux, seigneur Suisse, suffiront pour ce que vous dites. L'heure et le lieu ?

— La cour du vieux château de Geierstein, » répliqua Rodolphe ; « l'heure, le lever du soleil. Mais on nous observe. Étranger, » ajouta-t-il, parlant plus haut, et comme s'il s'agissait d'une chose indifférente, « j'ai perdu mon pari : le jet d'Ulric est allé plus loin que celui d'Ernest. Voici mon gant pour vous assurer que je n'oublierai pas le flacon de vin.

— Et voici le mien, » répondit Arthur, « pour vous garantir que je le boirai joyeusement avec vous. »

C'est ainsi que, parmi les jeux rudes mais pacifiques de leurs compagnons, ces deux têtes chaudes travaillaient à satisfaire leur hostilité, en se donnant un redoutable rendez-vous.

CHAPITRE V.

>Le troupeau mugissant et la rive fleurie,
>Des humbles paysans les plaisirs et la vie;
>C'était mon rêve à moi, plus aimable à mes yeux
>Que les riches lambris festoyants et fiévreux.
>Croyez-moi, non, jamais une coupe d'érable
>De loger le poison ne se trouva capable.
>
>*Anonyme.*

AISSANT les jeunes à leurs exercices, le landamman d'Unterwalden et Philipson père cheminèrent de compagnie, causant principalement des relations politiques de la France, de l'Angleterre et de la Bourgogne. La conversation changea lorsqu'ils entrèrent dans la cour du vieux château de Geierstein, où s'élevait solitaire le donjon démantelé, entouré des ruines d'autres bâtiments.

« Ç'a été dans son temps, » dit Philipson, « une habitation fière et forte.

— Une race fière et puissante l'occupait, » répliqua le landamman. « Les comtes de Geierstein ont une histoire qui remonte aux temps des vieux Helvétiens, et leurs exploits, raconte-t-on, ont égalé leur antiquité. Mais toute grandeur terrestre a une fin; des hommes libres foulent aujourd'hui les ruines du vieux château féodal, tandis qu'à la vue de ses tourelles, les serfs, du plus loin qu'ils les distinguaient, étaient obligés jadis d'ôter leurs bonnets, pour ne pas être châtiés comme rebelles contumaces.

— J'aperçois gravé sur une pierre, au-dessous de cette tourelle, le cimier, probablement, de la dernière famille, » dit le marchand; « c'est un vautour perché sur un roc, façon d'exprimer par le ciseau le mot *Geierstein.*

— C'étaient les anciennes armes de la famille, » répliqua Arnold Biederman, « et, comme vous le remarquez, elles disent le nom du château, le même que le nom des chevaliers qui l'ont occupé si longtemps.

— J'ai remarqué aussi dans votre grand'salle, » ajouta le marchand, « un heaume portant les mêmes armoiries. C'est, je suppose, le trophée d'un triomphe des paysans suisses sur les nobles de Geierstein, comme l'arc anglais est un souvenir de la bataille de Buttisholz?

— Et vous, cher Monsieur, je le vois bien, » répliqua le landamman, « grâce aux préjugés de l'éducation, vous considérez cette victoire avec autant de déplaisir que l'autre? Chose étrange, que le respect du rang soit enraciné dans les esprits même de ceux qui n'ont pas à en partager l'honneur! Mais levez les yeux, mon digne hôte, et déridez-vous; soyez assuré que, bien qu'à l'époque où la Suisse secoua les entraves de l'esclavage féodal, le château de plus d'un baron orgueilleux ait été pillé et détruit par la juste vengeance d'un peuple irrité, tel ne fut pas le lot de Geierstein. Le sang des vieux possesseurs de ces tours coule dans les veines de celui par qui ces terres sont occupées.

— Que dois-je entendre par là, Monsieur le landamman? » dit Philipson. « N'est-ce pas vous qui les occupez?

— Vous pensez probablement, » répondit Arnold, « que parce que je vis comme les autres bergers, m'habille comme eux de l'étoffe grise que l'on file à la maison, et tiens la charrue de mes propres mains, je ne puis pas descendre d'une race d'ancienne noblesse? Ce pays contient, seigneur marchand, beaucoup de paysans gentilshommes, et il n'y a pas de noblesse plus ancienne que celle dont on trouve les restes dans le pays où je suis né. Mais elle a volontairement abdiqué ce qu'il y avait de tyrannique dans la puissance féodale, et ses membres ne sont plus, aujourd'hui, regardés comme des loups dans le troupeau, mais comme des chiens dont le nez est bon, gardant les moutons en temps de paix, prompts à les défendre si la guerre menace la communauté.

— Mais, » répéta le mar-

Arnold Biederman et son fils Rudiger.

chand, n'ayant pu se rallier encore à l'idée que son hôte, si simple et à l'air de paysan, fût un homme de haute naissance, « vous ne portez pas, cher Monsieur, le nom de vos pères. C'étaient, dites-vous, les comtes de Geierstein, et vous êtes...

— Arnold Biederman, pour vous servir, » répondit le magistrat. « Sachez cependant, si cela peut vous faire souper avec plus de satisfaction et d'appétit, que je n'ai qu'à me coiffer de ce vieux heaume, ou, si cela me gênait trop, à planter seulement sur mon chapeau une plume de faucon, pour m'appeler Arnold, comte de Geierstein. Nul ne pourrait me contredire. Conviendrait-il à un seigneur comte de conduire ses bœufs au pâturage ? Son Excellence pourrait-elle, sans déroger, ensemencer un champ ou le moissonner ? ce sont des questions que l'on pourrait se poser. Je vous vois tout étonné, mon respectable hôte, de ce que j'ai tant dégénéré ; mais la situation de ma famille sera bien vite expliquée.

« Mes ancêtres gouvernaient ce domaine de Geierstein, très vaste à cette époque, à peu près de même que les autres barons féodaux ; c'est dire qu'ils étaient quelquefois les protecteurs et les patrons, plus souvent les oppresseurs de leurs sujets. Au temps où florissait mon grand-père, Henri de Geierstein, non seulement il se joignit aux confédérés pour repousser Enguerrand de Coucy et ses bandes de pillards (je vous l'ai déjà raconté) ; mais, lorsque recommencèrent les luttes avec l'Autriche, et que beaucoup de personnes de son rang joignirent l'armée de l'empereur Léopold, mon aïeul opta pour le parti opposé, combattit à la tête des confédérés, et contribua par son habileté et sa valeur à la victoire décisive de Sempach, dans laquelle Léopold perdit la vie, et la fleur de la chevalerie autrichienne tomba à ses côtés. Mon père, le comte Williewald, suivit la même ligne, par goût et par politique. Il s'unit étroitement avec l'État d'Unterwalden, devint citoyen de la confédération, et se distingua si bien, qu'il fut choisi pour landamman de la République. Il eut deux fils, moi, et Albert, mon cadet ; inclinant, par caractère, de deux côtés à la fois, il eut le désir (à tort peut-être, s'il est permis de blâmer les résolutions d'un père qui n'est plus), il eut donc le désir qu'un de ses fils lui succédât dans sa seigneurie de Geierstein, et que l'autre jouât le rôle, moins brillant quoique non moins honorable dans ma pensée, de libre citoyen d'Unterwalden, possédant dans le canton, parmi ses égaux, l'influence que pouvaient lui donner le mérite de son père et le sien propre. Lorsqu'Albert eut douze ans, notre père nous fit faire une courte excursion en Allemagne : les usages, les cérémonies, les magnificences dont nous fûmes témoins, firent une impression fort différente sur l'esprit de mon frère et sur le mien. Ce qu'Albert trouvait la perfection des splendeurs terrestres, ne me semblait à moi qu'un fastidieux étalage de cérémonies inutiles. Notre père nous expliqua ses intentions, et m'offrit, comme à l'aîné, le vaste domaine dépendant de Geierstein, réservant une portion des terres les plus fertiles, pour faire de mon frère l'un des citoyens les plus riches dans un district où le nécessaire passe pour la richesse. Des larmes coulèrent des yeux d'Albert. « Mon frère, » dit-il, « sera donc un noble comte, respecté et suivi par des vassaux et des hommes d'armes, et moi simple paysan parmi les vieux bergers d'Unterwalden? non, mon père ; je respecte vos volontés, mais je ne sacrifierai pas mes droits. Geierstein est un fief d'empire, et les lois me donnent la juste moitié des terres. Si mon frère est comte de Geierstein, je n'en suis pas moins le comte Albert de Geierstein ; j'en appellerai à l'empereur, plutôt que de laisser effacer en moi, par la volonté arbitraire d'un de mes ancêtres (fût-ce mon père), le rang et les droits que m'ont transmis cent autres aïeux. » Mon père fut fort irrité. « Allez, » dit-il, « orgueilleux enfant, donner à un ennemi un prétexte pour se mêler des affaires de votre pays, en appeler du bon plaisir de votre père à la volonté d'un prince étranger. Allez, mais ne me regardez plus jamais en face, et craignez mon éternelle malédiction ! » Albert allait répliquer avec violence, quand je le suppliai de se taire et de m'écouter. Depuis que je vivais, leur dis-je, j'avais préféré la montagne à la plaine, la marche à pied aux courses à cheval ; plus fier de lutter aux jeux des bergers qu'aux lices des nobles, plus heureux aux danses de village que parmi les fêtes des grands de l'Allemagne. « Souffrez donc, » ajoutai-je, « que je sois un citoyen de la république d'Unterwalden ; vous m'épargnerez bien des ennuis ; et que mon frère Albert prenne la couronne et porte les honneurs de Geierstein. » Après quelque discussion, mon père finit par adopter ma proposition, moyen d'atteindre le but qu'il avait si fort à cœur. Albert fut déclaré l'héritier du château et du rang, avec le titre de comte Albert de Geierstein ; moi, je fus mis en possession des champs et des prairies fertiles au milieu desquels est situé ma demeure, et mes voisins m'appelèrent Arnold Biederman.

— Si Biederman, comme je le crois, » répliqua le marchand, « veut dire homme sincère, honorable et généreux, je ne connais personne à qui l'épithète s'applique mieux. Permettez-moi de dire que je loue cette conduite, à laquelle cependant, en des circonstances pareilles, mon esprit n'aurait pas su se plier. Continuez, je vous prie, l'histoire de votre maison, si ce récit n'a rien de pénible pour vous.

— Je n'ai plus grand'chose à dire, » ajouta le landammann. « Mon père mourut peu après avoir réglé, comme je viens de l'indiquer, la disposition de ses domaines. Mon frère avait d'autres possessions en Souabe et en Westphalie, et visita rarement le château paternel, occupé, la plupart du temps, par un sénéchal : cet homme était si odieux aux vassaux de la famille que, sans la protection due à mon voisinage et à ma parenté avec son maître, on l'aurait arraché de son nid, et traité avec aussi peu de cérémonie que si ç'avait été le vautour lui-même. A vrai dire, les rares visites de mon frère à Geierstein ne furent pas un grand soulagement pour ses vassaux, et n'acquirent pas au seigneur lui-même beaucoup de popularité. Il entendait par les oreilles, voyait par les yeux de son intendant cruel et intéressé, Ital Schreckenwald, et ne voulait pas même écouter mon intervention et mes avis. Bien que, pour moi personnellement, il témoignât toujours de la tendresse, il me considérait, je crois, comme un campagnard obtus et pauvre d'esprit, en qui des penchants vulgaires avaient avili un noble sang. Il montrait à tout propos du mépris pour les préjugés de ses concitoyens ; il froissait surtout leurs sentiments en portant en public une plume de paon, et en faisant porter à ses gens le même insigne, encore que ce fût celui de la maison d'Autriche, si impopulaire en ce pays que des gens ont été mis à mort sans autre raison que de l'avoir eu à leur chapeau. J'étais marié alors à ma chère Berthe, maintenant une sainte du ciel, de qui j'ai eu six garçons robustes : vous venez d'en voir cinq autour de ma table. Albert aussi se maria. Sa femme était une Westphalienne de haut rang, mais son union fut moins féconde ; il n'eut qu'une fille, Anne de Geierstein. Alors survinrent les guerres entre la ville de Zurich et nos cantons des Forêts, où tant de sang a coulé, et dans lesquelles nos frères de Zurich furent assez mal avisés pour embrasser l'alliance de l'Autriche. L'empereur usa de tous les moyens pour mettre à profit l'occasion favorable à lui offerte par la désunion de la Suisse, et engagea à seconder ses efforts tous ceux sur lesquels il avait de l'influence. Il n'y réussit que trop auprès de mon frère : non seulement Albert prit les armes pour la cause de l'empereur, mais encore il reçut dans la forteresse de Geierstein une troupe de soldats autrichiens, avec laquelle le coupable Ital Schreckenwald dévasta tout le pays, excepté mon petit patrimoine.

— Ce fut une dure situation pour vous, mon digne hôte, » dit le marchand, « puisque vous eûtes à vous décider entre la cause de votre pays et celle de votre frère.

— Je n'hésitai pas, » continua Arnold Biederman. « Mon frère était dans l'armée de l'empereur; je n'étais donc pas réduit à agir personnellement contre lui ; mais je déclarai la guerre aux voleurs et aux bandits dont Schreckenwald avait rempli la maison de mon père. Cette guerre eut des fortunes diverses. Le sénéchal, durant mon absence, brûla ma maison et tua mon plus jeune fils, mort, hélas! en défendant le foyer paternel. Est-il besoin d'ajouter que mes terres furent dévastées et mes troupeaux détruits? Je réussis, d'autre part, avec l'aide d'un corps de paysans d'Unterwalden, à prendre d'assaut le château de Geierstein. Il me fut offert par les confédérés ; mais je n'avais aucun désir de souiller la noble cause pour laquelle j'avais pris les armes, en m'enrichissant aux dépens de mon frère; habiter une forteresse eût été, d'ailleurs, une pénitence, pour un homme qui, depuis bien des années, n'avait pour protecteurs de sa maison qu'un loquet et un chien de berger. Le château fut donc démantelé, ainsi que vous le voyez, par ordre des anciens du canton ; je crois même, songeant à l'usage que l'on en a fait trop longtemps, que je regarde plus volontiers les restes incomplets de Geierstein, que je n'ai jamais regardé ce château lorsqu'il était entier et réputé imprenable.

— Je comprends votre sentiment, » dit l'Anglais, « encore que, je le répète, ma vertu n'eût pas su peut-être triompher à ce point des affections de famille. Qu'a dit votre frère de votre patriotique conduite?

— Il fut, comme je l'appris, profondément irrité, » répondit le landamman; « on lui avait dit, sans aucun doute, que j'avais pris son château en vue d'un agrandissement personnel. Il jura même de répudier ma parenté, de me chercher dans la bataille, et de me tuer de sa propre main. Nous fûmes tous les deux, en effet, à la bataille de

Freyenbach, mais mon frère ne put songer à l'exécution de sa vengeance ; il fut blessé d'une flèche, et porté hors de la mêlée. J'assistai plus tard à la triste et sanglante bataille du mont Herzel, et à cet autre assaut de la chapelle Saint-Jacob, qui détermina nos frères de Zurich à un arrangement, et réduisit une fois de plus l'Autriche à la nécessité de faire la paix. Après cette guerre de treize ans, la diète rendit contre mon frère Albert sentence de bannissement perpétuel ; elle l'aurait aussi privé de ses possessions, mais elle lui en fit grâce en considération de ce qu'elle appela mes bons services. Lorsque la sentence fut signifiée au comte de Geierstein, il y répondit par un défi ; une circonstance singulière nous montra cependant, peu de temps après, qu'il conservait de l'attachement pour son pays, et qu'au milieu de son ressentiment contre moi, il rendait justice à mon inaltérable affection pour lui.

— Je gagerais, » dit le marchand, « que ce qui va suivre se rapporte à cette belle jeune fille, votre nièce ?

— Vous devinez juste, » dit le landamman. « Nous sûmes pendant quelque temps, quoique d'une façon imparfaite (car nous n'avons, vous le savez, que peu de communications avec les pays étrangers), nous sûmes mon frère fort en faveur à la cour de l'empereur ; et, plus tard, nous apprîmes qu'il avait été en butte à des soupçons, et qu'en une de ces révolutions si fréquentes aux cours des princes, il avait été envoyé en exil. Bientôt après avoir reçu cette nouvelle, et, il y a, je crois, plus de sept ans, je revenais de chasser de l'autre côté de la rivière, j'avais, comme de coutume, traversé le pont, et je passais par la cour que nous venons de quitter, » (les deux vieillards retournaient maintenant à la maison) « lorsqu'une voix me dit, en allemand : « Ayez pitié de moi, mon oncle ! » Levant les yeux, je vis une petite fille de dix ans s'approcher timidement, sortant des ruines qui l'avaient cachée, et s'agenouiller à mes pieds. « Mon oncle, sauvez-moi, » dit-elle, joignant ses petites mains en suppliante, tandis qu'une terreur mortelle se peignait sur son visage. « Suis-je votre oncle, ma petite ? » lui dis-je ; « et, si je le suis, pourquoi avoir peur ? — Parce que vous êtes le chef des rustres méchants et grossiers qui aiment à verser le sang des nobles, » répliqua la petite fille, avec un courage qui me surprit. « Quel est votre nom, mon enfant? qui a pu, vous ayant mis en tête de pareilles idées sur votre parent, vous amener ici pour voir s'il ressemble au portrait qu'on vous en fait? — C'est Ital Schreckenwald qui m'a amenée, » dit l'enfant, ne comprenant qu'à moitié ma question. « Ital Schreckenwald, » répétai-je, choqué d'entendre prononcer le nom d'un misérable que j'ai tant sujet de détester. Une voix du sein des ruines, semblable à l'écho qui sortirait d'un tombeau, ré-

pondit : « Ital Schreckenwald ! » Et le traître, quittant sa cachette, se présenta devant moi, avec ce singulier mépris du danger qu'il allie au caractère le plus odieux. J'avais à la main mon bâton ferré. Qu'allais-je faire? Ou, plutôt, qu'auriez-vous fait à ma place ?

— J'aurais précipité l'homme à terre, et brisé son crâne comme l'on brise un glaçon ! » dit l'Anglais avec fureur.

« J'ai failli le faire, » répliqua le Suisse, « mais il était sans arme ; c'était l'envoyé de mon frère ; je ne pouvais me venger. Sa conduite hardie contribua à le sauver. « Que le vassal du noble et haut seigneur comte de Geierstein écoute les paroles de son maître, et y obéisse, » dit l'insolent scélérat. « Chapeau bas, et écoutez ; car si la voix est la mienne, les paroles sont celles du noble comte. — Dieu et les hommes savent, » répliquai-je, « si je dois à mon frère respect et hommage. C'est déjà beaucoup que, par égard pour lui, je ne paie pas à son messager le salaire que je lui dois. Achève, et débarrasse-moi de ta présence! — Albert comte de Geierstein, ton maître et le mien, » continua Schreckenwald, « ayant en main des guerres et d'autres affaires d'importance, t'envoie sa fille, la comtesse Anne, et te fait l'honneur de te confier sa garde et son entretien, jusqu'à ce qu'il lui plaise te requérir de la rendre ; il entend qu'à cette charge tu appliques les revenus et profits des terres de Geierstein, usurpées par toi. — Ital Schreckenwald, » lui répondis-je, « je ne m'arrête pas à demander si cette façon de me parler est conforme aux instructions de mon frère, ou si c'est l'inspiration de ta propre insolence. Pour peu que les circonstances aient, comme tu le dis, privé ma nièce de son protecteur naturel, je serai pour elle un père, et rien ne lui manquera de ce que je puis lui donner. Les terres de Geierstein sont confisquées au profit de l'État, le château est en ruines, comme tu le vois, et c'est surtout à cause de tes crimes que la maison de mes pères est désolée. Mais où j'habite, Anne de Geierstein habitera, où mes enfants ont de quoi vivre elle en trouvera aussi, et je la traiterai comme ma fille. Ta commission est faite ; va-t'en si tu aimes la vie ; car il est dangereux de converser avec le père, lorsque tes mains sont souillées du sang du fils. » Le malheureux partit comme je parlais, mais prit congé encore avec la ferme insolence qui lui était propre. « Adieu, » dit-il, « comte de la charrue et de la herse ; adieu, noble compagnon de chétifs bourgeois! » Il disparut, et me délivra de la tentation qui m'envahissait, et qui m'aurait fait souiller de son sang le lieu témoin de sa cruauté et de ses forfaits. J'emmenai ma nièce chez moi, et j'arrivai promptement à la convaincre que j'étais son ami sincère. Je l'habituai, comme si elle avait été ma fille, à tous nos exercices de la montagne ; en même temps qu'elle y surpasse toutes les demoiselles du pays, il y a en elle des étincelles de jugement et de courage, mêlées d'une délicatesse exquise, qui n'appartiennent pas (je dois l'avouer) aux jeunes filles ordinaires de ces montagnes sauvages, mais où se trouve l'empreinte d'une autre origine et d'une naissance plus haute. Il s'y ajoute tant de simplicité et de gracieuse politesse, qu'Anne de Geierstein est considérée à bon droit comme l'orgueil de ce district. Qu'elle choisisse un mari qui en soit digne, et l'état, je n'en doute pas, lui assignerait une large dot sur les possessions de son père, car notre maxime n'est pas de punir l'enfant des fautes du père.

— Votre grand désir, hôte honoré, » répliqua l'Anglais, « est naturellement d'assurer à votre nièce, aux louanges de laquelle ma voix reconnaissante a bien sujet de se joindre, le mariage qui convient à sa naissance, et surtout à son mérite.

— Cela, en effet, mon cher hôte, » dit le landamman, « a souvent occupé mes pensées. La proche parenté empêche ce qui aurait été mon désir le plus ardent, l'espoir de la voir mariée à l'un de mes fils. Ce jeune homme, Rodolphe Donnerhugel, est brave et fort en estime parmi ses concitoyens; mais plus ambitieux et plus avide de distinctions que je ne le voudrais pour le compagnon de ma nièce. Son caractère est violent, bien que le cœur soit bon. Mais j'aurai le regret, sans doute, d'être déchargé de tout soin à cet égard, puisque mon frère, après avoir paru oublier Anne sept ans et plus, a, par une lettre récente, demandé qu'elle lui fût rendue. Vous savez lire, cher Monsieur, votre profession l'exige. Tenez, voici cette lettre; le style en est froid, mais beaucoup moins inconvenant que celui du grossier message d'Ital Schreckenwald. Lisez-la tout haut, je vous prie. »

Le marchand lut ce qui suit :

« Mon frère, je vous remercie du soin que vous avez pris de ma fille : elle a été en sûreté chez vous, elle eût été en péril ailleurs ; elle a eu un sort facile, ailleurs il eût été dur. Je vous prie instamment aujourd'hui de me la rendre, persuadé qu'elle m'arrivera avec les vertus qui conviennent à une femme dans toutes les situations, et prête à abandonner les habitudes d'une villageoise suisse pour les manières d'une jeune fille de haute naissance. Adieu. Une fois encore, je vous remercie de vos soins, et je vous en témoignerais ma reconnaissance par mes services s'il était en mon pouvoir ; mais vous n'avez besoin d'aucune des choses que je puis donner, ayant renoncé au rang pour lequel vous étiez né, et fait votre nid à fleur de terre, où l'orage passe au-dessus de vous. Votre frère,

« GEIERSTEIN. »

« L'adresse : « Au comte Arnold de Geierstein, connu sous le nom d'Arnold Biederman. » Un *post-scriptum* vous requiert d'envoyer la jeune fille à la cour du duc de Bourgogne.

« Cette lettre, cher Monsieur, est le langage d'un homme altier, partagé entre le souvenir d'une offense ancienne et celui d'une obligation récente. Les paroles de son messager étaient celles d'un vassal insolent, désireux de donner cours à son dépit personnel sous prétexte d'accomplir la commission du maître.

— C'est ainsi que je comprends les deux choses, » répliqua Arnold Biederman.

« Entendez-vous donc, » continua le marchand, « remettre cette belle et intéressante créature sous la conduite de son père, dont le caractère est si altier, sans savoir la situation présente du comte ni s'il est à même de la protéger ? »

Le landamman se hâta de répliquer. « Le lien entre le père et l'enfant est le premier et le plus sacré qui unisse la race humaine. La difficulté de faire voyager Anne en sûreté m'a empêché jusqu'à présent de mettre à exécution les instructions de mon frère. Mais, sur le point de me rendre en personne à la cour de Charles, j'ai décidé que ma nièce m'accompagnera ; et, comme je m'entretiendrai moi-même avec mon frère, que je n'ai pas vu depuis bien des années, je saurai ses desseins à son égard, et j'amènerai peut-être Albert à la laisser sous ma garde. Maintenant, cher Monsieur, que je vous ai dit mes affaires de famille plus longuement qu'il n'eût été nécessaire, je vous prie de prêter attention, en homme sage, à ce que j'ai à vous dire encore. Vous savez la disposition qu'ont naturellement les jeunes hommes et les jeunes femmes à parler, à rire et à badiner ensemble ; de là naissent fréquemment des attachements plus sérieux qu'on appelle *s'aimer d'amour*. J'espère, si nous devons voyager ensemble, que vous ferez la leçon à votre jeune homme pour qu'il comprenne bien qu'Anne de Geierstein ne saurait convenablement devenir l'objet de ses attentions ou de ses pensées. »

Le marchand parut froissé; son visage se colora. « Je n'ai pas demandé, seigneur landamman, à partager votre compagnie; c'est vous, » dit-il, « qui avez demandé la mienne. Si, mon fils ou moi, nous

sommes devenus depuis, en quoi que ce soit, l'objet de votre soupçon, nous poursuivrons volontiers notre route séparément.

— Ne vous fâchez pas, mon digne hôte, » dit le landamman; « nous autres Suisses, nous ne formons pas de soupçons à la légère; et, pour n'avoir pas à en former, nous parlons des choses qui pourraient en faire naître avec plus de franchise que ce n'est l'usage en des pays plus civilisés. Lorsque je vous ai proposé d'être mon compagnon de route, pour vous dire la vérité quoiqu'elle puisse déplaire à l'oreille d'un père, je considérais votre fils comme un jeune homme doux, pusillanime peut-être, trop timide, tout au moins, et trop calme pour éveiller l'attention et les pensées des jeunes filles. Quelques heures ont suffi pour me le montrer comme un garçon sûr d'appeler leur intérêt. Il a obtenu, dans l'affaire de l'arc, un succès longtemps jugé impossible, et auquel un bruit populaire attache une folle prophétie. Il fait les vers avec esprit, et doit être capable de se faire valoir par d'autres talents, d'un effet puissant sur les personnes jeunes, bien qu'estimés peu, ami marchand, par des barbes grises comme vous ou moi. Vous comprendrez sans peine que, puisque mon frère a rompu avec moi uniquement parce que j'ai préféré la liberté d'un citoyen suisse à la condition frivole et servile d'un courtisan allemand, il n'admettra pas qu'un regard puisse être porté sur sa fille par une personne qui n'a pas l'avantage d'un noble sang, ou qui a dérogé, comme il le dirait, en se livrant au commerce, à la culture de la terre, ou, en un mot, à quelque occupation utile. Si votre fils aimait Anne de Geierstein, il s'attirerait danger et désappointement. Maintenant que j'ai tout dit, je vous pose la question : Voyagerons-nous ensemble ou séparément ?

— Comme vous l'entendrez, mon digne hôte, » dit Philipson, du ton de l'indifférence ; « je puis seulement dire, qu'un attachement du genre de celui dont vous parlez serait aussi contraire à mes vœux qu'à ceux de votre frère, ou à ceux que je vous suppose. Arthur Philipson a à remplir des devoirs tout à fait inconciliables avec le rôle de galant auprès des filles de Suisse et d'Allemagne, que leur rang soit élevé ou inférieur. C'est d'ailleurs un fils obéissant ; jamais en rien de sérieux il n'a désobéi à mes ordres, et j'aurai l'œil sur ses mouvements.

— Cela suffit, mon ami, » dit Arnold ; « nous voyageons ensemble, et je conserve volontiers mon premier projet, charmé et instruit comme je le suis par votre entretien. »

Changeant alors de conversation, le landamman se prit à demander au marchand s'il pensait que la ligue dans laquelle étaient entrés le roi d'Angleterre et le duc de Bourgogne eût chance de demeurer stable. « On nous parle beaucoup, » ajouta le Suisse, « de l'armée immense avec laquelle le roi Édouard se propose de recouvrer les anciens domaines de l'Angleterre en France.

— Je sais parfaitement, » dit Philipson, « que rien ne peut être plus populaire dans mon pays que l'invasion de la France, et le dessein de reconquérir la Normandie, le Maine et la Gascogne, apanages autrefois de notre couronne d'Angleterre. Mais je doute beaucoup que le voluptueux usurpateur qui s'appelle roi maintenant, puisse obtenir du ciel le succès dans une pareille aventure. Édouard IV est brave ; il a gagné toutes les batailles où il a tiré l'épée, et elles sont nombreuses. Mais depuis que, par des chemins sanglants, il a atteint le but suprême de son ambition, il s'est montré plutôt débauché sensuel que chevalier vaillant ; et c'est ma ferme croyance que la chance même de recouvrer tous les beaux domaines perdus dans les guerres civiles que son ambitieuse maison a suscitées, ne le poussera pas à échanger les couches moelleuses de Londres, avec draps de soie et oreillers de plumes, et les accords mourants d'un luth pour le conduire au sommeil, contre les plaines de France et la trompette d'alarme.

— Tant mieux pour nous s'il en est ainsi, » dit le landamman ; « car, au cas où l'Angleterre et la Bourgogne parviendraient à démembrer la France, comme cela a été près de s'accomplir du temps de nos pères, le duc Charles aurait le loisir alors de satisfaire sa vengeance, depuis longtemps amassée contre notre confédération. »

Devisant ainsi, ils revinrent à la pelouse devant la maison d'Arnold Biederman ; la lutte entre les personnes masculines avait cédé la place à une danse où figuraient les deux sexes. La danse était conduite par Anne de Geierstein et par le jeune étranger. C'était l'arrangement le plus naturel, puisque le second était un hôte, et que la première représentait la maîtresse de la maison ; cela fut cause cependant d'un échange de regards entre le landamman et Philipson père, comme n'étant pas sans rapport avec les soupçons exprimés tantôt.

Dès qu'eurent reparu son oncle et le plus âgé des deux étrangers, Anne de Geierstein saisit l'occasion du premier temps d'arrêt pour quitter la danse, et entrer en conversation avec son parent; il était question sans doute d'affaires domestiques placées sous la direction de la jeune fille. Philipson observa que l'hôte écoutait attentivement les communications de sa nièce, et par un signe de tête, de sa manière simple et franche, indiquait que la requête était prise en sérieuse considération.

La famille fut avertie, peu de temps après, d'avoir à prendre place au repas du soir, composé surtout des poissons excellents fournis par les ruisseaux et les lacs du voisinage. Une large coupe, contenant le *Schlaftrunk,* c'est-à-dire *le coup du sommeil,* courut ensuite à la ronde; elle fut attaquée d'abord par le maître de la maison, modestement effleurée ensuite par la jeune fille, puis passée aux deux étrangers, et vidée enfin par le reste de la compagnie. Telles étaient alors les mœurs patriarcales des Suisses, bien gâtées depuis par leurs rapports avec des régions plus opulentes. Les hôtes furent conduits à leur chambre, où Philipson et le jeune Arthur occupèrent le même lit; bientôt après, les habitants de la maison étaient plongés tous dans le sommeil le plus profond.

CHAPITRE VI.

> L'un contre l'autre quand deux hommes sont poussés
> C'est comme deux torrents dont se choquent les ondes,
> De deux vents déchaînés les luttes furibondes,
> Deux flammes irritant leurs courants opposés.
> Les démons vinssent-ils en exciter la rage,
> En leurs rudes combats jamais les éléments
> Ne sauront égaler cette fureur sauvage
> Où l'homme peut monter dans ses entraînements.
>
> FRENAUD.

QUOIQUE vigoureux et habitué à la fatigue, le plus âgé de nos deux voyageurs dormit plus profondément que de coutume, et n'était pas éveillé encore à l'heure où le jour commençait à poindre. Arthur avait dans l'esprit une pensée qui interrompit de bonne heure son repos.

La rencontre avec l'intrépide enfant de l'Helvétie, homme exceptionnel au milieu d'une race de guerriers renommés, était chose que, dans les idées de l'époque, on ne pouvait ni rompre ni retarder. Le jeune homme quitta la place qu'il occupait près de son père, évitant avec soin de le déranger; cela, dans aucun cas, n'aurait appelé beaucoup l'attention, car Arthur avait l'habitude de se lever tôt, pour vaquer aux préparatifs du voyage de la journée, veiller à ce que le guide fût à son poste, à ce que la mule eût sa provende, et accomplir d'autres offices du même genre, afin d'en éviter la peine à son père. Mais le vieillard, fatigué de tout ce qu'il avait fait la veille, dormait, nous l'avons dit, d'un somme plus profond qu'à l'ordinaire, et Arthur, s'armant de sa bonne épée, sortit vivement sur la pelouse de l'habitation du landamman : c'était l'aube magique d'une belle matinée d'été dans les montagnes de Suisse.

Le soleil allait baiser le sommet le plus gigantesque parmi cette race de Titans, et de grandes ombres, cependant, couvraient encore les herbes gelées que faisaient craquer les pas du jeune homme. Mais, si beau que fût ce paysage prêt à surgir dans sa merveilleuse existence au premier rayon de l'astre, Arthur ne le regardait pas. En sortant de la maison, il ajustait le ceinturon de sa fidèle épée; avant d'en avoir fixé la boucle, il avait fait bien des pas déjà vers la place où il devait s'en servir.

C'était encore la coutume, en cette époque guerrière, de considérer un appel au combat comme un engagement sacré, devant passer avant tous les autres; sans égard aux répugnances de la nature pour ce qu'ordonnait la mode, le pas d'un galant homme vers le lieu du rendez-vous devait être aussi libre et dégagé que s'il s'était agi d'aller à une noce. Je ne sais si cette allure était, chez Arthur Philipson, absolument exempte d'arrière-pensée, mais s'il en avait quelqu'une, ni son visage ni sa démarche n'en trahissaient le secret.

Ayant traversé à la hâte les champs et les bosquets d'arbres qui séparaient la maison du landamman du vieux château de Geierstein, il entra dans la cour du côté qui regardait les terres cultivées; presque au même instant, son gigantesque antagoniste, semblant, aux pâles clartés du matin, plus grand et plus gros encore que la veille au soir, apparut montant l'escalier voisin du pont du torrent; il avait gagné Geierstein par une autre route que le jeune Anglais.

Le champion de Berne portait pendue à son dos une de ces grandes épées à deux mains dont la lame mesurait cinq pieds, et dont on se servait de la façon que leur nom indique. Ces sortes d'épées étaient presque universellement employées par les Suisses; outre l'effet qu'elles devaient produire sur l'équipement des hommes d'armes allemands, dont l'armure eût été impénétrable à des lames plus légères, elles étaient aussi ce qu'il fallait pour défendre des passes de montagne : la grande force physique et l'agilité des guerriers qui les maniaient mettaient ceux-ci à même, en dépit du poids et de la longueur de cette arme, de s'en servir avec beaucoup d'adresse et beaucoup d'efficacité! Une de ces épées gigantesques pendait donc au cou de Rodolphe, la pointe lui battant les talons, et la poignée s'élevant à son épaule gauche, sensiblement plus haut que la tête. Il en avait une autre à la main.

« Vous êtes exact, » cria-t-il à Arthur Philipson, d'une voix capable de rivaliser avec le rugissement des eaux. « Mais j'avais bien pensé que vous viendriez sans avoir d'épée à deux mains. Voici celle de mon cousin Ernest, » dit-il en jetant à terre l'arme qu'il avait en main, la poignée tournée du côté du jeune Anglais. « Ayez soin, étranger, de ne pas la gâter, car mon cousin ne me le pardonnerait pas. Vous aurez la mienne si vous l'aimez mieux. »

L'Anglais, non sans surprise, regarda cette arme, dont l'usage lui était totalement inconnu.

« Le provocateur, » dit-il, « en tout pays où l'on sait ce qu'est l'honneur, accepte les armes de celui qu'il provoque.

— Quand on se bat sur une montagne suisse, c'est avec une arme suisse, » répondit Rodolphe. « Croyez-vous que nos mains soient faites pour manier des canifs?

— Les nôtres ne sont pas faites pour porter des faulx, » dit Arthur; et l'œil fixé sur l'épée, que le Suisse continuait à lui offrir, « *Usum non habeo,* » murmurait-il entre ses dents; « je ne connais pas cette arme.

— Vous repentez-vous du marché que vous avez fait? » dit le Suisse; « s'il en est ainsi, criez: « Je suis un lâche, » et partez en paix. Parlez net, au lieu de marmotter du latin comme un clerc ou un tondu.

— Non, homme orgueilleux, » répondit l'Anglais, « je ne vous demande pas merci. Je songeais seulement à un combat entre un berger et un géant, où Dieu donna la victoire à un homme muni de plus mauvaises armes que celle qui m'est échue aujourd'hui. Je combattrai tel que je suis; ma bonne épée me suffira, comme elle l'a fait d'autres fois.

— C'est bien! mais ne me faites pas de reproche, car je vous ai offert l'égalité des armes, » dit le montagnard. « Écoute-moi, maintenant. C'est un combat à la vie ou à la mort. Cette chute d'eau sonne l'heure de la lutte suprême. Oui, vieux grondeur, » continua-t-il en regardant le torrent, « il y a longtemps que tu n'as entendu le bruit d'une bataille ; avant que nous ne commencions, étranger, regarde-le, car si tu tombes, je confierai ton corps à ses ondes.

— Et toi, si tu tombes, Suisse présomptueux, » répondit Arthur, « et ton orgueil, je le crois, doit te conduire à ta perte, je te ferai enterrer dans l'église d'Einsiedeln, où les prêtres chanteront des messes pour ton âme ; ton épée à deux mains sera couchée sur ton tombeau, et une inscription dira au passant : « Ci-gît un ours de Berne, tué par Arthur l'Anglais. »

— Toute pleine qu'elle est de rochers, » dit Rodolphe, avec mépris, « la Suisse n'a pas une pierre pour porter cette inscription. Prépare-toi au combat. »

Arthur jeta sur le lieu de l'action un regard calme et résolu ; c'était un terrain libre en partie, en partie couvert de ruines, semées en masses plus ou moins compactes.

« Il me semble, » se dit-il, « qu'un homme maître de son arme, avec le souvenir des instructions de Bottaferma de Florence, un cœur exempt de reproche, une bonne lame, une main ferme, et une juste cause, pourront valoir autant que deux pieds d'acier. »

Raisonnant ainsi, imprimant en sa mémoire, autant que les circonstances le pouvaient permettre, tout ce qui, dans la disposition des lieux, promettait un avantage dans le combat, et prenant position au milieu de la cour, à l'endroit où le sol était complètement libre d'obstacles, il jeta son manteau à terre, et tira l'épée.

Rodolphe avait cru d'abord que l'étranger, son antagoniste, n'était qu'un efféminé, que balaierait devant lui le premier mouvement de son arme formidable. Mais l'attitude ferme et attentive du jeune homme, amena le Suisse à songer que son arme n'était pas facile à manier, et l'engagea à éviter toute précipitation, qui donnerait avantage à un ennemi hardi et vigilant. Il dégaina sa grande épée par-dessus l'épaule gauche, opération qui demanda quelque temps, et qui aurait donné à son adversaire un grand avantage, si le sentiment d'honneur d'Arthur ne l'avait empêché de commencer l'attaque avant ce travail terminé.

L'Anglais resta ferme jusqu'au moment où le Suisse, offrant sa lame brillante aux rayons naissants du soleil, la fit tournoyer en l'air trois ou quatre fois comme pour faire voir ce qu'elle pesait, et la facilité avec laquelle il la manœuvrait ; puis il se campa à distance voulue de son adversaire, l'arme dans les deux mains, un peu en avant du corps, lame droite et pointe en avant. L'Anglais tenait son épée d'une main, à hauteur de sa figure, horizontalement, prêt soit à frapper d'estoc ou de taille, soit à parer.

« Frappe, Anglais! » dit le Suisse, après qu'ils furent restés ainsi face à face une minute environ.

« Que la plus longue épée frappe la première, » dit Arthur ; et le dernier mot n'était pas sorti de sa bouche que l'épée suisse se leva, et descendit avec une rapidité prodigieuse si l'on songe à la pesanteur et aux proportions de l'arme. Nul, quelque adroit et vigoureux qu'on le supposât, n'aurait pu empêcher la chute de cette arme terrible, chute qui devait, dans la pensée du champion de Berne, commencer à la fois le combat et le finir. Mais le jeune Philipson n'avait pas présumé trop de la justesse de son œil ou de l'agilité de sa personne. Avant que la lame ne descendît, un bond soudain de côté le déroba à sa puissante action, et le Suisse n'avait pas eu le temps de relever son arme, qu'il recevait au bras gauche une blessure légère. Irrité de son insuccès et de sa blessure, le Suisse souleva son épée une seconde fois, et, mettant à profit une vigueur qui correspondait à sa taille, il déchargea vers son ennemi une suite de coups, de haut en bas, de côté, horizontalement, et de gauche à droite, avec une force et une promptitude si surprenantes qu'il fallut toute l'adresse du jeune Anglais à parer, se dérober, esquiver ou battre en retraite, pour échapper à un orage de coups dont chacun aurait suffi pour fendre un rocher. L'Anglais fut forcé d'abandonner du terrain, tantôt reculant, tantôt se jetant d'un côté ou de l'autre, tantôt tirant parti des fragments de ruines, mais épiant toujours, avec le plus grand calme, le moment où la force d'un ennemi si plein de rage s'épuiserait un peu, le moment encore où, par un coup imprudent ou furieux, celui-ci viendrait à se découvrir. Le dernier de ces avantages se présenta bientôt, car, dans son attaque désordonnée, le Suisse se heurta contre une grosse pierre cachée sous l'herbe haute, et avant d'avoir pu se remettre en position, reçut de son adversaire un rude coup à la tête. Le coup avait porté sur le couvre-chef, dont l'étoffe renfermait une petite coiffure d'acier, si

bien que le Suisse resta sans blessure, et, se redressant vivement, recommença le combat avec une fureur nouvelle, l'haleine un peu plus courte cependant, comme le jeune Anglais le remarqua et en mettant plus de précaution dans son attaque.

Ils luttaient encore avec une fortune égale, lorsqu'une voix grave, dominant le cliquetis des épées comme le mugissement des eaux, s'écria d'un ton de commandement : « Sur votre vie, arrêtez ! »

Les deux combattants abaissèrent les pointes de leurs épées, sans s'affliger peut-être beaucoup de la cessation d'un combat qui n'aurait pu manquer d'être mortel. Ils se retournèrent : le landamman était devant eux, la colère peinte sur son front large et expressif.

« Que signifie cela, jeunes gens ! » dit-il ; « êtes-vous les hôtes d'Arnold Biederman, et voulez-vous déshonorer sa maison par des actes de violence, plutôt faits pour des loups de la montagne que pour des êtres auxquels le Créateur a donné une forme à son image, et une âme immortelle afin de la sauver par la pénitence et le repentir ?

— Arthur, » dit Philipson père, arrivé en même temps que le maître de ces lieux, « quel délire est-ce là ? Vos devoirs sont-ils d'une nature si insignifiante et si légère, qu'ils laissent place à des querelles et à des combats avec le premier brutal ou le premier orgueilleux venu ? »

La lutte des jeunes gens avait cessé à l'entrée de ces spectateurs inattendus ; ils se regardaient l'un l'autre, appuyés sur leurs épées.

« Rodolphe Donnerhugel, » dit le landamman, « donnez votre épée ; donnez-la au maître de céans, au chef de la famille, au magistrat du canton.

— Et ce qui est plus que tout cela, » répondit Rodolphe avec soumission, « à vous Arnold Biederman, sur l'ordre duquel tout natif de ces montagnes tire l'épée du fourreau ou l'y rentre. »

Il remit au landamman son épée à deux mains.

« Sur ma parole d'honnête homme, » dit Biederman, « c'est la même avec laquelle votre père Étienne combattit si glorieusement à Sempach à côté du fameux de Winkelried ! Quelle honte de l'avoir tirée contre un étranger sans défense ! Et vous jeune homme, » continua le Suisse en s'adressant à Arthur.. Mais le père dit aussitôt : « Rendez votre arme au landamman.

— Ce n'est pas nécessaire, mon père, » répliqua le jeune Anglais ; « je tiens, quant à moi, le combat pour terminé. Ce gentilhomme m'a appelé ici pour faire, je le suppose, l'épreuve de nos courages ; je rends, sans réserve aucune, hommage à sa vaillance et à son habileté dans les armes ; et croyant qu'il ne dira rien qui porte atteinte à mon honneur, j'estime que notre combat a duré assez longtemps pour le but en vue duquel il fut engagé.

— Trop longtemps pour moi, » dit Rodolphe avec un accent de sincérité ; « la manche de mon pourpoint, que je porte verte par amour pour les cantons des Forêts, est teinte en cramoisi mieux que n'aurait pu le faire n'importe quel teinturier d'Ypres ou de Gand. Mais je pardonne de bon cœur au brave étranger qui a gâté mon habit, et donné à celui qui le porte une leçon qui ne s'oubliera pas de sitôt. Si tous les Anglais avaient été comme lui, mon digne parent, je crois que le tertre de Buttisholz n'aurait pas monté si haut.

— Cousin Rodolphe, » dit le landamman, dont le visage devenait plus doux à mesure que le jeune homme parlait, « je vous ai toujours cru aussi généreux qu'étourdi et querelleur ; et vous, mon jeune hôte, soyez sûr que, lorsqu'un Suisse a dit : « la querelle est finie, » il n'y a pas moyen qu'elle recommence. Nous ne sommes point comme les gens des vallées de l'est, enclins à nourrir une vengeance comme on nourrirait un enfant gâté. Vos mains, mes enfants, et oublions cette lutte insensée.

— Voici ma main, brave étranger, » dit Donnerhugel ; « vous m'avez enseigné un coup que je ne connaissais pas, et quand nous aurons déjeuné, nous irons, avec votre permission, jusqu'à la forêt, et je vous enseignerai, en retour, une ruse de chasse. Lorsque votre pied aura la moitié de l'expérience qu'a votre main, et que votre œil aura acquis une partie de la fermeté de votre cœur, on ne trouvera pas beaucoup de chasseurs pour vous égaler. »

Arthur, avec toute la confiance de la jeunesse, accueillit sur-le-champ la proposition qui lui était faite ; avant qu'ils n'eussent atteint la maison, différents sujets de chasse étaient chaudement discutés entre eux, avec autant de cordialité que si rien n'avait jamais troublé leur concorde.

« Tout est comme il faut à présent, » dit le landamman. « Je suis toujours prêt à pardonner à l'impétuosité folle de nos jeunes gens, s'ils veulent être fermes et francs dans leurs réconciliations, et avoir le cœur sur les lèvres, comme doit le faire un vrai Suisse.

— Ils auraient fait tous deux, cependant, une besogne cruelle, » dit Philipson, « si vous n'aviez été, mon cher hôte, informé de leur rendez-vous, et ne m'aviez appelé pour vous aider à y mettre fin. Vous demanderai-je comment vous en avez eu connaissance si à propos?

— Grâce à ma fée domestique, » dit Biederman, « qui semble née pour le bonheur de ma famille ; j'entends par là Anne, ma nièce : elle a remarqué un échange de gants entre ces deux fiers-à-bras, et les a entendus parler de Geierstein et de point du jour. C'est étrange, cher Monsieur, la pénétration d'une femme ! Il se serait passé du temps avant qu'un de mes lourdauds de fils n'en eût aperçu autant.

— Je crois voir notre protectrice qui nous épie de là-haut, » dit Philipson, montrant une élévation voisine ; « mais elle a l'air de vouloir nous observer sans être vue.

— Oui, » dit le landamman, « elle a regardé pour voir s'il n'était rien arrivé de mal ; et maintenant, j'en suis sûr, la petite folle est honteuse du louable intérêt qu'elle a pris à une chose de cette nature.

— J'aurais plaisir à faire, en votre présence, » dit l'Anglais, « mes remerciements à la belle jeune fille à laquelle j'ai tant d'obligation.

— Il n'y aura jamais de meilleur moment que celui-ci, » dit le landamman ; et il lança à travers les arbres le nom de la jeune fille, avec un de ces accents formidables que nous avons déjà définis.

Anne de Geierstein, ainsi que Philipson l'avait remarqué, était postée sur un monticule, et cachée aux regards, croyait-elle, par un rideau de broussailles. L'appel de son oncle la fit tressaillir, mais elle obéit sur-le-champ. Évitant les jeunes gens, qui avaient pris quelque avance, elle rejoignit le landamman et Philipson par un sentier tournant à travers les arbres.

« Mon honorable hôte et ami voudrait vous parler, Anne, » dit le landamman, dès les saluts échangés. Les joues de la jeune Suissesse se colorèrent, lorsque Philipson, avec une distinction de manières et de langage semblant au-dessus de sa situation, lui adressa ces paroles :

« Il nous arrive parfois à nous autres marchands, ma belle enfant, d'être assez malheureux pour ne pas pouvoir payer nos dettes au moment voulu ; mais celui-là passe pour le dernier des hommes, qui ne sait pas au moins les reconnaître. Acceptez donc les remerciements d'un père, dont le fils, par votre courage, a été arraché hier à la mort, et, par votre prudence, a été retiré, ce matin, d'un grand danger. Ne me chagrinez point, » ajouta-t-il, sortant un petit écrin, et l'ouvrant tandis qu'il parlait, « en refusant de porter ces pendants d'oreilles. Ce ne sont que des perles, mais elles n'ont pas été jugées indignes des oreilles d'une comtesse...

— Et seraient, en conséquence, » dit le vieux landamman, « mal placées sur la personne d'une Suissesse d'Unterwalden ; car ma nièce n'est pas autre chose tant qu'elle réside dans ma solitude. Il me semble, cher Monsieur Philipson, que vous ne montrez pas ici votre jugement ordinaire, en ne mesurant pas la qualité de vos présents au rang de celle à qui vous les destinez ; comme marchand, aussi, vous devriez vous souvenir que les grosses générosités diminuent trop le profit.

— Excusez-moi, cher hôte, » répliqua l'Anglais, « si je vous réponds que je me suis réglé d'après l'obligation contractée par moi, et que j'ai choisi, parmi ce dont je dispose, ce que j'ai cru fait pour l'exprimer le mieux. L'hôte que, jusqu'à présent, j'ai trouvé si bienveillant, n'empêchera pas, j'espère, cette jeune fille, d'accepter une chose qui ne messied assurément pas au rang pour lequel elle est née. Vous me jugeriez mal si vous croyiez qu'en offrant ce que j'offre, je fusse dans mon tort, soit à mon point de vue soit au vôtre »

Le landamman prit l'écrin.

« J'ai toujours été l'ennemi, » dit-il, « de ces joyaux éclatants qui nous éloignent chaque jour davantage de la simplicité de nos pères et de nos mères. Et cependant, » ajouta-t-il avec un sourire de bonne humeur, et approchant une des boucles d'oreilles du visage de sa nièce, « les ornements relèvent beaucoup la beauté des filles, et l'on dit qu'elles ont à porter ces bagatelles plus de plaisir que ne le sauraient comprendre des barbes grises. En conséquence, ma chère Anne, comme vous méritez une confiance entière en des choses plus importantes, je m'en rapporte complètement à votre sagesse : acceptez ou non le riche présent de notre ami, portez-le ou non, comme vous le jugerez à propos.

— Puisque tel est votre bon plaisir, excellent et bien-aimé parent, » dit la jeune fille en rougissant, « je ne veux pas causer de chagrin à notre hôte respecté en refusant ce qu'il désire tant que j'accepte ; mais avec sa permission, mon cher oncle, et avec la vôtre, je ferai don de ces magnifiques bijoux au reliquaire de Notre-Dame d'Einsiedeln, en signe de notre reconnaissance à tous pour la protection qu'elle nous a donnée dans les terreurs de l'orage d'hier et dans les inquiétudes du combat de ce matin.

— Par Notre-Dame, voilà parler avec sens ! » dit le landamman ; « et c'est sagement appliquer votre cadeau, mon cher hôte, que de faire dire des prières pour votre famille et la mienne, et pour la paix générale d'Unterwalden. Or çà, Anne, vous aurez un collier de jais à la prochaine fête de la tondaison, pour peu que nos toisons se vendent passablement au marché. »

CHAPITRE VII.

Alors qu'on vient t'offrir la paix, tu veux la guerre!
Va, ton cœur est pétri de haine et de colère.
LE TASSE.

NTRE le landamman et le marchand anglais, la confiance s'accrut encore durant les quelques journées fort occupées qui précédèrent le jour marqué pour le commencement de leur voyage vers la cour de Charles de Bourgogne. Nous avons déjà fait allusion à l'état de l'Europe, et à celui de la Confédération helvétique; mais pour la complète intelligence de notre histoire, il sera bon d'y revenir brièvement ici.

Durant la semaine que les voyageurs anglais passèrent à Geierstein, des réunions ou diètes furent tenues et dans les cantons de Villes et dans les cantons de Forêts. Les premiers, accablés par les taxes du duc de Bourgogne sur leur commerce, rendues plus intolérables encore par les violents procédés des agents dont il se servait, se montrèrent ardents pour la guerre, où ils avaient toujours trouvé jusquelà la victoire et la richesse. Plusieurs de ces cantons étaient d'ailleurs poussés en secret à prendre les armes par les largesses de Louis XI, qui n'épargnait ni les intrigues ni l'or pour amener une rupture entre ces audacieux confédérés et son formidable ennemi Charles le Téméraire.

D'un autre côté, bien des raisons rendaient impolitique pour les Suisses de s'engager dans une guerre avec l'un des princes les plus riches, les plus obstinés et les plus puissants de l'Europe (tel était incontestablement Charles de Bourgogne), à moins qu'il n'y eût pour cela quelque grave raison d'honneur ou d'indépendance. Chaque jour apportait du dehors des renseignements nouveaux. Édouard IV d'Angleterre avait conclu l'alliance la plus étroite, offensive et défensive, avec le duc de Bourgogne; le roi d'Angleterre s'était illustré par ses nombreuses victoires sur la maison rivale de Lancastre, grâce auxquelles, après différents revers, il avait obtenu sans conteste la possession du trône; c'était son dessein de relever ses réclamations au sujet des provinces de France qu'avaient occupées si longtemps ses ancêtres. Il semblait que cela seul manquât à sa gloire, et qu'après avoir réduit ses ennemis de l'intérieur, il tournât maintenant les yeux vers le recouvrement de ces possessions étrangères riches et importantes perdues sous le règne du faible Henri VI, et durant les discordes si acharnées de la Rose Blanche et de la Rose Rouge. Tout le monde savait qu'en Angleterre la perte des provinces françaises avait été considérée comme une honte nationale; non seulement la haute noblesse, privée par là des grands fiefs qu'elle tenait en Normandie, en Gascogne, dans le Maine et l'Anjou, mais la race guerrière des gentilshommes accoutumée à acquérir aux dépens de la France renom et richesse, et ces vigoureux francs-tenanciers dont les arcs avaient décidé tant de batailles fatales, étaient aussi désireux de recommencer la lutte, que leurs ancêtres de Crécy, de Poitiers et d'Azincourt l'avaient été de suivre leurs souverains aux champs de victoire qu'immortalisèrent leurs exploits.

Les nouvelles les plus récentes et les plus authentiques portaient que le roi d'Angleterre allait passer en France en personne (invasion rendue facile par la possession de Calais), avec une armée supérieure en nombre et en discipline à celles qu'aucun roi d'Angleterre eût jamais conduites en ce royaume; que tous les préparatifs étaient achevés, et que l'on pouvait s'attendre d'un jour à l'autre à l'arrivée d'Édouard. La coopération redoutable du duc de Bourgogne, et l'aide d'un grand nombre de gentilshommes français mécontents du pouvoir actuel dans les provinces si longtemps soumises à la domination anglaise, menaçaient Louis XI d'une issue fatale, quelque intelligent, sage et puissant que ce prince fût sans contredit.

C'eût été sans doute pour Charles le Téméraire la politique la plus raisonnable, alors qu'il s'engageait ainsi dans une alliance contre le plus formidable de ses voisins, ennemi héréditaire et personnel à la fois, d'éviter toute cause de querelle avec la Confédération helvétique ; des succès répétés avaient appris à ce peuple pauvre mais guerrier, que sa vaillante infanterie pouvait, au besoin, lutter sur un pied d'égalité, sinon avec avantage, contre la fleur de cette chevalerie, force jusque-là des armées européennes. Mais les résolutions de Charles, que la fortune avait mis en lutte avec le monarque le plus astucieux et le plus politique de son temps, étaient toujours dictées par la passion et l'entraînement, plus que par un examen judicieux des conditions dans lesquelles il se trouvait. Hautain, fier, étranger aux compromis, sans manquer, d'ailleurs, ni de générosité ni d'honneur, il avait en mépris et en haine ce qu'il appelait les associations mesquines de gardeurs de vaches et de moutons, unies à quelques villes subsistant surtout par le commerce. Au lieu de faire, comme son adroit ennemi, la cour aux cantons helvétiques, ou du moins de ne leur fournir aucun prétexte ostensible de querelle, il ne manquait aucune occasion de montrer le peu de cas qu'il faisait de leur importance de parvenus, son mépris pour eux, et le secret désir qu'il nourrissait de leur faire expier le sang noble qu'ils avaient versé, et de prendre sa revanche des succès réitérés obtenus par eux sur les seigneurs féodaux, dont il se croyait destiné à être le vengeur.

Les possessions du duc de Bourgogne en Alsace lui fournissaient mille occasions de satisfaire son déplaisir contre la ligue suisse. Le petit château et la ville de Ferrette, à dix ou onze milles de Bâle, servait de passage au trafic de Berne et de Soleure, les deux principales villes de la confédération. Le duc mit en cette place un gouverneur ou sénéchal, chargé en même temps de l'administration des revenus, et qui semblait né pour être la peste et le fléau de ses voisins les républicains.

Archibald de Hagenbach était un noble allemand, ayant ses possessions en Souabe, universellement considéré comme un des plus violents et des plus effrénés de ces hobereaux des frontières connus sous le nom de chevaliers-brigands et comtes-brigands. Ces petits dignitaires, parce qu'ils tenaient leurs fiefs du Saint-Empire Romain, prétendaient à une souveraineté aussi complète dans leurs territoires d'un mille carré, qu'aurait pu en réclamer n'importe quel prince régnant d'Allemagne dans ses domaines plus étendus. Ils levaient des péages et des taxes sur les étrangers, et emprisonnaient, jugeaient, exécutaient ceux qui avaient, disaient-ils, commis des délits dans leurs possessions minuscules. Surtout, dans le large exercice de leurs privilèges seigneuriaux, ils se faisaient la guerre les uns aux autres, et aussi aux villes libres de l'empire, attaquant et pillant sans merci les caravanes ou convois de chariots, par lesquels se faisait le commerce intérieur de l'Allemagne.

Une série de dévastations faites ou subies par Archibald de Hagenbach, l'un des plus fermes soutiens du privilège de *Faustrecht*, ou droit de vengeance personnelle, avait fini par obliger ce chevalier, bien que déjà avancé en âge, à quitter un pays où sa situation était devenue très précaire, et à se mettre au service du duc de Bourgogne. Charles l'employa volontiers, voyant en lui un homme de haute naissance et d'une valeur éprouvée, et non moins, peut-être, parce qu'il était sûr de trouver dans un personnage farouche, rapace et hautain comme Hagenbach, l'exécuteur sans scrupule de toutes les sévérités qu'il plairait à son maître de lui prescrire.

Les commerçants de Berne et de Soleure élevèrent des plaintes énergiques contre les exactions de Hagenbach. Les impôts sur les marchandises passant par son district de Ferrette, à quelque place qu'elles fussent destinées en définitive, étaient arbitrairement augmentés, et les marchands qui hésitaient à payer de suite ce qui leur était demandé, étaient exposés à la prison et à des châtiments corporels. Les villes de commerce d'Allemagne en appelèrent au duc de la conduite injuste du gouverneur de Ferrette, et prièrent Sa Grâce d'avoir la bonté d'écarter Hagenbach de leur voisinage ; mais le duc traita leurs plaintes avec mépris. La ligue suisse éleva plus haut ses réclamations, et demanda que justice fût faite du gouverneur de Ferrette, comme violateur du droit des gens ; elle ne réussit pas mieux à attirer l'attention ou à obtenir redressement.

La diète de la confédération se détermina enfin à envoyer la dépu-

tation solennelle dont nous avons plusieurs fois parlé. Un ou deux des envoyés partageaient avec le calme et prudent Arnold Biederman, l'espérance qu'une pareille mesure ouvrirait les yeux du duc sur l'injustice coupable de son représentant ; d'autres députés, n'ayant pas les mêmes vues pacifiques, étaient déterminés à ouvrir, par cette vigoureuse remontrance, la voie aux hostilités.

Arnold Biederman était l'avocat déterminé de la paix, autant qu'elle serait compatible avec l'indépendance nationale et l'honneur de la confédération; mais le jeune Philipson découvrit bientôt que le landamman était le seul de la famille à entretenir ces vues modérées. L'opinion de ses fils avait été entraînée par l'éloquence impétueuse et l'influence dominatrice de Rodolphe de Donnerhugel; grâce à des actions d'éclat, et à la considération due au mérite de ses ancêtres, Donnerhugel avait acquis dans les conseils de son canton natal, et auprès de la jeunesse de la ligue en général, un crédit plus grand que ces sages républicains n'en accordaient d'habitude à un homme de son âge. Arthur, maintenant le compagnon acceptable et bienvenu des parties de chasse et des autres exercices, n'entendait parmi les jeunes gens que projets de guerre, embellis par l'espérance du butin et par les occasions de se distinguer qu'y rencontreraient les Suisses. Les exploits de leurs ancêtres contre les Allemands avaient été assez merveilleux pour réaliser les victoires fabuleuses des vieux romans; et la race présente possédant des corps non moins robustes et le même courage indomptable, on savourait d'avance des succès semblables. Lorsque, dans la conversation, on parlait du gouverneur de Ferrette, on l'appelait couramment mâtin de Bourgogne, ou vieux chien d'Alsace; et l'on insinuait ouvertement que, si son maître ne mettait ordre de suite à la façon de faire d'un pareil homme, et si Archibald de Hagenbach n'était retiré des frontières de Suisse, le gouverneur de Ferrette ne serait pas protégé par sa forteresse contre l'indignation des habitants de Soleure outragés, et surtout de ceux de Berne.

Cette disposition générale à la guerre parmi les jeunes Suisses fut rapportée par Arthur à son père, et fit hésiter d'abord celui-ci. Ne devait-il pas revenir aux inconvénients et aux dangers d'un voyage seul avec Arthur, plutôt que de courir le risque des querelles dans lesquelles pourrait les envelopper la conduite irrégulière de ces farouches montagnards une fois sortis de leurs frontières? Un tel événement aurait renversé toutes les espérances de son voyage; mais songeant combien Arnold Biederman était respecté de sa famille et de ses concitoyens, le marchand anglais arriva, en définitive, à cette conclusion, que l'influence du landamman saurait retenir ses compagnons jusqu'à ce que fût décidée la grande question de paix ou de guerre, et, surtout, jusqu'au moment où les envoyés auraient obtenu audience du duc de Bourgogne.

Après quoi il se séparerait d'eux, et ne serait plus exposé à la responsabilité de leurs actes ultérieurs.

Après un délai d'environ dix jours, la députation chargée des remontrances au duc sur les agressions et les exactions d'Archibald de Hagenbach, se réunit enfin à Geierstein ; c'était de là que devaient partir les membres de l'ambassade. Ils étaient trois, outre le jeune Bernois et le landamman d'Unterwalden. L'un était, comme Arnold, un propriétaire des cantons de Forêts, à peine mieux vêtu qu'un pâtre ordinaire, mais orné d'une longue et magnifique barbe argentée. Il s'appelait Nicolas Bonstetten. Melchior Strumthal, porte-bannière de Berne, homme de moyen âge et soldat renommé pour son courage, et Adam Zimmerman, bourgeois de Soleure, beaucoup plus âgé que Melchior, complétaient le nombre des envoyés.

Chacun d'eux s'était habillé de son mieux ; mais encore que l'œil sévère d'Arnold Biederman eût aperçu avec regret une ou deux boucles de ceinturon en argent, et une chaîne du même métal, ornant la personne imposante du bourgeois de Soleure, jamais peuple puissant et victorieux (les Suisses pouvaient alors être estimés tels) ne fut représenté par une ambassade d'une aussi patriarcale simplicité. Les députés voyageaient à pied, leurs bâtons ferrés à la main, comme des pèlerins allant à un lieu de dévotion. Deux mules portaient leur petit bagage ; elles étaient conduites par de jeunes garçons, fils ou cousins de membres de l'ambassade, trouvant l'occasion en ce voyage de jeter un coup d'œil au delà des monts.

Quelque mince que fût leur suite au point de vue du décorum, du service et des commodités personnelles, les conditions dangereuses de l'époque, et l'état fort troublé du pays dès qu'on serait sorti du territoire suisse, ne permettaient pas à des hommes chargés d'affaires aussi importantes, de voyager sans escorte. Le danger des loups qui, à l'approche de l'hiver, descendent souvent de leurs repaires des montagnes dans les villages ouverts du genre de ceux où les voyageurs prendraient leurs quartiers, aurait rendu cette précaution nécessaire ; et la multitude des soldats déserteurs de nations diverses organisées en bandes de brigands sur les frontières, la recommandait davantage encore.

Une vingtaine de jeunes gens choisis dans les différents cantons suisses, et parmi lesquels étaient Rudiger, Ernest et Sigismond, les trois fils aînés d'Arnold, accompagnaient donc la députation. Ils ne marchaient pas militairement, à côté, ou tout près de la caravane ; ils formaient, au contraire, des groupes de chasseurs de cinq ou six, explorant les rochers, les bois et les passages de montagne que traversaient les envoyés. Le pas plus lent de ces derniers donnait aux jeunes gens, accompagnés de leurs gros chiens à long poil, tout le temps de détruire des loups et des ours, ou, parfois, de surprendre un chamois dans les rochers. Les chasseurs, cependant, en poursuivant le gibier, étaient attentifs à examiner tous lieux favorables aux embuscades, et veillaient ainsi à la sécurité de l'ambassade qu'ils escortaient, beaucoup mieux que s'ils étaient restés à côté d'elle. Une note spéciale, sonnée sur le grand bugle suisse, ou corne de buffle des montagnes, déjà mentionné, était le signal convenu pour se rassembler si quelque danger se présentait. Rodolphe Donnerhugel, de beaucoup le plus jeune parmi les hommes auxquels on l'avait associé dans cette commission importante, prit le commandement de ces gardes du corps montagnards, et les accompagnait d'ordinaire dans leurs excursions de chasse. Ils étaient parfaitement pourvus d'armes, ayant épées à deux mains, pertuisanes et lances, arbalètes et arcs, dagues et couteaux de chasse. Les plus pesants de ces objets, qui les auraient gênés dans leurs courses, étaient mis dans les bagages, à la disposition de leurs maîtres dès la plus légère alerte.

Comme son récent adversaire, Arthur Philipson préférait naturellement la compagnie et les exercices des jeunes à la conversation grave et à la marche lente des anciens. Une certaine propension à rôder auprès du bagage aurait cependant amené le jeune Anglais, si les circonstances l'avaient permis, à renoncer aux exercices de la jeunesse suisse, si attrayants qu'ils fussent, et à subir le pas mesuré et la conversation grave des plus âgés de la troupe. Anne de Geierstein, en un mot, accompagnée d'une jeune servante suisse, voyageait à l'arrière-garde de la députation.

Les deux femmes étaient montées sur des ânes, dont la marche ne s'accommodait qu'avec peine à celle des mules de bât. On soupçonnera volontiers qu'Arthur Philipson, en retour des services importants que lui avait rendus une belle et intéressante personne, aurait accepté sans peine la tâche de lui prêter aide à l'occasion durant le voyage, et l'avantage de sa conversation pour charmer l'ennui de la route. Mais il n'osait témoigner des attentions que les coutumes du pays ne comportaient pas, car aucune tentative en ce sens n'était faite par les cousins de la jeune fille, ni même par Rodolphe Donnerhugel, qui s'était montré disposé cependant à ne négliger rien de ce qui le ferait bien venir de sa belle cousine. Arthur avait, en outre, assez réfléchi, pour être convaincu qu'en se laissant aller à cultiver la connaissance de l'aimable jeune fille, il aurait sérieusement mécontenté son père, et sans doute aussi Biederman, de l'hospitalité de qui ils avaient profité, et sous le sauf-conduit duquel ils étaient.

Le jeune Anglais se livra donc aux mêmes amusements que ceux de son âge, ayant soin seulement, dans les haltes, d'avoir pour la jeune fille les politesses qui ne donneraient lieu ni à l'observation ni à la censure. Son mérite comme chasseur étant à présent bien établi, il se permettait quelquefois, même au moment des expéditions, d'errer à proximité du sentier où il pouvait entrevoir du moins les plis du voile gris d'Anne de Geierstein et l'esquisse de celle qu'il abritait. Cela ne fut pas mal interprété par ses compagnons; ils n'y virent que de l'indifférence pour les moins nobles et les moins dangereux de leurs passe-temps, car lorsque l'objet de la chasse était un ours, un loup, ou tout autre animal féroce, ni lance, ni coutelas, ni arc, pas même ceux de Rodolphe Donnerhugel, n'étaient aussi prompts que ceux du jeune Anglais.

Le plus âgé des Philipson avait à songer, pendant ce temps, à des choses d'un autre ordre et plus sérieuses. C'était (le lecteur l'a déjà vu) un homme connaissant beaucoup le monde, où il avait joué d'autres rôles que celui qu'il y soutenait aujourd'hui. Les sentiments qu'il avait eus à une autre époque étaient rappelés et éveillés par la vue d'exercices familiers aux années de sa jeunesse. Les clameurs des lévriers, répétées par les montagnes sauvages et les forêts sombres que l'on traversait; la vue des galants chasseurs apparaissant, à la poursuite des animaux qu'ils voulaient forcer, au milieu de pics aériens et de précipices profonds qu'on eût crus inaccessibles au pied de l'homme; les cris de chasse et les sons du cor se répercutant de hauteur en hauteur, avaient failli plus d'une fois l'entraîner à prendre part à ce jeu, non sans péril mais si animé ; dans la plupart des contrées d'Europe, la chasse était alors, après la guerre, la plus grande occupation de la vie. L'impression n'était cependant que passagère, et il trouvait un intérêt beaucoup plus grand à étudier les mœurs et les opinions des hommes avec lesquels il voyageait.

Tous semblaient empreints de la même simplicité franche et rude qui caractérisait Arnold Biederman, encore que, chez aucun d'eux, elle ne fût relevée par la même hauteur de pensée et par une sagacité aussi profonde. En parlant de l'état politique de leur pays, les membres de l'ambassade n'affectaient pas la réserve ; à l'exception de Rodolphe, leurs jeunes gens n'étaient pas admis à leurs conseils, mais cette exclusion avait pour cause la subordination nécessaire de la jeunesse aux anciens, bien plus qu'un parti pris de faire un mystère de leurs pensées. En présence de Philipson père, ils discutaient librement les prétentions du duc de Bourgogne, les moyens qu'avait leur pays de maintenir son indépendance, et la ferme résolution de la ligue helvétique de défier toutes les forces que le monde entier dirigerait contre elle, plutôt que de subir l'insulte la plus légère. Leurs vues, à d'autres égards, semblaient sages et modérées, quoique le banneret de Berne et le gros bourgeois de Soleure eussent l'air de redouter moins les conséquences d'une guerre, que ne le faisaient le prudent landamman d'Unterwalden et son vénérable compagnon, Nicolas Bonstetten, prêt à souscrire à toutes les opinions de celui-ci.

Il arrivait fréquemment qu'abandonnant ces sujets, la conversation se tournât vers d'autres moins attrayants pour leur compagnon de route. Les indices du temps, la fertilité relative des saisons dernières, le mode le plus avantageux d'aménager leurs vergers et de soigner leurs récoltes, quelque intéressants qu'ils fussent pour les montagnards, amusaient médiocrement Philipson ; et bien que le notable meinherr Zimmerman de Soleure eût eu la bonté d'engager avec lui une conversation sur le commerce, l'Anglais, dont le trafic portait sur des articles d'un mince volume et d'une valeur considérable, et qui, pour le mener à bien, traversait les terres et les mers, ne trouvait guère d'idées à échanger avec le négociant suisse, dont le commerce n'allait pas au delà des districts voisins de Bourgogne et d'Allemagne, et dont les marchandises consistaient en grossières étoffes de laine, futaines, cuirs, pelleteries, et autres articles communs.

Mais de temps à autre, pendant que les Suisses discutaient sur de mesquins intérêts de commerce, expliquaient quelque procédé de cul-

ture élémentaire, parlaient de la rouille des grains ou de la clavelée du bétail, avec la lourdeur et la minutie de petits fermiers ou de marchands à une foire de campagne, un lieu connu rappelait le nom et l'histoire d'une bataille où s'était trouvé l'un d'entre eux (il n'en était pas un qui n'eût porté plusieurs fois les armes); et les détails militaires, privilège exclusif, en d'autres pays, des chevaliers ou des écuyers qui avaient joué un rôle dans les combats, et de savants clercs qui s'appliquaient à les raconter, étaient, en ce singulier pays, choses familières à des hommes que leurs occupations pacifiques auraient semblé éloigner beaucoup de la profession des armes. Ceci rappela à l'Anglais les anciens habitants de Rome, échangeant avec tant de facilité la charrue contre l'épée, et la culture d'une ferme pour la direction des affaires publiques. Il toucha un mot de cette ressemblance au landamman; celui-ci fut flatté du compliment fait à son pays, mais répondit aussitôt : « Puisse le ciel conserver chez nous les vertus domestiques des Romains, et nous préserver de leur soif de conquêtes et de leur amour des richesses de l'étranger ! »

La marche lente des voyageurs, et diverses autres causes de retard sur lesquelles il serait inutile de s'appesantir, firent que les députés passèrent deux nuits en route avant d'arriver à Bâle. Les petites villes ou villages où ils s'arrêtèrent les reçurent, dans la mesure de leurs moyens, avec tous les témoignages d'une hospitalité respectueuse, et le passage de l'ambassade était le signal d'une petite fête, dont les chefs de la communauté ne manquaient pas de les régaler.

En ces occasions, pendant que les anciens du village traitaient les députés de la confédération, les jeunes gens de l'escorte étaient défrayés par ceux de leur âge, dont quelques-uns, informés à l'avance de l'approche de la troupe, allaient se joindre à elle pour la chasse du jour, indiquant aux étrangers les endroits où le gibier était le plus abondant.

Ces fêtes n'avaient rien d'excessif, et les principales raretés qui composaient le festin étaient des chevreaux, des agneaux et du gibier, tous produits de la montagne. Arthur Philipson et son père remarquèrent cependant que la bonne chère était plus appréciée par le banneret de Berne et le bourgeois de Soleure, que par le landamman et le député de Schwitz. On ne commit pas d'excès, nous l'avons déjà dit; mais les députés ci-dessus mentionnés étaient évidemment experts en l'art de choisir les meilleurs morceaux, et étaient connaisseurs en vins (des crus étrangers surtout) dont ils les arrosaient libéralement. Arnold était trop sage pour blâmer ce qu'il n'était pas en son pouvoir de corriger; il se contenta d'observer lui-même une frugalité sévère, vivant presque exclusivement de légumes et d'eau pure, en quoi il fut imité par Nicolas Bonstetten, la vieille barbe grise, qui s'appliquait à suivre en toutes choses l'exemple du landamman.

Ce fut, nous l'avons dit, le troisième jour après le commencement du voyage, que la députation arriva dans le voisinage de Bâle ; cette ville était alors une des plus grandes à l'extrémité sud-ouest de l'Allemagne, et l'on se proposait d'y prendre séjour le soir, ne doutant pas d'y trouver une réception amicale. La ville ne faisait pas alors partie de la Confédération suisse, à laquelle elle ne se joignit qu'environ trente ans plus tard, en 1501 ; mais c'était une ville libre de l'Empire, unie à Berne, Soleure, Lucerne, et à d'autres villes de Suisse, par des intérêts mutuels et de constantes relations. La députation avait pour objet de négocier une paix non moins utile à la ville de Bâle qu'à la Suisse elle-même, vu la cessation de commerce qui serait la conséquence d'une rupture entre le duc de Bourgogne et les cantons, et le grand avantage que Bâle tirerait d'une continuation de neutralité, située comme elle l'était entre ces deux puissances ennemies.

Les ambassadeurs attendaient donc, de la part des autorités de Bâle, une réception aussi cordiale que celle qu'ils avaient rencontrée dans les limites de leur confédération, les intérêts de cette ville étant si fort engagés dans les objets de leur mission. Le chapitre suivant montrera combien cette attente fut loin de se réaliser.

CHAPITRE VIII.

> Ils voyaient la cité, qui salue au passage
> Le Rhin tombé du haut de son désert sauvage ;
> De même Orgétorix, des Alpes autrefois,
> Superbe s'élançait aux plaines des Gaulois.
>
> *Helvétie.*

ATIGUÉS d'avoir vu se succéder trop longtemps les aspects sauvages de la montagne, les voyageurs anglais contemplèrent avec plaisir un pays encore mouvementé, mais susceptible d'une belle culture, et orné de champs de blé et de vignes. Le grand fleuve du Rhin répandait majestueusement sur le paysage la bande grise de ses eaux, et séparait en deux la ville de Bâle. La partie sud, à laquelle aboutissait le chemin suivi par les députés suisses, offrait aux regards la célèbre cathédrale et la haute terrasse qui règne devant sa façade, rappelant aux voyageurs qu'ils approchaient d'un pays où les œuvres de l'homme peuvent se faire remarquer même à côté de celles de la nature, au lieu de se perdre, comme ç'a été le destin des travaux les plus magnifiques du génie humain, en ces montagnes formidables qu'ils venaient de traverser.

On était encore à un mille des portes de la ville, lorsque les voyageurs furent abordés par l'un des magistrats de Bâle, accompagné de deux ou trois citoyens ; ils étaient montés sur des mules à housses de velours, indice de richesse et de qualité. Les Bâlois saluèrent respectueusement le landamman d'Unterwalden et ses compagnons ; ceux-ci se préparèrent à les écouter, et à répondre comme il convenait à l'invitation hospitalière qu'ils s'attendaient à recevoir.

Le message de la commune de Bâle fut diamétralement contraire à leurs prévisions. Il fut délivré avec beaucoup d'embarras et d'hésitation par le fonctionnaire venu à leur rencontre, qui ne trouvait évidemment pas sa mission fort agréable à remplir. Il y avait force protestations d'estime profonde et fraternelle pour les cités de la ligue helvétique, avec laquelle l'orateur de Bâle déclarait le gouvernement de sa ville uni d'amitié et d'intérêts. Mais il finissait par indiquer que, pour certaines raisons impérieuses, que l'on expliquerait plus à loisir et de manière à donner pleine satisfaction, la ville libre de Bâle ne pouvait pas, ce jour-là, recevoir dans ses murs les très respectables députés qu'envoyait la diète helvétique à la cour du duc de Bourgogne.

Philipson nota avec soin l'effet que cette communication fort inattendue produisait sur les membres de l'ambassade. Rodolphe Donnerhugel, qui, en approchant de Bâle, avait rejoint les députés, parut moins surpris que ses compagnons ; il resta silencieux, plus curieux de pénétrer les sentiments des autres que de laisser voir les siens. Ce n'était pas la première fois que le judicieux marchand remarquait que ce jeune homme hardi et fougueux savait, lorsque ses desseins le demandaient, contraindre l'impétuosité naturelle de son caractère. Quant aux autres, le front du banneret s'assombrit ; le visage du bourgeois de Soleure devint rouge comme la lune lorsqu'elle se lève au nord-ouest ; la barbe grise de Schwitz regarda Biederman avec anxiété ; et le landamman lui-même eut l'air plus impressionné qu'on ne l'aurait attendu d'un esprit aussi ferme. D'une voix un peu émue, il répondit enfin au magistrat de Bâle :

« C'est un singulier message pour les députés de la confédération suisse, chargés que nous sommes d'une mission amicale, d'où dépendent les intérêts des bons citoyens de Bâle, toujours traités par nous comme des amis et faisant encore profession de l'être. L'abri de ses toits, la protection de ses murs, les relations ordinaires d'hospitalité, sont choses qu'un État ami n'a jamais le droit de refuser aux habitants d'un autre.

— Ce n'est pas non plus de son plein gré, respectable landamman, » répondit le magistrat, « que la commune de Bâle les refuse. Non seulement vous et les honorables députés, mais votre escorte et vos bêtes de somme, seraient reçus et nourris aussi bien que peuvent le faire les citoyens de Bâle ; mais nous sommes contraints d'agir ainsi.

— Contraints par qui? » dit le banneret, dont la colère éclatait. « L'empereur Sigismond a-t-il profité si peu de l'exemple de ses prédécesseurs ?

— L'empereur, » répliqua le délégué de Bâle, interrompant le banneret, « est un monarque bien intentionné et pacifique, comme il l'a toujours été ; mais... les troupes de Bourgogne viennent de s'avancer dans le Sundgau, et des dépêches ont été envoyées à notre gouvernement par le comte Archibald de Hagenbach.

— Vous en avez dit assez, » répliqua le landamman. « Ne soulevez pas davantage le voile qui cache une faiblesse dont vous rougissez. Je vous comprends parfaitement. Bâle est trop près de la citadelle de Ferrette pour permettre à ses citoyens de consulter leurs propres sentiments. Nous voyons, frère, où gît la difficulté ; nous avons pitié de vous, et nous vous pardonnons votre inhospitalité.

— Écoutez-moi jusqu'au bout, digne landamman, » répondit le magistrat. « Il y a ici dans le voisinage, un vieux château de chasse des comtes de Falkenstein, appelé Graffs-lust (*les Plaisirs du Comte*). Quoiqu'il soit ruiné, on y est mieux qu'en plein air, et il offre quelque défense. Le ciel nous préserve, d'ailleurs, d'y voir troubler votre repos! Sachez bien, mes honorables amis, que si vous trouvez dans ce vieux réduit quelques provisions, du vin, de la bière, ou autre chose, vous en userez sans scrupule, car elles sont là pour vous.

— Je ne refuse pas un lieu de sûreté, » dit le landamman. « En nous faisant défendre l'entrée de Bâle, on ne montre qu'une malveillance mesquine, mais qui pourrait bien cacher des pensées de violence. Nous vous remercions de vos provisions; à mon avis cependant, nous ne vivrons pas aux dépens d'amis qui n'osent nous avouer qu'en cachette.

— Encore un mot, digne landamman, » dit le personnage officiel de Bâle ; « vous avez en votre compagnie une jeune personne, qui, je le crois, est votre fille. Même pour des hommes, l'aménagement laisse à désirer à l'endroit où vous allez ; pour les femmes, il n'est guère meilleur, quoique nous ayons fait ce que nous pouvions pour arranger les choses au mieux. Permettez plutôt que votre fille vienne à Bâle

avec nous ; ma femme sera pour elle une mère jusqu'à demain matin, où je la reconduirai saine et sauve à votre camp. Nous avons promis de fermer nos portes aux hommes de la confédération, mais les femmes, on n'en a pas parlé.

— Les gens de Bâle, » répondit le landamman, « sont de subtils casuistes ; sachez cependant que, depuis le temps où les Helvétiens se précipitèrent à la rencontre de César jusqu'à l'heure présente, les femmes de Suisse, dans les moments de danger, ont eu pour séjour le camp de leurs pères, de leurs frères et de leurs maris, et n'ont cherché de protection que dans le courage de leurs parents. Nous avons assez d'hommes pour protéger nos femmes ; ma nièce restera avec nous, et partagera le destin que le ciel nous enverra.

— Adieu donc, respectable ami, » dit le magistrat de Bâle ; « c'est un chagrin pour moi de me séparer de vous de la sorte, mais ainsi le veut un mauvais destin. Cette avenue de gazon vous conduira à la vieille maison de chasse, où je prie le ciel de vous donner une nuit tranquille : indépendamment d'autres dangers, on dit que ces ruines n'ont pas une bonne renommée. Permettez donc à votre nièce, puisque cette jeune personne est votre nièce, de venir avec moi à Bâle pour cette nuit.

— Si nous sommes dérangés, » répondit Arnold Biederman, « par des êtres pareils à nous, nous avons le bras vigoureux et la pertuisane solide ; si nous étions visités, comme l'insinueraient vos paroles, par des personnages d'une autre espèce, nous aurions au besoin bonne conscience et confiance dans le ciel. Mes bons amis, mes frères en cette ambassade, ai-je exprimé vos sentiments autant que les miens ? »

Les autres députés donnèrent leur assentiment ; et les citoyens de Bâle dirent courtoisement adieu à leurs hôtes, s'efforçant de suppléer, par le luxe des politesses, à ce que leur hospitalité avait d'incomplet. Après leur départ, Rodolphe, qui s'était tu devant eux, fut le premier à s'exprimer sur leur conduite pusillanime. « Les lâches ! » dit-il ; « les chiens ! Puisse le boucher de Bourgogne les écorcher vifs par ses exactions, pour leur apprendre à désavouer de vieilles amitiés au plus léger souffle de la colère d'un tyran !

— Et d'un tyran, » dit un autre de la troupe, « qui n'est pas même le leur. » Plusieurs des jeunes gens s'étaient groupés autour des anciens, pour écouter les paroles de bienvenue que l'on attendait des magistrats de Bâle.

« Non, » répliqua Ernest, l'un des fils d'Arnold Biederman ; « ils ne prétendent pas que l'empereur, leur suzerain, ait voulu les influencer ; mais un mot du duc de Bourgogne, qui ne devrait pas valoir plus pour eux qu'un souffle du vent d'ouest, a suffi pour les pousser à ce brutal défaut d'hospitalité. Il y aurait de quoi marcher contre la ville, et les forcer, à la pointe de l'épée, de nous y donner abri. »

Un murmure d'approbation parmi les jeunes éveilla le déplaisir d'Arnold Biederman.

« Ai-je entendu, » dit-il, « la langue d'un de mes fils, ou celle d'un grossier lansquenet, ne connaissant que la bataille ou la violence? Qu'est devenue la discipline de la jeunesse de Suisse, accoutumée à attendre le signal de l'action jusqu'à ce que les anciens du canton jugeassent bon de le donner, et doux comme des filles jusqu'à ce que la voix des patriarches leur ordonnât d'être vaillants comme des lions?

— Je n'avais pas mauvaise intention, mon père, » dit Ernest abasourdi par ce reproche ; « je n'avais pas, surtout, l'intention de vous manquer; mais je suis forcé de dire...

— Ne dites pas un mot, mon fils, » répliqua Arnold ; « mais quittez le camp demain à la pointe du jour; et en retournant à Geierstein, comme je vous le commande, souvenez-vous que celui-là n'est pas fait pour visiter les pays étrangers, qui ne sait point régler sa langue devant ses concitoyens et devant son père. »

Le banneret de Berne, le bourgeois de Soleure, et jusqu'au député à longue barbe de Schwitz, tâchèrent d'intercéder pour le coupable, et d'obtenir la remise du bannissement prononcé ; mais ce fut en vain.

« Non, mes bons amis et frères, non, » répliqua Arnold. « Il faut un exemple à ces jeunes gens ; et si, dans un sens, je suis fâché que le tort soit imputable à quelqu'un de ma famille, il est bon, à un autre point de vue, que le coupable soit une personne sur laquelle je puis exercer mon autorité tout entière sans soupçon de partialité. Ernest, mon fils, vous avez entendu mes ordres ; retournez à Geierstein dès demain matin, et soyez un autre homme quand j'y rentrerai. »

Le jeune Suisse, blessé et mécontent sans aucun doute de cet affront public, mit néanmoins un genou en terre, et embrassa la main droite de son père. Arnold, sans le plus léger signe de colère, lui donna sa bénédiction ; Ernest, sans la moindre observation, alla se mettre au dernier rang de la troupe.

La députation descendit l'avenue indiquée, au bas de laquelle s'élevaient les ruines massives de Graffs-lust; ce qui restait de clarté ne suffisait pas pour en bien distinguer la forme. En approchant, la nuit devenant plus sombre, on put remarquer trois ou quatre fenêtres éclairées, le reste de la façade demeurant dans l'obscurité la plus profonde. En arrivant au château, les voyageurs reconnurent qu'il était entouré d'un fossé large et profond, dont la surface bourbeuse réfléchissait faiblement les lumières de l'intérieur.

CHAPITRE IX.

Francisco. Bonne nuit.
Marcellus. Bon repos, soldat. Qui te remplace ?
Francisco. Bonne nuit. C'est Bernard.

SHAKSPEARE, *Hamlet*, acte I, sc. 1re.

LA première occupation de nos voyageurs fut de trouver le moyen de traverser le fossé ; ils eurent bientôt découvert la tête de pont sur laquelle le pont-levis, lorsqu'il était baissé, s'était appuyé jadis. Sur ces ouvrages, depuis longtemps hors de service, un passage provisoire de troncs de sapin et de planches avait été construit (récemment, tout l'indiquait), et les conduisit à l'entrée principale du château. En y pénétrant, ils virent un guichet ouvrant sous la voûte et tout brillant de lumière ; ils furent guidés par là à une salle évidemment préparée pour eux aussi bien que le permettaient les circonstances.

Un grand feu de bois sec et bien trié brûlait joyeusement dans la cheminée, et y avait été entretenu le temps nécessaire pour que l'air fût doux et réconfortant, malgré la grande étendue de la salle et son aspect délabré. Il y avait aussi, au bout de la pièce, un gros tas de bois, suffisant pour entretenir le feu, fût-on resté là une semaine. Deux ou trois longues tables étaient dressées et couvertes des ustensiles nécessaires ; en examinant de plus près les lieux, on trouva dans un coin plusieurs grandes mannes contenant des provisions froides de toute sorte, préparées avec grand soin pour l'usage des arrivants. Les yeux du bon bourgeois de Soleure étincelèrent lorsqu'il vit les jeunes gens ôter le souper des mannes et le disposer sur les tables.

« A la bonne heure, » dit-il ; « ces pauvres gens de Bâle ont sauvé leur caractère ; si la bienvenue fait faux bond, la bonne chère est abondante.

— Ami, » dit Arnold Biederman, « l'absence du maître de la maison diminue beaucoup le mérite du repas. Plutôt une moitié de pomme de la main de notre hôte, qu'un festin de noces sans sa compagnie.

— Notre reconnaissance en sera diminuée, » dit le banneret. « Mais, après le langage équivoque qu'on nous a tenu, je crois à propos de faire bonne garde cette nuit, et de faire faire même de temps en temps, à l'entour des ruines, des patrouilles par nos jeunes gens. La place est forte et peut se défendre ; nous devons, sous ce rapport, des remerciements à ceux qui nous ont servi de quartiers-maîtres. Avec votre permission, cependant, mes honorés frères, nous visiterons l'intérieur de la maison, et nous organiserons une garde et des patrouilles régulières. A votre devoir, jeunes gens ; fouillez ces ruines avec soin ; elles pourraient contenir d'autres personnes que nous, car nous sommes dans le voisinage de quelqu'un qui, comme un renard en maraude, se meut plus volontiers de nuit que de jour, et cherche sa proie dans les ruines et les lieux déserts plutôt qu'en rase campagne. »

Cette proposition fut approuvée de tous. Les jeunes gens prirent des torches, dont une certaine quantité avait été mise en tas pour leur usage, et firent une stricte recherche à travers les ruines.

La plus grande partie du château était beaucoup plus délabrée que celle destinée par les citoyens de Bâle au logement de l'ambassade. Quelques endroits étaient sans toiture et l'ensemble fort désolé. La lueur des torches, l'éclat des armes, le son des voix humaines, le retentissement des pas, chassèrent de leurs réduits obscurs les chauves-souris, les chats-huants, et autres oiseaux de mauvais présage, habitants ordinaires des édifices usés par le temps ; leur vol à travers les pièces désertes occasionna plusieurs fois des alertes lorsqu'on entendait le bruit sans en voir la cause, et des rires après qu'on avait reconnu ce que c'était. On constata que le fossé entourait la place de tous les côtés, et qu'on était, en conséquence, à l'abri d'une attaque du dehors, sauf le cas où elle serait tentée par l'entrée principale, qu'il était facile de barricader et de munir de sentinelles. On s'assura aussi, par de minutieuses recherches, que s'il était possible qu'un individu fût caché dans un si vaste amas de ruines, il ne se pouvait pas qu'un nombre d'hommes redoutable pour une troupe comme la leur, fût resté quelque part sans être découvert. On fit rapport du tout au banneret, qui chargea Donnerhugel de prendre six jeunes gens, à son choix, pour faire patrouille en dehors du bâtiment jusqu'au premier chant du coq; à cette heure ils rentreraient au château; un même nombre d'hommes prendrait le service jusqu'à l'aube, pour être alors remplacé à son tour. Rodolphe déclara son intention de rester de garde toute la nuit; il était aussi remarquable pour la vigilance que pour la force et le courage, et la garde du dehors fut considérée comme parfaitement assurée sous sa direction; en cas de rencontre soudaine, les sons rauques du bugle suisse seraient le signal pour envoyer du renfort à la patrouille.

Dans l'intérieur du château, les précautions furent prises avec une égale vigilance. Une sentinelle, qu'on relèverait toutes les deux heures, fut mise à la porte principale, et deux autres furent placées aux points opposés du château, bien que le fossé parût sûreté suffisante.

Cela fait, le reste de la troupe s'assit à la table, les députés au haut de la salle, l'escorte modestement placée au bout inférieur. Quantité de bottes de foin et de paille, laissées en pile dans le château désert, furent affectées à l'usage auquel les habitants de Bâle les avaient évidemment destinées, et, avec l'aide des manteaux, furent considérées comme d'excellents lits par une race endurcie, contente souvent, à la guerre ou à la chasse, d'un coucher beaucoup plus mauvais.

L'attention des Bâlois était allée jusqu'à prendre, pour le bien-être d'Anne de Geierstein, des dispositions meilleures que pour les hommes. Une pièce (la sommellerie du château, probablement) communiquait avec la grande salle; elle avait une autre porte donnant sur un passage allant aux ruines; à la hâte mais avec soin, cette seconde porte avait été fermée de grosses pierres, sans mortier ni ciment, mais si bien assujetties par leur propre poids qu'une tentative pour les déplacer aurait été nécessairement entendue non seulement de l'habitant de la chambre, mais encore de ceux de la salle voisine ou de n'importe quelle partie du château. Dans la petite pièce disposée et garantie avec une attention si particulière, il y avait deux lits, un grand feu brillant au foyer, une atmosphère douce et confortable. On n'avait pas même oublié les objets de dévotion ; un petit crucifix de bronze pendait au mur, au-dessus d'une table où était un livre de prière.

Ceux qui les premiers découvrirent ce lieu de retraite, revinrent louant à haute voix les bons procédés des citoyens de Bâle, qui, au milieu de leurs préparatifs généraux, avaient songé à prendre des dispositions particulières pour la partie féminine de l'ambassade.

Arnold Biederman sentit la délicatesse de cette conduite. « Ayons pitié de nos amis de Bâle, » dit-il, « sans nourrir contre eux du ressentiment. Ils ont poussé les égards pour nous aussi loin que leurs craintes le leur permettaient ; et ce n'est pas peu dire en leur faveur, mes maîtres, car nulle passion n'est aussi prodigieusement égoïste que la peur. Anne, ma chérie, vous êtes fatiguée. Allez à l'endroit qu'on vous a préparé ; parmi ces provisions, Lisette vous portera, pour votre souper, ce qui conviendra le mieux. »

Parlant ainsi, il conduisit Anne à la petite chambre, et après y avoir promené son regard avec complaisance, il souhaita bon repos à sa nièce. Mais au front de la jeune fille quelque chose montrait que les souhaits de l'oncle ne seraient pas exaucés. Depuis qu'elle avait quitté la Suisse, ses regards s'étaient assombris ; ses conversations étaient devenues plus courtes et plus rares ; tout en elle portait l'empreinte d'une anxiété secrète et d'une secrète douleur. Cela n'échappa pas à son oncle, qui l'imputa au chagrin de se séparer peut-être bientôt de lui, et au regret de quitter le lieu tranquille où tant d'années de sa jeunesse s'étaient écoulées.

Anne de Geierstein n'était pas plus tôt entrée dans la chambre, qu'un tremblement général l'avait saisie ; la couleur avait complètement disparu de ses joues ; elle s'était jetée sur un des deux lits ; les coudes sur les genoux, pressant son front de ses mains, on eût dit une personne accablée de douleur, ou souffrant d'un mal cruel, bien plus qu'un voyageur fatigué pressé de prendre du repos. Arnold n'avait pas le regard prompt pour monter aux sources des impressions féminines. Il vit que sa nièce souffrait; mais ne l'attribuant qu'aux motifs que nous avons dits et à cet état nerveux qu'augmente souvent la fatigue, il lui reprocha doucement de perdre le caractère d'une Suissesse avant

d'avoir cessé de sentir les brises de Suisse.

« Ne laissez pas croire aux dames d'Allemagne ou de Flandre que nos filles ont dégénéré et ne valent plus leurs mères; nous serions forcés de recommencer les batailles de Sempach et de Laupen, pour persuader à l'empereur et à l'altier duc de Bourgogne que nos hommes sont du même métal que leurs ancêtres. Notre séparation, je ne la crains pas. Mon frère est comte de l'Empire, et veut se donner la satisfaction de voir que tout ce qui doit reconnaître son autorité est à ses ordres ; il vous demande pour affirmer son droit. Mais je le connais : il n'aura pas plus tôt vu qu'il peut vous faire venir quand bon lui semble, qu'il ne s'occupera plus de vous davantage. Hélas! pauvre enfant, en quoi pourriez-vous aider ses intrigues de cour et ses plans ambitieux? Non, non ; vous n'êtes pas faite pour les desseins du noble comte, et vous devrez vous contenter de revenir avec nous gouverner la laiterie de Geierstein, et être la petite chérie de votre vieil oncle le paysan.

— Plût à Dieu que nous y fussions déjà ! » dit la jeune fille d'un ton d'abattement, qu'en vain elle tâchait de cacher ou de réprimer.

« Ce ne peut être qu'après l'exécution de ce qui nous amène ici, » dit le landamman, prenant ces paroles à la lettre. « Couchez-vous, Anne, prenez un morceau et deux ou trois gouttes de vin, et vous serez demain matin aussi gaie qu'un jour de fête, quand les flûtes jouent la réveillée. »

Anne se plaignit d'un fort mal de tête ; refusant tous aliments, et se déclarant incapable d'y goûter, elle souhaita bonne nuit à son oncle. Elle dit à Lisette de se procurer à elle-même les aliments nécessaires, lui recommandant de faire le moins de bruit qu'elle pourrait en revenant, pour ne pas la réveiller si, par bonheur, elle s'endormait. Arnold Biederman embrassa sa nièce et rentra dans la salle, où ses collègues étaient impatients de commencer l'attaque des provisions rangées devant eux. L'escorte des jeunes gens, diminuée des sentinelles, n'était pas en moins bonne disposition que les anciens.

Le signal de l'assaut fut donné par le député de Schwitz, doyen de la troupe, qui, sous une forme patriarcale, prononça la bénédiction des aliments. Les voyageurs commencèrent alors leurs opérations, avec une vivacité témoignant que les incertitudes sur l'éventualité d'un souper, et les retards survenus dans l'installation de leurs quartiers, avaient infiniment augmenté leur appétit. Il n'y eut pas jusqu'au landamman, dont la modération approchait quelquefois de l'abstinence, qui ne parût, ce soir-là, mieux disposé qu'à l'ordinaire. Son ami de Schwitz, d'après son exemple, mangea, but et parla plus que de coutume; et le reste des députés poussa presque le repas jusqu'à la débauche. Philipson père observait la scène d'un œil inquiet, ne touchant à son verre que pour répondre aux politesses auxquelles l'usage du temps le contraignait. Son fils avait quitté la salle au commencement même du banquet de la façon que nous allons raconter.

Arthur avait résolu de s'adjoindre aux jeunes gens qui feraient sentinelle au dedans ou patrouille à l'extérieur, et avait pris pour cela des arrangements avec Sigismond, le troisième fils du landamman. Mais, en jetant un coup d'œil furtif sur Anne de Geierstein avant d'aller offrir ses services, il trouva sur le front de la jeune fille une expression si sombre et si solennelle, que ses pensées se détournèrent de tout autre objet pour ne songer qu'à la cause possible d'un pareil changement. Ce visage calme et ouvert, cet œil qui exprimait innocence et sécurité, ces lèvres qui, secondées d'un regard aussi franc que les paroles, semblaient toujours prêtes à dire avec douceur et confiance ce que leur dictait le cœur, avaient, à l'heure présente, entièrement changé de caractère et d'expression, sans qu'aucun motif ordinaire parût en donner l'explication. La fatigue pouvait bannir les roses de son teint, un malaise obscurcir ses yeux et voiler son front. Mais l'abattement profond avec lequel elle abaissait de temps à autre les yeux vers le sol, les regards de terreur qu'elle lançait autour d'elle à d'autres moments, devaient avoir une autre source. Ni le malaise ni la fatigue n'expliquaient la façon dont ses lèvres se contractaient et se serraient l'une contre l'autre, comme celles d'une personne qui veut faire ou regarder une chose effrayante; le tremblement qui l'envahissait de temps à autre, et dont elle ne triomphait que par un violent effort. Pour un tel changement d'expression, il fallait au cœur une puissante cause de tristesse ou de douleur. Quelle était cette cause?

Il est dangereux pour un jeune homme de contempler la beauté dans toute la pompe de ses charmes, les regards armés pour la conquête; plus dangereux de la voir à ses heures de laisser-aller sans affectation et sans crainte, livrée au caprice gracieux du moment, et aussi désireuse de trouver les gens de son goût que d'être du leur. Certains sont plus impressionnés encore s'ils voient la beauté dans la douleur, et s'ils éprouvent cette pitié, ce désir de consoler l'aimable affligée, que le poète a décrits comme si voisins de l'amour. Pour un esprit de cette trempe romanesque et aventureuse que le moyen âge a souvent produite, la vue d'une personne jeune et aimable, dans un état évident de terreur et de souffrance, sans aucun motif apparent, était peut-être plus faite encore pour impressionner que la beauté dans son orgueil, dans sa grâce ou dans sa douleur. De pareils sentiments, il faut s'en souvenir, n'étaient pas exclusivement réservés aux plus hauts rangs, mais pouvaient se trouver alors dans toutes les classes de la société au-dessus du simple paysan ou de l'artisan. Le jeune Philipson contemplait Anne de Geierstein avec une curiosité si intense, mêlée d'intérêt et de compassion, que la scène mouvementée qui l'entourait s'évanouissait à ses yeux, et ne laissait plus dans la salle bruyante personne que lui et l'objet de son attention.

Qu'était-ce donc qui pouvait assaillir à ce point et écraser presque un esprit si bien équilibré, un courage si bien réglé, sous la protection des épées les plus braves peut-être qui fussent en Europe, et dans un lieu qui aurait donné confiance à la plus timide des femmes? Dût-on être attaqué, le bruit d'un combat, dans ces conditions, serait à peine plus terrible que le rugissement des cataractes qu'il avait vu cette jeune fille affronter avec mépris. Tout au moins, pensait-il, elle doit être sûre qu'il y a un homme que l'amitié et la reconnaissance obligent à combattre jusqu'à la mort pour la défendre. Plût au ciel, se disait-il, continuant cette rêverie, qu'il fût possible de l'assurer, sans signes ni paroles, de ma résolution de la protéger au milieu des plus grands périls! Pendant que de telles pensées allaient flottant dans son esprit, Anne leva les yeux dans l'un de ces accès de profonde émotion qui semblaient l'anéantir; errant avec appréhension autour de la salle, comme si elle se fût attendue à voir, parmi les compagnons bien connus de son voyage, quelque apparition étrange et funeste, ses regards rencontrèrent le regard fixe et inquiet d'Arthur Philipson. Ils se reportèrent de suite vers la terre, et une vive rougeur témoigna qu'elle avait conscience d'avoir, par sa manière d'être, attiré l'attention du jeune homme.

Arthur de son côté, mû par le même sentiment, rougit autant qu'elle, et se déroba à sa vue. Mais lorsqu'Anne se leva et fut conduite à sa chambre par son oncle, il sembla à Philipson qu'elle emportait avec elle toutes les lumières dont la pièce était éclairée, et qu'elle laissait tout dans l'obscurité d'une salle de funérailles. Tel était le cours de ses préoccupations lorsque la voix mâle de Donnerhugel lui dit à l'oreille.

« Notre voyage d'aujourd'hui vous a-t-il tant fatigué, camarade, que vous alliez dormir debout?

— Dieu m'en garde, capitaine, » dit l'Anglais sortant de sa rêverie. Il donnait à Rodolphe l'appellation que les jeunes gens de l'expédition

lui avaient unanimement décernée. « Dieu me garde de dormir, tant qu'il y aura quelque chose à faire.

— Où comptez-vous être, au premier chant du coq? » demanda le Suisse.

« Où le devoir m'appellera, ou bien, noble capitaine, au lieu que m'indiquera votre expérience, » répliqua Arthur. « Avec votre permission, je me proposais de remplacer Sigismond pour garder le pont jusqu'à minuit ou jusqu'au premier chant du coq. Il se ressent encore de l'entorse qu'il s'est donnée en poursuivant le chamois, et je lui ai persuadé qu'un repos ininterrompu cette nuit serait le meilleur moyen de retrouver ses forces.

— Il fera bien de revenir à sa première opinion, » murmura Donnerhugel ; « le vieux landamman n'est pas homme à tenir compte d'accidents pareils lorsqu'ils gênent le service. Ceux qui sont sous ses ordres doivent avoir aussi peu de cerveau qu'un bœuf, les membres aussi durs que ceux d'un ours, et être aussi indifférents que le plomb et le fer à tous les événements de la vie et à toutes les faiblesses de l'humanité.

— Voici quelque temps que je suis l'hôte du landamman, » répliqua Arthur sur le même ton, « et je n'ai pas vu d'exemples d'une discipline aussi sévère.

— Vous êtes un étranger, » dit le Suisse, « et le vieillard comprend trop bien l'hospitalité pour vous traiter avec rigueur. Vous n'êtes aussi qu'un volontaire en tout ce que vous voulez prendre de nos jeux et de notre service militaire ; lors donc que je vous demande de venir dehors avec moi au premier chant du coq, ce n'est que dans le cas où cela vous serait absolument agréable.

— Je me considère, à l'heure présente, comme sous votre commandement, » dit Philipson ; « trêve donc de politesses ; au chant du coq, je serai relevé de faction, et heureux d'échanger ce poste contre une promenade plus étendue.

— Ne craignez-vous pas d'abuser de vos forces, » dit Rodolphe, « en vous chargeant pour Sigismond d'un service fatigant, et probablement inutile ?

— Je ne prends pas plus de service que vous, » repartit Arthur, « puisque vous ne vous donnez aucun repos jusqu'au matin.

— C'est vrai, » répondit Donnerhugel ; « mais je suis Suisse.

— Et moi, » répondit vivement Philipson, « je suis Anglais.

— Je n'ai pas dit cela dans le sens que vous croyez, » répliqua Rodolphe en riant ; « je voulais dire que je suis plus intéressé en tout ceci que vous, étranger, la cause nous étant toute personnelle.

— Je suis un étranger, sans doute, » répliqua Arthur ; « mais un étranger qui a joui de votre hospitalité, et qui a le droit, en conséquence, pendant qu'il est avec vous, de partager vos fatigues et vos dangers.

— Qu'il en soit ainsi, » dit Rodolphe Donnerhugel. « J'aurai fini mes premières rondes à l'heure où les sentinelles du château seront relevées, et je serai prêt à les recommencer en votre bonne compagnie.

— C'est entendu, » dit l'Anglais. « Maintenant, je vais à mon poste ; Sigismond, peut-être, me reproche déjà d'avoir oublié ma promesse. »

Ils se rendirent ensemble à la porte d'entrée, où Sigismond céda volontiers son arme et sa faction au jeune Philipson, confirmant l'idée, un peu établie sur son compte, qu'il était le plus indolent et le moins énergique dans la famille de Geierstein. Rodolphe ne put retenir son mécontentement.

« Que dirait le landamman, » se prit-il à demander, « s'il te voyait ainsi céder tranquillement ton poste et ta pertuisane à un étranger ?

— Il dirait que je fais bien, » répondit le jeune homme sans s'émouvoir ; « car il nous recommande de laisser toujours l'étranger faire ce qu'il veut ; et l'Anglais Arthur vient ici parce qu'il le veut bien, sans que je l'en aie prié. Puis donc, mon cher Arthur, qu'il vous convient d'échanger la paille chaude et un bon sommeil pour l'air froid et le clair de lune, je vous souhaite la bienvenue de tout mon cœur. Écoutez la consigne : empêcher de passer ceux qui entrent, ou qui veulent entrer, s'ils ne donnent pas le mot d'ordre ; si ce sont des étrangers, donner l'alarme. Mais ceux de nos amis que vous connaissez, vous les laisserez sortir sans crier « qui vive ! » ni appeler aux armes, car la députation peut avoir besoin d'envoyer dehors des messagers.

— La peste te crève, maudit fainéant ! » dit Rodolphe. « Tu es le seul paresseux de la famille.

— Alors, je suis le seul raisonnable, » dit le jeune homme. « Vous avez soupé ce soir, n'est-ce pas, brave capitaine ?

— La sagesse veut, chat-huant, qu'on n'aille pas à jeun dans la forêt, » répondit le Bernois.

« S'il y a sagesse à manger quand on a faim, » reprit Sigismond, « il n'y a pas folie à dormir lorsque l'on est fatigué. » Parlant de la sorte, et après un ou deux bâillements considérables, la sentinelle relevée s'en alla clopin-clopant, sans dissimuler le moins du monde l'entorse dont elle se plaignait.

« Il y a cependant de la force dans ce corps mou, et de la valeur dans cet esprit inactif et endormi, » dit Rodolphe à l'Anglais. « Mais il est temps, moi qui blâme les autres, de me mettre à ma besogne. A moi, camarades de la patrouille ! »

Le Bernois accompagna ces mots d'un coup de sifflet, qui fit sortir du château six jeunes hommes dont il avait fait choix, prêts à répondre à son appel après un souper rapide. Un ou deux d'entre eux avaient de grands limiers ou chiens de haut-nez : bien qu'employés d'habitude à la poursuite du gibier, ces animaux étaient excellents aussi pour découvrir des embuscades, objet auquel on les employait en ce moment. Un de ces animaux était tenu en laisse par l'homme d'avantgarde, marchant une vingtaine de pas devant les autres ; un second était la propriété de Donnerhugel, à qui il obéissait merveilleusement. Trois des compagnons du capitaine marchaient tout à côté de lui, et les deux autres suivaient, l'un d'eux portant un bugle ou corne de taureau sauvage. Cette petite troupe traversa le fossé par le pont provisoire, et se porta vers la lisière de la forêt voisine du château, excellente pour cacher les embuscades qu'on avait à craindre. La lune était levée et presque en son plein, et, de l'élévation où était le château, Arthur put, sous les rayons argentés de l'astre, observer leur marche lente et circonspecte, jusqu'au moment où ils se perdirent dans les profondeurs de la forêt.

Lorsque la patrouille eut cessé d'occuper ses yeux, les pensées de sa garde solitaire retournèrent vers Anne de Geierstein, et vers la singulière expression de désolation et de crainte qui avait obscurci, ce soir-là, la beauté de son visage. L'incarnat succédant à la pâleur et à l'effroi au moment où les yeux d'Arthur avaient rencontré les siens, était-ce de l'irritation, de la modestie, ou un sentiment plus doux, moins violent que la colère, moins froid que la modestie? Le jeune Philipson, « aussi modeste qu'une fille, » comme l'écuyer de Chaucer, tremblait presque de donner à ce regard l'interprétation favorable qu'un galant plus présomptueux y aurait lu sans scrupule. Le jour à son lever ou à son couchant n'avait jamais été si aimable aux yeux du jeune homme que ne l'était en son souvenir cette émotion charmante; jamais visionnaire enthousiaste ou rêveur poétique n'avait trouvé dans les nuages des formes fantastiques aussi nombreuses que les interprétations diverses données par Arthur aux impressions qui avaient traversé le beau visage de la Suissesse.

Au milieu, cependant, de ces rêveries, cette pensée éclata soudain, que la cause du trouble qu'elle avait laissé voir pouvait ne pas le concerner du tout. Il n'y avait pas longtemps qu'ils s'étaient vus pour la première fois ; ils allaient bientôt se séparer pour toujours. Cette jeune fille pourrait n'être rien pour lui que le souvenir d'une belle vision ; il n'aurait d'autre place dans sa mémoire que celle d'un étranger, reçu quelques jours dans la maison de son oncle et qu'elle ne reverrait plus. Cette idée, troublant le cours des images romanesques qui l'agitaient, fut comme le coup pénétrant du harpon, faisant passer la baleine de la torpeur du sommeil à la violence de l'action. La voûte sous laquelle le jeune soldat montait la garde lui sembla soudain trop étroite. Se précipitant sur le pont, il le traversa, et s'avança vivement quelques pas au delà dans les ouvrages extérieurs de défense où s'en appuyait l'extrémité.

Quelque temps il y parcourut à grands pas l'étroit espace où le renfermaient ses devoirs de sentinelle, comme s'il eût fait vœu de prendre le plus d'exercice qu'il serait possible sur ce terrain limité. Cela eut pour effet de le calmer un peu, de le rappeler à lui-même, et de le faire souvenir des raisons nombreuses qui lui défendaient de fixer son attention, et bien plus encore ses affections, sur cette jeune personne, quelque séduisante qu'elle fût.

Il me reste assurément assez de sens, pensa-t-il, ralentissant le pas et mettant sur son épaule sa pertuisane pesante, assez de sens pour songer à ma condition et à mes devoirs, à mon père pour qui je suis tout, au déshonneur aussi qui tomberait sur moi si j'étais capable de gagner le cœur d'une jeune fille sincère et confiante, aux sentiments de laquelle je ne saurais faire droit en lui consacrant ma vie en retour. « Non, » se disait-il, « elle m'oubliera bientôt, et je travaillerai à ne plus me souvenir d'elle autrement que comme d'un rêve charmant, traversant une seconde la sombre série des dangers auxquels ma vie semble condamnée. »

En parlant, il s'arrêta court ; il s'appuya sur son arme ; une larme, malgré lui, sortit de ses yeux, et glissa sur sa joue sans être essuyée. Il combattit ces pensées plus douces, comme il en avait repoussé déjà de plus ardentes et de plus dangereuses. Secouant l'abattement dont il se sentait envahi, il reprit l'attitude d'une sentinelle attentive, et se rappela aux devoirs du soldat qu'il avait oubliés presque dans le tumulte de ses pensées. Mais quel fut son étonnement lorsque ses yeux, fixés sur le limpide paysage, virent sortir du pont, pour aller à la forêt, et passer près de lui sous la clarté de la lune, l'image vivante et mouvante d'Anne de Geierstein!

CHAPITRE X.

> Le ciel ne nous a pas donné la faculté
> De distinguer le rêve et la réalité.
> Le sommeil, abusé par de vaines images,
> En des objets précis transforme des nuages ;
> Et de l'homme éveillé la sagesse souvent
> Où le fait a frappé ses yeux se croit rêvant
>
> *Anonyme.*

'APPARITION d'Anne de Geierstein passa à côté de son amant... de son admirateur, si le premier mot n'est pas permis, en moins de temps que nous ne mettons à le dire. Elle fut distincte, nette, évidente. Au moment où le jeune Anglais, secouant ses folles pensées, levait la tête pour regarder alentour comme le voulait son devoir, la jeune fille sortait de l'extrémité du pont, passant tout contre la sentinelle sans lui jeter un regard ; d'un pas rapide mais sûr, elle gagna la lisière du bois.

Bien qu'Arthur eût pour consigne de ne pas apostropher les personnes qui sortiraient du château, mais seulement celles qui en approcheraient, il eût été naturel, ne fût-ce que par politesse, qu'il dît un mot à la jeune fille lorsqu'elle passait près de lui ; mais la soudaineté de l'apparition avait ôté momentanément à la sentinelle la parole et le mouvement. On eût dit que son imagination avait fait surgir un fantôme, revêtu de la forme et des traits dont son esprit était occupé ; il garda le silence, à demi retenu par l'idée que ce qu'il voyait était immatériel et n'appartenait pas à ce monde.

Il n'eût pas été moins naturel qu'Anne de Geierstein ne passât pas sans rien témoigner à côté d'une personne qui avait séjourné quelque temps sous le même toit qu'elle, avait été souvent son cavalier à la danse et son compagnon dans les promenades ; mais elle ne parut pas le reconnaître, et ne témoigna rien au passage. Son œil était vers le bois, où elle se rendit vivement et résolument ; elle était cachée par les arbres, avant qu'Arthur fût assez revenu à lui pour décider ce qu'il devait faire.

Son premier sentiment fut de s'irriter contre lui-même pour ne lui avoir adressé aucune question : alors qu'un dessein quelconque l'entraînait dehors en des conditions de temps et de lieu si extraordinaires, il eût été à même peut-être de lui rendre service, ou de lui donner un avis. Ce sentiment fut d'abord si puissant qu'Arthur courut vers l'endroit où il avait vu disparaître le pan de sa robe, murmurant le nom de la jeune fille aussi haut que le permettait la crainte d'être entendu du château, et la conjurant de revenir et de l'écouter, ne fût-ce qu'un instant. Nulle réponse ne lui fut donnée ; et lorsque les branches commencèrent à s'épaissir sur sa tête et à intercepter la lune, il lui revint en mémoire qu'il abandonnait son poste, et qu'il exposait à une surprise ceux qui se fiaient à sa vigilance.

Il se hâta donc de retourner à la porte du château, avec des sujets de réflexion et d'inquiétude plus sérieux et plus embarrassants de beaucoup que ceux du commencement de la faction. Il se demandait en vain dans quel but cette jeune fille modeste, aux manières franches, mais dont la conduite avait toujours paru si convenable et si réservée, pouvait s'élancer dehors à minuit comme la demoiselle errante d'un roman, en pays étranger, dans un voisinage suspect ; il repoussa cependant comme un blasphème toute interprétation qui serait un blâme pour Anne de Geierstein. Non, elle n'était capable de rien faire dont on pût rougir pour elle. Mais rapprochant l'agitation qu'il avait remarquée en elle de cet acte extraordinaire d'abandonner le château, seule et sans défense, à une pareille heure, Arthur en conclut qu'il devait y avoir pour cela quelque motif impérieux, et, probablement, d'une nature douloureuse. « J'attendrai son retour, » dit-il en lui-même, « et si elle s'y prête, je l'assurerai qu'il y a dans son voisinage un cœur sincère, lié par l'honneur et la reconnaissance à verser jusqu'à la dernière goutte de son sang, s'il peut lui épargner ainsi le moindre trouble. Ce n'est pas un ridicule enthousiasme de roman, que me reprocherait le bon sens; c'est simplement ce que je suis forcé de faire, si je ne veux perdre le droit de m'appeler honnête homme ou homme d'honneur. »

A peine le jeune homme se fut-il fixé à une résolution qui ne lui semblait admettre aucune objection, que ses pensées coururent de nouveau à la dérive. Il réfléchit qu'Anne avait pu avoir le désir de visiter la ville voisine de Bâle, où elle avait été invitée la veille, et où son oncle avait des amis. C'était choisir une heure étrange; mais Arthur savait que les jeunes filles de Suisse ne craignaient ni les promenades solitaires ni les heures tardives, et qu'Anne aurait traversé au clair de lune, sur ses montagnes, une distance beaucoup plus grande que celle qui séparait leur campement de Bâle, pour voir un malade, ou pour des raisons du même genre. Vouloir s'introduire en ses confidences serait, en ce cas, non de l'amitié mais de l'indiscrétion; et comme elle avait passé sans lui donner le moindre signe d'attention, il était évident qu'elle ne voulait pas faire de lui son confident; elle n'était pas engagée sans doute en des embarras où le jeune Anglais lui pût être utile. Le devoir d'un homme d'honneur était donc de la laisser rentrer comme elle était sortie, sans avoir l'air de la voir et sans lui parler, lui laissant le soin de se mettre ou non en communication avec lui, comme elle le jugerait à propos.

Une autre idée, tenant aux superstitions de l'époque, lui traversa encore l'esprit, sans y faire, d'ailleurs, beaucoup d'impression. Cette forme, si parfaitement semblable à celle d'Anne de Geierstein, pouvait n'être qu'une illusion de la vue; ou ce pouvait être une de ces apparitions fantastiques sur lesquelles, dans tous les pays, on racontait tant d'histoires, et dont la Suisse et l'Allemagne (Arthur ne l'ignorait pas) avaient leur bonne part. Pourquoi cette répugnance indéfinissable à accoster la jeune fille, comme il eût été naturel de le faire? Parce que son corps mortel avait craint une rencontre avec un être d'une nature différente de la sienne. Le magistrat de Bâle avait insinué que le château pourrait être hanté par des personnages d'un autre monde. Mais si la croyance générale aux apparitions et aux fantômes empêchait le jeune Anglais d'être tout à fait incrédule à cet endroit, les instructions de son père, homme d'une grande intrépidité et d'un grand sens, lui avaient appris cependant à se défendre d'attribuer aux apparitions surnaturelles tout ce que les règles ordinaires pouvaient expliquer ; il repoussa donc aisément les craintes superstitieuses qui s'étaient liées un instant à son aventure nocturne. Il résolut enfin d'écarter toute conjecture inquiétante, et d'attendre avec fermeté, sinon avec patience, le retour de la belle vision : ne dût-il pas apporter la pleine explication du mystère, ce retour était du moins la seule chance de lumière.

Fixé donc sur ce qu'il devait faire, il arpenta l'espace où son devoir le renfermait, les yeux attachés à la partie de la forêt où il avait vu disparaître la forme bien-aimée, et oubliant un instant qu'il avait autre chose à faire que d'en observer le retour. Il fut tiré de sa distraction par un bruit lointain dans la forêt, semblant un cliquetis d'armures. Rappelé au sentiment de son devoir, et de l'importance qui s'y attachait pour son père et pour ses compagnons, Arthur se posta sur le pont, à l'endroit le meilleur, appliquant ses yeux et ses oreilles à surveiller le danger. Le bruit des armes et des pas se rapprochait ; des lances et des casques sortaient de la forêt et brillaient au clair de lune. La belle prestance de Rodolphe Donnerhugel, marchant en avant, fut aisément reconnue, et annonça à la sentinelle le retour de la patrouille. Ils approchèrent du pont, le *qui vive* et l'échange des mots de passe en usage en pareil cas eurent lieu dans la forme voulue ; et tandis que les hommes de Rodolphe défilaient l'un après l'autre pour rentrer dans le château, leur chef leur commanda d'éveiller leurs compagnons, avec lesquels il allait recommencer la patrouille, et d'envoyer l'homme qui relèverait Arthur Philipson, dont le temps de faction était fini. Ce dernier point fut confirmé par l'horloge puissante et lointaine de la cathédrale de Bâle, qui, prolongeant ses sons graves par-dessus les champs et la forêt, annonçait l'heure de minuit.

« Maintenant, camarade, » dit Rodolphe au jeune Anglais, « l'air froid et la faction longue vous ont-ils donné envie d'aller manger et dormir, ou persistez-vous dans l'intention de partager notre ronde ? »

Arthur, à vrai dire, aurait mieux aimé rester où il était, et surveiller le retour d'Anne de Geierstein de son excursion mystérieuse. Mais comment, pour cela, trouver une excuse? Il ne voulait pas donner à l'altier Donnerhugel le moindre sujet de soupçonner qu'en hardiesse, ou pour supporter la fatigue, il fût inférieur à aucun des vigoureux

montagnards dont il se trouvait le compagnon. Il ne se permit donc pas la moindre hésitation, et remit sa pertuisane d'emprunt à l'indolent Sigismond, venu du château en bâillant et en s'étendant, comme un homme dont un avertissement malencontreux a interrompu le sommeil au plus beau moment; ce fut ainsi qu'Arthur indiqua à Rodolphe son intention persistante d'aller avec lui en reconnaissance. Ils furent promptement rejoints par les autres hommes de la patrouille, au nombre desquels était Rudiger, le fils aîné du landamman d'Unterwalden. Dès que, sous la conduite du Bernois, ils eurent atteint la lisière de la forêt, Rodolphe commanda à trois hommes de marcher sous les ordres de Rudiger Biederman.

« Tu feras ta ronde du côté gauche, » dit le Bernois ; « j'irai à droite. Aie l'œil à tout ; nous nous rencontrerons à l'endroit convenu. Prends un des chiens avec toi. Je garde Wolf-fanger, qui vous dépisterait un Bourguignon aussi aisément qu'un ours. »

Rudiger partit à gauche avec ses hommes conformément aux ordres reçus ; et Rodolphe, ayant mis un des siens à l'avant-garde, un autre à l'arrière-garde, se fit accompagner par le troisième et par Arthur Philipson ; tous trois ensemble constituaient le corps principal de la patrouille. Ayant prescrit au troisième élément de ce corps principal une distance telle que le capitaine pourrait librement causer avec l'Anglais, Rodolphe s'adressa à Arthur avec la familiarité créée par leur amitié récente. « Or donc, roi Arthur, que pense Sa Majesté d'Angleterre de nos jeunes gens d'Helvétie ? Croyez-vous, noble prince, qu'ils pourraient remporter le prix dans un tournoi ? ou ne faut-il les ranger que parmi les chevaliers couards du pays de Cornouailles ?

— Pour le tournoi, je ne puis me prononcer, » dit Arthur, méditant bien sa réponse, « n'ayant pas vu l'un de vous sur un cheval de bataille ou lance en arrêt. Mais s'il s'agit de corps robustes et de courages éprouvés, je mettrais de pair les vaillants de la Suisse avec ceux de n'importe quel pays de l'univers où l'on apprécie la virilité soit du cœur soit de la main.

— Vous parlez de nous en bons termes, » dit Rodolphe ; « sachez, jeune Anglais, que nous n'avons pas moins haute opinion de vous : je vais en donner la preuve. Vous parliez chevaux tout à l'heure. C'est chose en laquelle je m'y connais peu. Je suppose cependant que vous n'achèteriez pas un cheval si vous ne l'aviez vu que couvert d'ornements, embarrassé de la selle et de la bride ; vous voudriez le voir à nu dans sa liberté naturelle.

— Certainement, » dit Arthur. « Vous parlez comme si vous étiez né dans le Yorkshire, l'une des plus belles parties de la belle Angleterre.

— Je vous dirai donc, » ajouta Rodolphe Donnerhugel, « que vous n'avez vu qu'à moitié nos jeunes hommes de Suisse, puisque vous ne les avez observés jusqu'à présent qu'humblement soumis aux anciens de leur canton, ou tout au plus dans leurs jeux : cela montre la force et l'agilité des montagnards, mais non point l'usage qu'ils savent en faire quand de hautes entreprises le demandent. »

Le Suisse pensait exciter par là la curiosité de l'étranger. Mais l'Anglais avait trop constamment devant lui l'image d'Anne de Geierstein traversant le silence de ses heures de garde, pour entrer volontiers dans une conversation tout à fait étrangère à ce qui agitait son esprit. Il se borna donc à répondre avec politesse qu'il ne doutait pas que son estime pour les Suisses, les vieux comme les jeunes, ne grandît à mesure qu'il aurait une connaissance plus complète de la nation.

Puis il se tut; et Donnerhugel, désappointé peut-être de n'avoir pas réussi à aiguillonner sa curiosité, marcha aussi en silence à côté de lui. Pendant ce temps, Arthur se demandait s'il devait parler à son compagnon de la circonstance qui occupait son esprit; il espérait que le parent d'Anne, et l'ancien ami de la famille, pourrait jeter là-dessus quelque lumière.

Il éprouvait cependant une répugnance insurmontable à aborder avec le Suisse un sujet concernant Anne de Geierstein. Que Rodolphe prétendît aux faveurs de celle-ci, on ne pouvait guère en douter; et bien qu'Arthur, si la question lui avait été posée, eût, par convenance, décliné toute compétition, il ne pouvait supporter la pensée du succès de son rival, et n'aurait pas entendu volontiers Rodolphe prononcer le nom de la jeune fille.

C'était peut-être grâce à cette irritabilité secrète qu'Arthur, quoiqu'il fît tous ses efforts pour cacher et vaincre ce sentiment, éprouvait encore un certain éloignement pour Rodolphe, dont la familiarité franche, mais un peu brutale, était mêlée d'un certain air de protection et de patronage, que le jeune Anglais trouvait déplacé. Il répondait sur le même ton aux familiarités du Bernois, mais il était à tout moment tenté de prendre avec lui la même supériorité qu'il rencontrait de sa part. Les circonstances de leur duel n'avaient donné au Suisse aucun sujet de triomphe; et Arthur ne se sentait pas enrôlé dans cette jeunesse sur laquelle, en vertu du consentement général, Rodolphe exerçait le commandement. Philipson goûtait si peu cette affectation de supériorité que la plaisanterie du roi Arthur, tout indifférente qu'elle lui aurait été de la part de l'un des Biederman, lui semblait presque une offense lorsque Rodolphe se la permettait. Bref, il se trouvait souvent dans la fausse position d'une personne mécontente au dedans, sans sujet qui l'autorisât à le laisser voir au dehors. Sans nul doute, la racine de cet éloignement pour le jeune Bernois était un sentiment de rivalité ; mais Arthur n'osait se l'avouer. Ce sentiment fut assez fort pour étouffer la pensée qu'il avait eue un instant de parler à Rodolphe de l'apparition nocturne à laquelle il avait pris tant d'intérêt. Sur le sujet touché par son compagnon, on avait laissé mourir la conversation ; ils marchèrent donc en silence l'un à côté de l'autre, *la barbe sur l'épaule*, comme disent les Espagnols, c'est-à-dire regardant de tous les côtés, selon le devoir d'une patrouille vigilante.

Après qu'ils eurent cheminé environ un mille par la forêt et par la campagne, faisant le tour des ruines de Graffs-lust de façon à prévenir toute embuscade entre eux et la place, le vieux lévrier que l'homme de l'avant-garde tenait en laisse, s'arrêta, et fit entendre un grondement sourd.

« Eh bien, Wolf-fanger! » dit Rodolphe en s'avançant; « ne sais-tu plus distinguer, mon vieux, les amis des ennemis? Allons, réfléchis mieux; qu'est-ce que tu nous dis? Ne va pas, dans ta vieillesse, perdre ta réputation. Flaire-nous encore ça. »

Le chien leva la tête, renifla l'air, comme s'il avait compris ce que son maître avait dit, puis secoua la tête et la queue en guise de réponse.

« Allons, nous y sommes, » dit Donnerhugel, caressant le dos poilu de l'animal; « les secondes pensées sont d'or ; tu vois, après tout, que c'est un ami. »

Le chien agita de nouveau la queue, et se reprit à marcher aussi tranquillement qu'auparavant. Rodolphe revint à sa place, et son compagnon lui dit :

« Nous allons bientôt, je suppose, rencontrer Rudiger et ses hommes, et le chien entend leurs pas quoique nous ne puissions les entendre.

— Cela ne peut guère encore être Rudiger, » dit le Bernois; « il a à faire autour du château plus de chemin que nous. Quelqu'un approche, cependant ; car voilà encore Wolf-fanger de mauvaise humeur. Attention tout le monde ! »

Au moment où Rodolphe parlait ainsi, l'on atteignait une clairière, où étaient semés, à distance les uns des autres, de vieux pins gigantesques, ayant l'air plus gros et plus noirs qu'à l'ordinaire, parce que leurs sommets couleur sombre et leurs branches délabrées se dessinaient au clair de la lune. « Nous aurons au moins l'avantage, » dit le Suisse, « de bien voir qui approche. Mais je suppose, » ajouta-t-il, après avoir une minute porté les yeux autour de lui, « que c'est quelque loup ou quelque daim qui a traversé notre route, et dont la piste met en émoi le lévrier. Halte ! oui, c'est cela ; car il continue. »

Le chien se remit en route, en effet, après un instant d'hésitation, et même d'inquiétude. Il n'avait plus l'air de songer à ce qui l'avait troublé, et reprenait sa marche ordinaire.

« C'est singulier, » dit Arthur Philipson ; « j'ai cru voir quelque chose de ce côté-là ; vers cet endroit touffu où, si je distingue bien, des épines et des noisetiers entourent les troncs de quatre ou cinq gros arbres.

— J'ai l'œil par là depuis cinq minutes, et je n'ai rien vu, » dit Rodolphe.

« Il se peut, » répondit l'Anglais ; « mais j'ai vu l'objet, quel qu'il puisse être, pendant que vous étiez occupé avec le chien. Si vous le permettez, j'irai en avant et j'examinerai l'endroit.

— Si vous étiez sous mon commandement dans le vrai sens du mot, » dit Donnerhugel, « je vous dirais de rester à votre rang. Si ce sont des ennemis, il est essentiel que nous restions ensemble. Mais vous n'êtes qu'un volontaire ; faites comme vous voudrez.

— Merci, » répondit Arthur ; et il s'élança en avant.

Il se rendit compte, en ce moment, qu'il agissait, comme homme avec peu de courtoisie, comme soldat d'une façon peu correcte, et qu'il aurait mieux fait d'obéir au capitaine de la troupe où il s'était enrôlé. Mais, d'un autre côté, l'objet qu'il avait aperçu, quoique de loin et imparfaitement, ressemblait à Anne de Geierstein, telle qu'il l'avait vue disparaître, une heure ou deux avant, sous le couvert de la forêt; et son indomptable désir de s'assurer si ce n'était pas elle en personne, l'empêcha d'écouter toute autre considération.

Avant que Rodolphe n'eût achevé sa réponse, Arthur était à mi-chemin des arbres en question. Comme il avait cru le voir à distance, ce taillis avait peu d'étendue, et ne pouvait dérober aux regards qu'une personne qui se serait couchée dans les sous-bois. Quelque chose de blanc, ayant taille et forme humaine, lui avait apparu au milieu des troncs d'arbres rouge foncé et des broussailles brunes. A ces remarques se mêlaient d'autres pensées. Si c'était Anne de Geierstein qu'il voyait une seconde fois, elle n'avait dû quitter le sentier ouvert que pour échapper aux regards; quel droit avait-il d'appeler sur elle l'attention de la patrouille? Il avait remarqué que la jeune fille repoussait autant qu'il dépendait d'elle les assiduités de Rodolphe Donnerhugel; que, lorsqu'elle ne pouvait sans impolitesse s'y soustraire absolument, elle les subissait plutôt qu'elle ne les encourageait. Convenait-il de troubler sa promenade solitaire, singulière, il est vrai, vu l'heure et le lieu, mais que, pour cette raison même, elle désirait peut-être plus encore garder secrète pour une personne qui lui était désagréable? Ne pourrait-il pas se faire que Rodolphe tirât profit, pour le succès de ses hommages peu favorisés d'ailleurs, de la connaissance d'une chose que la jeune fille voulait cacher?

Ces pensées se pressant dans son esprit, Arthur s'arrêta, les yeux fixés sur les arbres, d'où il était à peine maintenant à une trentaine de mètres; et bien qu'il les examinât avec le soin que lui dictaient son incertitude et ses préoccupations, il fut vivement impressionné de cette idée que le plus sage serait de retourner vers ses compagnons, et de dire à Rodolphe que ses yeux l'avaient trompé.

Pendant qu'il balançait sur ce qu'il avait à faire, l'objet déjà vu parut de nouveau sur le bord de la touffe d'arbres, et s'avança droit vers lui, ayant absolument, comme la première fois, l'habit et la tournure d'Anne de Geierstein. Cette vision (car l'heure, le lieu et la soudaineté de l'apparition en faisaient plutôt une illusion qu'une réalité) frappa Arthur d'une surprise allant jusqu'à la terreur. La forme passa à la longueur d'une lance sans avoir l'air de le reconnaître, et sans que lui-même il prononçât un seul mot. Dirigeant sa course à droite de Rodolphe et des deux ou trois hommes placés près de lui, elle se perdit de nouveau dans les inégalités du terrain et dans les buissons.

Le jeune homme retomba dans un doute inextricable. Il ne fut tiré

de sa stupeur que par la voix du Bernois retentissant à son oreille.

« Eh bien, roi Arthur, dormez-vous, ou êtes-vous blessé?

— Ni l'un ni l'autre, » dit Philipson, revenant à lui, « mais je suis bien surpris.

— Surpris de quoi? très royal...

— Laissez vos plaisanteries, » dit Arthur, d'un ton mécontent, « et répondez-moi sérieusement et comme un homme. Elle a passé près de vous; ne l'avez-vous pas vue?

— Vu qui? » répondit Donnerhugel. « Je n'ai vu personne. Et j'aurais juré que vous n'aviez rien vu non plus ; car, presque tout le temps, j'ai eu l'œil sur vous. Si vous avez vu quelque chose, pourquoi n'avoir pas crié ?

— Parce que ce n'était qu'une femme, » répondit Arthur avec embarras.

« Qu'une femme! » répéta Rodolphe d'un ton méprisant. « Ma parole d'honneur, roi Arthur, si je n'avais vu jaillir de vous de temps à autre de jolis éclats de valeur, je croirais que vous n'avez vous-même que le courage d'une femme. C'est étrange qu'une ombre pendant la nuit, ou un précipice pendant le jour, puisse faire tomber un courage comme celui que vous avez souvent montré...

— Et que je montrerai encore, si l'occasion le demande, » interrompit l'Anglais revenu à lui. « Mais je vous jure que, si j'ai été surpris un instant, ce n'a pas été par des craintes purement terrestres.

— Continuons notre marche, » dit Rodolphe ; « ne négligeons pas la sûreté de nos amis. Cette apparition dont vous parlez peut n'être qu'une supercherie pour nous déranger de notre objet. »

Ils parcoururent les clairières où brillait la lune. Une minute de réflexion rendit au jeune Philipson tout son sang-froid, et la conscience fâcheuse d'avoir joué un rôle ridicule en présence de la personne, masculine tout au moins, qu'il aurait choisie en dernier pour témoin de sa faiblesse.

La nature de ses devoirs envers Donnerhugel, le landamman, sa nièce, et le reste de la famille lui traversa rapidement l'esprit, et, contrairement à l'opinion qu'il avait adoptée peu de temps avant, il se persuada qu'il était tenu de raconter au chef sous les ordres duquel il s'était placé, l'apparition deux fois offerte à ses yeux dans le cours de la nuit. Il pouvait y avoir des circonstances de famille, l'accomplissement d'un vœu peut-être, ou quelque autre raison, qui rendraient intelligible pour ses parents la conduite de la jeune fille. N'était-il pas d'ailleurs, en ce moment, un soldat en service ? Ces mystères pouvaient être gros de malheurs à prévoir ou à éviter. Dans l'un et l'autre cas, ses compagnons avaient le droit d'être informés de ce qu'il avait vu. Cette résolution, il faut le supposer, fut prise lorsque le sentiment du devoir militaire, et la honte de la faiblesse qu'il avait montrée, eurent imposé silence un instant aux sentiments personnels d'Arthur pour Anne de Geierstein ; sentiments refroidis peut-être un peu par la mystérieuse incertitude que les événements de la nuit avaient étendue comme un brouillard sur l'objet de ses pensées.

Tandis que les réflexions de l'Anglais prenaient ce tour, son capitaine ou compagnon, après un silence de quelques minutes, lui adressa enfin la parole.

« Je crois, » dit-il, « mon cher camarade, qu'étant à présent votre officier, j'ai quelque titre à entendre de vous le récit de ce que vous venez de voir, car il doit falloir une chose importante pour agiter de la sorte un esprit aussi ferme que le vôtre. Si cependant, dans votre opinion, l'intérêt général veut que le rapport en soit différé jusqu'à notre retour au château pour être versé dans l'oreille même du landamman, dites-le-moi, et, loin de solliciter votre confiance, dont j'espère pourtant n'être pas indigne, je vous autoriserai à nous quitter et à retourner de suite au château. »

Cette proposition toucha à l'endroit le plus sensible celui auquel elle était faite. Une confiance trop vivement sollicitée aurait pu être repoussée ; une requête aussi réservée et un ton aussi conciliant étaient en parfait accord avec les réflexions présentes du jeune Anglais.

« Je sens bien, » dit-il, « capitaine, que je dois vous raconter ce que j'ai vu cette nuit. La première fois, mon devoir ne l'exigeait pas ; je viens d'être de nouveau témoin de la même apparition, et j'ai éprouvé, ces dernières secondes, une telle surprise de ce que j'ai vu, qu'à peine encore trouverai-je des paroles pour l'exprimer.

— Je ne puis deviner ce que vous avez à dire, » répliqua le Bernois, « je vous supplie d'être clair. Nous autres, Suisses, nous avons la tête dure pour comprendre des énigmes.

— C'est cependant une énigme que j'ai à vous présenter, Rodolphe Donnerhugel, » répondit l'Anglais, « et une énigme que je suis bien loin de deviner moi-même. » Il continua, mais non sans hésitation. « Pendant que vous faisiez la première patrouille, une femme, sortant du château, a traversé le pont, a passé près de moi sans dire un mot, et a disparu sous les ombres de la forêt.

— Ah ! » s'écria Donnerhugel ; et il ne fit pas d'autre réponse.

Arthur continua. « Il y a cinq minutes, la même forme féminine a passé près de moi une seconde fois, sortant du petit groupe de sapins, et a disparu sans échanger une parole. Sachez, en outre, que cette apparition avait la forme, le visage, la démarche et le vêtement de votre cousine Anne de Geierstein.

— C'est singulier, » dit Rodolphe, d'un ton d'incrédulité. « Je n'ai pas, je suppose, à discuter vos paroles, car un doute de ma part vous semblerait un affront mortel : ainsi le veut votre chevalerie septentrionale. Permettez-moi de dire, cependant, que j'ai des yeux aussi bien que vous, et que c'est à peine s'ils vous ont quitté une minute. Nous n'étions pas à cinquante mètres de l'endroit où je vous ai trouvé en état de stupéfaction. Comment donc n'aurions-nous pas vu aussi ce que vous dites et croyez avoir vu?

— A cela je ne puis répondre, » dit Arthur. « Peut-être n'aviez-vous pas les yeux bien fixés sur moi durant le court instant où cette forme s'est montrée. Peut-être n'était-elle visible, comme il arrive, dit-on, dans les apparitions surnaturelles, que pour une seule personne à la fois.

— Vous supposez donc, » dit le Bernois, « que c'était quelque chose d'imaginaire et de fantastique?

— Je ne puis le dire, » répliqua l'Anglais. « L'Église nous assure qu'il y a des choses de ce genre ; et il est plus naturel de voir là une illusion, que de supposer Anne de Geierstein, jeune fille modeste et bien élevée, courant les bois à cette heure étrange, alors que sa sûreté et les convenances lui recommandent si fort de rester dans le château.

— Il y a beaucoup de vrai dans ce que vous dites, » répondit Rodolphe ; « et cependant il est des histoires, que peu de personnes se soucient de raconter, mais desquelles il résulterait qu'Anne de Geierstein n'est pas tout à fait comme les autres jeunes filles, et qu'on l'a rencontrée, corps et esprit, là où l'on ne sait trop comment elle serait venue d'elle-même et sans assistance.

— Ah! » dit Arthur ; « si jeune, si belle, et déjà en ligue avec l'ennemi du genre humain? C'est impossible.

— Je n'ai pas dit cela, » répliqua le Bernois ; « et je n'ai pas le loisir, à présent, de vous expliquer ma pensée plus complètement. En retournant au château de Graffs-lust, j'aurai peut-être l'occasion de vous en dire plus. Si je vous ai emmené dans cette patrouille, c'est surtout pour vous présenter à quelques amis, dont vous serez bien aise de faire la connaissance, et qui désirent faire la vôtre. Je compte les rencontrer de ce côté-ci. »

Parlant ainsi, il tourna le coin d'un rocher en saillie, et un spectacle inattendu s'offrit aux yeux du jeune Anglais.

Dans une sorte d'enfoncement abrité par le rocher, brûlait un grand feu de bois, autour duquel étaient assis ou couchés, dans des attitudes diverses, douze ou quinze jeunes gens en costumes suisses, tout garnis d'ornements et de broderies où se reflétait la clarté du feu. La même teinte rouge se répercutait sur des coupes d'argent, circulant de main en main ainsi que les flacons qui servaient à les remplir. Arthur put remarquer aussi les restes d'un banquet, auquel on avait fait récemment honneur.

Les jeunes gens se levèrent joyeusement à la vue de Donnerhugel et de ses compagnons, et, le reconnaissant aisément à sa haute taille, le saluèrent du titre de capitaine, chaudement et triomphalement prononcé, mais en évitant toute acclamation bruyante. L'enthousiasme indiquait que Donnerhugel était le bienvenu, la modération, qu'il venait en secret, et devait être reçu avec mystère.

Au bon accueil général il répondit : « Merci, braves camarades. Rudiger vous a-t-il déjà rejoints ?

— Vous voyez que non, » dit un de la bande ; « si nous l'avions eu, nous l'aurions retenu ici jusqu'à votre arrivée, brave capitaine.

— Il a fait le traînard dans sa patrouille, » dit le Bernois. « Nous aussi, nous avons été retardés, mais nous arrivons encore avant lui. Je vous amène, camarades, le brave Anglais dont je vous ai parlé comme bon à associer à notre audacieux dessein.

— Il est le bien venu, le très bien venu, » dit un jeune homme, auquel un vêtement bleu azur richement brodé donnait un air d'autorité ; « très bien venu s'il apporte un cœur et une main pour servir notre noble tâche.

— Je réponds des deux, » dit Rodolphe. « Passez-moi la coupe, pour boire au succès de notre glorieuse entreprise, et à la santé de notre nouveau camarade ! »

Tandis qu'ils emplissaient de nouveau leurs coupes d'un vin fort supérieur à ceux qu'Arthur avait bus jusque-là dans ces contrées, l'Anglais jugea bon, préalablement au *toast*, de savoir le but secret de l'association qui désirait l'adopter.

« Avant que je n'engage envers vous, chers Messieurs, mes faibles services puisque vous voulez bien les désirer, permettez-moi, » dit-il, « de vous demander le caractère et le but de l'entreprise en laquelle ils seraient employés ?

— L'auriez-vous amené ici, » dit à Rodolphe le cavalier habillé de bleu, « sans avoir touché ce point avec lui ?

— Soyez sans inquiétude, Laurenz, » dit le Bernois ; « je connais mon homme. Sachez, ami, » continua-t-il, en s'adressant à l'Anglais, « que, mes camarades et moi, nous avons résolu de proclamer la liberté du commerce de la Suisse, et de résister jusqu'à la mort, s'il est nécessaire, aux illégalités et aux exactions de nos voisins.

— Je sais cela, » dit le jeune Anglais, « et que la députation va porter, à ce sujet, des remontrances au duc de Bourgogne.

— Écoutez-moi, » répliqua Rodolphe. « La question sera conduite à une solution sanglante avant que nous n'ayons vu le visage très auguste et très gracieux du duc de Bourgogne. L'emploi qu'il a fait de son influence pour nous interdire l'entrée d'une ville libre comme Bâle, appartenant à l'empire, nous annonce la pire des réceptions lorsque nous entrerons dans ses États. Il y a même lieu de croire que nous aurions déjà éprouvé sa haine, sans la vigilance que nous avons déployée. Des cavaliers, sur des ordres de Ferrette, ont reconnu nos postes cette nuit ; s'ils ne nous avaient trouvés sur nos gardes, nous aurions été certainement attaqués dans nos quartiers. Nous y avons échappé la nuit ; veillons-y pour le matin. A cette fin, un certain nombre des jeunes gens les plus braves de la ville de Bâle, indignés de la pusillanimité de leurs magistrats, ont résolu de se joindre à nous, pour effacer le déshonneur imprimé à leur ville natale par un lâche refus d'hospitalité.

— Nous le ferons avant que le soleil, qui se lèvera dans deux heures, ne s'enfonce à l'occident, » dit le cavalier en bleu ; et les autres lui prêtèrent un muet assentiment.

« Chers Messieurs, » répliqua Arthur, après qu'on eut fait silence,

Les jeunes gens saluent Donnerhugel et Arthur.

« permettez-moi de vous rappeler que l'ambassade que vous accompagnez est une ambassade pacifique, et que ceux qui lui servent d'escorte doivent éviter tout ce qui pourrait aggraver les différends qu'elle vient concilier. Vous n'avez pas d'insultes à attendre dans les États du duc de Bourgogne, les privilèges des envoyés d'une nation étant respectés dans tous les pays civilisés; et vous aurez le désir, j'en suis sûr, de ne commettre vous-mêmes aucune offense.

— Nous sommes exposés à des insultes, » répliqua le Bernois, « et cela grâce à vous, Arthur Philipson, et à votre père.

— Je ne vous comprends pas, » dit Philipson.

« Votre père, » répondit Donnerhugel, « est marchand, et porte avec lui des objets d'un mince volume mais de haute valeur.

— Oui, » répondit Philipson ; « mais après?

— Après ? » répondit Rodolphe, « le mâtin de Bourgogne va hériter, si l'on n'y prend garde, d'une bonne partie de vos soies, de vos satins, et de votre joaillerie.

— Des soies, des satins et des joyaux, » s'écria un autre des jeunes gens du festin; « de pareilles marchandises ne passeront pas sans payer l'impôt, là où Archibald de Hagenbach a autorité.

— Messieurs, » reprit Arthur après un moment de réflexion, « ces marchandises ne sont point à moi, mais à mon père ; c'est donc lui, et non pas moi, qui décidera combien il lui conviendra d'en abandonner en péage, plutôt que de donner occasion à une querelle dommageable pour ceux qui l'ont reçu en leur compagnie et pour lui-même. Je puis vous dire seulement qu'il a à la cour de Bourgogne des affaires importantes, faites pour lui inspirer le désir d'y arriver en paix avec tout le monde. Ma pensée personnelle est que, plutôt que d'encourir les désagréments et les dangers d'un démêlé avec la garnison de Ferrette, il se résignerait à sacrifier tout ce qu'il a avec lui. Je vous demande donc, Messieurs, le temps nécessaire pour consulter son bon plaisir en cette occasion ; vous assurant que, si sa volonté est de résister à un paiement de droits à la Bourgogne, vous trouverez en moi un homme déterminé à combattre jusqu'à la dernière goutte de son sang.

— Bon roi Arthur, » dit Rodolphe, « vous êtes un fidèle observateur du quatrième commandement, et vos jours seront longs sur la terre. Ne supposez pas que nous négligions nous-mêmes ce devoir, bien que nous nous sentions, à l'heure présente, obligés de songer d'abord au bien de notre patrie, mère commune de nos ancêtres et de nous. Sachant notre profond respect pour le landamman, vous n'avez pas à craindre que nous songions à l'offenser en engageant des hostilités à la légère ou sans de fortes raisons. Si l'on essayait de piller son hôte, il résisterait jusqu'à la mort. J'avais espéré vous trouver, vous et votre père, prompts à ressentir une pareille injure. Si cependant votre père croit devoir présenter sa toison aux ciseaux d'Archibald de Hagenbach, habiles (il le verra) à tondre de près, il serait inutile et peu courtois de nous interposer. Profitez toutefois de cet avis, qu'au cas où le gouverneur de Ferrette voudrait vous ôter la peau aussi bien que la toison, il y a sous la main plus d'hommes que vous ne le supposiez, aptes et prêts à vous offrir une prompte assistance.

— Sous ces réserves, » dit l'Anglais, « je fais tous mes compliments à ces gentilshommes de Bâle, ou de quelque autre pays qu'ils soient venus, et je bois fraternellement une coupe à notre plus ample et plus intime connaissance.

— Salut et prospérité aux cantons unis et à leurs amis! » répondit le cavalier bleu. « Mort et confusion à tout le reste! »

Les coupes furent remplies ; et, en guise d'acclamation, les jeunes gens témoignèrent leur dévouement à la cause, en se serrant les mains, puis en brandissant leurs armes d'un geste farouche mais silencieux.

« Ainsi nos aïeux illustres, » dit Rodolphe Donnerhugel, « pères de l'indépendance de la Suisse, se rencontrèrent sur l'immortel champ de Rutli, entre Uri et Unterwalden. Ainsi, sous le ciel bleu, ils jurèrent de rendre la liberté à leur pays opprimé : l'histoire peut nous dire comment ils ont tenu parole.

— Et elle racontera, » dit le cavalier bleu, « comment les Suisses d'aujourd'hui savent garder la liberté que leurs aïeux ont conquise. Continuez votre ronde, cher Rodolphe, et soyez sûr qu'au premier signal du capitaine, les soldats ne seront pas loin. Tout reste convenu comme nous l'avons dit, à moins que vous n'ayez de nouveaux ordres à nous donner.

— Un mot, Laurenz, » dit Rodolphe au cavalier bleu ; et Arthur l'entendit parler en ces termes : « Veillez, ami, à ce qu'on n'abuse pas du vin du Rhin ; si la provision est trop forte, faites détruire les bouteilles ; un mulet, vous savez, peut faire un faux pas, ou quelque chose comme cela. Prenez garde à Rudiger. Il est devenu sac à vin depuis qu'il est avec nous. Il nous faut le cœur et la main pour ce que nous ferons demain. » Ils parlèrent alors si bas qu'Arthur ne put rien entendre du reste de leur conférence. Ils se dirent adieu, se serrant la main comme pour renouveler quelque pacte solennel.

Rodolphe et ses hommes se mirent en marche. A peine avaient-ils perdu de vue leurs nouveaux amis, que l'homme d'avant-garde donna le signal d'alarme. Arthur faillit avoir le cœur sur les lèvres. « C'est Anne de Geierstein ! » se dit-il tout bas.

« Le chien se tait, » dit le Bernois. « Ceux qui approchent doivent être nos compagnons. »

Il se trouva en effet que c'était Rudiger et ses amis, qui, faisant halte à la vue de leurs camarades, exécutaient une reconnaissance en règle ; tant les Suisses avaient fait de progrès déjà dans la discipline militaire, bien imparfaite encore dans l'infanterie en d'autres parties de l'Europe. Arthur entendit Rodolphe reprocher à Rudiger de ne s'être pas trouvé au rendez-vous. « Cela sera cause, à votre arrivée, de libations nouvelles, » lui dit-il, « et demain vent nous trouver froids et solides.

— Froids comme un glaçon, noble capitaine, » répondit le fils du landamman, « et solides comme le rocher auquel il est suspendu. »

Rodolphe fit une nouvelle recommandation de tempérance ; Rudiger promit de s'y conformer. Les deux troupes passèrent l'une à côté de l'autre en se donnant un silencieux bonjour, et il y eut bientôt entre elles une distance considérable.

Du côté qu'ils parcouraient à présent, le pays était plus ouvert que dans le voisinage de la porte principale. Les clairières étaient larges, les arbres clairsemés sur des terrains de pâture ; il n'y avait ni halliers, ni ravins, ni lieux favorables aux embuscades, et l'œil, au clair de la lune, commandait aisément le pays.

« Ici, » dit Rodolphe, « nous sommes assez en sûreté pour causer un peu. Puis-je vous demander, Arthur d'Angleterre, maintenant que vous nous avez vus de plus près, ce que vous pensez de la jeunesse suisse? Si vous n'en savez pas autant que je l'aurais voulu, prenez-vous en à vous-même, et à votre manière d'être peu communicative, qui vous a dérobé une partie de nos confidences.

— Je ne m'y suis dérobé que là où je ne pouvais plus y répondre, et où, par conséquent, je ne devais pas entrer, » dit Arthur. « Voici, ma pensée en deux mots : Vos desseins sont élevés et nobles comme vos montagnes ; mais l'étranger qui vient d'un pays plus plat n'est pas fait aux chemins en zigzag par lesquels vous les gravissez. Mes pieds sont accoutumés à marcher droit sur le gazon de la plaine.

— Vous parlez en énigmes, » répondit le Bernois.

« Non pas, » répliqua l'Anglais. « Je pense que vous devriez tout simplement dire à vos anciens (chefs véritables de jeunes gens trop disposés à tracer eux-mêmes la route) que vous vous attendez à une attaque dans le voisinage de Ferrette, et que vous comptez sur le secours de quelques habitants de Bâle.

— Oui, » répondit Donnerhugel ; « et le landamman suspendrait son voyage, dépêchant un messager pour avoir un sauf-conduit du duc de Bourgogne ; et, s'il l'obtenait, c'en serait fait de toute espérance de guerre.

— C'est vrai, » répliqua Arthur ; « mais le landamman arriverait par là à son objet principal, au seul but de l'ambassade, la conclusion de la paix.

— La paix, la paix ? » répondit vivement le Bernois. « Si mes vœux seuls étaient en opposition avec ceux d'Arnold Biederman, je connais si bien sa sincérité et son honneur, je respecte tant sa valeur et son patriotisme, qu'à sa voix je rentrerais mon épée dans le fourreau, mon plus mortel ennemi fût-il devant moi. Mais ce n'est pas le souhait d'un seul homme ; tout mon canton et celui de Soleure sont décidés à la guerre. Ce fut par la guerre, une noble guerre, que nos ancêtres sortirent de leur maison de captivité ; par la guerre, une guerre heureuse et pleine de gloire, qu'une race, à peine mise par ses maîtres au rang des bœufs qu'ils aiguillonnaient, s'est élevée à la liberté et à l'importance, et s'est fait honorer parce qu'elle s'est fait craindre, comme auparavant on la méprisait parce qu'elle ne résistait point.

— Tout cela peut être fort vrai, » dit le jeune Anglais ; « mais, pour moi, l'objet de votre mission a été réglé par votre diète, qui est votre chambre des communes. La diète a résolu de vous envoyer avec d'autres citoyens pour être des messagers de paix, et vous soufflez en secret le feu de la guerre ; et pendant que tous ou presque tous vos anciens se mettront en route demain comptant sur un voyage pacifique, vous vous préparez au combat, et vous songez aux moyens de le

faire naître.

— N'est-il donc pas bon que je m'y prépare ? » répondit Rodolphe. « Si notre réception dans les terres de Bourgogne est pacifique, comme s'y attend, dites-vous, le reste de la députation, mes précautions deviendront inutiles, mais ne feront aucun mal. Si les choses se passent autrement, un grand malheur, grâce à moi, sera épargné à mes collègues, à mon parent Arnold Biederman, à ma belle cousine Anne, à votre père, à vous, à nous tous, en un mot, qui voyageons joyeusement ensemble. »

Arthur secoua la tête. « Il y a, » dit-il, « quelque chose, dans tout ceci, que je ne comprends pas, et que je ne chercherai pas à comprendre. Je vous prie seulement de ne pas faire des intérêts de mon père une occasion de rompre la trêve ; cela pourrait, comme vous l'indiquez, envelopper le landamman dans une querelle qu'on éviterait sans cela. Mon père, j'en suis sûr, ne le pardonnerait pas.

— Je vous ai déjà donné ma parole à ce sujet, » dit Rodolphe. « Mais s'il goûtait la façon de faire du mâtin de Bourgogne moins que vous ne paraissez le supposer, il n'est pas mauvais que vous sachiez qu'au besoin, il serait soutenu activement et comme il faut.

— Je vous suis reconnaissant de cette assurance, » répliqua l'Anglais.

« Et vous pouvez, mon ami, » continua Rodolphe, « tirer un avertissement de ce que vous avez entendu : on ne va pas à la noce avec une armure, ni à la bataille en habits de soie.

— Je me vêtirai à tout événement, » dit Arthur ; « et je mettrai un haubert d'acier bien trempé, à l'épreuve de la lance et des flèches. Merci de ce bon conseil.

— Ne me remerciez pas, » dit Rodolphe ; « je ne mériterais guère d'être chef, si je n'informais ceux qui doivent me suivre, et surtout un compagnon aussi sûr que vous, du temps où il faudra boucler l'armure et préparer les grands coups. »

La conversation s'arrêta quelques instants : ni l'un ni l'autre n'était entièrement satisfait de son compagnon, tout en évitant de pousser plus loin ses observations.

D'après les idées ordinaires et prédominantes chez les marchands de son pays, le Bernois ne doutait guère que l'Anglais, se voyant appuyé d'une force solide, ne saisît volontiers l'occasion de résister au paiement des taxes exorbitantes dont il était menacé à la ville prochaine ; cela probablement, sans aucun effort de la part de Rodolphe, aurait conduit Arnold Biederman lui-même à rompre la trêve, et amené sur-le-champ une déclaration d'hostilités. Le jeune Philipson, de son côté, ne pouvait comprendre ni approuver la conduite de Donnerhugel, qui, membre d'une députation pacifique, ne cherchait que l'occasion d'allumer la guerre.

Occupés de ces réflexions diverses, ils marchèrent quelque temps côte à côte sans se parler. Rodolphe, enfin, rompit le silence.

« Votre curiosité s'est donc évanouie, » dit-il, « seigneur Anglais, au sujet de l'apparition d'Anne de Geierstein ?

— Loin de là, » répliqua Philipson ; « mais je ne voudrais pas faire de questions indiscrètes pendant que vous êtes chef de patrouille.

— Notre besogne est presque finie, » dit le Bernois, « car il n'y a pas près de nous un seul buisson pour cacher un coquin de Bourguignon, et un coup d'œil de temps à autre est tout ce qu'il faut maintenant pour prévenir une surprise. Écoutez de moi un récit non encore chanté, avec ou sans accompagnement, dans les salles des chevaliers ou dans les chambres des dames, et qui, je commence à le croire, mérite au moins autant de crédit que les romans de la Table Ronde, à nous donnés par les anciens troubadours et *minnesingers* comme les chroniques authentiques de votre illustre homonyme.

« Sur les ancêtres d'Anne du côté des mâles, je crois que vous en savez déjà assez, comment ils vivaient dans les vieilles murailles de Geierstein, près de la cascade, foulant leurs vassaux, dévorant la substance de leurs voisins moins puissants qu'eux, et pillant les voyageurs qu'une mauvaise chance envoyait à portée de vue de l'aire du vautour, tout cela durant une année entière ; et, l'année suivante, laissant les reliques des saints à y chercher le pardon de leurs fautes, comblant les prêtres d'une pluie de richesses, faisant des vœux, et allant à Jérusalem, soit comme pèlerins soit comme croisés, en expiation des iniquités qu'ils avaient commises sans hésitation et sans trouble de conscience.

— Telle a été, je l'ai ouï dire, » répliqua le jeune Anglais, « l'histoire de la maison de Geierstein, jusqu'au moment où Arnold, ou ses aïeux les plus rapprochés, ont échangé la lance contre la houlette.

— Quant aux puissants et riches barons d'Arnheim, de Souabe, dont une descendante devint la femme d'Albert de Geierstein, et la mère de la jeune fille appelée Anne par les Suisses, et par les Allemands comtesse Anne de Geierstein, c'étaient, dit-on, des nobles d'une autre espèce. Ils n'enfermaient pas leurs vies dans les limites du péché et du repentir, ne se bornaient pas à piller de pauvres paysans et à choyer de gros moines, et se faisaient distinguer autrement qu'en bâtissant des châteaux avec cachots et chambres de torture, et en fondant des monastères avec chapelles et réfectoires.

« Ces barons d'Arnheim s'efforçaient d'étendre les bornes des connaissances humaines, et convertissaient leur château en une sorte de collège, où il y avait plus de volumes anciens que les moines n'en ont empilé dans la bibliothèque de Saint-Gall. Leurs études ne se faisaient pas seulement dans les livres. Enfoncés dans leurs laboratoires, ils découvraient des secrets pour se les transmettre de père en fils, et passaient pour avoir pénétré dans les profondeurs extrêmes de l'alchimie. Leur réputation de science et de richesse fut portée souvent jusqu'au pied du trône impérial ; et l'on dit que les empereurs, dans les disputes fréquentes qu'ils eurent jadis avec les papes, furent encouragés, sinon poussés, par les conseils des barons d'Arnheim, et soutenus de leurs trésors. Ce fut peut-être cette nature de politique, jointe aux études inaccoutumées et mystérieuses que poursuivit si longtemps la famille d'Arnheim, qui suscita contre elle l'opinion, généralement reçue, que ses membres étaient assistés dans leurs recherches plus qu'humaines par des influences surnaturelles. Les prêtres étaient actifs à propager ce bruit contre des hommes dont la seule faute peut-être était d'en savoir plus qu'eux.

« Voyez, disaient-ils, quels hôtes sont reçus au château d'Arnheim ! Qu'un chevalier chrétien, estropié dans les guerres des Sarrazins, se présente au pont-levis, on lui donne une croûte de pain et un verre de vin, et on le prie de passer son chemin. Si un pèlerin, rempli d'un parfum de sainteté, grâce à ses visites aux châsses les plus vénérables, et porteur de saintes reliques, attestation et récompense de ses fatigues, approche de ces murs impies, la sentinelle bande son arc et le portier ferme la porte, comme si le pieux voyageur rapportait la peste de la Palestine. Mais vient-il un Grec à barbe grise et à langue déliée, avec ses rouleaux de parchemin dont les lettres même sont pénibles à voir pour des yeux chrétiens ; vient-il un rabbin juif avec son Talmud et sa Cabale ; vient-il un More brûlé du soleil, qui se pique d'avoir appris la langue des étoiles en Chaldée, berceau de la science astrologique, imposteur ou sorcier, le vagabond a le plus haut siège à la table du baron d'Arnheim, partage avec lui les labeurs de l'alambic ou du fourneau, apprend de lui des choses mystiques, comme celles auxquelles furent initiés nos premiers parents pour le malheur et la chute de leur race, et paie ce bienfait de leçons plus terribles encore que celles qu'on lui donne ;

jusqu'à ce que le maître du logis ait ajouté au trésor de sa science impie tout ce que le visiteur païen pouvait lui communiquer. Cela se fait en Allemagne, appelée le Saint-Empire Romain, où tant de prêtres sont princes! cela se fait, et ni ban ni monition n'est lancé contre cette race de sorciers qui, d'âge en âge, marchent triomphants avec leur nécromancie.

« De tels arguments, sortant de la bouche des abbés mitrés et faisant écho jusque dans les cellules des anachorètes, ne firent que peu d'impression sur le conseil impérial. Mais ils excitèrent le zèle de plus d'un baron et d'un comte libre de l'empire, apprenant par ces discours à considérer une guerre avec les barons d'Arnheim comme ayant presque la nature et les immunités d'une croisade contre les ennemis de la foi, et à voir dans une attaque contre ces malfaisants potentats un moyen de régler leurs comptes avec l'Église. Les seigneurs d'Arnheim, sans chercher querelle aux autres, n'avaient pas cessé d'être guerriers, et ne renonçaient nullement à se défendre. Quelques-uns au contraire, parmi cette race désignée aux hostilités, se distinguèrent à un haut degré comme vaillants chevaliers et hommes de guerre. Ils étaient riches d'ailleurs, appuyés et fortifiés de grandes alliances, et sages et prévoyants autant qu'on peut l'être. Ceux qui les attaquèrent l'apprirent à leurs dépens.

« Les ligues formées contre les seigneurs d'Arnheim furent rompues, les attaques que leurs ennemis méditaient furent prévenues et déconcertées, et ceux qui en vinrent à des violences effectives furent repoussés avec des pertes considérables pour les assaillants. L'impression finit par se propager dans le voisinage que, pour avoir des renseignements aussi précis sur les projets médités contre eux, et des moyens aussi extraordinaires d'y résister et d'en triompher, les malencontreux barons devaient appeler à leur défense des ressources contre lesquelles la sagesse humaine ne pouvait rien ; ils devinrent aussi redoutés qu'ils étaient haïs, et, durant la dernière génération, on ne les inquiéta plus. On remarquera que les nombreux vassaux de cette grande maison étaient parfaitement satisfaits de leurs seigneurs féodaux, toujours prêts à se lever pour les défendre, et persuadés que, sans examiner si leurs maîtres étaient sorciers ou non, leur condition à eux ne gagnerait pas à échanger le gouvernement de ceux-ci pour obéir aux croisés qui faisaient cette guerre sainte, ou aux hommes d'église qui en avaient été les instigateurs. La race de ces barons finit en la personne d'Herman d'Arnheim, grand-père maternel d'Anne de Geierstein. Il fut enterré avec son heaume, son épée et son écu, comme c'est la coutume en Allemagne pour le dernier descendant mâle d'une famille noble.

« Mais il laissait une fille unique, Sibylle d'Arnheim, appelée à posséder une portion considérable de ses domaines ; et je n'ai pas entendu dire que les imputations de sorcellerie attachées à sa maison aient empêché nombre de personnes occupant le plus haut rang dans l'empire, de s'adresser à l'empereur, son tuteur légal, pour obtenir la main de la riche héritière. Albert de Geierstein, bien qu'exilé, eut la préférence. Il était vaillant et beau, recommandation précieuse auprès de Sibylle ; et l'empereur, alors animé de la pensée vaine de recouvrer son autorité dans les montagnes de la Suisse, désirait se montrer généreux envers Albert, qu'il considérait comme un fugitif de ce pays, venu pour épouser la cause impériale. Vous pouvez voir ainsi, très noble roi Arthur, qu'Anne de Geierstein, unique enfant de leur mariage, ne sort pas d'une tige ordinaire ; et que ce qui la concerne ne saurait être expliqué ou jugé aussi aisément, ou d'après le même ordre de raisonnements, que s'il s'agissait d'une autre personne.

— Parole d'honnête homme, seigneur Rodolphe de Donnerhugel, » dit Arthur, veillant bien sur l'expression de ses sentiments, « je ne saisis pas votre récit et je n'y comprends rien. Entendez-vous par là que, sous prétexte qu'il y a en Allemagne, et en d'autres pays, des sots attachant une idée de sorcellerie à la possession de la science et de la sagesse, vous seriez disposé à accuser cette jeune fille, toujours respectée et aimée de ceux qui l'ont entourée, d'être disciple de certains savoirs aussi extraordinaires qu'illégitimes ? »

Rodolphe attendit un instant avant de répondre.

« Je voulais seulement vous donner, » dit-il, « des indications générales sur la famille maternelle d'Anne de Geierstein, pour vous permettre de vous rendre compte de ce que vous dites avoir vu cette nuit. Je ne saurais entrer dans plus de détails. Il n'est personne à qui la réputation d'Anne de Geierstein soit plus chère qu'à moi. Après la famille de son oncle, je suis son plus proche parent, et si elle était restée en Suisse, ou si, comme il est fort probable, elle y revenait après la visite qu'elle fait à son père, notre alliance pourrait de-

venir plus étroite encore. Cela n'a été empêché que par certains préjugés de son oncle sur l'autorité paternelle, et par notre proche parenté, pour laquelle cependant on trouverait des dispenses, très fréquemment obtenues. Je ne vous parle de cela que pour vous montrer combien la réputation d'Anne de Geierstein m'est précieuse, bien autrement qu'à vous, un étranger, qui ne la connaissez que depuis peu, et qui, d'après ce que je sais de vos projets, la quitterez bientôt pour toujours. »

Le tour que prenait cette explication irritait Arthur, au point qu'il lui fallut toutes les raisons qui lui conseillaient le sang-froid pour faire une réponse calme.

« Je n'ai nul motif, capitaine, » dit-il, « de combattre les opinions que vous pouvez avoir sur une jeune fille à laquelle vous lie une parenté aussi étroite. Je m'étonne seulement qu'ayant pour elle autant d'estime, vous soyez disposé à accepter, sur des traditions banales et populaires, une croyance fort injurieuse pour votre parente, désireux surtout comme vous le seriez de rendre le lien plus étroit encore. Il me semble qu'en tout pays chrétien l'imputation de sorcellerie est la plus odieuse qu'on puisse infliger à un homme ou à une femme.

— Je suis si loin d'une imputation pareille, » dit Rodolphe avec quelque animation, « que, par la bonne épée que je porte, celui qui oserait exprimer une pareille pensée sur Anne de Geierstein aurait affaire à moi, et prendrait ma vie ou perdrait la sienne. La question n'est pas de savoir si Anne pratique la sorcellerie ; celui qui le dirait ferait bien de préparer son tombeau et de pourvoir au salut de son âme. Le doute consiste à savoir si, alors qu'elle descend d'une famille dont les rapports avec le monde invisible passent pour avoir été forts étroits, des êtres féeriques et imaginaires ne peuvent pas avoir la puissance d'imiter sa forme, et de présenter son image en un lieu où elle n'est pas ; s'ils n'ont point la permission de se livrer à ses dépens à des caprices qui leur seraient interdits à l'égard d'autres mortels, dont les ancêtres auraient réglé toujours leurs vies d'après les lois de l'Église, et seraient décédés en communion régulière avec elle. Ayant le désir sincère de conserver votre estime, je me décide à vous communiquer sur sa généalogie des détails plus particuliers. Ils confirment l'idée que je viens d'exprimer. Mais ils sont, vous le comprendrez, de la nature la plus intime, et je compte sur le secret, sous les pénalités les plus rigoureuses.

— Je garderai le silence, Monsieur, » répliqua le jeune Anglais, s'appliquant toujours à réprimer sa colère, « sur tout ce qui concerne une jeune personne à laquelle je dois un si grand respect. Mais la menace d'aucun homme n'ajouterait le poids d'une plume à la garantie de mon honneur.

— Soit, » dit Rodolphe ; « je n'ai l'intention d'éveiller aucun sentiment de colère ; mais je désire, et pour ne pas baisser dans votre opinion, dont je fais cas, et pour expliquer d'une façon plus complète ce que je n'ai fait qu'indiquer obscurément, vous communiquer des choses que, sans ces deux motifs, j'aurais beaucoup mieux aimé ne pas dire.

— Soyez ici guidé par votre sentiment de ce qui est nécessaire et convenable, » répondit Philipson ; « mais souvenez-vous que je ne vous pousse à la confidence d'aucune chose qui devrait rester secrète, alors surtout qu'une jeune fille en est l'objet. »

Rodolphe répondit, après un moment de silence : « Vous en avez trop vu et trop entendu, Arthur, pour ne pas apprendre tout, ou du moins tout ce que je sais ou je crois savoir sur ce mystérieux sujet. Il est impossible que cela ne revienne pas de temps à autre en votre souvenir, et je veux que vous possédiez toutes les notions nécessaires pour le comprendre aussi clairement que le permet la nature des faits. Nous avons encore, poussant sur la gauche pour surveiller les fondrières, plus d'un mille avant d'achever le tour du château. C'est assez de temps pour le récit que j'ai à faire.

— Parlez ; je vous écoute ! » répondit l'Anglais, partagé entre le désir d'en savoir autant qu'il serait possible sur le compte d'Anne de Geierstein, et le déplaisir d'entendre prononcer ce nom par un homme ayant les prétentions que Donnerhugel ne cachait pas. Cela ravivait ses premières impressions contre le géant suisse, dont les manières presque toujours rudes jusqu'à la grossièreté, semblaient affecter en ce moment une supériorité présomptueuse. Arthur écouta cependant son histoire étrange, et l'intérêt qu'il y prit effaça bientôt tous les autres sentiments.

CHAPITRE XI.

LE RÉCIT DE DONNERHUGEL.

> De l'adepte voici les doctrines : il veut
> Que, dans chaque élément, d'esprits réside un monde.
> Le sylphe aérien flotte dans l'éther bleu;
> Le gnome a pour séjour la caverne profonde;
> De la naïade verte aux flots de l'Océan
> Rapides comme un trait les formes vont glissant;
> Et lui-même le feu, dans son sein redoutable,
> Offre à la salamandre un asile agréable.
>
> Anonyme.

ODOLPHE commença son récit.

Je vous ai dit que les seigneurs d'Arnheim, bien que notoirement appliqués, de père en fils, à des études secrètes, ne s'en livraient pas moins, comme les autres nobles allemands, à la guerre et à la chasse. Ce fut particulièrement le cas du grand-père maternel d'Anne, Herman d'Arnheim. Il se piquait de posséder un haras magnifique, et, par-dessus tout, le plus beau cheval qu'on eût jamais vu dans les cercles du Saint-Empire. J'en promettrais plus que je n'en pourrais faire si j'essayais la description d'un aussi noble animal; je me contenterai de dire qu'il était noir comme du jais, sans un seul poil blanc à la tête ni aux pieds. Pour cette raison, et à cause de ses dispositions ardentes et sauvages, son maître l'avait appelé Satan; ce que l'on considérait secrètement comme une confirmation des mauvais bruits courant sur la maison d'Arnheim : à son animal favori, disait-on, il donne le nom d'un esprit impur.

Un jour de novembre, il arriva que le baron, ayant chassé dans la forêt, ne rentra chez lui qu'à la nuit tombante. Il n'y avait pas d'hôtes au château, car, ainsi que je l'ai déjà dit, on en recevait rarement à Arnheim, sauf ceux de qui l'on espérait une augmentation de savoir. Le baron était assis seul dans la salle de son château, éclairée de lampes et de torches. Il tenait d'une main un volume couvert de caractères inintelligibles pour tous excepté pour lui. L'autre main était posée sur une table de marbre, où l'on avait mis un flacon de vin de Tokai. Un page se tenait respectueusement à distance au bout de la grande pièce obscure; on n'entendait aucun bruit que celui du vent, soupirant avec tristesse à travers les cottes de mailles rouillées, et agitant les bannières déchirées qui tapissaient la salle féodale. On entendit tout à coup les pas d'une personne montant l'escalier avec une rapidité fébrile; la porte s'ouvrit violemment, et, rempli d'une terreur qui le rendait presque fou, Caspar, écuyer du baron, ou chef de ses écuries, vint comme s'abattre au pied de la table devant laquelle son maître était assis, poussant cette exclamation :

« Monseigneur, monseigneur, un diable est dans l'écurie!

— Que signifie cette absurdité? » dit le baron, se levant, surpris et contrarié d'être dérangé de la sorte.

« Que j'éprouve votre déplaisir, » répondit Caspar, « si je ne dis la vérité! Satan... »

Et il s'arrêta.

« Explique-toi, stupide effaré. » dit le baron; « mon cheval est-il malade ou blessé? »

Le chef des écuries prononça encore, convulsivement, le même mot : « Satan! »

— Parle donc, » dit le baron; « Satan fût-il là en personne, il n'y aurait pas de quoi mettre à ce point en désordre la tête d'un homme sensé.

— Le diable, » répondit le chef des écuries, « est dans la stalle de Satan! »

— Sot que tu es, » s'écria le noble seigneur, s'emparant d'une des torches ; « qu'est-ce qui peut t'avoir tourné la tête si ridiculement? Les gens comme toi, nés pour nous servir, devraient avoir la cervelle plus solide, dans notre intérêt du moins, si ce n'est pas dans le leur. »

Tout en parlant, il descendit dans la cour du château, pour visiter la longue suite d'écuries qui occupaient, d'un côté, tout le rez de chaussée du quadrilatère. Il y entra; cinquante beaux chevaux y étaient en ligne, une rangée de chaque côté. A chacune des stalles étaient appendues les armes offensives et défensives d'un homme de guerre, aussi brillantes que pouvait les rendre le soin le plus assidu, et l'habit de buffle dont le soldat de ce temps était vêtu en dessous. Le baron, suivi d'un ou deux domestiques, accourus tout étonnés de cette alarme extraordinaire, alla vivement vers le bout de l'écurie, traversant les deux rangées de quadrupèdes. Lorsqu'il approcha de la stalle de son cheval favori, la dernière à droite, le bel animal ne hennit pas, ne secoua pas la tête, ne battit pas le sol avec son pied, ne donna aucun de ses signes de joie accoutumés à l'arrivée de son maître ; une faible plainte, comme pour demander assistance, fut sa seule façon de reconnaître la présence du baron.

Le seigneur Herman éleva la torche, et aperçut un grand personnage noir debout dans la stalle, la main appuyée sur l'épaule du cheval. « Qui es-tu, » dit le baron, « et que fais-tu là?

— Je cherche refuge et hospitalité, » répliqua l'étranger; « et je te conjure de me les accorder; je t'en conjure par l'épaule de ton cheval et par le tranchant de ton épée ; puissent-ils ne te manquer jamais quand tu en auras besoin!

— Tu es un frère du feu sacré, » dit le baron Herman d'Arnheim; « et je ne saurais te refuser le refuge que tu me demandes d'après le rite des Mages persans. Contre qui et pour combien de temps réclames-tu ma protection?

— Contre ceux, » répliqua l'étranger, « qui viendront à ma recherche avant que le coq n'ait chanté son cri du matin, et pour la durée pleine d'un an et un jour à partir de ce moment-là.

— Mon serment et mon honneur, » répondit le baron, « ne me permettent pas de refuser. Pendant un an et un jour, je serai ta caution,

et tu partageras avec moi toit et chambre, vin et nourriture. Mais toi aussi, tu obéiras à la loi de Zoroastre; si elle dit : « Que celui qui est le plus fort protège le frère plus faible, » elle dit aussi : « Que celui qui est le plus savant instruise le frère qui a moins de science. » Je suis le plus fort, et tu seras en sûreté sous ma protection ; mais tu es le plus savant, et tu dois m'enseigner les mystères les plus secrets.

— Vous vous moquez de votre serviteur, » dit le visiteur étrange ; « mais si Dannischemend sait quoi que ce soit qui puisse être utile à Herman, ses instructions seront comme celles d'un père à son fils.

— Sors donc de ton refuge, » dit le baron d'Arnheim. » Je te jure par le feu sacré qui vit sans aucun aliment terrestre, par la fraternité qui est entre nous, par l'épaule de mon cheval, et par le tranchant de ma bonne épée, que je serai ton garant pendant un an et un jour, en tant que mon pouvoir saura s'y étendre. »

L'étranger sortit ; et ceux qui virent combien son apparence était singulière ne s'étonnèrent pas des frayeurs de l'écuyer Caspar, apercevant dans l'écurie un tel personnage sans savoir par où il était entré. Lorsqu'il arriva dans la grand'salle éclairée, à laquelle le baron le conduisit comme un hôte bienvenu et honoré, on vit qu'il était très grand et avait un air majestueux. Son vêtement était asiatique : une longue robe ou cafetan noir, comme celui des Arméniens, et un haut bonnet carré couvert de laine d'astrakan. Toutes les parties du vêtement étaient noires, donnant ainsi du relief à la longue barbe blanche qui flottait sur sa poitrine. Sa robe était retenue par une ceinture de filet de soie noire, où, en guise de poignard ou d'épée, étaient attachés un étui d'argent contenant ce qu'il faut pour écrire, et un rouleau de parchemin. Le seul ornement qu'il portât était un gros rubis d'un éclat exceptionnel ; lorsque le nouvel arrivé approchait de la lumière, son rubis devenait resplendissant comme s'il avait été lui-même le foyer des rayons qu'il réfléchissait. A l'offre de prendre quelque chose, l'étranger répondit : « Je ne mangerai pas de pain, l'eau n'humectera pas mes lèvres, que le vengeur n'ait dépassé le seuil de ta maison. »

Le baron ordonna de ranimer les lampes et d'allumer de nouvelles torches ; puis, envoyant à leur repos de la nuit tous les gens de sa maison, il resta assis dans la salle avec l'étranger, son suppliant. A l'heure silencieuse de minuit, les portes du château furent secouées comme par un tourbillon de vent, et l'on ouït une voix, semblable à celle d'un héraut, réclamer son prisonnier légitime, Dannischemend, fils d'Ali. L'homme de garde entendit alors s'ouvrir une fenêtre basse de la salle, et distingua la voix de son maître, s'adressant à la personne qui avait fait la sommation. La nuit était si sombre qu'il ne put voir ceux qui parlaient ; ils se servaient d'une langue étrangère, ou mêlée à ce point de paroles bizarres, qu'il ne put comprendre une syllabe de ce qu'ils disaient. Cinq minutes à peine s'étaient écoulées, lorsque celui qui était dehors éleva la voix comme auparavant, et dit en allemand : « Pendant un an et un jour, j'abandonnerai la poursuite ; mais je la reprends ce temps écoulé. Je viens pour mon droit, et l'on ne pourra plus me rien opposer. »

Depuis cette époque, Dannischemend le Persan fut l'hôte constant du château d'Arnheim, et n'en dépassa pas une seule fois le pont-levis, d'une façon du moins que l'on pût voir. Ses amusements, ou ses études, se concentraient dans la bibliothèque du château, et dans le laboratoire, où le baron quelquefois s'associait plusieurs heures de suite à son travail. Les habitants du château ne purent trouver au Mage ou Persan aucun défaut, sinon celui de se dispenser en apparence de toutes pratiques religieuses : il n'allait ni à la messe ni à confesse, et n'assistait à aucune autre des cérémonies du culte. Le chapelain se disait satisfait de l'état de conscience de l'étranger ; mais il y avait longtemps que le digne ecclésiastique était soupçonné d'exercer son office un peu mollement, mû par la pensée qu'il serait raisonnable à lui d'approuver les principes et de garantir l'orthodoxie de tous ceux que le baron admettait à son hospitalité.

On remarqua que Dannischemend était scrupuleux en ses dévotions privées, consistant à se prosterner aux premiers rayons du soleil levant ; qu'il avait fait une lampe d'argent magnifique, et lui avait donné pour piédestal une colonne tronquée en marbre, dont la base était sculptée de figures hiéroglyphiques. Avec quelles essences alimentait-il cette flamme, c'était inconnu de tous, excepté peut-être du baron ; mais la flamme était plus ferme, plus pure et plus éclatante qu'aucune autre qu'on eût jamais vue, en en exceptant celle du soleil des cieux, et l'on croyait généralement que le Mage en faisait l'objet de son culte en l'absence de cet astre bienfaisant. Nulle remarque, d'ailleurs, à son sujet, sinon que ses mœurs étaient sévères, sa gravité remarquable, son genre de vie bien réglé, ses jeûnes et ses veilles très fréquents. Sauf en de rares occasions, il ne parlait dans le château à personne qu'au baron; mais comme il avait de l'argent et était libéral, il fut pour les domestiques l'objet d'un respect particulier, sans inspirer ni crainte ni hostilité.

A l'hiver succéda le printemps; l'été apporta ses fleurs, l'automne ses fruits; ils mûrirent, et commençaient à se flétrir, lorsqu'un page qui, quelquefois, accompagnait les deux adeptes au laboratoire, pour prêter quand ils le demandaient une assistance manuelle, entendit le Persan dire au baron d'Arnheim : « Vous ferez bien, mon fils, de retenir mes paroles; car les leçons que je vous donne tirent à leur fin, et il n'y a pas de pouvoir sur terre capable de retarder davantage mon destin.

— Hélas, mon maître ! » dit le baron; « faudra-t-il donc perdre le bienfait de votre direction, juste à l'heure où votre main expérimentée devient nécessaire pour me placer au pinacle du temple de la science?

— Ne vous découragez pas, mon fils, » répondit le sage; « la tâche de vous perfectionner dans vos études, je la léguerai à ma sœur, qui viendra ici pour cela. Mais souvenez-vous, si vous comptez pour quelque chose la durée de votre maison, de ne pas la considérer autrement que comme une compagne de vos études; car si la beauté de la jeune fille vous fait oublier en elle le professeur, on vous enterrera avec votre épée et votre écu, comme le dernier mâle de la famille; et de plus grands maux en surgiraient, croyez-moi, car de pareilles alliances n'ont jamais de bons résultats; j'en suis un exemple. Mais, silence ! on nous observe. »

Les officiers et les domestiques du château d'Arnheim, n'ayant que peu de choses qui les pussent intéresser, n'en étaient que plus ardents à observer celles qui s'offraient à leur attention; et lorsque commença d'approcher la fin de la période durant laquelle le Persan devait recevoir abri dans le château, plusieurs des habitants s'absentèrent sous divers prétextes, dont l'unique mobile était une terreur secrète; les autres vivaient dans l'attente d'une catastrophe extraordinaire et terrible. Rien de semblable n'eut lieu cependant; et, l'anniversaire survenu, Dannischemend, bien avant l'heure mystérieuse de minuit, termina sa visite à Arnheim en sortant à cheval du château sous un costume de voyageur. Le baron avait pris congé de son maître avec force marques de regret, et même de douleur. Le sage Persan le consola par un long discours à voix basse, dont on n'entendit que la fin : « Au premier rayon du soleil, elle sera avec vous. Soyez bon pour elle, mais pas trop. » Puis il partit, et jamais on ne le revit ou l'on n'en ouït parler dans le voisinage d'Arnheim.

Durant le reste du jour après le départ de l'étranger, on remarqua que le baron était extrêmement triste. Contre son habitude, il ne sortit pas de la grand'salle, et ne visita ni la bibliothèque ni le laboratoire, où il ne pouvait jouir de la compagnie de son professeur. Le lendemain, dès l'aube, le seigneur Herman appela son page, et lui qui d'ordinaire donnait peu de soin à sa toilette, il s'habilla de la façon la plus correcte ; étant à la fleur de l'âge et de très belle tournure, il eut sujet d'être satisfait de sa personne. Sa toilette achevée, il attendit juste le moment où le soleil paraîtrait à l'horizon, et sortant de sa table la clef du laboratoire (qui, dans la pensée du page, avait dû y passer la nuit), il y alla, suivi de ce jeune homme. Le baron fit une halte à la porte, et parut se demander un instant s'il ne renverrait pas le page ; puis, après, il hésita à ouvrir la porte, comme une personne qui s'attendrait à trouver à l'intérieur quelque chose d'étrange. Il prit enfin son parti, tourna la clé, poussa la porte, et entra. Le page marchait le plus près possible de son maître : sa surprise alla jusqu'à la terreur ; ce qu'il voyait, cependant, bien que fort extraordinaire, n'avait rien en soi que d'agréable et de charmant.

La lampe d'argent s'était éteinte, ou avait été ôtée de son piédestal ; à la place, était une femme très belle, en un costume persan où le rose prédominait. Elle n'avait ni turban ni coiffure, sauf un ruban bleu courant autour de ses cheveux châtain clair, et retenu par une agrafe d'or, que surmontait une superbe opale : au milieu des lumières changeantes qui lui sont particulières, cette pierre précieuse avait un petit point rouge qui semblait une étincelle.

La taille de la jeune femme était un peu au-dessous de la moyenne, mais merveilleusement prise ; le vêtement oriental, avec les pantalons bouffants, rassemblés aux chevilles, laissait voir les pieds les plus mignons et les mieux faits que l'on eût jamais rencontrés, cependant que les bras et les mains, de la plus irréprochable élégance, apparaissaient en partie sous les draperies de la robe. Le visage de la petite personne était vif et expressif; l'animation et l'esprit en étaient les caractères dominants; les yeux noirs et pénétrants, surmontés de sourcils admirables, annonçaient la malignité, prête à jaillir des lèvres vermeilles et à demi souriantes.

Le piédestal sur lequel elle était posée, ou plutôt perchée, n'aurait semblé qu'un appui bien insuffisant si une forme plus pesante que la sienne y avait été placée. Mais de quelque manière qu'elle fût venue là, elle y était aussi à son aise qu'une linotte tombée du ciel sur la tige d'un bouton de rose. Le premier rayon du soleil levant, arrivant par une fenêtre située juste en face du piédestal, ajoutait à l'effet de cette belle figure, aussi immobile que si elle avait été de marbre. Elle n'exprima la conscience de l'arrivée du baron d'Arnheim que par une respiration un peu plus rapide, et par une vive rougeur, accompagnée d'un léger sourire.

Quelque raison que pût avoir le baron d'Arnheim pour s'attendre à voir un pareil objet, l'extrême beauté de la jeune femme dépassait à ce point ses prévisions, qu'il resta un instant sans respiration et sans mouvement. Il se souvint pourtant que son devoir était de souhaiter à la belle étrangère la bienvenue dans le château, et de la délivrer d'une position aussi incommode. Il s'avança donc, les paroles de bon accueil sur les lèvres, et levait les bras pour descendre la demoiselle du piédestal, de six pieds de haut environ; mais la preste et incomparable étrangère accepta simplement sa main, et descendit à terre aussi facilement que si elle avait été faite en fil de la vierge. Ce ne fut que par la pression momentanée de sa petite main que le baron d'Arnheim put sentir qu'il avait affaire à un être en chair et en os.

« Je suis venue comme on me l'a commandé, » dit la belle dame en regardant autour d'elle. « Vous pouvez compter sur un professeur exact et diligent, et j'espère avoir un élève attentif. »

Après l'arrivée de cette personne singulière et intéressante, divers changements eurent lieu dans le personnel du château d'Arnheim. Une dame d'un haut rang et d'une fortune médiocre, respectable veuve d'un comte de l'empire, et parente du baron, reçut et accepta l'invitation de diriger les affaires domestiques de celui-ci, et d'écarter par son patronage tout soupçon que ferait naître la présence d'Hermione, nom que tout le monde donna bientôt à la

belle Persane.

La comtesse Waldstetten poussa la complaisance jusqu'à être présente presque toujours, soit au laboratoire soit à la bibliothèque, lorsque le baron d'Arnheim recevait les leçons du jeune et aimable précepteur si étrangement substitué au vieux mage, ou lorsqu'ils poursuivaient leurs études ensemble. A en croire cette dame, leurs occupations étaient d'une nature fort extraordinaire, et les résultats dont elle était quelquefois témoin étaient faits pour inspirer la crainte aussi bien que la surprise. Mais elle les défendait fortement du reproche de pratiquer des arts illicites, ou de dépasser les bornes des sciences naturelles.

Un meilleur juge en de telles matières, l'évêque de Bamberg en personne, fit une visite à Arnheim, à dessein de se rendre compte d'une science dont on parlait tant dans tout le pays du Rhin. Il causa avec Hermione, la trouva profondément imbue des vérités de la religion, et si bien instruite de ses doctrines, qu'il la compara à un docteur en théologie habillé en danseuse orientale. Interrogé sur les connaissances de la jeune femme en fait de langues et de sciences, l'évêque répondit qu'il avait été attiré à Arnheim par les rapports extravagants qu'on lui avait faits, mais qu'il était obligé de confesser en partant « qu'on ne lui avait pas dit la moitié de ce qui était. »

Grâce à ce témoignage indiscutable, les bruits inquiétants occasionnés par l'extérieur exceptionnel de la belle étrangère furent sensiblement assoupis, d'autant plus que ses manières aimables lui gagnaient bon gré mal gré les bonnes grâces de tous ceux qui approchaient d'elle.

Cependant, un changement marqué commença à s'opérer dans les rapports du joli précepteur et de son élève. On y mettait les mêmes réserves qu'auparavant, et jamais, autant qu'on le pouvait observer, elles n'avaient lieu hors de la présence de la comtesse de Waldstetten, ou de quelque tierce personne d'un caractère respectable. Mais les entrevues n'avaient plus lieu dans la bibliothèque ou le laboratoire ; c'était dans les jardins et les bocages que l'on allait passer le temps ; des parties de chasse et de pêche, et des soirées passées à la danse, annonçaient que l'étude de la philosophie était momentanément abandonnée pour la poursuite du plaisir. Il n'était pas difficile de deviner ce que cela voulait dire ; le baron d'Arnheim et sa belle hôtesse, parlant une langue différente de celle des autres, pouvaient avoir des conversations intimes au milieu même du tumulte de la gaieté: nul ne fut surpris d'entendre annoncer officiellement, après quelques semaines de divertissements, que la belle Persane allait épouser le baron d'Arnheim.

Les manières de cette séduisante personne étaient si agréables, sa conversation si animée, son esprit si incisif, et si bien tempéré de bon naturel et de modestie, que, malgré son origine inconnue, sa haute fortune attirait l'envie moins qu'on n'aurait pu s'y attendre en un cas aussi singulier. Par-dessus tout, sa générosité surprenait et gagnait les cœurs de toutes les jeunes personnes qui l'approchaient. Sa richesse semblait sans mesure, car, autrement, les somptueux joyaux qu'elle distribuait en si grand nombre à ses jeunes amies, l'auraient laissée sans ornements pour elle-même. Ces bonnes qualités, sa libéralité plus encore que toutes les autres, jointes à une simplicité de pensée et de caractère en charmant contraste avec la profondeur des connaissances dont on la savait douée, tout cela, et l'absence complète de vanité, lui fit pardonner sa supériorité par les personnes qui l'entouraient. On prenait note cependant encore de quelques particularités, exagérées peut-être par l'envie, et traçant une ligne mystérieuse de séparation entre la belle Hermione et les simples mortels avec lesquels elle vivait et conversait.

Dans les danses vives, elle était sans rivale pour la légèreté et l'agilité : on eût dit un être aérien. Elle pouvait, sans se fatiguer, mettre hors de combat dans cet exercice les cavaliers les plus vigoureux. Le duc de Hochspringen lui-même, le plus infatigable à la danse qu'il y eût en Allemagne, ayant été son cavalier une demi-heure, fut obligé de crier merci, et se jeta tout épuisé sur un canapé, déclarant qu'il n'avait pas dansé avec une femme, mais avec un *fatuus ignis*, ce qui voulait dire un feu follet.

D'autres racontaient sous cape que lorsqu'elle jouait avec ses jeunes compagnes, dans le labyrinthe et les jardins, à cache-cache ou à d'autres jeux d'agilité, elle s'animait de la même vivacité surnaturelle dont elle semblait inspirée en dansant. Elle était au milieu des autres, puis s'évanouissait avec une prestesse inconcevable ; haies, treillages, et tout le reste, étaient escaladés par elle sans que l'œil le plus vigilant pût savoir comment ; et après l'avoir vue de l'autre côté de l'obstacle, en moins d'une seconde, on la trouvait à côté de soi.

En de pareils moments, ses yeux étincelaient, ses joues rougissaient, toute sa personne s'animait, et l'on prétendait qu'alors l'agrafe d'opale de ses cheveux, ornement qu'elle ne quittait jamais, laissait échapper bien plus vivement encore que de coutume la petite étincelle ou langue de feu qu'on y remarquait toujours. De même, si, dans la grand'salle à demi éclairée, la conversation d'Hermione s'animait plus qu'à l'ordinaire, le joyau devenait brillant, et avait, disait-on, un scintillement, un rejaillissement, qui n'était plus la réflexion d'une lumière extérieure, mais semblait sortir du sein même de la pierre précieuse. Les filles qui la servaient allaient jusqu'à dire aussi que, lorsque leur maîtresse était agitée d'un mécontentement un peu vif (la seule imperfection qu'elle eût quelquefois), elles avaient vu des étincelles rouge foncé s'échapper de l'agrafe mystérieuse, comme si le bijou partageait les émotions de celle qui le portait. Les femmes qui aidaient Hermione à sa toilette signalèrent ce détail que le joyau ne quittait jamais la baronne, sauf quelques minutes lorsqu'on la coiffait ; qu'elle était extrêmement pensive et silencieuse pendant qu'elle ne l'avait pas, et préoccupée surtout si quelque liquide en approchait. Même pour prendre l'eau bénite à la porte de l'église, on la voyait éviter de faire le signe de la croix sur le front, de peur, supposait-on, que l'eau ne touchât le précieux bijou.

Ces singuliers *on dit* n'empêchèrent pas le mariage du baron d'Arnheim de se faire, ainsi que la chose avait été arrangée. Il fut célébré en la forme accoutumée, avec la dernière magnificence, et le jeune couple parut commencer une vie de félicité comme on en trouve rarement sur la terre. Au bout de douze mois, la charmante baronne fit présent à son mari d'une fille, que l'on convint de baptiser du nom de Sybille, celui de la mère du comte. Comme la santé de l'enfant était excellente, la cérémonie fut ajournée jusqu'aux relevailles de la mère. Nombre de personnes furent invitées à cette occasion, et le château fut rempli de monde.

Il arriva que parmi les hôtes était une vieille dame, connue pour jouer dans les sociétés qu'elle fréquentait le rôle des fées malfaisantes dans les contes de ménestrels. C'était la baronne de Steinfeldt, renommée dans le voisinage pour sa curiosité insatiable et son orgueil excessif. Elle n'eut pas demeuré plusieurs jours dans le château, qu'avec le concours d'une de ses femmes qui lui donnait les nouvelles, elle s'était mise en possession de tout ce qu'on avait pu dire ou soupçonner sur les particularités de la baronne Hermione. C'était le matin du jour du baptême ; toute la compagnie s'était assemblée dans la grand'salle, attendant la venue de la baronne pour passer à la chapelle. A ce moment s'éleva entre la vieille dame susceptible et altière dont nous venons de parler, et la comtesse Waldstetten, une discussion violente sur un point de préséance. On en référa au baron d'Arnheim, qui décida en faveur de la comtesse. Madame de Steinfeldt ordonna de suite à ses gens de seller son palefroi, et de monter à cheval.

« Je quitte ce lieu, » dit-elle, « où un bon chrétien n'aurait jamais dû entrer; je quitte une maison dont le maître est un sorcier, la maîtresse un démon n'osant pas se signer avec l'eau bénite, et où s'assied à titre de commensale une femme qui, pour une misérable pitance, consent à servir d'entremetteuse pour le mariage d'un enchanteur et d'une diablesse incarnée ! »

Elle partit, la rage sur le visage, et le dépit dans le cœur.

Le baron d'Arnheim s'avança, et demanda aux chevaliers et gentilshommes présents s'il y en aurait quelqu'un parmi eux qui oserait soutenir de son épée les faussetés infâmes avancées contre lui, contre son épouse et contre sa parente.

Ils furent unanimes pour refuser d'appuyer, en une si mauvaise cause, les paroles de la baronne de Steinfeldt, et pour exprimer leur conviction que cette dame avait parlé dans un esprit de calomnie et de mensonge.

« Laissons donc tomber ces paroles odieuses, qu'aucun homme d'honneur ne veut soutenir, » dit le baron d'Arnheim ; « j'ajouterai seulement que tous ceux qui sont ici ce matin verront de leurs yeux si la baronne Hermione accomplit dans leur entier les rites du christianisme. »

La comtesse de Waldstetten lui faisait des signes, et lorsque la foule lui permit de s'approcher du baron, on l'entendit lui dire à voix basse : « Pas de précipitation ! pas d'essais ! il y a quelque mystère dans ce talisman d'opale ; soyez prudent, et laissez tomber cela. »

Le baron, beaucoup plus irrité que ne l'eût voulu la sagesse dont il faisait profession (accordons cependant qu'un affront public, en ce temps et en ce lieu, était fait pour ébranler la modération du plus pacifique et la philosophie du plus sage), le baron, donc, répondit d'un ton sec : « Vous aussi, avez-vous perdu l'esprit ? » Et il n'abandonna pas l'idée qu'il avait en tête.

La baronne d'Arnheim entra dans la salle en ce moment, empruntant à ses souffrances récentes juste la pâleur qu'il fallait pour rendre son joli visage moins animé sans doute, mais plus intéressant encore que de coutume. Ayant adressé avec une grâce et une politesse exquises ses

compliments à la compagnie, elle commençait à demander pourquoi Madame de Steinfeldt n'était pas là, lorsque son mari donna le signal du départ pour la chapelle, et offrit le bras à la baronne qui devait avec lui fermer la marche. La chapelle était presque remplie par la brillante compagnie, et tous les yeux étaient fixés sur le maître et la maîtresse de céans, qui pénétraient dans le saint lieu précédés de quatre demoiselles portant la petite fille dans un joli petit berceau.

En passant le seuil, le baron plongea le doigt dans le bénitier, et offrit l'eau bénite à sa femme, qui l'accepta, comme c'est l'usage, en touchant du doigt le doigt de son cavalier. Mais alors, et pour confondre les calomnies de la dame de Steinfeldt, le baron, avec un sans-gêne déplacé peut-être en ce moment, lança sur le beau front de la dame une goutte ou deux du liquide sacré qui lui restait après les doigts. Atteinte par une de ces gouttes, l'opale darda, comme une étoile qui tombe, une étincelle brillante, et devint, l'instant d'après, terne et décolorée comme le premier caillou venu, pendant que la belle baronne tombait sur le sol de la chapelle avec un soupir de douleur. Tout le monde, en désordre, se précipita autour d'elle. La malheureuse Hermione fut relevée et portée à sa chambre; et dans le peu de temps que cela prit, son visage et son pouls s'altérèrent à ce point que, pour ceux qui la voyaient, c'était une femme mourante. Elle ne fut pas plus tôt dans sa chambre qu'elle demanda à rester seule avec son mari. Cela dura une heure, et, quand le baron sortit, il ferma la porte à double tour derrière lui. Puis il se rendit à la chapelle, et y resta une heure et plus prosterné devant l'autel.

Pendant ce temps, la plupart des hôtes s'étaient dispersés en grand désarroi; quelques-uns tinrent bon, soit convenance, soit curiosité. On se rendait compte qu'il n'était guère à propos de laisser ainsi fermée à clef la chambre de la malade; mais alarmé comme on l'était de toutes les circonstances de cette maladie, il se passa du temps avant que personne osât troubler les dévotions du baron. Les secours médicaux arrivèrent enfin, et la comtesse de Waldstetten prit sur elle de demander la clef. Elle parlait à un homme presque incapable d'entendre, ou du moins de comprendre ce qu'elle disait; elle dut lui répéter la question plusieurs fois. A la fin, il donna la clef, et, en la donnant, ajouta d'un ton glacial que les secours seraient inutiles, et que son désir était que tous les étrangers quittassent le château. Peu d'entre eux eurent envie de rester après qu'on eût ouvert la porte de la chambre : la baronne y avait été déposée il n'y avait guère que deux heures, et l'on ne trouva plus d'elle la moindre trace; on apercevait seulement, sur le lit où elle avait été, une petite poignée de cendres grises très fines, comme celles que produirait en brûlant le papier le plus ténu. Des funérailles solennelles furent cependant accomplies, avec des messes et toutes les autres cérémonies voulues, pour l'âme de haute et noble dame Hermione d'Arnheim ; et ce fut exactement le même jour, trois ans après, que le baron, à son tour, fut descendu dans le caveau funèbre de la même chapelle d'Arnheim, avec l'épée, l'écu et le heaume, comme le dernier mâle de sa famille.

Ici le Suisse s'arrêta, car on approchait du pont du château de Graffs-lust.

CHAPITRE XII.

> Mon père, croyez-moi, sa forme est belle et rare ;
> Mais c'est un esprit.
>
> SHAKESPEARE, *La Tempête*, acte 1er, sc. 2.

L se fit un court silence après que le Bernois eut achevé sa narration singulière. L'attention d'Arthur Philipson avait été graduellement et fortement captivée ; une histoire de ce genre était trop en rapport avec les idées du siècle pour rencontrer l'incrédulité complète qui n'aurait pas manqué de l'accueillir en des temps moins reculés et plus éclairés.

Arthur fut très frappé aussi de la manière dont le récit avait été fait par le narrateur, en qui il n'avait vu jusque-là qu'un rude chasseur et un soldat. Il trouvait chez Donnerhugel plus de connaissance du monde qu'il ne l'aurait supposé. Comme capacité, le Suisse avait grandi dans son opinion, mais sans faire aucun progrès dans sa tendresse.

« Ce ferrailleur, » se disait-il, « a une cervelle, de même que de la chair et des os, et est plus apte à commander aux autres que je ne l'aurais cru. » Puis, se tournant vers son compagnon, il le remercia d'un récit qui avait abrégé la route d'une façon si intéressante.

« C'est de ce mariage étrange, » ajouta-t-il, « qu'Anne de Geierstein tire son origine ?

— Sa mère, » répondit le Suisse, « était Sybille d'Arnheim, l'enfant au baptême duquel la mère mourut, ou disparut ; appelez cela comme vous voudrez. La baronnie d'Arnheim, étant fief mâle, fit retour à l'empire. Le château n'a jamais été habité depuis la mort du dernier seigneur, et est, je l'ai ouï dire, tombé presque en ruines. Les occupations de ses anciens propriétaires, et, par-dessus tout, la catastrophe survenue à son dernier habitant, en ont fait une résidence à ne pas choisir.

— N'a-t-on rien aperçu de surnaturel, » dit l'Anglais, « dans la jeune baronne qui épousa le frère du landamman ?

— Autant que je le puis savoir, » répliqua Rodolphe, « il y a eu des histoires étranges. Les femmes qui gardaient l'enfant ont vu, au milieu de la nuit, Hermione, la dernière baronne d'Arnheim, pleurant à côté du berceau de l'enfant, et d'autres choses du même genre. Mais je ne parle ici que sur des renseignements moins certains que ceux auxquels j'ai puisé le précédent récit.

— La foi due à une histoire, peu vraisemblable en elle-même, devant être accordée ou refusée selon le mérite du témoignage sur lequel elle est fondée, puis-je vous demander, » dit Arthur, « de me citer l'autorité en laquelle vous avez tant de confiance.

— Volontiers, » répondit le Suisse. « Sachez que Théodore Donnerhugel, le page favori du dernier baron d'Arnheim, était le frère de mon père. Après la mort de son maître, il se retira à Berne où il était né, et employa la plus grande partie de son temps à m'enseigner le métier des armes et les exercices guerriers, d'après la méthode d'Allemagne aussi bien que de Suisse, car il était passé maître dans toutes les deux. Il vit de ses yeux, entendit de ses oreilles, une grande partie des événements tristes et mystérieux que je vous ai racontés. Si jamais vous allez à Berne, vous pourrez voir ce bon vieillard.

— Vous pensez donc, » dit Arthur, « qu'il y a un lien entre mon apparition de cette nuit et le mariage mystérieux du grand-père d'Anne de Geierstein ?

— N'allez pas croire, » répondit Rodolphe, « que je puisse vous donner une explication catégorique d'une histoire aussi étrange. Je dis seulement qu'à moins de vous faire l'injure de ne pas accorder foi à votre témoignage sur l'apparition de cette nuit, je ne vois pas d'autre moyen de l'expliquer qu'en supposant qu'une partie du sang de la jeune fille ne viendrait pas de la race d'Adam, mais dériverait, d'une façon plus ou moins directe, de l'un de ces esprits qui résident dans les éléments, et dont on a parlé dans les temps anciens et dans les nôtres. Je puis me tromper. Nous verrons comment elle sera ce matin, et si son visage accuse la fatigue et la pâleur d'une promenade à minuit. Au cas contraire, nous serons autorisés à penser que vos yeux vous ont trompé étrangement, ou qu'ils ont été abusés par quelque spectre qui n'est pas de ce monde. »

Le jeune Anglais n'essaya pas de répondre ; il n'en aurait pas eu le temps, car la patrouille fut apostrophée à l'instant même par la sentinelle du pont-levis.

Il fallut deux fois faire aux « qui vive ! » une réponse satisfaisante, avant que Sigismond n'admît les nouveaux arrivants à traverser le pont.

« Ane bâté que tu es, » dit Rodolphe, « pourquoi nous retarder comme cela ?

— Ane bâté toi-même, capitaine ! » dit le Suisse, en réponse à ce reproche. « Une fois déjà, cette nuit, j'ai été surpris à mon poste par un lutin, et j'ai acquis là-dessus trop d'expérience pour qu'on m'y reprenne une seconde fois.

— Quel lutin, sot que tu es, » dit Donnerhugel, « aurait assez de temps à perdre pour faire ses gambades aux dépens d'un animal comme toi ?

— Capitaine, » répliqua Sigismond, « tu es comme mon père, qui crie « sot ! » et « tête dure ! » à chaque parole que je dis ; j'ai cependant, pour parler, des lèvres, des dents et une langue, tout comme les autres.

— Nous ne le contestons pas, Sigismond, » dit Rodolphe. « Il est clair que si tu diffères des autres, c'est en un point que tu ne devineras ni n'avoueras. Mais, de par toutes les candeurs du monde, quel est l'objet qui t'a alarmé pendant ta faction ?

— Voici, capitaine, » répondit Sigismond Biederman. « Cela commençait à m'ennuyer de regarder la lune, de me demander en quoi elle est faite, et comment il se peut qu'on la voie juste de même ici que de chez nous, quoiqu'il y ait loin de cet endroit-ci à Geierstein. J'étais fatigué, dis-je, de cette pensée-là, et d'autres qui me trottaient dans l'esprit ; j'ai donc enfoncé mon bonnet de fourrure sur mes oreilles, car le vent, je vous le promets, soufflait vivement, puis, je me suis planté ferme, sur les deux pieds, une jambe un peu en avant, les mains appuyées sur ma pertuisane, que j'avais mise toute droite devant moi pour me reposer dessus. Et après, j'ai fermé les yeux.

— Fermé les yeux, Sigismond ! quand tu étais de garde ! » s'écria Donnerhugel.

« Ne crains rien, » répondit Sigismond ; « les oreilles étaient ouvertes. Mais cela ne servait guère, car quelque chose est arrivé sur le pont, marchant à pas furtifs comme une souris. J'ai tressailli quand cela passait à côté de moi, et lorsque j'ai regardé, que pensez-vous que j'aie vu ?

— Quelque autre sot comme toi, » dit Rodolphe, appuyant le pied sur celui de Philipson pour appeler son attention : la précaution n'était pas nécessaire, car celui-ci attendait la réponse dans la plus grande agitation. Elle arriva à la fin.

« Par saint Marc, c'était Anne de Geierstein !

— Impossible ! » répliqua le Bernois.

« J'en aurais dit autant, » reprit Sigismond, « car j'avais jeté un coup d'œil dans sa chambre avant qu'elle n'y entrât, et tout cela était si bien arrangé qu'une reine ou une princesse aurait dormi dedans. Pourquoi serait-elle sortie de ce bon logis avec tous ses amis autour d'elle pour la garder, et serait-elle allée rôder dans la forêt ?

— Peut-être, » dit Rodolphe, « qu'elle ne faisait que regarder de dessus le pont où en était la nuit.

— Non, » dit Sigismond, « elle revenait de la forêt. Je l'ai vue quand elle arrivait à la tête du pont, et j'ai failli taper dessus, pensant que c'était le diable sous sa ressemblance. Mais je me suis souvenu que ma hallebarde n'est pas une baguette de bouleau pour corriger les garçons et les petites filles ; et que, si je faisais mal à

Anne, vous seriez tous en colère; et moi aussi, franchement, je n'aurais pas été content de moi. Elle se moque de moi de temps à autre, mais la maison serait triste si nous n'y avions pas Anne.

— Niais, » répondit le Bernois, « as-tu parlé à cette forme, ou à ce lutin, comme tu l'appelles ?

— Non, capitaine Niais toi-même. Mon père me gronde toujours quand je parle sans réfléchir, et, dans ce moment-là, je n'étais guère à même de réfléchir. Je n'en aurais pas eu le temps non plus, car elle a passé à côté de moi comme un flocon de neige dans un tourbillon. Je suis entré à sa suite dans le château, en l'appelant par son nom. Cela a réveillé les dormeurs; on a couru aux armes, et il y a eu autant de mouvement que si Archibald de Hagenbach avait été chez nous avec piques et épées. Et qui est-ce qui est sorti de sa petite chambre, aussi en émoi qu'aucun de nous ? Mademoiselle Anne en personne. Comme elle a affirmé n'être pas sortie de sa chambre de la nuit, c'est moi, Sigismond Biederman, qui ai porté tout le blâme. Puis-je empêcher, cependant, les fantômes de se promener ? Quand j'ai vu tout le monde se mettre contre moi, j'ai dit à Anne ce que j'en pensais. « Mademoiselle Anne, on sait de qui vous descendez ; et, après ce bel esclandre, si vous m'envoyez quelqu'un de vos doubles-marcheurs aériens qui ont les traits et la tournure des personnes vivantes, dites-leur de mettre sur leur tête de solides coiffes en fer, car je leur ferai mesurer la longueur et le poids d'une hallebarde suisse, quelque figure qu'ils se soient avisés de prendre. » Tous m'ont crié que c'était honteux ; et mon père m'a chassé dehors, sans plus de scrupule que si ç'avait été le vieux chien, échappé de la cour où il doit faire garde pour venir au coin du feu. »

Le Bernois répondit, avec une froideur très voisine du mépris : « Tu as dormi en faction, faute grave pour un soldat, Sigismond, et en dormant, tu as rêvé. Tu es heureux que le landamman n'ait pas su ta négligence, ou, au lieu d'être renvoyé à ton poste comme un chien de garde paresseux, tu aurais été chassé à coups d'étrivières, comme un mâtin infidèle, à ta niche de Geierstein, ainsi qu'il est arrivé au pauvre Ernest pour une moindre chose.

— Ernest n'est pas encore parti, » dit Sigismond, « et je crois qu'il ira en Bourgogne aussi loin que nous le ferons nous-mêmes. Je te prie, cependant, capitaine, de ne pas me traiter comme un chien mais comme un homme, et d'envoyer quelqu'un pour me relever, au lieu de bavarder ici à l'air froid. S'il y a, comme je le crois bien, de la besogne à faire dans la matinée, une bouchée de nourriture et une minute de sommeil seront une préparation convenable, et j'ai été de faction deux mortelles heures. »

Là-dessus, le jeune géant appuya d'un bâillement formidable les raisons qu'il avait données.

« Une bouchée et une minute ? » dit Rodophe ; « un bœuf rôti et une léthargie comme celle des sept dormeurs, suffiraient à peine à rafraîchir et à réveiller tes sens. Je suis ton ami, Sigismond, et tu peux compter sur un rapport favorable ; tu vas être relevé tout de suite, pour aller dormir sans rêves, s'il est possible. En avant, donc, mes amis, et allez vous reposer », dit-il aux autres hommes de la patrouille, qui, pendant ce temps, l'avaient rejoint.«Arthur d'Angleterre et moi, nous rendrons compte de la patrouille au landamman et au banneret. »

La patrouille rentra au château, et ne tarda pas à augmenter le nombre des endormis. Rodolphe Donnerhugel prit le bras d'Arthur, et, en se rendant à la salle, lui murmura à l'oreille :

« Ce sont d'étranges incidents. Que croyez-vous qu'il en faille dire aux membres de la députation ?

— Je m'en rapporte à vous, » répondit Arthur ; « vous êtes le capitaine. J'ai rempli mon devoir en vous disant ce que j'ai vu, ou ce que je crois avoir vu. A vous de juger s'il est à propos de le communiquer au landamman. Je pense seulement que cela touchant à l'honneur de sa famille, ce serait à lui seul qu'il faudrait le confier.

— Je ne crois pas nécessaire de lui parler, » se hâta de dire le Bernois ; « cela n'intéresse pas la sûreté commune. Mais je saisirai tantôt l'occasion d'en parler à Anne. »

Ce dernier mot causa autant de contrariété à Arthur que la résolution de garder le silence lui avait donné de satisfaction. C'était un mécontentement qu'il jugea bon de ne pas laisser voir, et, avec tout le calme qu'il put garder, il répondit :

« Vous agirez, capitaine, comme vous le dictera votre sentiment du devoir et des convenances. Pour moi, je garderai le silence sur ce que vous appelez les incidents étranges de la nuit, rendus plus étonnants encore par le récit de Sigismond Biederman.

— Le silence aussi sur ce que vous avez vu et entendu de nos auxiliaires de Berne ? » demanda Rodolphe.

« Assurément, » dit Arthur ; « sauf la communication à faire à mon père au sujet de son bagage, en risque d'être visité et retenu à Ferrette.

— C'est inutile, » dit Rodolphe ; « je réponds sur ma tête de la sûreté de tout ce qui lui appartient.

— Merci en son nom, » dit Arthur ; « mais nous sommes des voyageurs pacifiques, beaucoup plus désireux d'éviter les querelles que d'en amener une, fût-on sûr d'en sortir triomphant.

— Les sentiments d'un marchand, et non d'un soldat, » dit Rodolphe, d'un ton froid et mécontent; « mais c'est votre affaire, et vous agirez en cela comme vous le jugerez bon. Souvenez-vous seulement, si vous allez à Ferrette sans notre assistance, que vous hasardez vos marchandises et votre vie. »

Tandis qu'il parlait, ils entrèrent dans la salle occupée par leurs compagnons. Ceux de la patrouille s'étaient étendus déjà, dans le bas de la pièce, au milieu de leurs camarades. Le landamman et le banneret entendirent le rapport de Donnerhugel : la patrouille d'avant minuit et celle d'après s'étaient faites sans rien de particulier, et sans nulle rencontre pouvant indiquer un danger ou faire naître une inquiétude. Puis le Bernois s'enveloppa dans son manteau, s'étendit sur la paille, et avec cette indifférence du bien-être, cette aptitude que donne une vie d'activité et de fatigue à saisir promptement les occasions de repos, il fut, en quelques minutes, profondément endormi.

Arthur resta sur pied un peu plus longtemps, pour lancer un coup d'œil vers la porte d'Anne de Geierstein, et pour réfléchir aux aventures surprenantes de la nuit. C'était un mystère confus, où il n'avait aucun fil pour se diriger ; la nécessité d'entrer sur-le-champ en communications avec son père le força de tourner ses pensées de ce côté-là. Il dut, pour le faire, prendre beaucoup de précautions. Il alla s'étendre à côté de son père; celui-ci, grâce aux soins hospitaliers que l'excellent Suisse avait eus pour lui depuis le commencement de leurs relations, avait son lit placé dans l'endroit jugé le meilleur, et un peu séparé des autres. Il dormait fort bien, mais son fils l'éveilla en le touchant légèrement, et tout bas, en anglais pour plus de précaution, dit avoir pour lui des nouvelles importantes.

« Une attaque de notre poste? » répondit Philipson père ; « faut-il prendre les armes?

— Pas maintenant, » dit Arthur ; « ne vous levez pas, je vous prie, et ne faites pas de bruit. La nouvelle est pour vous seul.

— Dites-la de suite, mon fils, » répliqua le père ; « vous parlez à un homme trop accoutumé au danger pour en être surpris.

— C'est un cas sur lequel votre sagesse réfléchira, » dit Arthur. « J'ai appris, durant la patrouille, que le gouverneur de Ferrette saisirait, sans aucun doute, votre bagage et vos marchandises, sous prétexte de lever les droits que réclame le duc de Bourgogne. On m'a dit aussi que l'escorte des jeunes Suisses est déterminée à résister à cette exaction, et croit avoir nombre et moyens suffisants pour y réussir.

— Par saint Georges, ce ne saurait être ! » dit Philipson père ; « ce serait une mauvaise manière de s'acquitter envers le landamman que de donner à l'orgueilleux duc le prétexte de guerre que le bon vieillard désire tant éviter s'il est possible. Toutes les exactions, quelque déraisonnables qu'elles soient, je les subirai volontiers. Mais avoir mes papiers saisis, ce serait la pire des ruines. Je le craignais, et cela me faisait hésiter à me joindre à la troupe du landamman. Séparons-nous d'eux. Ce gouverneur rapace ne portera sûrement pas les mains sur une députation qui se rend près de son maître sous la sauvegarde du droit des gens ; mais je vois aisément comment il ferait de notre présence au milieu d'eux un prétexte de querelle, satisfaisant à la fois son avarice et l'humeur de ces jeunes gens fougueux qui cherchent un sujet de rupture. Cela n'arrivera pas à cause de nous. Nous nous séparerons des députés, et nous resterons en arrière. Si ce de Hagenbach n'est pas le plus déraisonnable des hommes, je trouverai moyen de le contenter en tout ce qui nous concerne individuellement. Je réveille le landamman, pour l'informer de notre dessein. »

Cela fut fait sur-le-champ, car Philipson n'était pas long à exécuter ses desseins. En une minute il était à côté d'Arnold Biederman ; appuyé sur le coude, celui-ci écouta ses communications, tandis qu'au-dessus de l'épaule du landamman, s'élevaient la tête et la longue barbe du député de Schwitz ; les grands yeux bleus de ce dernier brillaient abrités sous son bonnet de fourrure, fixés sur le visage de l'Anglais, mais lançant de temps en temps un regard furtif pour voir l'impression produite sur son collègue par ce qu'on disait.

« Excellent hôte et ami, » expliqua Philipson père, « on nous donne pour certain que nos marchandises seront soumises à la taxe et à la saisie à notre passage à Ferrette, et je tiens, dans votre intérêt comme dans le nôtre, à éviter toute cause de querelle.

— Doutez-vous que nous ayons pouvoir et volonté pour vous protéger? » répliqua le landamman. « Je vous dis, seigneur Anglais, que l'hôte d'un Suisse est aussi en sûreté à côté de celui qui le reçoit, que l'aiglon sous l'aile de sa mère ; nous quitter parce que le danger approche, n'est pas flatteur pour notre courage ou notre constance. Je désire la paix ; mais je n'entends pas que le duc de Bourgogne moleste un de mes hôtes, s'il est en mon pouvoir de l'empêcher. »

Sur ce, le député de Schwitz ferma un poing aussi gros que le pied d'un bœuf, et le montra par-dessus les épaules de son ami.

« C'est pour éviter cela, mon digne hôte, » répliqua Philipson, « que j'entends me séparer de votre bonne compagnie plus tôt que je n'en avais le désir. Songez, mon brave et digne hôte, que vous êtes un ambassadeur ayant pour objet la paix d'un pays, moi un marchand ayant pour but un gain personnel. La guerre, ou des querelles qui pourraient amener la guerre, sont choses aussi désastreuses pour vos desseins que pour les miens. J'ai l'intention (je l'avoue franchement) et le moyen de payer une large rançon, et, quand vous serez partis, j'en négocierai le montant. Je résiderai à Bâle jusqu'à ce que j'aie fait mes conditions avec Archibald de Hagenbach ; et fût-il aussi rapace que vous me le décrivez, il sera un peu modéré avec moi, plutôt que de courir le risque de perdre entièrement son butin, si je retournais sur mes pas ou si je prenais une autre route.

— C'est parler sagement, seigneur Anglais, » dit le landamman, « et je vous remercie de me rappeler mon devoir. Il ne faut pas, cependant, vous exposer au danger. Aussitôt que nous aurons poussé en avant, le pays sera ouvert de nouveau aux dévastations des hommes de cheval et des lansquenets de Bourgogne, qui balaieront les routes dans toutes les directions. Les gens de Bâle sont malheureusement trop craintifs pour vous protéger ; ils vous livreraient à la première demande du gouverneur ; et de la justice ou de la douceur, vous pourriez aussi bien en attendre en enfer que de la part de Hagenbach.

— Il y a des enchantements, assure-t-on, qui font trembler l'enfer, » dit Philipson, « et j'ai des moyens de me rendre propice même ce Hagenbach, pourvu que je puisse avoir avec lui un entretien particulier. Mais de ses cavaliers, je l'avoue, je n'ai rien à attendre, que d'être mis à mort pour la valeur de mon manteau.

— Si tel est le cas, » dit le landamman, « et si vous devez vraiment vous séparer de nous (je ne nie pas que vous n'en ayez donné des raisons sages et puissantes), pourquoi ne pas quitter Graffs-lust deux heures avant nous? Les routes seront sûres, car notre escorte y est attendue; et, en partant de bonne heure, vous trouverez probable-

ment de Hagenbach à jeun, et aussi capable qu'il peut jamais l'être d'entendre raison; je veux dire par là, de comprendre son intérêt. Mais après que le vin du Rhin, qu'il boit tous les matins avant d'aller à la messe, a fait descendre son déjeuner, sa fureur aveugle même son avarice.

— Tout ce dont j'ai besoin, » dit Philipson, « pour l'exécution de mon projet, c'est qu'on me prête un mulet pour porter ma valise, que l'on avait placée dans vos bagages.

— Prenez la mule, » dit le landamman; « elle appartient à mon frère de Schwitz; il vous la prêtera de bon cœur.

— Valût-elle vingt couronnes, du moment que mon camarade Arnold le désire, » dit la barbe blanche.

« J'accepterai ce prêt avec reconnaissance, » dit l'Anglais. « Mais comment vous passer de cet animal? Il ne vous en restera plus qu'un.

— Nous pouvons aisément nous en procurer à Bâle, » dit le landamman. « Nous pouvons même, seigneur Anglais, faire servir à votre projet ce petit retard. J'ai indiqué pour notre départ la première heure après l'aube; nous reculerons jusqu'à la fin de la seconde, ce qui nous donnera à nous le temps d'avoir un cheval ou un mulet, et à vous, seigneur Philipson, celui d'atteindre Ferrette, où j'espère que vous aurez achevé convenablement votre affaire avec de Hagenbach, et que vous pourrez nous rejoindre durant la suite de notre voyage en Bourgogne.

— Si nos buts mutuels nous permettent de voyager ensemble, digne landamman, » répondit le marchand, « je m'estimerai très heureux de redevenir votre compagnon de route. Reprenez ce repos que j'ai interrompu.

— Dieu vous bénisse, homme sage, homme au cœur sincère, » dit le landamman, se levant et embrassant l'Anglais. « Si nous devons jamais nous rencontrer, je me souviendrai du marchand qui a négligé des pensées de gain pour garder le sentier de la sagesse et de la droiture. Je n'en sais pas d'autre qui n'eût risqué de verser un lac de sang pour épargner cinq onces d'or. Adieu, vous aussi, brave jeune homme. Vous avez appris parmi nous à avoir le pied ferme sur un rocher d'Helvétie; mais nul ne vous apprendra aussi bien que votre père à suivre le vrai sentier au milieu des fondrières et des précipices de la vie humaine. »

Il embrassa donc ses amis, et leur dit cordialement adieu, en quoi, comme de coutume, il fut imité par son ami de Schwitz, balayant de sa longue barbe la joue droite et la joue gauche de chacun des deux Anglais, et leur confirmant de tout cœur, une fois encore, le prêt de sa mule. Tous se réinstallèrent alors pour dormir, durant le temps qui restait avant la venue de l'aube d'automne.

CHAPITRE XIII.

> Par les actes récents qu'il s'est permis de faire
> Votre coupable duc a semé la colère :
> Son avarice a fait, sur nos bons citoyens,
> Tomber le lourd fardeau de ses droits inhumains ;
> Et de le contenter nos marchands incapables
> De leur sang ont signé ses édits exécrables.
> L'outrage, dont la voix vers nos cœurs a crié,
> A nos yeux menaçants interdit la pitié.
>
> SHAKSPEARE, *La Comédie des Erreurs*, Acte I, sc. 1 re.

peine l'aurore avait-elle touché les plus lointains horizons, qu'Arthur Philipson était sur pied pour préparer le départ de son père et le sien ; comme on en était convenu pendant la nuit, ce départ devait s'opérer deux heures avant que le landamman et les siens ne quittassent le vieux château de Graffs-lust. Il ne fut pas difficile pour Arthur de séparer les ballots irréprochables de son père des grossiers paquets contenant le bagage des Suisses. Les premiers étaient faits avec la dextérité d'hommes accoutumés à des voyages longs et périlleux ; les seconds avec l'inexpérience de gens qui ne savaient guère sortir de chez eux.

Un serviteur du landamman aida Arthur dans cette tâche, et chargea avec lui le bagage paternel sur la mule du député barbu de Schwitz. Arthur reçut aussi de cet homme des indications sur la route de Graffs-lust à Brisach, la principale citadelle de Ferrette ; cette route était trop unie et trop directe pour qu'il y eût risque de s'égarer comme dans les montagnes de Suisse. Les choses mises en ordre pour le départ, le jeune Anglais éveilla son père, et le prévint que tout était prêt. Puis il alla se mettre près de la cheminée, pendant que son père, selon son habitude de tous les jours, récitait la prière à saint Julien, patron des voyageurs, et s'habillait.

On ne s'étonnera point si, tandis que le père accomplissait ses dévotions et s'équipait pour la route, Arthur, le cœur plein de tous les événements dans lesquels Anne de Geierstein avait figuré depuis quelque temps, et le cerveau vertigineux des incidents de la nuit, garda ses yeux attachés à la porte de la chambre, par où il avait vu la jeune fille disparaître pour la dernière fois; la dernière fois, disons-nous, à moins que la vision pâle et fantastique qui avait, à deux reprises, si étrangement passé devant Arthur, au lieu d'être un de ces esprits qui vivent dans les éléments, ne fût la substance vivante de la personne à laquelle elle ressemblait tant. La curiosité du jeune homme était si vive à ce sujet, que ses yeux s'appliquèrent à cette tâche comme s'ils avaient pu pénétrer, à travers le bois et les murs, dans la chambre de la belle endormie, et découvrir dans ses yeux ou sur son visage les traces d'une promenade nocturne.

« C'était la preuve sur laquelle comptait Rodolphe, » se disait-il; « et Rodolphe seul aura l'occasion d'en noter le résultat. Qui sait quel avantage ma communication pourra lui donner auprès de la créature charmante à laquelle il fait la cour? Que verra-t-elle en moi, sinon une tête légère et une langue bavarde, un homme à qui rien d'extraordinaire ne peut arriver qu'il ne se hâte de le jeter aux oreilles de ceux qui se trouvent à côté de lui? Plût au ciel que ma langue se fût paralysée avant d'avoir dit une parole à ce prétendant chez qui l'orgueil n'exclut pas la ruse! Je ne la reverrai plus, cela est certain. Je n'aurai jamais l'explication vraie de ces mystères qui l'entourent. Mais penser que j'aurais dit quelque chose qui pût la mettre au pouvoir de ce sauvage lourdaud, me sera sujet de remords tant que je vivrai. »

Il fut ici tiré de sa rêverie par la voix de son père. « Eh bien, mon enfant; êtes-vous éveillé, ou dormez-vous debout de la fatigue de cette nuit?

— Pas tout à fait, mon père, » répondit Arthur, revenant à lui. « Un peu engourdi, peut-être ; mais l'air frais du matin chassera bientôt cela. »

Ils marchèrent avec précaution au milieu du groupe de dormeurs qui les entourait. Lorsqu'ils eurent gagné la porte, Philipson père se retourna, et portant les regards sur la paille où, touchés des premiers rayons de lumière, les grands corps du landamman et la barbe argentée de son compagnon lui indiquaient le lit d'Arnold Biederman, il murmura entre ses lèvres un involontaire adieu.

« Salut à toi, miroir d'honneur et de probité antiques ; salut, noble Arnold ; salut, cœur sincère et simple, auquel la lâcheté, l'égoïsme et la fausseté sont également inconnus! »

Et salut, pensa son fils, à la plus charmante, la plus candide, et cependant la plus mystérieuse des jeunes filles. Mais l'adieu, on le croira sans peine, ne fut pas, comme celui du père, exprimé par des paroles.

Ils furent bientôt sortis de la salle. Le domestique suisse fut libéralement récompensé, et chargé pour le landamman, de la part des Anglais, de mille paroles d'adieu et de souvenir, mêlées de l'espérance et du désir de se rencontrer de nouveau sur le territoire de Bourgogne. Le jeune homme prit la bride de la mule, et mit l'animal à un pas raisonnable. Le père cheminait à côté du fils.

Après quelques minutes de silence, Philipson dit à Arthur : « Je crains de ne plus revoir le digne landamman. Les jeunes gens qui l'accompagnent ont envie de faire quelque coup, le duc de Bourgogne ne manquera pas, j'en ai peur, de leur en fournir l'occasion ; et la paix que désire cet excellent homme pour le pays de ses pères, fera naufrage avant que l'on n'arrive auprès du duc. En fût-il autrement, de quelle façon le prince le plus orgueilleux de l'Europe supportera-t-il les remontrances de bourgeois et de paysans, mots que Charles de Bourgogne appliquera sans scrupule aux amis que nous venons de quitter? Il n'est que trop aisé de répondre à la question. Une guerre aura lieu, fatale aux intérêts de tous, excepté à ceux de Louis de France ; et la lutte sera terrible entre la chevalerie bourguignonne et ces hommes de fer, ces enfants des montagnes, qui ont plus d'une fois fait mordre la poussière à tant de nobles d'Autriche.

— Je suis, mon père, » répliqua Arthur, « si convaincu de la vérité de ce que vous dites, que cette journée même, je le crois, ne se passera pas sans que la trêve ne soit rompue. J'ai mis ma cotte de mailles sous mon habit, au cas où nous rencontrerions mauvaise compagnie entre Graffs-lust et Brisach ; et je serais heureux si vous vouliez prendre la même précaution. Cela ne retardera pas notre marche ; et je vous avoue que, moi du moins, je voyagerais plus tranquille si vous l'aviez fait.

— Je vous comprends, mon fils, » répliqua Philipson, « mais je suis voyageur paisible sur les terres du duc de Bourgogne, et je n'admets pas aisément qu'à l'ombre de sa bannière, je doive me garder contre les bandits comme dans les déserts de la Palestine. Quant à l'autorité de ses officiers, et à l'étendue de leurs exactions, je n'ai pas besoin de vous dire que, dans les conditions où nous sommes, ce sont choses à subir sans chagrin et sans murmure. »

Laissant les deux voyageurs suivre comme bon leur semble la route de Brisach, je dois transporter mes lecteurs à la porte orientale de cette petite ville : située sur une éminence, elle commande au loin la vue de tous les côtés, et spécialement de celui de Bâle. Brisach, à proprement parler, ne faisait pas partie des États du duc de Bourgogne, mais avait été mis en ses mains comme gage ou garantie d'une dette considérable, contractée envers Charles par l'empereur Sigismond d'Autriche, auquel appartenait la seigneurie de la place. La ville était si bien située pour gêner le commerce des Suisses et pour infliger à cette nation, haïe et méprisée du duc de Bourgogne, toutes sortes de témoignages de sa malveillance, qu'une opinion s'était fortement établie : le duc, sans raison aucune ennemi implacable de ces montagnards, ne voudrait jamais entendre parler d'un rachat, quelque équitable et avantageux qu'il pût être, dont le résultat serait de rendre à l'empereur un poste avancé, aussi important que Brisach pour servir les rancunes de Charles.

La position militaire de la petite ville était bonne par elle-même, mais les fortifications qui l'entouraient, suffisantes seulement pour repousser une attaque soudaine, n'étaient pas en état de résister longtemps à un siège régulier. Les rayons du matin avaient éclairé depuis plus d'une heure la flèche de l'église, lorsqu'un homme grand, maigre et âgé, drapé dans une robe du matin, approchait de la barbacane de la porte orientale; sur son vêtement, était bouclée une large ceinture, supportant à gauche une épée, à droite un poignard. A son bonnet était une plume; cet objet, ou parfois encore une queue de renard, était, dans toute l'Allemagne, l'indication du gentilhomme; emblème auquel attachaient le plus haut prix ceux qui avaient le droit de le porter.

Le petit poste de soldats qui avait été de garde durant la nuit, et qui avait fourni les sentinelles, prit les armes à la vue de ce personnage, s'apprêtant à recevoir avec les honneurs militaires un officier d'importance. Le visage d'Archibald de Hagenbach (car c'était le gouverneur) exprimait cette disposition sombre et maussade qui caractérise les heures matinales d'un débauché mal portant. Sa tête était agitée, son pouls fiévreux, sa joue pâle, symptômes d'une nuit passée, comme d'habitude, au milieu des flacons de vin et de liqueur. A en juger par la promptitude avec laquelle ses soldats s'étaient mis en rang, et par le respect craintif et le silence régnant parmi eux, on voyait qu'en des occasions pareilles, ils prévoyaient et redoutaient sa mauvaise humeur. Il jeta sur eux le regard scrutateur et mécontent d'un homme qui cherche sur qui décharger sa bile. Puis il demanda « ce maudit chien de Kilian. »

Kilian s'avança sur-le-champ; c'était un homme d'armes robuste, aux traits durs, Bavarois de naissance, et de fonction, écuyer du gouverneur.

« Quelles nouvelles des bouviers de Suisse, Kilian? » demanda Archibald de Hagenbach. « Avec leurs habitudes de paysans, ils devraient être en route depuis deux heures. Est-ce que les rustres voudraient singer les gentilshommes, et rester à la bouteille jusqu'au chant du coq?

— Par ma foi, cela se pourrait, » répondit Kilian; « les bourgeois de Bâle leur ont fourni tous les moyens de faire une orgie.

— Qu'est-ce à dire, Kilian? Auraient-ils osé donner l'hospitalité à ce troupeau de manants suisses, après l'ordre à eux envoyé de faire le contraire?

— Oh! non, » répliqua l'écuyer; « les Bâlois ne les ont pas reçus dans la ville; mais je sais, par des espions sûrs, qu'ils leur ont procuré à Graffs-lust des quartiers bien garnis de charcuterie et de pâtés, sans parler des flacons de vin du Rhin, des barils de bière, et des bouteilles de liqueurs.

— Les Bâlois en répondront, Kilian, » dit le gouverneur ; « pensent-ils que je me mettrai toujours en travers du bon plaisir du duc à leur égard ? Ces gros porcs sont trop rassurés depuis que nous avons accepté d'eux quelques misérables cadeaux, plutôt par bonté pour eux que pour l'avantage à en tirer. N'est-ce pas le vin venu de Bâle que nous avons été obligés de boire si vite, de peur qu'il ne fût aigre le lendemain matin ?

— Il a fallu le boire sans désemparer, » dit Kilian, « et dans des verres gigantesques, s'il m'en souvient bien.

— Sois tranquille, » dit le gouverneur ; « ces animaux de Bâle apprendront que je ne me tiens pas pour obligé par des cadeaux comme ceux-là, et que le souvenir des vins que je bois ne dure pas plus longtemps que le mal de tête que me donnent, pour m'occuper le lendemain matin, les drogues qu'ils mêlent dedans.

— Votre Excellence alors, » répliqua l'écuyer, « fera de cela une querelle entre le duc de Bourgogne et la ville de Bâle, qui a indirectement prêté secours et bien-être à la députation suisse ?

— Oui, vraiment, je le ferai, » dit de Hagenbach, « à moins qu'il n'y ait parmi eux des gens sages qui me fournissent de bonnes raisons pour les protéger. Oh ! les Bâlois ne connaissent pas notre noble duc, ni sa façon de récompenser les citoyens d'une ville libre qui veulent se monter le sang. Tu peux leur dire, Kilian, aussi bien que n'importe qui, comment il a traité les manants de Liège, lorsqu'ils ont voulu faire les importants.

— Je les en instruirai, » dit Kilian, « lorsque l'occasion s'en présentera ; et je crois les trouver d'humeur à cultiver votre honorable amitié.

— A leur aise ; quant à moi, cela m'est fort indifférent, Kilian, » continua le gouverneur ; « il me semble, cependant, que des gorges complètes et en bon état valent la peine d'être achetées un certain prix, ne fût-ce que pour avaler des boudins noirs et de la bière brune, sans parler des jambons de la Westphalie et de Nierenstein. Une gorge coupée, Kilian, ne sert plus à rien.

— Je ferai comprendre à ces gros bourgeois le danger qu'ils courent, et ce que demande leur intérêt, » répondit Kilian. « Je sais comment manier la balle pour qu'elle tombe au giron de Votre Excellence.

— Fort bien, » dit le seigneur Archibald ; « mais comment se fait-il que tu aies si peu de choses à me raconter de ces confédérés suisses ? J'aurais cru qu'un vieux troupier comme toi les aurait fait jouer des ailes au milieu de la bonne chère dont tu me parles.

— Autant aurait valu agacer, de mon doigt nu, un hérisson en colère, » dit Kilian. « J'ai surveillé Graffs-lust moi-même ; il y avait des sentinelles sur les murs du château, une sentinelle à l'entrée du pont, sans compter une patrouille en règle et sur ses gardes. Il n'y avait donc rien à faire ; sans quoi, sachant la vieille querelle de Votre Excellence, je leur aurais servi quelque chose, sans qu'ils sussent seulement d'où cela venait. Sérieusement, je dois vous dire que ces rustres commencent à s'y connaître mieux dans l'art de la guerre que le meilleur des chevaliers.

— Ils n'en seront que plus dignes d'attention quand ils arriveront, » dit de Hagenbach ; « ils viennent probablement en grande tenue, avec tous leurs beaux habits, les chaînes d'argent de leurs femmes, leurs médailles de bourgeois, et leurs bagues de plomb et de cuivre. Maudits serfs! ils ne valent pas la peine qu'un homme d'un sang noble les débarrasse de leur friperie!

— Il y a avec eux meilleure marchandise que cela, si mes renseignements ne m'ont pas trompé, » répliqua Kilian ; « il y a des marchands...

— Fi! les bêtes de somme de Berne et de Soleure, avec leurs chiffons de rebut, » dit le gouverneur ; « des draps trop grossiers pour servir de couvertures à des chevaux ayant un peu de race, et des toiles plutôt faites de crin que de chanvre. Je les leur prendrai cependant, ne fût-ce que pour les vexer. Quoi! non contents de vouloir être traités comme un peuple indépendant, et d'envoyer, par ma foi! des députés et des ambassades, ils s'attendent, paraît-il, à couvrir de leur immunité d'ambassadeurs l'introduction d'une cargaison de contrebande, à insulter le noble duc de Bourgogne, et à le frustrer de ses droits? De Hagenbach n'est ni chevalier ni gentilhomme s'il les laisse passer sans rien dire.

— Ils valent la peine d'être arrêtés, » dit Kilian, « plus que Votre Excellence ne le suppose ; car ils ont avec eux, sous leur protection, des marchands anglais.

— Des marchands anglais! » s'écria de Hagenbach, les yeux étincelants de joie ; « des marchands anglais, Kilian! On parle du pays de Cathay et des Indes, où il y a des mines d'argent, d'or, et de diamants; mais, foi de gentilhomme! je crois que ces brutes d'insulaires engouffrent tous les trésors du monde dans leur pays de brouillard! Des marchandises si variées! si riches! Y a-t-il, Kilian, une longue suite de mulets, un joli bruit de sonnettes? Par le gant de Notre-Dame! j'en ai déjà le son dans les oreilles, plus musical que les harpes de tous les minnesingers d'Heilbron!

— Pas tant que cela, Monseigneur, » répliqua l'écuyer; « deux hommes seulement, à ce qu'on m'a dit, avec à peine assez de bagages pour le chargement d'une mule; mais cela aurait, assure-t-on, une valeur immense : soie et satins, dentelles et fourrures, perles et joaillerie, parfums d'Orient et filigrane d'or de Venise.

— Pas un mot de plus! ce sont les délices du paradis! » s'écria le rapace chevalier de Hagenbach; « elles sont à nous, Kilian! Ce sont les deux hommes dont, depuis un mois, je rêve deux fois par semaine; oui, deux hommes de moyenne taille, ou un peu au-dessous; avec des figures sans barbe, rondes, blanches et honnêtes, les estomacs pleins comme des perdrix, et les bourses aussi pleines que leurs estomacs. Hein! que dis-tu de mon rêve, Kilian?

— Que pour être tout à fait vrai, » répondit l'écuyer, « il faudrait y mentionner la présence d'une vingtaine, à peu près, des jeunes géants les plus vigoureux qui aient jamais gravi des rochers, ou fait siffler après le chamois le carreau d'une arbalète; une belle provision de massues, de hallebardes et de pertuisanes, capable de fendre les boucliers comme des gâteaux d'avoine, et de faire sonner les casques comme des cloches d'église

— Tant mieux, coquin, tant mieux, » s'écria le gouverneur, se frottant les mains. « Colporteurs anglais à piller! Taureaux de Suisse à dompter! Je sais bien que, de ces animaux, nous ne tirerons rien que leur poil; il est heureux qu'ils mènent avec eux ces deux moutons d'Angleterre. Tenons prêtes nos lances pour la chasse au sanglier, et aiguisons nos ciseaux pour notre métier de tondeurs. Lieutenant Schonfeldt! »

Un officier se présenta.

« Combien d'hommes avons-nous?

— Environ soixante, » répondit l'officier. « Vingt au dehors, de différents côtés, et, au quartier, quarante ou cinquante.

— Tout le monde sous les armes à la minute. Pas avec la trompette ou avec le bugle, entendez-vous, mais par avertissement individuel de prendre les armes sans bruit, et de se réunir ici à la porte de l'est. Dites aux drôles qu'il y a du butin à gagner, et qu'ils en auront leur part.

— En ces conditions, » dit Schonfeldt, « ils marcheraient sur une toile d'araignée sans déranger l'insecte qui l'a faite. Je les réunirai sans perdre un instant.

— Je te le répète, Kilian, » reprit le commandant, d'un air de triomphe, parlant de nouveau à part à son confident, « rien ne pourrait arriver plus à point qu'une pareille affaire. Le duc Charles désire faire outrage aux Suisses; il ne se soucie pas d'agir contre eux par des ordres directement venus de lui, et d'une façon qu'on appellerait violation du droit public envers une ambassade de paix; mais le brave gentilhomme qui saura épargner à son prince le scandale d'une pareille affaire, et dont les actes seront qualifiés de méprise ou de malentendu, sera considéré, je le garantis, comme ayant rendu un loyal service. Peut-être qu'un regard de travers lui sera lancé en public, mais, en particulier, le duc saura le cas qu'il doit en faire. Pourquoi rester là sans rien dire, et que signifie ce visage aussi déconcerté que laid? Tu n'as pas peur d'une vingtaine de gars de la Suisse, moi à la tête de lances comme les nôtres?

— Les Suisses, » répondit Kilian, « donneront et recevront de bons coups; je n'en ai pas peur; mais je ne voudrais pas nous fier trop au duc Charles. Qu'il sera, au premier moment, satisfait de voir outrager les Suisses, c'est assez probable; mais si, comme Votre Excellence le donne à penser, il trouve à sa convenance, après cela, de désavouer le fait, il est prince à donner bonne couleur à son désaveu en pendant ceux qui ont agi.

— Fi donc! » dit le commandant; « je connais mon terrain. Un pareil tour pourrait être joué par Louis de France, mais il est étranger au caractère brusque de notre duc de Bourgogne. Quelle diable de figure as-tu encore, à sourire comme un singe devant un marron rôti, qu'il croit trop chaud pour ses doigts?

— Votre Excellence s'y connaît en sagesse autant que dans l'art de la guerre, » dit l'écuyer, « et ce n'est pas à moi à discuter votre bon plaisir. Mais cette ambassade, ces marchands anglais... Si Charles se met en guerre contre Louis, comme le bruit en va courant, ce qu'il pourrait désirer avant tout, ce serait la neutralité de la Suisse, et l'assistance de l'Angleterre, dont le roi est en train de traverser la mer avec une grande armée. Or donc vous, le seigneur Archibald de Hagenbach, vous pourriez bien faire, dans le cours de la matinée, une chose qui mettra en armes contre Charles les cantons confédérés, et qui changera les Anglais d'alliés en ennemis.

— Que m'importe! » dit le commandant; « je connais l'humeur du duc; et si lui, le maître de tant de provinces, il veut les risquer dans une aventure inconsidérée, qu'est-ce que cela fait à Archibald de Hagenbach, qui n'a pas un pied de terre à perdre dans la querelle?

— Vous avez votre vie, Monseigneur, » dit l'écuyer.

« Ma vie ! » répliqua le chevalier ; « droit mesquin que celui d'exister ! Tous les jours de ma vie, j'ai été prêt à jouer ce droit-là pour des dollars, et même pour des kreutzers. Crois-tu que j'hésiterais à les risquer pour de grosses pièces, des joyaux d'Orient, et de l'orfèvrerie de Venise ? Non, Kilian ; il faut que ces Anglais soient débarrassés de leurs ballots, pour qu'Archibald de Hagenbach boive un vin moins léger que celui de la Moselle, et porte un pourpoint de brocart au lieu d'un velours râpé. Il n'est pas moins nécessaire que Kilian ait une jaquette neuve convenable, avec une bourse de ducats résonnant à sa ceinture.

— Par ma foi, » dit Kilian, « ce dernier argument désarme tous mes scrupules, et j'abandonne la partie, car il ne me convient pas de discuter avec Votre Excellence.

— A l'œuvre donc, » dit le chef. « Mais, un instant ; il faut d'abord mettre l'Église dans nos intérêts. Le prêtre de Saint-Paul a été désagréable, dans ces derniers temps, et a fait de nous, en chaire, une peinture étrange, comme si nous ne valions guère mieux que des pillards et des voleurs de bas étage. Il a même eu l'insolence, en une forme singulière, de m'adresser, par deux fois, des admonitions : c'est le mot qu'il emploie. Il serait bon de casser la tête chauve de ce mâtin-là ; mais comme le duc, probablement, le prendrait mal, le plus sage est de lui jeter un os.

— Ce pourrait être un ennemi dangereux, » dit l'écuyer d'un ton inquiet ; « son pouvoir est grand parmi le peuple.

— Bah ! » répliqua Hagenbach, « je sais comment désarmer l'homme à la tonsure. Envoie-le trouver, et fais-lui dire de venir me parler. Mais, en attendant, mets toutes nos forces sous les armes ; que la barbacane et la barrière soient garnies d'archers; loge des hommes armés de lances à droite et à gauche de la porte d'entrée ; et qu'on barre la rue avec des charrettes, bien enchevêtrées l'une dans l'autre, mais placées là comme par accident ; mets une troupe de gaillards déterminés dans ces charrettes, et derrière. Aussitôt que les marchands et leurs mules entreront (c'est là le point principal), en bas le pont-levis, en haut la herse ; envoyer une volée de flèches à ceux qui sont dehors s'ils essayent la moindre chose ; désarmer et faire prisonniers ceux qui sont dedans, pris entre la barricade devant eux et les embuscades derrière et à côté. Et alors, Kilian...

— Alors, » dit l'écuyer, « comme de bonnes compagnies franches, nous plongerons nos doigts dans la marchandise des Anglais.

— Et comme de joyeux chasseurs, » répliqua le chevalier, « nous nous enfoncerons jusqu'au coude dans le sang des Suisses.

— La bête tiendra les abois, » répondit Kilian. « Ils ont à leur tête ce Donnerhugel dont nous avons entendu parler, et qu'on a surnommé le Jeune Ours de Berne. Ils feront tête.

— Tant mieux, tant mieux ! voudrais-tu tuer des moutons plutôt que chasser au loup? D'ailleurs, nos plans sont faits, et toute la garnison sera sous les armes. Honte à toi, Kilian ! tu n'étais pas accoutumé à tant de scrupules.

— Je n'en ai guère encore, » dit Kilian. « Mais les hallebardes suisses, et leurs épées à deux mains de quatre pouces de large, ne sont pas des jeux d'enfants. Et puis, si vous appelez pour l'attaque toute la garnison, à qui Votre Excellence confiera-t-elle la défense des autres portes et la garde des murs?

— Ferme les portes, mets les verrous et les chaînes, » répliqua le gouverneur, « et apporte-moi les clefs. Pas un ne quittera la place que cette affaire ne soit finie. Fais prendre les armes, pour garder les murs, à une vingtaine de citoyens ; veille à ce qu'ils s'acquittent convenablement de leur devoir, ou je les frappe d'une amende qu'ils acquitteront sans broncher.

— Ils vont grommeler, » dit Kilian. « Ils disent que, n'étant pas les sujets du duc, quoique la place soit donnée en gage à Sa Grâce, ils ne sont pas obligés au service militaire.

— Ils mentent, les maudits coquins ! » répondit de Hagenbach. « Si je ne les ai guère employés jusqu'à présent, c'est parce que je méprise leur concours ; et je ne m'en servirais pas aujourd'hui s'il s'agissait d'autre chose que de faire sentinelle, et de regarder devant soi. Qu'ils obéissent s'ils tiennent à leurs biens, à leurs personnes et à leurs familles. »

Une voix grave, derrière eux, répéta les paroles énergiques de l'Écriture : « J'ai vu le méchant fleurir dans sa puissance ainsi qu'un laurier ; je suis revenu, et il n'était plus ; je l'ai cherché, mais on ne le trouvait plus. »

Archibald de Hagenbach se retourna d'un front sévère, et rencontra les regards sombres et sinistres du prêtre de Saint-Paul, vêtu des habits de son ordre.

« Père, » dit le gouverneur, « nous sommes occupés ; nous écouterons votre sermon une autre fois.

— Je viens sur votre appel, Monsieur le gouverneur, » dit le prêtre ; « sans quoi je ne me serais pas introduit là où je savais que mes sermons, puisqu'il vous plaît d'employer ce mot, ne feraient aucun bien.

— Mille pardons, révérend père, » dit de Hagenbach. « Il est très vrai que je vous ai envoyé quérir pour solliciter vos prières et votre gracieuse intercession auprès de Notre-Dame et de saint Paul, en vue de quelques affaires qui, probablement, arriveront ce matin, et où je prévois, comme dit le Lombard, *roba di guadagno,* c'est-à-dire bien du profit.

— Seigneur Archibald, » répondit le prêtre avec calme, « j'espère et je crois que vous n'oubliez pas ce que sont les saints au point de demander leur bénédiction pour des exploits tels que ceux où vous vous êtes engagé trop souvent depuis votre arrivée parmi nous, arrivée qui fut une marque de la colère divine. Laissez-moi vous dire, tout humble que je suis, que la bienséance vous défendait de demander à un serviteur de l'autel des prières pour le succès du pillage et du vol.

— Père, je vous comprends, » dit le rapace gouverneur, « et je vais vous le prouver. Aussi longtemps que vous êtes le sujet du duc, il est de votre office de faire des prières pour son succès en toutes choses conduites honorablement. Vous le reconnaissez par un mouvement bienveillant de votre tête vénérable. Je serai donc aussi raisonnable que vous. Lorsque, pour une chose sortant un peu de la route ordinaire, et, si vous le voulez, de nature contestable, nous désirons l'intercession des saints, et celle du pieux personnage qui sait les prier, avons-nous le droit de demander à vous ou à eux cette peine et cet embarras sans une juste compensation ? Non, assurément. Je fais donc ce vœu et cette promesse solennelle : si j'ai bonne chance dans l'aventure de ce matin, saint Paul aura une nappe d'autel et un vase d'argent, grand ou petit, selon que mon butin le permettra ; Notre-Dame une pièce de satin pour un habillement complet, avec un collier de perles pour les jours de fête ; et vous, prêtre, une vingtaine de grosses pièces d'or anglais pour avoir servi d'intermédiaire entre nous et les saints apôtres, avec lesquels nos personnes profanes se reconnaissent indignes de négocier directement. Maintenant, seigneur prêtre, nous comprenons-nous, car je n'ai pas de temps à perdre ? Je sais que vous avez sur moi des pensées fâcheuses, mais vous voyez que le diable n'est pas tout à fait aussi horrible qu'on le peint.

— Nous comprenons-nous ? » dit le prêtre noir de Saint-Paul, répétant la question du gouverneur. « Hélas, non ! et je crains que nous n'y arrivions jamais. Connaissez-vous les paroles adressées par le saint ermite, Berchtold d'Offringen, à l'implacable reine Agnès, après qu'elle eut vengé d'une façon si terrible l'assassinat de son père, l'empereur Albert ?

— Non, » répondit le chevalier ; « je n'ai étudié ni les chroniques des empereurs, ni les légendes des ermites ; or donc, seigneur prêtre, si ma proposition ne vous plaît pas, n'en parlons point davantage. Je n'ai coutume ni de presser les gens pour qu'ils acceptent mes faveurs, ni de discuter avec les prêtres qui veulent des supplications lorsqu'on leur fait des présents.

— Écoutez pourtant les paroles de ce saint homme, » dit le prêtre. « Le temps peut venir, et bientôt, où vous seriez heureux d'entendre ce que vous rejetez avec mépris.

— Parlez, mais soyez bref, » dit Archibald de Hagenbach ; « et sachez, quoique vous puissiez terrifier la multitude ou la cajoler, que vous parlez à un homme dont la résolution est prise, et ne fondra pas au gré de votre éloquence.

— Sachez donc, » dit le prêtre de Saint-Paul, « qu'Agnès, fille d'Albert l'assassiné, après avoir versé des flots de sang pour venger cette mort sanglante, finit par fonder la riche abbaye de Königsfeldt, et pour donner à ce lieu un plus haut renom de sainteté, fit en personne un pèlerinage à la cellule du saint ermite, et le pria d'honorer l'abbaye en y établissant sa résidence. Quelle fut la réponse ? Écoutez-la, et tremblez. « Hors d'ici, femme barbare ! » dit le saint homme ; « Dieu ne veut pas être servi avec les produits du crime, et rejette les présents obtenus par la violence et le brigandage. Le Tout-puissant aime la pitié, la justice et l'humanité, et ce n'est que par ceux qui les aiment qu'il veut être adoré. » Maintenant donc, Archibald de Hagenbach, une fois, deux fois, trois fois, tu es averti. Vis comme un homme dont la sentence est pro- noncée, et qui en attend l'exécution. »

Ayant dit ces mots d'un ton menaçant et d'un air sé- vère, le prê- tre de Saint- Paul s'éloi- gna du gou- verneur. Le premier mou- vement de ce- lui-ci aurait été de le faire arrêter ; mais songeant aux conséquences sérieuses at- tachées à l'acte de porter sur un prêtre une main violente, il le laissa partir en paix ; il comprit que son impopularité pourrait faire d'une tentative de vengeance un acte fort téméraire. Il demanda donc un verre de Bour- gogne, dans lequel il engloutit son mécontentement. Il venait à peine de rendre à Kilian le récipient, vidé jusqu'au fond, lorsque, du haut de la tour de garde, se fit entendre un son de corne, annonçant que des étrangers arrivaient à la porte de la ville.

CHAPITRE XIV.

Je n'accepterai pas ce traitement affreux
Que nous ne nous soyons mesurés tous les deux.
SHAKSPEARE. *La Tempête*, acte 1ᵉʳ, scène 2.

« LE cor a sonné bien faiblement, » dit de Hagenbach, montant aux remparts pour voir ce qui se passait hors de la porte ; « qui est-ce qui approche, Kilian ? »

Le fidèle écuyer accourait lui apporter les nouvelles.

« Deux hommes avec une mule, si c'est le bon plaisir de Votre Excellence ; et ce sont, je crois, des marchands.

— Des marchands ! Par la sambleu, coquin ! tu veux dire des colporteurs. A-t-on jamais ouï parler de marchands anglais cheminant à pied, sans plus de bagage que n'en peut porter une mule ? Ce sont des mendiants, des bohémiens, ou de ceux auxquels, en France, on donne le nom d'Écossais. Maudits drôles ! je ferai payer à leurs épaules la pauvreté de leurs bourses.

— Ne vous hâtez pas trop, s'il plaît à Votre Excellence, » répondit l'écuyer ; « petits sacs, riches trésors. Riches ou pauvres, ce sont nos hommes ; tout l'indique, du moins ; le plus vieux, bien proportionné, brun de visage, la barbe un peu grisonnante, a de cinquante à cinquante-cinq ans ; le plus jeune a quelques vingt-deux ans, plus grand que le premier, garçon de bonne mine, menton lisse, et moustaches brun clair.

— Qu'on les laisse entrer, » dit le gouverneur, faisant volte-face pour redescendre, « et mène-les dans la salle du péage. »

Parlant ainsi, il se rendit au lieu indiqué. C'était l'une des pièces de la grande tour que protégeait la porte de l'Est ; là était déposé le chevalet, avec plusieurs autres instruments de torture, appliqués d'habitude par le gouverneur cruel et rapace aux prisonniers de qui il voulait tirer du butin ou des renseignements. La pièce était mal éclairée ; elle était couverte d'un haut toit gothique que l'on ne voyait qu'imparfaitement ; les nœuds coulants et les cordes qui en pendaient s'harmonisaient d'une façon effrayante avec les divers instruments de fer rouillé attachés le long des murs, ou épars sur le sol. Ce fut là qu'entra le gouverneur.

Un pâle filet de lumière à travers l'une des meurtrières étroites et nombreuses dont les murs étaient garnis, tombait directement sur un grand homme au teint basané, assis dans un endroit qui, sans cette illumination partielle, aurait été l'un des coins obscurs de cette salle de mauvais augure. Ses traits étaient réguliers, et même beaux, mais d'un caractère sévère et sinistre. Le vêtement de ce personnage était un manteau d'écarlate ; sa tête était nue, entourée de cheveux rudes et noirs, grisonnants à quelques endroits. Il s'occupait activement à fourbir et à brunir une large épée à deux mains, d'une forme particulière, et beaucoup plus courte que les armes dont il a été parlé en décrivant celles des Suisses. Il était si absorbé dans sa besogne, que le bruit de la porte le fit tressaillir, et l'épée, lui échappant des mains, roula sur le sol de pierre avec un cliquetis formidable.

« Ha ! Scharfrichter[*], » dit le chevalier, comme il entrait dans la chambre de la torture, « tu te prépares à faire ton devoir?

— Il conviendrait mal au serviteur de Votre Excellence d'être paresseux, » répondit l'homme d'une voix rude et creuse. « Le prisonnier n'est pas loin, comme j'en puis juger par la chute de mon épée, annonce infaillible de la présence de celui qui doit en sentir le tranchant.

---

[*] Le juge tranchant, le juge du tranchant de l'épée.

— Les prisonniers sont proches, Francis, » répliqua le gouverneur ; « mais, pour cette fois, ton présage t'a trompé. Ce sont des drôles pour lesquels une bonne corde suffira; ton épée ne boit que de noble sang.

— Tant pis pour Francis Cœur-de-fer, » répliqua le fonctionnaire écarlate ; « je croyais que Votre Excellence, qui a toujours été un patron généreux, m'allait faire noble aujourd'hui.

— Noble! » dit le gouverneur; « tu es fou. Noble? toi! le bourreau public ?

— Pourquoi pas, seigneur Archibald de Hagenbach ? Je pense que le nom de Francis Cœur-de-fer de la Main-Sanglante, bien et légalement gagné, conviendra à la noblesse autant qu'un autre. Ne me regardez pas d'un air étonné. Si un homme de ma profession a rempli son office redoutable à l'égard de neuf personnes de naissance noble, avec la même arme, d'un seul coup pour chaque patient, n'a-t-il pas droit à l'exemption des taxes, et à une patente de noblesse?

— Ainsi le dit la loi, » répliqua Archibald, après un instant de réflexion ; « mais par dérision plutôt qu'autrement ; car nul jamais, que je sache, n'en a réclamé le bénéfice.

— Ce n'en sera que plus honorable pour celui, » répondit le fonctionnaire, « qui sera le premier à revendiquer les honneurs dus à une bonne épée et à un coup bien frappé. Moi, Francis Cœur-de-fer, je serai le premier noble de ma profession, lorsque j'aurai, une fois de plus, dépêché un chevalier de l'Empire.

— Tu as toujours été à mon service, n'est-ce pas ? » demanda de Hagenbach.

« Sous quel autre maître, » répliqua le bourreau, « aurais-je pu avoir tant d'occupation ? J'ai exécuté vos décrets sur les pécheurs condamnés depuis que j'ai pu remuer un fouet, lever une pince, ou manier cette arme fidèle ; et qui peut dire que jamais j'aie manqué mon premier coup et dû en frapper un second? Tristram de l'Hospital et ses fameux aides, Petit-André et Trois-Eschelles, sont des novices, auprès de moi, dans l'usage de la noble épée des chevaliers. Je serais honteux, vraiment, de leur ressembler dans le maniement des cordes et des poignards, actes indignes d'un chrétien qui veut s'élever aux honneurs et à la noblesse.

— Tu es fort adroit, je n'en disconviens pas, » répliqua de Hagenbach. « Mais à une époque où le sang noble devient rare dans le pays, et où d'orgueilleux manants font mine de se mettre au-dessus des chevaliers et des barons, je n'ai pas pu, j'en suis sûr, en faire verser autant que tu le dis.

— Je vais compter les patients à Votre Excellence avec leurs noms et leurs titres, » dit Francis, tirant un rouleau de parchemin, et le lisant avec commentaire. « Il y a eu le comte Guillaume d'Elvershoe ; ce fut mon coup d'essai ; un charmant jeune homme, mort en bon chrétien.

— Je m'en souviens ; très beau jeune homme, en effet, qui faisait la cour à ma maîtresse, » dit le seigneur Archibald.

« Il mourut le jour de la Saint-Jude, en l'an de grâce 1455, » dit le bourreau.

« Continue, mais pas de dates, » dit le gouverneur.

« Le seigneur Miles de Stockenborg.

— Il me prenait mon bétail, » observa Son Excellence.

« Le seigneur Louis de Riesenfeldt, » continua le bourreau.

« C'était l'amant de ma femme, » dit en passant le gouverneur.

« Les trois jeunes seigneurs de Lammerbourg ; vous ôtâtes au comte, leur père, tous ses enfants en un jour.

— Et lui, il m'ôta mes terres, » dit le seigneur Archibald ; « c'est compte réglé ; nous sommes quittes. Tu n'as pas besoin, » ajouta-t-il, « de m'en dire plus long. J'accepte ton mémoire, bien qu'il soit écrit en lettres un peu rouges. J'avais compté ces trois jeunes gens comme une seule exécution.

— C'était me faire tort, » dit Francis ; « ils m'ont coûté trois coups distincts de ma bonne épée.

— Accordé, » dit Hagenbach, « et Dieu veuille avoir leurs âmes. Mais il faut, Scharfrichter, que ton ambition sommeille pour un temps ; car ce qui vient ici aujourd'hui n'est fait que pour le cachot et pour la corde, ou peut-être un peu de chevalet ou d'estrapade. Il n'y a pas d'honneur à conquérir avec eux.

— C'est fâcheux pour moi, » dit le bourreau. « J'avais si bien rêvé que Votre Honneur m'avait fait noble ! Et la chute de mon épée, que veut-elle dire, alors ?

— Prends un bol de vin, et oublie tes présages.
— Avec la permission de Votre Honneur, non, » dit le bourreau ; « boire avant midi serait mettre en danger la sûreté de ma main.

— Tais-toi, et songe à tes devoirs, » répondit de Hagenbach. Francis releva son épée, en essuya respec-

tueusement la poussière, et se retira dans un coin de la chambre, où il resta les mains appuyées sur le pommeau de l'arme fatale.

Presque aussitôt, Kilian entra à la tête de cinq ou six soldats, conduisant les deux Philipson, dont les bras étaient liés avec des cordes.

« Un siège, » dit le gouverneur ; et il prit place gravement devant une table, munie de ce qu'il faut pour écrire. « Qui sont ces hommes, Kilian, et pourquoi sont-ils attachés ?

— Sauf le plaisir de Votre Excellence, » dit Kilian, avec un profond respect, tout différent du ton presque familier qu'il employait avec son maître dans leurs conversations particulières, « nous avons jugé bon que ces deux étrangers ne comparussent pas armés en votre gracieuse présence ; et quand nous les avons requis de nous remettre leurs armes à la porte, ainsi que c'est la coutume de la garnison, ce jeune homme a opposé de la résistance. Je reconnais qu'il a remis son arme sur l'ordre de son père.

— C'est faux ! » s'écria le jeune Philipson ; mais son père lui faisant signe de se taire, il obéit à l'instant.

« Noble seigneur, » dit le plus âgé des Philipson, « nous sommes étrangers, et ne connaissons pas les règles de cette citadelle ; nous sommes Anglais, et nous n'avons pas l'habitude de nous laisser maltraiter. Vous nous excuserez, je pense, en apprenant que, sans explication aucune, je ne sais quelles personnes se sont rudement emparées de nous. Jeune et irréfléchi, mon fils commençait à tirer l'épée, mais s'est arrêté sur mon ordre, n'ayant pas dégainé, et encore moins frappé. Quant à moi, je suis marchand, accoutumé à me soumettre aux lois et aux usages des pays où je trafique ; je suis sur les territoires du duc de Bourgogne, et je sais que ses lois et ses coutumes doivent être justes et équitables. Il est le puissant et fidèle allié de l'Angleterre, et je ne crains rien pendant que je suis sous sa bannière.

— Hem ! hem ! » répliqua de Hagenbach, un peu déconcerté par le sang-froid de l'Anglais, et songeant peut-être que Charles de Bourgogne (à moins que ses passions ne fussent éveillées comme à l'égard des Suisses), méritait la réputation d'être juste quoique sévère. « De belles paroles font bien, mais ne réparent pas des actions mauvaises. Vous avez fait rébellion en tirant l'épée, et vous vous êtes opposés aux soldats du duc, exécutant leur consigne.

— C'est l'interprétation sévère d'une action fort naturelle, » répondit Philipson ; « mais, pour tout dire en un mot, le simple fait de tirer ou d'essayer de tirer l'épée dans une ville de garnison, n'est punissable que d'une amende, et nous la paierons si telle est votre volonté.

— Stupide mouton ! » dit Kilian au bourreau, près duquel il s'était placé un peu à distance du groupe principal ; « stupide mouton qui, volontairement, offre sa toison aux ciseaux.

— Cela ne saurait guère, seigneur écuyer, servir de rançon à sa gorge, » répondit Francis Cœur-de-fer ; « car, voyez-vous, j'ai rêvé cette nuit que notre maître me faisait noble, et j'ai appris, par la chute de mon épée, que cet homme est celui par lequel je dois monter à la noblesse. Il faut absolument qu'aujourd'hui même il ait affaire à ma grande épée.

— Sot ambitieux, » dit l'écuyer ; « ce n'est pas un noble, mais un colporteur ; c'est, tout simplement, un citoyen d'Angleterre.

— Tu te trompes, » dit le bourreau, « et tu n'as jamais regardé les hommes quand ils vont mourir.

— Moi ? » dit l'écuyer. « N'ai-je pas assisté à cinq batailles rangées, sans compter les escarmouches et les embuscades ?

— Cela n'est pas l'épreuve du courage, » dit Scharfrichter. « Tous les hommes se battent lorsqu'ils sont rangés les uns en face des autres. Ainsi fait le dernier des chiens, de même aussi la volaille. Mais celui-là est brave et noble qui sait regarder un échafaud et un billot, un prêtre pour lui donner l'absolution, l'exécuteur, et la bonne épée qui va le faucher dans sa force, comme il regarderait des choses indifférentes ; et tel est l'homme que nous avons ici.

— Oui, » répondit Kilian ; « mais cet homme ne regarde pas de semblables préparatifs ; il ne voit que notre illustre patron, le seigneur Archibald de Hagenbach.

— Celui qui voit le seigneur Archibald, » dit le bourreau, « s'il a du sens et de la prévoyance, comme c'est évident chez celui-ci, n'est-il pas en face de l'exécuteur et de son épée ? Sans nul doute, ce prisonnier a de grosses appréhensions, et son calme, dans une situation pareille, est la preuve d'un sang noble. Je consens, si je me trompe, à ne jamais gagner la noblesse.

— Notre maître arrivera, je suppose, à composition avec lui, » répliqua Kilian ; « il le regarde en souriant.

— Si cela tourne ainsi, ne te fie plus jamais à moi, » dit l'homme écarlate ; « il y a dans l'œil du seigneur Archibald quelque chose qui annonce le sang, comme l'étoile du chien la peste. »

Tandis que ces auxiliaires du seigneur Archibald de Hagenbach conversaient ainsi dans leur coin, leur maître avait engagé les prisonniers dans une longue série de questions captieuses concernant leurs affaires en Suisse, leurs rapports avec le landamman, et la raison pour laquelle ils voyageaient en Bourgogne. A toutes ces interrogations le plus âgé des Philipson fit des réponses nettes et catégoriques, excepté à la dernière. Il allait en Bourgogne, dit-il, pour les intérêts de son commerce ; ses marchandises étaient à la disposition du gouverneur, qui pouvait les détenir toutes, ou telle part qu'il lui conviendrait, à la charge d'en répondre envers son maître. Mais ses affaires avec le duc étaient de nature secrète, et touchaient à certain commerce où d'autres que lui étaient intéressés. Il ne s'en ouvrirait qu'au duc seul ; et il insistait fortement sur ce point qu'au cas de quelque dommage en sa personne ou en celle de son fils, le déplaisir du duc en serait la conséquence inévitable.

De Hagenbach était évidemment fort embarrassé par le ton ferme de son prisonnier, et, plus d'une fois, il tint conseil avec sa bouteille, son oracle infaillible dans les cas de grande difficulté. Philipson avait remis de suite au gouverneur une liste ou inventaire de ses marchandises, de nature si attrayante que le seigneur Archibald en était béant d'admiration. Après quelques instants d'une profonde méditation, il leva la tête, et parla ainsi :

« Vous devez savoir, seigneur marchand, que c'est le bon plaisir du duc qu'aucune marchandise suisse ne traverse son territoire ; et que néanmoins vous avez été, de votre propre aveu, un certain temps dans ce pays-là. Vous avez accompagné aussi une troupe d'hommes qui s'intitulent députés de la Suisse ; je suis donc autorisé à croire que ces objets de haute valeur sont plutôt la propriété de ces personnes que celle d'un individu isolé, d'apparence aussi modeste ; si je demandais une satisfaction pécuniaire, trois cents pièces d'or ne seraient pas une réparation exagérée pour une pratique aussi hardie. Après quoi vous pourrez aller où vous voudrez avec le reste de vos marchandises, à la condition de ne pas les porter en Bourgogne.

— C'est précisément en Bourgogne, et auprès du duc lui-même, qu'il est indispensable que je me rende, » répondit l'Anglais. « Si je n'y vais pas, mon voyage est perdu, et le déplaisir du duc atteindra certainement ceux qui pourraient me molester. Car je dois dire à Votre Excellence que votre gracieux prince est informé de mon voyage, et fera enquête rigoureuse pour savoir où et par qui j'aurais été arrêté en route. »

Derechef, le gouverneur garda le silence, cherchant le moyen de concilier au mieux la satisfaction de sa rapacité et les précautions que sa sécurité demandait. Après réflexion, il adressa de nouveau la parole à son prisonnier.

« Vous êtes très absolu dans ce que vous dites, mon bon ami; mais mes ordres le sont aussi pour exclure toute marchandise venant de la Suisse. Si je faisais arrêt sur votre mule et votre bagage?

— Je ne puis, Monseigneur, résister à votre pouvoir. J'irai, dans ce cas, au pied du trône du duc, faire ma commission.

— Oui, votre commission et la mienne, » répondit le gouverneur; « en d'autres termes, porter plainte au duc contre le gouverneur de Ferrette, de ce que celui-ci exécute trop régulièrement ses ordres?

— Sur la vie et l'honneur, » répondit l'Anglais, « je ne ferai aucune plainte. Laissez-moi mon argent, sans lequel je ne saurais trop comment me rendre à la cour du duc, et je ne m'occuperai pas plus de ces marchandises et de ces objets que le cerf ne s'occupe des bois qu'il a perdus l'année précédente. »

Une fois encore, le gouverneur de Ferrette parut hésitant, et secoua la tête.

« Des gens dans votre situation, » dit-il, « ne peuvent inspirer confiance; et, pour parler franc, il serait déraisonnable d'attendre d'eux la sincérité. Ces objets destinés à être remis au duc en main propre, en quoi consistent-ils?

— C'est un paquet scellé, » répliqua l'Anglais.

« Ce sont, sans doute, des marchandises d'une valeur rare? » continua le gouverneur.

« Je ne puis le dire, » répondit Philipson père. « Je sais que le duc y attache un grand prix, mais Votre Excellence n'ignore point que les grands princes attachent quelquefois un grand prix à des bagatelles.

— Avez-vous cela sur vous? » dit le gouverneur. « Faites attention à votre réponse. Portez les yeux sur ces instruments, capables de faire parler un muet, et songez que j'ai le pouvoir de les employer.

— Et moi le courage d'en supporter l'épreuve la plus rigoureuse, » répondit Philipson, avec la même froideur impénétrable que durant toute la conférence.

« Songez aussi, » dit de Hagenbach, « que je puis faire fouiller votre personne aussi bien que vos malles, vos sacs et vos bourses.

— Je songe que je suis entièrement en votre pouvoir ; et, pour ne pas vous laisser d'excuse si vous employez la force à l'égard d'un voyageur paisible, je vous avouerai, » dit Philipson, « que j'ai le paquet du duc sur ma poitrine et dans mon pourpoint.

— Donnez-le, » répondit le gouverneur.

« J'ai les mains liées, » dit l'Anglais, « moralement et physiquement.

— Arrachez-lui cela, Kilian, » dit le seigneur Archibald ; « voyons le précieux objet dont il parle.

— Si la résistance était possible, » répliqua le vigoureux marchand, « il faudrait d'abord m'arracher le cœur. Je prie tous ceux qui sont présents de remarquer que les cachets sont entiers et intacts au moment où ce paquet m'est pris de force. »

Parlant ainsi, il regardait les soldats, dont de Hagenbach, peut-être, avait oublié la présence.

« Comment, chien ! » dit Archibald, laissant éclater sa colère, « tu veux exciter mes hommes d'armes à la révolte ? Que les soldats attendent dehors, Kilian. »

Disant cela, il mit à la hâte sous son vêtement le petit paquet strictement fermé, que Kilian venait d'enlever au marchand. Les soldats se retirèrent lentement, et en regardant en arrière, comme des enfants emmenés d'un spectacle avant qu'il ne soit fini.

« Nous sommes seuls, maintenant, » reprit de Hagenbach. « Voulez-vous être plus communicatif, et me dire ce que c'est que ce paquet, et d'où il vient ?

— Toute votre garnison serait dans cette chambre, que je ne pourrais vous répondre autrement que tout à l'heure. Le contenu, je ne le connais pas d'une manière précise ; la personne par qui il est envoyé, j'ai résolu de ne pas la nommer.

— Votre fils, » dit le gouverneur, « aura peut-être plus de complaisance.

— Il ne peut vous dire ce qu'il ignore, » répondit le marchand.

« Peut-être le chevalet vous fera-t-il retrouver vos langues ; nous allons en essayer, d'abord, avec le jeune homme ; tu sais, Kilian, que nous avons vu faiblir, à l'aspect des jointures disloquées de leurs enfants, des gens qui auraient soumis avec courage leurs vieux muscles à la torture.

— Faites-en l'essai, » dit Arthur, « et le ciel me donnera la force de le supporter.

— Et à moi, le courage de le voir, » ajouta le père.

Pendant tout ce temps, le gouverneur tournait et retournait le petit paquet dans sa main, en regardant tous les plis avec curiosité, et regrettant sans doute, en secret, que des morceaux de cire et des ligatures de soie, appliqués sur une enveloppe de satin cramoisi, empêchassent ses yeux avides de s'assurer de la nature du trésor qui, il n'en doutait pas, était caché dessous. Il rappela enfin les soldats, et remit les deux prisonniers à leur charge, commandant qu'on les gardât comme il faut, dans des endroits séparés, et que le père, surtout, fût surveillé avec le plus grand soin.

« Je vous prends tous à témoins, » s'écria Philipson père, au mépris des signes menaçants de de Hagenbach, « que le gouverneur m'enlève un paquet adressé à son très gracieux maître et seigneur le duc de Bourgogne. »

De Hagenbach écumait de rage.

« Pourquoi ne l'enlèverais-je pas ? » s'écria-t-il d'une voix étouffée par la colère. « Ne peut-il pas y avoir dans ce paquet suspect, apporté par une personne plus suspecte encore, quelque artifice coupable pour attenter, par le poison ou autrement, à la vie de notre très gracieux souverain ? N'avons-nous pas entendu parler de poisons qui font leur ouvrage par la seule entremise de l'odorat ? Et nous qui, je puis le dire, gardons la porte des possessions de Sa Grâce le duc de Bourgogne, donnerons-nous accès à ce qui peut priver l'Europe de la fleur de sa chevalerie, la Bourgogne de son prince, et la Flandre de son père ? Non ! Emmenez ces mécréants, soldats ; plongez-les dans les cachots les plus profonds ; qu'ils soient séparés l'un de l'autre, et qu'on les garde avec soin. C'est une trahison méditée avec la connivence de Berne et de Soleure ! »

Ainsi extravaguait le seigneur Archibald de Hagenbach, la voix haute et le visage enflammé, semblant s'appliquer à fouetter lui-même sa colère, jusqu'au moment où l'on cessa d'entendre les pas et les armes des soldats se retirant avec leurs prisonniers. Il pâlit alors ; son front se sillonna de rides inquiètes, et sa voix était plus basse et plus hésitante que de coutume, lorsque, se tournant vers son écuyer, il dit : « Kilian, nous sommes sur une planche glissante, avec un torrent furieux au-dessous de nous. Que faire ? »

— Avancer d'un pas résolu, mais prudent, » répondit le rusé Kilian. « Il est fâcheux que tous ces soldats aient vu le paquet, et entendu l'appel de ce négociant aux nerfs de fer. Mais ce malheur est arrrivé, et le paquet ayant été aux mains de Votre Excellence, on croira toujours que vous avez brisé les cachets ; vous aurez beau les laisser aussi entiers qu'à l'heure où on les y a placés, la supposition sera que vous les avez remis adroitement. Voyons ce qu'il y a dedans, avant de décider ce qu'il faut en faire. Cela doit être d'une valeur rare, puisque ce rustre de marchand aurait laissé derrière lui toute la charge de sa mule, pour que ce précieux paquet ne fût pas visité.

— Des papiers sur quelque affaire politique? Beaucoup de choses de ce genre, et d'une haute importance, sont échangées secrètement entre Édouard d'Angleterre et notre duc. » Telle fut la réponse de de Hagenbach.

« Si ce sont des papiers très importants pour le duc, » répondit Kilian, « nous pouvons les envoyer à Dijon. Peut-être aussi sont-ils tels que Louis de France les achèterait leur pesant d'or.

— Honte à toi, Kilian! » dit le chevalier; « voudrais-tu me voir livrer les secrets de mon maître au roi de France? Plutôt mettre ma tête sur le billot.

— En vérité? Et cependant Votre Excellence n'hésite pas à ... »

Ici l'écuyer s'arrêta, par crainte, sans doute, de devenir offensant en attachant une appellation trop intelligible et trop accentuée aux pratiques de son patron.

« A voler le duc, voudrais-tu dire, impudent coquin! En parlant ainsi, tu serais aussi sot que d'habitude, » répondit de Hagenbach. « Je prends part, c'est vrai, au butin que le duc fait sur les étrangers; et la raison en est bonne. Ainsi le chien et le faucon ont leur part de la proie qu'ils abattent, la part du lion, même, à moins que le chasseur ou le fauconnier ne soient tout près d'eux. Tels sont les émoluments de mon rang; et le duc, qui m'a placé ici pour satisfaire son ressentiment et améliorer ma fortune, ne les marchande pas à un serviteur fidèle. J'ai sujet de m'appeler, aussi loin que s'étend ce territoire de Ferrette, le plénipotentiaire du duc, et, pour ainsi dire, son *alter ego*. En conséquence, j'ouvre ce paquet, qui, lui étant adressé à lui, me l'est également à moi. »

Ayant exprimé par ce discours une si haute idée de son autorité personnelle, il coupa les cordons du paquet qu'il avait tenu tout le temps à la main, et, défaisant les enveloppes, en sortit une très petite boîte de bois de sandal.

« Le contenu doit valoir beaucoup, » dit-il, « il tient peu de place. «

Disant ces mots, il pressa le ressort, et l'étui, s'ouvrant, laissa voir un collier de diamants remarquables par leur éclat et par leur grosseur, et semblant d'une valeur extraordinaire. Les yeux de l'avare gouverneur, et de son non moins rapace auxiliaire, furent si éblouis de tant de splendeur, que, pendant quelques intants, ils ne purent exprimer que la joie et la surprise.

« Ma foi, Monseigneur, » dit Kilian, « le vieil obstiné avait ses raisons d'être hardi. Mes membres à moi auraient soutenu une épreuve ou deux avant de lâcher des brillants comme ceux-ci. Votre serviteur fidèle, seigneur Archibald, peut-il demander comment ce butin se partagera entre le duc et son gouverneur, d'après les règles les plus approuvées dans les villes de garnison ?

— Nous supposerons, Kilian, que c'est un assaut; et dans un assaut, tu le sais, le premier qui trouve prend tout; avec des égards toujours pour ceux qui lui sont fidèles.

— Moi, par exemple, » dit Kilian.

« Oui; et moi, par exemple, » dit une autre voix, faisant écho, du coin le plus écarté de la vieille salle, aux paroles de l'écuyer.

« Mille tonnerres! on nous entend, » s'écria le gouverneur en bondissant, et mettant la main à son poignard.

« Ce n'est qu'un fidèle serviteur, comme l'observait tout à l'heure cet honorable écuyer, » dit le bourreau, s'avançant avec lenteur.

« Drôle, comment as-tu osé m'espionner ? » dit le seigneur Archibald de Hagenbach.

« Ne vous tourmentez pas pour cela, Monseigneur, » dit Kilian. « L'honnête Cœur-de-fer n'a de langue pour parler, ou d'oreilles pour entendre, que sous votre bon plaisir. Admettons le vite en nos conseils, car il faut s'occuper de ces hommes sans perdre de temps.

— C'est vrai, » dit de Hagenbach; « j'aurais cru pouvoir les épargner.

— Pour qu'ils disent au duc de Bourgogne comment le gouverneur de Ferrette rend compte au trésorier du duché des droits et amendes de douanes ? » demanda Kilian.

« Tu as raison, » dit le chevalier; « les morts n'ont ni dents ni langue ; ils ne mordent ni ne parlent. Tu prendras des ordres à leur sujet, Scharfrichter.

— Oui, Monseigneur, » répondit le bourreau ; « à condition que, si ce doit être une exécution de cachot, ce que j'appelle exercer en cave, mon privilège de noblesse sera sauf et réservé, et l'acte sera déclaré aussi efficace pour mes droits que si le coup avait été donné en plein jour, avec ma lame officielle. »

De Hagenbach porta sur le bourreau des yeux étonnés, comme s'il

ne comprenait pas ce que cet homme voulait dire. D'où Kilian prit occasion d'expliquer que Scharfrichter était fermement convaincu, d'après la conduite ferme et hardie du plus âgé des prisonniers, que c'était un homme de sang noble, dont la décapitation devait lui donner tous les avantages dus au bourreau qui exécute ses fonctions sur neuf hommes d'extraction illustre.

« Il peut avoir raison, » dit le seigneur Archibald, « car voici un bout de parchemin, recommandant au duc le porteur de ce collier, le priant d'accepter cet objet comme marque d'amitié d'une personne bien connue de lui, et de donner au susdit porteur plein crédit en tout ce qu'il dira de la part de ceux qui l'envoient.

— De qui est signé ce papier, » dit Kilian, « si j'ose le demander?

— Il n'y a pas de nom ; on aura supposé que le duc le devinerait par les bijoux, ou peut-être par l'écriture.

— Il n'est pas probable qu'il ait de sitôt l'occasion d'exercer dessus sa perspicacité, » dit Kilian.

De Hagenbach regardait les diamants avec un sombre sourire. Scharfrichter, encouragé par la familiarité dans laquelle il s'était introduit presque de force, revint à son idée, insistant sur la noblesse de ce prétendu marchand. Une pareille mission, et une lettre de crédit aussi illimitée, ne sauraient, prétendait-il, être confiées à un homme de basse naissance.

« Tu te trompes, imbécile, » dit le chevalier ; « les rois, à présent, se servent des instruments les plus vils pour les besognes qu'ils ont le plus à cœur. Louis a donné l'exemple d'employer son barbier et ses valets de chambre aux offices confiés jadis aux ducs et pairs ; d'autres monarques commencent à penser qu'il vaut mieux, dans le choix de leurs agents pour les affaires importantes, s'occuper de la cervelle des individus que de leur sang. Quant au grand air et à la tournure fière, qui, aux yeux des corbeaux de ton espèce, distingueraient cet homme des autres, cela tient à son pays, non à son rang. Tu crois que c'est en Angleterre comme en Flandre, où un bourgeois natif de Gand, de Liège ou d'Ypres, diffère autant d'un chevalier du Hainaut, qu'un limonier flamand d'un genet d'Espagne. Tu te trompes. L'Angleterre a plus d'un marchand dont le cœur est aussi élevé, la main aussi prompte, que le cœur et la main d'un noble sorti de son sein généreux. Mais ne t'abats point pour cela, pauvre insensé; fais comme il faut ton métier envers ce marchand, et nous aurons bientôt dans nos mains le landamman d'Unterwalden : manant par son choix, mais gentilhomme par le sang, il t'aidera, par une mort bien méritée, à te débarrasser de ta peau de paysan dont tu es si malheureux.

— Votre Excellence ne ferait-elle pas mieux, » dit Kilian, « d'ajourner le destin de ces deux hommes, jusqu'à ce que vous sachiez quelque chose sur leur compte de la bouche des prisonniers suisses que nous tiendrons bientôt?

— Fais à ta fantaisie, » dit Hagenbach, avec un signe de main, comme pour écarter de l'heure présente une tâche désagréable. « Mais que tout soit fini avant qu'on ne m'en reparle. »

Les satellites firent un salut d'obéissance, et le sinistre conclave fut rompu. Le chef mit soigneusement en sûreté les magnifiques pierres précieuses, qu'il allait acheter au prix d'une trahison envers le souverain au service duquel il s'était mis, et au prix du sang de deux innocents. Cependant, avec une faiblesse que l'on rencontre souvent chez les grands criminels, il reculait devant la pensée de sa bassesse et de sa cruauté, et s'efforçait de bannir le sentiment de son déshonneur, en rejetant sur des subalternes l'exécution du méfait.

CHAPITRE XV.

<small>Nos aïeux ont bâti cet endroit pour un homme !
Ancienne Comédie.</small>

E cachot dans lequel était enfermé le plus jeune des Philipson, était une de ces cavernes obscures qui sont une honte pour les temps anciens. Nos ancêtres semblent à peine avoir distingué l'innocence du crime ; les conséquences d'une simple accusation étaient bien plus rigoureuses autrefois, que ne le serait, de nos jours, l'emprisonnement infligé comme peine au criminel jugé et convaincu.

La cellule d'Arthur Philipson était extrêmement longue, mais sombre et étroite, et creusée dans la roche dure où la tour avait ses fondements. On lui fit, en murmurant, la concession d'une petite lampe; mais ses bras restèrent liés ; et lorsqu'il demanda un verre d'eau, l'un des farouches satellites qui l'avaient jeté en cet endroit, répondit d'un ton bourru qu'il pourrait bien supporter la soif pendant tout le temps qu'il avait à vivre ; lugubre réponse, indiquant que ses privations dureraient autant que sa vie, dont le terme n'était pas loin. A la faible lueur de la lampe, Arthur gagna tant bien que mal un siège grossier taillé dans le roc ; et comme ses yeux, par degrés, s'accoutumaient à l'obscurité du lieu où il était enfermé, il reconnut, dans le sol de son cachot, l'existence d'une fissure effrayante, ressemblant assez à l'ouverture d'un puits, mais irrégulière de forme, l'orifice, probablement, d'un gouffre créé par la nature, dont la main de l'homme avait aidé le travail.

« Voici mon lit de mort, » se dit Arthur, « et ce gouffre est peut-être le tombeau béant qui recevra ma dépouille! J'ai ouï parler de prisonniers plongés vivants dans ces horribles abîmes, pour y mourir à loisir, à demi broyés, sans que leurs gémissements soient entendus, sans pitié pour leur destin! »

Il se pencha vers cette cavité fatale, et entendit, à une grande profondeur, le bruit sinistre d'un cours d'eau souterrain. Des flots que le soleil ne visitait pas murmuraient en attendant leur victime. La mort est terrible à tous les âges; à l'heure où monte la sève du printemps, alors que l'âme est inondée des sentiments du plaisir et de la joie, et soupire après la satisfaction de ses désirs, être arraché violemment du banquet auquel on vient de s'asseoir, c'est plus cruel encore, même lorsque le changement arrive selon les lois ordinaires de la nature. Mais être assis, comme le jeune Philipson, sur le bord de l'abîme souterrain, et méditer anxieux sur le genre de mort qui vous sera infligé, la situation était faite pour briser le courage du plus audacieux; et l'infortuné captif ne put retenir les larmes que la nature faisait couler par torrents de ses yeux, et que ses bras liés ne lui permettaient pas d'essuyer. Nous avons déjà remarqué que, vaillant pour affronter tous les dangers qui demandaient l'action, le jeune homme avait l'imagination accessible à toutes les exagérations que, dans une situation où l'on ne peut rien par soi-même, la pensée peut prêter à l'âme de la victime qui attend.

Cependant les sentiments d'Arthur Philipson n'étaient pas ceux d'un égoïste. Ils se reportaient vers son père, non moins fait pour appeler le respect par son caractère honorable et noble, que pour exciter l'amour et la reconnaissance par son incessante sollicitude et son affection. Lui aussi était dans les mains de scélérats endurcis, déterminés à cacher le vol par un meurtre secret; lui aussi, intrépide en face de tant de dangers, résolu dans tant de rencontres, était lié et sans défense, exposé au poignard du plus vil assassin. Arthur se souvenait en même temps du rocher vertigineux de Geierstein, et du hideux vautour qui le réclamait comme sa proie. Ici, il n'y avait pas d'ange pour apparaître dans la brume, et montrer le sentier du salut ; ici, l'obscurité souterraine et éternelle, excepté quand le captif verrait le couteau du meurtrier étinceler au reflet de la lampe prêtant sa lumière pour diriger le coup fatal. Cette angoisse s'éleva jusqu'au transport. Le prisonnier bondit, et se débattit si vigoureusement pour se délivrer de ses liens, qu'on eût dit qu'ils allaient se rompre, comme jadis sous les efforts du puissant Nazaréen. Mais les cordes étaient d'une fabrication trop solide ; et après une tentative infructueuse, qui fit presque entrer les liens dans la chair du prisonnier, celui-ci perdit l'équilibre, et, avec la sensation de rouler au fond de l'abîme, tomba violemment sur le sol.

Il échappa par bonheur au danger dont ses terreurs lui avaient donné l'impression ; mais il s'en fallut de peu : sa tête avait frappé contre le petit rebord dégradé qui entourait tant bien que mal l'orifice de l'horrible trou. Il resta là étourdi, sans mouvement, dans l'obscurité la plus absolue ; car, dans sa chute, il avait éteint la lampe. Un bruit de pas le rappela au sentiment.

« Ils viennent ! ils viennent, les meurtriers ! Notre-Dame de Grâce, cieux cléments, pardonnez-moi mes offenses ! »

Il leva la tête, et ses yeux éblouis aperçurent une forme sombre s'approchant de lui, un couteau d'une main, une torche de l'autre. L'homme destiné à accomplir l'acte suprême, évidemment c'eût été lui, s'il était venu seul. Mais il n'était pas seul ; la torche éclairait le vêtement blanc d'une femme, et l'éclairait si bien qu'Arthur crut y reconnaître une personne, y distinguer des traits, faits pour ne sortir jamais de sa mémoire ; c'était les voir dans la circonstance où il s'y serait le moins attendu. L'inexprimable étonnement du prisonnier l'impressionna de façon à triompher même des craintes qu'il avait pour sa personne. « Se peut-il faire ? » murmura-t-il ; « possède-t-elle réellement le pouvoir d'un esprit aérien ? a-t-elle réussi par ses enchantements à forcer ce noir démon de la terre à concourir à ma délivrance ? »

La supposition parut vraie ; l'homme noir, donnant un instant la lumière à Anne de Geierstein, ou du moins à l'être qui lui ressemblait si bien, se pencha sur le prisonnier, et coupa la corde qui lui liait les bras; il le fit avec tant de rapidité qu'on eût dit que le contact seul de la main séparait la corde des membres du prisonnier. La première tentative d'Arthur pour se relever fut infructueuse; il en fit une seconde, et ce fut la main d'Anne de Geierstein, une main vivante, sensible au toucher comme à la vue, qui l'aida à se relever et à se soutenir, ainsi

qu'elle l'avait fait le jour où les eaux furieuses du torrent tonnaient à leurs pieds. L'effet de ce contact fut plus puissant qu'on ne l'aurait attendu du secours et de la force de la jeune fille. Le courage était rendu au cœur d'Arthur, la vigueur et l'animation à ses membres paralysés et meurtris; tant est grande, lorsqu'elle s'exerce, l'influence de l'esprit de l'homme sur ses faiblesses physiques. Le prisonnier allait adresser à Anne les accents de la reconnaissance la plus ardente. Mais la parole expira sur ses lèvres lorsque la mystérieuse femme, posant le doigt sur la bouche, lui fit signe de se taire et de la suivre. Surpris et muet, il obéit. Ils sortirent du triste cachot, et traversèrent un ou deux passages de peu de longueur mais compliqués, taillés dans le roc en certains endroits, construits en maçonnerie dans d'autres ; ces passages conduisaient probablement à des cachots semblables à celui d'où sortait le captif.

À la pensée que son père pouvait être enfermé dans quelque horrible cellule comme celle qu'il venait de quitter lui-même, Arthur s'arrêta. On atteignait le bas d'un petit escalier tournant, par lequel on sortait sans doute de cette partie du bâtiment.

« Ma chère Anne, » dit-il, « délivrons-le ! Je ne puis quitter mon père. »

Elle secoua la tête avec impatience, et lui fit signe de marcher.

« Si votre pouvoir ne va pas jusqu'à lui sauver la vie, je reste ici, et je le sauve ou je meurs ! Anne, Anne... »

Elle ne répondit point, mais son compagnon, d'une voix caverneuse, assez en rapport avec son aspect, répliqua : « Parlez, jeune homme, à ceux auxquels il est permis de vous répondre ; ou plutôt gardez le silence, et soyez docile à mes instructions, seul moyen de rendre votre père à la liberté et au salut. »

Ils montèrent l'escalier, Anne de Geierstein marchant la première. Arthur la suivait de près ; il ne put s'empêcher de penser qu'une partie de la lumière répandue sur le vêtement de cette femme émanait d'elle, et non de la torche. C'était probablement l'effet des croyances superstitieuses imprimées en son esprit par le récit de Rodolphe sur la mère d'Anne de Geierstein, et que venait confirmer l'apparition soudaine de cette dernière en un lieu et dans des conditions si inattendus. Il n'eut pas beaucoup le temps de méditer sur la nature et les actes de l'apparition, car, montant l'escalier d'un pas plus léger qu'il ne pouvait le faire en ce moment, la jeune fille cessa d'être visible à l'instant où lui-même atteignit le palier du haut. S'était-elle fondue dans les airs ? s'était-elle engagée dans quelque autre passage ? Arthur n'eut pas le loisir de s'en rendre compte.

« Voici votre route, » dit le guide noir ; et, au même instant, éteignant la lumière, et, prenant Philipson par le bras, il lui fit suivre une galerie sombre et fort longue. Arthur n'était pas sans appréhension, songeant à l'air sinistre de son conducteur, et cet homme étant armé d'un poignard ou d'un couteau, qu'il aurait eu bientôt fait de lui plonger dans le sein. Mais comment croire à une trahison de la part d'une personne qu'il avait vue en compagnie d'Anne de Geierstein? et, dans son cœur, Arthur demandait pardon à celle-ci de la crainte qui avait traversé son esprit. Il s'abandonna donc à la direction de son compagnon, qui marchait rapidement mais sans bruit, lui recommandant tout bas de faire de même.

« Notre voyage, » dit-il enfin, « se termine ici. » Comme il parlait, une porte s'ouvrit, et les deux hommes entrèrent dans une sombre salle gothique, garnie de grandes armoires en chêne remplies de livres et de manuscrits. Tandis qu'Arthur portait les yeux autour de lui, tout ébloui de la clarté du jour dont il avait été privé depuis un certain temps, la porte par laquelle ils étaient entrés disparut. Cela ne le surprit pas beaucoup : faite de façon à se confondre avec les armoires de la pièce, l'entrée, une fois fermée, ne pouvait plus se distinguer d'elles, disposition pratiquée souvent, même de nos jours. Il put alors vraiment voir l'auteur de sa délivrance; la clarté du jour ne lui montra plus que les vêtements et le visage d'un prêtre, sans qu'il restât rien de ces terreurs bizarres que l'imperfection de la lumière et toutes les tristesses du cachot avaient eu le pouvoir d'imprimer en son esprit.

Le jeune Philipson se mit à respirer librement, comme un homme éveillé d'un rêve terrible ; les qualités surnaturelles dont son imagination avait revêtu Anne de Geierstein commencèrent à s'évanouir, et il s'adressa en ces termes à son libérateur : « Pour que je puisse, révérend père, adresser mes remerciements à tous ceux à qui ils sont dus, permettez-moi de vous demander si Anne de Geierstein...

— Parlez de ce qui regarde votre maison et votre famille, » répondit le prêtre, aussi bref qu'avant. « Avez-vous oublié si tôt le danger de votre père?

— Grand Dieu, non! » répliqua le jeune homme ; « dites-moi ce qu'il faut faire pour le délivrer, et vous verrez comment un fils sait combattre pour son père !

— Tant mieux, car c'est nécessaire, » dit le prêtre. « Prenez ce vêtement, et suivez-moi. »

C'était l'habit et le capuchon d'un novice.

« Baissez le capuchon sur le visage, » dit le prêtre, « et, si l'on vous parle, ne répondez à personne. Je vous dirai lié par un vœu. Le ciel pardonne au tyran indigne qui nous impose une dissimulation aussi profane! Suivez-moi de près, et ayez soin de ne pas parler. »

Le déguisement fut vite endossé, et le prêtre de Saint-Paul (car c'était lui) s'étant mis en marche, Arthur le suivit à un pas ou deux, prenant de son mieux la démarche modeste et l'humble maintien d'un novice des saints ordres. Quittant la bibliothèque ou salle d'études, et descendant un escalier de quelques marches, il se trouva dans la rue de Brisach. Une tentation irrésistible le fit regarder en arrière; il eut juste le temps de voir que la maison d'où il venait de sortir était un petit bâtiment gothique, auprès duquel s'élevait, d'un côté, l'église de Saint-Paul, et, de l'autre, la tour d'entrée noire et sévère.

« Suivez-moi, Melchior, » dit la voix grave du prêtre; et ses yeux pénétrants, fixés sur le prétendu novice, rappelèrent sur-le-champ Arthur au sentiment de sa situation.

Ils continuèrent leur route, personne ne faisant attention à eux, sauf pour saluer silencieusement le prêtre, ou pour lui murmurer quelques paroles de respect. Arrivé au milieu du village, le guide quitta brusquement la rue, et, prenant vers le nord une courte ruelle, gagna une série de marches qui, comme il arrive dans les villes fortifiées, conduisait à la banquette ou chemin abrité derrière le parapet. Le mur était d'ancienne construction gothique, flanqué, d'espace en espace, de tours de différentes formes, de différentes hauteurs, et à angles différents.

Des sentinelles étaient placées le long des remparts, mais ce n'étaient pas des soldats réguliers; c'étaient des bourgeois, armés de lances ou d'épées. Le premier près duquel ils passèrent dit au prêtre, à demi-voix : « Notre affaire tient-elle?

— Oui, » répliqua le prêtre de Saint-Paul. « *Benedicite!*

— *Deo gratias!* » répondit le citoyen; et il continua sa promenade sur les créneaux.

Les autres sentinelles avaient l'air de les éviter; elles disparaissaient à leur approche, ou les laissaient passer sans faire attention à eux. Ils arrivèrent enfin à une ancienne tourelle, s'élevant au-dessus du mur, et dans laquelle s'ouvrait une petite porte. C'était en un coin séparé des autres angles des fortifications, et que d'aucun d'eux l'on n'apercevait. Dans une forteresse bien gardée, un pareil endroit aurait dû être spécialement muni d'une sentinelle; mais il n'y en avait pas.

« Écoutez-moi bien maintenant, » dit le prêtre, « car la vie de votre père, et celle aussi peut-être de beaucoup d'autres personnes, dépend de votre attention et de votre rapidité. Êtes-vous en état de courir et de sauter ?

— Je ne sens plus de fatigue, mon père, depuis que vous m'avez délivré, » répondit Arthur; « le daim, auquel j'ai souvent donné la chasse, ne serait pas plus leste que moi en une pareille occurrence.

— Regardez bien, » répliqua le prêtre noir de Saint-Paul; « cette tourelle contient un escalier, descendant à une poterne. Je vais vous y introduire. La poterne est barrée en dedans, mais non fermée à clef. Elle vous donnera accès au fossé, presque entièrement sec. Après l'avoir traversé, vous serez dans l'enceinte des barrières extérieures. Vous verrez les sentinelles; elles ne vous verront pas. Gardez-vous de leur parler, et escaladez la palissade comme vous pourrez. Vous saurez franchir, n'est-ce pas, un rempart non défendu ?

— J'en ai franchi que l'on défendait, » dit Arthur. « Que faudra-t-il faire après ? Tout cela est facile.

— Vous verrez une touffe de feuillages ou de bas buissons; courez-y. Lorsque vous y serez, tournez à l'est; mais prenez garde alors d'être vu par les francs compagnons de Bourgogne, de garde sur cette partie des murs. Une volée de flèches, et une sortie de cavaliers à votre poursuite, cela ne manquera pas s'ils vous aperçoivent; et leurs yeux sont ceux de l'aigle épiant le carnage.

— J'y veillerai, » dit le jeune Anglais.

« Vous trouverez de l'autre côté des buissons, » poursuivit le prêtre, « un sentier, ou, pour mieux dire, une trace de moutons, qui, passant à quelque distance des murs, vous conduira enfin à la route de Brisach à Bâle. Hâtez-vous à la rencontre des Suisses. Dites-leur que les heures de votre père sont comptées, et que, si l'on veut le sauver, il faut qu'on se presse; dites surtout à Rodolphe Donnerhugel que le prêtre noir de Saint-Paul l'attend à la poterne du nord pour lui donner sa bénédiction. Me comprenez-vous ?

— Parfaitement, » répondit le jeune homme.

Le prêtre de Saint-Paul ouvrit la porte basse de la tourelle, et Arthur allait descendre l'escalier précipitamment.

« Un moment, » dit le prêtre; « ôtez cet habit de novice, qui ne ferait que vous gêner. »

Arthur, en un clin d'œil, s'en dépouilla, et allait s'élancer.

« Un instant encore, » ajouta le prêtre noir. « Cette robe peut parler. Aidez-moi à la cacher sous la mienne. »

Quoique brûlant d'impatience, Arthur sentit la nécessité d'obéir. Lorsqu'il eut débarrassé le vieillard de son vêtement long et flottant, il le vit couvert d'une casaque de serge noire : son ordre et sa profession admettaient cela ; mais au lieu d'une ceinture telle qu'aurait pu en avoir un homme d'église, il portait un ceinturon de buffle, fort peu canonique, auquel pendait un sabre court avec lequel on pouvait frapper d'estoc et de taille.

« Donnez-moi l'habit de novice, » dit le vénérable père ; « et je mettrai par-dessus mon vêtement sacerdotal. Ayant sur moi des choses qui annonceraient un laïque, il est bon de les couvrir deux fois du costume ecclésiastique. »

Parlant ainsi, il sourit ; et ce sourire était plus effrayant que son expression ordinaire de sévérité plus en harmonie avec son visage.

« Pourquoi tarde-t-il à présent, » dit le prêtre, « alors que la vie et la mort dépendent de sa promptitude ? »

Le jeune messager n'en attendit pas davantage, mais descendit l'escalier si vite qu'il sembla ne faire qu'un seul pas; il trouva, comme le prêtre le lui avait dit, la porte fermée seulement par des barres intérieures. Les barres n'offrirent de résistance que parce qu'elles étaient rouillées ; Arthur eut quelque peine à les ôter. Il y réussit cependant, et se trouva le long d'un fossé, vert et marécageux. Sans examiner s'il était profond ou non, et presque sans avoir conscience de la viscosité du terrain, le jeune Anglais le traversa, et atteignit le côté opposé sans attirer l'attention de deux bons bourgeois de Brisach chargés de la garde des barrières. L'un était profondément plongé dans la lecture d'une chronique profane ou d'une légende religieuse ; l'autre non moins occupé à explorer le bord du fossé, à la recherche des anguilles ou des grenouilles, car il avait sur l'épaule un petit sac pour y enfermer quelque butin amphibie.

Voyant que, comme le prêtre l'en avait averti, il n'avait rien à redouter de la vigilance des sentinelles, Arthur s'élança vers la palissade, espérant en empoigner le sommet, et la franchir d'un bond hardi. Il avait trop présumé de son agilité, ou ses liens, peut-être, et son emprisonnement récent, en avaient diminué la puissance. Il retomba sur le sol, et, en se remettant sur pieds, il aperçut un soldat, en jaune et en bleu, la livrée de Hagenbach, qui venait vers lui en courant, et criait aux sentinelles peu vigilantes : « A vous ! à vous ! maudits porcs ! Arrêtez ce chien, ou vous êtes morts. »

Le pêcheur, le plus éloigné des deux, déposa sa ligne à anguilles, tira son sabre, et le faisant tournoyer par-dessus sa tête, s'avança vers Philipson avec une hâte très modérée. L'homme adonné à l'étude fut encore plus malheureux, car, dans sa précipitation pour fermer son livre et vaquer à son devoir, il vint à bout (par inadvertance, n'en doutons pas) de se jeter en plein dans le chemin du soldat. Ce dernier courait à toutes jambes, et heurta le bourgeois d'un choc terrible, qui les jeta tous les deux par terre ; mais le citoyen, homme gros et replet, resta où il était tombé, tandis que l'autre, moins pesant, et moins préparé à la collision, perdit en même temps que l'équilibre tout moyen de se retenir, et, roulant le long du fossé, plongea dans la vase du marécage. Le pêcheur et le lecteur allèrent au plus vite à l'aide de leur malencontreux compagnon de garde, pendant qu'Arthur, stimulé par l'imminence du danger, s'élançait sur la barrière avec plus d'adresse et de vigueur que la première fois, et, après un saut heureux, cherchait à toute vitesse, conformément à ses instructions, l'abri des buissons voisins. Il les atteignit sans qu'aucun cri d'alarme fût sorti des murs. Mais il savait sa situation des plus précaires, car son évasion était connue d'une personne au moins, qui ne manquerait pas de donner l'éveil dès qu'elle serait sortie du marais. Arthur supposait cependant que les citoyens armés seraient, pour l'homme embourbé, des auxiliaires plus apparents que réels. Ces pensées ne faisaient qu'augmenter sa rapidité naturelle, si bien qu'en moins de temps qu'on ne l'aurait cru possible, il atteignit l'extrémité la moins garnie du fourré, d'où, comme le prêtre noir le lui avait expliqué, il pouvait voir le mur de l'est et une partie des créneaux de la ville,

Tout couverts d'ennemis et d'armes menaçantes.

Il fallait une certaine adresse de la part du fugitif, pour s'abriter de façon à n'être point vu de ceux qu'il voyait si bien. Il s'attendait à tout moment à entendre sonner la trompette, ou à voir, parmi les défenseurs de la place, ce mouvement et ce bruit qui présagent une sortie. Rien de tout cela n'arriva pourtant, et, suivant avec circonspection le sentier ou la trace que lui avait indiqué le prêtre, le jeune Philipson poussa sa course hors de vue des tours gardées, et tomba bientôt dans le chemin public, que son père et lui avaient suivi le matin. Il fut assez heureux pour reconnaître, à l'éclat des armes et à la poussière, un petit corps d'hommes armés se dirigeant vers Brisach, et il supposa avec raison que c'était l'avant-garde de la députation suisse.

Il rencontra bientôt cette troupe, forte d'environ dix hommes, Rodolphe Donnerhugel à leur tête. La figure de Philipson couverte de boue, et en quelques endroits souillée de sang (car sa chute dans le cachot lui avait fait une légère blessure), excita l'étonnement de tous, qui se groupèrent autour de lui pour ouïr les nouvelles. Rodolphe seul ne parut pas s'en émouvoir. Comme le visage des anciennes statues d'Hercule, la physionomie du robuste Bernois était large et massive, avec un air d'indifférence, et presque de brutalité, qui ne changeait que sous l'empire de l'agitation la plus vive.

Il écouta d'un air impassible le récit haletant d'Arthur Philipson, annonçant que son père était en prison et menacé de mort.

« Vous attendiez-vous à autre chose? » dit froidement le Bernois. « N'étiez-vous pas averti? Il eût été facile de prévoir le malheur, mais est-il possible de l'empêcher?

— J'avoue, » dit Arthur, se tordant les mains, « j'avoue que vous étiez sage, et que nous avons été fous. Mais dans la situation où nous sommes, oh! ne songez plus à notre folie! Soyez le champion brave et généreux que vos cantons proclament en vous; donnez-nous votre secours dans cette cruelle extrémité.

— Comment? De quelle façon? » dit Rodolphe, toujours hésitant. « Influencés par votre exemple et votre amour du devoir, nous avons renvoyé les Bâlois qui voulaient nous venir en aide. Nous ne sommes plus guère qu'une vingtaine d'hommes. Comment pouvez-vous nous demander d'attaquer une ville fortifiée, garnie de six fois plus d'hommes que nous n'en avons?

— Vous avez des amis au dedans de ces remparts, » répliqua Arthur. « Je suis sûr que vous en avez. Approchez : un mot pour vous. Le prêtre noir vous fait dire, à vous Rodolphe Donnerhugel de Berne, qu'il vous attend pour vous donner sa bénédiction à la poterne du nord.

— Oui, vraiment, » dit Rodolphe, se dégageant de l'étreinte d'Arthur qui voulait l'entraîner à part, et élevant assez la voix pour être entendu de tous ceux qui étaient là, « il n'y a guère de doute là-dessus ; je trouverai un prêtre à la poterne du nord pour me confesser et m'absoudre, et un billot, une hache et un bourreau pour me couper le cou après qu'il aura fini. Je suis peu curieux d'engager dans un pareil risque le cou du fils de mon père. S'ils assassinent un colporteur anglais, qui ne les a jamais offensés en rien, que feront-ils de l'Ours de Berne, dont Archibald de Hagenbach a senti déjà les dents et les griffes ? »

Le jeune Philipson, à ces paroles, joignit les mains, et les éleva vers le ciel, n'attendant plus de secours que de là. Les larmes jaillirent de ses yeux, et fermant le poing, grinçant des dents, il tourna brusquement le dos au Suisse.

« Que signifie cette fureur ? » dit Rodolphe. « Où allez-vous ?

— Sauver mon père, ou périr avec lui, » dit Arthur ; et, comme un insensé, il allait reprendre sa course vers Ferrette, lorsqu'un poignet ami, mais vigoureux, le retint.

« Attendez un peu que j'aie rattaché ma jarretière, » dit Sigismond Biederman, « et j'irai avec vous, roi Arthur.

— Toi, imbécile ? » s'écria Rodolphe; « toi, et sans ordres ?

— Vois-tu, cousin Rodolphe, » dit le jeune homme, continuant avec un grand calme à attacher sa jarretière, qui, d'après la mode du temps, était assujettie d'une façon un peu compliquée, « tu nous dis toujours que nous sommes Suisses et libres ; quel avantage y a-t-il à être libre, si l'on n'a jamais la liberté de faire ce que l'on a dans l'esprit ? Tu es mon capitaine, vois-tu, aussi longtemps que cela m'arrange, et pas davantage.

— Pourquoi déserter maintenant, personnage absurde ? Pourquoi à cette minute plutôt qu'à toute autre minute de l'année ? » demanda le Bernois.

« Écoute, » répliqua le soldat insubordonné ; « j'ai chassé avec Arthur depuis un mois, et je l'aime. Il ne m'a jamais appelé imbécile ou idiot, sous prétexte que mes pensées étaient plus lentes peut-être, et un peu plus épaisses que celles des autres. J'aime aussi son père ; le vieillard m'a donné ce bandrier et cette corne, qui valent pas mal de kreutzers. Il m'a dit de ne pas me décourager, parce qu'il valait mieux penser juste que penser vite, et que j'étais bon pour la première chose si je ne l'étais pas pour la seconde. Le vieillard est maintenant dans les abattoirs de Hagenbach! Mais nous le délivrerons, Arthur, si deux hommes peuvent le faire. Vous me verrez combattre, tant que pourront tenir ensemble la lame d'acier et le manche de frêne. »

Parlant ainsi, il agita en l'air son énorme pertuisane, tremblante en sa main comme une baguette de saule. Si l'on pouvait en effet, abattre l'iniquité comme l'on abat un bœuf, pas un seul, dans cette bande choisie, n'eût été plus capable de le faire que Sigismond. Un peu moins grand de taille que ses frères, et d'humeur moins vive, la largeur de ses épaules et sa force musculaire étaient énormes, et lorsqu'il était complètement surexcité pour le combat, ce qui était rare, peut-être Rodolphe lui-même, là où la force était en jeu, aurait-il eu peine à l'égaler.

La sincérité du sentiment et l'énergie de l'expression produisent toujours un effet sur les caractères francs et généreux. Plusieurs des jeunes gens s'écrièrent que Sigismond avait raison ; que si le vieillard s'était mis en danger, c'était pour avoir songé plus au succès de leur négociation qu'à sa propre sûreté, et pour s'être privé de leur protection plutôt que de les engager dans des querelles à son sujet. « C'est notre devoir de l'en tirer, » dirent-ils, « et nous le ferons.

— Paix ! sages que vous êtes, » dit Rodolphe, regardant autour de lui d'un air de supériorité ; « et vous, Arthur d'Angleterre, allez trouver le landamman, qui nous suit de près ; il est à la fois, vous le savez, notre chef suprême et le sincère ami de votre père ; ce qu'il décidera en faveur de votre père, vous nous trouverez tous prêts à l'exécuter résolument. »

Ses compagnons parurent se ranger à cet avis, et le jeune Philipson vit qu'il était indispensable de s'y conformer. Il soupçonnait encore que le Bernois, par ses diverses intrigues, tant avec la jeunesse de Suisse qu'avec celle de Bâle, par ses accointances même dans l'intérieur de la ville de Ferrette, ainsi qu'on pouvait l'induire des paroles du prêtre de Saint-Paul, avait, plus que personne, le pouvoir de l'aider ; il avait plus de confiance cependant dans la candeur simple et la bonne foi parfaite d'Arnold Biederman, et il se mit en marche pour lui raconter sa douloureuse histoire, et implorer son secours.

Du haut d'une chaussée qu'il atteignit quelques minutes après s'être séparé de Rodolphe et de l'avant-garde, il aperçut le vénérable landamman et ses collègues ; les jeunes gens qui les accompagnaient ne se dispersaient plus maintenant sur les flancs de la troupe, mais escortaient les députés de près et en ordre militaire, pour repousser les attaques s'il y avait lieu.

Derrière venaient une mule ou deux avec les bagages, et aussi les paisibles animaux qui portaient Anne de Geierstein et sa servante. Les deux dernières montures étaient occupées par des femmes, comme à l'ordinaire, et, autant qu'Arthur pouvait le voir, la plus en avant portait le costume bien connu d'Anne, depuis le manteau gris jusqu'à la petite plume de héron, que, depuis son entrée en Allemagne, elle avait arborée selon la coutume du pays, et comme marque de son rang. Si cependant les yeux du jeune homme le renseignaient bien en ce moment, que valaient donc les informations qu'il en avait reçues une demi-heure avant, lorsque, dans le souterrain de Brisach, ils lui avaient fait voir la même personne qui maintenant frappait ses regards! L'impression fut puissante, mais passagère, comme l'éclair au ciel de minuit, évanoui dans les ténèbres avant presque d'être aperçu. Disons plutôt que l'étonnement excité par ce merveilleux incident ne resta dans l'esprit du jeune homme que mêlé à la pensée dominante de ses inquiétudes pour son père.

« S'il y a vraiment, » se dit-il, « un esprit qui se revêt de cette belle forme, il doit être bienfaisant autant qu'aimable, et il étendra au père, qui le mérite bien plus, la protection que le fils a déjà éprouvée deux fois. »

Avant qu'il eût eu le temps de poursuivre cette pensée, il rencontra le landamman et sa troupe. Son arrivée et l'état dans lequel il était, excitèrent la même surprise qu'ils venaient de causer à Rodolphe et à l'avant-garde. Aux questions répétées du landamman, Arthur répondit par un court récit de son emprisonnement et de son évasion ; il attribua toute la gloire de ce dernier fait au prêtre noir de Saint-Paul, sans dire un mot de l'apparition féminine, plus intéressante encore à ses yeux, qui avait accompagné et aidé l'ecclésiastique dans son œuvre charitable. Sur un autre point aussi, Arthur garda le silence. Il ne jugea pas à propos de communiquer à Arnold Biederman le message destiné par le prêtre à l'oreille seule de Rodolphe. Qu'il en résultât du bien ou non, il tenait pour sacrée l'obligation du silence, à lui imposée par un homme qui venait de lui rendre le plus important des services.

Aux nouvelles qu'il recevait, Arnold Biederman resta un instant muet de douleur et de surprise. Philipson père avait conquis son respect, aussi bien par la pureté et la fermeté de ses principes que par l'étendue et la profondeur de ses connaissances : ce dernier avantage était tout particulièrement apprécié par le landamman, dont le jugement admirable se sentait fort enchaîné par l'insuffisance de ses renseignements sur les pays, les temps et les mœurs, et qui, sur ces points, avait reçu souvent, de son ami d'Angleterre, les plus utiles secours.

« Hâtons-nous, » dit-il au banneret de Berne et aux autres députés ; « offrons notre médiation entre le tyran de Hagenbach et notre ami, dont la vie est en danger. De Hagenbach nous écoutera, car je sais que son maître attend ce Philipson à sa cour. Le vieillard m'en a dit un mot. En possession comme nous le sommes de ce secret, Archibald de Hagenbach n'osera pas braver notre vengeance, alors que nous pourrions aisément faire savoir au duc Charles comment le gouverneur de Ferrette abuse de son pouvoir, là où il ne s'agit pas des Suisses mais du duc lui-même.

— Sauf votre respect, mon digne collègue, » répondit le banneret de Berne, « nous sommes des députés suisses, et nous allons présenter les griefs seuls de la Suisse. En nous mêlant des querelles des étrangers, nous trouverons plus difficile de régler avantageusement celles de notre pays ; et si le duc devait, par cette conduite odieuse envers des marchands anglais, s'attirer le ressentiment du roi d'Angleterre, une pareille rupture ne pourrait que lui rendre plus nécessaire encore de faire avec les cantons suisses un traité avantageux. »

Il y avait, d'après les idées du monde, tant de politique dans cet avis, qu'Adam Zimmerman de Soleure exprima sur-le-champ son assentiment ; il y ajouta cet argument, que leur collègue Biederman leur avait dit, il y avait à peine deux heures, comment ces marchands anglais s'étaient, le matin même, conformément à son avis et sur leur propre désir, séparés de la compagnie des députés, pour ne pas envelopper ceux-ci dans les querelles que pourraient susciter les exactions du gouverneur à l'endroit de leurs marchandises.

« Quel avantage tirerons-nous de cette séparation si, comme notre frère semble nous le demander, nous devons prendre en main les intérêts de cet Anglais, de même que s'il voyageait encore avec nous et sous notre protection ? »

Cet argument *ad hominem* serrait de près le landamman, car celui-ci s'était étendu, peu de temps avant, sur la générosité de Philipson père, qui, de son plein gré, s'était exposé au danger, plutôt que de gêner leurs négociations en restant en leur compagnie ; il ébranlait complètement la féauté de Nicolas Bonstetten à la barbe blanche, dont les yeux erraient de la figure de Zimmerman, triomphant de son raisonnement, à celle de son ami le landamman, beaucoup plus embarrassé que de coutume.

« Mes frères, » dit enfin Arnold, avec fermeté et animation, « je me trompais en me félicitant de la politique mondaine que je vous enseignais ce matin. Cet homme n'est pas de notre pays sans doute, mais il est de notre sang, un exemplaire de l'image de notre Créateur à tous, et d'autant plus digne d'être appelé ainsi qu'il a de la probité et du mérite. Ce serait un péché grave de laisser un tel homme en danger sans lui prêter secours, ne l'eussions-nous rencontré qu'accidentellement ; nous devons d'autant moins l'abandonner que c'est pour nous qu'il s'est exposé à ce danger, et que nous pourrions échapper au filet dans lequel il est pris lui-même. Pas de faiblesse donc. Nous faisons la volonté de Dieu en secourant un opprimé. Si nous réussissons, comme j'en ai l'espoir, par des moyens pacifiques, nous faisons une bonne action à bon marché; sinon, Dieu peut défendre la cause de l'humanité par les mains de quelques hommes aussi bien que par celles d'un grand nombre.

— Si telle est votre opinion, » dit le banneret de Berne, « pas un ici ne s'en écartera. Je plaidais, quant à moi, contre mes propres inclinations, lorsque je vous conseillais d'éviter une rupture avec les Bourguignons. Comme soldat, cependant, je suis forcé de dire que j'aimerais mieux combattre la garnison en rase campagne, fût-elle double en nombre de ce qu'on nous a dit, qu'entreprendre l'assaut de leurs défenses.

— J'ai sincèrement l'espoir, » dit le landamman, « que nous pourrons entrer et sortir de la ville de Brisach, sans dévier du caractère pacifique de la mission dont nous a investis la diète. »

CHAPITRE XVI.

Somerset ! l'échafaud pour sa tête coupable !
Shakspeare, <i>Henri IV</i>, IIIe partie, acte v, sc. 5.

u haut des créneaux de la tour de l'est, le gouverneur de Ferrette regardait la route de Bâle, lorsque l'avant-garde de l'ambassade suisse, puis le centre et l'arrière-garde, parurent à distance. Au même moment, la première troupe fit halte, le corps principal la rejoignit, les femmes, le bagage et les mules passèrent à leur tour du dernier rang au centre, et tous se réunirent ainsi en un seul groupe.

Un messager se détacha, et souffla dans une des cornes formidables, dépouilles des taureaux sauvages : animaux si nombreux dans le canton d'Uri qu'ils sont supposés lui avoir donné son nom.

« Ils demandent l'entrée, » dit l'écuyer.

« Ils l'auront, » répondit le seigneur Archibald de Hagenbach. « Comment sortiront-ils ? c'est une autre question, et plus difficile.

— Réfléchissez un instant, noble seigneur, » continua l'écuyer. « Songez que les Suisses sont de vrais démons dans le combat, et qu'il n'y a pas avec eux de butin pour se payer de la victoire ; à peine quelques misérables chaînes de cuivre ou d'argent falsifié. Vous avez fait sortir la moelle ; ne vous gâtez pas les dents en essayant de ronger l'os.

— Tu n'es qu'une bête, Kilian, » répondit de Hagenbach, « et un lâche, peut-être, par-dessus le marché. Devant vingt ou trente pertuisanes suisses, tu rentres les cornes comme un limaçon sous le doigt d'un enfant ! Mes cornes à moi sont dures et inflexibles comme celles de l'urus, dont ces gens-là parlent tant, et où ils soufflent si hardiment. Mets-toi dans l'esprit, créature timide, que si les députés suisses, comme ils osent s'appeler, ont la permission de passer librement, ils portent à la cour du duc des histoires de marchands liés, et porteurs d'objets précieux à destination de Sa Grâce ! Charles donc, à la fois, subirait la présence des ambassadeurs qu'il méprise et qu'il déteste, et apprendrait d'eux que le gouverneur de Ferrette qui les a laissés passer, n'avait pas craint cependant d'arrêter des gens que le duc aurait voulu voir ; car quel prince n'accueillerait bien une cassette comme celle que nous avons prise à ce colporteur anglais ?

— Je ne vois pas, » dit Kilian, « comment, en attaquant les ambassadeurs, Votre Excellence rarrangera l'affaire qu'elle s'est faite en dépouillant les Anglais.

— Tu es une taupe, Kilian, » répondit le chef. « Si le duc de Bourgogne entend parler d'une bataille entre ma garnison et les montagnards, qu'il méprise et qu'il exècre, cela noiera l'histoire des deux colporteurs, qui auront péri dans la bagarre. Si une enquête survenait après, mon cheval, en une heure, me transporte avec mes confidents dans les domaines impériaux, où, quoique l'empereur n'ait pas de cervelle, la belle prise que j'ai faite sur ces insulaires m'assure bonne réception.

— Je m'attache jusqu'au bout à Votre Excellence, » répondit l'écuyer ; « et vous serez témoin vous-même que, si je suis une bête, je ne suis du moins pas un lâche.

— Je ne t'ai jamais cru tel lorsqu'on en vient aux coups, » dit de Hagenbach ; « mais, en politique, tu es timide et irrésolu. Mets-moi mon armure, Kilian, et aie soin de la bien attacher. Les piques et les épées des Suisses ne sont pas des aiguillons de guêpes.

— Puisse Votre Excellence la porter avec honneur et profit, » dit Kilian ; et, selon le devoir de son office, il boucla sur son maître l'armure complète d'un chevalier de l'Empire. « Vous tenez donc bien à attaquer les Suisses ? » dit Kilian. « Quel prétexte Votre Excellence prendra-t-elle pour cela ?

— Sois tranquille, » dit Archibald de Hagenbach ; « j'en trouverai un, ou j'en ferai. Veille seulement à ce que Schonfeldt et les soldats soient à leurs postes. Souviens-toi que les mots sont : « Bourgogne, à la rescousse ! » Lorsqu'on les dira, que les soldats se montrent ; lorsqu'on les répétera, qu'ils tombent sur les Suisses. Maintenant que je suis équipé, va trouver ces rustres, et fais-les entrer. »

Kilian salua et partit.

Le bugle des Suisses avait, à bien des reprises, fait entendre ses notes courroucées, animées de plus en plus par une demi-heure passée sans que la porte de Brisach répondît ; chaque souffle nouveau indiquait, par les échos prolongés qu'il éveillait, l'impatience croissante de ceux qui sollicitaient l'entrée. A la fin, la herse se leva, la porte s'ouvrit, le pont-levis tomba, et Kilian, dans l'équipage d'un homme d'armes en tenue de combat, sortit à cheval au petit trot.

« Quelle hardiesse avez-vous, Messieurs, de venir ici en armes devant la forteresse de Brisach, appartenant en droit et seigneurie au trois fois noble duc de Bourgogne et de Lorraine, ladite ville munie de garnison pour ses cause et intérêt sous les ordres du très honoré Archibald, seigneur de Hagenbach, chevalier du saint Empire romain ?

— Avec votre permission, seigneur écuyer, » dit le landamman, « car je vous suppose tel à la plume de votre couvre-chef, nous ne venons pas ici avec des intentions hostiles ; si nous sommes armés, c'est uniquement pour nous défendre dans un voyage périlleux où nous n'avons pas grande sûreté pendant le jour, et où nous ne pouvons pas toujours reposer la nuit en des lieux dignes de confiance. Si nos armes avaient eu des projets agressifs, nous serions venus plus nombreux.

— Qui êtes-vous donc, et quel est votre dessein ? » dit Kilian, qui avait appris à être, en l'absence de son maître, aussi impérieux et aussi insolent que lui.

« Nous sommes des délégués, » répondit le landamman, d'une voix calme et toujours égale, sans avoir l'air de s'apercevoir de l'insolence de l'écuyer, « nous sommes des délégués des cantons libres et confédérés des États et provinces suisses, et de la bonne ville de Soleure ; notre diète législative nous a accrédités, à l'effet de nous rendre en présence de Sa Grâce, le duc de Bourgogne, pour un objet de grande importance, dans l'espoir d'établir avec le suzerain de votre maître (avec le noble duc de Bourgogne, veux-je dire) une paix sûre et solide, à l'honneur et à l'avantage des deux pays, et pour écarter les malen-

tendus et l'effusion du sang chrétien, qui pourraient survenir faute de s'entendre en temps utile et comme il convient.

— Montrez-moi vos lettres de créance, » dit l'écuyer.

« Pardon, seigneur écuyer, » répliqua le landamman ; « il sera temps de les exhiber, lorsque nous serons admis en présence du gouverneur, votre maître.

— C'est comme si vous disiez : « Nous ne voulons pas. » Fort bien, mes maîtres ; et cependant, prenez cet avis de Kilian de Kersberg : « Mieux vaut retourner en arrière que courir en avant. » Mon maître, et le maître de mon maître, sont personnes plus chatouilleuses que les marchands de Bâle auxquels vous vendez vos fromages. Retournez chez vous, mes braves gens, retournez-y ! le chemin est là devant vous, et vous êtes bien avertis.

— Nous vous remercions de votre conseil, en le supposant donné à bonne intention, » dit le landamman, coupant la parole au banneret de Berne, prêt à lancer une réplique assaisonnée de colère. « Si l'intention n'était pas telle, une plaisanterie inconvenante est comme un canon trop chargé, qui recule sur le canonnier. Notre route passe par Brisach ; nous entendons la suivre, et nous acceptons toutes les aventures que nous trouverons devant nous.

— Avancez donc, au nom du diable, » dit l'écuyer, qui avait eu l'espoir de les empêcher de suivre leur route, mais qui s'y voyait impuissant.

Les Suisses entrèrent dans la ville. Arrêtés par l'enchevêtrement de voitures au moyen duquel le gouverneur avait barré la rue à vingt mètres environ de la porte, ils se rangèrent militairement, leur petit corps formé en trois lignes, les deux femmes et les doyens de la députation occupant celle du milieu. La petite phalange présentait un double front, un de chaque côté de la rue ; le rang du milieu regardait en avant, n'attendant pour se mouvoir que le dégagement de l'obstacle. Pendant qu'ils restaient ainsi en place, un chevalier, couvert d'une armure complète, parut à l'une des portes latérales de la grande tour, par la voûte de laquelle on venait d'entrer dans la ville. Sa visière était levée, et il passa d'un air menaçant le long de la petite ligne formée par les Suisses.

« Qui êtes-vous, » dit-il, « pour vous introduire ainsi en armes dans une garnison de Bourgogne?

— Avec la permission de Votre Excellence, » dit le landamman, « nous venons dans des intentions pacifiques, quoique portant des armes pour notre défense. Nous sommes des députés des villes de Berne et de Soleure, des cantons d'Uri, de Schwitz et d'Unterwalden, envoyés pour régler des affaires d'importance avec le gracieux duc de Bourgogne et de Lorraine.

— Quelles villes? quels cantons? » dit le gouverneur de Ferrette. « Je ne connais pas ces noms-là parmi les villes libres d'Allemagne. Berne, vraiment! Depuis quand Berne est-il devenu un État libre?

— Depuis le vingt et un juin de l'an de grâce 1339, jour de la bataille de Laupen, » dit Arnold de Biederman.

« Arrière! présomptueux vieillard, » répondit le chevalier; « crois-tu que de pareilles bravades puissent te servir ici à quelque chose? Nous savons, en effet, qu'il y a eu, dans les Alpes, des villages et des communautés insurgés, comment ils se sont révoltés contre l'empereur, et comment, grâce à des endroits fortifiés, à des embuscades et à des cachettes, ils ont massacré quelques chevaliers envoyés contre eux par le duc d'Autriche; mais nous ne pensions guère que d'aussi mesquines bourgades et des bandes de mutins aussi insignifiantes, auraient l'insolence de s'appeler des États libres, et de prétendre entrer comme telles en négociation avec un prince aussi puissant que Charles de Bourgogne.

— S'il plaît à Votre Excellence, » répliqua le landamman avec une tranquillité parfaite, « les lois même de la chevalerie déclarent que, si le plus fort fait tort au plus faible, ou si le noble fait injure à celui qui est moins noble que lui, l'acte accompli efface toute distinction entre eux, et l'auteur de l'injure devient obligé à satisfaction convenable, de telle espèce que le demande la partie lésée.

— Retourne à tes montagnes, paysan, » s'écria le chevalier hautain; « va y peigner ta barbe et y rôtir tes châtaignes. Quoi! parce que quelques rats et quelques souris trouvent une retraite dans les murs et dans les boiseries de nos maisons, leur permettrons-nous de nous infliger leur dégoûtante présence, et de prendre devant nous des airs de liberté et d'indépendance? Non; plutôt les écraser sous les talons de nos bottes de fer.

— Nous ne sommes pas gens que l'on écrase, » dit Arnold Biederman, toujours calme; « ceux qui ont essayé de le faire ont trouvé en nous des pierres d'achoppement. Quittez un instant, seigneur chevalier, ce langage altier, qui ne peut qu'amener une bataille, et prêtez l'oreille à des paroles de paix. Renvoyez libre notre camarade, le marchand auglais Philipson, sur lequel vous avez porté la main ce matin contrairement aux lois ; faites-lui payer pour sa rançon une somme modérée, et nous, qui devons nous rendre de ce pas en la présence du duc, nous lui porterons un rapport favorable sur son gouverneur de Ferrette.

— Vous serez si généreux ! » dit le seigneur Archibald, d'un ton de moquerie. « Et quel gage aurai-je que vous me serez aussi secourables que vous voulez bien le dire ?

— La parole d'un homme qui n'a jamais manqué à sa promesse, » répondit le stoïque landamman.

« Insolent valet ! » répliqua le chevalier ; « oses-tu parler de la sorte ? Toi offrir ta triste parole comme un gage entre le duc de Bourgogne et Archibald de Hagenbach ? Sachez que vous n'allez pas en Bourgogne le moins du monde, ou que vous y allez avec des fers aux mains et des cordes au cou. Holà ! Bourgogne, à la rescousse ! »

A l'instant, les soldats se montrèrent devant, derrière, à droite et à gauche, autour de l'étroit espace où les Suisses s'étaient rangés. Les créneaux de la ville étaient garnis d'hommes ; d'autres hommes se présentaient aux portes de chaque maison de la rue prêts à attaquer, d'autres aux fenêtres, prêts à tirer avec des fusils, des arcs et des arbalètes. Les soldats qui défendaient la barricade, se dressèrent aussi pour disputer le passage. La petite bande, cernée et accablée par le nombre, sans s'étonner ni perdre courage, se mit en devoir d'employer ses armes. Le rang du milieu, sous la conduite du landamman, s'apprêta à forcer la barricade. Les deux files se tournèrent dos à dos pour disputer la rue à ceux qui sortaient des maisons. Il était évident qu'il faudrait du sang et du travail pour réduire cette poignée d'hommes déterminés, fût-on cinq contre un. C'était pour cela, peut-être, que le seigneur Archibald tardait à donner le signal de l'attaque, lorsque, soudain, un cri s'éleva par derrière : « Trahison ! trahison ! »

Un soldat, couvert de vase, accourait devant le gouverneur, et, d'une voix précipitée, dit qu'au moment où il voulait arrêter un prisonnier fugitif, il avait été saisi par les bourgeois de la ville, et presque noyé dans le fossé. Il ajoutait qu'à l'heure présente les citoyens introduisaient l'ennemi dans la place.

« Kilian, » dit le chevalier, « prends quarante hommes, cours à la poterne du nord; poignarde, taille en pièces, renverse du haut des créneaux, tout ce que tu rencontreras en armes, citadins et étrangers. D'une façon ou d'une autre, je vais régler mon affaire avec ces sales paysans. »

Mais avant que Kilian pût obéir aux commandements de son maître, une clameur confuse s'élevait en arrière. On criait : « Bâle! Bâle! liberté! liberté! La journée est à nous! »

C'était la jeunesse de Bâle, qui ne s'était pas trouvée tellement éloignée que Rodolphe n'eût pu la rappeler; c'était un certain nombre de Suisses qui avaient rôdé autour de l'ambassade, en vue d'un service de cette nature; c'étaient les citoyens de Ferrette, qui, forcés par la tyrannie de de Hagenbach de prendre les armes et de monter la garde, avaient profité de l'occasion pour introduire les Bâlois par la poterne par laquelle Arthur s'était évadé.

La garnison, un peu ébranlée déjà par la ferme tenue des Suisses devant la supériorité du nombre, fut complètement déconcertée par cette insurrection inattendue. Beaucoup songèrent plus à fuir qu'à se battre, et se jetèrent du haut des murs, y voyant la meilleure chance pour échapper. Kilian et quelques autres, que l'orgueil empêcha de fuir et le désespoir de demander quartier, combattirent avec fureur, et furent tués sur place. Au milieu de cette confusion, le landamman maintint sa petite bande à la même place, ne la laissant prendre part à l'action que pour repousser les violences quand on l'attaquait.

« Tenez ferme tous! » s'écriait au milieu des rangs la voix puissante d'Arnold Biederman. « Où est Rodolphe? Défendez vos vies, mais ne tuez pas. Arthur Philipson, que faites-vous là? Ferme, vous dis-je, et à vos rangs!

— Je ne puis rester dans le rang, » dit Arthur. « Je vais chercher mon père dans les cachots; on l'égorge peut-être pendant que je suis ici.

— Par Notre-Dame d'Einsiedeln, vous avez raison, » répondit le landamman; « dire que j'oubliais mon généreux hôte! La lutte tourne à sa fin; je vous aiderai. Holà! seigneur banneret, digne Adam Zimmerman, mon bon ami Nicolas Bonstetten, gardez nos hommes à leur poste. Ne vous mêlez pas à cette bagarre; laissez à ceux de Bâle la responsabilité de leurs actes. Je reviens dans quelques minutes. »

Parlant ainsi, il se précipita à la suite d'Arthur Philipson, que ses souvenirs conduisaient assez exactement au lieu où s'ouvraient les escaliers des cachots. Ils aperçurent là un homme de mauvaise mine, vêtu d'une jaquette de buffle; il portait à la ceinture un trousseau de clefs rouillées, indice de sa profession.

« Montre-moi la prison du marchand anglais, » dit Arthur Philipson, « ou tu péris de ma main!

— Lequel des deux voulez-vous voir ? » répondit le fonctionnaire; « le vieux ou le jeune ?

— Le vieux, » dit Arthur. « Son fils t'a échappé.

— Entrez donc ici, Messieurs, » dit le geôlier, ouvrant la serrure d'une grosse porte.

Au fond de la pièce était l'homme qu'ils venaient chercher; il fut à l'instant remis sur pied et couvert de leurs embrassements.

« Mon cher père ! Mon digne hôte ! » dirent en même temps le fils et l'ami, « comment allez-vous ?

— Bien, » répondit Philipson, « si vous venez tous deux, comme me le font supposer vos armes et votre visage, en vainqueurs et libres ; mal, si vous venez pour partager ma prison.

— Soyez sans crainte, » dit le landamman; « nous avons été en péril, mais nous sommes délivrés. Votre mauvais gîte vous a engourdi. Appuyez-vous sur moi, noble ami, et que je vous conduise en de meilleurs quartiers. »

Il fut interrompu en cet instant par un choc terrible, et comme par un bruit de fer. Ce n'était pas le tumulte éloigné de la bataille, qu'ils entendaient encore, venant de la rue, ainsi qu'on entend la voix puissante d'un océan lointain et plein de tempête.

« Par saint Pierre aux liens ! » dit Arthur, qui devina de suite la cause du bruit, « le geôlier a poussé la porte, ou elle lui a échappé des mains. Le pêne s'est fermé sur nous, et nous ne pouvons plus être délivrés que du dehors. Chien de geôlier ! coquin ! ouvre la porte, ou tu es mort !

— Il est probablement hors de la portée de vos menaces, » dit Philipson père, « et vos cris ne servent à rien. Êtes-vous sûr que les Suisses sont en possession de la ville ?

— Nous en sommes les occupants, » répondit le landamman, « sans avoir porté un seul coup.

— Alors, » dit l'Anglais, « vos compagnons vous retrouveront bientôt. Arthur et moi, nous ne sommes guère que des zéros, et notre absence pourrait passer aisément inaperçue ; mais vous êtes trop important pour qu'on ne remarque pas la vôtre lorsqu'on se comptera.

— Je l'espère, » dit le landamman ; « mais je fais une triste figure, enfermé ici comme un chat dans un buffet où il volait de la crème. Arthur, mon brave garçon, ne voyez-vous pas un moyen de rouvrir cela ? »

Arthur venait d'examiner la serrure avec le soin le plus minutieux ; il répondit négativement, ajoutant qu'il fallait bien s'armer de patience, et, faute de mieux, attendre en repos sa délivrance.

Arnold Biederman s'affectait cependant beaucoup de la négligence de ses fils et de ses compagnons.

« Tous mes jeunes gens, sans savoir si je suis mort ou en vie, profitent probablement de mon absence pour se livrer au pillage et à la licence ; le politique Rodolphe ne s'afflige pas trop, je suppose, de ne pas me voir rentrer en scène ; le banneret, Boustetten la vieille barbe, qui m'appelle son ami, tous mes voisins, m'ont abandonné. Ils savent cependant que je me préoccupe de la sûreté du moindre d'entre eux, et qu'elle m'est plus chère que la mienne. Par le ciel ! on dirait un stratagème, et qu'ils ont voulu se débarrasser d'une discipline trop sévère pour des gens qui ne songent qu'à se battre et à prendre. »

Le landamman sortait de sa sérénité ordinaire, et craignant la mauvaise conduite de ses compagnons et de ses amis en son absence, faisait ces réflexions sur leur compte, lorsque le bruit lointain s'éteignit pour faire place au silence le plus complet.

« Que faire à présent ? » dit Arthur Philipson. « Ils profiteront sans doute du calme pour faire l'appel et voir ceux qui manquent. »

Le souhait du jeune homme parut se réaliser ; à peine avait-il dit cela que la serrure fut tournée et la porte entre-bâillée par quelqu'un qui remonta précipitamment l'escalier, avant qu'on n'eût été à même de voir ce libérateur.

« C'est le geôlier, sans doute, » dit le landamman, « qui, non sans raison, craint que nous ne soyons plus irrités de la porte fermée que reconnaissants de la porte ouverte. »

Parlant de la sorte, ils montèrent l'étroit escalier, sortirent de la tour, et arrivèrent dans la rue, où un spectacle étrange les attendait. Les députés suisses et leur escorte étaient encore fermes et en ordre au lieu même où de Hagenbach s'était proposé de les attaquer. Quelques-uns des soldats de celui qui avait été le gouverneur, désarmés, et tâchant de se soustraire à la rage de la multitude qui remplissait à présent les rues, se blottissaient, l'air abattu, derrière la phalange des montagnards, leur meilleur refuge. Mais ce n'était pas tout.

Les charrettes qui avaient servi à barrer la rue, étaient à présent réunies ensemble, et supportaient une plate-forme ou un échafaud, construit à la hâte avec des planches. Sur cette estrade on avait mis un siège, où était assis un homme de grande taille, la tête, le cou et les épaules, nus le reste du corps couvert d'une armure brillante. Son visage était pâle comme la mort; Arthur Philipson reconnut en lui le gouverneur au cœur dur, le seigneur Archibald de Hagenbach. Il était attaché à son siège. A sa droite, et tout à côté de lui, se tenait le prêtre de Saint-Paul, murmurant des prières, et son bréviaire à la main; à gauche et un peu en arrière du prisonnier, apparaissait un homme, vêtu de rouge, les deux mains appuyées sur une épée nue, et dont nous avons donné la description dans une précédente occasion. Au moment où Arnold Biederman arrivait, et avant que le landamman pût ouvrir la bouche pour demander ce que cela voulait dire, le prêtre s'écarta, le bourreau fit un pas en avant, le glaive se leva, le coup fut frappé, et la tête de la victime roula sur l'échafaud. Une acclamation générale et des applaudissements, comme ceux par lesquels la foule au théâtre témoigne son approbation à l'acteur dont le rôle est bien joué, suivirent cet acte de dextérité. Pendant que le cadavre décapité versait par les artères des torrents de sang, bus par la sciure de bois répandue sur l'échafaud, l'exécuteur se présentait avec grâce aux quatre coins de l'estrade, saluant modestement, au milieu des cris flatteurs de la multitude.

Exécution du gouverneur Archibald de Hagenbach.

« Nobles, chevaliers, gentilshommes de sang libre, et bons citoyens, » dit-il, « qui avez assisté à cet acte de haute justice, prêtez-moi, je vous prie, ce témoignage, que le jugement a été exécuté d'après sa forme et teneur, d'un seul coup, sans omission ni répétition. »

Les acclamations recommencèrent.

« Vive Scharfrichter! vive le bourreau! vive le Cœur de fer! Puisse-t-il remplir son office sur d'autres tyrans!

— Nobles amis, » dit l'exécuteur, avec un profond salut, « j'ai encore un mot à vous dire, un mot important. Dieu fasse grâce à l'âme de ce bon et noble chevalier, le seigneur Archibald de Hagenbach. Il fut le patron de ma jeunesse, et mon guide au sentier de l'honneur. J'ai fait huit pas vers la liberté et la noblesse sur les têtes de chevaliers et de nobles, tombées par son ordre et en vertu de son autorité; la neuvième tête est la sienne; c'est par elle que j'atteins et liberté et noblesse. En souvenir et en reconnaissance, cette bourse d'or, dont il m'a gratifié il n'y a pas une heure, je l'emploierai à des messes pour le repos de son âme. Gentilshommes, nobles amis, maintenant mes égaux, Ferrette a perdu un noble, et en a gagné un. Que Notre-Dame soit douce pour le chevalier défunt, le seigneur Archibald de Hagenbach, et qu'elle bénisse et fasse prospérer Étienne Cœur de fer de la Main-Sanglante, libre, à présent, et noble de droit! (A) * »

Sur ce, il ôta du couvre-chef du mort la plume qui, souillée du sang de celui qui l'avait portée, gisait sur l'échafaud près de son corps, et la mettant à son bonnet officiel, reçut, en de longs hourras, les hommages de la foule, les uns prenant au sérieux, les autres en riant, une transformation aussi étrange.

Arnold Biederman retrouva la parole, que l'excès de la surprise lui avait ôtée d'abord. L'exécution avait eu lieu trop rapidement pour qu'il intervînt.

« Qui a osé jouer cette tragédie? » dit-il avec indignation; « et de quel droit a-t-on fait cela? »

(*) Voyez les notes A, B, C, et suivantes, à la fin du volume.

Un cavalier, richement vêtu de bleu, répondit à la question :

« Les citoyens libres de Bâle ont agi pour eux-mêmes, comme les pères de la liberté suisse leur en ont donné l'exemple; le tyran de Hagenbach est tombé conformément au même droit qui a mis à mort le tyran Gessler. Nous l'avons supporté jusqu'à l'heure où la coupe a débordé, et pas plus longtemps.

— Je ne nie pas, » répliqua le landamman, « qu'il n'ait mérité la mort; mais pour votre sécurité et pour la nôtre, il fallait supporter cet homme jusqu'à ce que le bon plaisir du duc eût été connu.

— Pourquoi nous parler du duc? » répondit Laurenz Neipperg, le même cavalier bleu qu'Arthur, en compagnie de Rodolphe, avait vu au rendez-vous secret de la jeunesse de Bâle ; « pourquoi nous parler du duc de Bourgogne, à nous qui ne sommes pas ses sujets? L'empereur, notre seul souverain légitime, n'avait pas le droit d'engager la ville et les fortifications de Ferrette, dépendance de Bâle, au préjudice de notre ville libre. Il n'en pouvait engager que le revenu ; et, l'eût-il fait, la dette a été payée deux fois et plus par les exactions de cet oppresseur, qui vient de recevoir son dû. Continuez votre route, landamman d'Unterwalden. Si nos actions vous déplaisent, vous pourrez les abjurer au pied du trône du duc de Bourgogne ; en le faisant, toutefois, vous abjurerez la mémoire de Guillaume Tell, de Stauffacher, de Furst et de Melchtal, les pères de la liberté suisse.

— Vous dites vrai, » repartit le landamman ; « mais le moment est mal choisi. La patience aurait porté remède à vos maux, que nul ne ressent plus que moi et ne redresserait plus volontiers. Vous avez, jeune homme imprudent, manqué à la modestie de votre âge, et à l'obéissance due aux anciens. Guillaume Tell et ses frères étaient des hommes d'âge et de jugement ; ils étaient époux et pères, avaient droit d'être entendus dans le conseil et de marcher les premiers dans l'action. Il suffit; je laisse aux pères et aux sénateurs de votre ville le soin de reconnaître ou de réprouver vos actes. Mais vous, mes amis, vous banneret de Berne, vous Rodolphe, vous, par-dessus tout, Nicolas Bonstetten, mon camarade et mon ami, pourquoi n'avoir pas pris sous votre protection ce misérable? Vous auriez montré par là au duc de Bourgogne que nous sommes calomniés par ceux qui nous présentent comme désireux de lui chercher querelle ou d'exciter ses sujets à la révolte. Toutes ces préventions, maintenant, vont se confirmer dans l'esprit d'hommes plus attachés aux impressions mauvaises qu'à celles qui sont favorables.

— Vrai comme je vis de pain, mon cher compère et voisin, » répondit Nicolas Bonstetten, « je croyais obéir à la lettre à vos injonctions. Un moment j'ai songé à m'avancer pour protéger cet homme, lorsque Rodolphe Donnerhugel m'a rappelé que vos derniers ordres étaient de rester sans bouger, et de laisser aux hommes de Bâle la responsabilité de leurs actes. Mon compère Arnold, me suis-je dit, sait assurément mieux que nous ce qu'il est à propos de faire.

— Ah, Rodolphe, Rodolphe ! » dit le landamman, le regardant d'un air de reproche, « n'avez-vous pas eu honte de tromper ainsi un vieillard ?

— Dire que je l'ai trompé, c'est une dure accusation ; mais de vous, landamman, » répondit le Bernois avec sa déférence ordinaire, « je supporterai tout. Je dirai seulement qu'étant membre de cette ambassade, je dois avoir une opinion et l'exprimer, surtout quand celui-là n'est pas présent qui est assez sage pour nous conduire et nous diriger tous.

— Vous parlez toujours bien, Rodolphe, » répliqua Arnold Biederman, « et j'aime à croire que vous pensez de même. Il y a des moments toutefois, où j'en doute. Mais trêve de disputes, et laissez-moi, mes amis, prendre vos avis. Allons, pour cela, à l'endroit le meilleur, à l'église même, remercier le ciel qui nous a délivrés d'un guet-apens, puis tenir conseil sur ce que nous devons faire. »

Le landamman ouvrit la marche vers l'église de Saint-Paul, ses compagnons et ses collègues le suivant dans l'ordre voulu. Ceci donna à Rodolphe, qui, comme le plus jeune, laissait les autres marcher devant lui, l'occasion de faire signe à Rudiger, l'aîné des fils du landamman, et de lui dire tout bas de tâcher de congédier les marchands anglais.

« Fais-les partir, Rudiger, par les bons moyens, s'il est possible ; mais surtout fais-le de suite. Ton père est infatué de ces deux colporteurs d'Angleterre, et n'écoutera pas d'autres conseils ; toi et moi, nous savons, mon cher Rudiger, que ces hommes ne doivent pas faire la loi à des Suisses nés libres. Rends-leur au plus vite ce qu'on leur a volé, ou ce qui en reste, et qu'ils s'en aillent, au nom du ciel! »

Rudiger fit un signe d'intelligence, et alla offrir ses services pour faciliter le départ de Philipson. Il trouva le sage marchand aussi désireux de se dérober à ces scènes de désordre que le jeune Suisse lui-même de l'aider à partir ; mais il voulait auparavant retrouver l'écrin dont de Hagenbach s'était emparé. Rudiger Biederman organisa dans ce but les investigations les plus sévères, avec d'autant plus de chance de succès que la simplicité des Suisses les empêchait d'attribuer à cet objet sa véritable valeur. Des perquisitions immédiates et minutieuses furent faites sur le cadavre de de Hagenbach, où le précieux paquet ne se trouva pas, et sur tous ceux qui avaient approché de lui lors de son exécution, ou qu'on supposait jouir de sa confiance.

Le jeune Arthur Philipson aurait volontiers cherché le moment de dire adieu à Anne de Geierstein. Mais le voile gris ne se voyait plus dans les rangs des Suisses, et il y avait sujet de penser que, dans la confusion qui suivit l'exécution de de Hagenbach, et la retraite des chefs du petit bataillon, elle s'était échappée dans une des maisons voisines. Quant aux soldats qui l'entouraient, cessant d'être retenus par la présence de leurs anciens, ils s'étaient dispersés, les uns à la recherche des objets dont les Anglais avaient été dépouillés, d'autres sans doute pour prendre part aux réjouissances de la jeunesse victorieuse de Bâle, et des bourgeois de Ferrette qui avaient si adroitement livré les fortifications.

C'était le cri universel que Brisach, si longtemps considéré comme le frein des confédérés suisses et la barrière opposée à leur commerce, recevrait dorénavant garnison, pour les protéger contre les empiètements et les exactions du duc de Bourgogne et de ses officiers. Toute la ville était dans une joie indescriptible, et les habitants rivalisaient d'empressement pour offrir aux Suisses toutes sortes de rafraîchissements ; les jeunes gens de l'escorte circulaient gaiement et en triomphe, profitant des circonstances imprévues qui avaient converti une déloyale embuscade en une réception cordiale et joyeuse.

Au milieu de cette confusion, il fut impossible à Arthur de quitter son père, même pour satisfaire ses désirs les plus ardents. Préoccupé, pensif et triste au milieu de la joie générale, il resta auprès du père qu'il avait tant sujet d'aimer et d'honorer, l'aidant à mettre en ordre et à charger sur la mule les divers paquets et ballots que les braves Suisses avaient retrouvés après la mort de de Hagenbach, et qu'ils rapportaient à leur propriétaire légi-

time. C'était à grand'peine que l'Anglais faisait accepter à ces honnêtes jeunes gens les petits cadeaux dont il pouvait disposer encore; il fallait les imposer de force à ceux qui lui rendaient sa propriété; la récompense, dans leurs idées rudes et simples, excédait de beaucoup la valeur de ce qu'ils avaient reconquis.

Il y avait dix ou quinze minutes à peine que cela durait, lorsque

Rodolphe Donnerhugel s'approcha de Philipson père, et, d'un ton fort poli, l'invita à se joindre au conseil des chefs de l'ambassade des cantons suisses, désireux, disait-il, de profiter de son expérience pour des questions importantes sur la conduite à suivre.

« Veillez à nos affaires, Arthur, et ne bougez pas d'ici, » dit Philipson à son fils. « Songez surtout au paquet scellé qui m'a été ravi si odieusement ; le ravoir est de la plus haute importance. »

Parlant de la sorte, il partait en compagnie du Bernois. Celui-ci, d'un ton confidentiel, lui dit, tandis que bras dessus bras dessous, ils gagnaient l'église de Saint-Paul :

« Un homme de votre sagesse ne nous donnera pas, je pense, le conseil de nous fier au duc de Bourgogne, après l'injure qu'on lui a faite en prenant sa forteresse et en exécutant son lieutenant. Vous, du moins, vous seriez trop judicieux pour nous prêter davantage la faveur de votre compagnie : ce serait, de propos délibéré, s'engager dans notre naufrage.

— Je donnerai mon avis de mon mieux, » répondit Philipson, « lorsque je serai instruit plus à fond des circonstances sous l'empire desquelles on m'interroge. »

Rodolphe murmura un jurement, ou une exclamation de colère, et conduisit Philipson à l'église sans en dire plus long.

Dans une petite chapelle touchant à l'église, et dédiée à saint Magnus, martyr, les quatre députés étaient en étroit conclave, autour de la châsse où figurait le héros canonisé, armé comme de son vivant. Le prêtre de Saint-Paul était là aussi, et suivait la discussion avec un grand intérêt. Lorsque Philipson entra, tous se turent, et le landamman lui adressa la parole en ces termes : « Seigneur Philipson, nous voyons en vous un homme qui a voyagé beaucoup, versé dans les mœurs des pays étrangers, et fort au courant de ce qui concerne Charles de Bourgogne ; vous êtes donc apte à nous donner des avis dans une matière de haute importance. Vous savez avec quelle sollicitude nous poursuivons la mission de paix qui nous a été donnée auprès du duc ; vous savez aussi ce qui est arrivé aujourd'hui, et que, probablement, cela sera présenté au duc sous les plus mauvaises couleurs. Nous conseillez-vous, en un cas pareil, de nous rendre auprès de Charles, ayant sur nous tout l'odieux de cette action? ou ferons-nous mieux de retourner en nos foyers, et de nous préparer à la guerre avec la Bourgogne?

— Quelle opinion avez-vous vous-mêmes sur ce sujet? » dit l'Anglais avec circonspection.

« Nous sommes divisés, » répondit le banneret de Berne; « j'ai porté trente ans la bannière de Berne contre ses ennemis; je suis disposé à la porter encore contre les lances des chevaliers du Hainaut et de la Lorraine, plutôt qu'à subir le dur traitement auquel nous devons nous attendre au pied du trône de Bourgogne.

— Nous mettons la tête dans la gueule du lion si nous avançons, » dit Zimmerman de Soleure; « mon opinion est de battre en retraite.

— Je ne conseillerais pas la retraite, » dit Rodolphe Donnerhugel, « si ma vie seule était en jeu. Mais le landamman d'Unterwalden est le père des cantons unis, et ce serait un parricide de mettre sa vie en péril. Mon avis est de retourner, et que la confédération se mette sur la défensive.

— Mon opinion est différente, » dit Arnold Biederman; « et je ne pardonnerai à personne de mettre, par une amitié ou sincère ou simulée, ma faible vie en balance avec l'avantage des cantons. Si nous allons plus avant, nous risquons nos têtes ; cela est vrai. Mais si nous battons en retraite, nous engageons notre pays dans une guerre contre l'une des puissances de premier ordre de l'Europe. Mes dignes concitoyens, vous êtes braves dans le combat; montrez aujourd'hui un non moins ferme courage, et n'hésitons pas à affronter tous les dangers personnels qui nous peuvent menacer, si, en agissant de la sorte, nous pouvons donner une chance de paix à notre pays.

— Je pense et je vote comme mon voisin et compère Arnold Biederman, » dit le laconique député de Schwitz.

« Vous voyez comment nos opinions sont divisées, » dit le landamman à Philipson; « quelle est la vôtre?

— Je vous demanderai d'abord, » dit l'Anglais, « en quelle mesure vous avez participé à l'assaut donné à la ville qu'occupaient les troupes du duc, et à la mise à mort de son gouverneur?

— Je prends le ciel à témoin, » dit le landamman, « que je ne savais pas qu'il y eût le moindre projet d'attaquer la ville, jusqu'au moment où cela s'est fait à l'improviste.

— Et quant à l'exécution de de Hagenbach, » dit le prêtre noir, « je vous jure, étranger, par mon saint ordre, que cela s'est fait sous la direction d'une cour compétente, dont Charles de Bourgogne lui-même est tenu de respecter la sentence, et dont les députés de l'ambassade suisse n'auraient pu ni hâter ni retarder l'action.

— Si tel est le cas, et si vous pouvez réellement, » répondit Philipson, « prouver que vous êtes étrangers à cet acte grave, qui sera vivement ressenti par le duc de Bourgogne, je vous conseillerais à tout prix de continuer votre voyage, certains d'être entendus de ce prince avec impartialité et justice, et ayant chance d'obtenir, peut-être, une réponse favorable. Je connais Charles de Bourgogne; je pourrais même dire qu'en tenant compte de nos différences de rang et de direction dans la vie, je le connais bien. Il sera, aux premières nouvelles, fort irrité de ce qui est advenu, et l'interprètera sans nul doute à votre désavantage. Mais si, dans l'examen qu'il fera de l'affaire, vous êtes à même de vous laver de ces imputations mauvaises, le sentiment qu'il aura lui-même de son injustice peut faire pencher la balance en votre faveur; et il ira, en ce cas, de l'excès de la censure à celui de l'indulgence. Votre cause peut être, d'ailleurs, exposée au duc par quelque langue plus au courant que les vôtres du parler des cours; et ce bienveillant interprète, j'aurais pu l'être pour vous, si je n'avais été volé du paquet précieux que je portais au duc, comme témoignage de ma mission auprès de lui.

— Pauvre défaite, » murmura Donnerhugel à l'oreille du banneret, « pour se faire indemniser par nous des marchandises qu'on lui a prises. »

Le landamman eut peut-être un instant la même idée.

« Marchand, » dit-il, « nous nous sentons tenus de vous dédommager, si nos moyens nous le permettent, de la perte que vous avez subie en vous fiant à notre protection.

— Nous le ferons, » dit le vieillard de Schwitz, « nous en coûtât-il vingt sequins.

— Je n'ai pas droit à votre garantie, » dit Philipson, « m'étant séparé de vous avant de subir aucune perte. La valeur de ce que j'ai perdu était grande, plus grande même que vous ne le supposez ; mais la cause principale de mon regret, c'est que le contenu de l'écrin était un signe convenu entre une personne de haute importance et le duc de Bourgogne ; et je crains de ne pouvoir, maintenant que j'en suis privé, obtenir de Sa Grâce la confiance dont j'ai besoin pour moi et pour vous. Sans cet objet, et réduit à ne parler que comme un simple voyageur, je ne puis prendre sur moi ce dont je me serais chargé parlant au nom des personnes dont je portais les pouvoirs.

— Ce paquet important, » dit le landamman, « sera cherché avec soin, et vous sera rendu scrupuleusement. Quant à nous, pas un de nos Suisses ne connaît la valeur de son contenu ; et si c'était aux mains de l'un d'eux, il vous le rendrait comme une bagatelle, sans prix à ses yeux. »

Il parlait encore, lorsqu'un coup fut frappé à la porte de la chapelle. Rodolphe, qui en était le plus près, ayant communiqué un instant avec le dehors, dit avec un sourire, qu'il réprima sur-le-champ pour ne pas blesser Arnold Biederman : « C'est le bon Sigismond. Faut-il l'admettre à notre conseil ?

— Qu'y ferait-il, le pauvre garçon ? » dit le père, souriant tristement.

« Permettez-moi d'ouvrir, » dit Philipson ; « il insiste pour entrer ; peut-être a-t-il des nouvelles. J'ai remarqué, landamman, que ce jeune homme, malgré la lenteur de ses idées et de sa parole, est ferme dans ses principes, et heureux quelquefois dans ses idées. »

Il fit entrer Sigismond. Arnold Biederman était sensible aux paroles flatteuses de Philipson sur le personnage le plus obtus de la famille ; mais il craignait une manifestation publique de l'insuffisance de son fils. Sigismond, cependant, était plein de confiance ; il avait raison : car, comme mode d'explication le plus rapide, il présenta à Philipson le collier de diamants, et l'écrin qui l'avait contenu.

« Cette jolie chose est à vous, » dit-il. « Je le sais de votre fils Arthur, qui m'assure que vous serez content de la ravoir.

— Je vous remercie de tout cœur, » dit le marchand. « Le collier est à moi, ou du moins l'écrin où il est m'était confié. Il vaut pour moi, en ce moment, beaucoup plus que sa valeur réelle; car ce sera mon signe et mon gage pour l'accomplissement d'une mission importante. Comment donc, mon jeune ami, » continua-t-il, s'adressant à Sigismond, « avez-vous été assez heureux pour retrouver ce que, jusque-là, nous avions cherché en vain? Laissez-moi vous témoigner ma reconnaissance; et ne me trouvez pas trop curieux si je vous demande de quelle façon vous l'avez reconquis?

— Ce sera bientôt dit, » répliqua Sigismond. « Je m'étais mis aussi près que j'avais pu de l'échafaud, n'ayant jamais vu d'exécution; et j'avais remarqué que le bourreau, très adroit d'ailleurs à mon avis, au moment où il étendait un drap sur le corps de de Hagenbach, ôtait vivement quelque chose de la poitrine du mort, et le glissait dans la sienne. Lors donc que le bruit courut qu'un article de valeur manquait, je me suis mis de suite en quête du personnage. J'appris qu'il avait demandé des messes, pour le prix de cent couronnes, au grand autel de Saint-Paul; je le rejoignis à la taverne du village, où quelques individus de mauvaise mine buvaient joyeusement à sa santé, en ses qualités de citoyen libre et d'homme noble. Je m'avançai avec ma pertuisane, et je demandai à Sa Seigneurie de me rendre ce qu'elle avait pris, sans quoi j'allais essayer sur elle le poids de l'arme que je portais. Le seigneur bourreau hésita, et faillit faire une querelle. Mais j'avais l'air assez décidé, et il jugea meilleur de me donner le paquet. J'espère, seigneur marchand, que vous le trouverez entier et tel qu'on vous l'avait pris. Et alors... et alors, je les ai laissés finir leur régal. Voilà mon histoire.

— Vous êtes un brave garçon, » dit Philipson; « et avec un cœur toujours droit, la tête va rarement du mauvais côté. L'Église ne perdra pas son dû; je me charge, avant de quitter Ferrette, de payer les messes demandées par cet homme pour le repos de l'âme de de Hagenbach, enlevé d'une manière si inattendue. »

Sigismond allait répliquer; Philipson, craignant de le voir gâter par quelque sottise la satisfaction que sa conduite venait de donner à son père, ajouta sur-le-champ : « Allez, bon jeune homme, et donnez à mon fils Arthur ce précieux écrin. »

Tout joyeux d'avoir reçu une approbation à laquelle il n'était guère accoutumé, Sigismond partit, et le conseil redevint secret.

Il y eut un moment de silence. Le landamman était vivement ému : Sigismond avait montré dans cette occasion la plus grande sagacité, lui de qui l'on ne croyait pas devoir en attendre beaucoup. Ce n'était pas le moment d'exprimer ce sentiment ; il se le réservait pour ses joies

intimes, comme consolation des inquiétudes que lui avait données l'intelligence bornée du pauvre jeune homme. Lorsqu'il prit la parole, ce fut pour s'adresser à Philipson, avec sa candeur et sa virilité ordinaires.

« Seigneur Philipson, » dit-il, « nous ne vous considérons comme tenu en rien par les offres que vous avez faites alors que ces riches objets n'étaient pas en votre possession : un homme croit souvent qu'en telle situation, il serait à même de faire certaines choses, et, cette situation arrivée, il peut être incapable de les accomplir. Mais je vous demande à présent si, ayant recouvré heureusement ce qui, dites-vous, vous donnera créance sans nul doute auprès du duc de Bourgogne, vous vous croyez en état d'interposer votre médiation en notre faveur, comme vous le disiez tout à l'heure. »

Tous se penchèrent pour entendre la réponse du marchand.

« Landamman, » répliqua-t-il, « je n'ai jamais dit, dans une situation difficile, une parole que je ne fusse prêt à tenir quand la difficulté serait écartée. Vous dites, et je crois, que vous n'avez été pour rien dans cet assaut de Ferrette. Vous dites aussi que la vie de de Hagenbach a été touchée par une juridiction sur laquelle vous n'aviez pas de contrôle et vous n'en avez exercé aucun. Qu'un procès-verbal soit dressé, affirmant ces circonstances, et, autant que possible, les prouvant. Confiez-le-moi, sous votre sceau si vous voulez, et, pour peu que les choses soient établies, je vous donne ma parole de... ma parole d'honnête homme et d'Anglais, que le duc de Bourgogne ne vous infligera ni emprisonnement ni injure. J'espère aussi démontrer à Charles, par des raisons solides et puissantes, combien une ligue d'amitié entre la Bourgogne et les cantons unis de l'Helvétie serait, de la part de Sa Grâce, une mesure sage et généreuse. Il est possible que j'échoue sur ce dernier point; et, s'il en est ainsi, j'en aurai grand regret. En vous garantissant le passage vers la cour du duc, et un retour sûr en votre pays, je ne crois pas pouvoir me tromper. Si je me trompais, ma vie, et celle de mon enfant unique et chéri, paieront la rançon de mon excès de confiance dans la justice et l'honneur du duc. »

Les députés restaient silencieux, et regardaient le landamman. Rodolphe Donnerhugel prit la parole.

« Allons-nous confier nos vies, et, ce qui nous est plus cher encore, celle de notre honorable collègue Arnold Biederman, à la seule parole d'un marchand étranger? Nous connaissons tous le tempérament du duc, et quel esprit de vengeance et de cruauté il a toujours eu pour notre pays et nos intérêts. Ce marchand anglais devrait, il me semble, expliquer plus clairement la nature de ses relations avec la cour de Bourgogne, s'il veut que nous placions en elles une confiance aussi absolue.

— C'est une chose, seigneur Rodolphe Donnerhugel, que je ne suis pas libre de faire, » répliqua le marchand. « Je ne m'introdnis pas dans vos secrets, qu'ils vous appartiennent comme corps constitué ou comme simples individus. Les miens sont sacrés. Si je ne considérais que ma propre sécurité, j'agirais très sagement en me séparant de vous. Mais l'objet de votre mission est la paix ; et votre retour soudain, après ce qui est arrivé à Ferrette, rendra la guerre inévitable. Je crois pouvoir vous garantir audience libre et sûre de la part du duc, et, en vue d'une chance de paix pour la chrétienté, j'accepte le péril qui peut en résulter pour moi.

— N'en dites pas davantage, digne Philipson, » reprit le landamman ; « votre bonne foi n'est pas en doute pour nous, et malheureux celui qui ne la lirait pas écrite sur votre noble visage. Continuons donc notre route, prêts à risquer devant un despote la sûreté de nos personnes, plutôt que de laisser inaccomplie la mission dont notre pays nous a chargés. Celui-là n'est brave qu'à moitié qui ne sait risquer sa vie que sur un champ de bataille. Il y a d'autres dangers, qu'il n'est pas moins honorable d'affronter ; et puisque le bien de la Suisse nous demande de les braver, nul de nous n'hésitera à en accepter les risques. »

Les autres membres de l'ambassade firent un signe d'assentiment, et le conclave fut rompu, pour se préparer à pénétrer plus avant dans la Bourgogne.

CHAPITRE XVII.

Le soleil sur les monts tapissés de bruyère
De ses derniers rayons envoyait la lumière,
Et de mille couleurs le noble enchantement
Sur les ondes du Rhin se reflétait gaîment.
SOUTHEY.

ES commissaires suisses consultèrent alors le marchand anglais sur tout ce qu'ils devaient faire. Il les exhorta à poursuivre leur voyage avec la plus grande diligence, pour porter eux-mêmes au duc leur récit de l'affaire de Brisach, et prévenir des rumeurs moins favorables sur leur conduite en cette occasion. Il recommanda aux députés de congédier leur escorte armée, assez nombreuse pour donner ombrage, insuffisante pour une vraie défense, et de se rendre eux-mêmes, à cheval et à grandes journées, à Dijon, ou partout où le duc pouvait être pour le moment.

Cette proposition rencontra une résistance formelle de la part de celui qui avait été jusque-là le plus facile de tous, et le simple écho du landamman. En la présente occasion, et bien qu'Arnold Biederman déclarât excellent l'avis de Philipson, Nicolas Bonstetten se mit en opposition absolue. S'étant fié jusque-là à ses jambes pour le transporter d'un lieu à un autre, il ne pouvait consentir à se mettre à la discrétion d'un cheval. Son obstination étant invincible, il fut enfin décidé que les deux Anglais pousseraient rapidement leur voyage, et que le plus âgé d'entre eux communiquerait au duc, sur la prise de Ferrette, tout ce dont il avait été personnellement témoin. Quant aux particularités de la mort de de Hagenbach, le landamman l'assura qu'elles seraient envoyées au duc par un homme digne de confiance, dont l'attestation ne pourrait être révoquée en doute.

Cet arrangement fut adopté, Philipson se croyant sûr d'obtenir promptement de Sa Grâce le duc de Bourgogne une audience particulière.

« J'intercèderai pour vous de mon mieux, » dit-il ; « vous y avez droit. Nul plus que moi ne peut rendre témoignage de la cruauté et de la rapacité inouïe de de Hagenbach, car peu s'en est fallu que je n'en fusse la victime. Mais de son procès et de son exécution, je ne sais rien et ne puis rien dire ; et comme le duc Charles me demandera certainement pourquoi l'exécution de son lieutenant a eu lieu sans appel à son propre tribunal, il sera bien que vous me munissiez des faits que vous pouvez établir, ou que vous envoyiez d'avance et au plus vite, vos preuves sur ce point important. »

La proposition du marchand embarrassa visiblement les Suisses, et ce fut avec une certaine hésitation qu'Arnold Biederman, l'ayant pris à part, lui dit tout bas :

« Les mystères, mon excellent ami, sont comme les mauvais brouillards, qui défigurent les plus nobles traits de la nature ; comme eux, ils surviennent quelquefois lorsque nous désirons le plus qu'il n'y en ait pas, lorsque nous désirons le plus être nets et explicites. La mort de de Hagenbach, vous l'avez vue ; nous prendrons soin que le duc soit informé de l'autorité par laquelle a été infligé le châtiment. C'est tout ce que je puis, à présent, vous dire à ce sujet ; laissez-moi ajouter que, moins vous en parlerez à qui que ce soit, plus vous aurez chance d'éviter des désagréments.

— Digne landamman, » dit l'Anglais, « moi aussi, par nature, et grâce aux habitudes de mon pays, je suis ennemi des mystères. Telle est cependant ma ferme confiance dans votre sincérité et votre honneur, que vous serez mon guide en ces négociations sombres et secrètes, absolument comme dans les brouillards et les précipices de votre pays natal. Je place en votre sagacité, dans les deux cas, une confiance sans bornes. Laissez-moi seulement vous recommander que votre explication au duc Charles soit prompte, aussi bien que claire et sincère. S'il en est ainsi, j'espère que mon faible crédit auprès de lui comptera pour quelchose en votre faveur. Séparons-nous donc, mais, j'en ai la confiance, pour nous retrouver bientôt. »

Philipson rejoignit son fils, et lui dit d'aller louer des chevaux et un guide pour les conduire, en toute hâte, auprès du duc de Bourgogne. Par des informations prises dans la ville, et de la bouche surtout des ex-soldats de de Hagenbach, on apprit que Charles avait été occupé récemment à prendre possession de la Lorraine, et que, soupçonnant à présent des dispositions peu amicales de la part de l'empereur d'Allemagne, aussi bien que de Sigismond, duc d'Autriche, il avait réuni près de Strasbourg une partie considérable de son armée, pour être prêt contre toute attaque de ces princes ou des villes libres impériales, qui pourraient vouloir le gêner dans le cours de ses conquêtes. Le duc de Bourgogne, à cette époque, méritait bien le surnom de *Téméraire*, puisque entouré d'ennemis, semblable à l'un des plus nobles animaux que poursuivent les chasseurs, il étonnait, par son attitude ferme et audacieuse, non seulement les princes et les États que nous avons nommés, mais le roi même de France, aussi puissant et beaucoup plus politique que lui.

Ce fut donc vers son camp que les voyageurs anglais se dirigèrent, remplis l'un et l'autre de réflexions si sérieuses et si tristes, qu'elles empêchaient chacun d'eux de donner beaucoup d'attention à l'état d'esprit de l'autre. Ils chevauchaient absorbés dans leurs pensées, causant moins qu'ils ne le faisaient d'habitude en voyageant. La noblesse de la nature de Philipson père, et son respect pour la probité du landamman, joints à la reconnaissance qu'il gardait de son hospitalité, l'avaient empêché de séparer sa cause de celle des députés suisses; il ne se repentait pas de sa générosité envers eux. Mais lorsqu'il songeait à la nature et à la gravité des affaires dont il avait à traiter avec un prince fier, impérieux et irritable, il ne pouvait que regretter les circonstances qui avaient mêlé sa mission particulière, si importante pour lui et pour ses amis, aux intérêts de gens aussi odieux que le seraient probablement, aux yeux du duc, Arnold Biederman et ses compagnons. Quelle que fût sa reconnaissance pour l'hospitalité de Geierstein, il était fâcheux que les circonstances l'eussent forcé de l'accepter.

Les réflexions d'Arthur ne valaient pas mieux. Il se trouvait de

nouveau séparé de l'objet auquel, presque malgré lui, retournaient constamment ses pensées. Cette seconde séparation avait eu lieu après qu'il venait de s'ajouter quelque chose au poids de sa reconnaissance, après qu'un aliment nouveau, et plus mystérieux encore, s'était offert à son ardente imagination. Comment concilier le caractère d'Anne de Geierstein, qu'il avait connue si douce, si candide, si pure et si simple, avec celui de la fille d'une enchanteresse, ou de l'un de ces esprits qui résident dans les éléments, pour qui la nuit est le jour, et un cachot impénétrable le portique ouvert d'un temple. Pouvait-on identifier les deux personnes en un seul être? ou, absolument semblables de forme et de traits, l'une d'elles était-elle une habitante de la terre, l'autre un simple fantôme, autorisé à se montrer à des êtres d'une autre nature. Par-dessus tout, ne pourrait-il jamais la revoir, ou recevoir de sa bouche l'explication des mystères si merveilleusement liés aux souvenirs qu'il avait d'elle? Telles étaient les questions qui remplissaient l'esprit du plus jeune des voyageurs, et qui l'empêchaient de troubler, ou même de voir, les rêveries dans lesquelles son père était plongé.

Si les voyageurs avaient été disposés à trouver plaisir aux beautés du pays où ils faisaient route, le voisinage du Rhin eût bien été fait pour les enchanter. Sur la rive gauche de ce noble fleuve, le terrain est plat et sans rien de remarquable, et les montagnes d'Alsace, dont une chaîne s'étend parallèlement à son cours, n'en approchent pas assez pour diversifier beaucoup la surface unie de la vallée qui les sépare de la rive. Mais le large fleuve lui-même, courant rapide au milieu des petites îles qui en divisent le cours, est un des spectacles les plus majestueux de la nature. La rive droite est anoblie et ornée de nombreuses éminences couvertes de bois et entrecoupées de vallées; c'est la contrée si connue sous le nom de Forêt Noire, à laquelle la superstition a attaché tant de terreurs et la crédulité tant de légendes. Des terreurs, ce pays en contenait de réelles, d'indiscutables. Les vieux châteaux, aperçus de temps en temps sur les rives même du fleuve, ou sur les ravins et les larges cours d'eau qui s'y jettent, n'étaient pas alors des ruines pittoresques, intéressantes par les histoires qu'on raconte de leurs anciens habitants; ils constituaient les forteresses debout, et imprenables en apparence, de ces chevaliers brigands dont nous avons déjà souvent parlé, et sur lesquelles nous avons eu tant de récits émouvants, depuis que Goethe, né pour éveiller la gloire endormie de sa patrie, a dramatisé l'histoire de Goetz de Berlichingen. Le danger du voisinage de ces forteresses ne se faisait sentir que sur la rive droite du Rhin, ou rive allemande; car la largeur et la profondeur du noble fleuve défendaient l'Alsace des incursions. Les terres voisines des châteaux étaient en la possession des cités ou villes libres de l'Empire, de sorte que la tyrannie féodale des seigneurs allemands s'exerçait principalement aux dépens de leurs propres concitoyens. Ceux-ci, qu'irritaient et qu'épuisaient leurs rapines et leur oppression, étaient forcés d'élever contre elles des barrières, d'une nature non moins étrange que les maux dont ils avaient à se protéger.

La rive gauche, sur une grande partie de laquelle, à des titres divers, Charles de Bourgogne exerçait son autorité, était sous la protection régulière de magistrats de droit commun, appuyés, dans l'exercice de leurs fonctions, de fortes bandes de soldats mercenaires. Ces troupes étaient entretenues par Charles sur son revenu particulier; aussi bien que Louis, son rival, et que d'autres princes de ce temps, il avait reconnu que le système féodal donnait aux vassaux de la couronne une indépendance fâcheuse. On avait donc pensé qu'il vaudrait mieux mettre à la place des seigneurs une armée permanente, consistant en compagnies franches, ou soldats de profession. L'Italie avait fourni la plus grande partie des bandes, qui composaient l'armée de Charles, la partie du moins à laquelle il se fiait le plus.

Nos voyageurs poursuivaient donc leur route sur le bord du fleuve, avec autant de sécurité qu'on pouvait en avoir à cette époque violente et troublée. Au bout de quelque temps, le père, après avoir regardé l'individu qu'Arthur avait loué pour être leur guide, demanda tout à coup à son fils ce que c'était que cet homme. Arthur répondit qu'il avait été trop pressé de trouver une personne qui connût la route et qui voulût l'indiquer, pour s'enquérir avec beaucoup de soin de sa position sociale ou de ses occupations; que ce semblait être un de ces ecclésiastiques voyageant de droite et de gauche avec des reliques, des indulgences, et autres choses religieuses, sorte de personnes assez peu respectée en général, excepté des classes inférieures, à l'égard desquelles ces vendeurs d'objets de piété étaient accusés de pratiquer de grosses supercheries.

L'aspect de l'homme était plutôt celui d'un dévot laïque, ou d'un pèlerin voyageant vers les diverses châsses des saints, que d'un moine mendiant ou d'un colporteur de reliques. Il avait le chapeau, la besace, le bâton, la dalmatique grossière, semblable au manteau d'ordonnance de nos modernes hussards, qu'employaient de telles personnes dans leurs pérégrinations religieuses. Les clefs de saint Pierre, taillées tant bien que mal dans un chiffon de drap écarlate, apparaissaient sur son manteau, en sautoir comme on dit en style héraldique. Ce dévot semblait un homme de cinquante ans et plus, bien bâti, et vigoureux pour son âge, avec une physionomie qui, sans être précisément laide, était loin de parler en sa faveur. Il y avait dans ses yeux et dans ses mouvements une finesse et une vivacité en contraste, par instants, avec la sainteté du caractère qu'il prenait. Une pareille contradiction entre le vêtement et la figure n'avait rien d'étonnant parmi les personnes de son espèce, dont beaucoup embrassaient ce genre de vie plutôt pour satisfaire des dispositions oisives et vagabondes que par vocation religieuse.

« Qui êtes-vous, mon ami ? » dit Philipson père ; « et de quel nom devrai-je vous appeler pendant que nous voyageons ensemble ?

— Barthélemy, Monsieur, » répondit l'homme ; « le frère Barthélemy. Je pourrais dire Bartholomæus ; mais il ne convient pas à un pauvre frère lai comme moi d'aspirer à l'honneur d'une terminaison savante.

— Dans quelle direction voyagez-vous, bon frère Barthélemy ?

— J'irai dans toutes celles que Votre Excellence voudra, et où elle aura besoin de mes services comme guide, » repartit le pèlerin ; « à la condition toujours que vous me laisserez le temps pour mes dévotions, à toutes les stations saintes où nous passerons sur notre route.

— C'est-à-dire, » répondit l'Anglais, « que votre voyage n'a pas de but ou d'objet déterminé ?

— Aucun but particulier, comme le dit Votre Excellence, » répondit le pieux voyageur ; « ou, pour mieux dire, mon cher Monsieur, mon voyage embrasse tant de choses qu'il est indifférent pour moi de faire en premier celle-ci ou celle-là. Mon vœu m'oblige à voyager quatre ans d'un lieu de sainteté à un autre ; mais je ne suis pas absolument lié à les visiter dans tel ou tel ordre.

— De sorte que votre vœu ne vous empêche pas de vous louer aux voyageurs pour être leur guide, » répliqua Philipson.

« Si je puis joindre à ma dévotion envers les saints dont je visite les reliques un service rendu à une créature errante qui désire être dirigée dans son voyage, ce sont deux objets, je crois, » répliqua Barthélemy, « qui se concilient aisément ensemble.

— D'autant plus qu'un petit profit terrestre tendrait à cimenter les deux devoirs, encore bien qu'ils seraient incompatibles, » dit Philipson.

« Il plaît à Votre Honneur de parler ainsi, » répliqua le pèlerin ; « mais il vous est loisible, si vous voulez, de tirer de ma compagnie quelque chose de plus que la simple indication de la route que vous avez à parcourir. Je puis rendre votre voyage plus édifiant par les légendes des saints dont j'ai visité les reliques, et plus agréable par le récit des choses merveilleuses que j'ai vues et entendues dans mes pérégrinations. Je puis vous procurer l'occasion de vous pourvoir des indulgences de Sa Sainteté, non seulement pour les péchés déjà commis, mais encore pour les fautes à venir.

— C'est très avantageux sans doute, » répliqua le marchand ; « mais, mon bon Barthélemy, lorsque j'ai à parler de ces choses-là, je m'adresse à mon confesseur, guide régulier de ma conscience, qui, par suite, me connaît bien, et est mieux à même que tout autre de me prescrire ce dont j'ai besoin.

— Néanmoins, » dit Barthélemy, « je crois Votre Excellence un homme trop religieux, et un trop bon catholique, pour passer devant un lieu sanctifié sans essayer d'obtenir une part des bienfaits que l'endroit peut dispenser à ceux qui ont disposition et bon vouloir pour les mériter. Notamment, comme tous les hommes, de quelque métier et de quelque classe qu'ils soient, tiennent en respect le saint qui est le patron de leur profession, j'espère qu'étant marchand, vous ne passerez pas devant la chapelle de Notre-Dame du Bac, sans faire quelque oraison convenable.

— Barthélemy, » dit Philipson, « je ne connais pas les reliques dont vous me parlez ; et, mes affaires étant urgentes, je ferai mieux d'aller porter là mes hommages de pèlerin en un temps plus opportun, sans retarder mon voyage quant à présent. Dieu aidant, je ne manquerai pas d'y songer, pour m'excuser d'avoir ajourné mes dévotions jusqu'au moment où je pourrais les faire plus à loisir et mieux.

— Ne vous fâchez pas, » dit le guide, « si je dis que votre conduite sur ce point est celle d'un insensé, qui, trouvant un trésor sur le côté de la route, néglige de le ramasser et de l'emporter, sous prétexte de revenir plus tard exprès pour le prendre. »

Philipson, assez étonné de l'obstination de cet homme, allait lui répondre vivement, lorsqu'il en fut empêché par l'arrivée de trois étrangers, venant rapidement à cheval derrière eux.

La première de ces personnes était une jeune femme, fort élégamment vêtue, montée sur un genet d'Espagne, qu'elle maniait avec beaucoup de grâce et de dextérité. Sa main droite était couverte d'un de ces gants dont on se sert pour porter les faucons, et un émerillon y était perché. Elle était coiffée d'un montero ou toque de chasse, et, comme cela se faisait souvent dans ce temps-là, elle avait sur la figure un masque de soie noire qui cachait ses traits. En dépit de ce déguisement, le cœur d'Arthur Philipson fut profondément secoué par l'arrivée de ces étrangers, car il était sûr de reconnaître la forme incomparable de la jeune Suissesse dont son esprit était si occupé. Ceux qui la suivaient étaient un fauconnier avec son bâton de chasse, et une femme, tous deux ses domestiques. Philipson père ne fut pas, en cette occasion, aussi bien servi que son fils par ses souvenirs ; il ne vit dans la belle étrangère qu'une dame ou une demoiselle de haut rang s'amusant à chasser au faucon. Elle répondit à son salut en s'inclinant légèrement ; puis, comme le comportait la circonstance, il lui demanda d'un ton poli si la chasse était bonne ce matin.

« Pas trop, mon ami, » dit la dame. « Je n'ose pas laisser voler mon faucon si près de ce grand fleuve, de peur qu'il ne passe de l'autre côté et que je ne le perde. J'espère faire mieux lorsque nous aurons traversé le bac, dont nous approchons.

— Votre Seigneurie, alors, » dit Barthélemy, « entendra la messe à la chapelle Jean, et priera pour le succès de sa chasse ?

— Je serais une païenne de passer sans le faire devant le saint lieu, » répliqua la demoiselle.

« Vous touchez, noble demoiselle, un point dont nous parlions tout à l'heure, » dit le guide Barthélemy ; « car sachez, belle dame, que je ne puis faire comprendre à cet honorable voyageur combien il est important, pour le succès de ses entreprises, d'obtenir la bénédiction de Notre-Dame du Bac.

— Le brave homme, » dit la jeune fille, d'un ton sérieux et même sévère, « ne connaît donc guère le Rhin. Je vais lui expliquer combien il serait bon de suivre votre avis. »

Elle mit alors son cheval tout à côté de celui de Philipson fils, et employa le dialecte suisse, car elle s'était servie jusque-là du vé-

ritable allemand. « Ne tressaillez point, mais écoutez-moi! » La voix était celle d'Anne de Geierstein. « Ne soyez pas surpris, ou, du moins, ne le témoignez pas. Vous êtes environnés de dangers. Sur cette route, surtout, votre affaire est connue ; on vous guette, et vos vies sont menacées. Traversez le fleuve au bac de la Chapelle, ou bac Jean, comme on l'appelle d'ordinaire. »

En ce moment, le guide s'approcha d'eux à tel point, qu'il fut impossible pour la dame de continuer la conversation sans être entendue. Au même instant, un coq de bruyère sortit des buissons, et la jeune dame lança son émerillon à la poursuite.

« Ah ! ho !... ah ! ho... ho ! ah ! » cria le fauconnier, d'une voix qui fit résonner le hallier ; et il se lança au galop. Philipson père et le guide suivirent ardemment la chasse des yeux, tant cet amusement avait d'attraits pour les hommes de tous les rangs. Mais la voix de la jeune fille était un leurre, qui aurait détourné l'attention d'Arthur de choses encore plus intéressantes.

« Traversez le Rhin au bac, » répéta-t-elle, « allez à Kirch-hoff, de l'autre côté du fleuve. Prenez logement à la *Toison-d'Or*, où vous trouverez un guide pour vous conduire à Strasbourg. Je ne puis rester plus longtemps. »

Parlant ainsi, la demoiselle se souleva un peu sur la selle, frappa légèrement le cheval du bout des rênes, et le fougueux animal, déjà impatient du retard de sa maîtresse et du départ rapide de ses compagnons, s'élança de façon à rivaliser avec le vol du faucon et de la proie qu'il poursuivait. La dame et ses domestiques disparurent aux yeux des voyageurs.

Un grand silence régna pendant quelque temps. Arthur se demandait comment communiquer l'avertissement qu'il avait reçu, sans éveiller les soupçons du guide. Le père rompit lui-même le silence, en disant à Barthélemy : « Poussez votre cheval, je vous prie, et mettez-vous un peu en avant ; j'ai à parler à mon fils. »

Le guide obéit, et, comme à dessein de montrer un esprit trop occupé des choses du ciel pour admettre une pensée qui se rapportât à ce monde transitoire, il entonna un hymne à la louange de saint Wendelin le Berger, d'un ton si discordant qu'il faisait fuir les oiseaux de tous les buissons auprès desquels il passait. Jamais mélodie, sacrée ou profane, ne fut moins mélodieuse que celle sous la protection de laquelle Philipson père eut avec son fils la conversation suivante.

« Arthur, » dit-il, « je suis convaincu que ce vagabond hypocrite qui hurle là-bas, médite contre nous quelque complot ; et j'ai presque résolu, pour déjouer ses projets, de suivre mes idées, et non les siennes, quant à nos lieux de repos et à la direction de notre voyage.

— Votre jugement est juste, comme toujours, » dit le fils. « Je suis convaincu de la trahison de cet homme par un mot que m'a glissé cette jeune dame : prendre la route de Strasbourg par le côté est du fleuve, et passer, pour cela, sur l'autre rive, à un endroit appelé Kirch-hoff.

— Conseillez-vous cela, Arthur ? » répondit le père.

« Je gagerais ma vie que cette jeune femme est de bonne foi, » répliqua le fils.

« Pourquoi ? » dit le père ; « parce qu'elle monte bien à cheval et qu'elle a une jolie taille ? C'est le raisonnement d'un jeune homme. Et cependant, mon cœur vieux et méfiant inclinerait à la croire. Si notre secret est connu dans ce pays, bien des gens pensent sans doute avoir intérêt à me barrer le passage, même par des moyens violents. Vous savez que j'attacherais peu de prix à la vie, si, en la sacrifiant, je pouvais accomplir ce que j'ai à faire. Je vous déclare, Arthur, que je me reproche de n'avoir pas, jusqu'à ce jour, suffisamment travaillé à l'exécution de ma commission, retenu par le désir bien naturel de vous garder avec moi. Il y a pour nous maintenant deux manières, périlleuses et incertaines toutes deux, d'arriver à la cour du duc de Bourgogne. Nous pouvons suivre ce guide, et courir les chances de sa fidélité ; ou, adoptant l'avis de cette demoiselle errante, traverser le Rhin, pour le repasser à Strasbourg. Les deux routes peut-être sont également dangereuses. Mon devoir me paraît être de diminuer les chances d'insuccès, en vous envoyant par la rive droite, tandis que je continuerais à suivre la gauche. De cette façon, si l'un de nous était arrêté en route, l'autre pourrait se tirer d'affaire, et l'importante commission serait exécutée comme notre devoir le veut.

— Hélas, mon père ! » dit Arthur, « comment me serait-il possible de vous obéir, alors qu'en faisant ainsi je vous laisse courir seul tant de périls, avoir à lutter contre tant de difficultés, dans lesquelles mon aide, peut-être insuffisante, serait du moins dévouée ? Quoi qu'il puisse nous arriver dans ces circonstances difficiles, affrontons du moins les dangers de compagnie.

— Arthur, mon fils bien-aimé, » dit le père, « en me séparant de vous, je me fends le cœur ; mais le même devoir qui me commande de nous exposer tous deux à la mort, m'ordonne non moins fermement de ne pas écouter nos affections les plus tendres. Nous devons nous séparer.

— Oh ! du moins, » répliqua le fils avec chaleur, « souffrez que mon avis prévaille sur un point. Traversez le Rhin, mon père, et je suivrai la route que nous nous étions fixée d'abord.

— Pourquoi, je vous prie, » répondit le marchand, « prendrais-je l'une de ces routes plutôt que l'autre ?

— Parce que, » répondit vivement Arthur, « je répondrais sur ma vie de la bonne foi de la jeune fille.

— Encore ? » dit le père ; « et pourquoi tant de confiance en cette jeune fille ? Est-ce parce que vous êtes jeune et qu'elle est belle et agréable ? ou la connaîtriez-vous autrement que par le bout de conversation que vous venez d'avoir ?

— S'il faut une réponse, la voici, » répliqua le fils. « Il y a longtemps que nous sommes hors du pays des chevaliers et des dames ; n'est-il pas naturel qu'aux personnes qui nous rappellent les liens honorés de la chevalerie et de la naissance, nous accordions, comme par instinct, le crédit que nous refusons à un pauvre diable comme ce charlatan ambulant, gagnant sa vie à tromper, par des reliques fausses et des légendes inventées, les pauvres paysans parmi lesquels il voyage ?

— C'est une imagination vaine, Arthur, » dit le père, « non indigne, il est vrai, d'un aspirant chevalier, empruntant la notion de la vie et de ses incidents aux romans des ménestrels, mais trop chimérique pour un jeune homme qui a vu, comme vous, de quelle façon va le monde. Je vous dis, et vous verrez que je dis vrai, qu'autour de la table patriarcale de notre hôte le landamman, étaient des langues plus sincères et des cœurs plus fidèles que ne peut se flatter d'en contenir la cour plénière d'un monarque. Hélas ! le mâle et antique esprit de foi et d'honneur a fui de la poitrine des rois et des chevaliers, où, comme le disait Jean de France, il aurait dû continuer de résider toujours, eût-il été banni du reste du monde.

— Quoi qu'il en soit, mon très cher père, » répliqua Arthur, « laissez-vous persuader, de grâce ; et si nous devons nous séparer,

que ce soit vous qui suiviez la rive droite du Rhin, convaincu que je suis qu'elle est la plus sûre.

— Si c'est la plus sûre, » dit le père d'une voix de tendre reproche, « est-ce une raison pour que je ménage le fil presque épuisé de mes jours, et pour que j'expose les vôtres, mon cher enfant, qui ont à peine commencé leur cours ?

— Mon père, » répondit le fils avec animation, « en parlant ainsi, vous ne tenez pas compte de la différence existant entre nous deux pour l'exécution de ce dessein qui vous occupe depuis si longtemps, et dont l'accomplissement semble prochain. Songez combien peu je serais capable de le mener à bien, ne connaissant pas le duc, et sans lettres de créance auprès de lui. Je pourrais dire, il est vrai, ce que vous auriez dit, mais je manquerais de ce qu'il faut pour inspirer la confiance, et votre projet, pour le succès duquel vous avez vécu, et maintenant encore vous vous exposez à la mort, échouerait avec moi.

— Vous ne sauriez ébranler ma résolution, » dit Philipson père, « ou me persuader que ma vie ait plus d'importance que la vôtre. Vous me faites songer seulement que c'est vous, et non pas moi, qui devez être porteur du gage à remettre au duc de Bourgogne. Si vous parveniez à atteindre sa cour ou son camp, la possession de ces bijoux serait indispensable pour vous donner crédit; ce serait moins nécessaire pour moi, qui puis me recommander d'une autre manière, s'il plaisait au ciel de me laisser seul pour m'acquitter de cette mission importante. Daigne Notre-Dame, dans sa miséricorde, nous en préserver! Comprenez donc que, si vous devez faire route de l'autre côté du Rhin, vous aurez à repasser sur la rive gauche à Strasbourg, où vous prendrez de mes nouvelles au *Cerf-Volant*, une hôtellerie de cette ville que vous trouverez aisément. Si vous ne pouvez, en cet endroit, rien apprendre sur mon compte, vous continuerez votre route vers le duc, et vous lui remettrez ce précieux paquet. »

Et, aussi secrètement que possible, il mit dans la main de son fils l'écrin où était le collier de diamants.

« Ce que votre devoir demandera encore de vous, vous le savez, » dit Philipson père. « Je vous conjure seulement de ne pas permettre que de vaines recherches sur mon destin nuisent au grand devoir que vous avez à remplir. Soyez prêt, aussi, à me dire adieu sans qu'il y paraisse, avec autant de résolution et de fermeté que le jour où vous vous êtes courageusement lancé au milieu des rochers et des orages de la Suisse. Le ciel alors était au-dessus de nous, comme à présent. Adieu, mon Arthur bien-aimé! Si j'attendais le moment de la séparation, il y aurait trop peu de temps pour prononcer ce mot fatal, et nul œil que le vôtre ne doit voir les larmes que j'essuie en ce moment. »

Cette prévision cruelle impressionna si vivement le fils et le père, qu'il ne vint pas d'abord à la pensée du premier, comme consolation, qu'il aurait vraisemblablement pour guide la femme singulière dont le souvenir le poursuivait presque toujours. La beauté d'Anne de Geierstein, et les circonstances étranges dans lesquelles elle s'était montrée à ses yeux, avaient été, toute la matinée, l'occupation principale de son esprit; mais tout s'effaçait devant la réflexion qu'en un moment de danger, il allait être séparé d'un père si digne de son estime et de son affection.

Le père, de son côté, essuyait la larme que son stoïcisme n'avait pu retenir, et, craignant d'affaiblir sa résolution en se laissant aller aux sentiments de la nature, rappelait le pieux Barthélemy, pour lui demander à quelle distance ils étaient encore de la chapelle du Bac.

« Un peu plus d'un mille, » fut la réponse ; et l'ayant interrogé sur la cause de l'érection de cette chapelle, l'Anglais apprit qu'un vieux batelier et pêcheur, nommé Jean, avait longtemps habité ce lieu, y gagnant une vie précaire en transportant d'une rive à l'autre les voyageurs et les marchands. Le malheur, cependant, d'avoir perdu, dans le grand fleuve, un bateau, puis un second, et la crainte inspirée aux voyageurs par la répétition de tels accidents, commencèrent à rendre sa profession peu lucrative et insuffisante. Le vieillard était bon catholique, et le malheur, chez lui, tourna à la dévotion. Il jeta un regard sur sa vie passée, et se demanda par quels crimes il avait mérité les infortunes dont le soir de ses jours était assombri. Ses remords furent excités surtout par ce souvenir qu'un jour, par un temps fort orageux, il avait refusé de passer à l'autre rive un prêtre portant avec lui une image de la Vierge, destinée au village de Kirch-hoff, de l'autre côté du Rhin.

Pour cette faute, Jean se soumit à une pénitence rigoureuse, comme ayant douté du pouvoir de la Vierge pour se protéger elle-même, protéger son prêtre, et la barque employée à son service; en outre, l'offrande d'une large part de ses biens terrestres à l'église de Kirch-hoff attesta la sincérité du repentir du vieillard. Jamais, depuis, il ne retarda d'un instant le passage des hommes de la sainte Église ; mais tous les rangs du clergé, depuis le prélat mitré jusqu'au moine aux pieds nus, pouvaient, à toute heure du jour ou de la nuit, disposer de lui et de son bateau.

Tandis qu'il menait un genre de vie aussi louable, Jean eut enfin la bonne fortune de trouver, sur les bords du Rhin, une petite image de la Vierge, qu'avaient rejetée les flots, et qui lui parut ressembler exactement à celle que, jadis, il avait refusé de passer, alors qu'elle était aux mains du sacristain de Kirch-hoff. Il la mit à l'endroit le plus apparent de sa cabane, et déchargea son âme devant elle par ses prières, sollicitant avec instance un signe qui lui indiquât s'il devait voir dans l'arrivée de cette image sainte la preuve du pardon de ses offenses. Dans les visions de la nuit, ses prières furent exaucées, et Notre-Dame, prenant la forme de l'image, se montra au chevet de Jean, afin de lui expliquer pourquoi elle était venue.

« Mon fidèle serviteur, » dit-elle, « des hommes de Bélial ont brûlé mon habitation à Kirch-hoff, ont pillé ma chapelle, et ont jeté mon image sacrée dans les flots enflés du Rhin, qui m'ont entraînée. J'ai résolu de ne point habiter plus longtemps près des profanes auteurs de cette action ou des lâches vassaux qui n'ont pas osé l'empêcher. Je me vois donc forcée de changer de demeure, et, en dépit du courant, j'ai choisi cette rive-ci, résolue à fixer mon séjour chez toi, mon serviteur fidèle, pour que la terre que tu habites soit bénie, aussi bien que toi et ton foyer. »

Parlant ainsi, la vision semblait tordre ses longs cheveux pour en faire sortir l'eau dont ils étaient imbibés ; ses vêtements en désordre et son air fatigué étaient ceux d'une personne longtemps battue par les flots.

On sut le lendemain matin que, dans l'une des guerres nombreuses de cette époque violente, Kirch-hoff avait été mis à sac, l'église détruite, et le trésor de l'église pillé.

La vision du pêcheur se trouvant confirmée d'une façon si remarquable, Jean renonça entièrement à sa profession, laissa des gens plus jeunes le remplacer comme passeur, et convertit sa cabane en une chapelle rustique ; entrant lui-même dans les ordres, il se voua au service de l'image, en qualité d'ermite ou de chapelain. L'image, dit-on, fit des miracles, et le bac devint célèbre comme étant sous la protection de la sainte image de Notre-Dame, et de son non moins saint serviteur.

Au moment où Barthélemy terminait son récit du bac et de sa chapelle, les voyageurs étaient arrivés au lieu même dont il parlait.

CHAPITRE XVIII.

> Vivent les rives du Rhin
> La vigne blonde s'étage
> Tout le long de son chemin;
> Du gai soldat le courage
> S'anime à son jus divin.
> Béni, béni soit le Rhin!
> *Chanson à boire allemande.*

ur le bord du fleuve une ou deux cabanes, à côté desquelles étaient amarrés un ou deux bateaux de pêche, montraient que le pieux Jean avait des successeurs dans sa profession de batelier. Entravé un peu plus bas par de petites îles, le fleuve avait, en passant devant ces cabanes, plus de largeur et moins de rapidité, livrant au passeur une surface plus unie et un courant contre lequel il était moins difficile de lutter, quoiqu'on ne pût encore le remonter, cependant, qu'aux jours où le fleuve était tranquille.

Sur la rive opposée, mais beaucoup plus bas que le hameau qui donnait son nom au passage, était assise sur une petite éminence, à demi cachée par des arbres et des buissons, la petite ville de Kirchhoff. Même en des conditions favorables, un esquif parti de la rive gauche était sensiblement emporté à la dérive avant de pouvoir atteindre le côté opposé du grand fleuve, et ce n'était que par une course oblique qu'on arrivait à Kirch-hoff. De l'autre côté, un bateau partant de Kirch-hoff aurait eu besoin d'avantages de vent et de rames bien exceptionnels pour débarquer sa cargaison ou son équipage à la chapelle du Bac, à moins d'être sous l'influence miraculeuse qui avait jadis porté dans cette direction l'image de la Vierge. La communication de l'est à l'ouest ne pouvait donc se faire qu'en hâlant les bateaux pour remonter la rive droite, jusqu'à hauteur suffisante pour que le mouvement de dérive qu'ils auraient à subir dans la traversée correspondit avec le point où l'on voulait arriver, et permît de l'atteindre sans difficulté. De là cette conséquence que, le passage d'Alsace en Souabe étant le plus aisé, le bac était plus employé par ceux qui voulaient entrer en Allemagne, que par les voyageurs arrivant en sens inverse.

Lorsque, par un coup d'œil jeté autour de lui, Philipson père se fut rendu compte de la situation du bac : « Mon cher Arthur, » dit-il d'un ton ferme, « faites ce que je vous ai commandé. »

Le cœur brisé par son inquiétude filiale, le jeune homme obéit, et prit solitairement sa course vers les cabanes, où étaient amarrées les barques servant, selon les cas, à la pêche ou aux usages du bac.

« Votre fils nous quitte ? » dit Barthélemy à Philipson.

« Oui, pour le moment, » dit le père ; « il a différentes choses à demander dans ce hameau.

— Si cela est relatif à la route à suivre par Votre Honneur, je prends les saints à témoin que je puis mieux répondre à vos questions que ces rustres ignorants, qui comprennent à peine votre langage.

— Si nous trouvons que leurs renseignements ont besoin de vos commentaires, » dit Philipson, « nous vous les demanderons ; conduisez-moi cependant à la chapelle, où mon fils nous rejoindra. »

Ils se dirigèrent de ce côté, mais à pas lents, chacun tournant ses regards vers le hameau de pêcheurs, le guide pour voir si le jeune homme revenait, le père désireux de découvrir, sur la large nappe du Rhin, une voile se déployant pour conduire son fils au côté qu'il considérait comme le plus sûr. Mais bien qu'ayant les yeux tournés vers le fleuve, le guide et le voyageur dirigeaient leurs pas vers la chapelle, nommée chapelle Jean par les habitants, en mémoire du fondateur.

Quelques arbres croissant çà et là aux alentours donnaient à ce lieu un air agréable et champêtre ; la chapelle, sur une petite éminence à quelque distance du hameau, était d'un style simple et riant, en rapport avec le reste du paysage. Ses petites proportions confirmaient la tradition d'après laquelle elle n'avait été, à l'origine, qu'une cabane de paysan ; et la croix, faite en sapin recouvert de son écorce, annonçait l'usage auquel elle était consacrée. La chapelle et ses alentours respiraient une tranquillité solennelle ; le bruit puissant du fleuve semblait imposer silence à toute voix humaine qui aurait voulu se mêler à son redoutable murmure.

Lorsque Philipson fut voisin de la chapelle, Barthélemy prit avantage de son silence pour chanter d'une voix de tonnerre deux stances à la louange de Notre-Dame du Bac, et de son fidèle serviteur Jean ; après quoi, comme en extase, il lança cette exclamation : « Venez ici, vous qui craignez le naufrage ; c'est ici le port du salut ! Venez ici, vous qui mourez de soif ; c'est ici que s'ouvre pour vous un puits de miséricorde ! Venez ici, vous qui êtes chargés et fatigués ; c'est votre lieu de rafraîchissement ! » Il en aurait dit davantage, si Philipson ne lui avait sévèrement imposé silence.

« Si votre dévotion est sincère, » dit-il, « elle devrait être moins bruyante. Faisons cependant ce qui est bon en soi, fût-il conseillé par un hypocrite. Entrons dans ce lieu saint, et prions pour l'heureuse issue de nos voyages. »

L'homme aux indulgences saisit au vol les derniers mots.

« J'étais sûr, » dit-il, « que Votre Excellence serait trop bien avisée pour passer devant ce saint lieu sans implorer la protection et l'intercession de Notre-Dame du Bac. Attendez un instant pour que j'aille quérir le prêtre qui dessert l'autel, et pour qu'il dise une messe à notre intention. »

A cet instant, la porte de la chapelle s'ouvrit tout à coup, et un ecclésiastique parut sur le seuil. Philipson reconnut de suite le prêtre de Saint-Paul, qu'il avait vu le matin à Ferrette. Barthélemy, paraît-il, le reconnut aussi ; car son éloquence de commande lui manqua soudain, et il resta devant le prêtre les bras croisés sur la poitrine, comme un homme attendant sa condamnation.

« Misérable, » dit l'ecclésiastique, regardant le guide avec un visage sévère, « conduis-tu un étranger dans la maison des saints pour

le tuer, et pour t'emparer de ses dépouilles? Le ciel ne supportera pas plus longtemps ta perfidie. Arrière, malheureux! va rejoindre les mécréants tes frères, qui font hâte pour venir ici. Dis-leur que tes artifices n'ont pas réussi, que l'étranger innocent est sous ma protection, et que ceux qui n'en tiendront pas compte auront la récompense d'Archibald de Hagenbach! »

Le guide restait immobile, pendant que le prêtre s'adressait à lui du ton de l'autorité et de la menace. Ce dernier n'eut pas plus tôt cessé de parler que, sans un mot de justification ou de réponse, Barthélemy fit volte-face, et reprit rapidement le chemin par lequel il était venu.

« Entrez dans cette chapelle, honorable Anglais, » ajouta le prêtre, « et accomplissez en sûreté vos dévotions, à l'aide desquelles cet hypocrite avait l'intention de vous retenir jusqu'à la venue de ses frères en iniquité. Mais, d'abord, pourquoi êtes-vous seul? J'espère qu'aucun mal n'est arrivé à votre jeune compagnon?

— Mon fils, » dit Philipson, « traverse le Rhin au bac voisin, appelé sur l'autre rive par des affaires importantes. »

Comme il parlait ainsi, une légère embarcation, autour de laquelle deux ou trois hommes étaient occupés depuis quelques minutes, fut aperçue quittant le rivage, et presque entraînée par le courant, jusqu'au moment où une voile étendue le long de la vergue permit de lutter contre lui, et de traverser obliquement le fleuve.

« Dieu soit loué! » dit Philipson, voyant l'esquif en devoir de soustraire son fils au danger qu'il courait lui-même.

« *Amen!* » répondit le prêtre, écho de la pieuse exclamation du voyageur. « Vous avez grandement sujet d'adresser au ciel des remercîments.

— J'en suis convaincu, » répliqua Philipson ; « je serais heureux, pourtant, d'apprendre de vous le genre de danger auquel je viens d'échapper?

— Ce n'est ni le temps ni le lieu d'en discourir, » répondit le prêtre de Saint-Paul. « Qu'il suffise de dire que cet homme, bien connu pour son hypocrisie et ses crimes, était présent lorsque le jeune Suisse Sigismond réclama de l'exécuteur le trésor volé par de Hagenbach. Ainsi fut éveillée la cupidité de Barthélemy. Il se chargea de vous guider à Strasbourg, avec l'intention criminelle de vous retarder en chemin, jusqu'à l'arrivée d'une bande assez nombreuse pour que la résistance fût vaine. Son dessein a été prévenu. Avant de donner cours à d'autres pensées terrestres, soit d'espérance soit de crainte, à la chapelle, Monsieur, et sachons joindre nos oraisons pour Celui qui a été votre protecteur, et pour ceux qui ont intercédé auprès de Lui en votre faveur. »

Philipson entra dans la chapelle avec le prêtre, et joignit ses pensées aux siennes pour rendre grâce d'un tel bienfait au ciel, et au pouvoir tutélaire du lieu.

Après s'être acquitté de ce devoir, Philipson annonça le projet de reprendre sa route, à quoi le prêtre noir répondit « que, loin de le retenir en endroit si dangereux, il l'accompagnerait durant une partie du voyage, devant se rendre, lui aussi, auprès du duc de Bourgogne.

— Vous, mon père ! Vous ! » dit le marchand étonné.

« Pourquoi cette surprise ? » répondit le prêtre. « Est-il étrange qu'une personne de mon ordre aille visiter la cour d'un prince ? Croyez-moi ; on n'y en trouve que trop.

— Je ne dis pas cela à cause de votre ordre, » répondit Philipson, « mais à cause du rôle que vous avez joué aujourd'hui en contribuant à l'exécution d'Archibald de Hagenbach. Connaissez-vous assez peu l'orgueilleux duc de Bourgogne pour croire qu'il y ait plus de sûreté à se jouer de son ressentiment qu'à tirer la crinière d'un lion endormi ?

— Je connais son humeur, » dit le prêtre ; « et ce n'est pas pour excuser, mais pour justifier la mort de de Hagenbach, que je vais devant lui. Le duc peut exécuter à son plaisir ses serfs et ses esclaves, mais ma vie est protégée par un charme qui la met à l'abri de son pouvoir. Je vous renvoie la question. Vous, seigneur anglais, connaissant si bien le caractère du duc ; vous, l'hôte tout à l'heure et le compagnon de voyage des visiteurs les plus mal venus qui puissent approcher de lui ; vous, impliqué, en apparence du moins, dans le tumulte de Ferrette, quelle chance avez-vous d'échapper à sa vengeance ? Et pourquoi vous jeter de gaieté de cœur en son pouvoir ?

— Honoré père, » dit le marchand, « souffrez que chacun de nous garde son secret, sans que l'autre s'en blesse. Je n'ai pas de charme, il est vrai, pour me mettre à l'abri du ressentiment du duc ; j'ai des membres pour souffrir la torture et l'emprisonnement, et des marchandises que l'on peut saisir et confisquer. Mais j'ai eu, en d'autres temps, affaire au duc de Bourgogne ; je puis même dire qu'il a eu des obligations envers moi, et j'espère que mon crédit sera suffisant, non seulement pour me protéger contre les suites des événements d'aujourd'hui, mais pour servir en quelque chose mon ami le landamman.

— Si c'est vraiment en qualité de marchand, » dit le prêtre, « que vous allez à la cour de Bourgogne, quelles sont les marchandises dont vous trafiquez? N'en avez-vous pas d'autres que ce que vous portez sur vous? On m'a parlé d'un cheval de somme. Est-ce que ce coquin vous l'a dérobé? »

La question était embarrassante pour Philipson, qui, préoccupé comme il l'était lors de sa séparation d'avec son fils, n'avait pas songé à décider si le bagage resterait avec lui, ou serait transporté de l'autre côté du Rhin. La question du prêtre le prit au dépourvu, et il y répondit avec quelque incohérence. « Mon bagage est, je crois, dans le hameau ; à moins que mon fils ne lui ait fait passer le Rhin avec lui.

— Nous le saurons bientôt, » répondit le prêtre.

A ce moment un novice sortit, à l'appel du prêtre, de la sacristie de la chapelle, et reçut l'ordre de s'informer au hameau si les ballots de Philipson, et le cheval qui les portait, y étaient restés, ou avaient passé le bac avec le jeune homme.

Après une courte absence, le novice revint avec le cheval de bagage : Arthur, pour la plus grande commodité de son père, avait laissé sur la rive gauche l'animal et son fardeau. Le prêtre noir regardait d'un œil attentif, tandis que Philipson père, montant à cheval, et tenant en main la bride de l'autre bête, prenait en ces termes congé de l'ecclésiastique : « Adieu, père! Je vais poursuivre ma route avec mon bagage, car il ne serait pas prudent, l'ayant avec moi, de voyager après la tombée de la nuit. J'aurais, sans cela, avec votre permission, réglé volontiers mon pas sur le vôtre, et partagé votre compagnie.

— Si telle est votre obligeante intention, comme j'allais en effet vous le proposer, » dit le prêtre, « sachez que je ne serai pas un retardement pour votre voyage. J'ai ici un bon cheval ; et Melchior, qui serait venu à pied, peut monter votre cheval de somme. Je vous propose cet arrangement pour vous empêcher de voyager de nuit. Je vous conduirai à une hôtellerie à cinq milles plus loin, où nous serons avant qu'il fasse nuit, et où, pour votre argent, vous pourrez loger sans crainte. »

Le marchand anglais hésita un moment. Il ne se souciait pas de prendre un nouveau compagnon de route, et bien que le prêtre eût, pour son âge, une figure assez belle, l'expression n'en était pas faite pour inviter à la confiance. Il y avait en elle, au contraire, quelque chose de mystérieux et de sombre qui, bien que le front fût élevé,

y faisait flotter des nuages; une expression analogue étincelait dans les yeux gris et froids du prêtre, indice d'une disposition d'esprit sévère, pour ne pas dire malveillante. En dépit de ces causes de répulsion, le prêtre venait de rendre à Philipson un service important en déjouant la trahison du guide hypocrite, et le marchand n'était pas homme à se laisser détourner de ses desseins par des préventions imaginaires sur l'air ou la façon d'être de quelqu'un, ou par une crainte vague de machinations contre sa personne. Il roulait cependant dans son esprit les singularités de sa destinée, qui, lorsqu'il était nécessaire pour lui de paraître devant le duc de Bourgogne dans les conditions les plus conciliantes, semblait le forcer d'adopter des compagnons désagréables à ce prince. Tel devait être, il ne le savait que trop, le cas du prêtre de Saint-Paul. Ayant réfléchi un instant, il accepta avec courtoisie l'offre du prêtre de le conduire en un lieu où l'on pourrait s'arrêter : cela était absolument nécessaire pour ses chevaux avant d'atteindre Strasbourg, eût-il pu lui-même se passer de repos.

La marche ainsi réglée, le novice amena le coursier du prêtre, que celui-ci monta avec facilité et élégance, et le néophyte, le même probablement qu'Arthur avait représenté lors de l'évasion de Ferrette, se mit en possession, sur l'ordre de son maître, du cheval de l'Anglais. Se signant avec une humble inclination de tête au moment où le prêtre passait devant lui, il se mit à l'arrière-garde, et, comme le faux frère Barthélemy, passa le temps à dire son chapelet avec une piété plus affectée peut-être que sincère. Le prêtre noir de Saint-Paul, à en juger par le regard qu'il jeta sur son novice, avait un peu de dédain pour les dévotions du jeune homme. Il montait un vigoureux cheval noir, plus propre à être le cheval de combat d'un guerrier que le palefroi d'un prêtre, et la façon dont il le maniait était tout à fait exempte de maladresse et de timidité. Son orgueil, quel qu'en fût le caractère, n'était certes pas uniquement celui de sa profession ecclésiastique, mais prenait sa source en d'autres pensées, qui se mêlaient, en les relevant encore, aux idées qu'un ecclésiastique puissant peut avoir de son importance.

Lorsque, de temps à autre, Philipson regardait son compagnon, au regard scrutateur du marchand répondait un regard hautain, qui semblait lui dire : « Examinez ma personne et mes traits ; vous n'en pénétrerez pas le mystère. »

L'œil de Philipson, qui jamais ne s'était baissé devant un homme mortel, répondait avec la même fierté : « Vous ne saurez pas non plus, prêtre orgueilleux, que vous êtes en compagnie d'un homme dont les secrets sont plus importants que les vôtres. »

Le prêtre fit enfin quelques avances pour entrer en conversation. Faisant allusion au pied sur lequel, d'un commun accord, ils avaient mis leurs relations : « Nous voyageons, » dit-il, « comme deux puissants enchanteurs, chacun ayant conscience de ses desseins élevés et secrets, chacun dans son char de nuages, et sans faire part à son compagnon de la direction ni du but de son voyage.

— Excusez-moi, mon père, » répondit Philipson ; « je ne vous ai ni demandé vos desseins, ni caché les miens, en tant qu'ils peuvent vous intéresser. J'ai affaire, je le répète, au duc de Bourgogne, et mon objet, comme celui de tout autre homme de négoce, est de disposer de ma marchandise à mon avantage.

— Il faut le croire, » dit le prêtre noir, « à en juger par le soin que vous prenez de vos marchandises. Il y a une demi-heure, cependant, vous n'en avez guère fait preuve, lorsque vous ne saviez pas si vos ballots avaient passé le fleuve avec votre fils, ou étaient restés à votre garde. Les marchands anglais sont-ils d'habitude si indifférents aux objets de leur trafic?

— Quand leurs vies sont en danger, » dit Philipson, « ils négligent parfois leur avoir.

— C'est juste, » répliqua le prêtre ; et il reprit ses méditations solitaires. Après une autre demi-heure on arriva à un village, et le prêtre noir informa Philipson que c'était là qu'il se proposait de s'arrêter pour la nuit.

« Le novice, » dit-il, « vous montrera l'auberge ; elle a bonne réputation, et vous y logerez en sécurité. Pour moi, j'ai à visiter en ce village un pénitent, qui réclame mes secours spirituels. Peut-être vous reverrai-je ce soir ; peut-être ne sera-ce que demain matin. Adieu donc, pour le moment. »

Parlant ainsi, le prêtre arrêta son cheval, et le novice, s'approchant de Philipson, le conduisit le long de la rue étroite du village; aux fenêtres apparaissaient çà et là quelques lumières, annonçant l'arrivée de l'obscurité. Il traversa enfin une voûte, et introduisit l'Anglais dans une espèce de cour, où étaient une ou deux carrioles de la forme de celles dont les femmes se servent en voyage, et quelques autres véhicules. Là le jeune homme sauta en bas du cheval de somme, et mettant la rêne dans la main de Philipson, disparut dans l'obscurité devenue plus grande, après avoir montré du doigt un bâtiment vaste mais délabré : pas une lumière aux fenêtres étroites et nombreuses de sa façade, visibles à peine dans le crépuscule.

CHAPITRE XIX.

> *Premier voiturier.* Holà, garçon d'écurie! La peste de toi! Est-ce que tu n'as pas un œil dans la tête? Est-ce que tu ne peux pas entendre? Si ce n'est pas une aussi bonne action de te casser la tête que de boire un coup, je ne suis qu'un coquin. Va te faire pendre. Tu n'as donc pas de cœur?
> *Gadshill.* Prête-moi, je t'en prie, ta lanterne, pour mettre mon cheval à l'écurie.
> *Premier voiturier.* Tout doux, oui-da, s'il vous plaît. Je connais un tour qui en vaut deux comme ça.
> *Gadshill,* au second voiturier. Je t'en prie, prête-moi la tienne.
> *Second voiturier.* Oui? quand ça? Le sais-tu quand ça? Il me dit : Prête-moi ta lanterne. Il faut d'abord, ma parole! que je te voie pendu.
> SHAKSPEARE. *Henri IV*, Ire partie, acte II, sc. 1re.

La sociabilité particulière à la nation française avait introduit déjà dans les auberges de ce pays cet accueil aimable et gai sur lequel Érasme, un peu plus tard, insiste fortement, comme en contraste avec la réception taciturne et maussade que les étrangers rencontraient dans un caravansérail allemand. Philipson s'attendait à être reçu par l'hôte empressé, civil et causeur; par l'hôtesse et sa fille, pleines d'amabilité, de coquetterie et d'entrain; par le garçon souriant et souple; par la fille de service les joues en fossette, et l'obligeance même. Les meilleures auberges de France se piquaient d'avoir des chambres particulières, où les étrangers pouvaient changer d'habits ou rajuster leur toilette, dormir sans la compagnie de personne, et déposer leur bagage en sécurité. Mais toutes ces commodités étaient encore inconnues en Allemagne; au pays d'Alsace, où la scène se passe en ce moment, on aurait, aussi bien que dans les autres dépendances de l'Empire, regardé comme une délicatesse efféminée tout ce qui n'était pas strictement nécessaire aux voyageurs; aux choses indispensables on ne pourvoyait même que d'une façon imparfaite et grossière, et tout, excepté le vin, était fourni avec beaucoup de parcimonie.

L'Anglais ne voyant personne paraître à la porte, signala sa présence en appelant à haute voix, puis en descendant de sa monture, et en frappant de toute sa force sur les battants de l'entrée; cela n'attira nullement l'attention. A la fin sortit d'une petite fenêtre la tête grisonnante d'un serviteur, qui, de la voix d'une personne plus mécontente d'être dérangée que satisfaite des profits que procurera l'arrivée d'un hôte, lui demanda ce qu'il voulait.

« Ceci est-il une auberge? » répondit Philipson.

« Oui, » répliqua le domestique d'un ton bourru; et il se retirait de la fenêtre, lorsque le voyageur ajouta :

« Si c'en est une, puis-je avoir un logement?

— Vous pouvez entrer. » Telle fut la réponse, brève et sèche.

« Envoyez quelqu'un prendre les chevaux, » dit Philipson.

« Personne n'a le temps, » répliqua le moins engageant de tous les garçons d'hôtel; « faites leur litière vous-même comme vous l'entendrez.

— Où est l'écurie? » dit le marchand, dont la prudence et le calme soutenaient à grand'peine l'épreuve de ce flegme germanique.

Cet homme, économe de ses paroles comme s'il avait été la princesse du conte de fées qui laisse échapper un ducat à chacune d'elles, lui montra du doigt la porte d'un bâtiment ressemblant plus à une cave qu'à une écurie; et ennuyé de la conférence, il retira la tête, et ferma vivement la fenêtre au nez de l'hôte, ainsi qu'il l'aurait pu faire pour un mendiant importun.

Maudissant le brutal égoïsme qui laissait aux voyageurs le soin de se démêler eux-mêmes, Philipson fit de nécessité vertu, conduisit les deux animaux vers la porte indiquée comme celle de l'écurie, et fut heureux en voyant briller de la lumière à travers les fentes. Il entra avec ses chevaux dans un endroit assez semblable à la voûte du cachot d'un ancien château, et garni tant bien que mal de râteliers et de mangeoires. L'étendue en était fort grande, et, à l'extrémité la plus éloignée, deux ou trois personnes étaient en devoir d'attacher leurs chevaux, d'en prendre soin, et de leur donner à manger.

La provende était délivrée par le valet d'écurie, homme boiteux et très âgé, qui ne mettait la main ni au bouchon de paille ni à l'étrille, mais était assis pesant le foin avec un soin tout particulier, ayant l'air de compter l'avoine grain à grain, totalement absorbé dans ces occupations, qu'éclairait la faible lumière enfermée dans une lanterne de corne. Il ne tourna pas même la tête au bruit que fit l'Anglais entrant avec ses deux chevaux ; encore moins sembla-t-il disposé à se déranger, ou à prêter à l'étranger la plus légère assistance.

Il y avait de grands rapports, au point de vue de la propreté, entre les écuries d'Augias et celles du village d'Alsace ; c'eût été un exploit digne d'Hercule de les mettre en état satisfaisant pour les yeux et les narines de notre scrupuleux Anglais. Mais cela dégoûtait plus Philipson que ceux qui y entraient en sa compagnie, nous voulons dire les deux chevaux. Ceux-ci, paraissant comprendre que la règle de l'endroit était « le premier venu le premier servi, » s'empressèrent d'occuper les stalles vides dont ils étaient le plus près. En cela, l'un d'entre eux au moins se vit frustré dans son espérance, gratifié qu'il fut par un palefrenier d'un coup de cravache en plein nez.

« Prends cela, » dit le brutal personnage, « pour t'être permis d'occuper la place réservée aux chevaux du baron de Randelsheim. »

Jamais de sa vie le marchand anglais n'avait eu plus de peine à se dominer que dans ce moment. Réfléchissant, toutefois, au désagrément de se quereller avec un pareil homme pour une pareille cause, il se contenta de placer l'animal, ainsi repoussé de la stalle qu'il avait choisie, dans une autre stalle voisine de celle de son camarade, et sur laquelle personne ne paraissait élever de prétentions.

Le marchand dut alors, malgré la fatigue de la journée, donner à ses muets compagnons de route l'attention qu'ils méritent de la part de tout voyageur doué d'un peu de prudence, pour ne pas dire d'humanité. Le grand soin que Philipson prit de ses chevaux, lui que son vêtement et plus encore sa manière d'être mettaient au-dessus de cette occupation servile, fit impression même sur la sensibilité médiocre du vieux valet d'écurie. Celui-ci ne fut pas trop long à fournir d'avoine, de paille et de foin le voyageur qui faisait si bien l'office de palefrenier ; il en délivra peu, cependant, et à un prix exorbitant, qu'il fallut payer comptant ; il daigna aller jusqu'à la porte de l'écurie, pour montrer du doigt dans la cour le puits où Philipson irait puiser l'eau lui-même. Ces devoirs remplis, le marchand supposa qu'il avait suffisamment conquis la faveur du farouche maître de la cavalerie pour savoir de lui s'il y avait sécurité à laisser ses ballots dans l'écurie.

« Laissez-les si vous voulez, » répondit cet homme ; « mais pour avoir de la sécurité, vous feriez mieux de les prendre avec vous et de ne pas les quitter des yeux, afin de ne donner de tentation à personne. »

Sur ce, l'homme aux avoines ferma ses mâchoires d'oracle, et aucune des questions de sa pratique ne put le décider à les rouvrir.

Au cours de cette réception froide et peu encourageante, Philipson se rappela la nécessité de demeurer commerçant sage et circonspect, rôle qu'une fois déjà il avait oublié dans la journée ; imitant ce qu'il avait vu faire aux individus qui, ainsi que lui, avaient pris soin de leurs chevaux, il emporta son bagage, et s'abrita dans l'auberge, lui et ses richesses. On le laissa entrer plutôt qu'on ne le reçut dans la *stubé* ou chambre commune, salle de conversation où, comme dans l'arche du patriarche, on recevait tout sans distinction, que cela fût propre ou non.

La *stubé*, ou salle chauffée d'une auberge allemande, tirait son nom du grand poêle toujours fortement poussé pour entretenir la chaleur de la pièce. Là s'assemblaient les voyageurs de tout âge et de toute espèce ; là leurs vêtements de dessus étaient suspendus pêle-mêle autour du poêle pour sécher ou pour prendre l'air ; et les hôtes eux-mêmes apparaissaient occupés à des actes d'ablution et à des soins personnels que l'on réserve, en nos temps modernes, pour le secret de la chambre à coucher.

L'Anglais, plus raffiné, souffrait d'une pareille scène, et il lui répugnait de s'y mêler. Il s'enquit donc du lieu où se tenait le maître de l'auberge, espérant que, par des arguments puissants auprès des membres de cette tribu, il pourrait obtenir un gîte séparé de la foule, et la faculté de prendre un morceau en son particulier. Un Ganymède à cheveux gris, questionné sur ce point, indiqua un renfoncement derrière le grand poêle, où, voilant sa gloire dans un coin obscur et fort chaud, le grand homme se dérobait aux regards du vulgaire. Il y avait en lui quelque chose de remarquable. Petit, gros, bancal, il était en cela pareil à beaucoup de ses collègues de tous les pays. Mais la figure du personnage, et surtout sa façon d'être, différaient plus de celles d'un hôte joyeux de France ou d'Angleterre, que Philipson, en dépit de son expérience, ne s'y serait attendu. Il connaissait trop les mœurs allemandes pour s'attendre aux qualités humbles et serviables du maître d'une auberge française, ou même aux manières plus rudes et plus franches d'un hôte anglais. Mais les aubergistes allemands qu'il avait vus jusque-là, bien qu'autoritaires et raides à l'endroit de leurs usages, pouvaient cependant, lorsqu'on s'y prenait bien, devenir, comme les tyrans à leurs heures, cléments envers les hôtes soumis à leur sceptre, et adoucir, par la plaisanterie et la bonne humeur, les rigueurs de l'absolutisme. Le visage de celui-ci était comme un volume de tragédies; il n'était pas plus possible d'y trouver le mot pour rire que dans le bréviaire d'un ermite. Ses réponses furent courtes, brusques et négatives, et la manière de les délivrer ne valait pas mieux que les paroles. On en jugera par le dialogue suivant entre le voyageur et lui.

« Mon bon hôte, » dit Philipson du ton le plus doux qu'il put, « je suis fatigué et mal portant. Puis-je vous demander une chambre à part, un verre de vin à boire et un morceau à manger en mon particulier?

— Vous le pouvez, » répondit l'hôte; mais d'un regard fort peu en rapport avec l'acquiescement qu'impliquaient ses paroles.

« Fournissez-le-moi donc, le plus tôt que vous pourrez.

— Tout doux, » répliqua l'aubergiste; « j'ai dit que vous pouviez me le demander, mais non que je vous l'accorderais. Si vous insistez pour être servi autrement que les autres, ce sera à une autre auberge que la mienne.

— En ce cas », dit le voyageur, « je me passerai de souper ce soir; bien mieux, je consens à payer un souper que je ne mangerai pas, si vous me faites donner une chambre à part.

— Monsieur le voyageur, » dit l'aubergiste, « tout le monde ici doit être traité de même, puisque tout le monde paye le même prix. Quiconque vient dans cette maison mangera comme les autres, boira comme les autres, sera à table avec les autres, et ira se coucher quand la compagnie aura fini de boire.

— Tout cela, » dit Philipson, se faisant petit où la colère aurait été ridicule, « tout cela est fort raisonnable ; et je ne m'oppose pas à vos lois et à vos coutumes ; mais, » tirant sa bourse de sa ceinture, « la maladie réclame des privilèges ; et lorsque le malade veut les payer, la rigueur de vos lois doit, il me semble, admettre un adoucissement.

— Je tiens une auberge, Monsieur, non un hôpital. Si vous restez ici, vous serez servi avec les mêmes égards que les autres ; si vous ne voulez pas faire comme tout le monde, quittez ma maison, et cherchez une autre auberge. »

Sur ce refus péremptoire, Philipson abandonna la lutte, et, se retirant du *sanctum sanctorum* où siégeait l'hôte disgracieux, attendit l'arrivée du souper, réduit à se parquer, ainsi qu'un bœuf en fourrière, au milieu des habitants de la *stubé*. Quelques-uns, épuisés de fatigue, ronflaient en attendant le repas ; d'autres causaient des nouvelles du pays ; d'autres enfin jouaient aux dés, ou à des jeux du même genre, pour passer le temps. La compagnie était de rangs variés, depuis les gens riches et bien équipés jusqu'à ceux que leurs vêtements et leurs manières montraient bien voisins de la pauvreté.

Un moine mendiant, d'humeur gaie et agréable, s'approcha de Philipson, et engagea avec lui la conversation. L'Anglais connaissait assez le monde pour savoir que plus il avait à cacher ce qu'il était et ce qu'il faisait, plus il devait se montrer ouvert et sociable. Il accueillit favorablement les avances du moine, et s'entretint avec lui de l'état de la Lorraine, et des effets probables, en France et en Allemagne, des tentatives du duc de Bourgogne pour s'emparer de ce fief. Se contentant d'ouïr là-dessus les sentiments de son interlocuteur, Philipson n'exprima pas d'opinion personnelle, mais, après avoir écouté ce que le moine jugeait bon de lui dire, il préféra parler de la géographie du pays, des facilités du commerce, et des règles qui l'entravaient ou qui lui étaient favorables.

Tandis qu'il était engagé dans une conversation si en rapport avec sa profession, l'hôte entra soudain dans la chambre, et, montant sur un vieux baril dressé de champ, promena lentement et fermement son regard autour de la salle remplie de monde ; l'inspection achevée, il prononça, d'un ton impératif, ce double commandement : « Fermez les portes ! Servez ! »

« Le baron Saint-Antoine soit loué ! » dit le moine ; « notre hôte a, pour ce soir, perdu l'espérance d'avoir d'autres visiteurs ; avant cet instant béni, nous serions morts de faim sans qu'il consentît à nous secourir. Voici venir la nappe, les vieilles portes de la cour sont verrouillées comme il faut, et lorsque Jean Mengs a dit une fois : « Fermez les portes ! » l'étranger peut frapper tant qu'il veut, mais nous sommes sûrs qu'on n'ouvrira pas.

— Meinherr Mengs, » dit l'Anglais, « maintient une discipline sévère dans sa maison ?

— Aussi absolu que le duc de Bourgogne, » répondit le moine. « Après dix heures, on n'entre plus. Le *cherchez une autre auberge*, qui n'est, avant cela qu'une option proposée, devient, dès que l'heure a sonné et que les gardiens ont commencé leur ronde, un ordre d'exclusion inéluctable. Celui qui est dehors y reste, et celui qui est dedans y reste de même, tant que les portes ne se sont pas ouvertes à la pointe du jour. Jusque-là, la maison est une citadelle assiégée, dont Jean Mengs est le sénéchal.

— Et nous les prisonniers, mon bon père, » dit Philipson. « Tâchons de nous en arranger ; le sage doit, lorsqu'il voyage, se soumettre au contrôle des chefs du peuple ; et j'espère qu'un potentat aussi gras que Jean Mengs aura toute la clémence qu'admettent son poste et sa dignité. »

Pendant qu'ils parlaient ainsi, le garçon de service, avec force soupirs et force gémissements, avait tiré des rallonges, à l'aide desquelles une table, sise au milieu de la *stubé*, jouissait du privilège de s'agrandir selon le nombre des convives ; et le même fonctionnaire étendait une nappe qui ne se faisait remarquer ni par une extrême propreté ni par la finesse du tissu. Sur cette table arrivée à la grandeur nécessaire, une assiette, une cuillère de bois et un verre furent placés devant chaque voyageur, qui devait, pour les autres opérations de la table, tirer de sa poche son propre couteau. Quant aux fourchettes, elles furent inconnues jusqu'à une époque bien postérieure, tous les Européens de ce temps-là faisant usage de leurs doigts pour se servir et pour manger, comme le font encore aujourd'hui les Orientaux.

La table ne fut pas plus tôt disposée que les hôtes affamés se hâtèrent d'occuper leurs sièges alentour ; à cette fin, les dormeurs s'éveillèrent, les joueurs quittèrent leurs dés, les désœuvrés et les politiques rompirent leurs sages débats, pour s'assurer un poste au souper, et pour être à même de remplir leur rôle dans la solennité intéressante qui se préparait. Mais il y a une distance entre la coupe et les lèvres, quelquefois aussi entre la table dressée et la table couverte d'aliments. Les hôtes étaient assis en bon ordre, chacun le couteau tiré, menaçant déjà des victuailles encore soumises aux opérations du cuisinier. On avait attendu, avec plus ou moins de patience, durant une grande demi-heure, lorsque le vieux serviteur ci-dessus mentionné entra avec une cruche de vin clairet de la Moselle, si léger et de goût si acide que Philipson remit son verre sur la table, les dents agacées au plus haut degré par la faible gorgée qu'il en avait avalée. Le maître du lieu, Jean Mengs, qui avait pris au haut de la table un siège assez élevé, ne manqua pas d'observer cette marque d'insubordination, et d'en faire l'objet d'une réprimande.

« Le vin ne vous plaît pas, je crois, mon maître ? » dit-il au marchand anglais.

« Comme vin, non, » répondit Philipson ; « mais s'il s'agissait de faire une sauce, je n'ai jamais vu de meilleur vinaigre. »

Cette plaisanterie, quoique dite avec le plus grand sang-froid, mit l'aubergiste en fureur.

« Qui êtes-vous, » s'écria-t-il, « colporteur étranger, pour vous permettre de critiquer mon vin, honoré de l'approbation de princes, de ducs, de ducs régnants, de graves, de rhingraves, de comtes, de barons et de chevaliers de l'Empire, dont vous n'êtes pas seulement digne de nettoyer les souliers ? N'est-ce pas de ce vin que le comte palatin de Nimmersatt a bu six quartes avant de se lever du siège honoré où je suis assis présentement ?

— Je n'en doute pas, mon hôte, » dit Philipson ; « et je n'ai garde d'attaquer la sobriété de cet honorable comte, en eût-il bu le double.

— Silence, méchant railleur ! » dit l'hôte ; « et faites sur-le-champ des excuses à moi et au vin que vous avez calomnié, ou j'ordonne que le souper soit retardé jusqu'à minuit. »

Il y eut parmi les assistants une épouvante générale, tous se défendant d'aucune complicité dans les censures de Philipson, la plupart proposant que Jean Mengs prît vengeance sur le véritable délinquant, et le mît à la porte de suite, sans envelopper tant d'innocents et d'affamés dans les conséquences de son crime. Ils déclarèrent le vin excellent ; deux ou trois absorbèrent même leur verre tout entier pour confirmer leur parole ; et tous offrirent d'appuyer, sinon de leurs vies et de leurs fortunes, du moins de leurs mains et de leurs pieds, le ban proclamé contre l'Anglais contumax. Tandis que requêtes et protestations assaillaient Jean Mengs de tous côtés, le moine, en sage conseiller, tâcha de terminer la querelle, engageant Philipson à se soumettre à la souveraineté de l'hôte.

« Humilie-toi, mon fils, » dit-il ; « courbe l'opiniâtreté de ton cœur devant le grand maître du fausset et du tonneau. Je parle dans l'intérêt des autres autant que dans le mien ; le ciel seul peut savoir combien de temps, eux et moi, nous serions capables d'endurer encore le jeûne qui nous exténue.

— Compagnons de table honorés, » dit Philipson, « je suis contrit d'avoir offensé notre hôte très vénérable, et je suis si loin d'élever des objections contre son vin, que j'en payerai un double flacon pour circuler autour de cette honorable compagnie ; à la seule condition qu'on ne me demande pas d'en prendre ma part, » ces derniers mots dits *sotto voce*.

L'Anglais put s'apercevoir, à la grimace de ceux des assistants dont le palais était le plus délicat, qu'ils redoutaient autant que lui la répétition d'une pareille épreuve.

Le moine prit la parole une seconde fois, faisant à la compagnie cette proposition que le marchand étranger, au lieu d'être condamné à une mesure du liquide dont il avait dit du mal, fût frappé d'une amende de quantité égale, payable en ces vins plus généreux qui apparaissent d'ordinaire à la fin du repas. A cela, l'hôte et les convives trouvaient tous leur compte ; et Philipson ne faisant pas d'objection, la proposition fut adoptée à l'unanimité. Jean Mengs, du haut de son siège d'honneur, donna le signal de servir.

Le souper longtemps attendu arriva, et il fallut, pour le consommer, deux fois plus de temps qu'on n'en avait mis à l'attendre. Les objets

qui le composaient, et la façon dont il était servi, n'étaient pas moins calculés pour éprouver la patience de la compagnie que le délai qui avait précédé son apparition. Des gamelles de bouillon et de légumes se suivaient à la file, avec des platées de viandes bouillies et rôties ; chacun de ces mets faisait avec régularité le tour de la grande table, et était, dans l'ordre voulu, présenté à chaque convive. Boudin noir, bœuf fumé, poissons séchés, avec divers condiments sous les noms de boutargue, caviar, et autres, composés d'œufs de poisson mêlés d'épices, tout cela fait pour éveiller la soif et encourager à boire. Des flacons de vin accompagnaient ces mets excitants. Le liquide était à ce point supérieur en goût et en force à celui qui avait provoqué tant de controverses, qu'on pouvait, en sens contraire, lui adresser le reproche d'être beaucoup trop capiteux : en dépit des réprimandes que ses critiques avaient appelées déjà, Philipson se risqua à demander de l'eau pour le tempérer.

« Vous êtes trop difficile à satisfaire, monsieur l'hôte, » répliqua le maître du lieu, lançant de nouveau à l'Anglais un regard sévère ; « si vous trouvez le vin trop fort dans ma maison, le secret pour en diminuer l'action est d'en boire moins. Il nous est indifférent que vous en buviez ou non, pourvu que vous payiez la note des honnêtes gens qui le boivent. » Et il se prit à rire d'un rire maussade.

Philipson allait riposter, mais le moine, fidèle à son rôle de médiateur, le tira par son manteau, et le supplia de n'en rien faire. « Vous ne connaissez pas, » dit-il, « les usages de l'endroit ; ce n'est point ici comme dans les hôtelleries d'Angleterre et de France, où chacun demande ce qu'il veut, et paye ce qu'il a demandé, sans rien de plus. Nous procédons sur un large principe d'égalité et de fraternité. Personne en son particulier ne demande rien ; mais les provisions que l'hôte estime suffisantes sont servies à tout le monde sans distinction ; et ce qu'on fait pour le régal, on le fait pour la note. Chacun paye une part égale, sans qu'on se préoccupe de la quantité de vin qu'il a absorbée ; c'est ainsi que le malade et l'infirme, la femme et l'enfant, payent la même chose que le paysan affamé et le lansquenet en voyage.

— Cette coutume ne paraît pas juste, » dit Philipson ; « mais les voyageurs n'ont pas d'opinion à avoir. Lors donc qu'arrive la note, tout le monde, à ce que je vois, paye la même chose ?

— C'est la règle, » dit le moine ; « excepté, peut-être, lorsqu'il s'agit d'un pauvre moine de notre ordre, que Notre-Dame et saint François envoient dans une réunion comme celle-ci, pour que de bons chrétiens lui dispensent leurs aumônes, et fassent ainsi un pas sur la route du ciel. »

Les premiers mots furent dits du ton ouvert et libre dont le moine avait commencé la conversation ; la dernière phrase s'éteignit dans la langoureuse inflexion de mendicité qu'exigeaient la profession de l'homme et l'éducation du couvent : Philipson apprenait par là de quel prix il allait payer les conseils et la médiation du moine. Ayant expliqué de la sorte les usages du pays, le bon père Gratien crut à propos de les confirmer par son exemple, et, ne trouvant pas trop fort le vin nouvellement servi, il sembla prêt à se signaler parmi les buveurs qui voulaient en consommer pour leur argent. Petit à petit, le bon vin remplit son office ; l'hôte lui-même détendit ses vilains traits maussades, et sourit en voyant la flamme de l'hilarité s'allumer, courir de l'un à l'autre, et finir par envelopper presque toute la table, à l'exception des gens qui ne s'étaient pas suffisamment associés aux libations, ou qui dédaignaient de prendre part aux discussions auxquelles elles donnaient naissance. L'hôte jetait de temps à autre, sur ces derniers, un regard mécontent et bourru.

Philipson, réservé et silencieux, Philipson qui s'abstenait de la cruche au vin et qui ne se souciait pas de converser avec des étrangers, fut considéré comme un délinquant par le maître de l'endroit ; et, à mesure que le vin animait son indolente nature, Mengs se mit à lancer de vagues insinuations contre les rabat-joie, les mauvaises compagnies, les gâte-plaisir, et autres épithètes du même genre, toutes évidemment dirigées contre l'Anglais. Philipson répliqua, avec le plus grand calme, qu'il sentait bien n'être pas un membre agréable dans une compagnie joyeuse, et qu'avec la permission des personnes présentes, il allait se retirer en son lieu de repos, souhaitant à tous bonne nuit et continuation de gaieté.

Cette proposition, partout ailleurs, aurait semblé fort raisonnable ; elle était, en Allemagne, un crime de haute trahison, et la violation des lois de la fraternité de la bouteille.

« Qui êtes-vous, » dit Jean Mengs, « pour vous imaginer que vous quitterez la table avant la note donnée et réglée ? De par le diable ! nous ne sommes pas hommes à qui l'on puisse faire impunément un pareil affront ! Vous jouerez tous ces tours-là, si vous voulez, dans vos hôtels d'Angleterre, à Rams-Alley, à Eastcheap, ou à Smithfield ; mais ce ne sera pas chez Jean Mengs, à la *Toison-d'Or*. Je ne souffrirai point qu'un voyageur aille se coucher pour échapper à la note, et pour me filouter, moi et tout le reste de la compagnie. »

Philipson regarda autour de lui pour se rendre compte des sentiments des convives, et ne se sentit pas encouragé à en appeler à leur jugement. Où trouver, chez quelques-uns, le jugement qui répondrait à cet appel? Et ceux qui savaient un peu ce que l'on disait étaient de vieux buveurs tranquilles, que la pensée de la note occupait déjà, prêts à être de l'avis de l'hôte, et à considérer le marchand anglais comme un faux frère, jaloux d'échapper au payement de ce qui se boirait après qu'il aurait quitté la table. Jean Mengs eut donc les applaudissements de toute la compagnie, lorsqu'il arriva à la conclusion de sa bordée triomphante contre Philipson.

« Oui, Monsieur, vous pouvez vous retirer si vous voulez ; mais, ventrebleu du diable! ce ne sera pas, à cette heure-ci, pour chercher une autre auberge; ce sera pour aller dans la cour, et pas ailleurs; vous y ferez votre lit dans la litière de l'écurie ; c'est assez bon pour un homme qui quitte le premier une bonne compagnie.

— Bien dit, mon hôte, » repartit un riche commerçant de Ratisbonne ; « nous sommes six... plus ou moins..., pour maintenir, avec vous, les bonnes vieilles coutumes d'Allemagne, et les règles louables, très louables... de l'hôtel de la *Toison-d'Or*.

— Ne vous fâchez pas, Monsieur, » dit Philipson; « vous, et vos trois compagnons, que le vin vous fait voir double, vous aurez le dernier mot ; et, puisque vous ne voulez pas me permettre d'aller me coucher, je pense que vous ne verrez pas d'inconvénient à ce que je m'endorme sur mon siège.

— Qu'en dites-vous, mon hôte, qu'en pensez-vous? » dit le citoyen de Ratisbonne ; « ce monsieur est ivre, vous le voyez bien puisqu'il n'admet pas que trois et un font six. A-t-on le droit, quand on est ivre, de dormir dans son fauteuil ? »

Cette question amena une contradiction de la part de l'hôte, qui prétendit que trois et un font quatre, et non pas six; le commerçant de Ratisbonne le contredit à son tour. D'autres clameurs s'élevèrent, et ne furent réduites au silence que difficilement par les stances d'un chœur de bonne et joyeuse camaraderie : le moine, un peu oublieux à cette heure de la règle de Saint-François, l'avait entonné avec plus de vigueur qu'il n'en avait jamais mis à chanter un psaume du roi David. Grâce à ce tumulte, Philipson se retira à l'écart, et s'il ne put pas dormir comme il l'aurait souhaité, il parvint du moins à échapper aux regards de reproche de Jean Mengs pour ceux qui ne demandaient pas le vin à grands cris et ne le buvaient pas à longs traits. Les pensées de notre ami erraient loin de la *stubé* de la *Toison-d'Or,* et sur des matières très différentes de celles que l'on discutait autour de lui, lorsque son attention fut appelée soudain par des coups vigoureux et continus, frappés à la porte de l'hôtellerie.

« Qu'est-ce que c'est? » dit Jean Mengs, le nez rouge d'indignation; « qui diable prétend, à une pareille heure, entrer à la Toison-d'Or, comme s'il frappait à la porte d'une maison à laquelle s'applique une autre qualification? A la tourelle quelqu'un! Geoffroy le palefrenier, ou toi, vieux Timothée, dites à cet insolent personnage qu'on n'entre pas à la Toison-d'Or à ces heures indues. »

Les domestiques firent ce qu'on leur ordonnait, et l'on put, dans la *stubé,* les entendre prodiguer à qui mieux mieux des refus catégoriques à l'hôte malencontreux qui sollicitait l'entrée. Ils revinrent informer leur maître qu'ils ne venaient pas à bout de vaincre l'obstination de l'étranger, et que celui-ci refusait positivement de partir avant d'avoir une entrevue avec Mengs en personne.

Le maître de la Toison-d'Or fut courroucé de cette persistance incompréhensible, et son indignation s'étendit, comme un météore, de son nez aux régions voisines des joues et du front. Il bondit de son siège, prit en main un gros gourdin, probablement son sceptre ordinaire ou son bâton de commandement, et murmurant quelques mots sur l'efficacité des bastonnades pour les épaules des fous et sur les cruches à l'eau pour leur laver les oreilles, il marcha vers la fenêtre de la cour, laissant ses convives se faire des signes de tête et se parler bas dans l'attente des démonstrations effectives de sa colère. Mais il en fut tout autrement; car, après l'échange de quelques paroles indistinctes, la compagnie fut tout étonnée d'entendre le bruit des verrous et des barres de fer que l'on retirait, et, bientôt après, des pas d'hommes dans l'escalier. Puis le maître entra, l'air à la fois gauche et poli, et pria les assistants de faire place à un hôte honoré, venant un peu tard augmenter leur nombre. Un homme sombre et de haute taille le suivait, enveloppé dans un grand manteau de voyage; lorsqu'il l'ôta, Philipson reconnut son dernier compagnon de route, le prêtre noir de Saint-Paul.

Ce qui se passait n'avait rien en soi de bien surprenant; il était naturel qu'un maître d'hôtel, grossier et insolent pour les voyageurs ordinaires, témoignât de la déférence pour un ecclésiastique, à cause de son rang dans l'Église ou de sa réputation de sainteté. Mais ce qui parut étrange à Philipson, ce fut l'effet produit par l'entrée de cet hôte inattendu. Le prêtre s'assit, sans hésiter, à la première place, d'où Jean Mengs avait détrôné le marchand susnommé de Ratisbonne, en dépit du zèle du susdit marchand pour les anciennes coutumes allemandes, de sa loyale adhérence à la Toison-d'Or, et de sa propension à remplir les verres jusqu'au bord. Le prêtre prit, de suite et sans scrupule, possession de son siège d'honneur, après un semblant de réponse aux courtoisies inaccoutumées de l'hôte. On eût dit que ses longs vêtements noirs, remplaçant l'habit somptueusement taillardé de son prédécesseur, que l'œil gris et froid avec lequel il passait lentement en revue la compagnie, produisaient à peu près le même effet que la Gorgone de la fable : si le prêtre ne changeait pas en pierre ceux qui le contemplaient, il y avait toutefois quelque chose de pétrifiant dans son regard fixe, ayant l'air de lire au fond des âmes, et passant de l'un des convives à l'autre, comme si nul n'était jugé digne d'un examen plus prolongé.

Philipson fut soumis à son tour à cette inspection, où rien n'indiqua qu'il fût reconnu. Tout le courage et tout le sang-froid de l'Anglais ne l'empêchèrent pas d'éprouver une impression désagréable sous le regard de cet homme mystérieux; il se sentit soulagé lorsque l'œil cessa de peser sur lui, et s'appliqua à une autre personne de la compagnie, laquelle, à son tour, parut se glacer sous ce regard. Suspendus au moment où le prêtre était entré, le bruit de la gaieté et des disputes de l'ivresse, le tumulte des argumentations, moururent tout à fait après une ou deux tentatives vaines pour les reprendre : on eût dit que la fête s'était changée en funérailles, et que les convives joyeux avaient été transformés soudain en ces muets lugubres qui figurent en de telles solennités. Un petit homme à figure rose, que l'on sut plus tard être un tailleur d'Augsbourg, jaloux de montrer un courage qui n'est pas l'apanage ordinaire de sa profession, fit un effort hardi; d'une voix timide, avouons-le, il invita le moine bon vivant à recommencer sa chanson. Mais soit qu'il n'osât pas se livrer à un passe-temps anticanonique en présence d'un frère dans les ordres, soit qu'il eût quelque autre raison de décliner l'invitation, le joyeux homme d'église pencha la tête, et la secoua d'un air si mélancolique, que le tailleur se rejeta en arrière, comme surpris en pleine gratte dans la robe d'un cardinal, ou dérobant les passements d'une chape ou les dentelles d'une nappe d'autel. Bref, l'orgie tumultueuse se convertit en profond silence, et la compagnie était si préoccupée de ce qui pourrait advenir que, l'église du village venant à sonner une heure du matin, tous tressaillirent comme si c'était le tocsin, annonçant un assaut ou un incendie. Le prêtre noir avait pris à la hâte un léger repas, que l'hôte lui avait fourni sans faire la moindre objection; il parut penser que la cloche annonçant à cette heure le service des laudes, était un fort bon signal pour se lever de table.

« Nous avons mangé suffisamment, » dit-il, « pour soutenir notre existence. Prions pour être en état de rencontrer la mort, cette compagne de la vie comme la nuit l'est du jour et l'ombre de la lumière; nous ne savons ni quand ni comment elle viendra pour nous. »

Les assistants, par un mouvement mécanique, se découvrirent et s'inclinèrent; le prêtre, d'une voix grave et solennelle, disait une prière latine, pour remercier Dieu de sa protection pendant le jour, et le supplier de la continuer durant les heures mystérieuses qui s'écouleraient jusqu'au retour de la lumière. Tous, le front baissé, donnèrent leur assentiment à cette pieuse invocation; lorsqu'ils relevèrent la tête, le prêtre noir de Saint-Paul avait suivi l'hôte hors de la salle, probablement pour se rendre au lieu où il prendrait son repos. On ne s'aperçut pas plus tôt de sa disparition que des signes de tête et des chuchotements s'échangèrent entre les convives; mais pas un ne parla assez haut, ou en termes assez précis, pour que Philipson y pût rien comprendre. Se conformant au diapason discret qui était de mode en ce moment, il s'aventura à demander à son voisin le moine si l'honorable ecclésiastique qui venait de sortir n'était pas le prêtre de Saint-Paul, de la ville frontière de Ferrette.

« Si vous savez que c'est lui, » dit le moine, du visage et de la voix duquel avait disparu soudain toute trace d'ébriété, « pourquoi me le demander?

— Parce que je serais heureux, » dit le marchand, « de connaître le talisman qui a, si inopinément, changé tant de joyeux buveurs en hommes de sobriété exemplaire, et une réunion de fous en un couvent de chartreux?

— Ami, » dit le moine, « vous m'avez tout l'air de demander ce que vous savez parfaitement. Mais je ne suis pas canard assez sot pour me laisser prendre au piège. Si vous connaissez le prêtre noir, vous n'ignorez pas les terreurs qui accompagnent sa présence, et qu'il serait plus sûr de faire une grosse plaisanterie dans la sainte maison de Lorette que dans les endroits où il se montre. »

Et comme pour éviter d'en dire plus long, il s'éloigna de Philipson.

Au même instant, le maître du logis reparut, et, prenant des airs d'aubergiste plus qu'il ne l'avait fait jusque-là, commanda à son garçon Geoffroy de présenter à la ronde à la compagnie une boisson soporifique, appelée le coup de l'oreiller, composée d'eau distillée mêlée d'épices, aussi bonne que Philipson en eût jamais bu. Jean Mengs, en même temps, avec un peu plus de déférence qu'auparavant, exprima à ses hôtes l'espoir qu'ils avaient été contents du régal; mais ce fut de telle façon, et il semblait si sûr de la réponse affirmative qu'on lui fit de toutes parts, qu'il était évident que, dans la question posée, il y avait fort peu d'humilité. Le vieux Timothée, pendant ce temps, dressait le rôle des assistants, marquant à la craie, sur un tranchoir de bois, la dépense, dont le détail était indiqué par des signes hiéroglyphiques convenus, et faisant, sur un autre tranchoir, la division de la somme totale entre les convives; puis il s'apprêta à demander à chacun sa part égale. Quand le fatal tranchoir où l'on payait son écot approcha du moine réjoui, sa figure changea. Il jeta un regard piteux vers Philipson, comme vers la personne de laquelle il espérait le plus du secours; et notre marchand, mécontent, il est vrai, du peu de confiance que le moine avait eu en lui, mais ne voulant pas s'épargner, en pays étranger, une petite dépense qui lui ferait une connaissance utile, acquitta l'écot du mendiant en même temps que le sien. Le pauvre moine faisait ses remerciements en bon allemand et en mauvais latin, lorsque l'hôte y coupa court; s'approchant de Philipson un flambeau à la main, il offrit ses services pour lui indiquer où il passerait la nuit, et eut même la condescendance de porter, de ses propres mains de seigneur et maître, la malle ou porte-manteau du voyageur.

« Vous vous donnez trop de peine, mon hôte, » dit le marchand, surpris du changement de manières de Jean Mengs, en qui toutes ses paroles n'avaient trouvé jusque-là qu'un contradicteur.

« Je ne saurais prendre trop de peine, » répliqua le personnage, « pour un hôte que mon vénérable ami, le prêtre de Saint-Paul, m'a spécialement recommandé. »

Il ouvrit la porte d'une petite chambre à coucher, préparée pour recevoir un hôte, et dit à Philipson : « Vous pouvez reposer ici jusqu'à demain matin à l'heure que vous voudrez, et autant de jours de plus que vous en auriez envie. La clef garantira vos marchandises contre le vol, ou contre tout autre dommage. Je ne fais pas cela pour tout le monde; car, s'il fallait donner un lit particulier à chacun de mes hôtes, ils me demanderaient tout de suite aussi une table à part; c'en serait fait des bonnes vieilles coutumes allemandes, et nous serions aussi ridicules et aussi frivoles que nos voisins. »

Il posa à terre le porte-manteau, et allait quitter la pièce, lorsque, se retournant, il eut l'air de s'excuser de la rudesse de sa conduite précédente.

« J'espère, mon digne hôte, qu'il n'y a pas de malentendu entre nous. Vous auriez été aussi étonné de voir nos ours se tenir debout, et faire des tours comme un singe, que de voir un de nous autres, vieux Allemands têtus, jouer le rôle d'un aubergiste français ou italien. Je vous prie de noter, cependant, que si notre conduite est rude, nos prix sont honnêtes, et nos articles ce qu'ils disent être. Nous n'avons pas la prétention de faire passer, à force de saluts et de grimaces, du vin de la Moselle pour du vin du Rhin, et nous n'assaisonnons pas nos plats de poison, comme les cauteleux Italiens, qui vous qualifient tout le temps d'Illustrissimes et de Magnifiques. »

Il sembla, par ces paroles, avoir épuisé toute sa rhétorique; car, dès qu'elles furent dites, il tourna brusquement les talons et quitta la chambre.

Philipson fut ainsi privé d'une autre occasion de demander quel était cet ecclésiastique, qui exerçait sur tout le monde une telle influence. Il ne sentait, à vrai dire, aucun désir de prolonger une conférence avec Jean Mengs, malgré l'amélioration considérable des manières du personnage; il aurait voulu savoir, cependant, quel était cet homme, qui, d'un mot, avait le pouvoir d'arrêter les poignards des bandits d'Alsace, habitués, comme tant d'autres gens des frontières, au vol et au pillage, et de changer en civilité la rudesse proverbiale d'un aubergiste allemand. Telles étaient les réflexions de Philipson : en les faisant, il se déshabillait pour prendre un repos bien nécessaire après une journée de fatigues, de dangers, de perplexités, et pour se jeter sur le grabat que lui offrait, dans la vallée du Rhin, l'hospitalité de la *Toison-d'Or*.

CHAPITRE XX.

Macbeth. A minuit, en secret, noirs enfants du démon,
Qu'est-ce que vous pouvez faire ?
Les Sorcières. Une œuvre sans nom.
SHAKSPEARE. *Macbeth*, Acte IV, sc. 1ʳᵉ.

ous avons dit, en terminant le dernier chapitre, qu'après une journée de fatigue extrême et d'excitation extraordinaire, le marchand Philipson s'attendait à oublier tant d'aventures émouvantes dans un repos profond, conséquence et remède de l'épuisement des forces. Mais il ne fut pas plus tôt sur son modeste grabat qu'il sentit que sa pauvre machine, tout écrasée par un si grand exercice, était peu disposée aux charmes du sommeil. L'esprit avait été trop excité, le corps était trop fiévreux, pour lui permettre de s'endormir. Ses inquiétudes pour son fils, ses conjectures sur l'issue de sa mission auprès du duc de Bourgogne, mille autres pensées lui rappelant les événements du passé, ou tournant ses réflexions vers l'avenir, se précipitaient dans son esprit comme les vagues d'une mer agitée, plus puissantes encore que le besoin de repos. Il était au lit depuis une heure, et le sommeil ne s'était pas approché de lui, lorsqu'il sentit que le matelas sur lequel il était couché s'affaissait, et qu'il était en train de descendre avec lui il ne savait où. Il entendait sourdement un bruit de cordes

et de poulies, encore que l'on prît grand soin de les faire fonctionner doucement; en tâtant autour de lui, le voyageur devint certain que son lit avait été installé sur une grande trappe, faite pour s'abaisser dans les caves ou dans les chambres du dessous.

Philipson éprouva de l'inquiétude, et les circonstances étaient de nature à en inspirer : comment espérer la terminaison heureuse d'une aventure si étrangement commencée? Ses appréhensions, cependant, étaient celles d'un homme brave qui, même en face du danger, garde toute sa présence d'esprit. La descente était menée avec précaution, et Philipson se tint prêt à se mettre debout et à se défendre, aussitôt qu'il serait sur un sol ferme. Bien que n'étant plus jeune, il avait encore beaucoup de vigueur et d'agilité; s'il n'était pas pris à l'improviste (ce qui, il est vrai, dans l'état des choses, était fort à craindre), il était capable d'opposer une résistance formidable. On avait prévu le cas. Il n'atteignit pas plus tôt le fond de la voûte au bas de laquelle on l'avait glissé que deux hommes, postés pour attendre l'achèvement de l'opération, le saisirent, un de chaque côté, et, l'empêchant de se redresser comme il en avait l'intention, lui passèrent une corde sur les bras, et le firent prisonnier d'une manière aussi efficace que lorsqu'il était dans le cachot de Ferrette. Force fut donc de rester inerte, et d'attendre la fin de cette terrible aventure. Attaché comme il l'était, Philipson ne pouvait que tourner la tête à droite et à gauche; ce fut avec joie qu'il vit enfin briller des lumières, à une grande distance.

De la façon irrégulière dont ces lumières s'avançaient, quelquefois en droite ligne, quelquefois se confondant ou se croisant, on pouvait inférer que la voûte souterraine où elles apparaissaient avait une immense étendue. Leur nombre s'accrut; elles se groupaient davantage ensemble, et Philipson reconnut qu'elles provenaient d'un certain nombre de torches, portées par des hommes couverts de manteaux noirs, ressemblant à un cortège de funérailles, ou à des Franciscains noirs le capuchon rabattu pour cacher le visage. Ils étaient fort occupés à mesurer le sol d'une certaine partie de la salle; et, en le faisant, ils chantaient, en vieil allemand, des vers trop barbares pour que Philipson les comprît exactement, et qu'on peut traduire de la sorte :

Du bien comme du mal mesureurs rigoureux,
Apportez le niveau, le compas et l'équerre;
Que le fossé soit prêt; dressez l'autel de pierre ;
L'autel et le fossé boivent le sang tous deux.
De l'un à l'autre bout six fois une coudée,
C'est la longueur du banc où l'on devra siéger;
Il faut qu'une distance égale soit gardée,
Entre les juges et celui qu'ils vont juger.
Du côté du levant que la cour se rassemble !
Qu'au couchant l'accusé prenne place, et qu'il tremble!
Frères, tous et chacun, répondez. De nos lois
Avons-nous bien compris et respecté la voix?

Un chœur puissant et grave répondit à la question. Des personnes qui y prenaient part, les unes étaient déjà dans le souterrain, d'autres restaient encore au dehors dans des galeries ou passages y aboutissant : Philipson se rendit compte que les chanteurs étaient très nombreux. La réponse fut chantée aussi; en voici les termes :

Sur notre vie et notre âme,
Sur notre sang et nos os,
Chacun atteste et proclame
Qu'il n'est oublis ni défauts.

On reprit sur le ton du premier chant :

Frères, que fait la nuit? Déjà de la lumière
Le rayon diligent a-t-il touché le Rhin ?
Des musiques du jour timide avant-courrière
Une sorte de voix parle-t-elle en son sein ?
Est-ce que des oiseaux la note babillarde
Semblerait accuser le matin qui s'attarde ?
Guettez du haut des monts la lumière et le bruit :
Observez et parlez, frères ; que fait la nuit?

La réponse fut donnée d'un ton moins haut que la première fois. On eût dit que ceux qui la faisaient s'étaient éloignés. Les paroles, toutefois, s'entendaient distinctement.

> La nuit marche ; le Rhin, entre ses deux rivages,
> Des astres endormis reflète les images.
> Nul rayon n'apparaît encore à l'orient.
> C'est l'heure de vaquer à notre ministère ;
> Dans le fleuve une voix parle calme et sévère ;
> Elle veut du sang pour du sang !

Le chœur, augmenté de beaucoup de voix, répondit :

> Levons-nous ! le jour se repose ;
> L'heure sainte a sonné pour nous.
> Des méchants pour juger la cause,
> Debout, frères ! accourons tous.
> Pas de sommeil pour la vengeance !
> Soyez, vengeance et nuit, soyez d'intelligence.

Le caractère de cette poésie fit bientôt comprendre à Philipson qu'il était en présence des initiés ou des sages ; noms donnés aux célèbres juges du tribunal secret, subsistant, à cette époque, en Souabe, en Franconie, et en d'autres districts est de l'Allemagne ; à raison peut-être de la terrible fréquence des exécutions commandées par ces juges invisibles, les pays où ils exerçaient leur ministère s'appelaient la Terre Rouge. Philipson avait entendu dire souvent que la juridiction d'un comte libre, ou chef du tribunal secret, était établie clandestinement sur la rive gauche même du Rhin, et qu'elle se maintenait en Alsace, avec la ténacité ordinaire de ces sortes de sociétés ; bien que le duc Charles de Bourgogne eût exprimé le désir d'en découvrir l'organisation et d'en abaisser l'influence, autant qu'il le pourrait faire sans s'exposer aux milliers de poignards que le tribunal mystérieux pouvait mettre en mouvement. C'était contre les pouvoirs réguliers un moyen de défense redoutable ; et longtemps les souverains d'Allemagne, et même les empereurs, comprirent qu'il serait hasardeux pour leur autorité de s'attaquer à ces étranges associations.

Aussitôt que cette explication eut surgi dans l'esprit de Philipson, ce lui fut une lumière sur le caractère et l'influence du prêtre noir de Saint-Paul. S'il était président, ou chef officiel de l'association secrète, il n'était guère étonnant qu'il trouvât dans l'inviolabilité de son office redoutable assez de confiance pour se proposer de justifier l'exécution de de Hagenbach; que sa présence eût surpris Barthélemy, qu'il aurait pu faire juger et exécuter sur place ; et que son apparition seule, au souper de la veille, eût fait pâlir les assistants. Bien que tout ce qui concernait l'institution, ses façons de procéder et ses officiers, fût caché aux profanes, comme on le fait de nos jours pour la franc-maçonnerie, le secret n'était cependant pas si absolument gardé qu'on ne devinât ou ne soupçonnât que certains individus devaient être des initiés, ou exercer une haute autorité dans la *Vehme*, ou tribunal des conjurés. Lorsqu'un tel soupçon atteignait quelqu'un, son pouvoir secret, sa connaissance supposée de tous les crimes, même non divulgués, commis dans les limites de la juridiction à laquelle il appartenait, en faisaient pour tous un objet de répulsion et de terreur ; il jouissait d'un respect immense, dans le genre de celui que l'on aurait eu pour un puissant enchanteur ou pour un génie redoutés. Dans les relations qu'on pouvait avoir avec une pareille personne, un point essentiel était de s'abstenir de toutes questions qui feraient allusion, même de loin, à l'office rempli par elle dans le tribunal secret. La moindre curiosité sur un sujet si grave et si mystérieux, ne pouvait manquer d'attirer quelque malheur sur l'indiscret qui la laisserait voir.

Tout cela se précipitait à la fois dans l'esprit de l'Anglais. Il se sentait dans les mains d'un tribunal impitoyable, dont les poursuites étaient si redoutées de ceux qui résidaient dans son cercle de juridiction, qu'un étranger sans protection n'avait guère chance d'y obtenir justice, quelque conscience qu'il eût de son innocence. En même temps qu'il se livrait à ces tristes réflexions, Philipson résolut de ne pas déserter sa cause, mais de se défendre de son mieux ; persuadé que ces juges terribles et irresponsables étaient gouvernés cependant par certaines règles du juste et de l'injuste, qui mettaient un frein aux rigueurs de leur code extraordinaire.

Il songeait donc aux moyens de parer au danger présent, lorsque les personnes qu'il avait aperçues déjà passèrent devant lui, moins comme des formes précises et distinctes que comme les fantômes de la fièvre, ou comme la fantasmagorie dont le trouble des nerfs optiques peuple la chambre d'un malade. Ces personnes se réunirent enfin au centre de la salle, et s'y disposèrent dans un certain ordre. Beaucoup de torches nouvelles s'allumèrent successivement, et la scène put se voir d'une façon distincte. Au milieu de la pièce, Philipson apercevait l'un de ces autels qu'on trouve quelquefois dans les anciennes chapelles souterraines. Arrêtons-nous, pour décrire en peu de mots, non pas seulement l'aspect général, mais la nature et l'organisation de cette terrible cour de justice.

Derrière l'autel, point central vers lequel se dirigeaient tous les yeux, étaient placés, parallèlement, deux bancs recouverts de drap noir. Chacun d'eux était occupé par des personnes qui semblaient devoir faire office de juges ; mais celles du premier banc moins nombreuses, et, en apparence, de rang plus élevé, que celles qui garnissaient le second, plus éloigné de l'autel. Tous ceux qui siégeaient au premier rang avaient l'air d'hommes importants, prêtres élevés en dignité, chevaliers ou nobles ; et, en dépit de l'égalité qu'on prétendait faire régner dans cette institution singulière, leurs opinions ou leurs témoignages avaient beaucoup plus de poids. On les désignait sous le nom de francs chevaliers, de comtes, ou sous tel autre titre qu'ils pouvaient porter, tandis que les juges de la classe inférieure étaient qualifiés seulement de francs et dignes bourgeois. On donnait communément à l'institution le nom de Vehme ; il faut remarquer que bien que son pouvoir s'exerçât surtout au moyen d'un large système d'espionnage, et par un emploi tyrannique de la force, elle était considérée cependant (tant étaient incomplètes les idées sur le droit public) comme un privilège pour le pays où elle était établie, et les hommes libres seuls étaient admis à en faire partie. Les serfs et les paysans ne prenaient pas place parmi les francs juges et leurs assesseurs ou assistants ; il y avait en effet, dans cette assemblée, quelque idée de faire juger le délinquant par ses pairs.

Outre les dignitaires qui occupaient les bancs, il y avait autour d'eux d'autres personnes, gardant les différentes entrées de la salle de jugement, ou debout derrière les sièges de leurs supérieurs, et prêtes à exécuter leurs commandements. C'étaient aussi des membres de l'ordre, d'un rang plus modeste. Le nom qu'on leur donnait d'ordinaire était celui de schœppen, ce qui veut dire fonctionnaires ou sergents de la cour vehmique : ils s'engageaient sous serment à prêter main forte à ses sentences quoi qu'il advînt, contre les plus proches et les plus aimés, comme s'il s'agissait de malfaiteurs ordinaires.

Les schœppen, ou *scabini*, ainsi qu'on les appelait en latin, avaient à remplir un autre horrible devoir, celui de dénoncer au tribunal tout ce qui viendrait à leur connaissance, et qui pourrait constituer un acte tombant sous sa juridiction; ou, dans le langage de l'association, un crime contre la vehme. Ce devoir s'étendait aux juges aussi bien qu'aux assistants, et devait être accompli sans acception de personnes; à ce point qu'avoir connaissance du crime d'une mère ou d'un frère, et le cacher volontairement, impliquait, de la part de l'initié infidèle, la même pénalité que s'il eût été lui-même l'auteur du crime que son silence dérobait au châtiment. Une institution pareille ne pouvait avoir cours qu'en un temps où les moyens ordinaires de justice étaient écartés par la main même du pouvoir, et où, pour que la punition atteignît le coupable, il fallait toute l'influence et l'autorité d'une confédération de ce genre. En un pays qui n'aurait pas été exposé à toutes les tyrannies féodales, et dépourvu de tout élément de justice et de redressement, un semblable système n'aurait pu prendre racine et prospérer.

Revenons à notre brave Anglais, qui, bien que comprenant ce qu'il avait à craindre d'un tribunal aussi terrible, gardait cependant un calme noble et inaltérable.

L'assemblée s'étant mise en ordre, une corde rouée et une épée nue, signes et emblèmes connus de l'autorité vehmique, furent déposées sur l'autel. L'épée toute droite, avec une poignée en croix, représentait le signe sacré de la rédemption chrétienne; la corde était l'indication du droit de juridiction criminelle et de peine capitale. Le président, qui occupait le siège du premier banc, se leva, et, la main étendue au-dessus des deux symboles, prononça à haute voix la formule contenant l'expression des devoirs du tribunal, formule que tous les juges inférieurs et les assistants répétèrent après lui, en un murmure grave et sourd.

« Je jure par la sainte Trinité, de donner aide et coopération, sans restriction d'aucune sorte, en toutes choses dépendant de la Sainte Vehme ; de défendre ses doctrines et ses institutions contre père et mère, frère et sœur, femme et enfants ; contre le feu, l'eau, la terre et l'air ; contre tout ce que le soleil éclaire ; contre tout ce que mouille la rosée ; contre toutes les choses créées du ciel et de la terre, ou contre les eaux qui sont sous la terre. Je jure de donner connaissance à cette sainte juridiction de tout ce que je sais moi-même être vrai, ou de tout ce que j'ai ouï répéter par témoignage digne de foi, en tant qu'il s'y trouverait quoi que ce soit qui, d'après les règles de la Sainte Vehme, méritât correction ou châtiment ; et je jure pareillement de ne couvrir, cacher ni celer ce que je pourrai savoir, ni par amour, amitié, ou affections de famille, ni pour or, argent ou pierres précieuses ; de n'entrer jamais en société avec ceux qui tombent sous l'action de ce tribunal sacré, soit pour annoncer le danger à un coupable, soit pour lui conseiller de fuir, l'aider ou l'assister de conseils ou de moyens pour le faire ; de ne jamais procurer à un tel coupable feu, habits, nourriture ou abri, fût-ce mon père me demandant un verre d'eau sous les ardeurs d'un midi d'été, mon frère me suppliant de le laisser s'asseoir à mon feu durant la plus froide et la plus cruelle des nuits d'hiver. Enfin je jure et promets d'honorer et de respecter cette association sainte ; d'exécuter ses ordres promptement, fidèlement, fermement, de préférence à ceux de tout autre tribunal. Ainsi Dieu me vienne en aide, et ses saints évangélistes ! »

Ce serment prêté, le président, s'adressant à l'assemblée comme à des hommes ayant mission de juger et de punir en secret à l'exemple de la divinité, demanda pourquoi cet *enfant de la corde* était devant eux, lié et à merci ? Quelqu'un se leva, au banc le plus éloigné, et d'une voix que Philipson crut reconnaître bien qu'elle fût émue et déguisée, déclara, en vertu de son serment, se porter accusateur de l'enfant de la corde ou prisonnier présent devant eux.

Le président dit alors : « Amenez le prisonnier, strictement gardé comme le veut notre loi secrète, mais pas assez pour l'empêcher d'être attentif à ce que fait le tribunal, et à même d'entendre et de répondre. »

Philipson devant le tribunal de la Sainte-Vehme.

Six des assistants poussèrent en avant la plate-forme et le lit sur lesquels était Philipson, et les amenèrent au pied de l'autel. Cela fait, chacun d'eux sortit son poignard de la gaîne ; deux d'entre eux dénouèrent les cordes qui liaient les mains du marchand, et l'avertirent à voix basse que la moindre tentative de résistance ou d'évasion serait pour lui le poignard et la mort.

« Levez-vous! » dit le président ; « écoutez les charges qui pèsent sur vous, et sachez que vous trouverez en nous des juges aussi justes qu'inflexibles. »

Évitant avec soin tout geste qui ferait supposer une intention de s'échapper, Philipson se glissa au pied de son lit et y resta assis, vêtu, comme il l'était, de son habillement de nuit et d'un caleçon, juste en face du président de cette cour redoutable. Même en ces conditions émouvantes, l'esprit de l'intrépide Anglais ne fut pas ébranlé ; ses paupières ne tremblèrent pas, son cœur ne battit pas plus fortement que de coutume : il était bien, cependant, selon l'expression de l'Écriture, le pèlerin dans la vallée de l'ombre de la mort, assiégé de pièges nombreux, entouré de ténèbres complètes, là où la lumière eût été si nécessaire à son salut.

Le président demanda son nom, son pays, et sa profession ?

« Jean Philipson, » fut-il répondu ; « Anglais de naissance, et marchand de profession.

— N'avez-vous jamais eu un autre nom et une autre profession ? » demanda le juge.

« J'ai été soldat, et, comme beaucoup d'autres, j'ai porté alors un nom de guerre.

— Quel était ce nom ?

— Je l'ai abandonné lorsque j'ai quitté l'épée, et je ne désire plus être connu sous ce nom. Je ne l'ai jamais porté, d'ailleurs, en un lieu où vos institutions eussent force et autorité, » répondit l'Anglais.

« Savez-vous devant qui vous êtes ? » continua le juge.

« Je le devine, » répliqua le marchand.

« Dites ce que vous devinez, » ajouta l'interrogateur. « Dites qui nous sommes, et pourquoi vous êtes devant nous ?

— Je crois être devant le tribunal secret que l'on appelle la Sainte Vehme.

— Vous savez alors, » répondit le juge, « que vous seriez plus en sûreté suspendu par les cheveux au-dessus des chutes de Schaffouse, ou sous une hache qu'un fil de soie seul empêcherait de tomber sur vous. Qu'avez-vous fait pour mériter un pareil destin?

— Que ceux-là le disent qui m'y ont soumis, » répondit Philipson avec le même sang-froid.

« Parle, accusateur, » dit le président; « parle aux quatre quartiers du ciel! aux oreilles des francs juges de ce tribunal, et des exécuteurs fidèles de leurs jugements! Et à la face de l'enfant de la corde qui nie ou cache son crime, expose ton accusation!

— Elle est terrible, » répondit l'accusateur, s'adressant au président. « Cet homme, un étranger, est entré dans le territoire sacré de la Terre Rouge, sous un nom et sous une profession déguisés. Lorsqu'il était encore à l'est des Alpes, à Turin, en Lombardie, et ailleurs, il a, à plusieurs reprises, parlé du saint tribunal en termes de haine et de mépris, et déclaré que, s'il était duc de Bourgogne, il ne lui permettrait pas de s'étendre de la Westphalie et de la Souabe jusqu'en ses propres États. Autre accusation plus grave encore : nourrissant contre le saint tribunal une intention malveillante, celui qui comparaît devant le banc en qualité d'enfant de la corde, a fait connaître qu'il voulait aller à la cour du duc de Bourgogne, et user auprès de lui de son influence, qu'il croit grande, pour amener ce prince à défendre dans ses domaines les réunions de la Sainte Vehme, et à infliger aux membres de la cour et aux exécuteurs de leurs mandats, le châtiment dû aux voleurs et aux assassins.

— C'est une lourde accusation, frère! » dit le président de l'assemblée, lorsque l'accusateur eut cessé de parler. « Comment l'établiras-tu?

— Selon la teneur de ces statuts secrets, dont la lecture est défendue à tous sauf aux initiés, » répondit l'accusateur.

« C'est bien, » dit le président; « mais je te le demande une fois encore : Quels sont tes moyens de preuve? Tu parles à des oreilles saintes et initiées.

— Je prouverai mon dire, » reprit l'accusateur, « par l'aveu même de la partie, et par mon serment sur les saints emblèmes du jugement secret : l'acier et la corde.

— C'est une offre de preuve légitime, » dit un membre assis au banc aristocratique de l'assemblée ; « il importe au système de justice auquel nous sommes liés par de si graves serments, au système que nous a légué le plus saint et le plus chrétien des empereurs romains, Charlemagne, pour convertir les Sarrazins, et pour châtier leurs révoltes lorsqu'ils retournaient aux pratiques païennes, il importe que de pareils criminels soient surveillés. Le duc Charles de Bourgogne a rempli son armée d'étrangers qu'il pourrait employer aisément contre ce tribunal sacré ; d'Anglais en particulier, insulaires orgueilleux, attachés à leurs usages, et haïssant ceux de toutes les autres nations. Nous n'ignorons pas que le duc, en plusieurs parties de ses États allemands, a déjà encouragé l'opposition aux officiers du tribunal ; et que, par suite, des enfants de la corde, au lieu de se soumettre aux jugements avec une résignation respectueuse, ont été assez hardis pour résister aux exécuteurs de la Sainte Vehme, frappant, blessant, et même tuant ceux qui ont reçu commission pour les mettre à mort. Cet esprit de contumace doit être détruit ; et s'il est prouvé que l'accusé soit un de ceux qui reçoivent et propagent de telles doctrines, il faut que l'acier et la corde fassent leur œuvre sur lui. »

Un murmure général approuva ce qu'avait dit l'orateur ; tous comprenaient, en effet, que le pouvoir du tribunal tenait plus à ses racines profondes dans l'organisation sociale qu'à l'estime inspirée par une institution empreinte aux yeux de tous d'une rigueur extrême. Ceux donc de ses membres qui devaient leur importance au poste occupé par eux dans les rangs de la vehme, sentaient la nécessité d'en maintenir les terreurs par des exemples sévères donnés de temps en temps ; et nul ne pouvait être sacrifié plus à propos qu'un étranger inconnu et errant. Tout cela se présenta à l'esprit de Philipson, mais sans l'empêcher de répondre vigoureusement à l'accusation.

« Messieurs, » dit-il, « bons citoyens, bourgeois, ou de quelque autre nom qu'il vous plaise d'être appelés, sachez que je me suis trouvé déjà en d'aussi grands périls qu'aujourd'hui, et que je n'ai jamais fui pour sauver ma vie. Les cordes et les poignards ne frappent point de terreur ceux qui ont vu les épées et les lances. Ma réponse à l'accusation est que je suis Anglais, citoyen d'une nation habituée à rendre et à recevoir une justice large et égale, qui se pratique au grand jour. Je suis un voyageur; je sais n'avoir pas le droit de m'opposer aux règles et aux lois des autres nations, sous prétexte qu'elles ne ressembleraient pas à celles de mon pays. Mais l'obligation de ne pas critiquer les institutions d'un pays, on ne l'a que dans les lieux même où ces institutions ont force et vigueur. Si nous nous entretenons des institutions de l'Allemagne alors que nous sommes en France ou en Espagne, nous pouvons, sans offense pour le pays où elles subsistent, discuter à leur sujet, comme le font les étudiants sur une thèse de logique dans une université. L'accusateur me reproche d'avoir, à Turin, ou ailleurs dans le nord de l'Italie, parlé, en la critiquant, de la juridiction devant laquelle je comparais maintenant. Je ne nie point qu'il n'y ait eu quelque chose de semblable; mais ce fut parce que deux voyageurs avec lesquels je me trouvais à table m'avaient, presque de force, engagé dans la question. On avait insisté pour avoir mon opinion avant que je ne la donnasse.

— Cette opinion, » dit le juge président, « fut-elle favorable ou non à la juridiction de la Sainte et Secrète Vehme? Que la vérité dirige votre langue; souvenez-vous que la vie est courte et le jugement éternel!

— Je ne voudrais pas sauver ma vie par un mensonge. Mon opinion fut défavorable; et je m'exprimai ainsi : Ni lois ni procédures judiciaires ne peuvent être justes et approuvées, lorsqu'elles existent et opèrent au moyen de combinaisons secrètes. J'ai dit que la justice ne peut vivre qu'à ciel ouvert, et que, lorsqu'elle cesse d'être publique, elle dégénère en haine et en vengeance. J'ai dit qu'un système sur lequel vos jurisconsultes eux-mêmes se sont exprimés ainsi : *Non socer a genero, non hospes ab hospite tutus*, est trop contraire aux lois de la nature pour s'accorder avec les lois de la religion, ou pour être réglé par elles. »

A peine eut-il dit ces mots, qu'il s'éleva parmi les juges un murmure contre le prisonnier : « Il blasphème contre la Sainte Vehme. Que sa bouche se ferme à jamais!

— Écoutez-moi, » dit l'Anglais, « comme vous souhaiterez un jour d'être vous-mêmes écoutés! Tels étaient mes sentiments, et je les ai exprimés. J'ajoute que j'avais le droit d'émettre ces opinions, justes ou erronées, dans un pays neutre, où ce tribunal n'entend ni ne peut réclamer juridiction. Mes pensées sont toujours les mêmes. Je les avouerais, eussé-je cette épée contre la poitrine, ou cette corde autour du cou. Mais je nie avoir jamais parlé contre les institutions de votre vehmè, dans un pays où elle avait cours comme justice nationale. Bien plus fortement encore, s'il est possible, je repousse l'absurdité de l'allégation mensongère qui me représente, moi étranger de passage, comme ayant commission pour traiter avec le duc de matières aussi hautes, ou pour former une conspiration en vue de détruire un système auquel tant de personnes paraissent chaudement attachées. Je n'ai jamais dit pareille chose, et n'y ai jamais pensé.

— Accusateur, » dit le président, « tu as entendu l'accusé. Quelle est ta réponse?

— La première partie de l'accusation, » répondit celui-ci, « il l'a confessée devant cette vénérable assistance, à savoir que sa langue impure a bassement calomnié nos saints mystères ; pourquoi il mérite qu'on la lui arrache de la gorge. Je vais, sous le serment solennel de notre association, déclarer et attester, ainsi que le veulent la loi et l'usage, que le reste de l'accusation, à savoir d'être entré dans des machinations pour la destruction des institutions vehmiques, est aussi vrai que ce que l'accusé lui-même a dû renoncer à nier.

— En justice, » dit l'Anglais, « l'accusation, si elle n'est établie par preuves satisfaisantes, doit être décidée par le serment de la partie accusée, non en permettant à l'accusateur de parer par sa propre déclaration à l'imperfection de sa preuve.

— Étranger, » répliqua le juge président, « nous accordons à votre ignorance une défense plus longue et plus complète que ne le comporteraient nos formes de procéder ordinaires. Sachez que le droit de siéger parmi ces vénérables juges confère à celui qui en jouit un caractère sacré, que ne possèdent pas les autres hommes. Le serment d'un initié contrebalance les affirmations les plus solennelles de toute personne qui ne participe point à nos secrets vénérés. Tout est vehmique dans la cour vehmique. L'affirmation de l'empereur, si l'empereur n'est pas initié, n'aurait pas autant de poids dans nos conseils que celle du plus modeste de nos dignitaires. La déclaration de l'accusateur ne peut être repoussée que par le serment d'un membre du tribunal, d'un rang supérieur.

— Dieu veuille alors m'accorder sa grâce, car je n'ai de confiance que dans le ciel! » dit l'Anglais, d'une voix solennelle. « Je ne tomberai pas, cependant, sans faire un dernier effort. J'en appelle à toi, sombre personnage qui présides cette assemblée redoutable; je te somme de déclarer, en foi et honneur, si tu me tiens pour coupable de ce qu'affirme si hardiment ce calomniateur. Par ton caractère sacré, par le nom...

— Arrête! » répliqua le président. « Le nom sous lequel nous sommes connus dans le monde ne doit pas être prononcé dans les souterrains où nous siégeons comme juges. »

Puis, s'adressant au prisonnier et à l'assemblée : « Appelé en témoignage, je déclare que l'accusation dirigée contre toi est vraie en tant que tu l'as reconnue toi-même, à savoir que tu as, en d'autres pays que le Sol Rouge, parlé légèrement de cette sainte institution de justice. Mais je crois au fond de mon âme, et je me porterai témoin sur mon honneur, que le reste de l'accusation est inadmissible et faux. Je le jure, la main sur le poignard et sur la corde. Quel est votre jugement, mes frères, sur la cause que vous venez d'instruire? »

Un des membres de la première classe, siégeant au banc le plus avancé des juges, caché comme les autres par son vêtement, mais qu'au son de sa voix et à sa taille courbée on devait croire plus âgé que les deux qui avaient parlé avant lui, se leva non sans peine, et dit d'une voix tremblante :

« L'enfant de la corde qui est devant nous a été convaincu de témérité et de folie en calomniant notre sainte institution. Mais il a dit ces choses insensées à des oreilles qui n'avaient jamais entendu nos lois sacrées. Il se trouve donc acquitté, par un témoignage irréfragable, du reproche d'avoir conçu et conduit le projet stérile de miner notre pouvoir, ou de soulever les princes contre notre sainte association, crime pour lequel la mort serait un châtiment trop léger. Il a été fou, mais non criminel; et comme les saintes lois de la Vehme ne portent pas d'autre pénalité que la mort, le jugement que je propose est que l'enfant de la corde soit rendu, sans souffrir aucun dommage, à la société et au monde d'en haut, après avoir été réprimandé comme il convient.

— Enfant de la corde, » dit le président, « tu as entendu ta sentence d'acquittement. Mais si tu veux t'endormir dans un tombeau non sanglant, laisse-moi t'avertir que les secrets de cette nuit devront rester enfermés en toi, sans être communiqués à père ni mère, épouse, fils ou fille; sans être prononcés ni à haute voix ni tout bas; sans être exprimés par des paroles ni écrits par des caractères; sans être sculptés ni peints, ni communiqués de toute autre manière, soit directement, soit par parabole ou emblème. Obéis à ce commandement, et ta vie est en sûreté. Que ton cœur se réjouisse, mais en tremblant. Ne te persuade jamais, dans ta vanité, que tu sois à l'abri des serviteurs et des juges de la Sainte Vehme. Quand il y aurait un millier de lieues entre toi et la Terre Rouge, et que tu parlerais en une contrée où notre pouvoir n'est pas connu; quand tu serais abrité dans ton île natale et défendu par ton océan, même là, je t'avertis de te signer rien qu'au souvenir du tribunal saint et invisible, et de retenir tes pensées dans ton propre sein; car le vengeur peut être à côté de toi, et tu mourrais dans ta folie. Va, sois prudent, et que la crainte de la Sainte Vehme demeure à jamais devant tes yeux. »

A ces derniers mots, une sorte de sifflement se fit entendre, et toutes les lumières s'éteignirent à la fois. Philipson sentit de nouveau l'étreinte des initiés, et pensa que le mieux à faire était de s'y abandonner. Il fut étendu doucement sur son lit, et reconduit à la place d'où on l'avait ôté pour le mettre au pied de l'autel. On rattacha les cordes à la plate-forme, et Philipson sentit son lit remonter pendant quelque temps; un léger choc lui apprit qu'il était remis au niveau du sol de la chambre où il avait été logé la nuit précédente, ou plutôt le matin. Il médita sur les événements qui venaient de s'accomplir, et comprit combien de remerciements il devait au ciel pour une pareille délivrance. La fatigue, enfin, l'emporta sur l'anxiété, et il tomba dans le sommeil le plus profond, pour ne s'éveiller qu'au retour de la lumière. Il résolut de quitter au plus vite un endroit si dangereux, et, sans voir personne de la maison, excepté le vieux garçon d'écurie, il continua son voyage jusqu'à Strasbourg, et atteignit cette ville sans autre incident (B).

CHAPITRE XXI.

> Loin de moi tout cela ! La sagesse, le monde
> Lui-même, s'il le veut, la crée et la féconde ;
> La nature, étalant sa magique grandeur,
> A du juste et du beau le souffle créateur.
> Combien elle a semé de sublimes ouvrages,
> O Rhin majestueux, le long de tes rivages !
> Harold y voit, s'offrant à ses yeux enchantés
> Un mélange divin de toutes les beautés :
> Ruisseaux, arbres à fruit, vallons aux verts feuillages,
> Pampres, montagnes, bois, moissons, rochers sauvages,
> Châteaux dont les murs gris, sans maîtres à présent,
> De leurs sombres adieux nous suivent en passant.
>   BYRON. *Child Harold*, chant III.

N quittant son père pour prendre la barque qui devait lui faire traverser le Rhin, Arthur n'avait retiré du bagage que fort peu de choses pour ses besoins personnels : la séparation, pensait-il, devait être très courte. Le plus indispensable pour changer de vêtements, et quelques pièces d'or, ce fut tout ce qu'il jugea nécessaire de prendre avec lui ; il laissa les autres objets et l'argent avec le cheval de somme, pensant qu'ils seraient utiles à son père pour continuer son rôle de marchand anglais. Avec son cheval et son mince équipement, il prit place dans un esquif de pêche ; l'embarcation dressa son mât temporaire, étendit une voile le long de la vergue, et, soutenue par la force du vent contre la puissance du courant, commença sur le

fleuve son mouvement oblique dans la direction de Kirch-hoff, situé, nous l'avons dit, un peu plus bas sur le fleuve que la chapelle Jean. Le passage fut si favorable qu'on atteignit en quelques minutes le côté opposé du fleuve; mais Arthur, dont l'œil et la pensée étaient sur la rive gauche, avait eu le temps de voir son père partir de la chapelle du Bac en compagnie de deux cavaliers. Il supposa que c'était le guide Barthélemy, et quelque voyageur qui se serait joint à eux; nous savons déjà que c'était le prêtre noir de Saint-Paul et son acolyte.

Cette augmentation de compagnie ne pouvait être pour son père (il le crut, du moins) qu'une cause de sécurité; il n'était guère à penser que Philipson se fût laissé imposer de force un compagnon, et une personne de son choix serait une protection pour lui, au cas où le guide le voudrait trahir. Arthur se réjouissait, dans tous les cas, de voir son père parti sain et sauf d'un lieu où l'on pouvait craindre qu'un danger ne l'attendît. Il résolut de ne pas séjourner à Kirch-hoff, mais de poursuivre au plus vite sa route vers Strasbourg, et de prendre son repos, lorsque l'obscurité l'obligerait à s'arrêter, en quelque hameau ou village de la rive allemande du Rhin. A Strasbourg, il espérait, avec la confiance de la jeunesse, qu'il pourrait rejoindre son père; impuissant à chasser tout à fait l'inquiétude de cette séparation, il nourrissait cependant bon espoir de le rencontrer heureusement en cette ville. Après s'être restauré à la hâte, et avoir donné à son cheval un moment de repos, il se remit en route sans perdre de temps pour descendre la rive orientale du grand fleuve.

Il se trouvait du côté le plus intéressant du Rhin, repoussé comme l'est le fleuve en cette partie de son cours par un mur de rochers romantiques, tantôt revêtus des plus riches teintes de la végétation, des nuances les plus variées de l'automne, tantôt surmontés de forteresses déployant à leurs portes les pennons de leurs orgueilleux possesseurs; la rive, en d'autres endroits, était semée de hameaux, séjour de pauvres laboureurs auxquels un sol riche fournissait les aliments que menaçait d'enlever bientôt la main puissante de l'oppresseur. Chaque cours d'eau qui, de ce côté, apporte son tribut au Rhin, a serpenté d'abord quelque temps au milieu de son territoire spécial;

chaque vallée y a son caractère, les unes riches en pâturages, en champs de blé et en vignobles, les autres hérissées de rochers, de précipices, et d'accidents de tout genre.

Les principes du goût n'étaient pas alors expliqués et analysés comme ils l'ont été depuis dans les pays où l'on a trouvé du loisir pour ces recherches. Mais les sentiments inspirés par un paysage aussi riche que celui de la vallée du Rhin doivent avoir été les mêmes pour tous les hommes, depuis le jour où notre Anglais, dans l'incertitude et le danger, y faisait son voyage solitaire, jusqu'à celui où Child Harold adressait un adieu superbe à son pays natal, cherchant en vain une terre où son cœur pût palpiter sans indignation.

Arthur jouissait de ce spectacle; la chute du jour, cependant, commençait à lui rappeler que, seul, et voyageant chargé d'une valeur considérable, la prudence voulait qu'il cherchât un lieu de repos pour la nuit. Juste au moment où il formait la résolution de s'enquérir, à la plus prochaine habitation, de la direction à prendre pour cela, la route qu'il suivait descendit dans un bel amphithéâtre, où de grands arbres défendaient des chaleurs de l'été les herbes tendres et délicates des pâturages. Un gros ruisseau y coulait allant rejoindre le Rhin. A un petit mille plus haut, les ondes du ruisseau décrivaient un croissant autour d'une éminence rocheuse escarpée, couronnée de murs fortifiés, avec tours gothiques et tourelles, enceinte d'un château féodal de premier ordre. Une partie de la plaine ouverte que nous venons d'indiquer avait été, tant bien que mal, cultivée en froment, et avait dû fournir une abondante moisson. Le froment était récolté; mais les tiges de chaume jaune foncé contrastaient avec le vert du pâturage qu'avait respecté la faulx, et avec le feuillage rouge foncé des gros chênes étendant leurs bras au-dessus de l'espace uni. Là un jeune garçon, en un vêtement rustique, était occupé à prendre au filet une couvée de perdrix, avec l'aide d'un épagneul dressé à cet exercice; assise sur le tronc d'un arbre tombé de vieillesse, une jeune femme, ayant plutôt l'air de la domestique d'une famille distinguée que d'une villageoise ordinaire, surveillait les progrès de la chasse. L'épagneul, dont le devoir était de pousser les perdrix sous le filet, fut visiblement dérangé par l'approche du voyageur ; son attention se divisa, et l'animal risquait fort de faire manquer tout en aboyant et en faisant lever le gibier, lorsque la jeune femme quitta son siège, et s'avançant vers Philipson, le pria d'avoir la complaisance de passer plus loin, pour ne pas troubler la chasse.

Le voyageur acquiesça volontiers à sa requête.

« Je ferai passer mon cheval, belle demoiselle, aussi loin que vous voudrez, » dit-il. « Permettez-moi en retour, de vous demander s'il y a par ici un couvent, un château, ou la maison de quelque honnête homme, où un étranger, surpris par la nuit et fatigué, pourrait recevoir l'hospitalité ? »

La jeune fille, dont Arthur n'avait pas encore vu distinctement la figure, retint une envie de rire, et lui répondit : « Ne pensez-vous pas que ce château, » montrant les tours qu'on apercevait à distance, « pourrait avoir quelque coin dont un étranger s'accommoderait en une pareille extrémité?

— Il y a assez de place, assurément, » dit Arthur ; « mais y aurait-il assez de bonne volonté?

— Formant moi-même, » dit la jeune fille, « une partie formidable de la garnison, je me porte garant de votre réception. Mais vous parlementez avec moi comme avec un ennemi, et les lois martiales veulent que je baisse ma visière. »

Disant ces mots, elle se cacha le visage sous un de ces masques que les femmes, à cette époque, portaient souvent hors de la maison, soit pour protéger leur teint, soit pour être à l'abri d'observations indiscrètes. Avant qu'elle n'eût accompli cette opération, Arthur avait reconnu la figure enjouée d'Annette Veilchen, simple servante d'Anne, mais en haute estime à Geierstein. C'était une fille hardie, peu accoutumée à ces distinctions de rangs dont la simplicité des montagnes d'Helvétie ne faisait pas grand cas, disposée à rire, à plaisanter et à faire la belle avec les jeunes gens de la famille du landamman. C'étaient choses auxquelles on ne faisait guère attention, les mœurs de la montagne établissant peu de différence entre la suivante et la maîtresse, à cela près que celle-ci était faite pour recevoir des services, celle-là pour les procurer. Cette espèce de familiarité aurait pu être dangereuse en d'autres pays; la simplicité des mœurs de la Suisse, et la tournure d'esprit d'Annette, intelligente et judicieuse malgré la liberté et la hardiesse dont se seraient mal accommodées les habitudes d'un pays plus civilisé, maintenait les rapports entre elle et les jeunes gens de la famille dans le strict sentier de l'honneur et de l'innocence.

Arthur lui-même avait accordé à Annette une attention assez grande; ses sentiments à l'égard d'Anne de Geierstein lui avaient donné le désir d'être bien vu de la suivante; ce qu'avaient obtenu facilement les politesses d'un beau jeune homme, et sa générosité à lui faire de petits présents, articles de toilette ou menus objets de parure, que la demoiselle, si loyale qu'elle fût, n'avait pas eu le cœur de refuser.

L'assurance qu'il était dans le voisinage d'Anne, et qu'il allait probablement passer la nuit sous le même toit, deux circonstances indiquées par la présence de la jeune fille et par son langage, activèrent le sang dans les veines d'Arthur. Depuis qu'il avait passé le fleuve, il avait nourri parfois l'espérance de revoir celle qui avait fait sur son imagination une impression si profonde ; mais son bon sens lui avait toujours dit combien étaient faibles les chances de se rencontrer ; à l'heure présente même, la réflexion lui jeta la désolante pensée que la rencontre n'allait amener autre chose que le chagrin d'une séparation prompte et définitive. Il s'abandonna cependant aux perspectives du plaisir promis, sans essayer d'en peser la durée ou les conséquences. Désireux en même temps d'en savoir, sur la situation d'Anne, autant qu'Annette voudrait bien en dire, il résolut de laisser la jeune espiègle ignorer qu'elle était reconnue, jusqu'au moment où celle-ci jugerait à propos elle-même de mettre fin à ce mystère.

Tandis que ces pensées traversaient l'esprit d'Arthur, Annette dit au jeune chasseur de perdrix de laisser tomber son filet, et lui conseilla de prendre, pour les porter à la cuisine, les deux plus belles de la couvée, et de remettre les autres en liberté.

« Il faut que je songe au souper, » dit-elle au voyageur, « puisque j'amène un hôte qu'on n'attendait pas. »

Arthur exprima le vif désir que l'hospitalité qu'il trouverait au château n'occasionnât aucun dérangement à ses habitants, et reçut, à l'endroit de ses scrupules, des assurances satisfaisantes.

« Il me répugnerait d'être pour votre maîtresse une cause de désagrément, » continua le voyageur.

« Voyez-vous ça, » dit Annette Veilchen ; « je n'ai parlé ni de maître ni de maîtresse, et ce pauvre voyageur a déjà arrangé dans son esprit qu'il allait être reçu dans le boudoir d'une dame !

— Ne m'avez-vous pas dit, » répliqua Arthur, un peu confus de sa maladresse, « que vous étiez, en second, la personne la plus importante de l'endroit ? Une demoiselle, il me semble, ne peut être l'officier que si le gouverneur est une femme.

— Je ne vois pas, » reprit la jeune fille, « la justesse de votre conclusion. J'ai su des dames occupant, dans des familles de seigneurs, des postes de haute confiance, allant parfois jusqu'à donner autorité sur le seigneur même.

— Dois-je comprendre, belle demoiselle, que votre situation est aussi prépondérante dans le château dont nous approchons, et dont je vous serais obligé de me dire le nom ?

— Le nom du château est Arnheim, » dit Annette.

« Votre garnison doit être considérable, » dit Arthur, fixant des yeux le vaste bâtiment, « si vous pouvez garnir de soldats un pareil labyrinthe de murs et de tours.

— Sur ce point, » dit Annette, « je dois avouer notre insuffisance. Nous sommes, pour le moment, plutôt cachés que logés dans le château ; mais il est passablement défendu par des récits effrayants pour tout autre que nous qui songerait à en troubler la solitude.

— Et vous, cependant, vous osez y résider? » dit l'Anglais, se souvenant du récit de Rodolphe Donnerhugel sur les barons d'Arnheim, et sur la catastrophe finale de la famille.

« Ou nous sommes, » répliqua le guide, « trop familiarisés avec de telles craintes pour en être fortement impressionnés ; ou nous avons, pour braver ces prétendues terreurs, des moyens que n'ont pas les autres ; peut-être, et ce n'est pas la conjecture la moins vraisemblable, n'avons-nous pas le choix d'un meilleur refuge. Tel est aussi, Monsieur, votre destin à présent, car les clartés du soir ont abandonné graduellement le haut des montagnes ; et si, content ou non, vous ne prenez pas séjour à Arnheim, vous êtes exposé à ne pas trouver de logement sûr pendant plusieurs milles. »

Disant ces mots, elle se sépara d'Arthur, prenant, avec l'oiseleur qui l'accompagnait, une montée courte et fort raide, conduisant droit au château. Elle invita l'Anglais à suivre un sentier de cheval allant, avec des détours, au même endroit, beaucoup plus facile mais moins direct.

Arthur se trouva bientôt devant la façade sud du château d'Arnheim, bâtiment beaucoup plus considérable encore qu'il ne l'aurait cru, soit d'après la description de Rodolphe, soit en le voyant de loin. Il avait été construit à des époques très diverses, et une grande partie de l'édifice appartenait moins au vrai gothique qu'à ce qu'on appelait le style sarrasin, où l'imagination de l'architecte est plus luxuriante qu'on ne se le permet habituellement dans le nord, riche de minarets, de coupoles, et d'autres fantaisies rappelant les constructions orientales. Ce bâtiment singulier avait un aspect de désolation et d'abandon, mais Rodolphe se trompait en le disant en ruines. Il avait, au contraire, été conservé avec grand soin ; et lorsqu'il était tombé aux mains de l'empereur, on avait veillé, bien qu'aucune garnison ne fût laissée dans son enceinte, à ce qu'il restât en bon état : les préjugés du pays empêchaient qui que ce fût de passer la nuit dans ces murs redoutés, mais le château était visité de temps en temps par un commissaire chargé de son entretien par la chancellerie impériale. La jouissance du domaine entourant le château était pour ce personnage officiel une compensation utile de ses peines, et il avait soin de ne pas s'exposer à la perdre en négligeant son devoir. Cet officier avait été retiré récemment, et à l'heure présente, la jeune baronne d'Arnheim avait trouvé refuge dans les tours abandonnées de ses ancêtres.

La Suissesse ne laissa pas au jeune voyageur le temps d'étudier l'extérieur du château, ou de deviner le sens des emblèmes et des devises, de caractère oriental, dont l'extérieur était décoré, attestant de diverses manières, et d'une façon plus ou moins directe, le goût des constructeurs de ce vaste monument pour la science des sages du Levant. Avant qu'il eût eu le temps de donner à la place autre chose qu'un coup d'œil, la voix de la jeune fille l'appela vers un angle du mur ; il y avait là une construction en saillie, d'où une longue planche, posée sur les deux bords d'un fossé à sec, aboutissait à une fenêtre où était Annette.

« Vous avez déjà oublié vos leçons de Suisse, » dit-elle, remarquant qu'Arthur traversait assez timidement ce pont improvisé, de sécurité médiocre.

La réflexion que la maîtresse d'Annette pourrait faire la même remarque rappela le jeune voyageur à la hardiesse exigée par les circonstances. Il traversa la planche avec le même sang-froid avec lequel il avait appris à braver le pont beaucoup plus terrible du château en ruines de Geierstein. Il n'eut pas plus tôt franchi la fenêtre qu'Annette, ôtant son masque, lui enjoignit de dire bonjour à l'Allemagne, et à d'anciens amis sous de nouveaux noms.

« Il n'y a plus d'Anne de Geierstein, » dit-elle ; « mais vous verrez tout à l'heure Madame la baronne d'Arnheim, qui lui ressemble beaucoup ; et moi, Annette Veilchen en Suisse, et la servante d'une personne qu'on ne mettait pas sur un pied beaucoup plus haut que le mien, je suis à présent la demoiselle suivante de la jeune baronne, et je fais tenir à distance quiconque est de qualité moindre.

— Si vous avez, en ces conditions, » dit Philipson, « l'influence à laquelle votre dignité vous donne droit, ayez la bonté de dire à la baronne, puisqu'il faut l'appeler ainsi, qu'il ne faut attribuer qu'à mon ignorance l'indiscrétion de ma visite.

— A d'autres! » répliqua en riant la jeune fille ; « j'ai mieux que cela à dire en votre faveur. Vous n'êtes pas le premier pauvre diable ou le premier colporteur qui ait obtenu les faveurs d'une grande dame ; mais si vous y êtes arrivé, ce n'est pas, je vous assure, en faisant d'humbles excuses et en parlant de hasard et d'indiscrétion. Je lui parlerai d'un amour que tout le Rhin ne pourrait éteindre, et qui vous a poussé ici, ne vous laissant d'autre choix que de venir ou de mourir.

— Annette ! Annette !...

— Vous êtes absurde. Raccourcissez le nom ; criez Anne! Anne! et il y aura plus de chance pour qu'on vous réponde ».

Là-dessus, la folle jeune fille sortit de la chambre en courant, ravie, comme pouvait l'être une montagnarde de son caractère, à la pensée d'avoir fait ce qu'elle aurait voulu qu'on fît pour elle, de charitables efforts pour réunir deux amants à la veille d'une séparation inévitable.

Contente d'elle, Annette monta à la hâte, par un étroit escalier tournant, à une petite pièce où était sa maîtresse. « Anne de Gei..., » s'écria-t-elle, « Madame la baronne, veux-je dire, les voici venus, les voici !

— Les Philipson? » dit Anne, ayant à peine assez de voix pour prononcer la question.

« Oui... non..., » répondit la jeune fille ; « c'est-à-dire, oui ; car le meilleur des deux est là ; Arthur, pour parler net.

— Que veux-tu dire, ma fille? Le seigneur Philipson ne serait pas avec son fils?

— Non, en vérité, » répondit Veilchen ; « et je n'ai pas seulement pensé à demander de ses nouvelles. Il n'était pas mon ami, ni celui de personne, excepté du vieux landamman ; et ils faisaient bien la paire, avec leurs éternels proverbes et leurs fronts préoccupés.

— Qu'as-tu fait, vilaine étourdie ? » dit Anne de Geierstein ; « ne t'avais-je pas donné la mission de les amener ici tous les deux ? Et

tu m'amènes le jeune homme tout seul dans un lieu presque désert ? Que va-t-il penser de moi ?

— Hé ! pouvais-je faire autre chose ? » répondit Annette, restant ferme dans ses arguments. « Il était seul ; fallait-il donc l'envoyer jusqu'au village, se faire tuer par les lansquenets du Rhingrave ? Tout ce qui vient dans leurs filets est poisson ; et comment pourrait-il traverser ce pays, si rempli de soldats errants, de barons brigands (sauf le respect de Madame), et de fripons d'Italiens se rendant sous les drapeaux du duc de Bourgogne ? Sans parler d'une terreur, la plus grande de toutes, qui, sous une forme ou sous une autre, est toujours présente à l'œil ou à la pensée.

— Assez, Annette, assez ; n'ajoute pas à tout le reste une pareille folie. Pensons plutôt à ce qu'il y a à faire. Dans notre intérêt, dans le sien même, il faut que ce malheureux jeune homme quitte le château à l'instant.

— Faites vous-même la commission, Anne; très noble baronne, veux-je dire. Cela peut être fort bien, de la part d'une dame de haute naissance, d'envoyer un message pareil, et je sais que les minnesingers le disent dans leurs romans; mais il ne convient ni à moi, pour sûr, ni à aucune fille de Suisse au cœur loyal, d'en être le porteur. Trêve à tout cela; et souvenez-vous que si vous êtes née baronne, vous avez été élevée dans les montagnes de la Suisse, et vous devez vous conduire comme une demoiselle honnête et ayant de bons sentiments.

— En quoi votre sagesse trouve-t-elle à redire à ma folie, demoiselle Annette? » répondit la baronne.

« Voilà votre noble sang qui se révolte dans vos veines. Rappelez-vous cependant, ma bien chère dame, le marché fait entre nous, lorsque j'ai quitté nos belles montagnes et l'air de liberté qui y souffle pour m'enfermer dans ce pays de prisons et d'esclaves; à savoir, que je vous dirais ce que je pense comme au temps où nos deux têtes étaient sur le même oreiller.

— Parle, » dit Anne, détournant à dessein le visage en se préparant à écouter; « mais aie soin de ne rien dire que je ne puisse entendre.

— La nature et le sens commun me dicteront mes paroles; et si vos nobles oreilles ne sont pas faites pour les entendre ou pour les comprendre, la faute en sera à elles, et non à ma langue. Vous avez sauvé ce jeune homme de deux grands dangers: une fois lors de l'éboulement de Geierstein; l'autre, le jour où l'on en voulait à sa vie. C'est un beau jeune homme, s'exprimant bien, et ayant ce qu'il faut pour mériter les faveurs d'une dame. Avant que vous ne l'eussiez vu, les jeunes gens de la Suisse ne vous étaient pas odieux. Vous dansiez avec eux, vous plaisantiez avec eux, vous étiez l'objet de l'admiration de tous, et vous auriez, vous le savez bien, fait votre choix dans le canton. Quelques instances même, c'eût été possible, vous auraient amenée à prendre Rodolphe Donnerhugel pour mari.

— Jamais, mon enfant, jamais! » s'écria Anne.

« Ne soyez pas si affirmative, Madame. S'il avait su conquérir d'abord la faveur de l'oncle, il aurait, à mon faible avis, enlevé celle de la nièce dans un bon moment. Mais depuis que nous avons connu ce jeune Anglais, il n'y a plus guère que dédain, mépris, et quelque chose comme de la haine, pour tous ceux qu'avant cela l'on aurait supportés passablement.

— Il suffit, » dit Anne. « Je te détesterai et je te haïrai plus qu'aucun d'entre eux, si tu n'abandonnes un pareil sujet.

— Doucement, noble dame ; pour aller loin, il ne faut pas aller trop vite. Tout cela prouve que vous aimez ce jeune homme ; ceux qui trouvent la chose étonnante diront que vous avez tort. Il y a force raisons pour vous justifier, et pas une, que je sache, dans l'autre sens.

— Que dis-tu, pauvre insensée ? Souviens-toi que ma naissance me défend d'aimer un homme de classe inférieure, ma condition d'aimer un homme pauvre, les ordres de mon père d'aimer quelqu'un dont les avances ne seraient pas agréées de lui ; ma dignité de fille, pardessus tout, m'interdit de fixer mes affections sur une personne qui ne songe pas à moi, et à qui les apparences ont donné peut-être des préventions contre moi.

— Un beau sermon ! » dit Annette ; « mais je me charge d'en discuter tous les points aussi aisément que le père François explique son texte un jour de grande fête. Votre naissance est un rêve absurde ; vous n'avez appris à en faire cas que depuis deux ou trois jours, alors que, sur la terre allemande, quelques mauvaises herbes de ce pays, appelées préjugés de famille, ont commencé à germer dans votre cœur. Pensez-en ce que vous en pensiez lorsque vous habitiez Geierstein, c'est-à-dire durant toute la partie raisonnable de votre vie, et le préjugé terrible se réduira à rien. Par votre condition, vous voulez dire votre fortune. Mais le père de Philipson, qui est le plus brave homme du monde, donnera sûrement à son fils autant de sequins qu'il en faut pour garnir comme il convient une ferme de montagne. Vous avez des bois à couper et des terres à faire valoir, puisque vous avez droit, sans conteste, à une partie de Geierstein ; et votre oncle vous en mettra volontiers en possession. Vous savez mener une laiterie ; Arthur est en état de chasser, de pêcher, de labourer, de herser, et de moissonner. »

Anne de Geierstein secoua la tête, comme si elle avait eu des doutes sur l'habileté de son amant dans les derniers talents énumérés.

« S'il ne le sait, il pourra l'apprendre, » dit Annette Veilchen ; « vous en serez quittes pour avoir un peu plus de peine la première année, ou la seconde. Sigismond Biederman vous aidera volontiers ; et c'est un cheval au travail. Je connais aussi quelqu'un, un ami...

— Un ami à toi ? » interrompit la jeune baronne.

« Mon bon ami Martin Sprenger ; je n'aurai jamais le cœur assez faux pour désavouer mon pauvre amoureux.

— Où veux-tu en venir avec tout cela ? » dit impatiemment la baronne.

« Dans mon opinion, c'est très simple, » répondit Annette. « Il y a, autour d'ici, des prêtres et des livres de prières : descendez au salon, dites à votre amant ce que vous avez à lui dire ; qu'il en fasse autant de son côté ; donnez-vous la main ; retournez tranquillement à Geierstein en qualité de mari et femme, et préparez tout pour recevoir votre oncle lorsqu'il reviendra. C'est la façon, pour une bonne Suissesse, de donner une fin au roman d'une baronne allemande.

— Et de briser le cœur de son père, » dit la jeune dame avec un soupir.

« Ce cœur-là est plus dur que vous ne pensez, » répliqua Annette ; « ayant vécu sans vous si longtemps, il sera capable de s'en passer le reste de sa vie, bien plus aisément que vous, en dépit des idées nouvelles que vous vous êtes forgées sur la qualité, vous ne pourrez endurer ses projets de richesse et d'ambition, qui visent à vous faire la femme de quelque illustre comte, dans le genre de ce de Hagenbach dont nous venons de voir la fin édifiante, exemple précieux pour tous les chevaliers brigands de la contrée du Rhin.

— Ce que tu dis est insensé ; un rêve d'enfant, qui ne connaît de la vie que ce qu'elle a entendu dire en trayant les vaches. Souviens-toi que mon oncle a les plus hautes idées de la discipline de famille, et qu'agir contrairement à la volonté de mon père nous perdrait dans son opinion. Pourquoi, d'ailleurs, suis-je ici ? pourquoi mon oncle a-t-il résigné la garde qu'il avait de moi? et pourquoi suis-je obligée de changer les habitudes qui me sont chères, pour prendre celles d'une autre nation, habitudes étranges pour moi, et qui, par suite, me déplaisent?

— Votre oncle, » dit Annette avec fermeté, « est landamman du canton d'Unterwalden; il en respecte les libertés, et il est le protecteur juré de ses lois ; si vous, naturalisée citoyenne de la Confédération, vous réclamez la protection de ses lois, il ne peut vous la refuser.

— En fût-il ainsi, » dit la jeune baronne, « je perdrais son estime, son affection plus que paternelle. Pourquoi insister? J'aurais pu aimer ce jeune homme, aussi estimable, je n'en disconviens pas, que tu te plais à le dépeindre ; mais sache » (elle hésita un instant) « qu'il ne m'a jamais dit un mot du sujet vers lequel toi, sans connaître ses sentiments ni les miens, tu voudrais porter mes pensées.

— Est-ce possible? » répondit Annette. « Je supposais, j'étais sûre, sans vous l'avoir jamais demandé, qu'attachés l'un à l'autre comme vous l'étiez, vous aviez dû déjà parler ensemble, ainsi que l'ont toujours fait, jusqu'à présent, une fille et un garçon qui ont tous les deux de la franchise. J'ai mal fait, quand je croyais faire pour le mieux. Est-ce possible! pareille chose ne s'est jamais vue dans notre canton. Se pourrait-il qu'il eût eu des desseins aussi mauvais que ce Martin de Brisach, qui a fait la cour à Adèle du Sundgau, l'a séduite jusqu'à la rendre folle (c'est presque incroyable, mais c'est vrai), et s'est enfui enfin du pays, en se vantant de ce qu'il avait fait; jusqu'au jour où Raymond, le cousin d'Adèle, l'a empêché de proclamer son triomphe infâme, en lui brisant la cervelle avec sa massue, dans la rue même de la ville où le scélérat était né? Par la sainte mère d'Einsiedeln! si j'avais pu soupçonner cet Anglais de méditer une pareille trahison, j'aurais scié la planche du fossé si bien que le poids d'une mouche l'aurait fait tomber, et à six toises de profondeur il aurait expié sa perfidie, pour avoir osé méditer le déshonneur d'une fille d'adoption de la Suisse. »

Comme Annette Veilchen parlait, tout le feu de son courage de montagnarde lui sortait des yeux, et ce ne fut qu'à regret qu'elle écouta Anne, lorsque celle-ci tâcha d'effacer l'impression dangereuse que sa dernière phrase avait faite sur sa simple et fidèle servante.

« Sur ma parole, » dit-elle, « sur mon âme, tu fais à Arthur Philipson une injustice, une fort grande injustice, en exprimant un pareil soupçon ; sa conduite envers moi a toujours été digne et honorable ; un ami envers une amie, un frère envers une sœur, n'aurait pu être plus respectueux, affectueux avec plus de réserve, loyal d'une façon plus constante, qu'il ne l'a été dans tout ce qu'il a fait et dit. Lorsque, fréquemment, nous nous sommes vus et parlé, il a toujours été, c'est vrai, fort aimable et fort empressé. Mais eussé-je été disposée à l'écouter avec indulgence... parfois, peut-être, je ne le fus que trop... » ici la jeune fille se cacha le visage avec la main, mais les larmes coulèrent à travers ses doigts délicats, « il ne m'a jamais dit une seule parole d'amour. S'il nourrit en lui un tel sentiment, il faut qu'un obstacle insurmontable l'ait empêché de rien témoigner.

— Un obstacle ? » répliqua la suivante ; « oui, sans doute, quelque timidité d'enfant, la naïve idée que votre naissance vous mettait trop au-dessus de lui, une modestie excessive considérant comme impénétrable une gelée de printemps. Ces craintes disparaissent par le moindre encouragement, et je prendrai sur moi, ma chère Anne, la tâche d'épargner la rougeur à votre visage.

— Non, non, Veilchen ; pour l'amour du ciel, non ! » répondit la baronne, pour qui Annette avait été si longtemps une compagne et une confidente, plutôt qu'une domestique. « Tu ne peux deviner la nature des obstacles qui l'empêchent de penser à ce que tu voudrais amener. Écoute-moi. Ma première éducation, et les instructions de mon excellent oncle, m'en ont fait savoir plus sur les étrangers et sur leurs usages que je n'en aurais appris sans cela dans notre retraite heureuse de Geierstein ; je suis convaincue que ces Philipson sont, par leur rang aussi bien que par leurs manières et par leur tournure, fort au-dessus de la profession qu'ils semblent avoir. Le père est un homme au courant de tout, aux pensées élevées et larges, prodigue de présents bien au delà de ce qu'admettrait la libéralité d'un marchand.

— C'est vrai, » dit Annette ; « je dirai, pour mon compte, que la chaîne d'argent qu'il m'a donnée pèse plus de dix couronnes de ce métal, et la croix qu'y a ajoutée Arthur, le lendemain de notre grande promenade à cheval au mont Pilate, en vaut encore beaucoup plus, à ce qu'on m'a dit. Elle n'a pas sa pareille dans les cantons. Eh bien alors, quoi? Ils sont riches, vous aussi. Tout est pour le mieux.

— Hélas! Annette, ils ne sont pas seulement riches, mais nobles. J'en suis convaincue ; j'ai remarqué souvent l'air de mépris calme et digne avec lequel le père savait se soustraire aux discussions dans lesquelles, à notre manière libre et rustique, Donnerhugel ou d'autres voulaient l'engager. Et lorsqu'une observation mal choisie ou une plaisanterie grossière étaient dirigées contre le fils, les yeux du jeune homme étincelaient, ses joues se coloraient, il fallait le coup d'œil de son père pour retenir la réplique peu amicale qui lui venait aux lèvres.

— Vous avez été bonne observatrice, » dit Annette. « Tout cela peut être vrai, mais je ne l'ai pas remarqué. Qu'importe, je le répète. Si Arthur a un beau nom noble dans son pays, n'êtes-vous pas vous-même baronne d'Arnheim ? Je reconnaîtrai franchement que c'est bon à quelque chose, si cela aplanit le chemin vers un mariage où vous trouverez le bonheur. Le bonheur, c'est ce que j'espère ; ou sans cela, je n'y mettrais pas la main.

— Je le crois, ma fidèle Veilchen ; mais, hélas! comment pourrais-tu, élevée comme tu le fus dans une liberté simple et naïve, savoir ou soupçonner même les contraintes diverses que la chaîne d'or, ou plutôt la chaîne dorée, du rang et de la noblesse, fait peser sur ceux qu'elle entrave et qu'elle gêne au moins autant qu'elle les pare. Dans tous les pays, la distinction de la naissance soumet les hommes à certains devoirs. Elle crée des empêchements, elle interdit une alliance à l'étranger ; elle défend souvent de consulter ses inclinations lorsqu'on se marie dans son pays. Elle conduit à des unions où le cœur n'est pas consulté, à des traités de mariage conclus peut-être lorsque les parties intéressées sont au berceau ou à la lisière, mais qui, en foi et honneur, n'en sont pas moins un lien. Il peut en exister dans le cas présent. Ces alliances se mêlent souvent à la politique ou aux intérêts d'État ; et si le bien de l'Angleterre, ou ce qu'il a cru tel, avait amené Philipson père à former un pareil engagement, Arthur briserait son propre cœur, celui d'une autre au besoin, plutôt que de manquer à la parole de son père.

— Honte à ceux qui forment des engagements pareils! » repartit

Annette. « On dit que l'Angleterre est un pays libre ; mais si l'on y prive les jeunes hommes et les jeunes filles du privilège d'être maîtres de leurs mains et de leurs cœurs, autant vaudrait être serve en Allemagne. Vous savez beaucoup de choses, Madame, et je suis ignorante.

Que faire, cependant? J'avais amené ce jeune homme ici, m'attendant, Dieu le sait, à une meilleure issue de votre rencontre. Mais il est clair que vous ne pouvez vous marier sans qu'il le demande. S'il était capable de manquer la main de la plus belle fille des cantons, soit faute de courage pour la demander, soit par respect pour un arrangement ridicule entre son père et quelque autre gentilhomme de leur île de gentilshommes, dans les deux cas, je l'avoue, je le gratifierais volontiers d'un plongeon dans le fossé. Il y a pourtant une autre question, celle de savoir si nous l'enverrons se faire assassiner par les coupe-gorge du Rhingrave? je ne vois pas comment, sans cela, nous débarrasser de lui.

— Dis au petit William de s'occuper de lui, et veille toi-même à ce qu'il soit bien traité. Le mieux sera de ne pas nous trouver ensemble.

— Soit, » dit Annette; « mais que lui dirai-je de votre part? Je lui ai fait savoir, par malheur, que vous étiez ici.

— Hélas, imprudente! Mais pourquoi te blâmerais-je, » dit Anne de Geierstein, « lorsque l'imprudence a été si grande de mon côté? C'est moi qui, en laissant trop longtemps mon imagination occupée de ce jeune homme et de ses mérites, me suis jetée dans cet embarras. Je te montrerai que je sais me vaincre, et je ne chercherai pas dans mes propres torts un moyen d'échapper aux devoirs de l'hospitalité. Va, Veilchen; prépare ce qu'il faut. Tu souperas avec nous, et tu ne nous quitteras pas. Tu me verras me conduire ainsi qu'il convient à une noble allemande et à une fille de Suisse. Donne-moi de la lumière, mon enfant; je veux laver ces yeux qui me trahiraient, et songer à ma toilette. »

Toute cette explication avait été pour Annette un étonnement continu; avec les idées simples d'amour et de mariage dans lesquelles elle avait été élevée en ses montagnes de Suisse, elle s'attendait à voir les deux amoureux profiter de l'absence de ceux de qui ils dépendaient pour s'unir ensemble à jamais. Elle avait même arrangé, au second plan, un petit projet d'après lequel elle et Martin Sprenger, son fidèle prétendu, résideraient avec le jeune couple en qualité d'amis et de serviteurs. Réduite au silence, mais non satisfaite des objections de sa jeune maîtresse, la zélée suivante se retira en murmurant : « Sa toilette! c'est la seule chose sensée et naturelle dont elle ait parlé. Je reviens l'aider dans une seconde. Habiller ma maîtresse est, dans mon rôle de suivante, le seul point où je trouve un vrai plaisir. C'est si naturel pour une jolie fille d'en parer une autre. On apprend ainsi à se faire belle soi-même à la prochaine occasion. »

Sur cette sage remarque, Annette Veilchen dégringola l'escalier.

CHAPITRE XXII.

Non, ne m'en parlez pas : ces grimaces du monde,
Pour elles je ressens une haine profonde.
« De grâce, asseyez-vous, Monsieur. » Très humblement,
Avec un beau salut, l'on fait ce compliment.
L'autre de s'incliner à son tour, et de dire :
« M'asseoir, moi, devant vous! Non pas vraiment, Monsieur,
Ou bien je m'assoirais par terre. » Palsambleu!
L'orgueil seul inventa d'aussi sottes paroles ;
Laissons aux mendiants toutes ces fariboles.

Ancienne Comédie.

ANNETTE Veilchen monta, descendit, remonta et redescendit l'escalier ; elle était l'âme de tout ce qui se faisait dans le seul coin habitable du vaste château d'Arnheim. Apte à tous les genres de service, elle passa la tête dans l'écurie pour s'assurer que Guillaume avait donné au cheval d'Arthur les soins nécessaires, regarda dans la cuisine (elle n'en fut pas remerciée) pour veiller à ce que Marton, la vieille cuisinière, fît rôtir à point les perdrix, alla fureter dans les recoins du cellier pour en sortir une ou deux bouteilles de vin du Rhin, jeta enfin un coup d'œil dans le parloir pour voir ce que devenait Arthur. Après avoir eu la satisfaction de reconnaître qu'il avait mis à s'ajuster tout le soin que comportaient les circonstances, elle l'assura qu'il ne tarderait pas à voir sa maîtresse, un peu indisposée, mais ne pouvant se dispenser de descendre auprès d'un hôte aussi apprécié.

Arthur rougit lorsque la suivante parla de la sorte, et celle-ci le trouva si beau, qu'elle ne put s'empêcher de se dire, en retournant vers la chambre de sa maîtresse : « Ma foi, si l'amour ne vient pas à bout d'unir ce couple-là en dépit de tous les obstacles, je ne croirai plus qu'il y en ait au monde, quoi que Martin Sprenger puisse dire et jurer sur l'Évangile. »

En entrant dans la chambre de la baronne, elle s'aperçut, à sa grande surprise, qu'au lieu de se parer de ce qu'elle avait de plus beau, la jeune demoiselle avait préféré le vêtement simple porté par elle le jour où Arthur avait dîné à Geierstein pour la première fois. Annette parut d'abord intriguée et inquiète, puis reconnut soudain le bon goût qui avait dicté cet habillement, et s'écria : « Vous avez raison! vous avez raison! le mieux est de le recevoir comme une brave fille de Suisse. »

Anne sourit en lui répondant. « Dans les murs d'Arnheim, il faut que je sois un peu la fille de mon père. Aide-moi à poser ce bijou sur le ruban qui attache mes cheveux. »

C'était une aigrette, composée de deux plumes de vautour réunies par une opale : l'opale obéissait à tous les changements de la lumière avec une mobilité dont fut enchantée la jeune Suissesse, qui, de sa vie, n'avait rien vu de pareil.

« Baronne Anne, » dit-elle, « de toutes les marques de votre dignité, cette jolie chose est la seule que je convoiterais ; c'est merveilleux comme elle luit et change de couleur : on dirait une joue lorsqu'elle est émue.

— Hélas, Annette! » dit la baronne, mettant la main à ses yeux, « de toutes les parures que les femmes de ma maison ont possédées, celle-ci a peut-être été la plus fatale à celles qui l'ont portée.

— Pourquoi la mettre alors? » dit Annette. « Pourquoi la mettre aujourd'hui, plutôt qu'un autre jour?

— Parce que, mieux qu'aucune autre, elle me rappelle mes devoirs envers mon père et ma famille. Viens à table avec nous, mon enfant, et ne nous quitte pas un instant. Aie soin de ne pas te déranger pour aller de ci et de là, pour prendre quelque chose dans le buffet soit pour toi soit pour un autre; mais reste tranquille à ta place, et attends que Guillaume donne ce dont on pourra avoir besoin.

— C'est commode et cela m'arrange, » dit Annette; « Guillaume nous sert avec un si beau calme que c'est plaisir de le regarder. A tout bout de champ, malgré cela, il me semblera que je ne suis pas Annette Veilchen, mais son portrait, puisque je ne pourrai ni me lever, ni me rasseoir, ni courir à droite ou à gauche, ni même peut-être rester en place, sans manquer à quelque règle du grand monde. Ce ne sera pas, j'ose le dire, la même chose pour vous, qui êtes toujours si correcte.

— Moins que tu ne le penses, » dit la jeune noble; « mais la contrainte m'est plus dure sur la pelouse et sous la voûte du ciel, qu'entre les murs d'un appartement.

— Ah, c'est vrai; la danse! » dit Annette, « voilà une chose à regretter.

— Ce que je regrette surtout, Annette, c'est de ne pas savoir si j'ai raison ou tort en voyant ce jeune homme, bien que ce soit pour la dernière fois. Si mon père arrivait? Si Ital Schreckenwald, de retour...

— Votre père est trop enfoncé dans ses projets sombres et mystérieux, » dit la Suissesse babillarde; « il a fait voile pour les montagnes de Brockenberg, où les sorcières tiennent leur sabbat, ou il est en chasse avec le fantôme de la ballade.

— Fi, Annette! comment oses-tu parler ainsi de mon père?

— Ma foi, je ne le connais guère, » dit la demoiselle, « et, vous-même, vous ne le connaissez pas beaucoup plus. Comment serait-ce faux, ce que tout le monde croit vrai?

— Qu'est-ce donc que l'on croit, pauvre étourdie?

— Que le comte est un sorcier; que votre grand'mère était un lutin, et que le vieil Ital Schreckenwald est un diable incarné; sans se prononcer sur le reste, on peut affirmer le dernier point.

— Où est Schreckenwald?

— Il est allé passer la nuit au village, y installer les gens du Rhingrave, et les tenir un peu en ordre, si c'est possible; car les soldats n'ont pas reçu la paye qu'on leur avait promise; et, en pareil cas, rien ne ressemble à un lansquenet, excepté un ours en colère.

— Descendons, ma fille; ce sera peut-être, pour bien des années; le dernier soir où nous aurons quelque liberté. »

Je n'ai pas la prétention de décrire l'embarras marqué avec lequel Arthur Philipson et Anne de Geierstein s'abordèrent. Lorsqu'ils échangèrent leurs politesses, ni l'un ni l'autre ne put lever les yeux, ou parler d'une manière intelligible ; la jeune fille ne rougissait pas moins que son modeste visiteur. La Suissesse à l'humeur vive, dont les idées sur l'amour étaient plus voisines de la liberté de l'ancienne Arcadie, les regardait avec beaucoup d'étonnement et un peu de mépris, fronçant les sourcils à la vue d'un couple qui, dans sa pensée, agissait avec une réserve si dépourvue de bon sens. Arthur salua profondément, et rougit de même, en offrant la main à la jeune dame, et la manière dont celle-ci accepta la politesse eut le même caractère de gaucherie, d'agitation et d'embarras. Bref, bien qu'entre ces deux beaux et aimables jeunes gens, il ne se passât rien ou presque rien d'intelligible, leur entrevue ne manqua pas d'intérêt. Arthur donna la main à la jeune personne, selon l'usage du temps, pour la conduire dans la pièce voisine, où le repas était servi. Annette observait tout avec une extrême attention ; elle s'étonna de l'impression que produisaient sur son esprit franc et indépendant les usages et les cérémonies des plus hautes classes de la société; on eût dit le général romain devant les rites religieux des Druides :

A mon mépris se joint le respect ou la peur.

« D'où vient ce changement? » se disait Annette ; « à Geierstein, c'étaient une fille et un garçon comme les autres, à cela près qu'Anne est très belle ; mais à présent ils vont en mesure et à pas comptés comme s'ils allaient danser une grande danse officielle, et sont aussi respectueux l'un vis-à-vis de l'autre que s'il était, lui, le landamman d'Unterwalden, elle, la première dame de Berne. Tout cela est très beau, sans doute, mais ce n'est pas ainsi que Martin Sprenger me fait la cour. »

Il faut croire que les circonstances actuelles rappelaient les deux jeunes gens aux habitudes de courtoisie superbe et un peu guindée auxquelles, en d'autres jours, ils avaient été accoutumés. La ba-

ronne jugeait le plus strict décorum nécessaire alors qu'elle recevait Arthur dans l'intérieur de sa retraite ; Arthur voulait prouver par l'immensité de son respect, combien il était incapable d'abuser de la bienveillance qu'on lui témoignait. Ils se mirent à table, observant scrupuleusement la distance qu'il convenait de mettre

Entre gens vertueux de sexe différent.

Le petit Guillaume fit le service avec convenance et gentillesse, comme un garçon au courant de ses devoirs ; et Annette, qui avait pris place entre les deux jeunes gens, se conforma de son mieux aux cérémonies qu'elle leur voyait faire, et fit preuve du bien vivre qu'on devait attendre de la suivante d'une baronne. Ce ne fut cependant pas sans commettre quelques erreurs. C'était, à tout prendre, la conduite d'un lévrier que l'on tient en laisse, prêt à s'élancer à chaque instant ; elle eut grand besoin de se souvenir des recommandations si puissamment faites de se faire donner ce qu'elle aurait mieux aimé prendre.

L'étiquette eut à subir des transgressions nouvelles, après que le repas fut fini et que le petit domestique se fut retiré. La suivante se mêla parfois à la conversation d'une façon un peu trop libre, et ne put s'empêcher d'appeler sa maîtresse par son nom de baptême ; elle alla même, au mépris de tout décorum, jusqu'à appliquer à celle-ci, et à Philipson lui-même, le pronom *tu*, ce qui était, dans ce temps-là, et est encore un solécisme terrible dans la langue des politesses d'Allemagne. Ses bévues eurent cela de bon qu'en fournissant à la jeune dame et à Arthur un élément étranger à la singularité de leur situation, elles les firent sortir un peu de ce terrain embarrassant, et leur permirent d'échanger des sourires aux dépens de la pauvre Annette. Celle-ci ne fut pas longtemps sans s'en apercevoir, et, piquée à demi, à demi profitant de l'occasion pour dire sa pensée tout entière, elle lança carrément ces mots : « Vous vous êtes amusés de moi, parce que j'aurais aimé à me servir moi-même sans attendre que les choses me fussent apportées par le petit Guillaume, trottant toujours de la table au buffet. Vous riez de moi, maintenant, parce que je vous appelle par les noms que la sainte Église vous a donnés au baptême ; et parce que je dis *tu* en parlant à monsieur et à madame, comme je le ferais si j'étais à genoux devant

Dieu et la sainte Vierge. En dépit de vos belles manières, je puis vous dire que vous n'êtes que des enfants, qui ne savent ce qu'ils font, et qui perdent à plaisanter le seul temps à eux donné pour s'occuper de leur bonheur. Ne froncez pas le sourcil, ma chère baronne; j'ai trop souvent regardé le mont Pilate pour avoir peur d'un pareil nuage.

— Paix, Annette, » dit sa maîtresse; « ou quittez la chambre.

— Si je n'étais votre amie plus que la mienne, » dit intrépidement Annette, « je quitterais la chambre, et le château aussi, et je vous laisserais tenir maison ici, avec votre aimable sénéchal, Ital Schreckenwald.

— Si ce n'est pas par amitié, que ce soit par convenance et par charité; tais-toi, ou sors.

— Le carreau de mon arbalète est parti, » dit Annette; « et je n'ai fait qu'indiquer ce que tout le monde a dit sur la pelouse de Geierstein, le soir où l'arc de Buttisholz a été bandé. Vous connaissez le vieux dicton...

— Paix, pour l'amour du ciel, ou je m'enfuis! » dit la jeune baronne.

« Si vous vous enfuyez, » dit Annette, changeant de ton comme si elle eût craint que sa maîtresse ne se retirât en effet, « si vous vous enfuyez, il en sera ce qu'il en sera. Personne, je le crois, ne pourra vous suivre. La maîtresse que j'ai, seigneur Arthur, aurait besoin pour la servir, non d'une fille en chair et en os comme moi, mais d'une personne en fil de la Vierge, respirant la quintessence de l'air. Croyez-moi si vous voulez. Beaucoup de gens pensent sérieusement qu'elle est de la race des esprits qui vivent dans les éléments, ce qui la rend plus réservée que les filles de ce monde-ci. »

Anne de Geierstein fut presque satisfaite de voir la conversation prendre un autre tour que celui imprimé d'abord par sa malencontreuse suivante, et passer à des sujets moins délicats, bien qu'ayant le défaut encore de se rapporter à sa personne.

« Le seigneur Arthur, » dit-elle, « croit peut-être devoir accorder quelque place aux soupçons étranges que tu exprimes étourdiment, et auxquels certains esprits à l'envers donnent crédit en Allemagne et en Suisse. Avouez, seigneur Arthur, que vous avez eu de moi une singulière idée lorsque, l'autre nuit, j'ai traversé le pont de Graffs-lust pendant votre faction. »

Le souvenir des circonstances qui l'avaient si fortement surpris, produisit sur Arthur une impression telle, que ce ne fut pas sans peine qu'il parvint à faire une réponse ; encore fut-elle vague et incohérente.

« J'ai entendu dire... Rodolphe Donnerhugel m'a raconté... Mais avoir cru jamais, Madame, que vous fussiez autre chose qu'une vraie chrétienne...

— Si c'est Rodolphe qui l'a raconté, » dit Annette, « vos renseignements sur madame et sur sa famille ont dû être aussi mauvais que possible ; cela est certain. C'est un de ces prudents personnages qui déprécient les marchandises qu'ils veulent acheter, et qui y trouvent des défauts pour écarter les enchérisseurs. Je suis sûre qu'il vous a fait, sur la grand'mère de madame, une belle histoire de revenants ; et j'ose dire qu'il aura pu, à vos yeux, donner à la chose quelque consistance...

— Non vraiment, Annette, » répondit Arthur ; « tout ce qu'on a pu me dire d'irrégulier ou d'étrange au sujet de votre maîtresse, est tombé de soi-même comme indigne de foi.

— Pas tout à fait, » interrompit Annette, sans faire attention aux signes ni aux regards. « Je soupçonne fort que j'aurais eu beaucoup plus de peine à vous amener dans ce château, si vous aviez su que vous approchiez de la demeure de la Nymphe du Feu, de la Salamandre, comme on l'appelle, sans compter l'émotion de revoir la descendante de la Vierge au Manteau Ardent.

— Une fois encore, tais-toi, Annette, » dit sa maîtresse ; « puisque le destin a amené cette rencontre, ne négligeons pas l'occasion de désabuser notre ami d'Angleterre au sujet du récit absurde qu'il a écouté, je le veux, avec doute et étonnement, mais non avec une complète incrédulité.

« Seigneur Arthur Philipson, » ajouta la jeune dame, « il est vrai que mon grand-père maternel, le baron Herman d'Arnheim, était un homme fort instruit dans les sciences abstraites. Il était en outre juge président d'un tribunal dont vous devez avoir entendu parler, et qu'on appelle la Sainte Vehme. Un soir, un étranger, poursuivi de près par les agents de cette corporation, qu'il n'est pas même prudent de nommer, » (elle fit le signe de la croix) « arriva au château, et réclama sa protection et les droits de l'hospitalité. Mon grand-père, reconnaissant que l'étranger avait le rang d'adepte, lui accorda protection, et devint caution qu'il se présenterait pour répondre à l'accusation après an et jour, délai qu'il avait le droit, paraît-il, d'obtenir en faveur de cette personne. Ils étudièrent ensemble durant ce temps, et poussèrent leurs investigations dans les mystères de la nature, aussi loin, selon toute probabilité, que les hommes ont pouvoir de le faire. Lorsqu'approcha le jour fatal où l'étranger devait se séparer de celui qui l'avait reçu, il demanda la permission de faire venir sa fille au château pour échanger avec elle un dernier adieu. Elle y fut introduite en secret, et, quelques jours après, voyant combien le destin du père était menacé, le baron, du consentement de celui-ci, résolut de donner refuge en son château à la pauvre abandonnée, espérant obtenir d'elle quelques enseignements de plus sur les langues et le savoir de l'Orient. Dannischemend quitta le château pour aller se soumettre, à Fulde, au jugement de la Sainte Vehme. Le résultat est inconnu ; peut-être fut-il sauvé par le témoignage du baron d'Arnheim, peut-être fut-il livré à l'acier et à la corde. Sur de pareilles choses, qui oserait parler ?

« La belle Persane devint l'épouse de son protecteur. Au milieu de beaucoup de qualités, elle avait une idée bizarre et fort imprudente. Elle tirait parti de son costume et de ses habitudes d'étrangère, et aussi d'une beauté qu'on dit avoir été merveilleuse, et d'une agilité incroyable, pour en imposer aux dames ignorantes d'Allemagne et pour les terrifier. L'entendant parler persan et arabe, elles étaient toujours disposées à la croire en possession d'une science illégitime. Elle était assez fantasque, et se plaisait à frapper les yeux par des couleurs vives, et à se mettre dans des situations faites pour confirmer les ridicules soupçons de ces dames, dont elle s'amusait. Il y avait sur son sujet des histoires sans nombre. Sa première apparition au château fut, dit-on, fort originale, et empreinte d'une sorte de merveilleux. Avec la légèreté d'un enfant, elle avait des irritations enfantines ; en même temps qu'elle faisait naître et circuler dans le voisinage les légendes les plus extraordinaires, elle entrait, avec des personnes de sa qualité, en des disputes de rang et de préséance, fréquentes, à toutes les époques, chez les dames de Westphalie. Cela lui coûta la vie ; car, le matin du baptême de ma pauvre mère, la baronne d'Arnheim mourut subitement, au moment même où une brillante compagnie était assemblée pour la cérémonie dans la chapelle du château. On a cru qu'elle était morte d'un poison, administré par la baronne Steinfeldt, avec qui elle avait eu une querelle violente pour défendre son amie, la comtesse Waldstetten.

— Et l'opale ? et l'eau bénite ? » demanda Arthur Philipson.

« Ah ! » répliqua la jeune baronne, « je vois que vous voulez avoir l'histoire vraie de ma famille, dont vous n'avez encore appris que la légende romanesque. Lorsque mon ancêtre s'évanouit, l'asperger d'eau fut la première chose que l'on dut faire. Quant à l'opale, j'ai ouï dire qu'elle avait pâli en effet ; mais telle est, paraît-il, la nature de cette noble pierre, à l'approche d'un poison. La querelle avec la baronne Steinfeldt roulait en partie sur le droit de la jeune Persane à porter cette pierre, conquise, dans une bataille, sur le sultan de Trébizonde, par un des anciens chevaliers de ma famille. Tout cela s'est confondu dans la tradition populaire, et des faits vrais ont tourné au conte de fée.

— Mais, » indiqua timidement Philipson, « vous ne m'avez rien dit de... de...

— De quoi ? » répliqua son hôtesse.

« De votre apparition de l'autre nuit.

— Mon explication là-dessus, quoique un peu vague, sera comprise par un homme de sens et par un Anglais. Mon père, vous le savez, a été engagé dans beaucoup d'affaires en un pays fort troublé, et a encouru la haine de beaucoup de personnes puissantes. Il est donc obligé d'agir en secret, et de ne point se laisser voir inutilement. Il était peu disposé, d'ailleurs, à une entrevue avec son frère, le landamman. Je fus donc informée qu'à notre entrée en Allemagne, un gage me serait remis pour me faire savoir où et quand je devrais le rejoindre ; ce gage était un petit crucifix de bronze, ayant appartenu à ma pauvre mère. Dans ma chambre de Graffs-lust, je le trouvai, avec un billet de mon père, m'indiquant un passage secret comme il en existe en de pareils lieux : ce passage semblait condamné, mais n'était, en réalité, que très légèrement barricadé. Le billet me disait d'aller par là jusqu'à la porte, de m'échapper dans les bois, et de rencontrer mon père à un lieu qu'il désignait.

— Une aventure périlleuse, » dit Arthur.

« Je n'ai jamais été si émue, » continua la jeune fille, « qu'en recevant cet ordre, me forçant de me séparer furtivement de mon oncle excellent et bien-aimé, pour aller je ne savais où. Il fallait cependant m'y conformer. Le lieu du rendez-vous était nettement indiqué. Une promenade à minuit, dans le voisinage d'une place bien gardée, n'était pour moi qu'une bagatelle ; mais la précaution de mettre des sentinelles à la porte aurait pu déranger mes projets, si je n'en avais parlé aux deux aînés des Biederman. Ils consentirent volontiers à me laisser passer et repasser sans me rien dire. Mais, vous connaissez mes cousins ; honnêtes et bons enfants, ils sont rudes dans leurs idées, et aussi incapables d'une délicatesse de sentiment que... que beaucoup d'autres personnes. » Ici, un coup d'œil pour Annette Veilchen. « Ils exigèrent de moi que je cachasse mon dessein à Sigismond ; et, comme ils se font toujours un jouet du pauvre garçon, ils insistèrent pour que je passasse à côté de lui de façon à lui faire croire que j'étais une apparition surnaturelle, comptant s'amuser des terreurs auxquelles il est enclin à ce sujet. Pour m'assurer leur connivence, je fus obligée de satisfaire à leur désir ; trop affligée de la perspective de quitter mon bon oncle, pour penser beaucoup au reste. Ma surprise fut grande lorsque, contrairement à mes prévisions, je vous trouvai en sentinelle sur le pont, au lieu de mon cousin Sigismond. Je ne vous demande point quelles idées vous avez eues.

— Celles d'un sot, » répondit Arthur, « d'un triple sot. Si j'avais été autre chose, j'aurais offert de vous escorter. Mon épée...

— Je n'aurais pas accepté votre protection, » dit Anne avec calme. « Ma mission était secrète à tous égards. Je vis mon père. Il avait eu avec Rodolphe Donnerhugel une entrevue qui le fit renoncer au dessein de m'emmener avec lui cette nuit-là. Je l'ai rejoint ce matin de bonne heure, tandis qu'Annette jouait, pour un temps, mon rôle, parmi les pèlerins suisses. Mon père ne voulait pas qu'on sût quand, ou avec qui, j'avais quitté mon oncle et son escorte. Ai-je besoin de vous rappeler que je vous ai vu dans le cachot?

— C'est vous qui m'avez sauvé la vie, » dit le jeune homme, « qui m'avez rendu la liberté !

— Ne me demandez pas la raison de mon silence. J'agissais sous la direction des autres, non sous la mienne. Votre évasion fut opérée, à l'effet d'établir une communication entre les Suisses qui étaient hors de la forteresse et les soldats qui étaient dedans. Après les événements de Ferrette, j'appris de Sigismond Biederman qu'une troupe de bandits vous poursuivait, votre père et vous, pour vous dépouiller. Mon père m'avait fourni les moyens de changer Anne de Geierstein en une fille de qualité allemande. Je partis sur-le-champ, et je suis heureuse de vous avoir mis à même d'échapper au danger.

— Et mon père? » dit Arthur.

« J'ai tout sujet de le croire en sûreté, » répondit la jeune dame. « D'autres que moi avaient le désir de vous protéger tous deux, et, des premiers, le pauvre Sigismond. Maintenant que ces mystères sont expliqués, il est temps, ami, de nous séparer pour toujours.

— Nous séparer! pour toujours! » répéta le jeune homme comme la voix mourante d'un écho.

« C'est notre destin, » dit la jeune fille. « J'en appelle à vous : n'est-ce pas là votre devoir? Moi, c'est le mien. Vous partirez dès l'aube pour Strasbourg ; et... et... nous ne nous reverrons plus. »

Avec un entraînement impossible à réprimer, Arthur Philipson se jeta aux pieds de la jeune fille, dont la voix défaillante indiquait assez les sentiments. Anne chercha des yeux sa suivante, mais celle-ci avait disparu au moment critique ; et, pendant une seconde ou deux, sa maîtresse peut-être n'en fut pas fâchée.

« Relevez-vous, Arthur, » dit-elle, « relevez-vous. Ne donnez pas cours à des sentiments qui seraient fatals à vous et à moi.

— Écoutez-moi, Madame, avant que je ne vous dise adieu pour

toujours. On laisse parler le criminel, sa cause fût-elle mauvaise. Je suis chevalier, fils et héritier d'un comte dont le nom est connu en Angleterre et en France, et dans tous les pays où l'on estime la valeur.

— Hélas! » dit-elle, d'une voix faible, « il n'y a que trop long-

temps que j'ai soupçonné ce que vous dites. Levez-vous, de grâce; levez-vous.

— Pas avant que vous ne m'ayez entendu, » dit le jeune homme saisissant une des mains d'Anne, une main qui tremblait plutôt qu'elle ne résistait. « Écoutez-moi. » C'était l'enthousiasme d'un premier amour, vainqueur de la timidité et de la défiance. « Mon père et moi, nous sommes engagés dans une expédition pleine d'incertitudes et de périls. Vous en saurez bientôt l'issue, bonne ou mauvaise. Si elle réussit, l'on me connaîtra sous mon véritable nom. Si j'y succombe, j'ose demander une larme à Anne de Geierstein. Si j'échappe au danger, j'ai encore un cheval, une lance et une épée, et vous entendrez parler noblement de celui que vous avez trois fois défendu contre un danger imminent.

— Levez-vous, levez-vous ! » répéta la jeune fille, dont les larmes commençaient à couler avec abondance ; et, dans ses efforts pour relever Arthur, ses pleurs arrosaient la tête et le visage de son amant. « J'en ai entendu assez ; en écouter davantage serait de la folie, de ma part et de la vôtre

— Un seul mot, » ajouta le jeune homme. « Aussi longtemps qu'Arthur a un cœur, ce cœur bat pour vous ; aussi longtemps qu'Arthur peut tenir une arme, elle frappe pour vous et en votre cause. »

Annette se précipita dans la chambre.

« Sauvez-vous ! » s'écria-t-elle, « sauvez-vous ! Schreckenwald revient du village avec d'horribles nouvelles, et j'ai peur qu'il n'entre ici. »

Arthur fut sur pied au premier signal.

« S'il y a danger pour votre maîtresse, il y a du moins à côté d'elle un fidèle ami. »

Annette regarda sa maîtresse avec anxiété.

« Mais Schreckenwald, » dit-elle, « Schreckenwald, l'intendant de votre père, son confident. Oh ! pensez-y donc ! Je cacherai Arthur quelque part. »

La noble jeune fille avait déjà repris son sang-froid. « Je n'ai rien fait, » répondit-elle avec dignité, « qui puisse offenser mon père. Si Schreckenwald est l'intendant de mon père, il est mon vassal. Je n'ai pas à cacher un hôte pour me concilier sa faveur. Asseyez-vous, » dit-elle à Arthur ; « recevons cet homme. Qu'il entre de suite, Annette, et qu'il nous communique ses nouvelles. Dis-lui de se souvenir que lorsqu'il me parle, c'est à sa maîtresse qu'il s'adresse. »

Rendu plus fier encore de son choix par la noble et intrépide énergie d'une femme qui venait de se montrer sensible aux plus doux sentiments de son sexe, Arthur reprit son siège.

Annette, puisant du courage dans la conduite hardie de sa maîtresse, frappa des mains en quittant la chambre. « Je vois qu'après tout, » dit-elle à voix basse, « c'est quelque chose d'être baronne, lorsque l'on sait tenir son rang. Comment ai-je pu avoir si peur de ce vilain homme ! »

CHAPITRE XXIII.

> Les affair s qu'on traite à minuit (la même heure
> Qui, pour les revenants, est, dit-on, la meilleure)
> Ont un tempérament plus étrange et plus sourd
> Que celui des objets qu'on dépêche en plein jour.
> SHAKSPEARE. *Henri* VIII, acte V, sc. 1re.

N attendit hardiment la venue de l'intendant. Arthur, flatté et fier de la fermeté qu'Anne avait montrée en apprenant l'arrivée de ce personnage, délibéra au plus vite sur le rôle qu'il devait jouer lui-même dans la scène qui se préparait, et prit le sage parti d'éviter d'intervenir lui-même jusqu'à ce qu'il pût voir, à la manière d'être d'Anne, que celle-ci le trouverait utile ou agréable. Il reprit donc sa place devant la table où le repas avait été servi, mais à quelque distance, et s'y installa, décidé à régler sa conduite d'après celle de la jeune fille; voilant ses préoccupations sous l'air respectueux que prend un individu de rang inférieur admis auprès d'un personnage plus élevé. Anne, de son côté, se prépara à cette entrevue. Une dignité superbe succéda à l'agitation extrême qu'elle venait de ressentir, et, s'occupant à quelque ouvrage de femme, elle eut l'air d'attendre avec tranquillité la visite dont sa suivante s'était montrée si alarmée.

Un pas précipité et inégal se fit entendre sur l'escalier, semblable à celui d'une personne émue et pressée ; la porte s'ouvrit brusquement, et Ital Schreckenwald entra.

Cet homme, que les détails donnés à Philipson père par le landamman Biederman ont déjà fait connaître au lecteur, était grand, bien fait, et de tournure militaire. Ses habits, comme c'était l'usage en Allemagne à cette époque parmi les personnes d'un certain rang, étaient plus variés de couleurs, plus chargés d'ornements, plus tailladés et dentelés, que ceux que l'on portait en France et en Angleterre. L'inévitable plume de faucon parait son chapeau, fixée par un médaillon d'or servant d'agrafe. Son pourpoint était de buffle pour des raisons de sécurité, mais doublé sur les coutures, pour employer le style des tailleurs, d'un riche passement ; il avait sur la poitrine une chaîne d'or, emblème de son rang dans la maison du baron. Il entra le pas rapide, l'œil préoccupé et mécontent, et d'un ton qui n'était pas exempt de rudesse : « Qu'y a-t-il, Madame ? » dit-il. « D'où vient cela ? Des étrangers au château à cette heure de nuit ! »

Anne de Geierstein, bien qu'absente depuis longtemps de son pays natal, n'en ignorait pas les mœurs, et savait comment les nobles usaient de leur autorité.

« Êtes-vous un vassal d'Arnheim, Ital Schreckenwald, et est-ce à la dame d'Arnheim que vous parlez, dans son propre château, la voix haute, le regard effronté, et le chapeau sur la tête ? Sachez être à votre place. Lorsque vous m'aurez demandé pardon de votre insolence, et que vous vous adresserez à moi comme le veulent votre condition et la mienne, je pourrai écouter ce que vous avez à dire. »

En dépit de lui, Schreckenwald porta la main à son chapeau, et son front altier se découvrit.

« Noble dame, » dit-il, d'un ton plus doux, « excusez-moi d'être vif et peu civil, mais le danger est imminent. Les soldats du Rhingrave se sont mutinés, ont abattu les bannières de leur maître, et arboré un pavillon indépendant qu'ils appellent le pennon de Saint-Nicolas, déclarant que, sous lui, ils maintiendront la paix avec Dieu, et la guerre avec tout le monde. Ce château ne saurait leur échapper, car ils pensent que la première chose pour eux est de posséder une place forte. Il faudra donc être debout et à cheval au point du jour. Ils sont occupés, présentement, aux outres de vin des paysans; mais lorsqu'ils s'éveilleront le matin, ils marcheront vers ce lieu sans nul doute; et vous tomberez aux mains de gens pour qui les terreurs du château d'Arnheim ne seront que les inventions d'un conte de fées, et qui se riront des prétentions de sa maîtresse à l'honneur et au respect.

— La résistance est-elle impossible? La place est forte, » dit la jeune dame, « et je ne veux pas quitter le château de mes pères sans essayer de le défendre.

— Il faudrait cinq cents hommes, » dit Schreckenwald, « pour garnir Arnheim, créneaux et tours. Avec un nombre moindre, ce serait folie de prétendre garder une pareille étendue de murs; et je ne saurais trouver vingt soldats. Informée que vous êtes du véritable état des choses, permettez-moi de vous prier de congédier cet hôte, trop jeune, je crois, pour être reçu dans la chambre d'une dame. Je lui montrerai le chemin le plus court pour sortir; dans la situation où nous sommes, chacun ne doit songer qu'à soi.

— Où proposez-vous d'aller? » dit la baronne, continuant d'affirmer, vis-à-vis d'Ital Schreckenwald, une supériorité calme, absolue, inébranlable, à laquelle le sénéchal répondait par des marques d'impatience, comme un cheval fougueux sous la main d'un bon cavalier.

« A Strasbourg, si vous daignez l'agréer, avec la faible escorte que je pourrai réunir à la hâte au point du jour. J'espère échapper aux regards des révoltés; et, si nous rencontrons des traînards, il me sera facile, je crois, de me frayer le chemin.

— Pourquoi Strasbourg comme lieu de refuge?

— Parce que je compte y trouver le père de Votre Excellence, le noble comte Albert de Geierstein.

— C'est bien, » dit la jeune dame. « Vous aussi, seigneur Philipson, vous parliez d'aller à Strasbourg. Si cela est dans vos convenances, profitez de mon escorte jusqu'à cette ville, où vous comptez retrouver votre père. »

Arthur, on le croira sans peine, répondit par un salut d'assentiment à une proposition qui devait laisser plus longtemps les deux jeunes gens ensemble; son imagination romanesque lui suggérait d'ailleurs la pensée que, sur une route aussi dangereuse, l'occasion s'offrirait de rendre de grands services.

Ital Schreckenwald risqua des observations.

« Madame! Madame! » dit-il, avec impatience.

« Prenez le temps de respirer, Schreckenwald, » dit Anne, « et vous serez plus à même de parler distinctement, et avec le respect convenable. »

Le vassal jura entre les dents, et répondit avec une civilité contrainte : « Le cas où nous sommes exige que nous ne nous chargions du soin de personne que de vous. Nous ne serons que trop peu pour vous défendre, et je ne puis admettre un étranger à voyager avec nous.

— Si je croyais, » dit Arthur, « être un embarras inutile dans la retraite de cette noble dame, rien au monde, seigneur écuyer, ne me ferait accepter son offre. Mais je ne suis ni un enfant ni une femme; je suis un homme fait et prêt à défendre votre maîtresse aussi bien que qui que ce soit.

— Sans mettre en doute, jeune homme, votre valeur et votre savoir-faire, » dit Schreckenwald, « qui nous répond de votre loyauté?

— Poser cette question ailleurs qu'ici, pourrait être dangereux, » dit Arthur.

Anne s'interposa. « Prenons un peu de repos, prêts, s'il le faut, à repousser les attaques avant même l'arrivée de l'aube. Je vous confie, Schreckenwald, le soin de disposer les veilleurs de nuit : c'est un service pour lequel vous devez avoir assez de monde. Maintenant, écoutez-moi bien. Mon désir et ma volonté sont que ce jeune homme loge ici cette nuit, et voyage avec nous demain. J'en serai responsable envers mon père, et vous n'avez, quant à vous, qu'à obéir à mes ordres. Je connais depuis longtemps monsieur et son père ; ils sont tous deux d'anciens hôtes de mon oncle le landamman. Ce gentilhomme sera à côté de vous le long de la route, et vous aurez pour lui tous les égards que votre caractère rude vous permettra. »

Avec une indescriptible amertume dans le regard, Ital Schreckenwald témoigna son acquiescement. C'était le dépit, la mortification, l'orgueil humilié, et une soumission pleine de révolte. Il se soumit, cependant, et conduisit le jeune Philipson dans une chambre où se trouvait un lit que rendirent fort acceptable la fatigue et l'agitation du jour précédent.

Malgré l'ardeur avec laquelle Arthur attendait le lever de l'aurore, un repos profond, fruit de la lassitude, le retint jusqu'au moment où, l'orient se teignant de rouge, la voix de Schreckenwald se fit entendre : « Debout, monsieur l'Anglais, si vous voulez accomplir le loyal service dont vous vous flattez d'être digne. Il serait temps d'être en selle, et l'on ne s'attardera pour aucun dormeur. »

Arthur fut sur pied et habillé presque en un instant, n'oubliant pas de mettre sa cotte de mailles, et de prendre toutes les armes qui pourraient faire de lui une partie utile de la caravane. Il se hâta ensuite d'aller apprêter son cheval. Descendant pour cela au rez-de-chaussée de la vaste construction, il errait, cherchant le chemin des écuries, lorsque la voix d'Annette Veilchen murmura doucement : « Par ici, seigneur Philipson; j'ai à vous parler. »

En même temps, la jeune Suissesse lui faisait signe d'entrer dans une petite pièce, où il se trouva seul avec elle.

« N'avez-vous pas été surpris, » dit-elle, « de voir notre jeune maîtresse parler en reine à Ital Schreckenwald, qui tient toutes autres personnes en respect avec ses vilains regards et ses mauvaises paroles? L'air du commandement lui semble si naturel qu'au lieu d'être baronne, elle aurait pu être impératrice. Après tout, cela tient à la naissance, car j'ai essayé l'autre soir de prendre de grands airs comme ma maîtresse, et, le croiriez-vous? cette brute de Schreckenwald m'a dit qu'il allait me jeter par la fenêtre. Que je revoie Martin Sprenger, je saurai s'il y a de la vigueur dans un bras suisse, et de la vertu dans un bâton à deux bouts du même pays. Mais voici que je bavarde, et ma maîtresse veut vous voir une minute avant de monter à cheval.

— Votre maîtresse? » dit vivement Arthur; « pourquoi perdre ainsi le temps? que ne l'avez-vous dit de suite?

— Pour vous retenir ici jusqu'à sa venue; et... et la voici. »

Anne de Geierstein entra, équipée pour le voyage. Annette, toujours soigneuse de faire ce qu'elle aurait souhaité que l'on fît pour elle, allait quitter la chambre, lorsque sa maîtresse, fixée d'avance sans doute sur ce qu'elle dirait et ferait, lui commanda formellement de rester.

« Je suis sûre, » dit-elle, « que le seigneur Philipson aura compris comme il le fallait les sentiments d'hospitalité, je puis même dire d'amitié, qui m'ont empêchée de permettre qu'il fût chassé de mon château la nuit dernière, et qui m'ont déterminée ce matin à accepter sa compagnie jusqu'à Strasbourg. A la porte de cette ville nous nous séparons, moi pour rejoindre mon père, vous pour vous replacer sous la direction du vôtre. A partir de ce moment, toutes relations entre nous devront prendre fin, et le souvenir que nous garderons l'un de l'autre sera comme les pensées que l'on donne à des amis qui n'existent plus.

— Souvenirs délicieux, » dit Arthur avec passion, « plus chers à nos cœurs que tout ce qui peut leur survivre.

— Pas une syllabe sur ce ton, » répondit la jeune fille. « L'illusion doit finir avec la nuit, et la raison s'éveiller avec l'aurore. Un mot encore. Ne me parlez pas en route, vous m'exposeriez à des soupçons injurieux, et ce serait pour vous une source de querelles et de périls. Adieu ; nous montons à cheval. »

Elle quitta la chambre ; Arthur y resta un instant, en proie au désappointement et à la douleur. L'indulgence, la faveur même, avec laquelle Anne de Geierstein avait, le soir précédent, écouté ses déclarations ardentes, ne l'avait pas préparé aux mesures de réserve et au demi-bannissement qu'elle lui infligeait à présent. Il ignorait que les filles au cœur noble, si le sentiment ou la passion les a poussées un instant en dehors du strict sentier des principes et du devoir, travaillent à expier cet oubli par un retour immédiat et une conformité sévère à la ligne dont elles s'étaient écartées. D'un air triste, il regarda Annette ; celle-ci, ayant été dans la chambre avant l'arrivée d'Anne, usait du privilège d'y rester une minute après son départ ; il ne lut aucune consolation dans les regards de la confidente, aussi déconcertée que lui.

« Je ne sais vraiment pas ce qui lui est arrivé, » dit Annette ; « avec moi, elle est aussi bonne que jamais ; mais, pour toutes les autres personnes qui l'approchent, elle joue d'une manière effrayante la baronne et la comtesse. Elle s'applique à être le tyran de ses propres sentiments ; si c'est là la grandeur, Annette Veilchen désire bien rester toujours une petite Suissesse sans le sou ; elle est maîtresse de sa liberté, maîtresse de parler à son amoureux quand elle en a envie, pourvu que la religion et la modestie du sexe n'aient rien à y perdre. Oh ! une seule marguerite qu'on met dans ses cheveux avec plaisir, vaut toutes les opales de l'Inde, si ces belles pierres nous obligent à nous torturer, nous et les autres, ou nous empêchent de dire ce que nous avons dans le cœur. Mais soyez tranquille, Arthur : si elle est assez cruelle pour vouloir vous oublier, comptez sur une amie qui, tant qu'elle aura une langue, et Anne des oreilles, rendra cela impossible. »

Parlant ainsi, Annette partit, indiquant à Philipson le chemin pour gagner la cour de service du château. Il y trouva son cheval prêt au milieu d'une vingtaine d'autres. Douze portaient des selles de guerre et des fronteaux ; ils étaient destinés à autant de cavaliers, serviteurs ou vassaux de la famille d'Arnheim, que, sous le coup du besoin, le sénéchal était parvenu à réunir. Deux palefrois, un peu plus richement harnachés que les autres, étaient destinés à Anne de Geierstein et à sa suivante favorite. Le reste des serviteurs, les jeunes garçons et les femmes, avaient des montures de rang inférieur. A un signal donné, les hommes d'armes prirent leurs lances et se placèrent à côté de leurs chevaux, attendant que les femmes et les gens de service fussent montés et en ordre. Ils se mirent ensuite en selle, puis en mouvement, avec lenteur et précaution. Schreckenwald conduisait l'avant-garde, ayant Arthur Philipson à côté de lui. Anne et sa servante étaient au centre de la petite troupe, que suivait la bande non guerrière des serviteurs ; deux ou trois cavaliers expérimentés formaient l'arrière-garde, avec des ordres sévères pour protéger contre les surprises.

Lorsqu'on se fut mis en marche, Arthur fut étonné de ne pas entendre le choc des fers des chevaux sur les cailloux ; le jour venu, il put reconnaître que le boulet et le sabot de chaque bête, y compris la sienne, avaient été soigneusement entourés de laine, pour empêcher le bruit ordinaire de la marche des chevaux. C'était singulier de voir le petit escadron descendre la route rocheuse conduisant hors du château, sans entendre le piétinement que nous considérons comme inséparable des mouvements de la race chevaline : l'absence de bruit donnait à la cavalcade un air étrange, comme si l'on avait été dans un autre monde.

Ils parcoururent ainsi, et dépassèrent, le sentier tournant allant du château d'Arnheim au village contigu à la forteresse : c'était la coutume féodale que les habitants fussent tout près du château, pour voler à l'instant à sa défense sur la réquisition du maître. Mais le village, à l'heure présente, avait des habitants d'une tout autre espèce, en la personne des soldats révoltés du Rhingrave. Lorsque la troupe sortie d'Arnheim approcha de l'entrée du village, Schreckenwald donna le signal de s'arrêter ; on y obéit de suite. Puis il s'avança en reconnais-

sance, accompagné d'Arthur Philipson, tous deux avec une extrême précaution. Le silence le plus profond régnait dans les rues désertes. Çà et là l'on apercevait un soldat, une sentinelle sans doute, mais invariablement dans l'immobilité du sommeil.

« Les pourceaux ! » disait Schreckenwald ; « une belle faction qu'ils font là, et un beau réveil dont je les régalerais, si l'important n'était de protéger cette petite fantasque. Restez ici, étranger, pendant que je retourne chercher les autres. Il n'y a pas de danger. »

Schreckenwald laissa donc Arthur. Seul dans la rue d'un village rempli de bandits, celui-ci n'était pas dans une situation bien agréable, encore que, pour le moment, tout fût engourdi par le sommeil. Le refrain d'une chanson à boire répété par quelque ivrogne dans son sommeil, l'aboiement d'un chien du village, pouvait servir de signal pour dresser autour de lui une centaine de scélérats. Au bout de deux ou trois minutes, la silencieuse cavalcade, Ital Schreckenwald en tête, le rejoignit, et suivit son chef, prenant les précautions les plus grandes pour ne pas donner l'alarme. Tout alla bien jusqu'à l'extrémité du village : à cet endroit, la peau d'ours qui était de garde avait autant bu que ses compagnons, mais un gros chien à long poil couché à côté de la sentinelle se montra plus vigilant. A l'approche de la petite troupe, l'animal poussa un hurlement féroce, qui eût réveillé les sept Dormeurs, et qui dissipa l'assoupissement de son maître. Le soldat saisit sa carabine et fit feu, sans trop savoir contre qui ni pourquoi. La balle, cependant, frappa le cheval d'Arthur ; et tandis que l'animal tombait sous son cavalier, la sentinelle se précipitait pour tuer celui-ci, ou pour le faire prisonnier.

« En avant, hommes d'Arnheim ! hâtez-vous ! ne songez à rien qu'au salut de la jeune dame, » s'écria le chef de la caravane.

« Arrêtez, je vous le commande ; sur votre vie, prêtez secours à l'étranger ! » dit Anne, d'une voix qui, habituellement douce et timide, se fit entendre autour d'elle comme la note d'un clairon d'argent. « Je ne bouge pas qu'il ne soit sauvé. »

Schreckenwald avait déjà donné de l'éperon à son cheval ; mais s'apercevant qu'Anne refusait de le suivre, il revint en arrière, et, saisissant près de lui un cheval bridé et sellé, attaché à un piquet, il en jeta les rênes à Arthur ; poussant en même temps son propre cheval entre l'Anglais et le soldat, il força ce dernier à lâcher le cavalier désarçonné. En un instant Philipson fut en selle sur l'autre cheval ; saisissant une hache d'armes pendue à l'arçon de sa nouvelle monture, il renversa à terre la sentinelle ivre qui le menaçait encore. Toute la troupe partit au galop, car l'alarme commençait à devenir générale dans le village ; on voyait des soldats sortir de leurs quartiers, et d'autres monter à cheval. Avant que Schreckenwald et ceux qui l'accompagnaient n'eussent galopé la valeur d'un mille, ils entendirent plus d'une fois le son des trompettes. Lorsqu'on fut au sommet d'une éminence d'où la vue commandait le village, leur chef, qui, durant la retraite, s'était placé au dernier rang, s'arrêta pour reconnaître l'ennemi. Il y avait tumulte et confusion dans la rue, mais rien n'indiquait une poursuite; Schreckenwald continua donc sa route le long du fleuve, avec rapidité sans doute, mais en veillant à ne pas distancer le plus insuffisant de ses chevaux.

Lorsqu'on eut couru pendant deux heures au moins, la confiance du chef devint assez grande pour commander une halte au bord d'un joli bouquet de bois, qui servirait à cacher leur nombre; cavaliers et chevaux s'y réconfortèrent un peu, grâce aux provisions que l'on portait avec soi. Ital Schreckenwald s'entretint quelques moments avec la baronne, et ne cessa pas d'avoir pour son compagnon de voyage une civilité contrainte. Il l'invita à partager son ordinaire, peu différent de celui des autres, mais arrosé d'un meilleur vin.

« A votre santé, frère, » dit-il; « si vous faites un récit sincère de la journée d'aujourd'hui, vous conviendrez que j'ai été pour vous un bon camarade lorsqu'il y a deux heures, nous traversions le village d'Arnheim.

— Je ne le nierai pas, seigneur écuyer, » répondit Philipson, « et je vous remercie de votre aide. Qu'elle ait été due aux ordres de votre maîtresse ou à votre bon vouloir, elle est venue à propos.

— Ho! ho! l'ami, » dit Schreckenwald en riant, « vous êtes philosophe, et vous faites des distinctions pendant que votre cheval roule sous vous, et qu'une peau d'ours vous met l'épée sur la gorge? Eh bien, puisque vous avez eu assez d'esprit pour le voir, sachez que je ne me serais pas fait scrupule de sacrifier la vie de vingt jolis blancs-becs comme vous, plutôt que de laisser courir le moindre danger à la jeune baronne d'Arnheim.

— C'est un sentiment si respectable que j'y souscris, » dit Philipson, « bien que vous l'exprimiez en des termes peu gracieux pour moi. »

En faisant cette réponse, le jeune homme, irrité de l'insolence de Schreckenwald, avait élevé un peu la voix. Cela ne passa pas inaperçu: à l'instant, Annette Veilchen était près d'eux, leur ordonnant, au nom de sa maîtresse, de parler bas, ou, mieux encore, de ne pas parler du tout.

« Dites à votre maîtresse que je suis muet, » repartit Philipson.

« La baronne notre maîtresse, » continua Annette, insistant sur le titre, où elle commençait à voir un talisman, « la baronne dit que le silence est nécessaire à notre sûreté, car il serait dangereux, durant notre halte, d'attirer sur notre troupe fugitive l'attention des passants. C'est donc, Messieurs, le désir de la baronne que vous exerciez vos mâchoires aussi vite que vous pourrez, gardant vos langues pour l'heure où vous serez en des conditions plus sûres.

— Madame est fort raisonnable, » répondit Ital Schreckenwald, « et sa suivante n'est pas sotte. Je bois, mademoiselle Annette, un verre de Rudesheim à la continuation de la sagacité de la première et de l'aimable vivacité de la seconde. Voulez-vous, la belle, trinquer ensemble avec ce vin généreux?

— Arrière, sac à vin d'Allemagne! Arrière, buveur éternel! Avez-vous jamais vu une demoiselle convenable boire du vin avant son dîner?

— Privez-vous de ses inspirations généreuses, » repartit l'Allemand, « et nourrissez votre verve satirique de cidre sûr ou de petit-lait. »

Après un temps fort court donné à la collation, la petite troupe remonta à cheval, et voyagea si rapidement qu'elle était avant midi en la ville fortifiée de Kehl, en face de Strasbourg, sur la rive droite du Rhin.

Aux antiquaires de la région il appartiendra de découvrir si les voyageurs allèrent de Kehl à Strasbourg par le célèbre pont de bateaux qui met à présent les deux rives en communication, ou s'ils opérèrent le passage d'une autre manière. Il suffit qu'ils aient passé l'eau sans encombre, et pris pied de l'autre côté. En ce lieu, la jeune baronne, soit de peur que l'Anglais n'eût oublié l'avis à lui donné de se séparer d'elle en ce lieu, soit dans la pensée que l'on pourrait avoir un mot à se dire en se quittant; la jeune baronne donc, avant de remonter à cheval, s'approcha une fois encore d'Arthur Philipson; celui-ci ne devinait que trop ce qu'elle allait lui dire.

« Gentil étranger, je dois à présent vous faire mes adieux. Laissez-moi vous demander avant si vous savez où retrouver votre père?

— A l'hôtel du Cerf-Volant, » dit Arthur d'un air d'abattement

profond; « mais où est-ce dans cette grande ville? je n'en sais rien.
— Connaissez-vous cet endroit, Ital Schreckenwald?
— Non vraiment, Madame; je ne connais ni Strasbourg ni ses auberges. Et tous nos gens sont, je crois, aussi ignorants que moi.
— Eux et vous, vous parlez allemand, je suppose, » dit la baronne

d'un ton sec, « et vous vous renseignerez plus facilement qu'un étranger. Allez, Monsieur, et n'oubliez pas que l'humanité envers l'étranger est un devoir de religion. »

Avec le mouvement d'épaules qui accuse un messager peu satisfait, Ital alla prendre les informations nécessaires, et en son absence, si courte qu'elle fût, Anne saisit l'occasion de dire en secret : « Adieu! adieu! Acceptez ce gage d'amitié, et portez-le en souvenir de moi. Puissiez-vous être heureux! »

Ses doigts délicats glissèrent dans la main du jeune homme un paquet très petit. Il se retourna pour la remercier, mais elle était déjà à quelque distance. Schreckenwald, revenu à côté de lui, lui dit d'une voix rude : « Venez, seigneur écuyer ; on m'a indiqué votre lieu de rendez-vous, et je n'ai que peu de temps à donner au rôle de gentilhomme huissier. »

Il poussa sa monture ; Philipson, sur son cheval de guerre, le suivit en silence jusqu'à l'endroit où une grande rue croisait celle venant du quai où la cavalcade s'était arrêtée.

« Voici le Cerf-Volant, » dit Ital en lui montrant une enseigne immense qui, suspendue à une grande potence de bois, tenait presque toute la largeur de la rue. « Votre intelligence vous fera difficilement défaut avec un pareil indicateur. »

Parlant ainsi, Schreckenwald, sans plus long adieu, fit tourner bride à son cheval, et alla rejoindre sa maîtresse.

Les regards de Philipson s'attachèrent un moment sur le groupe des cavaliers qu'il apercevait encore. La pensée de son père le rappela au sentiment de la situation ; et, donnant de l'éperon à son cheval fatigué, il prit la rue indiquée, et arriva à l'hôtellerie du Cerf-Volant.

CHAPITRE XXIV.

> Lorsque pour moi brillait une heure plus sereine,
> De la grande Albion je fus la souveraine.
> Le destin a brisé mon sceptre et ma grandeur;
> Triste, je me débats avec le déshonneur;
> Et je dois, aujourd'hui que ma fortune est sombre,
> M'asseoir à l'écart, Sire, et me cacher dans l'ombre.
>
> SHAKSPEARE. *Henri VI*, IIIe partie, acte III, sc. 3.

OMME toutes les auberges de l'empire à cette époque, l'hôtellerie du Cerf-Volant, à Strasbourg, était tenue, à l'instar de celle de Jean Mengs, avec un parfait mépris des besoins et du bien-être des voyageurs. Mais la jeunesse et la bonne mine d'Arthur Philipson, choses qui ne manquent guère, ou plutôt jamais, de produire effet sur les belles, furent appréciées par une jeune personne courte de taille, dodue, aux joues à fossettes, aux yeux bleus, à la peau blanche, fille du maître du Cerf-Volant, c'est-à-dire fille d'un gros vieil homme cloué, dans la *stubé*, à son fauteuil de chêne. Cette impression porta la jeune fille, au profit du jeune Anglais, à un degré de condescendance qui, chez une personne de la race privilégiée à laquelle elle appartenait, était presque de l'abaissement. Non seulement elle mit ses petites bottines et ses jolies chevilles en danger d'être salies en traversant la cour pour lui montrer une écurie inoccupée, mais, Arthur ayant voulu savoir si son père était arrivé, elle eut la bonté de se sou-

venir qu'un voyageur tel qu'il le décrivait avait pris logement dans la maison, et avait dit attendre un jeune homme, son compagnon de voyage.

« Je vais vous l'envoyer, mon gentil monsieur, » dit la petite demoiselle, avec un sourire inestimable s'il fallait proportionner le prix de la chose à sa rareté.

Elle tint parole. Peu d'instants après, Philipson père entrait dans l'écurie, et pressait son fils dans ses bras.

« Mon fils, mon cher fils! » dit l'Anglais, son stoïcisme habituel adouci et vaincu par la tendresse paternelle. « Le bienvenu toujours ; le bienvenu dans l'inquiétude et le danger ; le bienvenu surtout dans la crise même de notre destin. Dans peu d'heures je saurai ce qu'il faut attendre du duc de Bourgogne. Avez-vous le gage que vous savez ? »

La main d'Arthur se porta d'abord sur ce qui était le plus près de son cœur, au physique comme au figuré, c'est-à-dire sur le petit paquet qu'Anne lui avait donné au moment de la séparation. Mais revenant à lui de suite, il présenta à son père le paquet si étrangement perdu et recouvré à Ferrette.

« Il a couru des risques depuis que vous ne l'avez vu, » dit-il à son père, « et j'en ai couru aussi. J'ai, la nuit dernière, reçu l'hospitalité dans un château, et, le lendemain matin, dans le voisinage, un corps de lansquenets s'est révolté pour sa paye. Les habitants du château se sont enfuis pour échapper à leurs violences, et, comme nous passions près des mutins aux demi-clartés de l'aube, une peau d'ours ivre a tué d'un coup de feu mon pauvre cheval ; j'ai été obligé de prendre, en échange, ce gros cheval de Flandre, avec sa selle d'acier et son chanfrein grossier.

— Notre route est semée de périls, » dit le père. « J'en ai eu ma part » (il n'en précisa pas la nature) « dans l'auberge où j'ai passé la dernière nuit, mais j'en suis sorti de grand matin, et je suis arrivé ici sans encombre. J'ai obtenu enfin une escorte sûre pour me conduire au camp du duc près de Dijon ; et je pense avoir audience de lui ce soir. Si notre dernière espérance vient à nous tromper, nous nous rendons à Marseille, nous faisons voile pour Candie ou pour Rhodes, et nous consacrons nos vies à la défense de la chrétienté, ne pouvant plus désormais combattre pour l'Angleterre. »

Arthur écouta sans répondre ces paroles de mauvais augure ; mais elles n'en pénétrèrent pas moins dans son cœur, aussi cruellement que l'arrêt qui retranche le criminel de la société et de ses joies, et le condamne à une prison éternelle. Les cloches de la cathédrale sonnèrent à ce moment, rappelant à Philipson père qu'il devait entendre la messe ; on en disait, à toute heure, dans quelqu'une des chapelles de ce magnifique édifice. Sur son désir, son fils le suivit.

En approchant du seuil de la cathédrale, les voyageurs le trouvèrent encombré, comme c'est l'habitude dans les pays catholiques, de mendiants des deux sexes, se pressant à l'entrée pour fournir aux fidèles une occasion de faire l'aumône, pratique si recommandée par l'Église romaine. Les Anglais se débarrassèrent de leurs importunités en donnant, comme on le fait en pareil cas, de petites pièces de monnaie à ceux qui semblaient les plus nécessiteux ou les plus méritants. Une grande femme était sur les marches, tout près de la porte, et tendit la main à Philipson père ; celui-ci, frappé de son aspect, lui remit une pièce d'argent au lieu des monnaies de cuivre qu'il avait distribuées aux autres.

« Une merveille ! » dit-elle, en anglais. Elle ne voulait être entendue que de Philipson ; mais le fils parvint à saisir aussi le son et le sens de ses paroles. « Oui, un miracle ! Un Anglais a encore une pièce d'argent, et il la donne à un pauvre ! »

Arthur vit son père tressaillir à cette voix. Arthur aussi trouvait ces paroles plus dignes d'attention que celles d'un mendiant ordinaire. Après un regard jeté sur la femme qui lui parlait de la sorte, le père entra dans l'église, et se mit en devoir d'entendre la messe. Un prêtre la disait à une chapelle latérale, dédiée à saint Georges, comme l'indiquait le tableau d'autel ; à saint Georges, ce saint guerrier dont l'histoire est fort obscure, mais auquel sa légende populaire a valu une vénération toute particulière durant les temps féodaux. La cérémonie s'accomplit comme de coutume. L'officiant se retira avec ses acolytes ; quelques-uns des fidèles qui avaient entendu la messe restaient à dire leur chapelet, ou à faire leurs dévotions particulières ; le plus grand nombre quittait la chapelle pour aller visiter d'autres sanctuaires, ou pour retourner aux affaires du siècle.

Arthur Philipson remarqua que, tandis que tous s'en allaient l'un après l'autre, la grande femme à qui son père avait fait l'aumône restait à genoux près de l'autel ; il fut encore plus surpris de voir que son père, qui avait plus d'une raison pour ne passer à l'église que le temps réclamé par ses devoirs de dévotion, restait aussi à genoux, les yeux fixés sur la dévote voilée (cette femme avait un voile), comme s'il eût réglé ses mouvements sur les siens. Arthur n'avait pas la moindre idée des motifs qui pouvaient diriger son père ; il le savait seulement engagé dans une négociation grave et dangereuse, que menaçaient de divers côtés des influences ou des obstacles ; il savait aussi les défiances politiques éveillées à ce point en France, en Italie et en Flandre, que les agents les plus importants devaient recourir souvent aux déguisements les plus étranges pour se glisser sans soupçon dans les pays où leurs services étaient nécessaires. Louis XI en particulier, dont la politique singulière a marqué comme d'un cachet le siècle dans lequel il a vécu, était connu pour avoir déguisé ses principaux émissaires en moines mendiants, en ménestrels, en bohémiens, et autres personnages errants de la condition la plus basse, pour les faire jouir des privilèges qui s'y attachaient.

Arthur en conclut que cette femme pouvait bien être, comme eux, au-dessus de ce qu'indiquait son vêtement ; il résolut d'observer la conduite de son père envers elle, et de régler en conséquence ses propres actions. Une sonnette annonça enfin qu'une autre messe, plus solennelle, allait être célébrée au grand autel ; cet avertissement fit sortir de la chapelle Saint-Georges le peu de personnes qui étaient restées près des reliques du saint guerrier, excepté le père et le fils, et la pénitente agenouillée. Lorsque le dernier des fidèles se fut retiré, la femme, se levant, s'avança vers Philipson père ; celui-ci, croisant les bras sur la poitrine et inclinant la tête, dans une attitude d'obéissance que son fils ne lui avait jamais vue, parut attendre ce que lui dirait cette femme, plutôt que songer à lui parler le premier.

Il y eut une pause. Quatre lampes, allumées devant la châsse du saint, jetaient une faible clarté sur son armure et sur son cheval ; il était représenté perçant de sa lance le démon terrassé, dont les ailes étendues et le cou violemment contracté étaient en partie touchés par la lumière. Le reste de la chapelle n'était que mal éclairé par le soleil d'automne, dont les rayons passaient avec peine à travers les vitraux peints de la petite fenêtre à lancettes, seule ouverture qui existât en ce lieu. Une clarté douteuse, colorée des nuances diverses qu'elle avait traversées, tombait sur la femme, dont l'air était imposant malgré sa tristesse, sur le père visiblement ému, et aussi sur le fils, qui, avec l'ardent intérêt que la jeunesse prend

aux choses, prévoyait pour cette entrevue des conséquences extraordinaires.

La femme approcha davantage encore de l'endroit de la chapelle où étaient Arthur et son père, voulant être mieux entendue, sans avoir à élever trop haut la voix lente et solennelle qu'elle avait déjà fait entendre.

« Ce que vous vénérez ici, » dit-elle, « est-ce le saint Georges de

Bourgogne, ou le saint Georges de la joyeuse Angleterre, pays de la fleur des chevaliers?

— Je vénère, » dit Philipson, gardant l'humilité de son attitude, « le bienheureux auquel cette chapelle est consacrée, et le Dieu en qui, par sa sainte intercession, je mets mon espérance, soit ici soit dans mon pays natal.

— Se peut-il que vous, » dit la femme, « vous qui avez eu votre place au miroir de la chevalerie, vous puissiez oublier que vous avez prié dans l'église royale de Windsor; que là vous avez plié un genou que la jarretière décorait, alors que les rois et les princes étaient agenouillés aussi à côté de vous? Pouvez-vous l'oublier, et faire vos oraisons auprès d'une châsse étrangère, sans que votre cœur se trouble à la pensée de ce que vous avez été, à l'heure où vous demandez, comme un pauvre paysan, le pain et la vie durant le jour qui va s'écouler?

— Madame, » répondit Philipson, « dans mes heures les plus brillantes, je n'ai jamais été devant l'Être auquel s'adressaient mes prières, que comme un ver dans la poussière. A ses yeux je suis toujours le même, quelque abaissé que je puisse être dans l'opinion de ceux qui rampent comme moi sur la terre.

— Cette pensée, comment pouvez-vous la conserver? » dit la femme; « vous faites bien, je l'avoue. Mais que sont vos pertes comparées aux miennes! »

Et comme écrasée de douloureux souvenirs, elle mit la main à son front.

Arthur s'approcha de son père, et avec une émotion qu'il lui fut impossible de réprimer : « Mon père, » demanda-t-il, « quelle est cette dame? Est-ce que c'est ma mère?

— Non, mon fils, » répondit Philipson; « silence, au nom de tout ce qui vous est cher et sacré! »

Bien qu'on eût parlé bas, la femme avait entendu la question et la réponse.

« Oui, » dit-elle, « jeune homme; je suis, ou plutôt j'étais votre mère; la mère, la protectrice, de tout ce qui était noble en Angleterre. Je suis Marguerite d'Anjou. »

Arthur tomba à genoux devant la veuve intrépide de Henri VI, devaut celle qui si longtemps, en des circonstances si désastreuses, soutint par un courage inébranlable et une politique profonde la cause désespérée de son faible époux. Si parfois elle abusa de la victoire par la cruauté et la vengeance, ne l'avait-elle pas expié par la résolution indomptable avec laquelle elle avait soutenu les plus terribles orages de l'adversité? Arthur avait été élevé dans un dévouement sans bornes à la branche de Lancastre, détrônée maintenant, dont son père avait été l'un des plus fermes appuis; ses premiers faits d'armes s'étaient accomplis pour sa cause, et, bien que malheureux, ils n'avaient été ni obscurs ni sans noblesse. Avec l'enthousiasme propre à son âge et à son éducation, il jeta son chapeau sur le sol, et se précipita aux pieds de sa souveraine infortunée.

Marguerite rejeta le voile qui cachait ses traits nobles et majestueux. Des ruisseaux de larmes avaient sillonné ses joues; les soucis, les espérances trompées, les chagrins domestiques, l'orgueil humilié, avaient amorti le feu de ses regards et flétri la dignité douce de son front, mais on voyait encore sur son visage les restes de cette beauté tenue pendant un temps comme sans rivale en Europe. La glace d'indifférence dont une succession de malheurs et de faux espoirs avait comme enveloppé les sentiments de la malheureuse princesse, se fondit à la vue de l'enthousiasme de ce beau jeune homme. Elle lui abandonna l'une de ses mains, qu'il couvrit de larmes et de baisers, et, de l'autre, elle caressait ses longs cheveux avec une tendresse de mère, essayant en même temps de le relever. Le père ferma la porte de la chapelle, et, s'isolant des deux autres personnages, s'appuya contre cette porte, pour empêcher un étranger d'entrer durant cette scène extraordinaire.

« Et vous, beau jeune homme, » dit Marguerite, d'une voix où la tendresse de la femme combattait l'orgueil du rang et la stoïque indifférence née de l'intensité du malheur, « vous êtes donc le dernier rejeton de la noble tige dont tant de rameaux sont tombés pour la défense de notre cause. Hélas, hélas! que puis-je pour vous? Marguerite n'a pas même une bénédiction à donner! Si funeste est son destin que ses bénédictions portent malheur, et qu'elle n'a qu'à fixer son regard sur vous et à vous souhaiter du bien, pour rendre assurée une ruine prochaine et complète. J'ai été l'arbre fatal, l'arbre empoisonné, dont l'influence a gâté et détruit toutes les plantes superbes dont j'étais entourée, qui a appelé sur tous la mort, que je ne puis rencontrer pour moi !

— Noble et royale maîtresse, » dit le plus âgé des deux Anglais, « ce courage sublime qui a supporté tant d'infortunes, ne le laissez pas défaillir à l'heure où elles sont passées, et lorsqu'approche pour l'Angleterre et pour vous, une chance de temps plus heureux.

— Pour l'Angleterre, pour moi, noble Oxford ! » dit la veuve infortunée de Henri VI. « Si le soleil de demain me replaçait sur le trône d'Angleterre, pourrait-il me rendre ce que j'ai perdu ? Je ne parle pas des richesses et du pouvoir ; ils ne pèsent rien dans la balance. Je ne parle pas des milliers de nobles amis tombés pour les miens et pour moi, les Somerset, les Percy, les Stafford, les Clifford ; leur place est faite dans la gloire et dans les annales de leur pays. Je ne parle pas de mon mari ; il a échangé la condition d'un saint souffrant sur la terre contre celle d'un saint glorifié dans le ciel. Mais hélas, Oxford ! mon fils, mon Édouard ! Puis-je voir ce jeune homme sans me souvenir que la comtesse votre femme et moi, nous avons, la même nuit, donné naissance à deux beaux garçons ? Que de prophéties nous avons faites sur leurs destins, et pour nous persuader que la même constellation qui brillait sur leur naissance, les suivrait dans le cours de leur vie, et les dirigerait par une voie douce et facile au terme d'une carrière de félicité et d'honneur ! Votre Arthur est vivant ; mon Édouard, hélas ! né sous les mêmes auspices, emplit un tombeau sanglant ! »

Elle se cacha la tête dans son manteau, comme pour étouffer les plaintes et les sanglots que ces souvenirs cruels arrachaient à son affection de mère. Philipson, ou plutôt le comte d'Oxford exilé (nous pouvons à présent l'appeler ainsi), illustre, à cette époque si pleine d'inconstance, par sa loyauté ferme envers les Lancastres, comprit l'imprudence de laisser la souveraine s'abandonner à sa faiblesse.

« Royale maîtresse, » dit-il, « le voyage de la vie est une courte journée d'hiver ; sa course se poursuit, que nous sachions ou non en tirer parti. Ma souveraine est assurément trop maîtresse d'elle-même pour permettre aux regrets du passé de lui ôter le pouvoir de se servir du présent. Je suis ici d'après vos ordres ; je vais de ce pas auprès du duc de Bourgogne, et s'il se prête aux desseins auxquels nous voulons l'amener, des événements peuvent survenir qui changeront en allégresse notre affliction d'aujourd'hui. Mais il faut saisir l'occasion avec promptitude, aussi bien qu'avec vigueur. Faites-moi savoir, Madame, pourquoi Votre Majesté est venue ici, sous ce déguisement et au prix de tant de dangers? Ce n'a pas été seulement pour pleurer sur ce jeune homme que la noble reine Marguerite a quitté la cour de son père, s'est couverte de

cet humble habit, et, sortant d'un lieu sûr, est venue chercher un endroit où règne l'inquiétude, si ce n'est le danger.

— Vous me raillez, Oxford, » dit la reine infortunée, « ou vous vous trompez en croyant servir encore cette Marguerite dont pas une parole n'était prononcée au hasard, et dont la moindre action était dirigée par un motif. Je ne suis plus, hélas! cette personne à la pensée ferme et méditée. Lorsque la fièvre du chagrin me rend odieux un endroit, elle me chasse dans un autre, au gré des impuissances et des impatiences de mon esprit. La résidence de mon père est un lieu sûr dites-vous ; mais est-elle supportable pour une âme comme la mienne ? Une femme privée du royaume le plus noble et le plus riche de l'Europe, une femme qui a perdu des milliers de nobles amis, une veuve de roi, une mère sans enfant, une créature sur laquelle le ciel a versé les amertumes d'une colère que nul baume n'a adoucie peut-elle s'abaisser à la compagnie d'un faible vieillard trouvant dans les sonnets et la musique, les mascarades et les plaisirs, le son des harpes et des rimes, la consolation du malheur et de la pauvreté, la consolation même du ridicule et du mépris ?

— Madame, » dit le comte, « ne blâmez pas le bon roi René si, persécuté par la fortune, il a su trouver des sources de distraction modestes, que dédaigne votre esprit plus vigoureux. Une lutte entre ses ménestrels a pour lui les entraînements d'un tournoi ; une couronne de fleurs, tressée par ses troubadours, et embellie de leurs sonnets, est à ses yeux une compensation acceptable pour les diadèmes de Jérusalem, de Naples et des Deux-Siciles, dont il ne possède que les titres.

— Ne me parlez pas, » dit Marguerite, « de ce vieillard, tombé au-dessous de la haine de ses plus grands ennemis, et qui n'est plus digne que de pitié. Je vous le déclare, noble Oxford, je suis devenue presque folle par mon séjour à Aix, dans le cercle mesquin que mon père appelle sa cour. Si impropre que je sois aujourd'hui à d'autres accents qu'à ceux de l'affliction, ce qui fatigue mes oreilles, ce n'est pas tant le résonnement éternel des harpes, le son criard du rebec et le claquement des castagnettes ; ce qui désole mes yeux, ce n'est pas tant ce cérémonial de cour, tolérable seulement lorsqu'il implique la richesse et lorsqu'il exprime le pouvoir. Ce qui me fait souffrir surtout, c'est cette vanité mesquine qui trouve plaisir à des paillettes, à des glands d'or, à des colifichets, lorsqu'a disparu la réalité de tout ce qui est noble. Non, Oxford, si je suis condamnée à perdre au dernier coup de dé que paraît m'offrir la fortune, je me retirerai dans le plus humble couvent des Pyrénées, pour échapper du moins aux outrages de la folle gaieté de mon père. Qu'il sorte de nos mémoires, comme il est sorti des pages de l'histoire, où l'on ne se souviendra plus de son nom. J'ai à dire et à écouter des choses plus importantes que celles qui l'occupent.

Donnez-moi, Oxford, des nouvelles de l'Italie. Le duc de Milan nous prête-t-il l'assistance de ses conseils ou de ses trésors?

— De ses conseils, Madame, très volontiers; mais je doute que vous en fassiez cas : il nous recommande la soumission à notre sort, et la résignation aux volontés de la Providence.

— Astucieux Italien! Galéas n'avance donc aucune portion de ses richesses pour assister un ami auquel il a, dans un temps, juré si souvent fidélité?

— Les diamants que j'ai offert de déposer en ses mains, n'ont pas pu, » répondit le comte, « faire sortir de son trésor les ducats nécessaires à notre entreprise. Il a dit toutefois que, si Charles de Bourgogne pensait sérieusement à faire un effort en notre faveur, tels étaient son estime pour ce grand prince, et sa sympathie profonde pour les infortunes de Votre Majesté, qu'il verrait ce que lui permettraient pour vous l'état de ses finances, tout épuisées qu'elles sont, et la condition de ses sujets, tout appauvris qu'ils peuvent être par les taxes et les tailles.

— L'hypocrite à double face! » dit Marguerite. « Si l'assistance du duc de Bourgogne nous donne chance de regagner ce qui est à nous, il nous octroyera quelque peu d'argent, pour que notre prospérité oublie l'indifférence qu'il eut pour nous en nos mauvais jours! Et le duc de Bourgogne, que m'en direz-vous? Je me suis risquée jusqu'ici pour vous informer de ce que je sais, et pour savoir où vous en êtes. Une personne fidèle veille au secret de notre entrevue. Mon impatience de vous voir m'a amenée en ce lieu sous ce vil déguisement. Les quelques personnes de ma suite sont dans un couvent à un mille de la ville; j'ai fait surveiller votre arrivée par le fidèle Lambert; je viens connaître vos espérances et vos craintes, et vous communiquer les miennes.

— Reine, » dit le comte, « je n'ai pas vu le duc. Vous savez qu'il est obstiné, prompt, altier, difficile à persuader. S'il consent à adopter la politique calme et suivie que les temps demandent, je ne doute pas qu'il n'obtienne une réparation complète de Louis, son ennemi juré, et même d'Édouard, son ambitieux beau-frère. Mais s'il continue de céder aux extravagances de la colère, il risque, avec ou sans provocation, de se précipiter dans une querelle avec les Suisses, peuple pauvre mais hardi, et de s'engager dans une lutte où il n'a rien à gagner et tout à perdre.

— Assurément, » répliqua la reine, « il ne se fiera pas à l'usurpateur Édouard, au moment même où celui-ci lui donne la preuve la plus évidente qu'il trahit son alliance:

— Comment cela, Madame? » répondit Oxford. « Les nouvelles auxquelles vous faites allusion ne me sont pas parvenues.

— Suis-je donc, Milord, la première à vous dire qu'Édouard d'York a traversé la mer, avec une armée telle que c'est à peine si l'illustre Henri V, mon beau-père, en a jamais transporté une pareille?

— On s'y attendait, je le sais, » dit Oxford; « et je prévoyais que l'effet en serait fatal à notre cause.

— Édouard est arrivé, » dit Marguerite, « et le traître, l'usurpateur, a envoyé défier Louis de France, réclamant comme un droit la couronne de ce royaume; cette couronne placée sur la tête de mon malheureux mari, lorsqu'il était encore au berceau.

— C'est donc décidé; les Anglais sont en France! » répondit Oxford, d'une voix exprimant l'inquiétude la plus profonde. « Qui Édouard amène-t-il avec lui dans cette expédition?

— Tous; tous les ennemis les plus acharnés de notre maison et de notre cause. Le faux, le traître, le déshonoré Georges, qu'il appelle duc de Clarence; Richard, le buveur de sang; le licencieux Hastings, Howard, Stanley; les premiers, en un mot, de tous ces traîtres, dont je ne saurais dire les noms qu'en y mêlant des imprécations capables de les balayer de la surface de la terre.

— Une question encore, » dit le comte, « une question qui me fait trembler. Le duc de Bourgogne se prépare-t-il à se joindre à eux comme un frère dans cette guerre, à faire cause commune avec l'armée d'York contre le roi Louis de France?

— D'après les avis que j'ai (ils sont secrets et sûrs, et confirmés par le bruit commun), non, mon bon Oxford, non! » répliqua la reine.

« Les saints en soient loués! » répondit Oxford. « Édouard d'York (je ne veux calomnier personne, pas même un ennemi) est un chef hardi, inaccessible à la crainte. Mais ce n'est ni Édouard III, ni l'héroïque Prince Noir; ce n'est pas non plus cet Henri V de Lancastre, sous lequel j'ai gagné mes éperons, et aux descendants duquel le souvenir de sa glorieuse mémoire m'aurait rendu fidèle, mes vœux d'allégeance eussent-ils permis la pensée d'un changement ou d'une défection. Qu'Édouard s'engage dans une guerre avec Louis sans l'aide de la Bourgogne sur laquelle il a compté. Louis n'est pas un héros, mais c'est un général prudent et habile, plus à craindre peut-être, en ces jours de politique, que si Charlemagne levait de nouveau l'oriflamme, avec Roland et tous ses paladins autour de lui. Louis ne se hasardera pas en des batailles comme celles de Crécy, de Poitiers ou d'Azincourt. Avec mille lances venues du Hainaut, et vingt mille écus d'argent venus de Bourgogne, Édouard risque la perte de l'Angleterre, en s'engageant dans une lutte qui sera longue pour recouvrer la Normandie et la Guyenne. Quels sont les mouvements du duc de Bourgogne?

— Il a menacé l'Allemagne, » dit Marguerite, « et ses troupes parcourent la Lorraine, dont elles ont pris les principales villes et les châteaux les plus importants.

— Où est Ferrand de Vaudemont? Courageux, dit-on, et entreprenant, ce jeune homme réclame la Lorraine, du chef de sa mère Yolande d'Anjou, sœur de Votre Grâce.

— Il s'est enfui, » répliqua la reine, « en Allemagne ou en Helvétie.

— Que Charles de Bourgogne prenne garde à lui, » dit le politique expérimenté; « car si le jeune homme privé de son héritage obtient des alliances en Allemagne ou parmi les Suisses, le duc pourra trouver en lui un ennemi plus formidable qu'il ne pense. Nous ne sommes forts à présent que de la force du duc, et s'il la dépense en tentatives stériles et mal suivies, nos espérances, hélas! s'évanouissent avec son pouvoir, eût-il la volonté bien arrêtée de nous aider. Mes amis d'Angleterre sont résolus à ne pas remuer qu'ils n'aient reçu de la Bourgogne des hommes et de l'argent.

— Il y a là un danger, » dit Marguerite, « mais ce n'est pas le plus grand. Je redoute davantage la politique de Louis, qui, si mes espions ne m'ont grossièrement trompée, a déjà proposé une paix secrète à Édouard, offrant aux Yorkistes des sommes considérables pour acheter l'Angleterre, et une trêve de sept ans.

— Cela ne peut être, » dit Oxford. « Nul Anglais, commandant une armée comme celle d'Édouard, n'osera sortir de France sans avoir tenté bravement de recouvrer ses provinces perdues.

— Telles auraient été, » dit Marguerite, « les pensées d'un prince légitime, laissant derrière lui un royaume obéissant et fidèle. Telles ne seront pas celles de cet Édouard, ce Plantagenet qui n'en est pas un, vil peut-être par le sang comme par le caractère, puisqu'on prétend que son vrai père était un certain Blackburn, archer de Middleham. C'est un usurpateur du moins, si ce n'est pas un bâtard. Les pensées d'Édouard! Chaque souffle venu d'Angleterre apportera pour lui des craintes de défection parmi ses sujets usurpés. Il ne dormira pas en paix qu'il ne soit retourné en Angleterre avec les coupe-gorge sur lesquels il compte pour défendre sa couronne volée. Il ne s'engagera pas dans une guerre avec Louis, car Louis n'hésitera point à caresser son orgueil en s'humiliant, à gorger son avarice, et à satisfaire par des monceaux d'or ses prodigalités voluptueuses. Et je crains que bientôt nous n'entendions dire que l'armée anglaise se retire de France, sans autre gloire que d'avoir déployé une fois de plus ses bannières, une semaine ou deux, dans les provinces qui jadis appartenaient à l'Angleterre.

— Raison de plus pour pousser Charles de Bourgogne à se décider, » répliqua Oxford; « je me rends à Dijon au plus vite. Une armée comme celle d'Édouard ne peut être transportée au delà du détroit qu'en quelques semaines. Il est probable qu'elle hivernera en France, au cas même d'une trêve avec le roi Louis. Avec mille lances du Hainaut, de l'est de la Flandre orientale je puis être bientôt dans le nord de l'Angleterre; nous y avons beaucoup d'amis, sans compter l'aide qui, nous en sommes sûrs, nous viendra d'Écosse. A un signal donné, l'ouest fidèle se lèvera; un Clifford peut se retrouver, quoique les brumes de la montagne l'aient caché aux recherches d'Édouard; les Gallois se rassembleront au mot de ralliement de Tudor; la Rose Rouge relève la tête une fois encore; et Dieu sauve le roi Henri!

— Hélas! » dit la reine ; « ce n'est pas un époux ; ce n'est pas un ami pour moi. Cet Henri n'est que le fils de ma belle-mère et d'un chef de clan gallois ; froid, dit-on, et artificieux. Mais soit! Que je voie seulement Lancastre triompher, tirer vengeance d'York ; je meurs contente!

— C'est donc votre bon plaisir que je fasse les propositions exprimées aux dernières dépêches de Votre Grâce, pour amener le duc de Bourgogne à prendre parti pour nous? S'il apprend qu'une trêve est proposée entre la France et l'Angleterre, je l'aiguillonnerai plus fort que je ne saurais le dire.

— Promettez tout, » dit la reine. « Je sais le fond de son âme. Il veut étendre dans toutes les directions les domaines de sa maison. C'est pour cela qu'il s'est emparé de la Gueldre ; pour cela qu'il parcourt et occupe maintenant la Lorraine ; pour cela qu'il convoite les faibles restes de la Provence dont mon père se dit encore le maître. Avec ces augmentations de territoire, il échangerait son diadème ducal contre la couronne plus superbe d'un souverain indépendant. Dites au duc que Marguerite peut aider ses vues ; dites que le roi mon père se désistera de son opposition à l'occupation de la Lorraine par le duc. Il fera plus, il déclarera Charles son héritier en Provence, avec mon plein consentement. Dites-lui que, dès que les gens du Hainaut s'embarqueront pour l'Angleterre, le vieux roi lui cèdera ses États, moyennant une petite pension pour entretenir des violons et une troupe de danseurs mores. Tels sont, en ce monde, les seuls besoins de René. J'en ai moins encore : me venger d'York, et un prompt tombeau! Quant à l'or qu'il nous faut, vous avez des joyaux à donner en gage. Pour le reste, offrez des sûretés si l'on en réclame.

— J'ajouterai, Madame, ma parole de chevalier à votre royale parole ; et, si l'on en demande plus, mon fils restera en ôtage auprès du duc de Bourgogne.

— Oh, non, non! » s'écria la reine détrônée, touchée par le seul sentiment de tendresse que n'eussent pas glacé peut-être des infortunes immenses et multipliées. « Ne hasardez pas la vie du noble jeune homme ; lui, le dernier de la loyale et fidèle maison de Vere ; lui qui aurait été le frère d'armes de mon Édouard bien-aimé ; lui qui faillit être son compagnon dans un tombeau sanglant et prématuré ! N'enveloppez pas ce pauvre enfant dans ces intrigues fatales, si funestes à sa famille. Qu'il vienne avec moi. Je l'abriterai du moins du danger tant que je vivrai, et je songerai à lui pour le temps où je ne serai plus.

— Pardonnez-moi, Madame, » dit Oxford, avec la fermeté qui le caractérisait. « Mon fils, comme vous daignez vous en souvenir, est un de Vere, destiné, cela est possible, à être le dernier du nom. S'il tombe, ce ne sera pas sans honneur. A quelques dangers que l'appellent son devoir et son allégeance, que ce soit l'épée ou la lance, la hache ou le gibet, il s'y exposera fermement s'il le faut. Ses ancêtres lui ont appris à braver toutes ces choses.

— C'est vrai, c'est vrai ! » s'écria la reine infortunée, levant les bras avec désespoir. « Tous doivent périr ; tous ceux qui ont servi Lancastre ; tous ceux qui ont aimé Marguerite, ou qu'elle a aimés ! Il faut que la destruction soit universelle ; les jeunes tomberont avec les vieux ; du troupeau dispersé, pas un agneau n'échappera !

— Pour l'amour de Dieu, Madame, calmez-vous, » dit Oxford. « On frappe à la porte de la chapelle.

— C'est le signal pour nous séparer, » dit la reine exilée revenant à elle. « Soyez sans crainte, noble Oxford, je ne suis pas souvent ainsi ; combien il est rare que je voie des amis dont les visages et les voix troublent le sang-froid de mon désespoir ! Laissez-moi, bon jeune homme, attacher cette relique à votre cou, et n'en craignez pas l'influence, quoique vous la receviez d'une main qui porte malheur. Elle appartenait à mon mari ; chargée de tant de prières, sanctifiée par tant de larmes, mes mains malheureuses elles-mêmes n'ont pu la souiller. Je voulais l'attacher sur la poitrine de mon Édouard le matin terrible de la bataille de Tewkesbury ; mais il s'arma de bonne heure, alla au combat sans me voir, et je ne pus faire ce que je m'étais proposé. »

En parlant ainsi, elle passa au cou d'Arthur une chaîne d'or soutenant un petit crucifix du même métal, de fabrication riche, mais grossière. La tradition disait qu'il avait appartenu à Édouard le Confesseur. On frappa une seconde fois à la porte de la chapelle.

« Séparons-nous, » dit Marguerite ; « partons ; vous pour Dijon, moi pour Aix, un lieu de repos où je ne me repose pas. Adieu ; nous pourrons nous rencontrer en une heure meilleure ; comment l'espérer cependant? Je parlais ainsi le matin de la bataille de Saint-Albans ; ainsi à la sombre aurore de Towton ; ainsi avant la bataille plus sanglante encore de Tewkesbury : qu'est-il arrivé? Mais l'espoir est une plante que rien ne déracine d'un noble sein, jusqu'au moment où se brise la dernière fibre du cœur. »

Disant ces mots, elle sortit de la chapelle, et se perdit dans la foule des gens venus pour prier, satisfaire leur curiosité, ou passer le temps dans les bas-côtés de la cathédrale.

Philipson et son fils, fort impressionnés tous deux par cette entrevue singulière, retournèrent à leur auberge. Ils y trouvèrent un sergent ou poursuivant, à la livrée et aux armes du duc de Bourgogne ; cet homme leur dit que, s'ils étaient les marchands anglais qui portaient à la cour du duc des objets de prix, il avait des ordres pour leur assurer l'appui de son escorte et de son caractère inviolable. Sous sa protection ils quittèrent Strasbourg ; mais telle était l'incertitude sur les mouvements du duc de Bourgogne, et si nombreux les obstacles à leur voyage dans un pays troublé par un passage de troupes continuel et par des préparatifs de guerre, que la soirée du second jour arriva avant qu'on n'eût atteint la plaine voisine de Dijon, où était campée la totalité, ou du moins une grande partie, des forces du duc.

CHAPITRE XXV.

> Le duc vous dit ceci, vous conseille cela.
> SHAKSPEARE. *Richard III*, acte III, sc. 7.

Es yeux du plus âgé des voyageurs étaient bien accoutumés aux splendeurs martiales; il fut cependant ébloui du riche et magnifique coup d'œil du camp bourguignon, où Charles, le prince le plus opulent de l'Europe, avait, près des murs de Dijon, déployé son extravagance, et encouragé à des profusions du même genre ceux qui marchaient à sa suite. Les pavillons des moindres officiers étaient de soie et de samit, ceux de la noblesse et des généraux étincelaient de drap d'or et d'argent, avec des tapisseries de toute espèce et des étoffes précieuses qui, en toute autre occasion, loin de servir de protection contre le mauvais temps, auraient été jugées dignes elles-mêmes d'être protégées avec le plus grand soin. Les cavaliers et les fantassins qui montaient la garde étaient couverts des armures les plus éclatantes et les plus riches. Une artillerie belle et nombreuse était rangée près de l'entrée du camp, et dans celui qui la commandait, Philipson (pour donner au comte d'Oxford le nom de voyage auquel nos lecteurs sont accoutumés) reconnut Henri Colvin, Anglais de basse extraction, mais célèbre par son habileté à diriger ces terribles engins, d'un usage général à la guerre depuis quelque temps.

Les bannières et les pennons de tous les chevaliers, barons, et hommes d'un certain rang, flottaient devant leurs tentes, et les maîtres de ces habitations passagères étaient assis à la porte, armés à demi, contemplant les soldats qui s'exerçaient à la lutte, au jet de la barre, et à d'autres exercices athlétiques.

De longues rangées de beaux chevaux étaient au piquet, se cabrant et secouant la tête, comme impatients du repos qu'on leur imposait, ou hennissant à la vue des provisions qui leur étaient abondamment apportées. Les soldats se groupaient joyeux autour des ménestrels ou des jongleurs ambulants, ou buvaient à la tente du cantinier; d'autres se promenaient les bras croisés, jetant de temps en temps les yeux vers le soleil couchant, désireux de voir venir l'heure qui mettrait fin à une journée inoccupée, et ennuyeuse par conséquent.

Au milieu des brillantes variétés de ce spectacle militaire, les voyageurs atteignirent le pavillon même du duc; là flottait lourdement, sous la brise du soir, la large et riche bannière où resplendissaient les armoiries d'un prince, duc de six provinces, et comte de quinze comtés, devenu par sa puissance, par les dispositions de son esprit, et par le succès de ses entreprises, la terreur générale de l'Europe. Le poursuivant se fit connaître à quelques personnes de l'entourage, et les Anglais furent immédiatement reçus avec une grande courtoisie, mais en la tempérant de manière à ne pas attirer l'attention sur eux; ils furent conduits à une tente voisine, résidence d'un officier général, où on leur indiqua qu'ils seraient logés, et où en effet leurs bagages furent déposés et des rafraîchissements leur furent offerts.

« Le camp étant plein, » dit le domestique qui s'occupait d'eux, « de soldats de différentes nations, dont quelques-uns ne méritent qu'une demi-confiance, le duc de Bourgogne, pour la sûreté de vos marchandises, a donné l'ordre de vous accorder une sentinelle. Soyez prêts pour l'audience de Son Altesse, car elle peut vous faire demander d'un instant à l'autre. »

Philipson père, en effet, fut bientôt appelé auprès du duc, et introduit par une entrée de derrière dans le pavillon ducal, en la partie secrète qui, abritée de rideaux et de cloisons de bois, formait l'habitation personnelle de Charles. La simplicité de l'ameublement, et le négligé extrême de la toilette du duc, formaient un vif contraste avec l'aspect extérieur du pavillon. Charles qui, sur ce point comme sur bien d'autres, était loin d'être toujours d'accord avec lui-même, avait durant la guerre, en ses vêtements, et parfois en ses manières, un sans-façon, une grossièreté même, plutôt faite pour un lansquenet allemand que pour un prince du plus haut rang. Il encourageait, en même temps, et prescrivait le luxe et la dépense parmi ses vassaux et ses courtisans, comme si un habit négligé, le mépris de toute contrainte et des usages les plus ordinaires, étaient le privilège du souverain seul. Lorsqu'il lui plaisait, cependant, de rendre nobles et majestueuses sa personne et ses manières, nul ne savait mieux que Charles de Bourgogne comment se vêtir et se comporter.

Sur sa table de toilette étaient des brosses et des peignes, qu'il eût été convenable de faire disparaître après l'heure de la toilette, des chapeaux et des pourpoints usés, des laisses de chien, des ceinturons de cuir, d'autres objets du même genre, parmi lesquels gisait au hasard le grand diamant appelé le Sanci, les trois rubis désignés sous le nom des Trois Frères d'Anvers, un autre diamant dit la Lampe de Flandre, et diverses autres pierres précieuses d'une valeur et d'une rareté presque égales. Cette confusion singulière ressemblait au caractère du duc, mêlé de cruauté et de justice, de magnanimité et de petitesse, d'économie et d'extravagance, de libéralité et d'avarice ; n'étant, en définitive, consistant en rien avec lui-même, si ce n'est dans la détermination obstinée de suivre son opinion une fois formée, quoi qu'il advînt, et en dépit de tous les périls.

Au milieu de ce pêle-mêle d'objets les uns sans valeur les autres inestimables, le duc de Bourgogne, s'adressant à haute voix au marchand anglais : « Bonjour, Monsieur Philipson ; bonjour, vous qui appartenez à une nation dont les négociants sont des princes, et dont les marchands sont les puissants de la terre. Avec quelles nouveautés venez-vous nous attaquer ? Vous autres marchands, par saint Georges ! vous êtes une vilaine race.

— Je n'ai vraiment pas, Monseigneur, de marchandises nouvelles, » répondit l'Anglais ; « je n'apporte que ce que j'avais montré à Votre Altesse la dernière fois que j'ai eu l'honneur de la voir ; l'humble marchand a l'espoir que vous pourrez les trouver plus acceptables à la seconde vue qu'à la première.

— C'est bien, Monsieur... Monsieur... c'est Philipville, je crois, que l'on vous appelle? Il faut que vous soyez un marchand naïf, ou que vous me preniez pour un chaland ridicule, pour espérer me tenter avec des marchandises dont je n'ai pas voulu précédemment. Changez de mode, Monsieur; la nouveauté, c'est la devise du commerce; vos marchandises de Lancastre ont eu leur temps; j'en ai acheté comme les autres, et j'ai failli les payer trop cher. L'York est en vogue maintenant.

— Cela peut être ainsi pour le vulgaire, » dit le comte d'Oxford; « mais, pour des âmes comme celle de Votre Altesse, la foi à la parole, l'honneur et la loyauté, sont des bijoux que le caprice de l'opinion ou la mobilité du goût ne font pas changer de mode.

— Il se peut, noble Oxford, » dit le duc, « que je conserve en secret quelque respect pour ces qualités jadis en faveur; comment aurais-je, sans cela, les moindres égards pour vous qui avez toujours fait profession d'y tenir? Mais la situation est pressante et grave, et si, dans la crise actuelle, je faisais un faux pas, je risquerais de renverser les projets de toute ma vie. Écoutez-moi bien, seigneur marchand. Votre ancien concurrent Blackburn, que quelques-uns appellent Édouard d'York et de Londres, est venu avec un assortiment de marchandises comme on n'en avait jamais introduit en France depuis le temps du roi Arthur; il offre d'entrer avec moi en participation d'aventures, ou, pour parler net, de faire cause commune avec la Bourgogne, jusqu'à ce que nous enfumions hors de son terrier le vieux renard Louis, et que nous clouions sa peau à la porte de l'écurie. En un mot, l'Angleterre m'invite à prendre part avec elle à la lutte contre mon ennemi insidieux et invétéré, le roi de France; à me débarrasser de la chaîne du vasselage, et à monter au rang de prince indépendant. Vous semble-t-il possible, noble comte, que je résiste à cette tentation séduisante?

— Il faut le demander, » dit Oxford, « à l'un de vos conseillers de Bourgogne; cette question touche de trop près à la ruine de ma cause, pour que je puisse donner sur elle une opinion autorisée.

— Je vous demande néanmoins, » dit Charles, « comme à un

homme d'honneur, quelles objections vous voyez à ce que l'on me propose? Dites votre avis librement.

— Je sais, Monseigneur, qu'il est dans la nature de Votre Altesse de ne douter jamais de l'exécution des choses que vous avez une fois déclaré devoir être faites. Cette disposition d'esprit convient à un prince, prépare le succès en certains cas, et l'a déjà fait souvent; mais il est d'autres cas où persister dans ses desseins uniquement parce qu'on les a formés, ne conduit point au succès, mais à la ruine. Considérez cette armée anglaise; l'hiver approche; où sera-t-elle logée? comment sera-t-elle approvisionnée? par qui sera-t-elle payée? Votre Altesse prendra-t-elle toute la dépense et toute la besogne de la mettre en état pour la campagne d'été? Comptez bien sur ceci, qu'une armée anglaise n'a jamais été et ne sera jamais apte au service qu'elle n'ait été hors de son île assez longtemps pour s'habituer aux devoirs militaires. Il n'y a pas d'hommes au monde, j'en conviens, plus aptes que les Anglais à faire de bons soldats; mais ils ne sont pas soldats encore, et doivent, pour le devenir, s'exercer aux frais de Votre Altesse.

— Soit, » dit Charles; « j'estime que les Pays-Bas peuvent, pour quelques semaines, fournir des aliments pour tous ces mangeurs de bœuf, des villages pour y habiter, des officiers pour former à la guerre ces robustes personnages, et assez de prévôts pour réduire à la discipline leur esprit indépendant.

— Et après? » dit Oxford. « Vous marchez sur Paris, vous ajoutez un autre royaume au pouvoir usurpé d'Édouard; vous lui rendez toutes les possessions que l'Angleterre a eues en France, la Normandie, le Maine, l'Anjou, la Gascogne, et le reste. Pourrez-vous vous fier à cet Édouard lorsque vous aurez ainsi augmenté sa force, et que vous l'aurez fait beaucoup plus puissant que ce Louis pour la chute duquel vous vous serez réunis?

— Par saint Georges, je n'entends rien dissimuler avec vous! C'est précisément le point qui me préoccupe. Édouard est mon beau-frère, mais je ne suis pas homme à me mettre sous la tutelle de ma femme.

— Et les temps où nous vivons, » dit Philipson, « ont trop souvent montré l'inefficacité des alliances de famille pour empêcher les manques de foi les plus révoltants.

— Vous dites vrai, comte. Clarence a trahi son beau-père; Louis a empoisonné son frère. Les affections domestiques, baste ! elles sont suffisamment chaudes au coin du feu d'un particulier, mais elles ne trouvent place ni dans les champs de bataille, ni dans les salles des princes, où le vent souffle le froid. Non, mon alliance avec Édouard par mariage m'a été d'un faible secours dans les temps de nécessité. J'aurais aussitôt fait de monter un cheval indompté, sans autre bride qu'une jarretière de dame. Le résultat donc? Il fait la guerre à Louis ; quel que soit celui qui a le dessus, moi qui me fortifie de leur faiblesse mutuelle, j'en tire avantage. Les Anglais tuent les Français avec leurs aunes pointues ; les Français, par leurs escarmouches, ruinent, affaiblissent et détruisent les Anglais. Au printemps, je prends la campagne avec une armée supérieure à celles de tous les deux, et alors : Saint-Georges et Bourgogne !

— Et si, en même temps, Votre Altesse daigne aider de la moindre bagatelle la plus honorable cause pour laquelle chevalier ait jamais mis la lance en arrêt, avec une somme d'argent médiocre, et quelques lances du Hainaut trouvant à ce service honneur et fortune, on peut remettre l'héritier de Lancastre en possession des domaines que lui attribuent et sa naissance et son droit.

— Par ma foi, seigneur comte, vous venez rondement à votre objet, mais nous avons vu, et secondé en partie, tant de péripéties diverses entre York et Lancastre, que nous ne savons pas trop à quel côté le ciel donne le droit, et où le peuple aperçoit maintenant le véritable pouvoir. Nous sommes pris d'un éblouissement complet à la vue de toutes ces vicissitudes extraordinaires que l'Angleterre nous a montrées.

— Une preuve, Monseigneur, que ces changements ne sont pas encore finis, et que votre aide généreuse pourrait donner au meilleur parti un avantage réel.

— Et prêter à ma cousine, Marguerite d'Anjou, mon bras pour détrôner le frère de ma femme? Peut-être ne mérite-t-il pas beaucoup de bon vouloir de ma part ; lui, et ses nobles insolents, m'ont poursuivi d'objurgations, et même de menaces, pour me faire abandonner mes importantes affaires personnelles, et pour m'amener à me joindre à Édouard dans son expédition de chevalier errant contre Louis.

Je marcherai contre Louis à mon heure, et pas plus tôt; par saint Georges! ni le roi de l'île, ni sa noblesse, ne dicteront rien à Charles de Bourgogne. Vous êtes de plaisants compagnons, vous autres Anglais, de l'un et l'autre parti, de croire les affaires de votre île de fous aussi intéressantes pour le monde entier qu'elles le sont pour vous. Ni York, ni Lancastre, ni mon frère Blackburn, ni ma cousine Marguerite d'Anjou, avec Jean de Vere par-dessus le marché, ne me mettront dedans. Ce n'est pas les mains vides qu'on leurre les faucons. »

Oxford, auquel le caractère du duc était familier, le laissa déclarer chaleureusement que nul ne lui dicterait sa conduite. Lorsqu'enfin Charles garda le silence, son interlocuteur répliqua avec calme : « Ai-je vécu pour entendre le noble duc de Bourgogne, le miroir de la chevalerie européenne, dire qu'on ne lui donne aucune raison pour s'engager dans une aventure, alors qu'il s'agit de prendre la cause d'une reine infortunée, et de relever de la poussière une noble maison? N'y a-t-il pas à conquérir *los* et honneur immortels? la trompette de la renommée ne proclamera-t-elle pas le souverain qui, dans un siècle dégénéré, a uni les devoirs d'un chevalier généreux à ceux d'un noble souverain... »

Le duc l'interrompit, en lui frappant sur l'épaule. « Et j'aurai les cinq cents musiciens du roi René pour ajuster à ma louange leurs violons fêlés! le roi René lui-même pour les écouter et pour dire : « Bien frappé, duc! bien joué, violons! » Je vous le dis, Jean d'Oxford, lorsque vous et moi, nous portions notre armure vierge, des mots comme ceux de renommée, honneur, *los,* gloire chevaleresque, amour des dames, etc., étaient de bonnes devises pour nos écus blancs comme neige, et un argument suffisant pour rompre des lances. Et dans les tournois aussi, bien que je sois un peu vieux pour ces étranges folies, je risquerais encore ma personne en une querelle de ce genre, comme il convient à un chevalier de l'ordre. Mais lorsqu'il s'agit de verser des écus et d'embarquer de gros escadrons, il faut avoir à donner à nos sujets des raisons sérieuses pour les précipiter dans la guerre; il faut quelque chose qui touche au bien public, ou, par saint Georges! à notre avantage particulier, ce qui revient au même. Ainsi va le monde, et, pour dire, Oxford, la vérité tout entière, j'entends suivre la même pente.

— Le ciel me préserve de penser que Votre Altesse puisse agir autrement qu'en vue du bien-être de ses sujets ; ou, comme le dit fort bien Votre Grâce, de l'accroissement de votre pouvoir et de vos États. L'argent que nous demandons, ce n'est pas une générosité mais un prêt, et Marguerite entend donner en dépôt ces joyaux, dont je pense que Votre Grâce sait la valeur, jusqu'au jour où elle pourra restituer la somme avancée par votre amitié dans son pressant besoin d'aujourd'hui.

— Ha, ha ! » dit le duc ; « notre cousine voudrait faire de nous un prêteur sur gage, et nous traiterions ensemble comme un usurier juif avec son débiteur? Franchement, Oxford, je pourrais avoir besoin de vos diamants ; je risquerais, sans cela, d'être obligé de devenir moi-même l'emprunteur pour pourvoir aux besoins de ma cousine. Je me suis adressé aux États du duché, présentement en session, et j'en attends de larges subsides, ainsi qu'il est raisonnable. Mais il y a parmi eux des têtes turbulentes et des mains fermées, et ils pourraient être assez mesquins. Mettez donc les joyaux sur la table. A supposer que je ne misse pas ma bourse en souffrance par ces exploits de chevalier errant que vous me proposez, encore faut-il que des princes ne s'engagent pas dans une guerre sans un avantage en perspective.

— Écoutez-moi, noble souverain. Vous êtes naturellement porté à unir les vastes États de votre père, et ceux que vous avez acquis vous-même par les armes, en un duché compacte et homogène...

— Dites un royaume, » interrompit Charles ; « ce mot là vaut mieux.

— En un royaume, dont la couronne fera aussi bien sur le front de Votre Grâce que celle de France sur le front de Louis, votre suzerain actuel.

— Il n'y a pas besoin d'être si malin que vous pour voir que c'est mon projet, » dit le duc ; « pour quelle autre raison suis-je ici, casque en tête et l'épée au côté? Et pourquoi mes troupes s'emparent-elles des places fortes de la Lorraine, chassant devant elles ce mendiant de Vaudemont, assez insolent pour réclamer ce pays comme un héritage ? Oui, mon ami, pour l'agrandissement de la Bourgogne, le duc de cette belle province a résolu de combattre, tant qu'il pourra mettre le pied dans l'étrier.

— Ne pensez-vous pas, » dit le comte anglais, « puisque vous me permettez de parler en pleine liberté à Votre Grâce, sur le pied d'une vieille connaissance, ne pensez-vous pas que dans cette carte de vos États si heureusement limitée partout ailleurs, il y a quelque chose, à la frontière du sud, qui pourrait être disposé plus avantageusement pour un roi de Bourgogne?

— Je ne devine pas où vous voulez me mener, » dit le duc, regardant une carte du duché et de ses autres possessions, vers laquelle l'Anglais avait appelé son attention, puis tournant son grand œil perçant vers le visage du comte exilé.

« Je voulais dire, » répliqua celui-ci, « que, pour un prince aussi puissant que Votre Grâce, il n'y a de voisin sûr que la mer. Voici la Provence qui s'interpose entre la Méditerranée et vous ; la Provence avec ses beaux ports, avec ses champs de blé fertiles et ses vignobles. Ne serait-il pas bien de la comprendre dans la carte de vos États, et de toucher ainsi d'une main la mer intérieure, tandis que l'autre s'appuie aux côtes de Flandre ?

— La Provence, avez-vous dit ? » répliqua vivement le duc ; « la Provence ? mais ce sont mes rêves. Je ne puis flairer une orange qu'elle ne me rappelle ses bois parfumés, ses bouquets d'arbres, ses olives, ses citrons et ses grenades. Mais sur quoi baser des prétentions à ce royaume ? Ce serait odieux de troubler le pauvre bon vieux René, et cela ne conviendrait pas à un proche parent. De plus, il est l'oncle de Louis ; et, probablement, à défaut de sa fille Marguerite, et peut-être de préférence à elle, il a nommé le roi de France son héritier.

— Des prétentions mieux appuyées pourraient s'élever au profit de Votre Grâce, » dit le comte d'Oxford, « si vous voulez donner à Marguerite d'Anjou le secours qu'elle demande par ma bouche.

— Prenez l'aide que vous demandez, » répliqua le duc ; « prenez-en le double, hommes et argent ! Que j'aie un titre pour réclamer la Provence, fût-il aussi mince qu'un seul des cheveux de votre reine Marguerite, et fiez-vous à moi pour en faire un câble quadruple et tenace. Mais je suis un fou d'écouter les rêves d'un homme qui, ruiné lui-même, n'a pas à perdre grand'chose en entretenant chez les autres les espérances les plus extravagantes. »

La respiration de Charles devenait forte, et il changeait de couleur en parlant.

« Je ne suis pas l'homme que vous dites, seigneur duc, » répondit le comte. « Veuillez m'écouter. René est fatigué par les années, amoureux de repos, et trop pauvre pour maintenir son rang avec la dignité nécessaire; trop bon ou trop faible pour frapper ses sujets de nouveaux impôts; las de lutter avec la mauvaise fortune, et désireux de résigner ses États...

— Ses États? » dit Charles.

« Oui, tout ce qu'il possède de fait; et les domaines beaucoup plus étendus auxquels il a droit, mais qui ont échappé à son pouvoir.

— Vous me coupez la respiration, » dit le duc. « René résigner la Provence ! Et que dit Marguerite, la fière, l'énergique Marguerite ? Souscrira-t-elle à une pareille humiliation ?

— Pour la chance de voir Lancastre triompher en Angleterre, elle renoncerait non seulement aux droits de son père, mais à la vie. Le sacrifice est moindre, en réalité, qu'il ne le paraît. Il est certain qu'à la mort de René, le roi de France réclamera le comté de Provence comme fief mâle, et personne n'est assez fort pour appuyer les prétentions de Marguerite à cet héritage, quelque justes qu'elles puissent être.

— Elles sont justes, » dit Charles, « incontestables. Je ne souffrirai pas qu'on les nie ou qu'on les conteste... Je ne le souffrirai pas, du moins, lorsqu'elles seront établies en ma personne. C'est le vrai principe de la guerre du bien public, d'empêcher aucun grand fief de faire retour à la couronne de France, alors surtout qu'elle est posée sur une tête aussi astucieuse et aussi dépourvue de principes que celle de Louis. La Bourgogne unie à la Provence ! Aller de la mer du Nord à la Méditerranée ! Oxford, vous êtes mon bon ange !

— Votre Grâce réfléchira cependant, » dit Oxford, « qu'une provision honorable doit être assurée au roi René.

— Certainement, mon cher, certainement ; il aura une vingtaine de violonistes et de jongleurs pour lui jouer, lui chanter et lui réciter tout ce qu'il voudra depuis le matin jusqu'au soir. Il aura une cour de troubadours, qui ne feront rien que boire, flûter et violoner pour lui, et prononcer des arrêts d'amour, sauf appel à lui, le roi d'amour suprême, pour les confirmer ou les annuler. Et Marguerite recevra un appui honorable de la façon que vous indiquerez.

— Cela se réglera aisément, » dit le comte anglais. « Si nos tentatives sur l'Angleterre réussissent, Marguerite n'aura plus besoin de l'aide de la Bourgogne. Si elle échoue, elle se retire dans un cloître, et n'usera probablement pas bien longtemps des subsides spontanément fixés pour elle par la générosité de Votre Grâce.

— Le règlement se ferait sans peine, » répondit Charles, « ainsi que le veulent son honneur et le mien. Mais, par tout ce qu'il y a de plus sacré! Jean de Vere, l'abbesse dans le cloître de laquelle se retirera Marguerite d'Anjou, aura sous sa direction une pénitente difficile à gouverner. Je la connais; et je ne veux pas, seigneur comte, mêler des doutes à notre conversation : si une fois elle l'a résolu, elle forcera son père à résigner ses États à qui elle voudra. Elle est comme Gorgone, ma chienne braque, qui force tout lévrier qu'on couple avec elle, à aller partout où elle veut : elle l'étrangle s'il résiste. C'est comme cela que Marguerite a fait avec son candide mari, et je suis sûr que son père, un fou d'une autre espèce, se laissera manier de même. Je crois que, moi, j'en serais venu à bout; bien que le cou me fasse mal à la pensée des luttes que nous aurions eues à qui serait le maître. Mais voici que vous prenez l'air grave, parce que je plaisante sur le caractère opiniâtre de mon infortunée cousine.

— Monseigneur, » dit Oxford, « quels que soient ou aient pu être les défauts de ma maîtresse, elle est malheureuse, très malheureuse. Elle est ma souveraine, et la cousine de Votre Altesse.

— Assez là-dessus, seigneur comte, » répondit le duc. « Parlons sérieusement. Quoi que nous puissions penser de l'abdication du roi René, je crains qu'il ne soit difficile de faire envisager la chose à Louis XI aussi favorablement que nous la voyons. Il soutiendra que le comté de Provence est un fief mâle, et que ni l'abdication de René ni le consentement de sa fille ne peuvent l'empêcher de faire retour à la couronne de France, le roi de Sicile, comme on appelle René, n'ayant pas de descendance mâle.

— C'est une question que décidera la bataille, si tel est le bon plaisir de Votre Grâce; et Votre Altesse a bravé Louis avec succès pour un enjeu beaucoup moindre. Tout ce que je puis vous dire, c'est que, si le secours actif de Votre Grâce met le jeune duc de Richmond à même de réussir dans son entreprise, vous aurez l'aide de trois mille archers anglais, dût le vieux Jean d'Oxford, à défaut d'un meilleur chef, vous les amener lui-même.

— De nobles auxiliaires, » dit le duc, « rendus plus nobles encore par le nom de celui qui promet de les conduire. Votre secours,

Oxford, serait précieux pour moi, dussiez-vous venir seulement l'épée au côté et un page derrière vous. Je vous connais, cœur et tête. Mais revenons à notre affaire; les exilés, même les plus sages, ont le privilège des promesses, et quelquefois (excusez-moi, noble Oxford) s'en font accroire à eux-mêmes aussi bien qu'à leurs amis. Quelles espérances m'offrez-vous pour que je m'embarque encore sur un océan aussi troublé et aussi incertain que les guerres civiles de votre pays ? »

Le comte d'Oxford sortit un papier, et expliqua au duc le plan de son expédition, qu'appuierait une insurrection des amis de Lancastre. Qu'il suffise de dire que ce projet était hardi jusqu'à la témérité ; mais si bien conçu cependant, qu'il offrait, en ces temps de révolutions rapides, et sous un chef d'une habileté militaire et d'une sagacité politique aussi connues que celles d'Oxford, des chances de succès sérieuses et probables.

Tandis que le duc Charles méditait sur les détails d'une entreprise attrayante pour lui, et en rapport avec les dispositions naturelles de son esprit; tandis qu'il récapitulait les affronts reçus de son beau-frère Édouard IV, l'occasion qui se présentait d'en prendre une vengeance signalée, la riche acquisition de la Provence que lui assureraient René d'Anjou et sa fille, l'Anglais ne manqua pas de lui rappeler l'urgence qu'il y avait à ne pas laisser échapper l'occasion.

« L'accomplissement de ce projet, » dit-il, « demande la plus grande promptitude. Pour avoir chance de réussir, il faut que je sois en Angleterre, avec les forces auxiliaires de Votre Grâce, avant qu'Édouard d'York n'ait pu revenir de France avec son armée.

— Dès qu'il sera dans ce pays-là, » dit le duc, « notre digne frère ne sera pas pressé d'en sortir. Il y trouvera les yeux noirs des Françaises et les rubis du vin de France, et frère Blackburn n'est pas homme à quitter vite de tels agréments.

— Je vous dirai, seigneur duc, la vérité sur mon ennemi. Édouard est indolent et voluptueux lorsque tout va bien autour de lui ; mais qu'il sente l'éperon de la nécessité, et il devient aussi actif qu'un cheval maquignonné pour la vente. Louis aussi, qui ne manque guère de trouver les moyens d'en venir à ses fins, ne rêve qu'à déterminer le roi d'Angleterre à repasser la mer. Soyez donc rapide, noble prince. La rapidité est l'âme de votre entreprise.

— La rapidité ! » dit le duc de Bourgogne. « Oui vraiment, j'irai avec vous assister à l'embarquement ; et vous aurez des soldats de choix, comme on n'en trouve nulle part excepté dans l'Artois et le Hainaut.

— Pardonnez encore, noble duc, à l'impatience d'un homme qui se noie et demande assistance sur l'heure. Quand irons-nous à la côte de Flandre, prendre cette mesure importante ?

— Mais, dans une quinzaine, une semaine peut-être ; aussitôt, en un mot, que j'aurai châtié comme il convient certaine bande de brigands et de voleurs qui, surnageant toujours comme l'écume du chaudron, se sont emparés des hautes positions des Alpes, et inquiètent de là nos frontières par la contrebande, les pillages et les vols.

— Votre Altesse veut parler des confédérés suisses ?

— Oui, c'est le nom que se donnent tous ces grossiers paysans. Ce sont des espèces d'esclaves affranchis de la domination de l'Autriche ; comme un chien de garde qui a brisé sa chaîne, ils profitent de leur liberté pour inquiéter et mordre tout ce qui se trouve sur leur chemin.

— J'ai voyagé dans leur pays en venant d'Italie, » dit le comte exilé ; « et j'ai su que c'était l'intention des cantons d'envoyer des députés pour demander la paix à Votre Altesse.

— La paix ! » s'écria Charles. « Les procédés pacifiques de leur ambassade ont été étranges ! Profitant d'une mutinerie des bourgeois de Ferrette, la première ville de garnison où ils sont entrés, ils ont emporté les murs d'assaut, ont pris Archibald de Hagenbach, qui commandait en mon nom la citadelle, et l'ont mis à mort sur la place du marché. Une pareille insulte doit être punie, seigneur Jean de Vere ; et si vous ne me voyez pas au comble de la fureur comme cela le mérite bien, c'est que j'ai donné déjà l'ordre de pendre les mauvais drôles qui s'intitulent des ambassadeurs.

— Au nom de Dieu, noble duc, » dit l'Anglais, se jetant aux pieds de Charles, « par respect pour votre caractère et pour la paix de la chrétienté, révoquez un pareil ordre s'il a vraiment été donné !

— Que signifie cette exaltation ? » dit le duc Charles. « Que vous importe la vie de ces hommes, à moins que vous n'y voyiez comme conséquence une guerre qui retarderait de quelques jours notre expédition.

— Qui peut la faire avorter, » dit le comte, « ou plutôt qui produira nécessairement ce résultat. Écoutez-moi, seigneur duc. J'ai été avec ces hommes durant une partie de mon voyage.

— Vous ! » dit le duc, « vous, le compagnon de ces paysans ? Il faut que le malheur ait bien abaissé l'orgueil de la noblesse anglaise, pour que vous ayez choisi de pareils associés.

— J'ai été jeté parmi eux par un accident, » dit le comte. « Quelques-uns sont de sang noble, et animés, en outre, d'intentions pacifiques dont je me suis risqué à me constituer le garant.

— Sur ma parole, milord d'Oxford, vous leur avez fait beaucoup d'honneur, et à moi aussi, en vous interposant entre les Suisses et moi. Laisssez-moi vous dire que c'est une condescendance de ma part si je vous permets, par égard pour notre ancienne amitié, de me parler de vos affaires d'Angleterre. Vous pourriez, il me semble, m'épargner votre opinion sur des objets qui, par leur nature, ne vous concernent pas.

— Monseigneur de Bourgogne, » répliqua Oxford, « j'ai suivi votre bannière à Paris, et j'ai eu la bonne fortune de vous tirer du danger à la bataille de Montlhéry, cerné que vous étiez par les hommes d'armes français...

— Nous n'avons pas oublié cela, » dit le duc Charles ; « et la preuve que nous gardons souvenir de cette action, c'est que nous vous avons permis de rester devant nous si longtemps, plaidant la cause d'un ramassis de coquins, et nous requérant de leur épargner la potence qui les appelle à grands cris, sans autre raison que celle-ci qu'ils ont été compagnons de route du comte d'Oxford !

— Ce n'est pas pour cela, Monseigneur. Je demande leurs vies, uniquement parce qu'ils sont venus dans un but pacifique, et parce que leurs chefs, du moins, n'ont trempé en rien dans le crime dont vous vous plaignez. »

Le duc parcourut la pièce à pas inégaux, en proie à une vive agitation, ses larges sourcils tombant sur ses yeux, les mains fermées, les dents serrées. Prenant enfin sa résolution, il agita une sonnette d'argent placée sur sa table.

« Contay, » dit-il au gentilhomme de sa chambre qui entra, « ces montagnards sont-ils déjà exécutés?
— Pas encore, avec la permission de Votre Altesse; mais le bourreau les attend aussitôt que le prêtre les aura confessés.
— Qu'on les laisse vivre, » dit le duc. « Nous verrons demain comment ils prétendent justifier leurs procédés envers nous. »

Contay salua et quitta la pièce; puis se tournant vers l'Anglais, le duc, avec un mélange indescriptible de hauteur, de familiarité, et même de douceur, mais le front plus clair et le regard calme, prononça ces mots : « Nous sommes quittes, milord d'Oxford; vous avez obtenu vie pour vie; et même, pour compenser l'inégalité qu'il y a peut-être dans la valeur des choses accordées, vous avez obtenu six vies au lieu d'une. Je ne ferai donc plus maintenant attention à vous, dussiez-vous me reprocher encore la chute de mon cheval à Montlhéry ou vos actions d'éclat en cette occasion. Beaucoup de princes se contentent de haïr en secret les hommes qui leur ont rendu des services exceptionnels ; je ne suis pas fait de la sorte; je déteste seulement qu'on me rappelle que j'en ai eu besoin. J'étouffe à moitié, morbleu ! de l'effort que j'ai fait en renonçant à ma résolution. Holà, quelqu'un ! Qu'on m'apporte à boire. »

Un huissier entra, portant un grand vase d'argent, rempli, au lieu de vin, d'une tisane légèrement parfumée d'herbes aromatiques.

« Je suis si chaud et si irritable de ma nature, » dit le duc, « que les médecins me défendent de boire du vin. Mais vous, Oxford, vous n'êtes pas astreint au même régime. Allez chez votre compatriote Colvin, le maître général de notre artillerie. Nous vous confions à sa garde et à son hospitalité jusques à demain : ce sera un jour occupé, car je m'attends à recevoir la réponse de ces habiles gens de l'assemblée des États de Dijon ; et j'ai aussi à entendre, grâce à Votre Seigneurie, ces misérables envoyés suisses, puisqu'ils s'appellent ainsi. N'en parlons plus. Bonne nuit. Vous pouvez causer librement avec Colvin ; il est, comme vous, vieux Lancastrien. Mais, entendez-le bien, pas un mot de la Provence, même en dormant. Contay, conduisez ce gentilhomme anglais à la tente de Colvin. Colvin est instruit de mes volontés à son sujet.

— Sauf le bon plaisir de Votre Grâce, » répondit Contay, « j'ai laissé le fils de ce gentilhomme anglais avec monsieur de Colvin.

— Votre fils, Oxford ? Il est avec vous ? Pourquoi ne m'en point parler ? c'est un vrai rejeton de l'ancien arbre ?

— J'ai l'orgueil de le croire, Monseigneur. Il a été le compagnon fidèle de mes voyages et de mes dangers.

— Homme heureux ! » dit le duc avec un soupir. « Vous, Oxford, vous avez un fils pour partager votre pauvreté et vos malheurs. Je n'en ai pas pour partager ma grandeur et me succéder.

— Vous avez une fille, Monseigneur, » dit le noble de Vere, « destinée sans doute à épouser quelque puissant prince, qui sera le soutien de la maison de Votre Altesse.

— Jamais ! Jamais, par saint Georges ! » répondit le duc, d'un ton bref et mécontent. « Je n'aurai pas de gendre, qui fasse du lit de la fille un marchepied pour atteindre la couronne du père. Oxford, j'ai parlé plus librement que je n'en ai l'habitude, plus librement que je n'aurais dû le faire peut-être. Mais il est certains hommes que je tiens dignes de confiance, et sir Jean de Vere est un de ceux-là. »

Le noble Anglais salua, et allait sortir, lorsque le duc le rappela.

« Un mot encore, Oxford. La cession de la Provence, ce n'est pas tout à fait assez. Il faut que René et Marguerite désavouent cette tête chaude, Ferrand de Vaudemont, qui se permet en Lorraine, du chef de sa mère Yolande, des tentatives insensées.

— Monseigneur, » dit Oxford, « Ferrand est le petit-fils du roi René, le neveu de la reine Marguerite ; cependant...

— Cependant, par saint Georges ! ses droits sur la Lorraine, comme il les appelle, doivent être formellement désavoués. Vous me parlez de leurs sentiments de famille, alors que vous me pressez de faire la guerre à mon beau-frère !

— La meilleure excuse de René pour abandonner son petit-fils, sera, » répondit Oxford, « son impuissance complète pour le soutenir et l'assister. Je communiquerai la condition de Votre Grâce, quelque dure qu'elle soit. »

Parlant ainsi, il quitta le pavillon.

CHAPITRE XXVI.

> Je dois remercier, Sire, très humblement
> Votre royal plaisir, qui m'offre en ce moment
> De me vanner à fond une occasion rare,
> Afin que du bon grain ma paille se sépare.
> SHAKSPEARE, *Henri VIII*, acte V, sc. 1re.

A tente désignée pour le logement d'Oxford appartenait à Colvin, l'officier anglais auquel le duc de Bourgogne avait confié, avec un traitement magnifique, la direction de son artillerie. Colvin reçut le comte avec les égards dus à son rang et aux ordres spéciaux que le duc avait donnés. Il avait été partisan lui-même de la faction de Lancastre; il était en conséquence, tout disposé en faveur d'un homme de distinction connu de lui personnellement, et toujours resté fidèle à la famille de Lancastre au milieu des infortunes diverses qui semblaient l'avoir écrasée. Un repas, dont son fils avait déjà pris sa part, fut offert au comte par Colvin, et le maître général de l'artillerie n'oublia pas de recommander, par ses préceptes et par son exemple, ce bon vin de Bourgogne, dont le souverain de la province était obligé de s'abstenir.

« Sa Grâce montre par là, » dit Colvin, « combien elle sait se dominer. Car à dire vrai, et causant comme on peut le faire entre amis, son tempérament devient trop impétueux pour supporter le stimulant que donne au sang une boisson cordiale, et il se réduit sagement aux liquides faits pour refroidir plutôt que pour enflammer le feu naturel de ses dispositions.

— J'ai pu m'en apercevoir, » dit le noble partisan des Lancastres. « Lorsque j'ai connu pour la première fois le noble duc, alors comte de Charolais, son caractère, quoique déjà suffisamment fougueux, était calme auprès de l'impétuosité qu'il montre à présent à la moindre contradiction. Tel est le résultat d'une suite ininterrompue de prospérités. Par sa valeur, et grâce aux circonstances, de la condition mal définie de prince feudataire et tributaire, il est monté au rang des plus puissants monarques de l'Europe, et à une souveraineté indépendante. Mais les nobles élans de générosité qui compensent ses caprices et ses défauts de tempérament, ne sont pas, je le pense, plus rares qu'autrefois.

— Je puis l'affirmer à bon droit, » répliqua le soldat de fortune, entendant la générosité dans le sens restreint de libéralités pécuniaires. « Le duc est un noble maître, et dont les mains s'ouvrent largement.

— Il est juste que ses présents tombent sur des hommes aussi fidèles que vous, Colvin, et aussi appliqués au devoir. Mais je vois du changement dans votre armée. Je connais les bannières de la plupart des vieilles maisons de Bourgogne. Comment se fait-il que j'en voie si peu dans le camp du duc? J'aperçois des étendards et des pennons de diverses sortes ; même pour moi, qui cependant ai fréquenté durant tant d'années la noblesse de France et de Flandre, leurs armoiries sont inconnues.

— Milord d'Oxford, » répondit l'officier, « il convient mal à un homme qui vit à la solde du duc de blâmer la conduite de son maître; mais Son Altesse s'est, depuis quelque temps, confiée beaucoup trop, à mon avis, aux armes mercenaires de l'étranger, et trop peu à ses sujets et partisans de naissance. Il aime mieux prendre à sa solde de grosses bandes de soldats allemands et italiens, que mettre sa confiance dans les chevaliers et les écuyers qu'attachent à lui l'allégeance et la foi féodale. Il n'emploie l'aide de ses sujets, que comme un moyen de se procurer des sommes d'argent qu'il donne à ses troupes louées. Les Allemands sont des drôles assez honnêtes tant qu'on les paie régulièrement; mais le ciel me préserve des bandes italiennes du duc, et de ce Campo-Basso, leur chef, qui n'attend que les deniers du plus offrant pour vendre Son Altesse comme on vendrait un mouton à un boucher.

— Avez-vous de lui une si mauvaise opinion ? » demanda le comte.

« Mauvaise à ce point, » répliqua Colvin, « qu'il n'est trahison de la pensée ou de la main qu'il ne puisse concevoir ou exécuter. Il est pénible, Milord, pour un honnête Anglais comme moi, de servir dans une armée où de pareils traîtres ont un commandement. Mais que faire, à moins que je ne retrouve un jour, dans mon pays natal, les occupations d'un soldat ? J'ai souvent l'espoir qu'il plaira au ciel de réveiller, dans mon Angleterre bien-aimée, ces guerres civiles patriotiques, où l'on se battait loyalement, sans entendre parler de trahison. »

Lord Oxford donna à entendre à son hôte que ce pieux désir de vivre et de mourir dans son pays, et dans la pratique de sa profession, pourrait encore être exaucé. Il lui demanda aussi de lui procurer le lendemain matin, de bonne heure, un passeport et une escorte pour son fils, qu'il était obligé d'envoyer de suite à Aix, résidence du roi René.

« Quoi ! » dit Colvin; « le jeune lord d'Oxford va-t-il prendre un degré à la cour d'amour? car on n'entend parler dans la capitale du roi René, que d'amour et de poésie.

— Je n'ambitionne pas pour lui, mon cher hôte, » répondit Oxford, « une distinction pareille. Mais la reine Marguerite est avec son père, et il convient que le jeune homme aille lui baiser la main.

— Il suffit, » dit le vétéran des Lancastres. « Quoique l'hiver approche à grands pas, la Rose Rouge pourrait fleurir au printemps. »

Il conduisit alors le comte d'Oxford au compartiment de la tente que celui-ci devait occuper, et où il y avait également un lit pour Arthur. Leur hôte (c'est un nom que nous pouvons bien donner à Colvin) leur promit qu'à la pointe du jour, des chevaux et une escorte sûre seraient prêts pour accompagner le jeune homme dans son voyage.

« Il va falloir, Arthur, » dit le père, « nous séparer une fois encore. Je n'ose, en ce pays si plein de dangers, vous donner des dépêches écrites pour ma maîtresse, la reine Marguerite ; dites-lui que j'ai trouvé le duc de Bourgogne préoccupé avant tout de son intérêt personnel, mais ne répugnant pas à le combiner avec celui de la reine. Dites-lui que je doute peu qu'il ne nous accorde l'aide demandée, à la condition d'avoir, en sa faveur, l'abdication du roi René et de sa fille. Dites encore que, pour la chance douteuse de renverser la maison d'York, je n'aurais pas conseillé un tel sacrifice, si je n'étais certain que la France et la Bourgogne ont, comme des vautours, l'œil fixé sur la Provence, et que les princes de l'un ou de l'autre pays, ou peut-être les deux, sont prêts, dès que le roi son père viendra à manquer, à fondre sur les possessions qu'ils ne lui ont laissées qu'à regret durant sa vie. Un arrangement avec la Bourgogne peut donc amener la coopération active de celle-ci à la tentative sur l'Angleterre ; et si, au contraire, les hautes pensées de notre princesse ne se prêtaient pas à ce que demande le duc, la justice de la cause soutenue par elle n'ajouterait aucune solidité à ses prétentions héréditaires sur les États de son père. Demandez donc à la reine Marguerite, à moins qu'elle n'ait changé d'intention, d'obtenir du roi René un acte formel de cession, transportant ses États au duc de Bourgogne, avec le consentement de sa royale fille. Les provisions nécessaires pour le roi ou pour sa fille seront remplies selon le bon plaisir de Sa Grâce, ou laissées en blanc. Je me fie à la générosité du duc pour les régler convenablement. Tout ce que je crains, c'est que Charles ne se laisse entraîner...

— En quelque exploit ridicule, nécessaire à son honneur et à la sûreté de ses États, » répondit une voix derrière la toile de la tente ; « et ne s'occupe par là de ses affaires plus que des nôtres. Ha, seigneur comte ! »

Au même instant, le rideau fut tiré, et une personne entra. Bien qu'elle fût habillée de la jaquette et du bonnet d'un soldat de la garde wallonne, Oxford reconnut de suite les traits durs du duc de Bourgogne, et son œil fier étincelant sous la fourrure et la plume dont la coiffure était ornée.

Arthur, qui ne connaissait pas le prince, tressaillit, et mit la main à son poignard; mais, d'un signe, son père l'arrêta, et le jeune homme vit avec étonnement le respect du comte pour ce soldat indiscret. Le premier mot lui en révéla la cause.

« Si ce déguisement a pour objet de mettre ma foi à l'épreuve, permettez-moi de vous dire, noble duc, qu'il est superflu.

— Non, Oxford, » répondit le duc; « j'ai été le plus courtois de tous les espions, car j'ai cessé d'écouter aux portes au moment même où j'ai dû penser que vous diriez une chose qui me mettrait en colère.

— Sur ma loyauté de chevalier, seigneur duc, si vous étiez resté derrière la tapisserie, vous auriez entendu, sous une forme plus rude peut-être, les mêmes vérités que je suis prêt à dire en présence de Votre Grâce.

— Dites-les sous la forme que vous voudrez ; ceux-là mentent par la gorge, qui disent que Charles de Bourgogne se soit jamais offensé d'un avis donné par un ami dont les intentions sont bonnes.

— J'aurais dit, » répliqua le comte anglais, « que tout ce que Marguerite d'Anjou avait à craindre, c'était que le duc de Bourgogne, au moment où il bouclerait son armure pour faire la conquête de la Provence, et pour offrir aux droits de la reine son puissant concours en Angleterre, ne s'écartât de ces hautes pensées par un désir vif et imprudent de se venger des prétendus affronts dont il se plaint de la part des confédérés des Alpes ; il est impossible, avec eux, d'espérer un avantage important ou d'acquérir de la gloire, tandis que l'on risque, au contraire, d'y perdre l'un et l'autre. Ces hommes habitent des rochers et des déserts presque inaccessibles, et vivent d'une vie si rude que les plus pauvres de vos sujets se croiraient perdus s'ils étaient soumis à un tel régime. La nature les a faits pour être les gardiens des montagnes où elle les a placés. Au nom du ciel, ne vous occupez pas d'eux, mais suivez des buts plus nobles et plus importants, sans toucher à un nid de guêpes, qui, une fois mises en mouvement, peuvent vous piquer à vous rendre fou. »

Le duc avait promis d'être patient, et tâcha de tenir parole ; mais les muscles enflés de son visage, et les éclairs que lançaient ses yeux, montraient combien il avait de peine à retenir sa colère.

« Vous êtes mal renseigné, Milord, » dit-il ; « ces hommes ne sont pas les bergers et les paysans inoffensifs qu'il vous plaît de voir en eux. S'il en était ainsi, je consentirais à les mépriser. Mais enflés de quelques victoires sur l'indolence des Autrichiens, ils ont secoué tout res-

pect de l'autorité, prennent des airs d'indépendance, forment des ligues, font des invasions, emportent des villes d'assaut, jugent et exécutent, à leur bon plaisir, des hommes de naissance noble. Vous restez là tout étonné, sans avoir l'air de me comprendre. Pour secouer votre sang d'Anglais, et vous faire partager mes sentiments sur ces montagnards, sachez que les Suisses sont, pour la partie de mes États qui les avoisine, de véritables Écossais : pauvres, fiers, sauvages ; s'offensant aisément, parce qu'ils voient un gain dans la guerre ; difficiles à apaiser, parce qu'ils nourrissent une vengeance profonde ; toujours prêts à saisir le moment avantageux, et à attaquer un voisin engagé dans d'autres affaires. Ces ennemis toujours agités, perfides, acharnés, ce que les Écossais sont pour l'Angleterre, les Suisses le sont pour la Bourgogne et pour mes alliés. Qu'aurez-vous à objecter? Puis-je entreprendre quelque chose d'important avant d'avoir écrasé l'orgueil d'un pareil peuple? Ce sera l'affaire de peu de jours. Mon gantelet d'acier saisira pointes et corps, le hérisson de montagne.

— Votre Grâce, alors, » répliqua le noble déguisé, « fera avec eux une besogne plus prompte que nos rois d'Angleterre avec l'Écosse. Les guerres y ont duré si longtemps, et y ont été si sanglantes, que des hommes sages regrettent que nous les ayons commencées.

— Je ne déshonorerai pas les Écossais, » dit le duc, « en les comparant à tous égards à ces rustres des cantons. Les Écossais ont chez eux du sang, et une classe moyenne qui vaut quelque chose ; on en a vu des exemples. Ces Suisses ne sont qu'une engeance de paysans, et le peu de gentilshommes de race qu'ils se vantent de posséder est obligé de cacher sa distinction d'origine sous le vêtement et les mœurs de grossiers manants. Ils ne tiendront guère, je pense, contre une charge de nos cavaliers du Hainaut.

— Si vos cavaliers trouvent où faire courir leurs chevaux. Mais...

— Pour faire taire vos scrupules, » dit le duc, l'interrompant, « sachez que ce peuple encourage de son appui la formation dans mes États des conspirations les plus dangereuses. Tenez, je vous ai dit que mon officier, le seigneur Archibald de Hagenbach, a été massacré, lors de la prise de Brisach, par ces Suisses inoffensifs que vous aimez tant. Voici un parchemin qui m'annonce que mon serviteur a été mis à mort par jugement de la Vehme, une bande d'assassins mystérieux, auxquels je ne permettrai de se réunir en aucune partie de mes États. Si je trouvais sur la terre ceux qui se cachent dessous, oh! comme ils apprendraient ce que vaut la vie d'un gentilhomme! Voyez l'insolence de ces drôles. »

Le parchemin portait, avec jour et date, que justice avait été faite sur Archibald de Hagenbach, pour tyrannie, violence et oppression, par ordre de la sainte Vehme, et que la sentence avait été exécutée par ses officiers en exercice, responsables pour ce fait envers leur tribunal seul. C'était contre-signé à l'encre rouge, avec les emblèmes de la société secrète, une corde rouée et un poignard nu.

« J'ai trouvé ce papier piqué avec un couteau à ma table de toilette, » dit le duc ; « autre invention pour ajouter un mystère à leurs jongleries d'assassins. »

La pensée de son aventure dans la maison de Jean Mengs, et des réflexions sur l'étendue et l'ubiquité de ces associations secrètes, frappèrent l'intrépide Anglais lui-même d'un frissonnement involontaire.

« Au nom de tous les saints du ciel, » dit-il, « gardez-vous, seigneur duc, de parler de ces sociétés formidables, dont les créatures nous enveloppent de tous côtés. Nul n'est sûr de sa vie, si gardée qu'elle soit, lorsqu'elle est menacée par un homme qui fait bon marché de la sienne. Vous êtes entouré d'Allemands, d'Italiens, d'autres étrangers. Combien, parmi eux, peuvent être esclaves de ces liens secrets qui, arrachant les hommes à toute autre obligation sociale, les unissent entre eux par un pacte caché duquel on ne se dégage pas ? Songez, noble prince, à la situation de votre trône, bien qu'il laisse voir encore toutes les splendeurs du pouvoir, et tous les fondements solides du plus auguste édifice. Moi, l'ami de votre maison, fussé-je au dernier souffle de mon existence, je dois vous le dire : les Suisses sont suspendus au-dessus de votre tête comme une avalanche, les associations secrètes travaillent en dessous, comme les avant-coureurs du tremblement de terre qui se prépare. Ne provoquez pas la lutte, et la neige ne se détachera pas du flanc de la montagne, et l'agitation des vapeurs souterraines s'assoupira. Mais un seul mot de défi, un seul éclair d'indignation et de mépris, peut transformer leurs terreurs en une action soudaine.

— Vous parlez, » dit le duc, « d'un ramassis de rustres à moitié nus, et d'une bande de rôdeurs nocturnes, avec plus de frayeur que je ne vous en ai vu montrer devant un danger réel. Je ne veux pas, cependant, négliger votre conseil. J'entendrai patiemment les envoyés suisses, et je ne témoignerai pas, si je puis, mon mépris pour leur prétention de traiter comme États indépendants. Sur les associations secrètes je me tairai, jusqu'à ce que le temps me donne les moyens d'agir d'accord avec l'empereur, la diète, et les princes de l'Empire, pour chasser tous à la fois ces êtres-là de leurs terriers. Ai-je bien dit, seigneur comte ?

— C'est bien pensé, seigneur duc, mais parlerez-vous de même ? En la position où vous êtes, une seule parole, ouïe par un traître, peut produire la mort ou la ruine.

— Je n'ai pas de traîtres autour de moi, » dit Charles. « Si je croyais qu'il y en eût dans mon camp, plutôt mourir de leur main que vivre en des terreurs et des soupçons perpétuels.

— D'anciens serviteurs de Votre Altesse parlent défavorablement, » dit le lord anglais, « du comte de Campo-Basso, placé si haut dans votre confiance.

— Oui, » répliqua le duc avec calme ; « il est aisé de décréditer, dans une cour, le serviteur le plus fidèle, par la haine unanime de tous les autres. Je gage que votre compatriote, cette tête de bœuf de Colvin, se sera, comme le reste, donné carrière contre le comte ; car, en quelque partie du service que ce soit, Campo-Basso n'aperçoit rien d'irrégulier ou d'insuffisant, qu'il ne m'en avertisse, sans craindre ni ménager personne. Ses opinions sont jetées d'ailleurs à ce point dans le même moule que les miennes, que j'ai peine à l'amener à s'expliquer sur ce qu'il comprend le mieux, dès que sa façon de penser diffère en quoi que ce soit de mes sentiments. Ajoutez à cela de la noblesse, de la grâce, de la gaieté, de l'habileté aux exercices de la guerre comme à ceux que l'on pratique dans les cours en temps de paix : tel est Campo-Basso. N'est-ce pas un diamant pour le cabinet d'un prince ?

— C'est parfait pour un favori, » répondit le comte d'Oxford ; « mais moins précieux pour un fidèle conseiller.

— Faut-il vous dire, méfiant personnage, » répliqua le duc, « le véritable secret à l'endroit de Campo-Basso ? Sera-ce le seul moyen de triompher de ces soupçons imaginaires, où votre nouveau métier de marchand ambulant vous engage avec tant d'obstination ?

— Si Votre Altesse m'honore de sa confiance, » dit le comte d'Oxford, « je n'ai qu'une chose à dire, c'est que ma fidélité m'en rendra digne.

— Sachez donc, malveillant mortel, que mon bon ami et frère Louis de France m'a donné avis, par un intermédiaire qui n'est rien moins qu'Olivier le Diable, son fameux barbier, que Campo-Basso avait offert, pour une certaine somme, de me mettre entre ses mains, mort ou vif. Vous tressaillez!

— Sans doute; songeant à l'habitude de Votre Altesse d'aller à cheval, légèrement armé, et avec une très faible escorte, reconnaître le terrain et visiter les avant-postes; et combien il serait aisé, par suite, de mettre une pareille trahison à exécution.

— Bah! » répondit le duc. « Vous voyez là un danger réel? Rien n'est plus certain que ceci : si jamais mon cousin de France avait reçu une pareille offre, il aurait été le dernier à me prémunir contre ce péril. Non : il sait le prix que j'attache aux services de Campo-Basso, et c'est pour m'en priver qu'il a forgé cette accusation.

— Cependant, Monseigneur, » répliqua le comte anglais, « Votre Altesse, si elle veut m'en croire, n'ôtera pas trop facilement son armure à l'épreuve, et ne montera pas à cheval sans l'escorte d'une vingtaine de ses fidèles Wallons.

— Fi, mon cher! entre l'acier qui reluit et le soleil qui rayonne, vous voudriez faire un vrai charbon d'un pauvre fiévreux comme moi. Je prendrai mes précautions, quoique je plaisante. Et vous, jeune homme, vous pouvez assurer ma cousine, Marguerite d'Anjou, que je considérerai ses affaires comme les miennes. Souvenez-vous que le secret d'un prince est un don fatal si celui auquel il est confié le laisse briller au dehors; mais gardé comme un trésor, il enrichit celui qui le porte. Vous aurez sujet de le dire si vous pouvez revenir d'Aix avec l'acte d'abdication dont votre père a parlé. Bonne nuit donc! bonne nuit! »

Et il sortit.

« Vous avez vu, » dit le comte d'Oxford à son fils, « une esquisse de ce prince extraordinaire, tracée par son propre crayon. Il est aisé d'exciter son ambition ou sa soif de pouvoir, presque impossible de le renfermer dans la mesure qui donnerait satisfaction à son désir. Il est comme le jeune archer, détourné du but par une hirondelle qui passe, et négligeant sa besogne au moment de lâcher la corde. Tantôt soupçonneux sans raison, de la manière la plus blessante ; tantôt prodigue de sa confiance sans réserve aucune ; hier tourné contre les Lancastres et l'allié de leur mortel ennemi ; maintenant leur dernier appui et leur unique espérance. Dieu veuille mener tout à bien ! C'est triste de regarder le jeu, et de voir comment on pourrait gagner, lorsque le caprice des autres nous interdit de jouer comme nous voudrions le faire. Que de choses dépendent de la décision que le duc Charles prendra demain matin, et combien peu j'ai le pouvoir de l'influencer soit à son profit soit au nôtre ! Bonne nuit, mon fils ; et confions les événements à Celui qui seul peut les gouverner. »

CHAPITRE XXVII.

> Mon sang n'a pas bouilli de ces indignités ;
> Calmes et froids toujours mes esprits sont restés ;
> Et me voyant ainsi, Milords, votre insolence
> Sous ses pieds a voulu fouler ma patience.
>
> SHAKSPEARE. *Henri IV*, 1re partie, acte 1, sc. 3.

'AUBE du jour éveilla le comte d'Oxford et son fils. A peine sa lumière avait-elle paru vers l'orient, que leur hôte Colvin entra avec un domestique; ce dernier portait des paquets : il les déposa sur le sol de la tente, et se retira. Le chef de l'artillerie fit savoir alors qu'il venait avec un message du duc de Bourgogne.

« Son Altesse, » dit-il, « envoie à mon jeune maître d'Oxford quatre gardes robustes, avec des lettres de créance, et une bourse d'or bien garnie pour pourvoir à ses dépenses à Aix, aussi longtemps que ses affaires l'y retiendront. Il y a aussi une lettre pour le roi René afin d'assurer bonne réception, et deux vêtements de cour pour permettre au jeune Anglais d'assister aux solennités et aux fêtes de la Provence, et pour être en même temps un témoignage du grand intérêt que le duc lui porte. Quant aux affaires qu'il aurait à traiter à Aix, Son Altesse lui recommande de les conduire avec prudence et discrétion. Son Altesse a envoyé aussi une couple de chevaux pour l'usage du jeune gentilhomme, un genet d'Espagne pour la route, et un vigoureux cheval de Flandre, au cas où il en serait besoin. Il conviendra que mon jeune maître change de vêtement, et en prenne un plus en rapport avec son rang. Les hommes qui l'accompagnent connaissent la route, et ont le pouvoir, s'il est nécessaire, de requérir, au nom du duc, l'assistance de tous fidèles Bourguignons. Il me reste à ajouter que, plus tôt le jeune gentilhomme partira, mieux cela vaudra pour le succès de son voyage.

— Je monte à cheval, » dit Arthur, » dès que j'aurai changé d'habit.

— Et moi, » dit le père à son tour, « je n'aurais garde de le retarder dans le service qu'on lui confie. Dieu soit avec vous ! nous n'avons tous deux rien autre chose à nous dire. Quand et où nous reverrons-nous ? nul ne le sait.

— Cela dépendra, » dit Colvin, « des mouvements du duc, qui ne sont pas encore réglés ; Son Altesse compte que vous resterez avec lui, mon noble lord, jusqu'à plus complète décision des affaires dont vous êtes venu traiter. J'ai quelque chose à dire en particulier à Votre Seigneurie, lorsque votre fils sera parti. »

Pendant que Colvin parlait ainsi, Arthur, à demi habillé au moment où le chef de l'artillerie était entré dans la tente, s'était retiré dans un coin obscur, pour y changer son habit de marchand contre un vêtement de cheval, tel qu'en devait porter un gentilhomme de la cour du duc de Bourgogne. Ce ne fut pas sans un sentiment de plaisir que le jeune homme reprit un costume approprié à sa naissance, et que nul mieux que lui ne pouvait porter. Mais ce fut sous une impression beaucoup plus profonde qu'il glissa secrètement autour de son cou, et cacha sous son riche pourpoint, une chaîne d'or légère, curieusement façonnée à la moresque. C'était le contenu du petit paquet que, pour correspondre aux sentiments d'Arthur et peut-être aux siens propres, Anne de Geierstein lui avait mis dans la main en le quittant. Les deux extrémités de la chaîne étaient réunies par une petite plaque d'or, sur laquelle un poinçon, ou la pointe d'un couteau, avait tracé d'un côté, en caractères fins mais lisibles, ces mots : *Adieu pour toujours!* Sur le revers, et moins nettement marqué, on lisait . *Souvenez-vous!* A. de G.

Tous les lecteurs de ce récit sont, ont été, ou seront des amoureux ; pas un seul donc qui ne comprenne pourquoi cet objet fut soigneusement suspendu au cou d'Arthur, de façon à faire reposer l'inscription sur la région même du cœur, sans que rien s'interposât pour empêcher le gage de s'agiter sous les impulsions d'un organe aussi actif.

Quelques minutes suffirent pour le reste de la toilette. Après quoi le jeune homme, s'agenouillant devant son père, lui demanda sa bénédiction, et les commissions qu'il aurait encore à lui donner pour la ville d'Aix.

Oxford le bénit sans pouvoir parler ; puis, reprenant sa fermeté, lui dit qu'il l'avait instruit déjà de tout le nécessaire pour le succès de sa mission.

« Quand vous pourrez m'apporter les actes dont on a besoin, » dit-il à voix basse, « vous me trouverez auprès du duc de Bourgogne. »

Ils sortirent silencieusement, et trouvèrent devant la tente les quatre Bourguignons, grands et solides, en selle, et tenant en main deux chevaux, l'un en harnois de guerre, l'autre un genet ardent pour les besoins du voyage. Un des hommes conduisait un cheval de somme, sur lequel Arthur trouverait, comme l'expliqua Colvin, le vêtement de rechange nécessaire lorsqu'il arriverait à Aix. Colvin, en même temps, lui remettait une bourse d'or puissamment garnie.

« On peut se fier à Thibaut, » ajouta-t-il en montrant le plus âgé des quatre soldats ; « je suis garant de son intelligence et de sa fidélité. Les trois autres sont des hommes de choix, ne craignant pas pour leur peau. »

Arthur sauta en selle avec l'impression de plaisir naturelle à un jeune cavalier qui, depuis bien des mois, n'avait pas senti sous lui un cheval de race. Le genet se cabra d'impatience. Ferme sur sa selle comme s'il avait fait partie de l'animal, Arthur se borna à dire : « Avant que nous n'ayons fait longue connaissance, ton ardeur, mon beau rouan, se calmera un peu.

— Un mot encore, mon fils. » Arthur s'inclina sur sa selle. « Si vous recevez une lettre de moi, » murmura Oxford, « ne vous flattez pas d'en connaître le contenu, que vous n'ayez mis le papier en face d'un grand feu. »

Arthur salua, et fit signe au plus âgé des gardes de se mettre en marche. Tous, rendant la main à leurs coursiers, traversèrent le camp à une bonne allure, le jeune homme envoyant un signe d'adieu à son père et à Colvin.

Le comte était là comme dans un rêve, suivant son fils des yeux. Il en fut tiré par la voix de Colvin. « Je ne m'étonne point, Milord, de vous voir inquiet pour votre fils ; c'est un brave jeune homme, bien digne de l'affection d'un père, et les temps où nous vivons sont traîtres et sanglants à la fois.

— Dieu et la sainte Vierge m'en soient témoins, » dit le comte ; « si je suis affligé, ce n'est pas seulement pour ma maison ; si je suis inquiet, ce n'est pas seulement pour mon fils ; mais il est dur de risquer son dernier enjeu dans une cause aussi périlleuse. Quels ordres m'apportez-vous de la part du duc?

— Sa Grâce, » dit Colvin, « montera à cheval après avoir déjeuné. Elle vous envoie des vêtements qui, bien qu'au-dessous de votre qualité, en approcheront plus que ceux que vous portez maintenant ; le duc désire que, tout en conservant votre incognito de marchand anglais d'importance, vous vous joigniez à sa cavalcade jusqu'à Dijon, où il doit recevoir la réponse des États de Bourgogne sur les matières soumises à leur examen, et donner audience publique aux députés de la Suisse. Son Altesse m'a confié le soin de vous trouver une place convenable durant les cérémonies du jour, auxquelles il pense que vous serez bien aise d'assister comme étranger. Probablement qu'il vous aura dit tout cela lui-même, car je crois que, la nuit dernière, il vous est venu voir déguisé. Faites l'étonné tant que vous voudrez ; le duc joue ce tour-là trop souvent pour que ce soit un secret ; les palefreniers même le reconnaissent lorsqu'il passe parmi les tentes des soldats, et les cantinières l'appellent *l'espion espionné*. Si Henri Colvin était seul à savoir la chose, ses lèvres ne la laisseraient pas échapper. Mais c'est pratiqué trop ouvertement, et trop connu de tout le monde. Or çà, noble comte, quoique je doive contraindre ma langue à oublier cette expression, voulez-vous venir déjeuner ? »

Le repas, selon l'usage du temps, était copieux et solide : un officier favori de l'illustre duc de Bourgogne ne manquait pas, on peut le croire, des moyens de fournir l'hospitalité voulue à un hôte digne

d'un si grand respect. Avant que le déjeuner ne fût fini, une bruyante sonnerie de trompettes annonça que le duc, avec sa suite et son escorte, allait monter à cheval. Philipson, comme on l'appelait encore, se vit offrir au nom du duc, un magnifique cheval de bataille, et se mêla avec son hôte à l'assemblée brillante qui commençait à se former devant le pavillon ducal. Au bout de quelques minutes, le prince parut en personne, dans le vêtement superbe de l'ordre de la Toison d'Or, dont Philippe, son père, avait été le fondateur, et dont Charles était lui-même le patron et le grand maître. Plusieurs de ses courtisans étaient vêtus aussi magnifiquement que lui, et, avec leur suite de gentilshommes et de serviteurs, déployaient une richesse et une splendeur faites pour justifier cette opinion communément répandue, que le duc de Bourgogne tenait la cour la plus éblouissante de la chrétienté. Les officiers de sa maison étaient à leur poste, avec les hérauts et les poursuivants : la richesse grotesque des vêtements de ces derniers produisait un effet singulier au milieu du haut clergé en aube et en dalmatique, et des chevaliers et des vassaux de la couronne revêtus de leurs armures. Parmi ces derniers, diversement équipés selon la nature de leur service, chevauchait Oxford, sous un habit pacifique, pas assez modeste pour être déplacé au milieu de ces splendeurs, pas assez riche pour attirer sur lui une attention particulière. Il était à côté de Colvin, sa personne grande et musclée, ses traits fortement marqués, faisant contraste avec la figure laide et vulgaire et le corps épais du soldat de fortune, beaucoup moins distingué que son compagnon.

La marche de cette cavalcade solennelle était fermée par un corps de deux cents arquebusiers d'élite, genre de troupe connu depuis peu, et par le même nombre d'hommes d'armes à cheval. C'est ainsi que le duc et sa suite, quittant les barrières du camp, se dirigèrent vers Dijon, capitale, en ce temps-là, de toute la Bourgogne.

Dijon était fortement protégé par des murs et des fossés, ces derniers remplis à l'aide d'une petite rivière nommée la Dousche, combinant ses eaux, à cette fin, avec un torrent appelé le Suson. Quatre portes, avec barbacanes, ouvrages extérieurs et pont-levis, correspondaient presque aux quatre points cardinaux, et donnaient accès dans la ville. Le nombre des tours dont ses murs étaient flanqués, et qui défendaient les différents angles, était de trente-trois; les murs eux-mêmes, dont la hauteur, en beaucoup d'endroits, dépassait trente pieds, étaient d'une grande épaisseur, et bâtis en pierres de taille carrées. Cette cité imposante était, au dehors, entourée de vignes; à l'intérieur s'élevaient les tours de nombre de beaux édifices, publics ou privés, aussi bien que les clochers d'églises superbes et de couvents bien rentés, attestant la richesse et la dévotion de la maison de Bourgogne.

Lorsque les trompettes du cortège ducal eurent averti la garde bourgeoise à la porte Saint-Nicolas, le pont-levis s'abaissa, la herse monta, le peuple poussa des clameurs joyeuses, on vit les fenêtres tendues de tapisseries; et au moment où, au milieu de son cortège, Charles apparut monté sur son coursier blanc de lait, escorté seulement de six jeunes pages de quatorze ans à peine, ayant chacun à la main une pertuisane dorée, les acclamations par lesquelles il fut accueilli de tous côtés montrèrent que, si quelques actes de tyrannie avaient diminué sa popularité, il en restait assez pour rendre son entrée dans sa capitale fort satisfaisante, si ce n'était enthousiaste. Il est à présumer que la vénération attachée à la mémoire de son père contrebalança longtemps l'impression défavorable que quelques-uns de ses actes personnels étaient faits pour produire sur le public.

Le cortège s'arrêta devant un grand bâtiment gothique, au centre même de Dijon. On l'appelait alors la maison du Duc, de même qu'après la réunion de la Bourgogne à la France, on l'appela la maison du Roi. Le maire de Dijon était sur les degrés de ce palais, accompagné de ses confrères en office, et escorté de cent citoyens, hommes choisis et beaux hommes, en manteaux de velours noir, portant en main des demi-piques. Le maire se mit à genoux pour embrasser l'étrier du duc, et, au moment où Charles descendit de cheval, toutes les cloches de la ville commencèrent une sonnerie si formidable, qu'elles auraient presque éveillé les morts endormis aux alentours des masses de pierre que leur tumulte ébranlait. Sous cette étourdissante bienvenue, le duc entra dans la grande salle du bâtiment, au haut bout de laquelle s'élevaient un trône pour le souverain, des sièges pour les principaux dignitaires de l'État et pour les hauts vassaux, et des bancs derrière pour les personnes de moindre importance. Ce fut sur un de ces bancs, mais en un lieu d'où l'on pouvait voir l'assemblée tout entière et le duc, que Colvin plaça le noble Anglais. Charles, dont l'œil perçant et sévère s'élança rapidement de tous côtés dès que l'on se fut assis, approuva, par un signe

de tête imperceptible, l'arrangement adopté pour placer le comte.
Lorsque tout le monde eut pris place, le maire, s'approchant de nouveau de la manière la plus humble, et se mettant à genoux sur le degré le plus bas du trône ducal, demanda si ce serait le bon plaisir de Son Altesse que les habitants de sa capitale lui exprimassent leur dévouement à sa personne, et s'il daignerait accepter le don gratuit que, sous la forme d'une coupe d'argent remplie de pièces d'or, le maire avait l'inestimable honneur de déposer aux pieds du souverain, au nom des citoyens et de la communauté de Dijon.

Charles, qui ne se piquait jamais de beaucoup de courtoisie, répondit, brièvement et brusquement, d'une voix qui, par elle-même, était rude et dissonante : « Chaque chose à son ordre, mon cher monsieur le maire. Écoutons d'abord ce que les États de Bourgogne ont à nous dire ; nous prêterons l'oreille ensuite aux bourgeois de Dijon. »

Le maire se leva, et se retira portant en sa main la coupe d'argent, un peu contrarié et surpris, probablement, de ce que le don qu'elle contenait n'avait pas obtenu une acceptation immédiate et gracieuse.

« Nous nous attendions, » dit le duc Charles, « à trouver à cette heure et en ce lieu nos États du duché de Bourgogne, ou une députation envoyée par eux, avec réponse au message que leur a envoyé il y a trois jours notre chancelier. N'y a-t-il personne ici de leur part ? »

Le maire, comme nul autre n'essayait une réponse, dit que les membres des États avaient délibéré toute la matinée, et viendraient sans doute de suite présenter leurs devoirs à Son Altesse, lorsqu'ils sauraient la ville honorée de sa présence.

« Allez, Toison d'Or, » dit le duc au héraut de l'ordre, « annoncer à ces messieurs que nous désirons savoir le résultat de leurs délibérations ; et que ni la courtoisie ni la loyauté ne leur permettent de nous faire attendre longtemps. Soyez net avec eux, seigneur héraut, ou je le serai avec vous. »

Pendant que le héraut va accomplir sa mission, nous rappellerons à nos lecteurs que, dans tous les pays soumis à l'organisation féodale, c'est-à-dire dans presque toute l'Europe du moyen âge, un ardent esprit de liberté pénétrait la constitution. Le seul défaut à cela, c'était que les privilèges et la liberté pour lesquels disputaient les grands vassaux, ne descendaient pas suffisamment jusqu'aux ordres inférieurs de la société, et n'étendaient pas la protection à ceux qui en avaient le plus besoin. Les deux premières classes de l'État, les nobles et le clergé, jouissaient de hauts et importants privilèges ; et même le tiers-état, ou corporation des citoyens, avait en particulier cette immunité, qu'impositions ou taxes nouvelles, de quelque nature qu'elles fussent, ne pouvaient être exigées de lui sans son consentement.

La mémoire du duc Philippe, père de Charles, était chère aux Bourguignons, car, durant vingt années, ce prince sage avait gardé son rang parmi les souverains de l'Europe avec beaucoup de dignité, et avait amassé des trésors, sans exiger ni recevoir des riches pays qu'il gouvernait aucun accroissement notable de subsides. Mais les projets extravagants et les dépenses immodérées du duc Charles avaient éveillé déjà les susceptibilités de ses États ; et le bon vouloir mutuel du prince et du peuple commençait à se changer en désaffection d'un côté, en méfiance de l'autre. La disposition des États à la résistance s'était accrue depuis quelque temps : ils avaient désapprouvé certaines guerres dans lesquelles le duc s'était embarqué sans nécessité ; et, en le voyant lever des corps si nombreux de troupes mercenaires, ils étaient arrivés à se demander s'il ne pourrait pas finir par employer les trésors votés à sa demande par ses sujets, à l'extension exagérée de sa prérogative royale, et à la destruction des libertés du peuple.

En même temps, le succès constant du duc en des entreprises difficiles et périlleuses, l'estime qu'on avait pour son caractère franc et ouvert, et la crainte qu'inspirait un tempérament vif et obstiné, presque toujours rebelle aux conseils et n'endurant jamais l'opposition, laissaient régner encore et le respect et la crainte autour du trône, fortifié, d'ailleurs, par l'attachement du menu peuple à la personne du duc actuel et au souvenir de son père. On avait compris que, dans l'occasion présente, il y avait, parmi les États, une forte opposition au système de taxation proposé de la part du duc, et le résultat était attendu par les conseillers du prince avec beaucoup d'anxiété, et, par le souverain lui-même, avec une bouillante impatience.

Après que dix minutes environ se furent écoulées, le chancelier de Bourgogne entra dans la salle avec sa suite ; c'était l'archevêque de

Vienne, prélat important. En passant, pour aller prendre, derrière le trône ducal, une des places les plus honorables de l'assemblée, il s'arrêta un moment pour prier son maître de recevoir à huis clos la réponse de ses États, lui donnant à entendre que le résultat des délibérations n'aurait pas été satisfaisant.

« Par saint Georges de Bourgogne! seigneur archevêque, » répondit le duc, sévèrement et à haute voix, « nous ne sommes pas un prince assez timide pour vouloir éviter les regards mécontents d'une faction insolente. Si les États de Bourgogne envoient une réponse factieuse et déloyale à notre message paternel, qu'ils la fassent en pleine cour, pour que le peuple apprenne à établir la différence entre son duc et les esprits intrigants qui prétendraient gêner notre autorité. »

Le chancelier salua et prit sa place. Le comte anglais remarqua que la plupart des membres de l'assemblée, excepté ceux qui, en le faisant, n'auraient pu échapper à l'attention du duc, regardaient leurs voisins, qui répondaient par un mouvement de la tête ou des épaules, comme s'il se fût agi d'une question sur laquelle on n'osait pas donner son avis. Au même instant Toison d'Or, agissant comme maître des cérémonies, introduisait dans la salle un comité des États, composé de douze membres, quatre de chaque ordre, comité chargé de transmettre au duc la réponse de l'assemblée.

Lorsque la députation entra dans la salle, Charles se leva de son trône, conformément à l'ancien usage, et ôtant de son front sa coiffure chargée d'un large bouquet de plumes : « Santé et bienvenue, » dit-il, « à mes bons et fidèles sujets des États de Bourgogne ! » La foule nombreuse des courtisans se leva et se découvrit avec le même cérémonial. Les membres des États mirent alors un genou en terre : les quatre ecclésiastiques, parmi lesquels Oxford avait reconnu le prêtre noir de Saint-Paul, avançant le plus près du trône, les nobles derrière eux, les bourgeois au dernier rang.

« Noble duc, » dit le prêtre de Saint-Paul, « pour entendre la réponse de vos bons et loyaux États de Bourgogne, quel sera votre bon plaisir ? Voulez-vous la recevoir de la bouche d'un seul parlant au nom de tous ? Préférez-vous qu'elle soit présentée par trois personnes, chacune parlant au nom du corps auquel elle appartient ?

— Comme vous voudrez, » dit le duc de Bourgogne.

« Un prêtre, un noble, et un bourgeois, » dit l'ecclésiastique, toujours à genou, « s'adresseront successivement à Votre Altesse. Grâce à Dieu qui conduit les frères à se reposer tous dans l'unité, nous sommes tombés d'accord sur la réponse; chaque corps des États, cependant,

peut avoir à alléguer des raisons spéciales et distinctes, à l'appui de l'opinion commune.

— Nous vous entendrons séparément, » dit Charles se recouvrant, et se jetant en arrière sur son siège avec négligence. A l'instant, tous ceux qui étaient de sang noble, soit dans le comité soit parmi les spectateurs, attestèrent, en se recouvrant aussi, le droit qu'ils avaient d'être les pairs du souverain, et un nuage de plumes ajouta, en se balançant, à la solennité et à la magnificence de l'assemblée.

Lorsque le duc se fut rassis, la députation se releva. S'avançant de nouveau, le prêtre noir de Saint-Paul s'adressa en ces termes au souverain :

« Seigneur duc, votre loyal et fidèle clergé a examiné la proposition de Votre Altesse d'une taxe à établir sur votre peuple pour faire la guerre aux cantons confédérés du pays des Alpes. La querelle, mon seigneur lige, semble à votre clergé injuste et oppressive de la part de Votre Altesse ; et l'on ne peut espérer que Dieu bénisse ceux qui s'armeront pour elle. Votre clergé est donc forcé de repousser la proposition de Votre Altesse. »

L'œil du duc s'abaissa d'un air sombre sur celui qui délivrait ce message peu agréable. Il secoua la tête avec un de ces regards menaçants que ses traits étaient particulièrement aptes à exprimer. « Vous avez dit, seigneur prêtre, » fut la seule réponse qu'il daigna faire.

Un des quatre nobles, le sire de Myrebeau, parla en ces termes :

« Votre Altesse a demandé à ses fidèles nobles de consentir de nouveaux impôts, qui seraient levés en Bourgogne, pour recruter d'autres bandes de mercenaires en vue de soutenir les différends de l'État. Les épées des Bourguignons, Monseigneur, nobles, chevaliers et gentilshommes, ont toujours été aux ordres de Votre Altesse, de même que celles de nos ancêtres sortirent du fourreau pour défendre vos prédécesseurs. Dans les justes querelles de Votre Altesse, nous irons plus avant et nous combattrons mieux que n'importe quels mercenaires venus de la France, de l'Allemagne ou de l'Italie. Nous ne donnerons pas notre consentement à une taxe levée sur le peuple pour que des étrangers s'acquittent, à prix d'argent, du devoir militaire dont l'accomplissement est à la fois notre orgueil et notre privilège exclusif.

— Vous avez dit, sire de Myrebeau. » Ce furent encore les seuls mots de la réponse du duc. Il les prononça avec lenteur et en s'observant, comme s'il avait craint que quelque phrase violente ne s'échappât en même temps que ce qu'il avait résolu de dire. Oxford crut qu'avant de parler, il avait jeté un regard vers lui, comme s'il eût trouvé dans la présence du comte une sorte de frein à sa colère. « Fasse le ciel, » pensa Oxford, « que cette opposition des États produise son effet, et engage le duc à renoncer à une attaque imprudente, si hasardeuse, si peu nécessaire ! »

Pendant que l'Anglais se parlait ainsi, le duc fit signe à l'un des gens du tiers-état, ou des communes, de prendre la parole à son tour. La personne qui obéit à ce geste fut Martin Block, riche boucher et herbager de Dijon. Il s'exprima comme suit :

« Noble prince, nos pères furent les fidèles sujets de vos prédécesseurs; nous sommes les vôtres; nos enfants seront pareillement les fidèles sujets de vos successeurs. Mais quant à la requête que votre chancelier nous a adressée, elle est telle que nos ancêtres n'ont jamais consenti à rien de semblable; telle que nous sommes décidés à refuser, et qu'elle ne sera jamais concédée par les États de Bourgogne à quelque prince et en quelque temps que ce soit. »

Charles avait supporté impatiemment, mais en silence, les discours des deux premiers orateurs; la réponse catégorique et hardie du tiers-état dépassait ce que sa nature était capable d'endurer. Il s'abandonna à l'impétuosité de son caractère, frappant du pied le sol avec tant de force que le trône en fut ébranlé et que la voûte de la salle en retentit, et accablant de reproches l'audacieux bourgeois. « Bête de somme, » dit-il, « faut-il aussi que ton braiment me vienne assourdir? Les nobles peuvent parler, puisqu'ils savent combattre; le clergé peut se servir de sa langue puisque c'est son métier; mais toi, qui n'as jamais versé d'autre sang que celui des bœufs, moins stupides que tu ne l'es toi-même, oses-tu bien, toi et ta bande, t'attribuer le privilège de beugler ici au pied du trône d'un prince? Sache, brute que tu es, que les bœufs ne sont introduits dans les temples que pour y être sacrifiés, que les bouchers et les artisans ne sont amenés devant leur souverain qu'afin d'avoir l'honneur de verser, pour les besoins publics, les trésors qu'ils ont amoncelés ! »

Un murmure de désapprobation, que ne put empêcher la crainte même de la colère du duc, courut, à ces mots, parmi l'assemblée; et le bourgeois de Dijon, plébéien énergique, répliqua, avec peu de révérence : « Nos bourses, seigneur duc, sont à nous; nous n'en mettrons pas les cordons dans les mains de Votre Altesse, que nous ne soyons satisfaits des entreprises auxquelles notre argent devra s'appliquer. Nous saurons protéger nos personnes et nos biens contre les bandits et les pillards de l'étranger. »

Charles allait ordonner l'arrestation du député, lorsqu'après un regard lancé vers le comte d'Oxford, dont, quoi qu'il en eût, la présence le retenait, il remplaça cette imprudence par une autre.

« Je vois, » dit-il, s'adressant au comité des États, « que vous êtes tous ligués pour faire échouer mes desseins, et pour me priver de tout le pouvoir d'un souverain, sauf celui de porter une couronne, et d'être servi à genou, comme un second Charles le Simple, pendant que les États du royaume exercent l'autorité. Mais vous apprendrez que vous avez affaire à Charles de Bourgogne, un prince qui, bien qu'il ait daigné vous consulter, est parfaitement capable de livrer des batailles sans l'aide de ses nobles, qui lui refusent leurs épées, de pourvoir aux dépenses sans l'aide de ses sordides bourgeois, et peut-être aussi de trouver un chemin vers le ciel sans le secours d'un clergé ingrat. Je montrerai à tous ceux qui sont ici combien peu mes projets sont ébranlés par votre réponse séditieuse au message dont je vous ai honorés. Introduisez devant nous, Toison d'Or, ces hommes des villes et cantons confédérés de la Suisse, puisque c'est le nom qu'ils se donnent. »

Oxford, et tous ceux qui s'intéressaient véritablement au duc, virent avec la plus grande inquiétude sa résolution de donner audience aux envoyés de la Suisse, prévenu contre eux comme il l'était, et au moment où son humeur était échauffée au plus haut degré par le refus de subsides des États. Ils sentaient que les obstacles opposés au courant de sa colère étaient comme des rochers dans le lit d'un fleuve, qui n'en arrêtent pas le cours, mais provoquent la rage et l'écume. Le dé était jeté; nul, sans être doué d'une prescience plus qu'humaine, ne pouvait deviner jusqu'où irait la gravité de la partie. Oxford, en particulier, comprit que son plan d'une descente en Angleterre était la première chose compromise par l'obstination malheureuse du duc; mais il ne soupçonnait point, il ne songeait point à supposer, que la vie même de Charles, et l'indépendance de la Bourgogne comme royaume séparé, tremblaient à cette heure dans la balance.

CHAPITRE XXVIII.

En ce brutal billet le langage qu'on tient
Est le style d'un Turc défiant un chrétien.
SHAKSPEARE. <i>Comme il vous plaira,</i> acte IV, sc. 3.

ES portes de la salle s'ouvrirent pour les députés suisses. Ils attendaient au dehors depuis une heure, sans aucun des égards que, chez les nations civilisées, l'on a toujours pour les représentants d'un État étranger. Vêtus qu'ils étaient d'habits grossiers, comme des chasseurs de montagne ou des bergers, leur apparition au milieu d'une assemblée brillant de couleurs vives, de passements d'or et de soie, de broderies et de pierres précieuses, semblait confirmer cette idée qu'ils ne venaient là qu'en très humbles suppliants.

Oxford, attentif à observer ses anciens compagnons de route, vit chacun d'eux conserver la fermeté qui avait été jusque-là le trait distinctif de son caractère. Rodolphe Donnerhugel avait toujours son coup d'œil audacieux et altier; le banneret regardait autour de lui avec une insouciance toute militaire; le bourgeois de Soleure était aussi compassé et aussi important que jamais; aucun des trois ne semblait impressionné le moins du monde par la splendeur qui l'environnait, ni embarrassé par l'infériorité relative de son équipement. Le noble landamman, sur qui se fixait surtout l'attention d'Oxford, paraissait absorbé dans le sentiment de la situation précaire de son pays ; craignant, à la façon inconvenante dont la députation était reçue, que la guerre ne fût inévitable, alors qu'en bon patriote il en considérait les conséquences avec tristesse : en cas de défaite, la ruine de la liberté de son pays ; au cas contraire, la simplicité des mœurs et le mépris des richesses mis en danger par l'introduction du luxe et des vices de l'étranger, compagnons de la victoire.

Connaissant bien les opinions d'Arnold Biederman, Oxford s'expliquait aisément sa tristesse ; Bonstetten, le camarade du landamman, moins capable de comprendre les sentiments de son ami, le regardait comme pourrait le faire un chien fidèle, sympathisant avec l'affliction du maître, sans en pouvoir apprécier la cause. Des rangs du groupe jeté au milieu de ces splendeurs, s'élançait de temps à autre vers l'assemblée un regard admirateur ; mais rien de semblable n'était à craindre chez Donnerhugel ou chez le landamman : l'orgueil indomptable du premier, le ferme patriotisme du second, ne pouvaient, même un instant, être distraits de leurs graves réflexions par les objets extérieurs.

Après un silence de cinq minutes, le duc prit la parole, du ton raide et hautain qu'il croyait devoir à son rang, et qui était assurément l'expression vraie de son caractère.

« Hommes de Berne, de Schwitz, ou des hameaux ou déserts quelconques que vous représentez, sachez que, rebelles comme vous l'êtes envers vos supérieurs légitimes, nous ne vous aurions pas honorés d'une audience, sans l'intercession d'un ami estimé, qui a séjourné dans vos montagnes, et que vous connaissez sous le nom de Philipson, un Anglais, marchand de son métier, et faisant, en notre cour, un trafic assez important. Par égard pour lui, au lieu de vous faire subir, comme vous le méritez, le gibet ou la roue sur la place de Morimont, nous avons consenti à vous recevoir devant nous, en notre cour plénière, à l'effet d'entendre les excuses que vous pourrez présenter pour l'assaut outrageusement donné à notre ville de Ferrette, le massacre de nombre de nos hommes liges, et le meurtre réfléchi du noble chevalier Archibald de Hagenbach, exécuté en votre présence, à votre instigation et sous votre appui. Parlez, si vous avez quelque chose à dire, soit pour vous défendre des reproches de félonie et de trahison, soit pour écarter un juste châtiment, ou réclamer une pitié dont vous n'êtes pas dignes. »

Le landamman allait répondre ; mais Rodolphe Donnerhugel, avec la hardiesse qui lui était propre, prit sur lui de le faire. Regardant le duc d'un œil inaccessible à la crainte, et le visage aussi fier que le visage même du prince : « Nous ne sommes pas venus ici, » dit-il, « pour compromettre notre honneur, ou la dignité du peuple libre que nous représentons, et pour nous déclarer coupables, en son nom ou au nôtre, de crimes dont nous sommes innocents. Quand vous nous appelez rebelles, vous devriez vous souvenir qu'une longue suite de victoires, dont l'histoire est écrite du plus noble sang de l'Autriche, a rendu à la confédération de nos communautés la liberté, dont une tyrannie injuste tentait vainement de nous priver. Tant que l'Autriche a été une maîtresse juste et bienfaisante, nous avons donné nos vies pour la servir ; lorsque son pouvoir est devenu oppresseur et tyrannique, nous avons conquis l'indépendance. Si elle a quelque chose à réclamer de nous, les descendants de Tell, de Faust et de Stauffacher, affirmeront leurs libertés de même que leurs pères ont su les prendre. Votre Grâce, si tel est votre titre, n'a pas à s'occuper de nos disputes avec l'Autriche. Vous nous menacez du gibet et de la roue : nous sommes des hommes sans défense, sur lesquels peut s'exercer votre bon plaisir ; mais nous savons mourir, et nos concitoyens savent comment il faut nous venger. »

Le duc aurait répondu en les faisant arrêter sur l'heure, et en ordonnant, cela est probable, l'exécution immédiate de toute la députation. Mais son chancelier, usant du privilège de sa charge, se leva, et faisant, chapeau bas, une révérence profonde, demanda la permission de répondre au jeune présomptueux qui avait si mal compris le sens des paroles de Son Altesse.

Charles, se sentant peut-être trop irrité pour prendre une véritable résolution, se rejeta en arrière sur son trône, et d'un signe de tête impatient, accorda au chancelier la permission de parler.

« Jeune homme, » dit ce haut dignitaire, « vous n'avez pas compris le haut et puissant souverain en présence duquel vous êtes. Quels que soient les droits légitimes de l'Autriche sur les villages révoltés qui ont déserté l'allégeance de leur maître, nous n'avons pas à entrer en cette affaire. Le point sur lequel le duc de Bourgogne vous demande réponse, le voici : Pourquoi, venant en ce lieu sous le titre et avec le caractère d'envoyés de paix, ayant à traiter d'affaires entre vos communautés et les droits des sujets du duc, vous avez soulevé la guerre dans nos paisibles États, pris d'assaut une forteresse, massacré la garnison, et mis à mort un chevalier noble qui la commandait? toutes actions contraires au droit des gens, et dignes du châtiment dont vous avez été menacés avec justice, mais dont, je l'espère, notre gracieux souverain vous dispensera, si vous donnez excuse suffisante d'un pareil outrage, avec offre de vous soumettre au bon plaisir de Son Altesse, et de donner satisfaction pour une injure aussi grave.

— Vous êtes prêtre, Monsieur, » répondit Rodolphe Donnerhugel au chancelier de Bourgogne. « S'il y a dans cette assemblée un homme de guerre qui veuille soutenir l'accusation formulée par vous, je le défie au combat, un contre un. Nous n'avons pas attaqué la garnison de Ferrette ; nous avons été admis dans ses portes d'une façon pacifique, et nous y avons été entourés de suite par les soldats de feu Archibald de Hagenbach, avec dessein préconçu de nous attaquer et de nous tuer en notre mission de paix. Vous auriez entendu parler, je vous le promets, d'autres morts que des nôtres. Mais un tumulte éclata parmi les habitants de la ville, aidés, je le crois, d'un certain nombre de voisins, auxquels l'insolence et l'oppression d'Archibald de Hagenbach étaient devenues odieuses, comme à tous ceux qu'atteignait l'autorité de cet homme. Nous ne leur avons prêté aucune assistance ; et l'on ne devait pas s'attendre, je le suppose, à nous voir intervenir en faveur d'hommes qui avaient voulu nous massacrer. Pas une pique ou une épée de l'un des nôtres ne s'est trempée dans le sang bourguignon. Archibald de Hagenbach a péri sur l'échafaud, c'est vrai ; et c'est avec satisfaction que je l'ai vu mourir, sous la sentence d'une cour compétente, telle qu'il y en a dans la Westphalie, et dans ses dépendances de ce côté du Rhin. Je n'ai ni à défendre ni à justifier les procédés de cette cour; mais je déclare que le duc a reçu la preuve irrécusable de la régularité de la sentence. J'ajoute que cette sentence a été amplement méritée par l'oppression, la tyrannie, les odieux abus d'autorité de ce Hagenbach : je le soutiendrai de ma vie contre tout contradicteur. Voici mon gant. »

Et, d'un geste en harmonie avec son langage, le Suisse lança le gant de sa main droite sur le sol de la salle. D'après l'esprit du siècle, jaloux de se distinguer dans les armes, grâce aussi peut-être au désir de mériter la faveur du duc, il y eut, parmi les Bourguignons, un mouvement général pour accepter le défi, et plus de six ou huit gants furent lancés à la hâte par les jeunes chevaliers présents, les plus éloignés jetant les leurs par-dessus la tête des plus proches, et chacun proclamant son nom et son titre, en même temps qu'il offrait le gage de combat.

« Prêt contre tous ! » dit le Suisse audacieux, ramassant les gantelets sonores qui tombaient autour de lui. « D'autres encore, Messieurs ; d'autres ! Un gant pour chaque doigt ! Nous approchons. Nous y sommes. Bonne lice, juges équitables, combat à pied, pour arme l'épée à deux mains : qu'il en vienne vingt, je ne lâche pas d'une semelle.

— Arrêtez, Messieurs ; de par votre allégeance, arrêtez ! » dit le duc, que le zèle déployé dans sa cause avait satisfait et apaisé. Il était frappé aussi de la hardiesse du défi, parente de la sienne, et bien aise peut-être de montrer, en sa cour plénière, plus de modération qu'il n'avait su d'abord en avoir. « Arrêtez, je vous le commande. Ramassez ces gantelets, Toison d'Or, et rendez-les à leurs maîtres. Dieu et saint Georges nous préservent de hasarder la vie du moindre noble de Bourgogne contre un manant comme ce Suisse, qui ne sait ni monter à cheval, ni un iota de la chevalerie et de ses règles. Portez ailleurs, jeune homme, vos querelles vulgaires, et sachez que, dans l'occasion présente, la place Morimont serait la seule lice convenable, et le bourreau votre légitime antagoniste. Et vous, ses compagnons, votre conduite, en permettant à ce hâbleur de prendre parmi vous le premier rang, montre que les lois de la nature sont renversées chez vous comme celles de la société, et que les jeunes priment les vieux, comme les paysans les gentilshommes. Aucun de vous, barbes blanches, n'est-il donc capable d'expliquer votre mission en des termes que puisse écouter un prince souverain ?

— Fasse Dieu, noble duc, » dit le landamman, s'avançant et imposant silence à Rodolphe Donnerhugel qui commençait à lancer un nouveau défi, « fasse Dieu que nous puissions être entendus de Votre Altesse, car nous allons parler, j'en ai la conscience, la langue de la vérité, de la paix et de la justice. Si notre humilité peut disposer Votre Altesse à nous écouter favorablement, je m'humilierai plutôt que de vous donner sujet de ne pas nous entendre. Quant à moi, je puis dire avec vérité que, bien qu'ayant vécu, bien que voulant, par mon libre choix, mourir laboureur et chasseur sur les Alpes d'Unterwalden, j'ai, par naissance, le droit héréditaire de parler devant les ducs et les rois, et devant l'empereur même. Il n'y a pas un homme, seigneur duc, dans cette fière assemblée, qui descende d'une plus noble source que Geierstein.

— Nous avons ouï parler de vous, » dit le duc. « On vous appelle le comte paysan. Votre naissance est votre honte ; celle peut-être de votre mère, si votre père avait un garçon de charrue bien tourné, digne de donner naissance à un homme qui devient serf de son plein gré.

— Un serf, non, Monseigneur, » répondit le landamman, « mais un homme libre, qui n'opprimera pas les autres, et sur lequel personne n'exercera la tyrannie. Mon père était un noble, ma mère une femme vertueuse. Mais ni les sarcasmes ni les mépris, ne m'empêcheront d'exposer avec calme ce que mon pays m'a chargé de dire. Les habitants des régions froides et inhospitalières des Alpes désirent, puissant seigneur, rester en paix avec tous leurs voisins, et jouir du gouvernement qu'ils ont choisi comme convenant le mieux à leur genre de vie et à leurs habitudes, laissant tous les autres États libres aussi de se gouverner à leur gré. Ils désirent particulièrement rester en paix et union avec la haute maison de Bourgogne, dont les domaines touchent leurs possessions sur tant de points. Ils consentent au besoin, Monseigneur, à le demander avec prière. On nous appelle obstinés, intraitables, contempteurs insolents de l'autorité, fauteurs de révoltes et de séditions. Pour prouver le contraire, seigneur duc, moi, qui n'ai jamais fléchi le genou que devant Dieu, je ne vois pas de déshonneur à m'agenouiller devant Votre Altesse, comme devant un prince souverain en la cour plénière de ses États, où il a le droit d'exiger hommage de ses sujets par devoir,

« Prêt contre tous! » dit Donnerhugel, ramassant les gantelets qui tombaient autour de lui.

des étrangers par courtoisie. Un vain orgueil, » dit le noble vieillard, les yeux remplis de larmes, en posant à terre un de ses genoux, « un vain orgueil ne m'empêchera point de m'humilier, lorsque la paix, cette paix bénie, si chère au Seigneur, d'une valeur inappréciable pour l'homme, est en danger d'être rompue. »

Tous, et le duc lui-même, furent émus de la manière noble et digne dont le généreux vieillard accomplissait un hommage que ne dictaient à coup sûr ni la timidité ni la bassesse. « Relevez-vous, » dit Charles ; « si nous avons dit quelque chose qui vous blesse personnellement, la rétractation sera publique comme le reproche, et nous sommes prêts à vous écouter ainsi qu'un loyal envoyé.

— Je vous en remercie, noble seigneur ; et je tiendrai ce jour pour un jour béni, si je puis trouver des paroles dignes de la cause que j'ai à plaider. Un placet, Monseigneur, remis aux mains de Votre Altesse, énumère grand nombre d'injures infligées par vos officiers, et par ceux de Romont, comte de Savoie, votre allié et votre conseil, agissant, nous sommes en droit de le supposer, avec l'appui de Votre Altesse. Le comte Romont a déjà vu à qui il avait affaire ; mais nous n'avons pris encore aucune mesure pour venger les injures, les affronts, les troubles à notre commerce venus de ceux qui, en se prévalant de l'autorité de Votre Altesse, ont arrêté nos concitoyens, les ont dépouillés de leurs marchandises, ont usé de contrainte à leur égard, et, en quelques occasions même, leur ont ôté la vie. L'affaire de Ferrette (je puis rendre témoignage de ce que j'ai vu) n'a été ni commencée ni appuyée par nous ; il est impossible, cependant, à une nation indépendante, de souffrir le renouvellement de pareilles injures, et nous sommes déterminés à rester libres et indépendants, ou à mourir pour la défense de nos droits. Qu'arrivera-t-il donc, si Votre Altesse n'écoute les propositions que je suis chargé de lui présenter ? Une guerre, une guerre d'extermination ; car, aussi longtemps qu'un des membres de la confédération pourra tenir une hallebarde, aussi longtemps, une fois qu'aura commencé cette lutte fatale, il y aura guerre entre vos puissants royaumes et nos régions pauvres et nues. Que gagnerait à cette lutte le noble duc de Bourgogne ? Des richesses et du butin ? Hélas, Monseigneur, il y a plus d'or et d'argent aux brides et aux mors des troupes de la maison de

Votre Altesse qu'on n'en trouverait dans les coffres publics ou privés de toute la confédération. Est-ce à la renommée et à la gloire que vous aspirez? Il y a peu d'honneur pour une armée nombreuse à triompher de quelques bandes éparses, pour des hommes vêtus de fer à vaincre des laboureurs et des bergers à demi armés. Une faible gloire s'attacherait à vos succès. Mais si, comme les chrétiens le croient, et comme mes concitoyens en ont la ferme confiance d'après ce qu'ont vu nos pères, si le Dieu des armées faisait peser la balance du côté le moins nombreux et le moins puissamment armé, je fais Votre Altesse juge, en ce cas, de l'amoindrissement de sa dignité et de sa gloire. Est-ce l'étendue du vasselage et de la domination que désire Votre Altesse en faisant la guerre à ses voisins de la montagne? Vous pouvez, si telle est la volonté de Dieu, conquérir nos hauteurs stériles ; mais, comme nos ancêtres autrefois, nous chercherons refuge en des solitudes plus sauvages et plus écartées, et, après une dernière résistance, nous irons mourir jusque dans les solitudes des glaciers. Oui, hommes, femmes, enfants, nous périrons tous de froid, avant qu'un Suisse libre reconnaisse un maître étranger. »

Les paroles du landamman firent une visible impression sur l'assemblée. Le duc le remarqua, et l'obstination qu'il avait par tempérament ne fit qu'augmenter encore par les dispositions qu'il voyait se manifester en faveur de l'ambassadeur. Ce principe mauvais l'emporta sur l'impression que le discours du généreux Biederman n'avait pas manqué de faire sur lui. Empêchant le vieillard de continuer, il répondit d'un air sombre : « Vous vous trompez, seigneur comte, seigneur landamman, quel que soit le nom dont on vous appelle, si vous croyez que nous vous faisons la guerre dans une pensée de butin ou de gloire. Nous savons aussi bien que vous qu'il n'y a ni profit ni renommée à acquérir en vous subjuguant. Mais un souverain, à qui Dieu a donné le pouvoir, doit détruire une bande de voleurs, quoiqu'il y ait déshonneur à se mesurer avec eux; et nous chassons à mort une bande de loups, bien que leur chair soit de la charogne, et que leur peau ne vaille rien. »

Le landamman secoua sa tête grise; sans manifester d'émotion, et presque souriant : « Je suis un forestier plus vieux que vous, » répliqua-t-il, « seigneur duc; et plus expérimenté peut-être. Le plus hardi chasseur risquera beaucoup s'il poursuit le loup jusqu'en son repaire. J'ai montré à Votre Altesse la faible chance de gain et le grand risque de perte que vous-même, tout puissant que vous êtes, vous pouvez trouver dans une guerre contre des hommes déterminés et poussés au désespoir. Laissez-moi dire, maintenant, ce que nous voulons faire pour assurer une paix sincère et durable avec notre puissant voisin de Bourgogne. Votre Grâce s'attache à se rendre maître de la Lorraine, et il est probable que, sous un prince aussi énergique et aussi entreprenant, votre autorité s'étendra jusqu'aux rivages de la Méditerranée ; soyez notre noble ami et notre

Le comte de Campo-Basso.

sincère allié, et nos montagnes, défendues par des guerriers familiarisés avec la victoire, seront vos barrières contre l'Allemagne et l'Italie. A cause de vous, nous entrerons en arrangement avec le comte de Savoie, et nous lui rendrons nos conquêtes, aux conditions que Votre Altesse elle-même jugera raisonnables. Nous nous tairons sur les anciennes offenses de vos lieutenants et de vos gouverneurs des frontières, pourvu que nous ayons garantie à l'avenir contre de pareilles hostilités. Enfin, et c'est ma dernière offre, comme aussi la plus importante, nous enverrons trois mille de nos jeunes gens aider Votre Altesse en toute guerre où elle s'engagerait contre Louis de France ou contre l'empereur d'Allemagne. Ce sont d'autres hommes, je le dis avec fierté et certitude, que l'écume de l'Allemagne et de l'Italie, formée en bandes mercenaires. Que le ciel décide Votre Altesse à accepter nos offres, il y aura dans votre armée un corps qui laissera ses os sur le champ de bataille, avant qu'un de ceux qui le composent ne rompe la foi jurée. »

Un grand et bel homme au teint brun, portant un corselet richement ciselé d'arabesques, bondit de son siège, de l'air d'une personne atteinte par une provocation intolérable. C'était le comte de Campo-Basso, commandant des mercenaires italiens de Charles, ayant, comme on y a fait allusion plus haut, beaucoup d'influence sur l'esprit du duc; il l'avait acquise surtout en se pliant aux opinions et aux préjugés de son maître, et en s'appliquant à justifier, par des arguments spécieux, toutes les fantaisies du prince.

« Cette haute assistance m'excusera, » dit-il, « si je parle pour défendre mon honneur et celui des bonnes lances qui, s'associant à ma fortune, sont venues d'Italie servir le prince le plus brave de la chrétienté. Je pourrais laisser passer sans m'en émouvoir le langage outrageant de ce rustre à cheveux gris, dont les paroles n'atteignent pas plus un chevalier ou un noble que ne le feraient les aboiements d'un mâtin de basse-cour. Mais quand je l'entends proposer de joindre ses bandes de coquins indisciplinés aux troupes de Votre Altesse, je suis forcé de lui dire que pas un des garçons d'écurie qui sont dans nos rangs ne consentirait à combattre en pareille compagnie. Moi-même, tout retenu que je suis par mille liens de reconnaissance, je ne saurais me soumettre à avoir à côté de moi de tels compagnons. Je plierais mes bannières, et j'emmènerais cinq mille hommes chercher, non un maître plus noble (le monde n'en a pas un second qui le vaille), mais des guerres dans lesquelles nous n'aurions pas à rougir de nos auxiliaires.

— Silence, Campo-Basso, » dit le duc ; « vous avez affaire à un prince, soyez-en sûr, qui sait trop ce que vous valez pour échanger vos services contre ceux d'hommes non éprouvés, peu dignes de confiance, et connus de nous seulement comme des voisins incommodes et malfaisants. »

Puis, d'un ton froid et sévère, s'adressant à Arnold Biederman : « Nous vous avons écouté, seigneur landamman. Nous vous avons écouté, quoique venu devant nous les mains teintes du sang de notre serviteur Archibald de Hagenbach. Il a été massacré, supposons-le, par une association exécrable. Par saint Georges ! tant que je suis vivant et régnant, elle ne relèvera plus sa tête maudite de ce côté du Rhin ! Il reste vrai cependant (cela n'est pas niable et n'est pas nié) que vous étiez là en armes, et que vous avez encouragé et appuyé l'acte que les assassins accomplissaient. Retournez à vos montagnes, reconnaissants d'y retourner en vie. Dites à ceux qui vous ont envoyés que je serai bientôt sur leurs frontières. Une députation de vos plus notables personnages, y venant au-devant de moi la corde au cou, des torches dans la main gauche, et, de la main droite, tenant ses épées par la pointe, pourra y apprendre sous quelles conditions nous vous accorderons la paix.

— Adieu donc la paix, et saluons la guerre ! » dit le landamman ; « que tous ses fléaux retombent sur la tête de ceux qui ont choisi le sang et la lutte plutôt que la paix et l'union. Nous vous rencontrerons aux frontières l'épée nue, mais tenue par la poignée et non par la pointe. Charles de Bourgogne, de Flandre et Lorraine, duc de sept duchés, comte de dix-sept comtés, je vous défie ; et je vous déclare la guerre au nom des cantons confédérés, et de tels autres qui adhèreront à leur alliance. Voilà, » dit-il, « mes lettres de défi. »

Le héraut prit des mains d'Arnold Biederman la fatale déclaration.

« Ne la lisez pas, Toison d'Or, » dit le duc avec hauteur. « Que le bourreau la traîne dans les rues attachée à la queue de son cheval, et qu'il la cloue au gibet, pour montrer le cas que nous faisons de ce misérable écrit et de ceux qui l'ont envoyé. Sortez, Messieurs, » dit-il aux Suisses ; « retournez en vos déserts aussi vite que vos pieds pourront vous porter. Quand nous nous reverrons, vous apprendrez à mieux connaître celui que vous avez offensé. Notre cheval. La séance est levée. »

Le maire de Dijon, lorsque tous se mettaient en devoir de quitter la salle, s'approcha de nouveau du duc, et exprima timidement l'espérance que Son Altesse daignerait prendre part à un banquet préparé par les magistrats, désireux qu'il leur fît un si grand honneur.

« Non, par saint Georges de Bourgogne! seigneur maire, » dit Charles, avec un de ces regards foudroyants par lesquels il exprimait à la fois l'indignation et le mépris ; « vous ne nous avez pas traité assez bien à déjeuner, pour nous faire confier notre dîner à la loyauté de notre bonne ville de Dijon. »

Parlant de la sorte, il tourna brusquement le dos au magistrat mortifié, et, montant à cheval, il retourna à son camp, causant vivement en chemin avec le comte de Campo-Basso.

« Je vous offrirais à dîner, milord d'Oxford, » dit Colvin au noble anglais lorsque celui-ci mettait pied à terre devant sa tente, « si je ne prévoyais qu'avant d'avoir avalé une bouchée, vous serez appelé devant le duc. C'est la façon de faire de Charles, lorsqu'il a pris un parti mauvais, de se quereller avec ses amis et ses conseillers, pour leur prouver que c'est le bon. Il a déjà converti le subtil Italien. »

La prédiction de Colvin se réalisa promptement ; car un page, presque aussitôt, invita le marchand Philipson à se rendre auprès du duc. Sans attendre une seconde, Charles lança un torrent incohérent de reproches contre les États de son duché, pour lui avoir refusé appui dans une affaire aussi peu importante, et s'engagea dans des explications sur la prétendue nécessité de punir l'audace des Suisses. « Et vous aussi, Oxford, » (ce fut sa conclusion) « êtes-vous assez impatient et assez fou pour souhaiter que je m'engage dans une guerre lointaine avec l'Angleterre, et que je transporte mes forces sur mer, lorsque j'ai d'aussi insolents mâtins à châtier sur mes frontières ? »

Lorsque le duc enfin cessa de parler, le comte anglais lui exposa, d'une manière vive mais respectueuse, le danger qu'il y avait à se mettre en lutte avec un peuple, pauvre il est vrai, mais universellement craint pour sa discipline et pour son courage, et cela sous les yeux d'un rival aussi redoutable que Louis de France, qui ne manquerait point de soutenir sous main les ennemis du duc, s'il ne se joignait pas à eux ouvertement. La résolution du duc était immuable. « On ne dira pas de moi, » s'écria-t-il, « que j'ai prononcé des menaces sans les exécuter. Ces rustres m'ont déclaré la guerre ; ils apprendront ce qu'est la colère qu'ils ont étourdiment provoquée. Je ne renonce cependant point pour cela à votre projet, mon bon Oxford. Si vous pouvez me procurer la cession de la Provence, et amener le vieux René à abandonner la cause de son petit-fils Ferrand de Vaudemont en Lorraine, cela vaudra la peine de vous prêter bonne aide contre mon frère Blackburn, qui, pendant qu'il boit à plein pot des santés en France, pourrait bien venir à perdre ses domaines en Angleterre. Ne soyez pas impatient parce que je ne puis, en ce moment même, envoyer du monde de l'autre côté de la mer. La marche vers Neuchâtel, le lieu le plus proche, je crois, où je puisse trouver ces manants, sera l'affaire de rien. J'espère, mon vieux compagnon, que vous viendrez avec nous. J'aurais plaisir à voir si vous avez oublié, en traversant ces montagnes, comment on monte à cheval et l'on met une lance en arrêt.

— Je suivrai Votre Altesse, » dit le comte, « ainsi que c'est mon devoir, car mes mouvements doivent dépendre de votre bon plaisir. Mais je ne porterai pas les armes, surtout contre ces peuples de l'Helvétie dont je viens d'éprouver l'hospitalité, à moins que ce ne soit pour ma défense personnelle.

— Soit, » répliqua le duc. « Nous aurons en vous un excellent juge, pour dire qui de nous fait le mieux son devoir contre ces bouviers de montagne. »

A cet endroit de la conversation, l'on frappa à l'entrée du pavillon ; et le chancelier de Bourgogne, l'air consterné, entra précipitamment. « Des nouvelles, Monseigneur ; des nouvelles de France et d'Angleterre, » dit le prélat ; et, voyant la présence d'un étranger, il regarda le duc, et se tut.

« C'est un ami fidèle, seigneur évêque, » dit le duc ; « vous pouvez dire vos nouvelles devant lui.

— Tout le monde les saura bientôt, » dit le chancelier. « Louis et Édouard se sont mis d'accord. » Le duc et le comte anglais tressaillirent.

« Je m'y attendais, » dit le duc, « mais pas si tôt.

— Les rois se sont rencontrés, » dit le ministre.

« Dans une bataille? » demanda Oxford, s'oubliant dans l'excès de son émotion.

Le chancelier fut un peu surpris; mais le duc semblant attendre une réponse, il répliqua : « Non, seigneur étranger, pas dans une bataille, mais à un rendez-vous de paix et d'amitié.

— Cela a dû être un curieux spectacle, » dit le duc, « la rencontre du vieux renard Louis et de mon frère Black... mon frère Édouard, veux-je dire. Où a eu lieu leur rendez-vous?

— Sur un pont de la Somme, à Pecquigny.

— Je voudrais que vous eussiez été là, » dit le duc en regardant Oxford, « une bonne hache à la main, pour frapper un bon coup pour l'Angleterre, et un autre pour la Bourgogne. C'est à un rendez-vous pareil que mon grand-père a été tué traîtreusement, au pont de Montereau, sur l'Yonne.

— Pour prévenir un pareil accident, » dit le chancelier, « une barricade solide, comme celles qui entourent les cages des bêtes féroces, a été élevée au milieu du pont, et a empêché les deux souverains de se toucher même la main.

— Ha, ha! Par saint Georges! on sent là la prévoyance et la sagesse de Louis; car l'Anglais, pour lui rendre justice, connaît aussi peu la crainte que la politique. Quel arrangement ont-ils fait? Où l'armée anglaise passera-t-elle l'hiver? Quelles villes, quelles forteresses, quels châteaux, se donnent-ils en gage, ou à tout jamais?

— Ils ne se donnent rien, Monseigneur, » dit le chancelier. « L'armée anglaise retourne en Angleterre, aussi vite que le permettront les vaisseaux qu'on aura pour la transporter; et Louis prête aux Anglais toutes les voiles et toutes les rames de ses États, pour les mettre à même d'évacuer plus tôt la France.

— Par quelles concessions Louis a-t-il acheté une paix si nécessaire à ses affaires?

— Par de belles paroles, » dit le chancelier, « par de beaux présents, et par cinq cents tonneaux de vin.

— De vin ! » s'écria le duc. « Avez-vous jamais ouï pareille chose, seigneur Philipson? Vos concitoyens, en vérité, ne valent guère mieux qu'Ésaü vendant son droit d'aînesse pour un plat de lentilles. Je n'ai jamais vu, je l'avoue, un Anglais content d'un marché qui lui laisse les lèvres sèches.

— J'ai peine à croire ces nouvelles, » dit le comte d'Oxford.

« S'il a plu à cet Édouard de passer la mer avec cinquante mille Anglais uniquement pour la repasser après, il y a dans son camp des hommes de la noblesse et des communes, assez fiers et assez hardis pour s'opposer à cette désastreuse conduite.

— L'argent de Louis, » dit l'homme d'État, « a trouvé des mains nobles disposées à le prendre. Le roi de France a inondé tous les gosiers de l'armée anglaise ; la débauche et le tumulte ont été sans frein ; et, à un moment, la ville d'Amiens, où le roi Louis résidait, a été si remplie d'archers anglais ivres, que peu s'en est fallu que le roi de France ne fût en leurs mains. Le sentiment de l'honneur national s'est perdu dans ce régal universel ; et ceux d'entre eux qui veulent garder plus de dignité, et jouer le rôle de politiques, disent qu'étant venus en France de connivence avec le duc de Bourgogne, et ce prince ayant manqué à joindre ses forces aux leurs, ils ont agi sagement et galamment, vu la saison de l'année et l'impossibilité d'établir ses quartiers, en tirant tribut de la France, et en retournant triomphalement en leur pays.

— Et en laissant à Louis, » dit Oxford, « liberté complète d'attaquer la Bourgogne avec toutes ses forces ?

— Non vraiment, ami Philipson, » dit le duc Charles ; « sachez qu'il y a une trêve de sept ans entre la Bourgogne et la France. Si elle n'avait pas été accordée et signée, nous aurions probablement trouvé le moyen de gâter le traité d'Édouard et de Louis, eût-il fallu dépenser gros pour fournir, durant les mois d'hiver, le bœuf et la bière à ces insulaires voraces. Vous pouvez vous retirer, seigneur chancelier, mais soyez à portée si je vous rappelle. »

Lorsque son ministre eut quitté le pavillon, le duc, au caractère impérieux duquel se mêlait beaucoup de bonté, de générosité peut-être, s'approcha du partisan des Lancastres : celui-ci semblait un homme aux pieds duquel vient de tomber la foudre, et encore sous la terreur du coup.

« Mon pauvre Oxford, » dit-il, « vous êtes stupéfait de ces nouvelles ; elles auront, vous n'en doutez pas, un effet fatal pour le plan que votre noble cœur nourrit avec un si louable dévouement. J'aurais voulu, pour vous, pouvoir retenir un peu plus longtemps les Anglais en France ; mais, si j'avais tenté de le faire, cela aurait rompu ma trêve avec Louis, et m'aurait empêché, par suite, de châtier ces misérables cantons, ou d'envoyer une expédition en Angleterre. Où en sont les choses, donnez-moi seulement une semaine pour punir ces montagnards ; et vous aurez, pour votre entreprise, des forces plus nombreuses que vous n'en aviez demandé. J'aurai soin, en attendant, que Blackburn et ses cousins les archers n'aient pas l'aide de la marine de Flandre. Ne craignez rien, mon ami ; vous serez avant eux en Angleterre. Une fois encore, comptez sur moi ; toujours, bien entendu, après qu'aura été faite la cession de la Provence. Les diamants de notre cousine Marguerite, nous les garderons pour un temps ; peut-être, avec quelques-uns des nôtres, serviront-ils à mettre en liberté les angelots emprisonnés de nos usuriers de Flandre, qui ne prêteront pas, même à leur souverain, sans de bonnes garanties. C'est à de tels expédients que la désobéissance sordide de nos États nous réduit pour le moment.

— Hélas ! Monseigneur, » dit le noble anglais dans un abattement profond, « je serais ingrat en doutant de la sincérité de vos bonnes intentions; mais qui peut prévoir les événements de la guerre, surtout lorsque le temps presse pour une prompte décision? Vous voulez bien vous fier à moi. Que la confiance de Votre Altesse s'étende jusqu'où je vais dire : je prends mon cheval, et je cours après le landamman, s'il est déjà parti. Je ne doute guère que je ne fasse avec lui un accommodement qui vous donne sécurité pour toutes vos frontières sud-est. Vous pourrez alors sans crainte faire ce que vous voulez en Lorraine et en Provence.

— Ne parlez pas de cela, » dit le duc d'un ton sévère ; « vous vous oubliez, et vous oubliez ce que je suis, en supposant qu'un prince, qui a donné parole à son peuple, peut la reprendre comme un marchand reviendrait sur le premier prix indiqué. Nous vous aiderons ; mais nous serons juge nous-même de l'heure et de la manière. Plein de bon vouloir, cependant, pour notre infortunée cousine d'Anjou, et vous portant amitié, nous ne laisserons pas traîner cette affaire. Notre armée a des ordres pour lever le camp ce soir, et se diriger contre Neuchâtel, où ces Suisses orgueilleux auront un premier goût du fer et du feu qu'ils ont provoqués. »

Oxford soupira, mais n'insista pas davantage. C'était agir sagement : il n'aurait fait qu'exaspérer le tempérament impétueux du souverain, sans changer le moins du monde sa résolution.

Il prit congé du duc, et retourna auprès de Colvin, qu'il trouva plongé dans les affaires de son département, et se préparant à mettre en mouvement son artillerie, opération que l'imperfection du matériel et l'exécrable état des routes rendait en ce temps-là beaucoup plus laborieuse qu'à présent ; c'est encore, même de nos jours, une des difficultés les plus grandes dans la marche d'une armée. Le maître de l'artillerie revit Oxford avec joie, et se félicita de l'honneur qu'il aurait de jouir de sa compagnie durant la campagne. Il l'informa que, par commandement spécial du duc, il avait fait pour lui les préparatifs nécessaires, en rapport avec le caractère d'emprunt qu'il entendait conserver, mais aussi satisfaisants qu'un camp le pouvait permettre.

CHAPITRE XXIX.

> C'était un joyeux homme, et les neiges de l'âge
> Tombaient sans refroidir cet heureux personnage.
> Même au déclin des ans, d'une douce gaîté
> Le cerveau du vieillard se voyait visité :
> Ainsi le blanc glacier, quand le soleil s'incline,
> De riantes couleurs se peint et s'illumine.
>
> *Ancienne Comédie.*

AISSONS le comte d'Oxford accompagner l'opiniâtre duc de Bourgogne dans l'expédition contre les Suisses : l'un n'y voyait qu'une courte excursion, une partie de chasse plutôt qu'une campagne ; l'autre considérait l'entreprise sous un jour plus grave et plus périlleux. Revenons à Arthur de Vere, ou plutôt au jeune Philipson, comme on continuait de l'appeler. Son guide le conduisait fidèlement et avec succès, mais avec lenteur aussi, dans son voyage de Provence.

Grâce aux troubles du pays, et aux bandes diverses qui tenaient la campagne sous prétexte de servir la cause du comte Ferrand de Vaudemont, un voyage était si dangereux, qu'on dut souvent quitter la grande route, et prendre des chemins détournés, pour éviter les mauvaises rencontres.

Arthur avait appris par une fâcheuse expérience ce que valaient quelquefois les guides étrangers ; mais dans le voyage difficile et dangereux qu'il accomplissait à présent, son guide mérita toute sa confiance. Thibaut, Provençal de naissance, connaissait parfaitement les routes, et autant qu'Arthur en pouvait juger, tâchait de bien remplir son office. La prudence, les habitudes prises en voyageant, et aussi le caractère de marchand qu'il gardait encore, firent éviter à Arthur la morgue ou la hauteur d'un chevalier et d'un noble à l'égard d'un inférieur ; il estimait, d'ailleurs, qu'une libre conversation avec cet homme, qui paraissait supérieur à sa condition, lui permettrait de mieux connaître les idées du guide et ses dispositions à son égard. En retour de cette condescendance, il obtint beaucoup de renseignements sur la province où il allait.

Plus on approchait de la Provence, plus les communications de Thibaut devinrent nombreuses et intéressantes. Non seulement il dit à Arthur le nom et l'histoire de chacun des châteaux romantiques devant lesquels leur route accidentée les faisait passer, mais il possédait à fond les aventures chevaleresques de tous les nobles et barons auxquels ces châteaux appartenaient, ou avaient appartenu dans les anciens temps ; il racontait leurs exploits en repoussant les attaques des Sarrazins contre la chrétienté, ou leurs efforts pour arracher le Saint-Sépulcre aux païens. Dans le cours de ces narrations, Thibaut fut amené à parler des troubadours, poètes originaires de la Provence, différant beaucoup des ménestrels de la Normandie et des provinces voisines de France ; Arthur, comme la plupart des jeunes nobles de son pays, était très versé dans les contes de chevalerie de ces derniers, grâce aux traductions nombreuses de leurs ouvrages en gallo-normand et en anglais. Thibaut disait avec orgueil que son grand-père, d'une humble naissance, mais d'un talent remarquable, avait appartenu à cette race privilégiée des troubadours dont les productions ont eu une influence si grande sur le caractère et les mœurs de leur siècle et de leur pays. Il est à regretter que tout en enseignant, comme premier devoir de la vie, un chimérique esprit de galanterie poussant le platonisme jusqu'à l'excès, la poésie des troubadours ait souvent servi à amollir le cœur et à le séduire, et à corrompre les principes (C).

L'attention d'Arthur fut appelée sur cet ordre d'idées, lorsque Thibaut, qui chantait bien, le régala de l'histoire d'un troubadour, Guillaume Cabestaing, lequel aimait *par amours* une noble et belle dame, Marguerite, femme d'un baron nommé Raymond de Roussillon. Le mari jaloux obtint la preuve de son déshonneur ; ayant assassiné Cabestaing, il prit son cœur, le fit accommoder comme celui d'un animal, et le fit servir à son épouse. Lorsque celle-ci eut mangé cet horrible mets, le mari lui apprit de quoi son repas s'était composé. A quoi la dame répondit que, puisqu'on lui avait fait prendre une si précieuse nourriture, jamais aliment moins noble ne toucherait plus ses lèvres. Persistante en sa résolution, elle se laissa mourir de faim. Le troubadour qui célébrait cette épouvantable histoire avait déployé dans son œuvre un grand talent poétique. Palliant la faute des amants sous la responsabilité du destin, insistant sur leur fin tragique avec une sensibilité extrême, vouant enfin à l'exécration, avec tout le feu d'une indignation poétique, la fureur aveugle du mari, il racontait, avec le plaisir ardent de la vengeance, comment il advint que tous les braves chevaliers et les vrais amants du sud de la France se réunirent pour assiéger le château du baron, le prirent d'assaut, n'y laissèrent pas pierre sur pierre, et infligèrent au tyran lui-même une mort ignominieuse (D). Arthur prit intérêt à ce récit émouvant, qui lui arracha des larmes ; mais songeant à la mission qui lui était confiée, il sécha ses yeux, et dit sévèrement : « Ne me chantez plus de pareils lais, Thibaut. J'ai ouï dire à mon père que le meilleur moyen de corrompre un chrétien, est d'accorder au vice la pitié et les louanges qui ne sont dues qu'à la vertu. Votre baron de Roussillon est un monstre de cruauté ; mais vos infortunés amants n'en sont pas moins coupables. C'est en donnant de beaux noms à des actions mauvaises, que ceux pour qui le vice serait repoussant tel qu'il est, sont amenés à en suivre les leçons sous le déguisement de la vertu.

— Sachez bien, Seigneur, » répondit Thibaut, « que ce lai de Cabestaing et de la dame Marguerite de Roussillon, est reconnu pour un chef-d'œuvre de la gaie science. Fi! Monsieur ; n'êtes-vous pas trop jeune pour vous montrer un moraliste si sévère ? Que ferez-vous quand votre tête sera grise, si vous êtes si sévère lorsqu'elle est à peine brune ?

— Une tête qui, lorsqu'elle est jeune, prête l'oreille à la folie, aura bien de la peine, » répondit Arthur, « à être honorable dans sa vieillesse. »

Thibaut ne voulut pas pousser plus loin la discussion.

« Ce n'est pas à moi, » dit-il, « à disputer avec Votre Honneur. Je pense seulement, comme tous les vrais enfants de la chevalerie et de la lyre, qu'un chevalier sans maîtresse est comme un ciel sans étoiles. »

— Je le sais, » répondit Arthur ; « mieux vaut, cependant, rester dans l'obscurité, qu'être guidé par des lumières fausses qui répandent le vice et le malheur.

— Votre Seigneurie peut avoir raison, » répondit le guide. « Il est certain qu'en Provence nous avons beaucoup perdu de la perspicacité de notre jugement sur les matières d'amour, les difficultés, les complications et les erreurs qui s'y rattachent, depuis que les troubadours ne sont plus regardés comme vraiment utiles, et depuis que le haut et noble parlement d'amour a cessé de tenir ses audiences (E).

« Dans ces derniers temps, » continua le Provençal, « les rois, les ducs et les souverains, au lieu d'être les premiers et les plus fidèles vassaux de la cour de Cupidon, sont devenus les esclaves de l'égoïsme et de l'amour du gain. Au lieu de conquérir des cœurs en rompant des lances dans la lice, ils désolent, par les exactions les plus cruelles, les cœurs des vassaux appauvris ; au lieu de mériter le sourire et les faveurs de leurs dames, ils méditent sur le moyen de voler à leurs voisins des châteaux, des villes et des provinces. Vive, cependant, le bon et vénérable roi René ! Tant qu'il lui restera une acre de terre, sa résidence sera le refuge des vaillants chevaliers dont l'unique pensée est de se distinguer dans les tournois, des vrais amants persécutés par la fortune, et des harpes sublimes qui célèbrent la fidélité et la valeur. »

Arthur, curieux d'en savoir sur ce prince plus que ne lui en avait appris la renommée, amena aisément le loquace Provençal à s'étendre sur les vertus de son vieux souverain, juste, gai, débonnaire, ami des nobles exercices de la chasse et des tournois, et encore plus de la gaie science de la poésie et de la musique ; dépensant au delà de son revenu en largesses aux chevaliers errants et aux musiciens ambulants dont était pleine sa petite cour, l'une de celles, fort rares à présent, dans lesquelles l'hospitalité antique s'exerçait encore.

Telle fut la peinture que fit Thibaut du dernier monarque ménestrel ; et bien que l'éloge fût exagéré, le récit n'était pas outré.

Né de famille royale, et autorisé par sa naissance aux aspirations les plus hautes, René n'avait été, à aucune époque de sa vie, capable de mettre sa fortune à la hauteur de ses droits. Des royaumes qu'il eût pu revendiquer, il ne possédait rien, sauf le comté de Provence, belle et fertile principauté, mais diminuée par les réclamations diverses qu'élevait la France sur certaines portions du territoire en retour d'avances faites pour les dépenses du souverain ; diminuée aussi des portions que la Bourgogne, dont René avait été prisonnier, tenait en gage pour sa rançon. Il s'était engagé dans sa jeunesse en plus d'une entreprise militaire, dans l'espoir de se rendre maître de quelque morceau du territoire dont il était souverain nominal. On n'attaque pas son courage, mais la fortune ne sourit point à ses aventures militaires ; il sembla enfin comprendre qu'admirer et célébrer le mérite guerrier n'est pas la même chose que le posséder. En réalité, René fut un prince de capacité fort ordinaire, doué d'un amour des beaux arts qu'il poussa jusqu'à l'excès, et d'une bonne humeur qui ne lui permit jamais de murmurer contre la fortune, mais qui le rendit heureux, alors qu'un prince de sentiments plus ardents serait mort de désespoir. Cette disposition insouciante, légère, gaie, irréfléchie, conduisit René, exempt de toutes les passions qui empoisonnent la vie, et qui souvent l'abrègent, à une belle et joyeuse vieillesse. Les pertes domestiques même, dont sont affectés souvent ceux qui résistent à de simples revers de fortune, ne faisaient pas une impression bien profonde sur ce vieux monarque ami des distractions et du plaisir. La plupart de ses enfants étaient morts jeunes ; René ne le prit pas à cœur. Le mariage de sa fille Marguerite avec le puissant Henri d'Angleterre fut considéré comme une alliance fort au-dessus de la fortune du roi des troubadours. Mais, en définitive, au lieu de tirer avantage de ce mariage, il fut enveloppé dans les malheurs de sa fille, et obligé, à plusieurs reprises, de s'appauvrir pour la rançon de celle-ci. Peut-être, au fond de son âme, le vieux roi fut-il moins affligé de ces pertes, que de la nécessité de recevoir Marguerite à sa cour et dans sa famille. Tout enflammée par les pertes qu'elle avait subies, pleurant ses amis tués et ses royaumes perdus, la plus fière et la plus passionnée des princesses n'était pas faite pour habiter avec le plus léger et le plus gai des souverains, dont elle méprisait les goûts, et auquel elle ne pouvait pardonner les consolations puisées en ces bagatelles. Le caractère sombre de la présence et des souvenirs de vengeance de Marguerite troublait le bon vieux monarque, sans parvenir à chasser sa placidité joyeuse.

Un autre chagrin fit plus d'impression sur lui. Yolande, fille de sa première femme Isabelle, avait hérité des prétentions de René sur le duché de Lorraine, et les avait transmises à son fils Ferrand, comte de Vaudemont, jeune homme de beaucoup de courage et d'énergie, poursuivant alors la tâche, bien compromise en apparence, de faire valoir son titre contre le duc de Bourgogne : avec un faible droit mais une grande puissance, le duc parcourait ce riche duché et s'en emparait, le réclamant comme fief mâle. Bref, tandis que le vieux roi voyait, d'une part sa fille détrônée et en proie au désespoir, de l'autre, son petit-fils privé de son héritage, tâchant en vain tous les deux de recouvrer partie de leurs droits, il avait en outre le malheur de savoir que son neveu Louis de France, et son cousin le duc de Bourgogne, luttaient secrètement à qui lui succéderait à lui-même dans la portion de la Provence dont il était encore possesseur, et que la jalousie qu'ils se portaient l'un à l'autre l'empêchait seule d'être dépouillé de ce dernier reste de ses domaines. Au milieu cependant de tous ces désastres, René festoyait et recevait, dansait, chantait, faisait des vers, usait du pinceau et de la brosse avec une certaine habileté, organisait et conduisait des fêtes et des cortèges, s'étudiait à entretenir chez ses sujets la bonne humeur et la joie, faute de pouvoir leur donner une prospérité plus solide, et n'était jamais appelé par eux que *le bon roi,* titre qui lui est resté jusqu'à ce jour, et bien dû aux qualités de son cœur, sinon à celles de sa tête.

Tandis qu'Arthur recevait de son guide un rapport complet sur la façon d'être du roi René, on entrait sur le territoire de ce monarque ami du plaisir. L'automne était avancé, et l'on était à l'époque où le sud-est de la France se montre le moins à son avantage. Le feuillage de l'olivier est amoindri et fané, et comme c'est lui qui domine dans le paysage, du moment qu'il prend l'aspect brûlé que le sol lui-même possède, tout n'a qu'une teinte aride et cendrée. Il y avait cependant encore, dans les parties montueuses et pastorales, des endroits où les arbres verts, qui y sont nombreux, reprenaient la vie, même dans cette saison morte.

Le pays, dans son ensemble, avait un caractère tout particulier.

Les voyageurs rencontraient à chaque instant des indices du caractère singulier du roi. La Provence étant la partie de la Gaule qui a reçu la première la civilisation romaine, et ayant été la résidence de la colonie grecque qui fonda Marseille, est plus remplie des restes splendides de l'architecture antique qu'aucun autre pays de l'Europe, l'Italie et la Grèce exceptées. Le roi René avait eu le bon goût d'essayer de déblayer et de restaurer ces souvenirs de l'antiquité. Y avait-il un arc de triomphe ou un ancien temple, les huttes et les chaumières étaient enlevées de son voisinage, et l'on avisait aux moyens de retarder tout au moins la ruine du monument. Y avait-il une fontaine de marbre, dédiée par la religion antique à quelque naïade isolée, on l'entourait d'oliviers, d'amandiers et d'orangers; sa citerne était réparée, et apprenait de nouveau à retenir son précieux cristal. Les vastes amphithéâtres et les colonnades gigantesques étaient l'objet de la même sollici-

tude, attestant que les plus nobles modèles des beaux-arts trouvaient dans le roi René un admirateur et un protecteur, au cours même des siècles que l'on appelle barbares.

Un changement de mœurs se faisait remarquer aussi, en passant de la Bourgogne, où la société se sentait de la rudesse allemande, dans le pays pastoral de la Provence, où l'influence d'un beau climat et d'un mélodieux langage, jointe aux aspirations artistiques du vieux roi et au goût universel de la poésie et de la musique, avait introduit dans les manières une civilisation voisine de l'affectation. Il est littéralement vrai que le berger, le matin, conduisait ses troupeaux au pâturage en chantant sur ses pipeaux un sonnet composé par un troubadour amoureux ; et les « porte-toison, doux objets de ses soins, » avaient l'air de comprendre la musique, au lieu d'être, comme en des climats plus froids, absolument insensibles à sa mélodie. Arthur remarqua aussi que les moutons de Provence n'étaient pas chassés devant le berger, mais le suivaient en bon ordre, et ne se dispersaient jamais pour brouter avant que leur conducteur, se retournant pour leur faire face, ne se fût arrêté, et n'eût exécuté des variations sur l'air qu'il venait de jouer, façon de leur faire comprendre qu'ils pouvaient paître à leur fantaisie. Lorsque le berger marchait, son gros chien, d'une espèce dressée à tenir tête au loup, respecté des moutons comme un gardien et non craint comme un tyran, suivait son maître les oreilles levées en avant pour bien entendre, en qualité de chef de la critique et de premier juge de l'exécution : à certaines intonations, il ne manquait guère de témoigner qu'il n'était pas satisfait ; pendant que le troupeau, comme le gros d'un auditoire, suivait dans une approbation unanime quoique silencieuse. A l'heure de midi, le berger voyait quelquefois s'augmenter son auditoire ; c'était une belle femme ou une fraîche jeune fille, à laquelle il avait donné rendez-vous à une fontaine du genre de celles déjà décrites, venant écouter le chalumeau du mari ou de l'amant, ou mêler sa voix à la sienne en des duos dont les chants des troubadours nous ont laissé tant d'échantillons. A la fraîcheur du soir, la danse sur la pelouse du village, ou le concert à l'entrée du hameau, le petit repas de fruits, de fromage et de pain, que le voyageur était cordialement invité à partager, donnaient de nouveaux charmes à l'illusion, et faisaient de la Provence l'Arcadie de la France.

Mais la plus grande singularité aux yeux d'Arthur, était l'absence totale d'hommes armés et de soldats en ce pays pacifique. En Angleterre, nul ne sortait sans son arc, son épée et son bouclier. En France, le laboureur portait une armure même en tenant le manche de sa charrue. En Allemagne, on ne pouvait pas faire un mille sur une grande route sans apercevoir des nuages de poussière, où s'agitaient des panaches et où brillaient des armures. En Suisse même, le paysan, s'il avait un voyage à faire, ne fût-ce que d'un mille ou deux, ne manquait pas de prendre sa hallebarde ou son épée à deux mains. En Provence, tout semblait paisible et tranquille, comme si la musique avait, en ce pays, calmé toutes les passions violentes. De temps en temps l'on voyait passer un cavalier ; une harpe à l'arçon de sa selle, ou portée par un de ses serviteurs, montrait en lui un troubadour, caractère appartenant à des hommes de tous les rangs ; une épée courte sur la cuisse gauche, portée pour en faire montre plutôt que pour en faire usage, était dans son équipement un objet que les convenances rendaient nécessaires.

« La paix, » se disait Arthur en contemplant tout cela, « est un inestimable trésor; mais on l'arrachera bien vite à ceux dont le cœur et la main ne sont pas préparés pour la défendre. »

La vue de l'ancienne et intéressante ville d'Aix, où le roi René tenait sa cour, chassa les réflexions philosophiques, et rappela au jeune Anglais la mission spéciale dont il était chargé.

Il demanda à Thibaut le Provençal si ses instructions étaient de le quitter, maintenant qu'il avait heureusement atteint le terme du voyage.

« Mes instructions, » répondit Thibaut, « sont de rester à Aix aussi longtemps que Votre Seigneurie y séjournera, à votre disposition, si vous le demandez, soit comme guide soit autrement, et de garder mes hommes prêts à vous servir, s'il était besoin, de messagers ou de gardes. Je vais, avec votre permission, m'occuper de leur logement, et je recevrai, après, les ordres de Votre Seigneurie toutes les fois qu'il lui plaira de me faire appeler. Je vous propose cette séparation parce que je crois qu'à présent vous aimerez mieux être seul.

— Je dois sans retard aller à la cour, » dit Arthur. « Attendez-moi dans une demi-heure près de cette fontaine, qui projette en l'air une si magnifique colonne d'eau. Qu'est-ce donc que cette vapeur qui lui sert d'enveloppe?

— C'est que le jet d'eau, » répondit le Provençal, « est alimenté par une source chaude sortie des entrailles de la terre, et que le contact du froid, en cette matinée d'automne, fait distinguer la vapeur plus qu'à l'ordinaire. Si c'est le bon roi René que vous cherchez, vous le trouverez, à cette heure-ci, se promenant dans sa cheminée. Ne craignez pas de l'approcher, car jamais il n'y eut monarque si facile d'accès, surtout pour des étrangers qui ont bon air, comme Votre Seigneurie.

— Mais ses huissiers, » dit Arthur, « ne me laisseront pas entrer dans sa chambre.

— Sa chambre! » répéta Thibaut. « Quelle chambre?

— Celle du roi René, je suppose. S'il se promène dans une *cheminée*, ce ne peut être que celle de sa chambre; et la cheminée doit être grande pour qu'il s'y livre à cet exercice.

— Vous ne me comprenez pas, » dit le guide en riant. « Ce que nous appelons la cheminée du roi René, c'est l'étroite terrasse que vous voyez là; elle s'étend entre ces deux tours; elle est exposée au midi, et abritée des autres côtés. C'est le plaisir du roi de s'y promener et d'y jouir des rayons du soleil, en des matinées froides comme celle-ci. Cela nourrit, dit-il, sa veine poétique. Si vous approchez de son lieu de promenade, il vous parlera bien sûr, à moins qu'il ne soit engagé dans une composition poétique. »

Arthur ne put s'empêcher de sourire à la pensée d'un roi de quatre-vingts ans, accablé de malheurs et assiégé de périls, s'amusant à se promener sur une terrasse et faisant des vers, en présence de tous ceux de ses bien-aimés sujets auxquels il prenait fantaisie de le regarder.

« En faisant quelques pas de ce côté, » dit Thibaut, « vous pourrez voir le bon roi, et juger si vous devez ou non l'aborder en ce moment. Je vais installer mes gens, et je reviens prendre vos ordres à la fontaine du Corso. »

Arthur ne vit pas d'objections à ce que proposait le guide, et ne fut pas fâché d'avoir l'occasion d'observer un peu le bon roi René, avant d'en avoir audience.

CHAPITRE XXX.

>Pour son front les neuf sœurs et le fils de Latone
>Ont tressé du laurier la modeste couronne,
>Qui ne redoute pas tes foudres, Jupiter.
>Du diadème d'or et du casque de fer
>Il ne subira plus le gênant équipage ;
>Et, le chef ombragé d'un verdoyant feuillage,
>Dans le pays du rêve et des enchantements,
>Des poètes il est le prince, et des amants.
>
>*Anonyme.*

vec précaution, Arthur s'approcha de la cheminée, promenade favorite de celui dont Shakspeare a dit :

>Roi de Jérusalem, de Naples, de Sicile,
>Portant de trois États le vocable stérile,
>Et moins riche avec eux qu'un laboureur anglais.

De l'endroit où il s'était mis, il put contempler parfaitement Sa Majesté. Il vit un homme âgé, dont les cheveux et la barbe pouvaient, en volume et en blancheur, rivaliser avec ceux de l'envoyé de Schwitz, mais qui y joignait des couleurs fraîches et rubicondes, et un œil d'une extrême vivacité. Son vêtement était plus voyant que ne le comportait son âge ; et son pas, non seulement ferme, mais alerte et prompt en arpentant le petit espace abrité qu'il avait choisi plutôt pour y être bien que pour y être seul, attestait dans un corps âgé une vigueur juvénile. Le vieux roi tenait d'une main ses tablettes et son crayon, tout absorbé dans ses pensées, et fort indifférent aux regards d'un certain nombre de personnes qui, de la rue, observaient son promenoir élevé.

Au vêtement et à la tournure, quelques-uns des curieux semblaient être des troubadours; car ils tenaient en main des rebecs, des guitares, de petites harpes portatives, et d'autres signes indicatifs de leur profession. Ils s'étaient postés là pour observer et noter les méditations du prince. D'autres, occupés d'affaires plus sérieuses, regardaient le roi comme une personne qu'ils voyaient tous les jours, mais devant laquelle ils ne passaient jamais sans ôter leur chapeau, et sans exprimer par un salut leur respect et leur affection, suppléant par la sincérité du sentiment à ce qu'avaient d'imparfait les solennités de l'hommage.

René semblait n'avoir conscience ni des regards de ceux qui stationnaient, ni des saluts de ceux qui passaient; son esprit était captivé par quelque travail ardu de poésie ou de musique. Il marchait vite ou lentement selon que le comportait le cours de sa composition. De temps en temps il s'arrêtait, pour marquer à la hâte sur ses tablettes, comme digne d'être conservée, une idée qui lui venait à l'esprit; d'autres fois il déchirait ce qu'il avait écrit, et jetait son crayon avec une sorte de désespoir. En ces moments, la feuille fatidique était avec soin ramassée par un beau page, la seule personne qui fût près de lui; et le page épiait respectueusement la première occasion convenable de replacer cette feuille en la main royale. Le même jeune homme portait une viole, sur laquelle, à un signal de son maître, il touchait de temps en temps quelques notes, que le vieux roi écoutait, tantôt d'un air calme et satisfait, tantôt le visage inquiet ou mécontent. Son enthousiasme, par instants, s'élevait à ce point, qu'il sautait et bondissait avec une activité que son âge n'aurait pas fait supposer; ses mouvements, à d'autres moments, étaient fort lents; parfois même il restait immobile, plongé dans ses méditations. Lorsqu'il lui arrivait de porter les yeux sur le groupe qui l'observait, et qui s'aventurait à le saluer d'un murmure approbateur, c'était pour faire un signe de tête amical. Il ne manquait jamais de répondre à ces manifestations, toutes les fois que l'attention extrême qu'il donnait à son travail lui permettait de les voir.

L'œil du roi tomba enfin sur Arthur; frappé de son attitude observatrice et silencieuse, et de la distinction de sa personne, il vit que c'était un étranger. René fit signe à son page; sur l'ordre donné à voix basse par son maître, celui-ci descendit de la cheminée royale à la plate-forme qui était au-dessous, plus large et ouverte au public. Abordant Arthur avec courtoisie, le jeune garçon lui dit que le roi voulait lui parler. L'Anglais n'avait pas autre chose à faire que d'aller où on l'appelait, tout en se demandant comment il devrait se comporter envers un spécimen de royauté aussi singulier.

A son approche, le roi René s'adressa à lui d'un ton poli, où se mêlait pourtant de la dignité. Arthur éprouva devant lui plus de respect qu'il ne l'aurait cru d'après son idée conçue d'avance sur le caractère du roi.

« Vous êtes, ce me semble, beau sire, » dit le roi René, « étranger à ce pays. De quel nom faut-il vous appeler, et à quelle affaire devons-nous attribuer le plaisir de vous voir à notre cour? »

Arthur resta un moment sans rien dire, et le bon vieillard, l'imputant à la timidité, continua d'un ton encourageant.

« La modestie sied à la jeunesse; vous êtes sans doute un acolyte de la gaie science des ménestrels et des musiciens, attiré ici par le bon accueil que nous faisons aux adeptes de ces arts, dans lesquels, Notre-Dame et les saints en soient loués! on fait assez cas de nous.

— Je n'aspire point aux honneurs d'un troubadour, » répondit Arthur.

« Je vous crois, » repartit le roi, « car votre parler sent le français du nord, ou le franco-normand, tel qu'on le parle en Angleterre ou chez d'autres nations peu raffinées. Vous êtes peut-être un ménestrel de ces pays d'outre-monts. Soyez sûr que nous ne dédaignons pas leurs efforts; ce n'est pas sans plaisir et sans profit que nous avons écouté beaucoup de leurs romans hardis et originaux; bien que rudes de conduite et de langage, et fort inférieurs, par conséquent, à la poésie mieux disciplinée de nos troubadours, ils ont cependant, dans leur rythme puissant et fier, quelque chose qui éveille le cœur comme le son d'une trompette.

— J'ai senti la vérité de l'observation de Votre Grâce en écoutant les chants de mon pays, » répondit Arthur ; « mais je n'ai ni le talent ni l'audace d'imiter ce que j'admire. Ma dernière résidence a été l'Italie.

— Vous cultivez peut-être la peinture, » dit René, « un art qui s'adresse à l'œil comme la poésie et la musique à l'oreille, et qui n'est guère en moindre estime auprès de nous. Si vous êtes habile en cet art, vous êtes venu chez un monarque qui l'aime, et qui aime le beau pays dans lequel on le pratique.

— Pour dire la vérité pure, sire, je ne suis qu'un Anglais, et ma main a été rendue trop rude par l'usage de l'arc, de la lance et de l'épée, pour toucher la harpe ou même le pinceau.

— Un Anglais ? » dit René, laissant évidemment tomber un peu la chaleur de sa bienvenue ; « quelle raison vous amène ici ? L'Angleterre et moi, depuis un temps, nous avons cessé d'être amis.

— C'est la cause même qui m'amène en ce pays, » répondit Arthur. « Je viens présenter mes hommages à la fille de Votre Grâce, la princesse Marguerite d'Anjou, que moi et beaucoup de vrais Anglais nous regardons toujours comme notre reine, bien que des traîtres aient usurpé son titre.

— Hélas ! jeune homme, » dit René, « je vous plains, tout en respectant votre loyauté et votre fidélité. Si ma fille Marguerite avait été comme moi, elle aurait depuis longtemps abandonné ses prétentions, qui ont noyé dans une mer de sang les plus nobles et les plus braves de ses adhérents. »

Le roi semblait disposé à en dire plus ; mais il s'arrêta.

« Allez dans mon palais, » dit-il ; « demandez le sénéchal Hugues de Saint-Cyr ; il vous donnera les moyens de voir Marguerite, si telle est du moins la volonté de ma fille. Au cas contraire, jeune Anglais, revenez dans mon palais, et vous y trouverez l'hospitalité ; car un roi qui aime la poésie, la musique et la peinture, est toujours sensible à ce qu'inspirent l'honneur, la vertu et la loyauté. Je lis dans vos regards que vous possédez ces qualités, et j'incline à croire que vous pourriez, en des temps plus tranquilles, aspirer aux honneurs de la gaie science. Si vous avez un cœur que touchent le sentiment de la beauté et l'harmonie des lignes, vous le sentirez palpiter en vous à la vue de mon palais, dont la grâce majestueuse peut se comparer à la taille irréprochable d'une belle dame, ou aux modulations

ingénieuses, mais simples, d'un air comme celui que je composais tout à l'heure. »

Le roi semblait disposé à prendre son instrument, et à régaler le jeune homme d'une audition des accords qu'il venait de concevoir; mais Arthur éprouva le sentiment pénible auquel les esprits délicats sont accessibles en voyant les autres exagérer l'importance de certaines choses, ou croire qu'ils vont exciter l'admiration lorsqu'ils ne font que s'exposer au ridicule. Arthur, « honteux et confus, » prit donc congé du roi de Naples, des Deux-Siciles et de Jérusalem, un peu plus brusquement que ne l'aurait voulu le cérémonial. Le roi le suivit des yeux, assez étonné de ce manque de savoir-vivre, mais l'imputant à l'éducation insulaire de son visiteur. Il se remit à pincer sa viole.

« Le vieux fou! » dit Arthur ; « sa fille est détrônée, ses États s'émiettent, sa famille est à la veille de s'éteindre, son petit-fils est poursuivi d'un lieu de refuge à un autre, chassé de l'héritage de sa mère, et lui, il trouve plaisir à ces bagatelles! Avec sa longue barbe, il me faisait penser à Nicolas Bonstetten; mais, auprès de lui, le vieux Suisse est un Salomon. »

Au milieu de ces réflexions, et d'autres, peu flatteuses pour le roi René, Arthur atteignit le lieu du rendez-vous, près de la fontaine alimentée par une de ces sources chaudes qui avaient fait, dès les temps antiques, les délices des Romains. Thibaut donna à son maître l'assurance que toute l'escorte, chevaux et hommes, était installée de façon à être à sa disposition au premier appel, puis il se chargea volontiers de le conduire au palais du roi René. Par sa singularité, et par la beauté même de son architecture, cet édifice méritait l'éloge que le vieux monarque en avait fait. La façade consistait en trois tours de construction romaine, deux aux angles, la troisième, qui servait de mausolée, se reliant au groupe, bien qu'un peu détachée des autres bâtiments. Cette dernière tour avait de belles proportions. La partie basse était carrée, formant une sorte de piédestal ; la partie supérieure était circulaire, et entourée de colonnes de granit. Les deux tours d'angle étaient rondes, ornées aussi de piliers, avec double rang de fenêtres. En face de ces œuvres romaines du cinquième ou sixième siècle, et communiquant avec elles, s'élevait l'ancien palais des comtes de Provence, bâti depuis un siècle ou deux : une riche façade gothique ou moresque contrastait, non sans harmonie, avec l'architecture plus régulière et plus lourde des maîtres du monde. Il n'y a pas plus de trente ou quarante ans que ce très curieux reste de l'art antique a été détruit, pour faire place à de nouveaux édifices publics qui n'ont pas encore été élevés.

Arthur éprouva réellement une sensation semblable à celle que le vieux roi lui avait prédite, et s'arrêta, regardant avec admiration la porte toujours ouverte du palais, où des hommes de toute espèce semblaient entrer librement. Après quelques minutes de contemplation, le jeune Anglais monta les degrés d'un noble portique, et demanda à un concierge, aussi vieux et aussi fainéant que doit l'être le domestique d'un grand homme, le sénéchal qu'avait indiqué le roi. Le corpulent préposé de la porte confia très poliment Arthur à la conduite d'un page; celui-ci l'introduisit dans une chambre où était un autre fonctionnaire âgé, d'un rang plus élevé; une figure avenante, un œil doux et serein, un front qui n'avait jamais connu le pli de la gravité, montraient que le sénéchal d'Aix partageait la philosophie de son royal maître. Il reconnut Arthur dès que celui-ci l'eut abordé.

« Vous parlez, beau sire, le français du nord; vous avez les cheveux plus blonds et la peau plus blanche que les natifs de ce pays; vous demandez la reine Marguerite. A tout cela je vois que vous êtes Anglais. Sa Grâce d'Angleterre accomplit un vœu, en ce moment, au monastère du Mont Sainte-Victoire; et, si votre nom est Arthur Philipson, j'ai mission de vous faire conduire auprès d'elle immédiatement, aussitôt du moins que vous aurez goûté aux provisions du roi. »

Le jeune homme s'en serait défendu; le sénéchal ne lui en laissa pas le temps.

« Le dîner et la messe, » dit-il, « sont deux choses dont il ne faut jamais s'abstenir. C'est dangereux pour la jeunesse de voyager loin l'estomac vide. Lui aussi, il prendrait une bouchée avec le visiteur de la reine, et boirait à sa santé une bouteille de vieux vin de l'Ermitage. »

On servit avec une rapidité qui montra combien l'hospitalité était familière dans les domaines du roi René. Les pâtisseries, le gibier, la tête de sanglier, d'autres mets recherchés, furent mis sur la table, et le sénéchal joua libéralement le rôle de maître de maison, s'excusant souvent, et bien à tort, de ne pas donner assez l'exemple; c'est que son devoir était de découper devant le roi René, et le bon roi n'était satisfait que s'il le voyait manger aussi prestement qu'il découpait.

« Mais pour vous, seigneur hôte, usez-en à votre aise, car, jusqu'au coucher du soleil, vous ne verrez plus rien qui se mange. La bonne reine prend ses infortunes si à cœur que les soupirs sont sa nourriture et les larmes son breuvage, comme dit le Psalmiste. Il faudra, j'y pense, des chevaux à votre monde et à vous pour aller au Mont Sainte-Victoire ; il est à sept milles d'Aix. »

Arthur répondit qu'il avait un guide et des chevaux, et demanda la permission de prendre congé. Le digne sénéchal, son bon gros ventre orné d'une chaîne d'or, l'accompagna jusqu'à la porte, d'un pas qu'un petit accès de goutte rendait incertain : « Ce n'est rien, » disait-il ; « je prendrai les eaux chaudes pendant trois jours, et il n'y paraîtra plus. » Thibaut parut devant la porte, non avec les montures fatiguées qu'on venait de quitter une heure avant, mais avec des chevaux frais, fournis par les écuries du roi.

« Ils sont à vous du moment que vous aurez mis le pied dans l'étrier, » dit le sénéchal ; « le bon roi René n'a jamais repris comme sien le cheval qu'il avait prêté à un hôte ; c'est peut-être l'une des raisons pour lesquelles Son Altesse et sa maison vont souvent à pied. »

Ici le sénéchal échangea ses adieux avec le jeune visiteur, et celui-ci se mit en route, pour la résidence actuelle de la reine Marguerite au célèbre monastère de Sainte-Victoire. Arthur demanda au guide de quel côté était le monastère ; celui-ci lui montra, d'un air triomphant, une montagne de plus de trois mille pieds de haut, se dressant à environ deux lieues de la ville, et qui, par ses sommets hardis et rocheux, était le plus remarquable objet du paysage. Thibaut en parla avec un tel enthousiasme, qu'Arthur comprit que son fidèle écuyer n'avait pas négligé l'usage de l'hospitalité prodigue du bon roi René. Thibaut continua à s'étendre sur la renommée de la montagne et du monastère. Ils tiraient leur nom d'une grande victoire, remportée par un général romain, du nom de Caïus Marius, sur deux grandes armées de Sarrazins portant des noms singuliers ; les Teutons et les Cimbres, probablement. Pour remercier le ciel de cette victoire, Caïus Marius avait fait vœu de construire sur la montagne un monastère en l'honneur de la vierge Marie, sous l'invocation de laquelle il avait été baptisé. Avec toute l'importance d'un connaisseur local, Thibaut prouvait par des faits spéciaux son assertion générale.

« Là, » dit-il, « était le camp des Sarrazins, d'où, lorsque la bataille parut décidée, leurs femmes se précipitèrent avec des cris effroyables, tout échevelées, faisant des gestes de furies, et vinrent à bout pendant quelque temps d'arrêter la fuite des hommes. » Il montra aussi la rivière que la stratégie savante des Romains avait fait garder, pour le passage de laquelle les barbares, qu'il appelait Sarrazins, engagèrent l'action, et dont les eaux furent empourprées de leur sang. Bref, il mentionna bien des circonstances, qui prouvent avec quel soin la tradition conserve les détails des événements anciens, tout en oubliant, dénaturant et confondant les dates et les personnes.

Arthur prêtait l'oreille avec intérêt : on comprendra facilement qu'un jeune homme dont l'éducation s'était faite au milieu de la chaleur des guerres civiles, n'était pas à même d'exercer une critique bien éclairée sur le récit des guerres d'une époque reculée. Ce sujet épuisé, le Provençal, s'approchant davantage encore de son maître, lui demanda à demi-voix s'il savait, ou s'il désirait savoir, la cause pour laquelle Marguerite avait quitté Aix, et s'était établie au monastère de Sainte-Victoire ?

« Pour l'accomplissement d'un vœu, » répondit Arthur ; « tout le monde le sait.

— Tout Aix sait le contraire, » dit Thibaut ; « et je pourrais vous dire la vérité, si j'étais sûr que cela n'offensât pas Votre Seigneurie.

— La vérité ne saurait offenser un homme raisonnable, pourvu qu'on parle de la reine Marguerite comme on doit le faire devant un Anglais. »

Cette réponse couvrait à la fois le désir d'avoir un renseignement, et celui de tenir en respect la pétulance de son compagnon.

« Je n'ai rien à dire, » répliqua le guide, « qui puisse faire du tort à la gracieuse reine ; son seul malheur est que, comme son royal père, elle a plus de titres que de villes. Je sais bien d'ailleurs que, vous autres Anglais, tout en disant vous-mêmes beaucoup de mal de vos souverains, vous ne permettez pas aux autres de leur manquer de respect.

— Parlez donc, » répondit Arthur.

« Votre Seigneurie doit savoir, » dit Thibaut, « que la profonde tristesse de la reine Marguerite a beaucoup troublé le bon roi René, et qu'il a fait tout ce qu'il a pu pour changer cette humeur en une plus gaie. Il a donné des réjouissances publiques et privées ; il a réuni des ménestrels et des troubadours, dont la musique et la poésie auraient fait sourire un agonisant. Tout le pays retentissait de chansons et d'allégresse, et la gracieuse reine ne pouvait sortir, fût-ce incognito, sans tomber dans une embuscade avant d'avoir fait cent pas : c'était un spectacle quelconque, ou une jolie mascarade, que le roi, souvent, avait composée lui-même ; moyen d'interrompre la solitude de la reine, et de chasser par un passe-temps agréable le fardeau de ses pensées. Mais la mélancolie de la reine repoussait tous les essais faits pour la combattre ; elle finit par se renfermer dans ses appartements, et par refuser même absolument de voir son royal père, parce qu'il lui amenait constamment les personnes dont il pensait que les talents pourraient adoucir sa douleur. Les joueurs de harpe n'étaient pour elle qu'une fatigue ; elle ne faisait pas attention à eux, et semblait même ne pas s'apercevoir de leur présence ; excepté une fois qu'un Anglais de passage lui chanta une ballade sauvage et lugubre : elle a versé, ce jour-là, un torrent de larmes, et a donné au musicien une chaîne de prix. A la fin donc, comme j'avais l'honneur de le dire à Votre Seigneurie, elle a refusé de voir même son royal père, à moins qu'il ne vînt seul ; ce qu'il n'a pas eu le courage de faire.

— Cela ne m'étonne point, » dit le jeune homme ; « par le Cygne blanc ! je suis plutôt surpris que les mascarades du roi n'aient pas poussé la reine jusqu'à la fureur.

— C'est un peu ce qui est arrivé, » dit Thibaut ; « et je vais dire à Votre Seigneurie comment la chose s'est passée. Il faut que vous sachiez que le bon roi René, ne pouvant se décider à abandonner sa fille au mauvais démon de la tristesse, songea à faire un grand effort. Sachez aussi que le roi, profondément versé dans toute la science des troubadours et des jongleurs, est tenu en estime particulière pour organiser les mystères, et tous ces amusements, toutes ces processions que la sainte Église permet de mêler à ses cérémonies plus graves, dans la pensée de réjouir le cœur de ses fidèles enfants. Il est admis que personne n'a jamais valu Sa Majesté pour bien mettre en ordre une Fête-Dieu ; et l'air sur lequel les diables bâtonnent le roi Hérode, à la grande satisfaction de tous spectateurs chrétiens, est de la composition de notre bon roi. Il a dansé à Tarascon dans le ballet de sainte Marthe et du dragon, et a été reconnu pour le seul acteur capable de jouer le rôle de la Tarasque, c'est-à-dire de ce dragon. Son Altesse a introduit aussi un nouveau rituel pour la consécration de l'Enfant-évêque, et a composé, pour la fête des Anes, la musique la plus amusante. Bref, toute la vigueur morale de Sa Grâce est dans ces divertissements ingénieux et agréables, qui sèment de fleurs le sentier de l'édification, et font aller les hommes vers le ciel en dansant et en chantant.

« Or, le bon roi René, ayant conscience de son génie pour ces compositions récréatives, résolut de faire un effort suprême pour voir s'il pourrait par là soulager cette tristesse de sa fille, faite pour empoisonner tout ce qui l'approchait. Il arriva, peu de temps après, que la reine s'absenta quelques jours; pour aller où et pour quoi faire, je ne m'en souviens plus. Cela donna au bon roi le temps de faire ses préparatifs. Lors donc que sa fille revint, à force d'insistance il la décida à faire partie de la procession qui se rendait à Saint-Sauveur, la principale église d'Aix. Ignorante de ce qui se méditait, la reine s'ajusta magnifiquement, pour assister et pour prendre part à une cérémonie qu'elle croyait devoir être toute de dévotion. Elle n'eut pas plus tôt paru sur l'esplanade du palais, que plus de cent masques habillés en Turcs, en Juifs, en Sarrazins, en Mores, en je ne sais combien d'autres costumes, l'entourèrent pour lui offrir leurs hommages en qualité de reine de Saba; puis, aux accords d'une musique grotesque, ils se mirent en ordre pour exécuter un ballet comique, dans lequel ils s'adressaient à la reine de la façon la plus drôle et avec les gestes les plus extravagants. La reine, assourdie par le bruit, et choquée de la pétulance de cet assaut inattendu, aurait voulu rentrer au château; mais, dès sa sortie, les portes en avaient été fermées sur l'ordre du roi, et, dans cette direction, la retraite lui était coupée. Trouvant le palais fermé, la reine fit quelques pas en avant, et tâcha, par des gestes et des paroles, d'apaiser le tintamarre; les masques avaient leurs instructions, et ne répondirent que par des chants, de la musique, et des cris.

— J'aurais voulu, » dit Arthur, « qu'il y eût là une vingtaine de *yeomen* anglais, avec leurs bâtons à deux bouts, pour apprendre à ces braillards le respect dû à une femme qui a porté la couronne d'Angleterre!

— Tout le bruit qu'on faisait avant devint silence et douce musique, » continua Thibaut, « au moment où le bon roi parut lui-même, grotesquement habillé en roi Salomon...

— Celui de tous les princes auquel il ressemble le moins, » dit Arthur.

« Avec tant de cabrioles et de gestes de bienvenue pour la reine de Saba, que les gens qui l'ont vu m'ont assuré qu'il y avait de quoi ressusciter un mort, ou faire mourir de rire un vivant. Entre autres attributs, il avait en main un bâton ressemblant assez à une marotte de fou...

— Sceptre bien fait, » dit Arthur, « pour un pareil souverain.

— Portant, au bout, » continua Thibaut, « un modèle du temple juif, en carton, très bien fait, et magnifiquement doré. Il maniait cela avec beaucoup de grâce, et charmait par sa gaieté et par son agilité tous les spectateurs, excepté la reine. Plus il sautait et cabriolait, plus elle s'irritait ; jusqu'à ce qu'enfin, le roi s'approchant d'elle pour la conduire à la procession, elle fut prise d'une sorte de fureur, fit sauter le bâton de la main du roi, et fendant la foule, comme une tigresse échappée de la charrette d'un montreur de bêtes, se précipita dans la cour des écuries du château. Avant que l'ordre ne fût rétabli dans la représentation que sa violence avait troublée, la reine reparut, à cheval, accompagnée de deux ou trois cavaliers anglais de sa suite. Elle se fit route à travers la foule, sans songer à la sécurité des gens ni à la sienne, s'enfuit le long des rues comme un ouragan de grêle, et ne cessa d'aller bride abattue aussi longtemps que le permit la route escarpée qui conduit à Sainte-Victoire. Elle fut reçue dans le couvent, et y est restée depuis ; un vœu de pénitence sert de prétexte pour couvrir la brouille.

— Combien peut-il y avoir, » dit Arthur, « que cela est arrivé ?

— Il y a trois jours seulement que la reine Marguerite a quitté Aix de la façon que je viens de dire. Mais nous avons monté aussi haut qu'on le fait d'habitude à cheval. Voyez s'élever le monastère entre les deux grands rochers qui forment le sommet du mont Sainte-Victoire. Il n'y a plus d'autre terrain plat que celui de la fente où est niché le couvent de Sainte-Marie de la Victoire, et l'accès en est gardé par les précipices les plus dangereux. Pour monter la montagne, suivez ce sentier étroit qui serpente parmi les rochers; il finira par vous conduire à la porte du monastère.

— Que deviendrez-vous, » dit Arthur, « vous et vos chevaux?

— Nous resterons, » dit Thibaut, « à l'hospice tenu par les bons pères, au pied de la montagne, pour l'usage de ceux qui accompagnent les pèlerins ; car ce lieu vénérable est visité, je vous le garantis, par

beaucoup de gens venus de loin, ayant hommes et chevaux à leur service. Ne vous inquiétez pas de moi ; je serai à l'abri avant vous. Mais je vois, à l'ouest, s'amasser des nuages menaçants ; ils causeront du désagrément à Votre Seigneurie si elle n'arrive à temps au convent. Je vous donne une heure pour le faire; et je vous dirai leste comme un chasseur de chamois si vous y arrivez en ce temps-là. »

Arthur regarda, et vit en effet, à l'ouest, dans le lointain, des nuages qui promettaient de changer bientôt le caractère de la journée, jusque-là fort belle, et si calme qu'on aurait entendu la chute d'une feuille. Il s'engagea donc dans le sentier escarpé de la montagne, tantôt escaladant des rocs presque à pic, tantôt en atteignant les sommets par des chemins en zigzag. Il passait au milieu de touffes de buis sauvage et d'autres basses plantes aromatiques, pâture précieuse pour les chèvres de la montagne, mais gêne cruelle pour le voyageur obligé d'y frayer sa route. Les obstacles de ce genre étaient si fréquents, que l'heure entière accordée par Thibaut s'était écoulée avant qu'il ne fût au sommet du mont Sainte-Victoire, en face du singulier couvent de ce nom.

Nous avons déjà dit que la crête de la montagne, consistant uniquement en un rocher nu, était divisée, par une fissure, en deux têtes ou pics; le couvent était bâti entre les deux, occupant tout l'espace qui les séparait. La façade du bâtiment était du gothique le plus ancien et le plus sombre, ou plutôt du style que l'on a appelé saxon; elle s'accordait d'ailleurs par là avec l'aspect sauvage des rochers nus, dont le bâtiment semblait faire partie, et dont il était complètement entouré, sauf un petit espace plus uni, où, au prix d'un travail immense et en apportant la terre au haut de la montagne, des divers endroits où l'on avait pu en trouver un peu, les bons pères étaient venus à bout d'organiser un jardin.

Une cloche fit venir un frère lai, portier de ce monastère si étrangement situé. Arthur s'annonça comme un marchand anglais, nommé Philipson, venant présenter ses devoirs à la reine Marguerite. Le portier, très respectueusement, introduisit l'étranger dans le convent, et le fit entrer dans un parloir qui, donnant du côté de la ville d'Aix, jouissait d'une vue étendue et superbe sur le sud et l'ouest de la Provence. C'était par là qu'Arthur était venu; mais le sentier par lequel il était monté lui avait fait faire complètement le tour de la montagne. Le côté ouest du monastère, sur lequel avait vue le parloir, commandait la perspective que nous avons mentionnée; et une espèce de balcon, joignant les deux pointes jumelles, séparées seulement, à cet endroit, par une distance de deux ou trois toises, courait le long de la façade du bâtiment, et semblait construit à dessein, pour permettre de jouir de ce beau spectacle. Arthur reconnut que le mur où s'appuyait le parapet longeait le bord d'un précipice tombant à pic au moins cinq cents pieds au-dessous des fondations du couvent. Surpris et effrayé de se trouver à une hauteur si vertigineuse, Arthur détourna les yeux de ce gouffre pour admirer le lointain paysage, illuminé en partie d'un éclat sinistre par le soleil qui, à cette heure, inclinait vers le couchant. Ses rayons abaissés montraient, sur un splendide fond d'un rouge foncé, une variété immense de hauteurs et de vallées, de plaines et de terres cultivées, avec villes, églises et châteaux, les uns surgissant du milieu des arbres, les autres campés sur des éminences rocheuses, d'autres encore se dérobant presque au bord des cours d'eau et des lacs, vers lesquels les attirait la chaleur et la sécheresse du climat.

Le reste du paysage offrait des objets du même genre, lorsque le temps était serein; mais ils étaient rendus peu distincts, en ce moment, ou même effacés tout à fait, par l'ombre des nuages étendant par degrés sur une grande partie de l'horizon une teinte sombre. En dépit des efforts du soleil pour maintenir son influence, les nuages menaçaient d'éclipser l'astre roi, qui se couchait plein de gloire encore, comme un héros mourant, dans le moment même de sa défaite. Les sons effrayants que le vent formait, comme des hurlements ou des plaintes, dans les nombreuses cavernes de la montagne, ajoutaient aux terreurs de la scène, et semblaient prédire la fureur d'un orage lointain, bien que l'air, dans son état général, fût encore d'un calme exceptionnel. En contemplant ce spectacle extraordinaire, Arthur rendait justice aux moines, qui avaient choisi ce site étrange et sauvage, d'où ils pouvaient être témoins des manifestations les plus grandioses de la nature, et comparer le néant de l'humanité à ses convulsions sublimes.

Arthur, devant cette scène, était si rempli d'admiration et de respect, qu'il avait presque oublié, en la regardant, l'importante affaire qui l'amenait; il y fut rappelé soudain en se trouvant en présence de Marguerite d'Anjou qui, ne le trouvant pas dans la salle, elle était allée sur le balcon, pour le voir plus tôt.

La reine était vêtue de noir, sans aucun ornement, sauf une couronne d'or d'un pouce de large, retenant ses cheveux noirs, dont les années et les douleurs avaient en partie altéré les nuances. Dans l'intérieur du cercle royal était placée une plume noire, avec une rose rouge, la dernière de la saison, que le bon père jardinier lui avait offerte le matin, comme étant l'emblème de la maison du roi son époux. Les soucis, la fatigue et la douleur, étaient sur son front et dans ses traits. A un autre messager, elle aurait probablement fait une aigre réprimande, pour n'avoir pas été prêt à la recevoir à son entrée ; mais l'âge et l'extérieur d'Arthur correspondaient avec ceux de l'enfant aimé qu'elle avait perdu. C'était le fils d'une femme que Marguerite avait aimée presque comme une sœur, et la présence d'Arthur continuait d'appeler chez la reine détrônée les mêmes sentiments de tendresse maternelle que sa vue avait éveillés à leur première rencontre dans la cathédrale de Strasbourg. Elle le releva lorsqu'il plia le genou devant elle, lui parla avec bonté, et l'encouragea à lui raconter en détail et le message de son père, et toutes les autres nouvelles qu'il avait pu apprendre durant son court séjour à Dijon.

Elle demanda dans quelle direction le duc Charles avait conduit son armée.

« Comme le maître de l'artillerie me l'a donné à entendre, » dit Arthur, « vers le lac de Neufchâtel, côté d'où il se propose de faire sa première attaque contre les Suisses.

— L'insensé ! » dit la reine Marguerite ; « semblable au lunatique qui monte au haut de la montagne pour rencontrer la pluie à moitié chemin. Votre père me conseille donc, » continua Marguerite, « de céder les derniers débris des vastes territoires qui ont appartenu jadis à notre royale maison ; pour quelques milliers d'écus, et pour l'aide insuffisante de quelques centaines de lances, d'abandonner ce qui nous reste de notre patrimoine à notre orgueilleux et égoïste cousin de Bourgogne, jaloux de nous prendre tout, sans autre retour qu'un faible secours, ou que la promesse d'un secours.

— J'aurais mal rempli la commission de mon père, » dit Arthur, « si je laissais croire à Votre Altesse qu'il conseille absolument un aussi grand sacrifice. Il apprécie comme il le faut l'insatiable désir d'agrandissement du duc de Bourgogne. Il pense néanmoins que la Provence doit, à la mort du roi René, ou même avant, tomber en partage soit au duc Charles soit à Louis de France, quelque opposition qu'y voulût faire Votre Altesse ; et il se peut que mon père, comme chevalier et comme homme de guerre, fonde une grande espérance sur une nouvelle attaque en Angleterre. La décision doit dépendre de Votre Altesse.

— Jeune homme, » dit la reine, « une telle question à résoudre me prive presque de ma raison ! »

Parlant de la sorte, ainsi qu'une personne à qui le repos est nécessaire, et sans souci de l'orage qui commençait à éclater elle se laissa tomber sur un banc de pierre placé sur le bord du balcon. Des rafales de vent terribles s'élançaient, dérangées dans leur course par les rochers sur les flancs desquels elles mugissaient. On eût dit que Borée, Eurus et Caurus se disputaient l'empire autour du couvent de Notre-Dame de la Victoire. Au milieu de ce tumulte, au milieu des flots de vapeur qui cachaient le fond du précipice, et des masses de nuages courant avec furie au-dessus de la tête des deux spectateurs, le rugissement des eaux qui tombaient ressemblait plus à la chute d'une cataracte qu'au bruissement de la pluie. Le siège où la reine s'était assise était presque abrité contre l'orage, mais les tourbillons, agités dans tous les sens, faisaient par instants, flotter les cheveux épars de Marguerite. Comment décrire ce visage noble et beau, quoique pâle et ravagé, violemment secoué par la lutte et l'hésitation des pensées? Nous ne le ferons comprendre qu'à ceux de nos lecteurs qui ont vu, dans un rôle de ce genre, notre inimitable Siddons. Inquiet et effrayé de la voir ainsi, Arthur supplia la reine de se soustraire à la fureur de l'orage, en rentrant dans l'intérieur du couvent.

« Non, » répliqua-t-elle avec fermeté ; « les toits et les murs ont des oreilles, et les moines, quoiqu'ils aient renoncé au monde, n'en sont pas moins curieux de savoir ce qui se passe au delà de leurs cellules. C'est ici que vous entendrez ce que j'ai à dire ; soldat, vous mépriserez le vent et la pluie ; et pour moi, qui ai souvent tenu conseil au milieu des sonneries de la trompette et du cliquetis des armes prêtes pour le combat, la guerre des éléments n'est qu'une bagatelle insignifiante. Je vous dis, jeune Arthur Vere, comme je le dirais à votre père, comme je le dirais à mon fils si le ciel avait laissé cette bénédiction à mon malheur... »

Elle s'arrêta un instant, puis continua :

« Je vous dis, comme je l'aurais dit à mon Édouard bien-aimé, que Marguerite, dont les résolutions autrefois étaient fermes et immuables autant que les rochers qui nous entourent, est maintenant indécise et changeante autant que ces nuages qui s'amoncellent. J'ai dit à votre père, dans ma joie de rencontrer une fois enco   ? un sujet d'une loyauté si inappréciable, les sacrifices que je ferais pour assurer l'aide de Charles de Bourgogne à la noble entreprise que lui proposait le fidèle Oxford. Mais depuis que je l'ai vu, j'ai réfléchi. Je n'ai retrouvé mon vieux père que pour l'offenser, et pour l'insulter, j'en ai honte, à la vue même de son peuple. Nos caractères sont aussi opposés que la clarté du soleil, qui dorait tout à l'heure un paysage serein et superbe, diffère des tempêtes qui le désolent à présent. J'ai repoussé avec mépris ce que, dans son affection malentendue, il avait imaginé pour me consoler ; lasse des folies qu'il invente pour guérir la tristesse d'une reine détrônée, d'une veuve, et, hélas! d'une mère sans enfant, je me suis retirée ici, loin d'une joie bruyante et futile, surcroît amer à mes douleurs. René est si doux et si bon que cette conduite, contraire à mes devoirs de fille, ne diminuera pas mon influence sur lui. Si votre père avait annoncé que le duc de Bourgogne, en chevalier et en souverain, était entré généreusement et noblement dans le plan du fidèle Oxford, j'aurais pu prendre sur moi de demander et d'obtenir la cession de territoire qu'il exige ; mais une politique froide et ambitieuse le dirige, et il ajourne son secours jusqu'à ce qu'il ait satisfait son humeur altière en cherchant une querelle inutile à d'inoffensifs voisins. Depuis que je suis ici, et que le calme et la solitude m'ont donné le temps de réfléchir, j'ai pensé aux offenses par moi faites au bon vieillard, et au chagrin que j'allais lui causer. Mon père, je lui dois cette justice, est aussi le père de son peuple. Au milieu de leurs vignes et de leurs figuiers, ses sujets vivent dans une tranquillité peu glorieuse peut-être, mais exempte de tyrannie et d'exactions ; leur bonheur est celui de leur bon roi. Faut-il que je change tout cela? Faut-il que je fasse passer ce peuple heureux sous le pouvoir d'un prince altier, impétueux, absolu? Ne vais-je pas briser le cœur simple et léger de mon pauvre père, si je réussis à l'amener à agir ainsi? Ce sont des questions que je n'ose pas même me poser. D'autre part, faire échouer les projets et les espérances de votre père, perdre la seule occasion qui se présentera jamais d'une vengeance sur les traîtres sanguinaires d'York, et du rétablissement de la maison de Lancastre ! Arthur, les éléments qui nous entourent sont moins ébranlés par le choc de la tempête et par le vol des nuages, que mon esprit par l'incertitude qui le dévore.

— Hélas! je suis trop jeune et trop inexpérimenté, » répondit Arthur, « pour donner un avis à Votre Majesté en un cas si difficile. Pourquoi mon père n'est-il pas ici ?

— Je sais ce qu'il dirait, » répliqua la reine; « mais sachant en même temps tout ce que je viens d'indiquer, je désespère des conseils humains. J'en ai cherché d'autres; eux aussi, ils ont été sourds à mes prières. Oui, Arthur, les infortunes de Marguerite l'ont rendue superstitieuse. Sachez qu'au bas de ces rochers, au-dessous des fondations du couvent, est une caverne, dans laquelle on pénètre par un passage secret, sis à l'ouest du sommet; elle s'étend et court dans l'intérieur de la montagne, et a vers le sud une ouverture, d'où, comme de l'échauguette où nous sommes, on peut contempler le paysage que nous voyions tout à l'heure, ou contempler, comme à présent, la lutte et la confusion des éléments. Au milieu de ce caverneux passage est un trou ou puits naturel, d'une profondeur inconnue. La pierre qu'on y jette en heurte les côtés, jusqu'à ce que le bruit de sa chute, roulant de rocher en rocher comme un tonnerre, s'éteigne en un tintement faible et lointain, moindre que celui d'une cloche de vaisseau à un mille de distance. Le commun peuple, dans son jargon, appelle ce gouffre *Lou Garagoule;* et les traditions du monastère attachent des souvenirs terribles à ce gouffre, déjà suffisamment effrayant par lui-même. Des oracles, dit-on, dans les jours du paganisme, en ont fait sortir des voix souterraines; et l'on assure que le général romain y a entendu, en des vers étranges, la promesse de la victoire qui donne son nom à la montagne. Ces oracles, on l'affirme, peuvent être consultés encore, après l'accomplissement de rites singuliers, où les cérémonies païennes se mêlent aux dévotions du christianisme. Les abbés du mont Sainte-Victoire ont déclaré criminel le fait de consulter Lou Garagoule et les esprits qui y résident. Mais, le péché pouvant s'expier par des présents à l'église, des messes et des pénitences, la complaisance des pères ouvre quelquefois la porte à ceux qu'une curiosité audacieuse conduit à tout risquer pour sonder l'avenir. J'en ai fait l'expérience, Arthur, et je reviens à l'instant de la sombre caverne où, conformément au rituel de la tradition, j'ai passé six heures au bord du gouffre, lieu si lugubre que, comparée à ses horreurs, cette scène de tempête est un soulagement pour moi. »

La reine s'arrêta ; Arthur, d'autant plus frappé de ce récit qu'il lui rappelait son cachot de Ferrette, lui demanda avec anxiété si elle avait obtenu une réponse.

« Aucune, » répliqua la princesse infortunée. « Les démons de Garagoule, s'il en existe, sont sourds à la demande d'une misérable comme moi, à qui ni amis ni diables n'apporteront conseil ou secours. C'est mon père qui met obstacle à une prompte et ferme résolution. Si j'avais seule des droits sur cette nation musicale et mesquine de troubadours, pour la chance de mettre une fois encore le pied sur le sol de la joyeuse Angleterre, j'abdiquerais tout pouvoir sur la Provence et sur son frivole diadème, aussi volontiers que je confie à l'orage ce vain emblème du rang souverain que j'ai perdu. »

Comme Marguerite parlait, elle arracha de ses cheveux la plume noire et la rose que la tempête avait détachées du cercle d'or placé sur sa tête, et les lança du haut de la terrasse avec un geste d'énergie sauvage. Un tourbillon les emporta sur-le-champ loin dans le vide, où l'œil ne pouvait les suivre. Tandis que, involontairement Arthur y attachait son regard, une rafale contraire toucha la rose rouge, et la chassa contre la poitrine du jeune homme, qui put aisément l'atteindre et la retenir.

« Espoir et bonheur, royale maîtresse ! » dit-il en rendant à la reine cette fleur emblématique ; « la tempête renvoie le signe des Lancastres à sa légitime propriétaire.

— J'accepte le présage, » dit Marguerite ; « mais c'est vous, noble jeune homme, qu'il regarde, et non pas moi. La plume qui s'envole pour être brisée et détruite, c'est Marguerite qu'elle désigne. Mes yeux ne verront pas la restauration des Lancastres. Vous, vous vivrez pour la voir, pour aider à l'accomplir, et pour teindre davantage encore notre rose rouge du sang des tyrans et des traîtres. Telle est l'indécision de mes pensées qu'une plume ou une fleur peut faire varier la balance. Ma tête a le vertige encore, et mon cœur est trop malade. Vous verrez demain une autre Marguerite ; jusque-là, adieu. »

Il était temps de quitter cet endroit, car la tempête se mêlait

d'averses plus fortes encore. On rentra dans le parloir, la reine frappa des mains, deux femmes parurent.

« Dites au père abbé que notre désir est que ce jeune homme reçoive, cette nuit, l'hospitalité due à un de nos amis les plus estimés. Jusqu'à demain, jeune homme, adieu. »

D'un visage qui ne trahissait pas les émotions qu'elle venait d'avoir, avec la courtoisie solennelle qui aurait convenu aux salles d'honneur de Windsor, elle tendit la main, que le jeune homme baisa respectueusement. Après que la reine eut quitté le parloir, l'abbé entra, et par le soin qu'il mit à bien traiter Arthur ce soir-là, montra le désir qu'il avait de satisfaire au désir de la reine Marguerite.

CHAPITRE XXXI.

>Un homme possédant la science profonde
>Des nombreux traquenards et des choses du monde,
>S'il vous le faut, prenez ce moine. Il a juré
>Que du monde à jamais il vivra séparé ;
>Pourtant il en connaît passablement l'allure,
>Et vous pouvez compter sur lui, je vous assure.
>
>*Ancienne Comédie.*

E grand matin, le ciel encore gris, Arthur fut réveillé par de bruyants coups de sonnette à la porte du monastère ; peu de temps après, le portier entrait dans la cellule qu'on lui avait donnée pour logement, venant lui dire que, si son nom était Arthur Philipson, un frère de leur ordre lui apportait des dépêches de la part de son père. Le jeune homme santa hors du lit, s'habilla à la hâte, et fut conduit dans le parloir, auprès d'un moine carmélite, du même ordre que ceux de Sainte-Victoire.

« J'ai chevauché bien des lieues pour vous apporter cette lettre, jeune homme, » dit le moine ; « j'avais promis à votre père de vous la remettre sans retard. Je suis arrivé à Aix hier soir pendant l'orage ; ayant appris au palais que vous étiez ici, j'ai fait l'ascension dès que la tempête s'est calmée, et me voici.

— Je vous en ai de l'obligation, mon père, » dit Arthur ; « et, si je puis récompenser vos peines par une légère offrande à votre couvent...

— Nullement, » répondit le bon religieux ; « j'ai pris cette fatigue par amitié pour votre père, et mes propres affaires m'appelaient de ce côté. Il a été amplement pourvu aux dépenses de mon voyage. Ouvrez votre paquet, et je répondrai à loisir à vos questions. »

Le jeune homme se mit dans l'embrasure de la fenêtre, et lut ce qui suit :

« Mon fils Arthur,

« L'état du pays et la sûreté que l'on a lorsqu'on y voyage laissent beaucoup à désirer. Le duc a pris les villes de Brie et de Granson, et mis à mort cinq cents hommes, faits prisonniers, qui en formaient la garnison. Mais les confédérés arrivent avec de grandes forces, et Dieu décidera à qui est le droit. De quelque façon que tournent les choses, c'est une rude guerre, dans laquelle, ni d'un côté ni de l'autre, on ne parle de faire quartier ; il n'y a donc pas de sécurité pour les hommes de notre profession, jusqu'à ce que survienne un événement décisif. Vous pouvez dire à la dame veuve que notre correspondant continue d'être disposé à acheter la propriété qu'elle a à vendre, mais qu'il ne sera guère à même d'en payer le prix tant que ses affaires pressantes d'aujourd'hui ne seront pas réglées, ce qui arrivera à temps, je l'espère, pour nous permettre d'engager les fonds dans l'opération lucrative dont j'ai parlé à notre ami. Je me sers, pour vous porter cette lettre, d'un moine qui va en Provence ; j'espère qu'il y arrivera heureusement. Le porteur est digne de confiance.

« Votre père affectionné,

« JEAN PHILIPSON. »

Arthur comprit aisément la dernière partie de l'épître, et se réjouit de l'avoir reçue en un moment aussi critique. Il questionna le carmélite sur la force de l'armée du duc, que le moine dit monter à soixante mille hommes, ajoutant que les confédérés, malgré tous leurs efforts, n'avaient pu réunir le tiers de ce nombre. Le jeune Ferrand de Vaudemont était avec eux, et avait reçu, pensait-on, une aide secrète de la France; mais peu connu dans la carrière des armes, et suivi d'un petit nombre d'hommes, le vain titre de général, qu'il portait, n'ajoutait guère à la force des confédérés. En définitive, le moine expliquait que toutes les chances paraissaient être en faveur de Charles, et Arthur, qui voyait dans le succès du duc la seule chance heureuse pour l'entreprise de son père, ne fut pas peu satisfait de voir le succès assuré, autant que le donnait à supposer la grande supériorité des forces. Il n'eut pas le loisir d'en demander davantage, car la reine, en ce moment, entra dans la pièce; apprenant qui elle était, le carmélite fit un salut profond et se retira.

La pâleur de la reine rendait témoignage des fatigues du jour précédent; mais en adressant gracieusement à Arthur ses compliments du matin, sa voix était ferme, son œil serein, et son visage résolu. « Je vous revois, » dit Marguerite, « non telle que j'étais en vous quittant, mais ayant pris une résolution. Je suis convaincue que, si mon père ne se prête pas à céder son trône de Provence de la façon dont nous avons parlé, il en sera renversé par une violence, dans laquelle sa vie, peut-être, ne sera pas épargnée. Il faut donc nous mettre rapidement à l'œuvre; le fâcheux est que je ne puis quitter ce couvent avant d'avoir achevé mes pénitences pour la visite à la Garagoule : si je ne les accomplissais, je ne serais pas chrétienne. De retour à Aix, demandez au palais mon secrétaire, auprès duquel ces lignes vous donneront créance. Même avant que cette porte d'espérance se fût ouverte pour moi, j'ai tâché de me rendre compte de la situation du roi René, et de réunir là-dessus des informations. Dites à mon secrétaire de m'envoyer dûment scellé, et par personne sûre, le coffre cerclé d'argent. Les heures de pénitence pour les fautes passées seront employées à prévenir de nouvelles fautes; et le contenu de ce coffre m'apprendra si, dans cette affaire importante, je sacrifie les intérêts de mon père à mes espérances à demi perdues. C'est un point, d'ailleurs, sur lequel je n'ai guère de doute. Je puis faire rédiger ici, sous ma direction, les actes d'abdication et de transfert, et en régler l'exécution à mon retour à Aix, c'est-à-dire au premier moment, après ma pénitence achevée.

— Voici une lettre, gracieuse dame, » dit Arthur, « qui vous informera des événements prochains, et de l'importance qu'il peut y avoir à prendre l'occasion aux cheveux. Que je sois en possession de ces actes importants, et je voyage nuit et jour pour atteindre le camp du duc. Je le trouverai sans doute à l'heure même de la victoire, le cœur trop ouvert à la joie pour refuser quelque chose à la royale parente qui remet tout en ses mains. Nous pouvons, nous devons, à une pareille heure, obtenir des secours sérieux ; et nous verrons bientôt si le licencieux Édouard d'York, le féroce Richard, le traître et parjure Clarence, resteront maîtres désormais de la joyeuse Angleterre, ou s'ils doivent faire place à un souverain plus légitime et à un homme meilleur. Tout dépend, Madame, de la rapidité.

— C'est vrai ; mais il se peut, mais il est certain, que peu de jours décideront la partie entre Charles et ses adversaires. Avant de consentir un aussi grand abandon, mieux vaudrait être sûr que celui auquel nous donnerions satisfaction serait en état de nous aider. Tous les événements d'une vie accidentée et tragique m'ont appris qu'il n'y a pas d'ennemi qu'on ait le droit de dédaigner. Je vais me hâter, toutefois, dans l'espoir que, pendant ce temps, de bonnes nouvelles nous arriveront des bords du lac de Neufchâtel.

— Par qui seront rédigés des actes d'une telle importance ? » dit le jeune homme.

Après un instant, Marguerite répondit : « Le père gardien est complaisant, et je le crois fidèle ; mais je n'accorderais pas volontiers confiance à un des moines provençaux. J'y songe : votre père dit qu'on peut se fier au carmélite qui a apporté la lettre ; il fera l'affaire. C'est un étranger ; pour un peu d'argent, il se taira. Adieu, Arthur de Vere. Vous recevrez de mon père une excellente hospitalité. Les nouvelles que vous auriez, faites-les-moi tenir ; si j'ai pour vous d'autres instructions, vous entendrez parler de moi. Que Dieu vous garde. »

Arthur redescendit les lacets de la montagne beaucoup plus vite qu'il ne les avait gravis la veille. Le temps était admirable, et les beautés de la végétation, dans ce pays où elle ne sommeille jamais complètement, charmaient et reposaient à la fois l'esprit. Les pensées d'Arthur erraient des rochers du mont Sainte-Victoire à ceux du canton d'Unterwalden ; et son imagination lui rappelait le temps où ses promenades sur ces derniers n'étaient pas solitaires, et où marchait à côté de lui la jeune fille dont la beauté simple demeurait gravée dans sa mémoire. Ces pensées étaient de nature à l'absorber fortement ; et j'ai le regret de dire qu'elles noyèrent le souvenir de la recommandation mystérieusement faite par son père, de ne se croire certain du sens de ses lettres qu'après les avoir présentées au feu.

La première chose qui lui rappela cette recommandation singulière, ce fut la vue d'un réchaud de charbon dans la cuisine de l'hôtellerie où, au bas de la montagne, il trouva Thibaut et les chevaux. C'était le premier feu qu'il voyait depuis qu'il avait reçu la lettre, et cela rappela tout naturellement en son souvenir les paroles du comte. Grande fut sa surprise lorsqu'il s'aperçut qu'après avoir exposé le papier au feu comme pour le sécher, une syllabe apparaissait à un passage important. Lisant à présent la dernière phrase, il y voyait : « Le porteur est *indigne* de confiance. » Plein de honte et de dépit, Arthur ne trouva pas d'autre remède que de retourner de suite au couvent pour informer la reine de cette découverte, espérant la lui communiquer à temps pour prévenir une trahison du carmélite.

Furieux contre lui-même, et jaloux de réparer sa faute, il donna vigoureusement l'assaut à la hauteur escarpée, que nul jamais n'avait escaladée sans doute avec autant de rapidité que le jeune héritier des de Vere ; en quarante minutes, il arrivait pantelant devant la reine Marguerite, surprise à la fois de le voir, et de le voir aussi exténué.

« Ne vous fiez pas au carmélite ! » s'écria-t-il ; « vous êtes trahie, noble reine, et c'est par ma faute. Voici mon poignard ; ordonnez-moi de me l'enfoncer dans le cœur ! »

Marguerite demanda et obtint une explication plus claire, et l'ayant reçue, elle dit : « C'est une fâcheuse aventure ; mais les instructions de votre père auraient dû être plus précises. J'ai dit à ce carmélite l'objet des contrats, et je lui ai ordonné de les préparer. Il vient de me quitter pour prendre part au service du chœur. Il n'y a pas à lui retirer la confiance que, par malheur, j'ai mise en lui ; mais je puis aisément persuader au père gardien d'empêcher le moine de sortir du couvent jusqu'au jour où sa discrétion nous sera indifférente. C'est le meilleur moyen à employer, et nous aurons soin de le bien récompenser d'avoir été retenu. Vous, mon bon Arthur, reposez-vous ; défaites l'agrafe de votre manteau, dégagez un peu votre gorge : vous étouffez. Pauvre jeune homme; aller si vite ! il n'en peut plus ! »

Arthur obéit, et s'assit sur un des sièges du parloir : les efforts qu'il avait faits le rendaient presque incapable de rester debout.

« Si je pouvais seulement, » dit-il, « voir ce faux moine, je trouverais moyen de le décider au secret.

— Laissez-moi faire, cela vaudra mieux, » dit la reine ; « je vous défends formellement de vous occuper de lui. Pour traiter avec le capuchon, la coiffe vaut mieux que le casque. Ne me parlez plus de lui. Je suis aise de vous voir au cou la sainte relique que je vous ai donnée ; mais qu'est-ce donc que cette chose moresque qui est à côté ? Hélas ! je n'ai pas besoin de le demander. La couleur de votre visage, presqu'aussi rouge qu'il y a un quart d'heure lorsque vous êtes entré, accuse un gage d'amour. Pauvre garçon ! n'était-ce pas assez d'avoir à porter les malheurs de votre pays, sans vous infliger encore un nouveau poids d'affliction, poignant pour vous aujourd'hui, bien que l'avenir doive en démontrer la vanité ! Marguerite d'Anjou aurait pu jadis venir en aide à vos affections, en quelque lieu qu'elles fussent placées ; mais à ses amis, à présent, elle ne donne plus que le malheur, et non la joie. Est-elle belle, Arthur, celle qui vous a remis ce gage ? est-elle sage et vertueuse ? est-elle de noble naissance ? aime-t-elle d'amour ? » D'un regard d'aigle, elle observa le visage du jeune homme, et elle ajouta : « Vous répondriez oui, si votre confusion le permettait. Aimez-la donc en retour, brave jeune homme, car l'amour est le père des actions vaillantes. Allez, noble enfant ! bien né et loyal, valeureux et sage, amoureux et jeune, où ne pouvez-vous pas monter ? La chevalerie de l'ancienne Europe ne vit que dans des cœurs comme le vôtre. Allez, et que les louanges d'une reine enflamment en vous l'amour de l'honneur et des belles actions. Dans trois jours, nous nous rencontrerons à Aix. »

Vivement touché des bontés de la reine, Arthur prit de nouveau congé d'elle.

Redescendant beaucoup moins vite qu'il n'était monté, il retrouva son Provençal, tout surpris encore du désordre dans lequel son maître avait quitté l'auberge, un instant après y être arrivé sans trouble ni agitation. Arthur expliqua ce retour subit au couvent en alléguant qu'il y avait oublié sa bourse. « Vu la chose et le lieu, » répliqua Thibaut, « je comprends votre promptitude; et pourtant, Notre-Dame me soit en aide! je n'ai jamais vu créature vivante, sauf une chèvre ayant le loup à ses trousses, courir par les rochers et les broussailles moitié aussi vite que vous. »

Les cavaliers atteignirent Aix en une heure, et Arthur, sans perdre de temps, se présenta devant le roi René; il en eut bonne réception, et à cause de la lettre du duc de Bourgogne, et par égard pour sa qualité d'Anglais, sujet avoué de la malheureuse Marguerite. Le monarque, facile à apaiser, pardonna bien vite à son jeune hôte la façon rapide dont celui-ci s'était esquivé pour ne pas entendre ses compositions; Arthur reconnut qu'en s'excusant de son impolitesse, il s'exposerait à un plus grand nombre d'auditions qu'il n'aurait la patience d'en endurer. Il échappa donc au grand désir du roi de réciter ses poésies et de jouer sa musique, en lui parlant de la reine sa fille. Arthur avait quelques doutes sur l'influence que la reine se flattait de posséder sur son vieux père; en faisant mieux connaissance avec le roi, il devint convaincu que la puissante intelligence et les passions énergiques de Marguerite inspiraient au faible et passif monarque un mélange d'orgueil, d'affection et de crainte, s'unissant pour donner à sa fille la plus grande autorité sur lui.

Bien qu'elle ne l'eût quitté que depuis un jour ou deux, et d'une façon peu gracieuse, René, en apprenant la probabilité d'un prochain retour, fut aussi enchanté que le père le plus tendre à la perspective d'être réuni à la fille la plus respectueuse, qu'il n'aurait pas vue depuis des années. Le bon roi se montra, comme un enfant, impatient du jour de son arrivée; et, fort mal éclairé encore sur la différence entre les goûts de sa fille et les siens, il ne renonça qu'avec peine au projet d'aller au-devant d'elle sous le personnage du vieux Palémon,

De Palémon, le prince et l'orgueil des bergers.

Il aurait conduit une troupe de nymphes et de pastoureaux d'Arcadie, pour les danses et les chants desquels tous les pipeaux et tous les tambourins du pays auraient été mis en réquisition. Il n'y eut pas jusqu'au vieux sénéchal qui ne témoignât désapprouver une *joyeuse entrée* de ce genre ; si bien que René se laissa convaincre que la reine était trop absorbée par les impressions religieuses auxquelles elle venait de se soumettre, pour prendre plaisir à des spectacles ou à une musique d'un caractère plus profane. Le roi se rendit à ces raisons, mais sans pouvoir les goûter ; et Marguerite échappa ainsi à un accueil dont le choc l'aurait repoussée de nouveau peut-être vers la montagne de Sainte-Victoire, et dans la caverne noire de Lou Garagoule.

Durant son absence, les journées de la cour de Provence furent employées à toutes sortes d'exercices et de réjouissances; jeu de la barrière à armes courtoises, course de bagues, chasse au lièvre, chasse au faucon, avec le concours de la jeunesse des deux sexes, de la compagnie de laquelle le roi faisait ses délices ; le soir, danse et musique.

Arthur ne put se dissimuler qu'à une époque peu lointaine, tout cela l'aurait rendu parfaitement heureux ; mais les derniers mois de son existence avaient développé son intelligence et ses passions. Il était initié maintenant aux véritables affaires de la vie humaine, et regardait tous ces amusements presque avec dédain; si bien que, parmi la noblesse jeune et gaie de cette cour frivole, il mérita le surnom de jeune philosophe, qu'on ne lui donna pas, on peut le croire, comme un compliment.

Le quatrième jour, on reçut la nouvelle, par un exprès, que la reine Marguerite rentrerait à Aix avant l'heure de midi, pour reprendre sa résidence dans le palais de son père. Le bon roi René parut, quand le moment approcha, redouter l'entrevue de sa fille autant qu'il l'avait désirée d'abord; il fit tout ce qu'il fallait pour que son entourage entier participât à son anxieuse agitation. Il tourmentait son maître d'hôtel et ses cuisiniers pour qu'ils se souvinssent des plats que sa fille aimait le mieux; il voulait que les musiciens se remissent en mémoire les airs qu'elle préférait. L'un d'eux ayant eu la hardiesse de répondre qu'il n'avait jamais vu Sa Majesté en écouter un patiemment, le vieux monarque le menaça de le chasser de son service pour avoir calomnié les opinions musicales de sa fille. On ordonna de servir le dîner à onze heures et demie, comme si l'accélération du service avait dû hâter l'arrivée des hôtes attendus; et le vieux roi, sa serviette sous le bras, allait de fenêtre en fenêtre le long de la salle, fatiguant tout le monde

de questions, pour savoir si rien n'annonçait
la venue de la reine d'Angleterre. Juste au
moment où les horloges sonnaient midi, la cavalcade
de la reine entra dans la ville d'Aix ; elle se composait de très peu de

monde, des Anglais surtout, comme elle habillés de deuil. Le roi René, à la tête de sa cour, ne manqua pas de descendre les marches de son palais, et de s'avancer dans la rue au devant de sa fille. Hautaine, fière, et jalouse d'éviter le ridicule, Marguerite ne goûta guère cette réception publique dans la place du marché. Mais elle voulait faire amende honorable pour sa précédente vivacité; elle descendit donc de son palefroi, et, quoiqu'un peu choquée de voir René avec sa serviette, elle s'astreignit à plier humblement le genou, en lui demandant sa bénédiction et son pardon.

« Ma bénédiction, vous l'avez, vous l'avez, ma pauvre colombe, » dit le bénin monarque à la princesse la plus orgueilleuse et la plus impatiente qui eût jamais pleuré la perte d'une couronne. « Et mon pardon, comment pouvez-vous le demander, vous qui ne m'avez jamais fait la moindre offense depuis que Dieu m'a rendu le père d'une aussi gracieuse enfant! Relevez-vous. C'est à moi à vous demander pardon. J'ai cru, dans mon ignorance, que mon cœur m'avait dicté une bonne pensée; je n'ai fait que vous contrarier. C'est moi qui dois implorer votre pardon. » Et le bon roi René tomba sur les deux genoux. Le peuple, amoureux toujours de ce qui ressemble à une scène de comédie, applaudit à grand bruit, non sans quelques rires étouffés, une situation dans laquelle la reine et son père semblaient reproduire le tableau de « la Charité romaine. »

Fort sensible à la honte du ridicule, Marguerite comprit ce que sa position avait de burlesque, du moins en public. Apercevant Arthur dans la suite du roi, elle lui fit vivement signe de venir à elle; et prenant son bras pour se relever, elle lui dit tout bas, et en anglais. « A quel saint recourir, pour conserver la patience lorsque j'en ai tant besoin!

— Par pitié, Madame, rappelez votre énergie et votre sang-froid, » murmura son écuyer, plus embarrassé qu'honoré en ce moment de l'office qu'il remplissait, car il sentait la reine trembler d'impatience et de dépit.

On reprit enfin la route vers le palais, le père et la fille se donnant le bras; cette façon de cheminer plaisait à Marguerite, résignée aux effusions de tendresse de son père et au ton de sa conversation, du moment que les autres ne l'entendaient pas. Elle supporta de même, avec une patience digne d'éloges, les attentions fatigantes qu'il avait pour elle à table ; elle eut des paroles aimables pour quelques-uns des courtisans les mieux vus du roi, demanda des nouvelles de plusieurs autres, et fit tomber la conversation sur les sujets favoris de son père, la poésie, la peinture et la musique ; si bien que le bon roi finit par être aussi enchanté de l'amabilité de sa fille qu'un amant le fut jamais des aveux flatteurs de sa maîtresse, chez qui la glace se fond après des années d'une cour assidue. Il fallut à l'altière Marguerite un grand effort pour se plier à ce rôle ; son orgueil répugnait à flatter les faibles de son père dans le but de l'amener à résigner ses États ; mais s'étant engagée dans cette entreprise, et ayant déjà tant fait pour cette dernière chance d'un succès en Angleterre, elle ne voyait pas, ou ne voulait plus voir autre chose.

Entre le banquet, et le bal dont il devait être suivi, la reine chercha l'occasion de parler à Arthur.

« Mauvaise nouvelle, mon sage conseiller, » dit-elle. « Le carmélite n'est pas rentré au couvent après l'office. Ayant su votre retour précipité, il en aura conclu, je suppose, qu'on le soupçonnait, et il a quitté le couvent du mont Sainte-Victoire.

— Il faut presser les mesures que Votre Majesté a résolu de prendre, » répondit Arthur.

« Je parlerai à mon père demain. Jouissez cependant des plaisirs de la soirée, car, pour vous, ce peuvent être des plaisirs. Mademoiselle de Boisgelin, voici un cavalier que je vous donne pour la soirée. »

La jolie Provençale à l'œil noir fit la révérence comme il convenait, et lança vers le bel Anglais un regard approbateur ; mais, soit qu'elle eût peur de sa réputation de philosophe, soit qu'elle se préoccupât de l'incertitude du rang de ce cavalier, elle ajouta cette échappatoire : « Si ma mère le permet.

— Votre mère, Mademoiselle, ne repoussera pas, je pense, un cavalier que vous recevez de la main de Marguerite d'Anjou. Heureux privilège de la jeunesse, » ajouta-t-elle avec un soupir, tandis que le jeune couple allait prendre place au *branle*, « qui peut cueillir une fleur sur une route pleine de tempêtes. »

Arthur se conduisit si bien durant la soirée, que le seul regret de la jeune comtesse fut peut-être qu'un cavalier aussi aimable et aussi beau eût renfermé ses assiduités et ses compliments dans les froides limites de courtoisie que traçaient les règles du cérémonial.

CHAPITRE XXXII.

> Hélas! j'ai consenti par un acte odieux
> A dépouiller d'un roi le corps majestueux;
> Oui j'ai déshonoré la gloire; à la puissance
> De l'esclave j'ai fait subir l'obéissance;
> Le prince est un sujet, et le noble, à présent,
> Est réduit à l'état de simple paysan.
> SHAKSPEARE, *Richard II*, acte IV.

NE scène importante devait s'ouvrir le lendemain. Le roi René n'avait pas oublié de régler les plaisirs de la journée, lorsqu'à son grand effroi et à sa grande déconvenue, Marguerite lui fit demander une entrevue pour affaires sérieuses. S'il y avait au monde quelque chose que René détestât cordialement, c'était tout ce qui portait le nom d'affaire.

« Que pouvait demander sa fille? » dit-il. « Était-ce de l'argent? Il lui donnerait tout ce qu'il avait comptant, bien qu'il dût avouer que sa caisse était un peu à sec. Il avait touché cependant son revenu pour la saison, dix mille écus blancs. Combien en demandait-elle? La moitié, les trois quarts, la totalité? Tout était à ses ordres.

— Hélas! mon cher père, » dit Marguerite, « ce n'est pas de mes affaires, c'est des vôtres, que j'ai à vous parler.

— Si ce sont les miennes, » dit René, « je suis assurément maître de les reculer à un autre jour, un jour de pluie, où l'on ne pourra rien faire de mieux. Voyez, ma chère : les chasseurs au faucon sont en selle; les chevaux hennissent et piaffent; les beaux cavaliers et les demoiselles montées ont le faucon au poing, et les chiens tirent sur la laisse. Avec bon vent et beau temps, ce serait un péché de perdre une matinée si ravissante.

— Qu'ils partent et qu'ils s'amusent, » dit la reine Marguerite; « ce que j'ai à dire intéresse l'honneur et le rang, la vie et les moyens de la soutenir.

— C'est que j'ai à entendre Calezon et Jean d'Acqua Mortis, les deux plus célèbres troubadours, et à prononcer entre eux.

— Remettez leur cause à demain, » dit Marguerite, « et donnez une heure ou deux à de plus importantes affaires.

— Si vous insistez tant, » répliqua le roi René, « vous savez, mon enfant, que je ne peux pas vous dire non. »

Et, avec répugnance, il donna des ordres pour que les chasseurs partissent, empêché qu'il était lui-même de les accompagner ce jour-là.

Alors le vieux roi, comme un lévrier qu'on empêche de suivre la chasse, se laissa conduire dans une pièce à part. Pour assurer le tête à tête, Marguerite posta dans une antichambre son secrétaire, Mordaunt, avec Arthur, leur donnant l'ordre d'empêcher toute espèce d'intrusion.

« En ce qui me regarde, Marguerite, » dit le bon vieillard, « je consens, puisqu'il le faut, à être mis au secret; mais pourquoi empêcher le vieux Mordaunt de se promener durant cette belle matinée, et le jeune Arthur d'aller avec les autres? On a beau l'appeler philosophe, je vous promets qu'hier soir il se trémoussait aussi bien avec la petite comtesse de Boisgelin, que n'importe quel galant de Provence.

— Mordaunt et lui viennent tous les deux, » dit Marguerite, « d'un pays où les hommes sont habitués dès l'enfance à préférer le devoir au plaisir. »

Conduit dans le cabinet où l'on devait parler affaires, le pauvre roi vit en frissonnant le fatal coffre d'ébène, cerclé d'argent, qui ne s'était jamais ouvert que pour l'accabler d'ennui, et calcula douloureusement combien de bâillements il aurait à étouffer avant qu'on n'eût fini d'en exposer le contenu. Il advint cependant, lorsqu'on lui montra ce qui était dedans, que cela excita en lui l'intérêt, quoique d'une façon pénible.

Sa fille lui présenta un résumé court et net des dettes dont ses possessions étaient grevées, et pour lesquelles une portion était donnée en gage. Elle lui fit voir ensuite, dans une autre note, les grosses sommes dont le paiement était actuellement réclamé, et pour lesquelles il n'y avait ni fonds disponibles ni ressources applicables. Le roi, dans cette situation désastreuse, se défendit comme bien d'autres. A chaque réclamation de six, sept ou huit mille ducats, il répondait en affirmant qu'il avait dix mille écus dans son trésor, et ce ne fut qu'en le lui répétant bien des fois qu'on parvint à le convaincre que cela ne suffisait pas pour en payer trente fois autant.

« Pourquoi alors, » dit le roi, avec un peu d'impatience, « ne pas payer ceux qui sont le plus pressants, et laisser attendre les autres jusqu'à ce que les recettes deviennent bonnes?

— C'est une façon de faire à laquelle on a eu trop souvent recours, » répliqua la reine; « et ce n'est que de l'honnêteté de payer des créanciers qui ont avancé tout leur avoir au service de Votre Grâce.

— Ne sommes-nous pas, » dit René, « roi des Deux-Siciles, de Naples, d'Aragon et de Jérusalem? Et le monarque d'aussi beaux royaumes peut-il, comme un banqueroutier vulgaire, être mis au pied du mur pour quelques sacs d'écus?

— Vous êtes en effet le monarque de ces royaumes, » dit Marguerite; « mais faut-il rappeler à Votre Majesté que vous l'êtes comme je suis moi-même reine de l'Angleterre, où je n'ai ni une acre de terre ni un sou de revenu? Vous n'avez pas d'États qui soient une source de revenu, excepté ceux que vous voyez sur cette liste, avec l'indication exacte de ce qu'ils fournissent. C'est absolument insuffisant, vous le voyez, pour maintenir votre état de maison, et pour satisfaire à vos engagements considérables envers vos précédents créanciers.

— C'est cruel, » dit le pauvre roi, « de me pousser de la sorte au pied du mur. Que faire? Si je suis pauvre, je n'y puis rien. Je paierais assurément les dettes dont vous parlez, si j'en savais le moyen.

— Je vous l'indiquerai, mon royal père. Résignez un titre stérile, qui, par les obligations qu'il vous impose, ne sert qu'à compromettre la dignité de votre infortune. Résignez vos droits comme souverain, et ce revenu qui ne peut pourvoir aux dépenses trop grandes d'une cour indigente, vous mettra à même de jouir dans l'opulence, comme simple baron, de tous les plaisirs que vous aimez.

— Ce que vous dites est insensé, Marguerite, » répondit René, un peu sévèrement. « Un roi et son peuple sont unis par des liens que ni l'un ni l'autre ne saurait rompre sans crime. Mes sujets sont mon troupeau, je suis leur berger. Le ciel me les a donnés à gouverner, et je n'oserais renoncer au devoir de les protéger.

— Si vous étiez à même de le faire, » répondit la reine, « Marguerite vous dirait de combattre jusqu'à la mort. Mais prenez votre habit de guerre, depuis longtemps délaissé, montez votre cheval de combat, criez : « René et Provence ! » et voyez si cent hommes se réuniront autour de votre étendard. Vos forteresses sont aux mains des étrangers ; vous n'avez pas d'armée ; vos vassaux ne manquent peut-être pas de bon vouloir, mais ils n'ont ni savoir ni discipline militaire. Vous êtes le squelette d'une monarchie, que la France ou la Bourgogne peut jeter à terre, selon que l'une ou l'autre étendra le bras la première. »

Des larmes coulèrent aux joues du vieux roi, lorsque cette perspective peu flatteuse lui fut présentée ; il ne put s'empêcher d'avouer que se défendre lui et ses États, serait complètement impossible, et de reconnaître qu'il avait songé souvent à la nécessité de traiter de son abdication avec l'un de ses puissants voisins.

« C'était à cause de vous, Marguerite, fière et résolue comme vous l'êtes, que je n'avais pas osé jusqu'à ce jour, m'engager en des mesures fort pénibles à mon cœur, mais où je trouverais peut-être le plus d'avantage. J'espérais que cela tiendrait aussi longtemps que moi ; et que vous, mon enfant, avec les talents que le ciel vous a donnés, vous sauriez trouver remède à des infortunes auxquelles je n'échappe qu'en n'y pensant pas.

— Si c'est vraiment de moi que vous vous préoccupez, » dit Marguerite, « sachez qu'en résignant la Provence, vous satisferez au premier et presque au seul vœu que je puis former maintenant. Mais le ciel m'en soit témoin, gracieux père et souverain, c'est pour vous comme pour moi que je vous conseille d'y consentir.

— N'en dites pas davantage, mon enfant; donnez-moi le parchemin d'abdication, et je le signe. Vous l'avez préparé, je le vois ; signons-le, et rejoignons les chasseurs. Il faut subir l'infortune, mais il ne sert pas à grand'chose de s'enfermer dans sa chambre pour la pleurer.

— Ne me demandez-vous pas, » dit Marguerite, surprise d'une indifférence aussi complète, « à qui vous cédez vos États ?

— Que m'importe, » répondit le roi, « puisqu'ils ne seront plus à moi. Ce sera Charles de Bourgogne ou mon neveu Louis, tous deux princes puissants et grands politiques. Fasse Dieu que mon pauvre peuple n'ait pas sujet de désirer le retour de son vieux roi, dont le seul plaisir était de le voir heureux et content.

— C'est au duc de Bourgogne que vous résignez la Provence, » dit Marguerite.

« C'est lui que j'aurais choisi, » répondit René ; « il est fier, mais n'est pas méchant. Un mot encore. Les privilèges et les immunités de mes sujets sont-ils garantis ?

— Amplement, » répliqua la reine ; « et il est pourvu d'une manière honorable à vos besoins de toute sorte. Je n'ai pas voulu laisser en blanc les stipulations en votre faveur ; j'aurais bien pu, cependant, me fier à Charles de Bourgogne là où il ne s'agit que d'argent.

— Je ne demande rien pour moi. Avec sa viole et son crayon, René le troubadour sera aussi heureux que René le roi. »

Parlant ainsi, il siffla, avec une philosophie toute pratique, le refrain de la dernière ariette qu'il avait composée, et signa la renonciation à ce qui lui restait de ses possessions royales, sans ôter son gant, et sans prendre même lecture de l'acte.

« Qu'est-ce que ceci ? » dit-il, en regardant un autre parchemin, beaucoup moins étendu que le premier. « Mon cousin Charles va-t-il avoir les Deux-Siciles, la Catalogne, Naples et Jérusalem, aussi bien que les pauvres restes de ma Provence ? Il eût été décent, il me semble, d'employer pour une cession aussi importante un plus gros morceau de parchemin.

— Cet acte ne fait, » dit Marguerite, « que désavouer les folles tentatives de Ferrand de Vaudemont sur la Lorraine, promettre de ne pas le soutenir, et renoncer à toute querelle à ce sujet avec le duc Charles. »

Marguerite, cette fois, s'était méprise sur la docilité de son père. René tressaillit, son visage devint rouge, sa voix fut troublée par la colère. « *Que* désavouer, » dit-il en l'interrompant, « *que*, lorsqu'il s'agit de la cause de mon petit-fils, de l'enfant de ma chère Yolande, de ses prétentions légitimes à l'héritage de sa mère ! J'en ai honte pour vous, Marguerite. Votre orgueil excuse les difficultés de votre humeur ; mais qu'est-ce donc qu'un orgueil qui descend jusqu'à commettre des bassesses déshonorantes ? Abandonner, désavouer ma propre chair et mon propre sang, parce que ce jeune homme est brave chevalier, prend le bouclier, et veut combattre pour son droit ! Si je vous écoutais, je serais digne que harpe et trompette chantassent à jamais ma honte ! »

L'opposition inattendue du vieillard déconcerta Marguerite. Elle s'efforça cependant de démontrer qu'au point de vue de l'honneur, il n'y avait pas sujet pour René de s'engager dans la cause d'un esprit aventureux, dont le droit, bon ou mauvais, n'avait pour lui que de légers subsides en argent fournis sous main par la France, et l'entretien d'un petit nombre de ces bandits turbulents qui habitent les frontières de tous les pays. Mais avant que René ne pût répondre, des voix s'élevant à un diapason inaccoutumé se firent entendre dans l'antichambre, et la porte en fut brusquement ouverte par un chevalier armé, couvert d'une poussière qui prouvait un long voyage.

« Me voici, » dit-il, « ô père de ma mère ! Voyez votre petit-fils, Ferrand de Vaudemont. Le fils de votre Yolande que vous avez perdue, se jette à vos pieds, vous demandant une bénédiction et pour lui et pour sa cause.

— Vous l'avez, » répliqua René, « puisse-t-elle vous porter bonheur, brave jeune homme, image de votre sainte mère ! Mes bénédictions, mes prières, mes espérances sont avec vous.

— Et vous, belle tante d'Angleterre, » dit le jeune chevalier, s'adressant à Marguerite, « dépossédée vous-même par des traîtres, n'avouerez-vous pas la cause d'un parent qui lutte pour son héritage?

— À vous personnellement, beau neveu, je souhaite tout le bien possible, » répondit la reine d'Angleterre, « encore que vos traits soient nouveaux pour moi. Mais engager ce vieillard à embrasser votre

cause, en l'état désespéré où elle est aux yeux de toute personne sage, ce serait impie et insensé.

— Ma cause désespérée? » dit Ferrand; « pardonnez-moi : je n'en savais rien. Est-ce ma tante Marguerite qui le dit, elle dont la force d'esprit a soutenu si longtemps Lancastre, lorsque le courage de ses guerriers avait été abattu par la défaite? Qu'auriez-vous dit (pardonnez-moi, je plaide ma cause), qu'auriez-vous dit si ma mère Yolande avait conseillé à votre père de désavouer votre fils Édouard, au cas où Dieu lui aurait permis d'arriver sain et sauf jusqu'à la Provence?

— Édouard, » dit Marguerite, avec des larmes dans la voix, « eût été incapable de solliciter ses amis à épouser une querelle qui n'admettait plus de remède. Pour sa cause, de puissants princes et des pairs mettaient la lance en arrêt.

— Le ciel, cependant, ne l'a pas bénie, » dit Vaudemont.

« La vôtre, » continua Marguerite, « n'est embrassée que par les nobles brigands d'Allemagne, les bourgeois parvenus des cités du Rhin, les misérables paysans des Cantons confédérés.

— Cette cause, le ciel l'a bénie ! » répliqua Vaudemont. « Sachez, femme altière, que je viens rompre vos trahisons et vos intrigues ; non en chétif aventurier, subsistant et luttant par la ruse plus que par la force, mais comme un vainqueur sorti d'un champ de bataille sanglant, où le ciel a dompté l'orgueil du tyran de Bourgogne.

— C'est faux ! » dit la reine, avec un tressaillement soudain ; « je ne le crois pas.

— C'est vrai, » dit Vaudemont, « comme il est vrai que le ciel est au-dessus de nos têtes. Il y a quatre jours que j'ai quitté le champ de bataille de Granson, où gisent en monceaux les mercenaires du duc de Bourgogne. Ses richesses, ses joyaux, sa vaisselle d'argent, toutes ses magnificences, sont le butin des Suisses, à peine capables d'en comprendre la valeur. Connaissez-vous ceci, reine Marguerite ? » continua le jeune guerrier, montrant le joyau bien connu qui ornait la décoration de la Toison d'Or dont le duc était porteur ; « ne pensez-vous pas que le lion a été chassé de près, pour laisser derrière lui de pareils trophées ? »

Les yeux troublés, et dans un désordre de pensées inexprimable, Marguerite regarda l'objet qui confirmait la défaite du duc, et la chute des dernières espérances qu'elle eût encore. Son père, au contraire, fut frappé de l'héroïsme du jeune guerrier ; une qualité qui, sauf en sa fille Marguerite, semblait avoir pris congé de sa famille. Admirant en son cœur le jeune homme qui s'exposait au danger pour mériter la louange, presque autant qu'il admirait les poètes rendant immortelle la renommée des guerriers, il pressa son petit-fils contre sa poitrine. « Ceins ton épée dans ta force, » lui dit-il ; ajoutant que si l'argent pouvait avancer ses affaires, le roi René avait à sa disposition dix mille écus, dont une partie ou le tout serait remis à Ferrand ; prouvant ainsi ce que l'on avait dit de lui, que sa tête était incapable d'accorder deux idées ensemble.

Retournons à Arthur. Le secrétaire Mordaunt et lui n'avaient pas été peu surpris de l'entrée du comte de Vaudemont, s'intitulant duc de Lorraine, dans l'antichambre où ils montaient la garde. Le comte était suivi d'un Suisse grand et solide, la hallebarde sur l'épaule. Le prince se nommant, Arthur ne jugea pas à propos de s'opposer à ce qu'il entrât près de son grand-père et de sa tante, d'autant plus qu'une opposition de leur part aurait amené une bataille. Dans le grand hallebardier, qui eut assez de bon sens pour rester dans l'antichambre, Arthur ne fut pas peu surpris de reconnaître Sigismond Biederman. Celui-ci, après l'avoir regardé un moment d'un œil effaré, comme un chien reconnaissant tout à coup une personne qu'il aime, s'élança vers le jeune Anglais avec un cri de bonheur, et lui dit précipitamment combien il était enchanté de le rencontrer, ajoutant qu'il avait des choses importantes à lui faire savoir. Il n'était jamais facile pour Sigismond de mettre ses idées en ordre, et elles étaient plus confuses que jamais, grâce à la joie triomphante qu'il éprouvait de la récente victoire de ses compatriotes sur le duc de Bourgogne. Ce fut avec un étonnement plein d'admiration qu'Arthur écouta son récit, peu élégant mais fidèle.

« Voyez-vous, roi Arthur, le duc était venu avec sa grosse armée jusqu'à Granson, près de la décharge du grand lac de Neufchâtel. Il y avait cinq ou six cents confédérés dans la place ; ils tinrent jusqu'au moment où les provisions manquèrent, et alors, vous comprenez, ils furent forcés de rendre la ville. Quoique la faim soit dure à supporter, mieux aurait valu pour eux tenir un jour ou deux de plus, car ce boucher de Charles les a tous fait pendre par le cou à des arbres autour de la place ; après quoi, n'est-ce pas ? ils n'avaient plus besoin de manger. Pendant ce temps-là, tout était sens dessus dessous dans nos montagnes, et tout homme ayant une épée et une lance s'en armait bien vite. Nous nous réunîmes à Neufchâtel ; quelques Allemands se joignirent à nous avec le noble duc de Lorraine. Ah, roi Arthur, en voilà un chef ! notre avis à tous, c'est qu'il n'y en pas de pareil, après Rodolphe de Donnerhugel. Vous venez de le voir, puisque c'est lui qui vient d'entrer. Vous l'aviez déjà vu avant ; c'est lui qui était le chevalier bleu de Bâle; mais nous l'appelions Laurence, car Rodolphe disait qu'il ne fallait pas que mon père sût sa présence parmi nous; moi-même, dans ce temps-là, je ne savais pas qui il était. Lors donc que nous arrivâmes à Neufchâtel, nous formions une fameuse bande; quinze mille confédérés solides, et je crois bien encore cinq mille hommes de plus, Allelemands et Lorrains. Nous apprîmes que les Bourguignons étaient soixante mille, mais nous apprîmes aussi que Charles avait pendu nos frères comme des chiens, et il n'y avait pas un de nous, je veux dire pas un des confédérés, qui songeât à compter les ennemis du moment qu'il s'agissait de venger les victimes. J'aurais voulu que vous entendissiez les cris de quinze mille Suisses, demandant à être conduits contre le boucher de leurs frères ! Mon père lui-même qui, vous le savez, aime tant la paix, était le premier, maintenant, à demander la bataille. Le matin donc, au petit jour, nous descendîmes le lac, dans la direction de Granson, des pleurs de rage dans les yeux et les armes à la main, résolus à la mort ou à la vengeance. Nous arrivâmes à une espèce de défilé, entre Vauxmoreux et le lac ; il y avait de la cavalerie sur la levée entre la montagne et le lac, et un grand corps d'infanterie du côté des hauteurs. Le duc de Lorraine et ses hommes attaquèrent la cavalerie, pendant que nous escaladions les hauteurs pour en déloger l'infanterie. Ce fut pour nous l'affaire d'un moment. Chacun de nous était chez soi parmi les rochers, et les hommes de Charles y étaient aussi embarrassés que vous, Arthur, le jour de votre arrivée à Geierstein. Il n'y avait pas de demoiselles pour les aider à en sortir. Non, non. Il y avait des piques, des massues et des hallebardes, pour les jeter bas des endroits où ils auraient à peine pu tenir si on ne les avait pas dérangés. Les cavaliers, poussés par les Lorrains, et nous voyant sur leur flanc, s'enfuirent aussi vite que leurs chevaux pouvaient les porter. Nous nous reformâmes en bataille, en *buon campagna*, comme disent les Italiens. au lieu où les montagnes s'éloignent du lac. Mais voilà qu'à peine mis en rang, nous entendons un tel tumulte et un tel bruit d'instruments, un si grand piétinement de chevaux et des cris d'hommes si formidables, qu'on eût dit que tous les soldats et tous les ménestrels d'Allemagne luttaient à qui ferait le plus de tapage. Un grand nuage de poussière approcha de nous, nous vîmes que c'était le moment de bien faire ou de mourir. C'était Charles, et toute son armée, venant soutenir l'avant-garde. Un coup de vent chassa la poussière : ils s'étaient arrêtés pour se mettre en bataille. O mon bon Arthur! vous auriez donné dix ans de votre vie pour voir cela. Il y avait des milliers de cavaliers, tous en armure complète, brillant au soleil, des centaines de chevaliers avec des couronnes d'or et d'argent sur leurs casques, et de grosses masses d'infanterie armées de lances; il y avait aussi du canon, comme ils appellent cela. Je ne savais pas ce que c'était que ces grandes choses qu'ils traînaient avec des bœufs et qu'ils mettaient devant leur armée ; mais j'en ai su davantage avant la fin de la matinée. On nous fit mettre en carré creux, comme on nous l'a appris à l'exercice, et, avant de charger, on nous commanda, selon notre bonne règle et notre habitude de service, de nous mettre à genoux pour prier Dieu, Notre-Dame et les saints. On nous a dit depuis que Charles, dans son arrogance, avait cru que nous demandions merci. Ha! ha! ha! en voilà une plaisanterie. Si mon père, une fois, a fléchi le genou devant lui, ç'a été pour le bien du sang chrétien et de la paix; mais, sur le champ de bataille, Arnold Biederman ne se serait pas agenouillé devant lui et tous ses chevaliers, eût-il été seul en face d'eux avec ses fils. Charles ayant donc supposé que nous demandions grâce, voulut nous montrer que cela ne servait à rien. « Tirez le canon sur ces lâches, » cria-t-il; « c'est tout le pardon qu'ils ont à attendre! » Boum! boum! boum! c'étaient les machines dont je viens de vous parler, ressemblant au tonnerre et aux éclairs. Elles firent du dégât, mais moins que si nous n'avions pas été à genoux : les saints, probablement, ont fait passer les boulets par-dessus la tête de ceux qui leur demandaient grâce, mais qui n'avaient rien à demander à des créatures mortelles. On donna alors le signal de se lever et de marcher ; et il n'y a pas eu de traînards, je vous le promets. Chacun se sentait fort comme dix. Ma hallebarde n'est pas un jouet d'enfant; si vous l'avez oubliée, la voici; et cependant elle pliait dans ma main comme une baguette de saule pour chasser les vaches. Nous allions de l'avant; quand tout à coup le canon se tut, et la terre trembla sous un autre ébranlement sourd et continu, comme un tonnerre souterrain. C'étaient les hommes d'armes qui nous chargeaient. Mais nos chefs savaient leur affaire, et ce n'était pas la première fois qu'ils voyaient cela. Halte ! genou terre ! le premier rang ; le second rang penché en avant ! épaule contre épaule comme des frères ! lances inclinées ! Un mur de fer pour les recevoir ! Ils arrivèrent ; et il y eut un brisement de lances, à fournir pour un an aux vieilles femmes d'Unterwalden des éclats de bois pour leur feu. En bas la cavalerie ; en bas les chevaliers à grande armure ; en bas la bannière et celui qui la porte ; en bas les bottes à pointe et les heaumes à couronne ! et de ceux qui tombèrent pas un n'échappa vivant. Les Bourguignons se retirèrent en désordre, et ils se reformaient pour charger encore, lorsque le noble duc Ferrand et ses cavaliers coururent sur eux à leur tour, et nous avançâmes pour les appuyer. Nous allions bon pas, et leur infanterie, ayant vu comment nous avions traité la cavalerie, osait à peine nous attendre. Si vous aviez vu la poussière et entendu les coups ! Le bruit de cent mille batteurs en grange et la paille qu'ils soulèvent en donneraient à peine l'idée. Sur ma parole, j'avais presque honte de frapper de ma hallebarde, tant la panique était déplorable. Des centaines de Bourguignons tués sans résistance, et toute l'armée mise en déroute complète.

— Mon père, mon père ! » s'écria Arthur ; « en une pareille mêlée, qu'est-il devenu ?

— Sain et sauf, » dit le Suisse ; « il a fui avec Charles.

— Avant qu'il ne s'enfuit, il a dû y avoir une lutte sanglante, » répliqua l'Anglais.

« Non, » répondit Sigismond ; « il n'a pas pris part à la bataille, et est simplement resté auprès de Charles ; des prisonniers ont dit que c'était heureux pour nous, vu qu'il est, dans les guerres, homme de grand conseil et homme d'action. Pour ce qui est de fuir, il faut bien, en pareil cas, aller en arrière si l'on ne va pas en avant ; il n'y a point honte à cela, alors surtout qu'on ne s'est point engagé dans le combat. »

Comme il disait ces mots, la conversation fut interrompue par Mordaunt. « Chut, chut ! le roi et la reine sortent.

— Qu'est-ce qu'il faut que je fasse ? » demanda Sigismond un peu alarmé. « Ce n'est pas à cause du duc de Lorraine ; mais que doit-on faire devant des rois ou des reines ?

— Rien que se lever, ôter son chapeau, et se taire. »
Sigismond fit comme il lui était indiqué.

Le roi René sortit, donnant le bras à son petit-fils; Marguerite suivait, le désappointement et le dépit sur le visage. Faisant signe en passant à Arthur, elle lui dit : « Assurez-vous de la vérité de ces étranges nouvelles, et apportez-m'en les détails. Mordaunt vous fera entrer. »

Sigismond Biederman.

Elle jeta un coup d'œil sur le jeune Suisse, et répondit courtoisement au salut gauche qu'il lui faisait. Les royales personnes quittèrent la pièce, René songeant à emmener son petit-fils à la partie de chasse, Marguerite pour chercher la solitude de son appartement, et attendre la confirmation des nouvelles qu'elle trouvait si mauvaises.

Ils ne furent pas plus tôt sortis que Sigismond fit cette réflexion : « Un roi et une reine, ces personnes-là? Peste! le roi ressemble au vieux Jacomo, le ménétrier qui nous râclait quelque chose sur le violon quand il venait à Geierstein dans ses tournées. La reine, à la bonne heure; elle est imposante. La première bête du troupeau, qui porte les bouquets et les guirlandes, et qui conduit les autres au châlet, n'a pas une marche plus majestueuse. Comme vous vous êtes gentiment approché d'elle pour lui parler! Je n'aurais pas su le faire avec tant de grâce; je vois bien que vous avez fait l'apprentissage de toutes ces manœuvres de cour.

— Laissons cela pour l'instant, mon bon Sigismond, » répondit Arthur, « et dites-m'en davantage sur la bataille.

— Par sainte Marie! c'est que je voudrais avoir, d'abord, à manger et à boire, » dit Sigismond, « si vous avez assez de crédit pour cela dans le bel endroit où nous sommes.

— N'en doutez pas, Sigismond, » dit Arthur; et, par l'intervention de Mordaunt, il obtint facilement, dans une pièce plus retirée, une collation et du vin, choses auxquelles le jeune Biederman fit grandement honneur, claquant des lèvres avec satisfaction après les bons vins, dont, en dépit des principes ascétiques de son père, son palais commençait à prendre le goût et l'habitude. Lorsqu'il se trouva seul avec Arthur, en face d'un flacon de côte-rôtie et d'un biscuit, il se laissa amener aisément à continuer son récit de victoire.

« Où en étais-je? Ah! au moment où nous avons enfoncé leur infanterie. Ils ne se sont pas ralliés, et la confusion est allée toujours croissant; nous en aurions tué la moitié, si nous ne nous étions arrêtés pour aller faire visite au camp de Charles. Merci de nous, Arthur, que c'était beau! Chaque pavillon plein de riches habits, d'armures magnifiques, de grands plats et de flacons que certains disaient être de l'argent; mais je ne crois pas qu'il y ait tant d'argent que cela au monde, et c'était bien sûr de l'étain, parfaitement bruni. Il y avait des armées de laquais galonnés, des valets, des pages, autant de domestiques que l'on comptait de soldats dans l'armée; et, comme j'ai pu le voir, des milliers de jolies demoiselles. A tels signes que domestiques et demoiselles étaient à la disposition des vainqueurs; mais mon père était rudement sévère, je vous le promets, pour ceux qui voulaient abuser des droits de la guerre. Quelques-uns de nos jeunes gens ne l'ont écouté qu'après qu'il leur a appris l'obéissance avec le bois de sa hallebarde. Cela n'empêche pas, Arthur, que l'on pillait joliment ; les Allemands et les Français qui étaient avec nous enlevaient tout ; quelques-uns des nôtres ont fait de même. Cela se communique très facilement. Je suis entré dans le pavillon même de Charles, dont Rodolphe, avec quelques-uns des siens, essayait de fermer l'accès aux autres, pour pouvoir, je le suppose, avoir tout cela pour lui ; mais ni lui ni n'importe quel Bernois n'aurait osé toucher cette tête-ci du bois de son arme. Je suis donc entré, je les ai vus mettant dans des malles et dans des caisses des piles d'assiettes d'étain aussi reluisantes que de l'argent. Je suis allé plus avant, et j'ai vu le lit de Charles. Il faut lui rendre justice : c'était, dans son camp, le seul lit qui fût dur. Il y avait aussi de belles petites pierres brillantes pêle-mêle au milieu de gantelets, de bottes, et d'un tas d'autres objets. J'ai pensé alors à votre père et à vous ; j'ai cherché, et qu'ai-je vu ? Mon vieil ami que voici, » sortant de son sein le collier de la reine Marguerite, « que je connais, vous vous en souvenez, pour l'avoir reconquis à Brisach sur le Scharfrichter. Ho! ho! petits cailloux brillants, me suis-je dit, vous ne resterez pas bourguignons plus longtemps, mais vous allez revenir à mes bons amis les Anglais ; et...

— Ce collier est d'une valeur immense, » dit Arthur ; « il n'appartient ni à mon père ni à moi, mais à la reine que vous venez de voir.

— Elle est digne de le porter, » répliqua Sigismond. « Si elle avait vingt ou trente ans de moins, ce serait une fameuse femme pour un Suisse. Je suis sûr qu'elle tiendrait bien sa maison.

— Elle vous récompensera libéralement pour avoir retrouvé son bien, » dit Arthur, réprimant avec peine un sourire à l'idée de la fière Marguerite devenant la femme d'un berger suisse.

« Me récompenser ! » dit le montagnard. « Y songez-vous ? Je suis Sigismond Biederman, fils du landamman d'Unterwalden ; je ne suis pas un vil lansquenet, dont on paie en piastres les bons offices. Un mot de remerciement, ou un baiser, et je suis content.

— Un baiser sur sa main, » dit Arthur, souriant de nouveau de la simplicité de son ami.

« Sur la main ! Hum ! Avec une reine de cinquante ans, on s'en contentera ; ce n'eût pas été assez avec une reine de Mai. »

Arthur ramena le jeune homme au sujet de la bataille, et apprit que le massacre des forces du duc pendant la déroute n'avait pas été en rapport avec l'importance de l'action.

« Beaucoup se sont sauvés à cheval, » dit Sigismond ; « et nos reîtres allemands ont couru au butin lorsqu'ils auraient dû continuer la chasse. Pour dire la vérité, le camp de Charles nous a, nous aussi, retardés dans la poursuite. Si nous étions allés un quart d'heure plus loin, et si nous avions vu nos amis pendus aux arbres, pas un confédéré n'aurait abandonné la poursuite tant qu'il aurait eu des jambes pour le porter.

— Et le duc, qu'est-il devenu ?

— Charles s'est retiré en Bourgogne, comme un sanglier qui a senti le fer de la javeline, plus enragé que blessé ; il est, dit-on, sombre et furieux. D'autres rapportent qu'il a rassemblé tous les débris de son armée, et de grandes forces en outre, et qu'il a contraint ses sujets à lui donner de l'argent. Il y a donc lieu de s'attendre à une nouvelle attaque. Toute la Suisse se joindra à nous après une pareille victoire.

— Mon père est avec lui ? » demanda Arthur.

« Il y est ; et il a essayé, de la façon qui semblait la meilleure, de mettre en train un traité de paix avec mon père à moi. Il n'est pas probable que cela réussisse. Charles est insensé comme toujours ; et notre nation, de son côté, est devenue plus fière encore par sa victoire, et il y a de quoi. Malgré cela, mon père dit, comme toujours, que de tels succès et de si grandes masses de richesses changeront nos anciennes mœurs, et que le laboureur quittera son travail pour se faire soldat. Il en dit beaucoup là-dessus ; mais pourquoi l'argent, de bons plats, du vin et de beaux habits, nous feraient-ils tant de mal ? ma pauvre cervelle ne le comprend pas, et bien d'autres têtes, meilleures que la mienne, ne le comprennent pas davantage. Buvez-moi cela, mon ami Arthur. C'est une liqueur de choix.

— Quel est donc le motif qui vous amène si vite à Aix, vous et votre général le prince Ferrand ? » dit le jeune Anglais.

« La cause de notre voyage, ma foi, c'est vous.

— Moi ! » dit Arthur. « Comment cela ?

— On dit que, vous et la reine Marguerite, vous poussez ce vieux baguenaudier de roi René à céder ses territoires à Charles, et à désavoner Ferrand dans ses prétentions sur la Lorraine. Et le duc de Lorraine a envoyé un homme que vous connaissez bien... c'est-à-dire, non, vous ne le connaissez pas, mais vous connaissez quelqu'un de sa famille, et il vous connaît mieux que vous ne vous en doutez. Il a donc envoyé quelqu'un pour mettre des bâtons dans vos roues, pour vous empêcher de faire passer à Charles le comté de Provence, et de gêner et traverser Ferrand dans ses droits sur la Lorraine.

— Sur ma parole Sigismond, je ne vous comprends pas, » dit Arthur.

« Je n'ai pas de chance, » répliqua le Suisse. « Tout le monde, à la maison, dit que je ne comprends rien, et voilà maintenant que personne ne me comprend. Pour être net, je veux parler de mon oncle, le comte Albert de Geierstein, comme il se fait appeler; enfin, le frère de mon père.

— Le père d'Anne de Geierstein ? » s'écria Arthur.

« Oui, vraiment; je croyais que vous trouveriez moyen de le reconnaître ?

— Moi ? je ne l'ai jamais vu.

— Peut-être que si. C'est un habile homme, qui sait les affaires des gens mieux qu'ils ne les savent eux-mêmes. Ce n'est pas pour rien qu'il a épousé la fille d'une salamandre !

— Fi, Sigismond ! comment pouvez-vous croire cette absurdité ? » répondit Arthur.

« Rodolphe m'a dit que vous avez été aussi effaré que moi la nuit de Graffs-lust, » répliqua le Suisse.

« Si je l'ai été, j'étais un sot, » dit Arthur.

« Fort bien; mais cet oncle à moi a recueilli quelques-uns des vieux livres de sorcellerie de la bibliothèque d'Arnheim; il va, dit-on, d'un lieu à un autre avec une rapidité plus qu'humaine, et il est aidé dans ses desseins par des conseillers plus puissants que de simples hommes. Si bien doué qu'il soit cependant, et que ses qualités viennent d'une bonne source ou d'une autre, il n'en retire pas de grands avantages. Il est éternellement plongé dans la lutte et le danger.

— Je connais peu les détails de sa vie, » dit Arthur, déguisant de son mieux le désir d'en savoir plus long; « mais j'ai ouï dire qu'il avait quitté la Suisse pour rejoindre l'empereur.

— C'est vrai, » répondit le Suisse, « et il a épousé la jeune baronne d'Arnheim. Mais, après, il a encouru le déplaisir de l'Empereur, et pareillement celui du duc d'Autriche. On dit qu'on ne peut pas vivre à Rome et être mal avec le pape; mon oncle a donc jugé meilleur de passer le Rhin, et de se rendre à la cour de Charles, qui accueillait volontiers des nobles de tous les pays, pourvu qu'ils eussent des noms bien sonnants, avec des titres de comte, de marquis, de baron ou autres, à faire marcher devant. Mon oncle fut bien reçu; mais, en un an ou deux, cette amitié-là s'est usée. L'oncle Albert acquit une grande importance en des sociétés mystérieuses que Charles n'approuvait pas, et les choses en vinrent à ce point pour mon pauvre oncle qu'il fut forcé de prendre les ordres et de se raser pour éviter la perte de sa tête. Il a beau avoir les cheveux coupés, le cerveau reste aussi actif que jamais; quoique le duc lui eût permis de rester libre, il le trouvait si souvent sur son chemin qu'on crut que Charles n'attendait qu'un prétexte pour arrêter mon oncle et le mettre à mort. Mais mon oncle persiste à ne pas craindre Charles, et à prétendre que celui-ci, tout duc qu'il est, a plus lieu d'avoir peur de lui. Vous avez vu avec quelle hardiesse il a joué son rôle à Ferrette.

— Par saint Georges de Windsor! » s'écria Arthur; « le prêtre noir de Saint-Paul!

— Oh, oh! vous me comprenez maintenant. Il se crut assuré que Charles n'oserait pas le punir de sa participation à la mort de de Hagenbach; Charles ne le fit pas, en effet, quoique l'oncle Albert eût siégé et voté dans les États de Bourgogne, et les eût poussés tant qu'il pouvait à refuser à Charles l'argent que celui-ci leur demandait. Mais lorsque la guerre de Suisse éclata, l'oncle Albert sentit que sa qualité d'ecclésiastique ne le protégerait plus, et que le duc allait l'accuser de correspondre avec son frère et avec les compatriotes de celui-ci; il parut donc soudainement au camp de Ferrand à Neufchâtel, et envoya à Charles un message où il renonçait à son allégeance, et le mettait à défi.

— Singulière histoire d'un homme remuant et changeant, » dit le jeune Anglais.

« Oh, vous ne trouverez pas dans le monde entier un homme pareil à cet oncle Albert. Il sait tout; il a dit au duc Ferrand ce que vous veniez faire ici, et il a proposé d'aller prendre des renseignements plus certains. Bien qu'il n'eût quitté le camp suisse que cinq ou six jours avant la bataille, et que la distance de Neufchâtel à Aix soit d'au moins quatre cents milles, nous l'avons rencontré revenant, quand le duc Ferrand et moi, pour lui montrer la route, nous venions ici vivement, au sortir même du champ de bataille..

— Rencontré! » dit Arthur. « Rencontré qui? Le prêtre noir de Saint-Paul?

— Oui, » répliqua Sigismond; « mais habillé en carmélite.

— En carmélite! » dit Arthur, frappé d'une lumière soudaine; « et j'ai été assez aveugle pour recommander ses services à la reine! Je me souviens qu'il cachait sa figure sous son capuchon. Sot que je suis d'être tombé si grossièrement dans le piège! C'est peut-être heureux, après tout, que la transaction ait été rompue, car, si elle avait réussi, tout aurait été remis en question, je le crains, par cette défaite foudroyante. »

La conversation en était là lorsque Mordaunt parut, mandant Arthur auprès de sa royale maîtresse. Dans ce joyeux palais, une pièce sombre, dont les fenêtres donnaient sur les ruines de l'édifice romain, sans laisser voir autre chose que des murs en décadence et des colonnes chancelantes, était la retraite que Marguerite avait choisie. Elle reçut Arthur avec une bonté d'autant plus touchante qu'elle se rencontrait dans une âme si fière, un cœur assailli de tant de malheurs, et les ressentant si fortement.

« Hélas, pauvre Arthur! » dit-elle, « votre vie commence ainsi que menace de s'achever celle de votre père, dans un travail inutile pour sauver un navire qui coule. Les eaux sont plus promptes à envahir le vaisseau que les forces humaines à le défendre ou à le décharger. Toutes choses tournent mal, aussitôt qu'elles se lient à notre cause infortunée. La force devient faiblesse, la prudence folie, la valeur lâcheté. Le duc de Bourgogne, victorieux jusqu'ici dans toutes ses entreprises, n'a qu'à concevoir la pensée de prêter secours à Lancastre pour voir son épée brisée par le fléau d'un paysan; son armée disciplinée, réputée la plus belle du monde, fuit comme la paille que chasse le vent; et ses dépouilles sont partagées entre des mercenaires allemands renégats et de sauvages bergers des Alpes! Qu'avez-vous appris de plus sur cette étrange histoire?

— Guère plus, Madame, que vous n'en savez déjà. Ce que je puis ajouter, chose déplorable, c'est que la bataille a été honteusement perdue, alors qu'on avait pour soi tous les avantages ; le côté heureux, c'est que l'armée bourguignonne a été plutôt dispersée que détruite, que le duc s'est échappé, et qu'il rallie ses forces dans la haute Bourgogne.

— Pour subir une nouvelle défaite, ou pour s'engager dans une lutte interminable et douteuse, aussi fatale à sa réputation qu'une défaite. Où est votre père?

— Avec le duc, Madame, à ce qu'on m'a dit, » répliqua Arthur.

« Courez vers lui, et dites-lui que je l'adjure de songer à sa sûreté, et de ne plus s'occuper de mes intérêts. Ce dernier coup m'achève : je suis sans allié, sans ami, sans trésor...

— Non, Madame, » répliqua Arthur. « Un coup du sort rapporte à Votre Grâce ce reste inestimable de ses richesses. » Et, montrant le précieux collier, il en raconta la récente histoire.

« Je me réjouis du hasard qui m'a rendu ces diamants, » dit la reine, « pour qu'au point de vue du moins de la reconnaissance, je ne fasse pas banqueroute. Portez cela à votre père; dites-lui que tous mes projets sont abandonnés; que mon cœur, si longtemps cramponné à l'espérance, est enfin hors de combat. Dites-lui que ces joyaux sont à lui, pour les appliquer à son usage. Ils paieront mal le noble comte d'Oxford, perdu dans la cause de celle qui les lui envoie.

— Royale maîtresse, » dit le jeune homme, « soyez assurée que mon père aimerait mieux vivre de sa solde comme un reître noir, que devenir un fardeau pour vos infortunes.

— Jamais, jusqu'à ce jour, il n'a désobéi à mes ordres, » dit Marguerite, « et c'est le dernier que je lui donnerai. S'il est trop riche ou trop fier pour vouloir tirer profit des commandements de sa souveraine, il trouvera assez de malheureux amis des Lancastres ayant moins de ressources, ou moins de scrupules.

— J'ai encore une circonstance à vous faire connaître, » dit Arthur;

et il raconta l'histoire d'Albert de Geierstein, sous le déguisement du carmélite.

« Êtes-vous assez fou, » répondit la reine, « pour supposer que cet homme ait un pouvoir surnaturel, qui l'aide dans ses projets ambitieux et dans ses voyages rapides ?

— Non, Madame ; mais on assure que le comte Albert de Geierstein, ou le prêtre noir de Saint-Paul, est chef dans ces sociétés secrètes d'Allemagne que les princes haïssent et redoutent : l'homme qui com-

mande à cent poignards doit être craint même de ceux qui conduisent des milliers d'épées.

— Membre du clergé maintenant, » dit la reine, « peut-il conserver autorité sur des hommes qui disposent de la vie et de la mort ? Cela est contraire aux canons.

— On le croirait, Madame ; mais tout, dans ces institutions mystérieuses, diffère de ce qui se pratique à la lumière du jour. Des prélats sont souvent chefs d'un tribunal vehmique, et l'archevêque de Cologne exerce le terrible office de chef suprême, en sa qualité de duc de Westphalie, le principal pays où ces sociétés fleurissent (F). De tels privilèges s'attachent à l'influence occulte des chefs de ces ténébreuses associations, que ceux-là peuvent bien y trouver du surnaturel qui ne sont pas au courant de choses dont on croit prudent de ne pas parler trop clairement.

— Qu'il soit sorcier ou assassin, » dit la reine, « je le remercie d'avoir contribué à déranger mon plan : une cession de la Provence par mon pauvre père aurait, dans l'état des choses, privé René de ses domaines, sans nous servir à rien pour envahir l'Angleterre. Je vous le répète, partez à l'aurore, retournez près de votre père, et ordonnez-lui de songer à ses intérêts et de ne plus s'occuper de moi. La Bretagne, où habite l'héritier des Lancastres, sera le meilleur refuge pour les plus braves de ses adhérents. Le long du Rhin, le tribunal invisible paraît dominer sur les deux rives, et l'innocence n'est pas la sécurité; même ici, le traité proposé avec la Bourgogne peut être connu, et les Provençaux portent des poignards, aussi bien que des houlettes et des chalumeaux. Mais j'entends les cavaliers revenir de la chasse au faucon, et le naïf vieillard, oubliant tous les événements de la journée, siffler en montant les degrés du palais. Je le quitterai bientôt, et mon départ sera, je le pense, un soulagement pour lui. Préparez-vous pour le banquet et pour le bal, pour le bruit et pour la folie; préparez-vous, surtout, à dire adieu à Aix à l'aube du jour. »

Ainsi congédié par la reine, Arthur eut pour premier soin d'avertir Thibaut de préparer tout pour son départ; sa seconde occupation fut de s'apprêter aux plaisirs de la soirée. L'insuccès de sa négociation ne l'avait pas affecté au point de le rendre inaccessible à toutes sortes de consolations; son esprit, il faut le dire, s'était toujours secrètement révolté contre la pensée de dépouiller le bon vieux roi de ses États en vue d'une invasion de l'Angleterre : René avait intérêt sans doute au triomphe des droits de sa fille, mais les chances de succès étaient bien faibles.

Si de tels sentiments étaient blâmables, ils eurent leur punition. Quoique peu de personnes sussent à quel point l'arrivée du duc de Lorraine, et les nouvelles qu'il apportait, avaient déconcerté les plans de la reine Marguerite, on savait qu'il y avait eu peu d'amitié entre la reine et Yolande; le fils de cette dernière se trouvait, à la cour de Provence, à la tête d'un parti nombreux, qui ne goûtait pas les façons altières de la reine, et que fatiguaient la mélancolie constante de son visage et de sa conversation, et son mépris non déguisé pour les frivolités dont on s'occupait autour d'elle.

Ferrand, d'ailleurs, était jeune et beau : c'était un vainqueur arrivant d'un champ de bataille ; il y avait combattu glorieusement, et, avec toutes les chances contre lui, il y avait triomphé. Qu'il attirât la faveur de tous, qu'il effaçât Arthur Philipson, et lui dérobât l'attention dont l'influence de la reine, tout impopulaire qu'était celle-ci, l'avait fait jouir la veille, ce n'était que la conséquence naturelle de la situation relative des deux jeunes gens.

Mais ce qui froissa les sentiments d'amour-propre d'Arthur, ce fut de voir son ami Sigismond, *le simple*, comme ses frères l'appelaient, briller du reflet de la gloire du duc Ferrand de Lorraine, qui le présentait à toutes les dames du bal sous le nom de comte Sigismond de Geierstein. Par les soins du prince, on avait procuré à son compagnon un vêtement plus convenable, pour le lieu où il était, que l'équipement campagnard du comte, ou, en d'autres termes, de Sigismond Biederman.

Dans la société, tout ce qui est nouveau plaît pendant quelque temps, ce nouveau n'eût-il en soi rien qui le recommande. On connaissait peu les Suisses hors de leur pays, mais on en parlait beaucoup ; c'était une recommandation d'appartenir à cette contrée. Les manières de Sigismond étaient passablement lourdes, un mélange de gaucherie et de rudesse qui, pendant son heure de succès, reçut le nom de libre franchise.

Il parlait un mauvais français, un italien plus mauvais encore ; cela donnait à tout ce qu'il disait une naïveté charmante. Il était trop gros pour être élégant ; sa danse, car le comte Sigismond dansa souvent, ressemblait aux gambades d'un jeune éléphant ; tout cela, cependant, était préféré à la tournure irréprochable et aux mouvements distingués du jeune Anglais, même par la comtesse aux yeux noirs dans les bonnes grâces de laquelle Arthur s'était assez avancé le soir précédent.

Arthur, ainsi jeté dans l'ombre, éprouva un sentiment analogue à celui que devait avoir plus tard M. Pepys le jour où il déchira son manteau de camelot : le malheur n'était pas grand, mais cela le contraria (G).

La soirée, toutefois, ne se passa pas sans vengeance. Il y a des objets d'art dont les défauts ne se voient pas tant qu'ils n'ont pas été malencontreusement placés sous une lumière trop vive : cette mésaventure atteignit Sigismond le simple. Les Provençaux, un peu bizarres mais vifs d'esprit, s'aperçurent bientôt de la pesanteur de son intelligence et de l'étendue de sa naïveté; ils s'amusèrent à ses dépens par des compliments ironiques et des railleries habilement voilées.

Ils s'en seraient probablement permis davantage, si le Suisse n'avait apporté avec lui dans la salle de danse son éternelle hallebarde, dont la longueur, le poids et l'épaisseur ne promettaient rien de bon à celui que son propriétaire découvrirait en devoir de se divertir sur son compte.

Mais on n'eut, ce soir-là, rien à reprocher à Sigismond; si ce n'est qu'en accomplissant un magnifique entrechat, il tomba de tout son poids sur le pied minuscule de sa jolie danseuse, qu'il faillit mettre en pièces.

Arthur avait évité jusque-là de regarder Marguerite, pour ne pas la détourner de ses pensées. Mais il y avait quelque chose de si original dans la physionomie décontenancée du malheureux Suisse et dans la mortification de la jeune Provençale, que le jeune Anglais ne put s'empêcher de porter les yeux vers le dais sous lequel était la reine, pour voir si elle remarquait cet incident.

Dès le premier coup d'œil, Arthur fut saisi d'effroi. Marguerite avait la tête appuyée au dossier de son fauteuil, les yeux à peine ouverts, les traits tirés et crispés, les mains fermées avec effort. La dame d'honneur anglaise qui était derrière elle, vieille, sourde, et la vue mauvaise, n'avait pas aperçu autre chose dans la position de sa maîtresse que l'attitude distraite et indifférente avec laquelle la reine, présente de corps et absente d'esprit, assistait souvent aux fêtes de la cour de Provence.

Arthur, fort alarmé, courut immédiatement derrière le siège de cette dame pour appeler son attention sur sa maîtresse. Après un instant d'examen, la dame d'honneur s'écria : « Sainte mère du ciel, la reine est morte! »

C'était vrai. Ainsi que Marguerite l'avait elle-même déclaré, la dernière fibre de vie s'était brisée, dans cette âme fière et ambitieuse, en même temps que le dernier fil des espérances de sa politique.

CHAPITRE XXXIII.

> Cloche, cloche, tinte !
> Désormais du cœur
> Se taira la plainte :
> Morte est la grandeur.
> Théâtre vain, hélas ! que celui de la terre,
> Qui pour rideau final a le drap mortuaire.
>
> *Poème ancien.*

'ÉMOTION et les cris d'effroi qu'un événement aussi étrange avait excités parmi les dames de la cour commençaient à s'apaiser; l'on n'entendait plus que les soupirs, moins bruyants mais plus sincères, de quelques Anglais attachés à la défunte, et les lamentations du roi René, dont les émotions étaient aussi vives qu'elles duraient peu. Les médecins avaient tenu entre eux une consultation aussi agitée qu'inutile, et le corps de celle qui avait été une reine fut remis au prêtre de Saint-Sauveur, cette belle église où les dépouilles des temples païens ont contribué à la magnificence de l'édifice chrétien. La nef majestueuse fut illuminée comme il convenait, et les funérailles se préparèrent avec toutes les splendeurs que la ville d'Aix pouvait fournir. Examen fait des papiers de la reine, on reconnut que Marguerite, en disposant de ses joyaux et en vivant à peu de frais, avait trouvé moyen de pourvoir convenablement, leur vie durant, aux besoins du petit nombre d'Anglais à son service. Son collier de diamants, indiqué dans son testament

comme étant aux mains d'un marchand anglais, nommé Jean Philipson, ou de son fils, le prix de cet objet, si le collier avait été vendu ou engagé par eux, était laissé au susdit Jean Philipson et à son fils Arthur, en vue de poursuivre le dessein de l'exécution duquel ils s'étaient chargés, ou, si cela devenait impossible, pour leur usage et leur profit personnels. Le soin des funérailles de la reine était confié tout entier à Arthur, dit Philipson, avec recommandation de les régler scrupuleusement d'après les usages de l'Angleterre. Cette recommandation était exprimée dans une disposition additionnelle de son testament, signé le jour même où elle mourut.

Arthur, sans perdre de temps, dépêcha Thibaut vers son père, avec une lettre expliquant, en des termes qui seraient compris, tout ce qui était survenu depuis son arrivée à Aix, et, par-dessus tout, la mort de la reine Marguerite.

Il demandait, en terminant, des instructions sur le lieu où il devrait se rendre, le délai nécessaire pour les obsèques d'une personne d'un rang si élevé devant le retenir à Aix un temps suffisant pour recevoir la réponse.

Le vieux roi supporta si facilement la secousse de la mort de sa fille, que, le second jour après l'événement, il était occupé à préparer une procession pompeuse pour les funérailles, et à composer une élégie, que l'on chanterait sur un air dont il ferait aussi la musique : la reine défunte y était comparée aux déesses de la mythologie païenne, à Judith, à Débora, et à toutes les autres saintes femmes de la bible, sans compter celles du calendrier. On ne saurait cacher qu'une fois le premier accès de douleur passé, le roi René ne put s'empêcher de sentir que la mort de Marguerite tranchait un nœud politique qu'il aurait eu, sans cela, beaucoup de peine à délier, et lui permettait d'agir à son aise vis-à-vis de son petit-fils, en tant du moins qu'il lui attribuerait une portion considérable du trésor de la Provence, limité d'ailleurs à dix mille écus. Ferrand ayant reçu, sous une forme très utile pour la marche de ses affaires, la bénédiction de son grand-père, retourna vers les hommes résolus qu'il commandait. Avec lui s'en alla, après un adieu cordial à Arthur, le jeune Suisse vigoureux de corps mais simple d'esprit, Sigismond Biederman.

La petite cour d'Aix fut laissée à son deuil. Le roi René, pour qui les cérémonies et les spectacles, joyeux ou tristes, étaient toujours des objets de haute importance, aurait volontiers consacré à solenniser les obsèques de sa fille Marguerite ce qui lui restait de son revenu; il en fut empêché partie par les remontrances de ses ministres, partie par les obstacles que lui opposa le jeune Anglais. Agissant en vertu des volontés présumées de la défunte, Arthur ne permit pas qu'il se produisît aux funérailles de la reine aucune de ces exhibitions fantaisistes qui la révoltaient de son vivant.

Les funérailles donc, après plusieurs jours de prières publiques et d'actes de dévotion, furent célébrées avec les magnificences dues à la naissance de la défunte, au moyen desquelles l'Église romaine sait affecter si profondément l'œil, l'oreille et le cœur.

Parmi les différents nobles présents en cette occasion solennelle, il y en eût un qui arriva juste au moment où la grande sonnerie des cloches de Saint-Sauveur annonçait la marche de la procession vers la cathédrale. L'étranger changea à la hâte son vêtement de voyage contre un habillement de deuil, conforme en tout aux usages de l'Angleterre. Ainsi vêtu, il se rendit à la cathédrale; le noble maintien du cavalier inspira tant de respect aux gens de service, qu'on le laissa prendre place tout à côté de la bière. Ce fut par-dessus le cercueil de la reine, pour laquelle il avait tant agi et tant souffert, que le vaillant comte d'Oxford échangea avec son fils un regard de tristesse. Les assistants, surtout les serviteurs anglais de Marguerite, les regardaient tous deux avec étonnement et respect; et particulièrement le plus âgé de ces cavaliers leur semblait un digne représentant des fidèles sujets de l'Angleterre, rendant un dernier devoir à celle qui si longtemps avait tenu le sceptre, non peut-être sans avoir commis des fautes, mais d'une main toujours ferme et résolue.

Le dernier son des chants funèbres venait de s'éteindre, et presque tous les assistants s'étaient retirés, que le père et le fils erraient encore en silence à côté des restes de leur souveraine. Le clergé s'approchant enfin, annonça qu'il allait accomplir les derniers devoirs, en confiant ce corps qu'avait animé un esprit si haut et si actif, à la poussière, aux ténèbres, au silence de la voûte où la longue série des comtes de Provence attendait la dissolution. Six prêtres chargèrent la bière sur leurs épaules, et d'autres, devant et derrière, portaient de grandes torches de cire. Ils descendirent un escalier que le sol béant leur présentait. Les dernières notes du *requiem*, chantées en chœur par le clergé,

avaient cessé de résonner sous les cintres élevés de la cathédrale, le dernier éclat de lumière avait disparu du caveau, lorsque le comte d'Oxford, prenant son fils par le bras, le conduisit en silence, derrière l'église, dans un petit cloître où ils se trouvèrent seuls. Ils restèrent quelques minutes sans rien dire, car tous deux, le père surtout, étaient profondément affectés. Le comte parla enfin.

« Elle n'est plus, » dit-il. « Tous les plans, noble reine, que nous avons concertés ensemble, tombent avec vous! Ce cœur résolu, cette tête politique, ne sont plus; à quoi sert-il que les autres organes de l'entreprise aient encore mouvement et vie? Hélas, Marguerite d'Anjou! puisse le ciel récompenser tes vertus, et t'absoudre de tes erreurs! Les unes et les autres appartenaient à ta position, et si tu as hissé trop haut ta voile aux jours de prospérité, jamais princesse n'a plus fièrement défié les orages des mauvais jours, et lutté plus noblement contre eux. Le drame est fini, mon fils, nos rôles aussi.

— Nous porterons donc, Milord, les armes contre les infidèles? » dit Arthur. Un soupir presque insaisissable accompagnait ces paroles.

« Non, » répondit le comte, « tant que je n'aurai pas appris qu'Henri de Richmond, l'héritier incontesté de la maison de Lancastre, n'a pas besoin de mes services. Grâce aux joyaux perdus et retrouvés si étrangement dont votre lettre me parle, je puis lui fournir des ressources plus utiles que vos services ou les miens. Je ne retourne plus au camp du duc de Bourgogne; il n'y a pas de secours à attendre de lui.

— Une bataille fatale, » dit Arthur, « a-t-elle pu, à elle seule, abattre le pouvoir d'un si grand souverain?

— Non, » répliqua le père; « la perte faite à Granson a été considérable, mais, eu égard aux forces de la Bourgogne, ce n'est qu'une égratignure sur les épaules d'un géant. C'est le caractère même de Charles, sa sagesse du moins et sa prévoyance qui se sont affaissées sous la mortification d'une défaite infligée par des ennemis qu'il comptait pour rien, et qu'il croyait écraser avec quelques escadrons. Il est devenu chagrin, fantasque, absolu, livré à ceux qui le flattent, et qui, je crois, le trahissent; soupçonneux à l'égard de ceux de ses conseillers qui lui donnent de salutaires avis. J'ai eu ma part moi-même dans sa méfiance. Vous savez que j'ai refusé de porter les armes contre les Suisses, qui avaient été nos hôtes; il n'y avait pas vu raison de m'empêcher de l'accompagner en sa marche. Mais, depuis la défaite de Granson, j'ai remarqué soudain un grand changement, dû en partie sans doute aux insinuations de Campo-Basso, et en grande part aussi, à l'orgueil blessé du duc, mécontent de ce qu'une personne impartiale comme moi, ayant les idées qu'il me connaît, avait été témoin du déshonneur de ses armes. Il a parlé devant moi d'amis tièdes, de neutres douteux, de ceux qui, n'étant pas avec lui, doivent être contre lui. Je vous le dis, Arthur de Vere, le duc a prononcé des paroles qui s'attaquaient de si près à mon honneur, que rien autre chose que les ordres de la reine Marguerite, ou les intérêts de la maison de Lancastre, ne m'aurait fait rester dans son camp. C'en est fait. Ma royale maîtresse n'a plus besoin de mes services; le duc n'est plus en état de donner secours à notre cause; et, le pût-il, nous ne disposons plus du dernier moyen de séduction qui l'aurait amené à le faire. Le pouvoir de seconder ses vues sur la Provence est enseveli avec Marguerite d'Anjou.

— Que vous proposez-vous de faire ? » demanda le fils.

« D'attendre à la cour du roi René, » dit Oxford, « des nouvelles du comte de Richmond, ainsi que nous devons l'appeler encore. Je sais que les bannis sont rarement bienvenus à la cour d'un prince étranger; mais j'ai été le fidèle serviteur de sa fille Marguerite. Je n'ai dessein de résider ici que sous un nom d'emprunt, sans m'y faire remarquer, et dans les conditions les plus modestes. Il me semble qu'ainsi le roi René ne refusera pas de me laisser respirer l'air de ses États, jusqu'à ce que je sache de quel côté m'appellera la fortune ou le devoir.

— Soyez assuré, » répondit Arthur, « qu'il ne le refusera pas. René est incapable d'une pensée basse ou indélicate; et s'il savait mépriser les bagatelles autant qu'il déteste le déshonneur, il aurait une belle place parmi les monarques. »

Cette résolution prise, le fils présenta le père à la cour du roi René; Oxford confia en secret à ce dernier qu'il était homme de qualité, et l'un des principaux partisans des Lancastres. A Oxford, homme d'État et guerrier d'habitudes graves et mélancoliques, le bon roi, au fond du cœur, aurait préféré un hôte plus frivole de pensées et plus gai de caractère. Le comte le savait, et troublait rarement par sa présence son hôte bienveillant et léger d'esprit. Il eut cependant occasion de rendre au vieux roi un service d'une véritable valeur. Ce fut en prenant la direction d'un traité important entre René et son neveu Louis XI de France. A ce rusé monarque René, en définitive, céda sa principauté; la nécessité de débrouiller ses affaires était maintenant évidente même pour lui, toute pensée de favoriser Charles de Bourgogne dans cet arrangement étant morte avec la reine Marguerite. La politique et la sagesse du comte anglais, chargé presque seul de cette négociation secrète et délicate, furent du plus grand avantage pour le bon roi René : délivré des soucis du gouvernement et des préoccupations pécuniaires, il lui fut permis de s'occuper jusqu'au tombeau de flûtes et de tambourins. Louis ne manqua pas de se rendre le plénipotentiaire favorable, en faisant concevoir des espérances lointaines de soutenir le parti de Lancastre en Angleterre. Des demi-négociations méritant peu de confiance furent engagées à ce sujet ; elles rendirent nécessaires, de la part d'Oxford et de son fils, deux voyages à Paris dans le printemps et l'été de 1476, et les occupèrent l'un et l'autre la moitié de l'année.

En même temps continuaient avec fureur les guerres du duc de Bourgogne avec les cantons suisses et le comte Ferrand de Lorraine. Avant le milieu de 1476, Charles avait rassemblé, à dessein d'envahir la Suisse, une nouvelle armée d'au moins soixante mille hommes, soutenue de cent cinquante pièces de canon. Les intrépides montagnards levèrent aisément une armée de trente mille Suisses, réputés maintenant presque invincibles, et firent appel à leurs alliées, les villes libres du Rhin, pour que celles-ci leur prêtassent l'appui d'un puissant corps de cavalerie. Les premiers efforts de Charles furent couronnés de succès. Il parcourut le pays de Vaud, recouvrant un grand nombre des places perdues par lui après la défaite de Granson. Mais au lieu de s'assurer une frontière bien défendue, ou, ce qui eût été plus politique encore, au lieu de faire la paix, sur un pied équitable, avec ses redoutables voisins, ce prince, le plus obstiné de tous, reprit le dessein de pénétrer dans l'intérieur même des Alpes, et de châtier les montagnards jusque dans les forteresses naturelles de leur pays, alors cependant que l'expérience lui avait appris le danger, l'insanité même d'une semblable tentative. La nouvelle reçue par Oxford et par son fils en revenant à Aix vers le milieu de l'été, fut donc que le duc Charles s'était avancé jusqu'à Murten, ou Morat, ville située sur un lac du même nom, et à l'entrée de la Suisse. On racontait que le chevalier Adrien de Bubenberg, un vétéran bernois, commandait la ville, et opposait la résistance la plus obstinée, dans l'attente du secours que rassemblaient à la hâte ses compatriotes.

« Hélas, mon pauvre vieux frère d'armes ! » dit le comte à son fils, en apprenant ces nouvelles, « cette ville assiégée, ces assauts repoussés, le voisinage du pays ennemi, ce lac profond, ces rochers inaccessibles, le menacent d'une seconde partie de la tragédie de Granson, plus désastreuse peut-être que la première. »

Dans la dernière semaine de juillet, la capitale de la Provence fut

agitée par une de ces rumeurs vagues, sans autorité sûre, mais acceptées de tout le monde, qui transmettent les grands événements avec une vitesse incroyable : une pomme lancée de main en main parcourt l'espace plus vite que si elle était portée par des relais de courriers rapides. On annonçait une autre défaite des Bourguignons ; la nouvelle semblait si exagérée que le comte d'Oxford la crut inventée en grande partie, sinon pour le tout.

CHAPITRE XXXIV.

> Ils sont venus ? Ils ont remporté la victoire ?
> Du combat que de sang le théâtre a dû boire
> Avant qu'à fuir enfin Darwen ait consenti !
> *Le Berger d'Ettrick.*

LE sommeil ne ferma ni les yeux du comte d'Oxford ni ceux de son fils ; car, bien que le succès ou la défaite du duc de Bourgogne n'eût plus maintenant d'importance pour leurs affaires personnelles ou politiques, le père ne cessait pas de s'intéresser au destin de son ancien compagnon d'armes ; et le fils, avec le feu de la jeunesse, toujours curieuse de nouveautés, s'attendait à trouver dans tous les événements qui agitaient le monde un avantage ou un obstacle pour lui.

Arthur s'était levé et s'habillait, lorsque les pas d'un cheval attirèrent son attention. Il n'eut pas plus tôt regardé à la fenêtre qu'il s'écria : « Des nouvelles, mon père, des nouvelles de l'armée ! » et il se précipitait dans la rue, où un cavalier, paraissant avoir fait une course rapide, demandait les deux Philipson, père et fils. Il ne lui fut pas difficile de reconnaître Colvin, le grand-maître de l'artillerie de Bourgogne. Son air pâle et défait attestait l'accablement de son esprit ; son équipement en désordre, son armure brisée, rouillée par la pluie ou tachée de sang, donnait la nouvelle d'un combat, dans lequel, probablement, il avait eu le dessous; et son vaillant coursier était si épuisé de fatigue qu'il pouvait à peine se tenir debout. L'état du cavalier n'était guère meilleur. Lorsqu'il descendit de cheval pour répondre à l'accueil d'Arthur, il trébuchait à ce point qu'il serait tombé s'il n'eût été soutenu. Ses yeux épaissis n'avaient plus la puissance de voir; ses membres ne possédaient qu'imparfaitement celle de se mouvoir, et ce fut d'une voix suffoquée qu'il murmura : « La fatigue. J'ai besoin de repos... et de manger. »

Arthur le fit entrer dans la maison, et des aliments lui furent présentés. Il n'accepta cependant qu'un bol de vin. Après y avoir porté les lèvres, il le reposa, et, regardant le comte d'Oxford d'un œil où se peignait l'affliction la plus profonde, il laissa échapper ces mots : « Le duc de Bourgogne !

— Tué ? » répliqua le comte ; « non, j'espère !

— Cela aurait mieux valu, » dit l'Anglais; « mais le déshonneur est venu avant la mort.

— Battu, alors? » dit Oxford.

« D'une façon si complète et si terrible, » répondit le soldat, « que toutes les pertes que j'ai vues avant étaient légères en comparaison.

— Comment et où ? » dit le comte d'Oxford ; « vous étiez supérieurs en nombre, d'après ce qu'on nous a dit.

— Deux contre un au moins, » répondit Colvin; « et lorsqu'en ce moment je parle de notre rencontre, je voudrais me déchirer moi-même avec les dents, de rage d'avoir à vous dire une aussi honteuse histoire. Nous étions établis, depuis une semaine, devant la petite ville de Murten, ou de Morat. Le gouverneur, un obstiné, l'un de ces ours de montagne de Berne, nous mit au défi. Il ne voulut pas même fermer les portes, et, lorsque nous fîmes sommation à la ville, il nous donna pour réponse que nous pouvions entrer si cela nous plaisait, et que nous serions reçus comme il convenait. J'aurais essayé de le mettre à la raison par une salve d'artillerie ou deux; le duc était trop furieux pour écouter un bon conseil. Poussé par ce traître de Campo-Basso, il jugea meilleur de courir sus à la place avec toutes ses forces; j'aurais eu bientôt fait de donner à leurs oreilles d'Allemands un concert qui aurait renversé les murs de la place, mais le lieu était trop fort pour être emporté avec des épées, des lances et des arquebuses. Nous fûmes repoussés avec une grande perte, et un grand découragement pour les soldats. Nous nous mîmes à l'œuvre, alors, d'une façon plus régulière, et mes batteries auraient ramené au sens commun ces enragés de Suisses. Murs et remparts tombaient devant les bons canonniers de Bourgogne; des retranchements nous défendaient contre ceux qui, nous disait-on, approchaient pour faire lever le siège. Le soir du vingt de ce mois, nous apprîmes que l'armée de secours était proche. Ne consultant que sa témérité, Charles résolut de s'avancer à sa rencontre, abandonnant les avantages que nous donnaient nos batteries et notre forte position. Par ses ordres, quoique contrairement à mon opinion, je dus l'accompagner avec vingt bonnes pièces et le meilleur de mon monde. Nous partîmes le lendemain matin, et nous n'allâmes pas loin avant de voir les lances et les bataillons épais de hallebardes et d'épées à deux mains qui couronnaient la crête de la montagne. Le ciel y ajoutait ses terreurs. Un orage avec éclairs et tonnerre, dans toute la fureur qu'ils ont en de pareils climats, descendait sur les deux armées, mais au grand désavantage des nôtres, car nos troupes, les Italiens surtout, étaient plus sensibles aux torrents de pluie qui tombaient, et les ruisseaux, enflés comme des torrents, inondaient notre terrain et mettaient le désordre dans nos positions. Le duc, cette fois, vit qu'il était nécessaire de modifier son projet, et de retarder la bataille. Il lança vers moi son cheval, m'ordonnant de protéger de mon canon la retraite qu'il allait commencer, et ajoutant que lui-même il me soutiendrait de sa personne avec les hommes d'armes. Ordre fut donné de battre en retraite. Ce mouvement donna un nouveau courage à un ennemi déjà suffisamment audacieux. Les Suisses se mirent instantanément à genoux pour la prière; je me suis moqué d'une telle pratique sur le champ de bataille, mais je ne le ferai plus. Lorsqu'au bout de cinq minutes ils se remirent sur pied, et qu'ils commencèrent à avancer rapidement, sonnant de leurs cornes et poussant leurs cris de guerre avec leur sauvagerie accoutumée, voyez-vous, Milord, les nuages du ciel s'ouvrirent, versant aux confédérés la lumière bénie du soleil, tandis que nos rangs étaient encore dans l'obscurité de la tempête. Mes hommes étaient découragés. L'armée battait en retraite derrière eux ; la lumière soudaine jetée sur les Suisses qui s'avançaient montra, le long des montagnes, une profusion de bannières, un étincellement d'armes, donnant à l'ennemi un nombre double de celui que nous avions vu jusque-là. J'exhortai mes hommes à tenir ferme, mais, en le faisant, j'ai eu une pensée et dit un mot qui

étaient un péché grave. « Ferme, braves canonniers, » leur ai-je dit, « nous allons leur faire entendre des tonnerres plus forts, et leur montrer des éclairs plus fatals, que ceux dont leurs prières les ont délivrés ! » Mes hommes poussèrent de grands cris ; mais c'était une impiété et un blasphème, et le mal est venu tout de suite après. Nous braquâmes nos canons contre les masses qui s'avançaient, et jamais canons ne furent mieux pointés, je puis le dire ; car j'ai dirigé moi-même la Grande Duchesse de Bourgogne. Pauvre Duchesse ! quelles rudes mains la manœuvrent maintenant ! On fit feu, et avant que la fumée ne sortît des bouches, j'ai vu par terre bien des hommes et bien des bannières. Il était naturel de croire qu'une pareille décharge aurait arrêté l'attaque, et, pendant que la fumée nous cachait l'ennemi, je faisais tous mes efforts pour recharger nos canons, et je tâchais, à travers le brouillard, de me rendre compte de l'état de nos adversaires. Mais avant que la fumée fût dissipée et que les canons fussent rechargés, tous arrivaient à nous, cavalerie et infanterie, vieux et jeunes, hommes d'armes et gens de rien, marchant droit contre les bouches des canons, et se jetant sur eux avec un mépris complet de la vie. Mes braves compagnons furent taillés en pièces, percés de part en part, écrasés, pendant qu'ils chargeaient leurs pièces, et je ne crois pas qu'un seul canon ait été tiré une seconde fois.

— Le duc, » dit le comte d'Oxford, « ne vous a-t-il pas soutenu ?

— Loyalement et bravement, » répondit Colvin, « avec ses gardes du corps wallons et bourguignons. Mais mille mercenaires italiens se sont enfuis, et n'ont plus reparu depuis. Le passage, d'ailleurs, était étroit, encombré d'artillerie, bordé de montagnes et de rochers, un lac profond à côté. Bref, c'était un lieu tout à fait impropre à l'action de la cavalerie. En dépit des efforts suprêmes du duc et des braves Flamands qui l'entouraient, tous furent repoussés en complet désordre. J'étais à pied, combattant comme je pouvais, sans l'espoir ou même la pensée de sauver ma vie, lorsque je vis les canons pris et mes fidèles canonniers tués. Je vis le duc Charles serré de près, et je pris mon cheval des mains de mon page. Toi aussi tu as péri, pauvre petit orphelin ! Je ne pus qu'aider monseigneur de Croy et d'autres à dégager le duc. Notre retraite devint une déroute totale, et lorsque nous rejoignîmes notre arrière-garde, que nous avions laissée fortement établie, les bannières des Suisses flottaient sur nos batteries, car une grande division de leur armée avait opéré un mouvement tournant par des passes de montagne connues d'eux seuls, et avait attaqué notre camp, appuyée par une sortie de ce maudit Adrien de Bubenberg, si bien que nos retranchements furent attaqués de deux côtés à la fois. J'en aurais plus à dire, mais ayant couru nuit et jour pour vous apporter ces mauvaises nouvelles, ma langue s'attache à ma bouche, et je sens que je ne puis plus parler. Tout le reste est fuite et massacre, désastre pour tous les soldats qui ont pris part à cette guerre. Pour ma part, je confesse aux hommes mon insolente confiance en moi et mon orgueil; au ciel mon blasphème. Si je vis, ce sera pour cacher sous un capuchon cette tête déshonorée, et pour expier les nombreux péchés d'une vie licencieuse. »

On ne décida qu'avec peine le soldat désolé à prendre quelque nourriture et quelque repos, et aussi un calmant, que lui prescrivit le médecin du roi René, jugeant la chose nécessaire pour conserver la raison de son malade, épuisé par les incidents de la bataille et par la fatigue qui l'avait suivie.

Congédiant toute autre assistance, le duc d'Oxford, alternant avec son fils, veilla au chevet de Colvin. En dépit de la potion qu'on lui avait administrée, le repos du maître de l'artillerie fut loin d'être calme. Des tressaillements soudains, une sueur perpétuelle du front, les contorsions de ses traits, la manière dont les poings se crispaient et les membres s'agitaient, montraient que, dans ses rêves, il assistait encore à toutes les horreurs d'un combat désespéré. Cela dura plusieurs heures; mais, vers midi, la fatigue et le médicament triomphèrent de l'agitation nerveuse, et l'officier vaincu tomba, jusqu'au soir, dans un sommeil profond et tranquille. Vers le coucher du soleil, il s'éveilla, et, après avoir appris avec qui et où il était, il accepta quelques aliments, et, sans la moindre conscience de l'avoir déjà fait le matin, il fit un second récit de la bataille de Morat.

« On ne serait guère au-dessus de la vérité, » dit-il, « en calculant qu'une moitié de l'armée du duc a péri par l'épée ou a été jetée dans le lac. Le plus grand nombre de ceux qui se sont échappés sont disséminés de façon à ne plus se rejoindre. Nul ne fut jamais témoin d'une déroute aussi irréparable. Nous avons fui comme des daims, des moutons, ou ces autres animaux timides qui ne restent ensemble que parce qu'ils ont peur d'être séparés, sans songer à se mettre en ordre ou à se défendre.

— Et le duc? » dit le comte d'Oxford.

« Nous l'avons emmené avec nous, » répondit le soldat, « plutôt par instinct que par loyauté, comme des gens qui, s'enfuyant dans un incendie, emportent ce qu'ils ont de plus précieux sans trop savoir ce qu'ils font. Chevalier et valet, officier et soldat, tout fut pris de la même panique, et chaque coup de la corne d'Uri, sonné derrière nous, ajoutait des ailes à notre fuite.

— Le duc, le duc? » répéta Oxford.

« Il nous résista d'abord, et voulut faire tête à l'ennemi; mais lorsque la fuite devint générale, il galopa avec nous, sans dire un mot ni donner un ordre. Notre pensée fut, dans les premiers moments, que son silence et cet état passif, si extraordinaire en ce caractère impétueux, étaient une chose heureuse en nous permettant de le sauver. Mais lorsque nous eûmes couru la journée entière sans pouvoir obtenir un mot de réponse à nos questions; lorsqu'il refusa absolument toute nourriture, lui qui n'avait rien pris de la journée; lorsque la mobilité de son caractère se fut transformée en un désespoir muet, nous délibérâmes sur ce qu'il y avait à faire, et, de l'avis de tous, je fus dépêché pour vous supplier, vous qui êtes le seul pour les conseils duquel Charles ait jamais montré quelque déférence, de venir sur-le-champ auprès de lui, et d'employer toute votre influence à l'éveiller de cette léthargie qui, sans cela, peut mettre un terme à son existence.

— Quel remède y apporterais-je? » dit Oxford. « Vous savez le peu de cas qu'il a fait de mes avis, alors qu'en les suivant il eût servi mes intérêts et les siens. Vous savez que ma vie n'était pas en sûreté au milieu des mécréants qui entouraient le duc et qui savaient l'influencer.

— C'est très vrai, » répondit Colvin; « mais je sais aussi qu'il est votre ancien compagnon d'armes, et il me conviendrait mal d'enseigner au noble comte d'Oxford ce que requièrent les lois de la chevalerie. Tous les honnêtes gens de l'armée se porteront caution de la sûreté de Votre Seigneurie.

— Ma sûreté est la chose dont je me soucie le moins, » dit Oxford, d'un ton d'indifférence; « et si ma présence pouvait, en effet, rendre service au duc, si je pouvais croire qu'il la désirât...

— Il la désire, Milord, il la désire, » dit le fidèle soldat, les larmes aux yeux. « Nous l'avons entendu prononçant votre nom, comme s'il lui échappait dans un rêve pénible.

— S'il en est ainsi, j'y vais, » dit Oxford ; « j'y vais sur-le-champ. Où se proposait-il d'établir son quartier-général ?

— Il n'avait de lui-même rien fixé, ni là-dessus ni sur autre chose. M. de Contay a indiqué la Rivière, près de Salins, dans la haute Bourgogne, comme lieu de retraite du duc.

— C'est là donc, mon fils, que nous irons au plus tôt. Vous, Colvin, vous ferez mieux de rester ici, et de vous faire absoudre par quelque saint homme de vos paroles irréfléchies du champ de bataille de Morat. Il y eut là une faute sans doute, mais ce serait l'expier mal que de quitter un maître généreux au moment où il a le plus besoin de vos services ; et c'est une faiblesse de se retirer dans un cloître, avant l'époque où l'on n'a plus de devoirs actifs à accomplir en ce monde.

— Il est vrai, » dit Colvin, « que, si je quittais le duc maintenant, il n'y aurait peut-être après moi personne qui pût manœuvrer comme il faut une pièce de canon. La vue de Votre Seigneurie ne peut qu'agir favorablement sur mon noble maître, puisqu'elle vient de réveiller en moi le vieux soldat. Si Votre Seigneurie peut retarder son voyage jusqu'à demain, mes affaires spirituelles seront réglées, et ma santé physique suffisamment rétablie pour que je sois votre guide jusqu'à la Rivière. Quant au cloître, j'y penserai lorsque j'aurai reconquis le bon renom perdu à Morat. Mais je ferai dire des messes, les plus profitables que je pourrai, pour les âmes de mes pauvres canonniers. »

La proposition de Colvin fut acceptée ; Oxford, aidé de son fils et de Thibaut, employa la journée en préparatifs, sauf le temps nécessaire pour prendre en due forme congé du roi René, qui parut se séparer d'eux avec regret. En compagnie du grand chef de l'artillerie du duc vaincu, ils traversèrent les parties de la Provence, du Dauphiné et de la Franche-Comté qu'il fallait parcourir pour gagner le quartier-général du duc du Bourgogne ; mais la distance et les difficultés d'un si long voyage exigèrent plus d'une quinzaine, et le mois de juillet 1476 était commencé lorsque les voyageurs arrivèrent dans la haute Bourgogne, au château de la Rivière, à vingt milles environ au sud de la ville de Salins. Le château, de petite dimension, était entouré de tentes nombreuses, massées ensemble sans ordre et sans nul souci des règles militaires, contrairement à la stricte discipline à laquelle on était habitué dans le camp de Charles le Téméraire. Le duc était là, cependant, comme l'attestait sa grande bannière, flottant aux créneaux du château, riche de toutes ses armoiries. La garde se mit sous les armes pour recevoir les étrangers, mais si négligemment que le comte regarda Colvin pour demander une explication. Le maître de l'artillerie haussa les épaules, et ne dit rien.

Colvin ayant annoncé son arrivée et celle du comté anglais, M. de Contay ordonna qu'on les fît entrer de suite, et témoigna beaucoup de joie de les voir.

« Entre nous, » dit-il, « entre nous, serviteurs fidèles et peu nombreux du duc de Bourgogne, nous tenons ici un conseil dans lequel votre assistance, mon noble lord d'Oxford, sera de la plus haute importance. Messieurs de Croy, de Craon, Rubempré, et d'autres nobles de Bourgogne sont réunis pour aviser en ce moment critique à la défense du pays. »

Ils exprimèrent tous leur joie de voir le comte d'Oxford; s'ils s'étaient abstenus de lui offrir leurs hommages, lorsqu'il était venu précédemment dans le camp du duc, ce n'avait été que pour respecter son désir de l'incognito.

« Sa Grâce, » dit de Craon, « vous a demandé deux fois, les deux fois sous votre nom d'emprunt Philipson.

— Je ne m'en étonne pas, monseigneur de Craon, » répliqua le noble Anglais ; « l'origine de ce nom remonte à un temps ancien, alors que j'étais en Bourgogne durant mon premier exil. On disait un jour, en causant, que nous autres, pauvres nobles de Lancastre, nous devrions prendre d'autres noms que les nôtres, et le bon duc Philippe observa qu'étant frère d'armes de son fils Charles, je devais m'appeler *Philipson* c'est-à-dire *fils de Philippe*. En mémoire du bon souverain, j'ai pris cette appellation lorsque le besoin de changer de nom s'est véritablement fait sentir; le duc songe, en me désignant ainsi, à notre intimité d'autrefois. Comment se porte Sa Grâce ? »

La bataille de Morat.

Les Bourguignons se regardèrent les uns les autres, et il y eut un silence.

« Comme un homme frappé de la foudre, vaillant Oxford, » répliqua enfin de Contay. « Sieur d'Argenton, c'est vous qui pouvez le mieux renseigner le noble comte sur l'état de notre souverain.

— Il est comme un homme privé de raison, » dit le futur historien de cette époque agitée. « Après la bataille de Granson, il n'a jamais eu, dans ma pensée, le jugement aussi sain qu'auparavant. Mais, alors, il était capricieux, déraisonnable, absolu, sans suite dans les idées, et tous les conseils qu'on lui donnait lui paraissaient une insulte; il se blessait du moindre oubli du cérémonial comme si ses sujets l'avaient tenu en mépris. Il y a maintenant un changement complet; on dirait que le second coup l'a accablé, et a supprimé les passions violentes que le premier avait mises en jeu. Il est silencieux comme un chartreux, solitaire comme un ermite, ne témoigne d'intérêt pour rien, pour la direction de son armée moins encore que pour autre chose. Il donnait du soin à son habillement, vous le savez; il y avait même de l'affectation dans la simplicité qu'il y mettait. Quel changement vous trouverez ! il ne veut pas qu'on arrange sa chevelure ni qu'on entretienne ses ongles. Il est totalement indifférent au respect que l'on peut avoir ou ne pas avoir pour lui, prend peu ou point de nourriture, fait usage de vins capiteux, qui ne paraissent pas, cependant, altérer son intelligence; il ne veut entendre parler ni de guerre ni d'affaires d'État; de chasse ou autres exercices, pas davantage. Supposez un anachorète arraché de sa cellule pour gouverner un royaume, vous aurez en lui, à la dévotion près, le portrait de ce Charles de Bourgogne, autrefois si fier et si actif.

— Ce que vous dites, sieur d'Argenton, indique un esprit profondément atteint, » répliqua l'Anglais. « Jugez-vous à propos que je me présente devant le duc ?

— Je vais m'en informer, » dit Contay; et, quittant la chambre, il revint bientôt après, faisant signe au comte de le suivre.

Dans une petite chambre était l'infortuné Charles, presque couché dans un grand fauteuil, les pieds négligemment étendus sur un tabouret, mais si changé que le comte d'Oxford aurait cru voir le fantôme de ce duc si bouillant jadis. La longueur de ses cheveux qui se confondaient avec sa barbe, ses joues creuses au fond desquelles roulaient comme dans des cavernes des yeux égarés, sa poitrine rétrécie et son dos voûté, lui donnaient l'air d'une personne visitée de cette agonie dernière qui, d'avance, efface chez l'homme toute l'énergie vitale. Son costume même, un manteau jeté sur lui au hasard, augmentait la ressemblance avec un fantôme dans le linceul. De Contay nomma le comte d'Oxford ; le duc le regarda d'un œil éteint, mais ne répondit pas.

« Parlez-lui, vaillant Oxford, » dit tout bas le Bourguignon ; « il est encore plus mal que de coutume, mais il reconnaîtra peut-être votre voix. »

Jamais, lorsque le duc de Bourgogne était au plus haut degré de sa fortune, le noble Anglais ne s'agenouilla pour lui baiser la main avec un respect plus sincère. Il honorait en lui non seulement l'ami affligé, mais le souverain humilié, dont la foudre venait de briser la force et la confiance. Ce fut probablement la chute d'une larme sur sa main qui réveilla l'attention du duc, car il regarda le comte et dit : « Oxford, Philipson, mon vieux, mon seul ami, as-tu pu me retrouver dans cet asile de honte et de misère ?

— Je ne suis pas votre seul ami, Monseigneur, » répondit Oxford. « Le ciel vous en a donné beaucoup de dévoués parmi vos loyaux sujets. Mais quoique étranger, et sous réserve de l'allégeance due par moi à mon souverain légitime, je ne le cède à aucun pour le respect et la déférence que j'eus pour Votre Grâce en ses jours prospères, et que je viens lui témoigner en cette heure d'adversité.

— D'adversité, en effet, » dit le duc ; « une adversité sans remède, intolérable ! J'étais autrefois Charles de Bourgogne surnommé le Téméraire ; je suis maintenant deux fois battu par un vil rebut de paysans allemands ; mon étendard pris, mes hommes mis en fuite, mon camp pillé deux fois, et chaque fois des richesses perdues, qui dépassent en valeur le prix de la Suisse entière ; moi-même chassé comme une chèvre ou comme un chamois. L'enfer, dans sa colère, ne pouvait accumuler plus de honte sur la tête d'un souverain !

— J'y vois au contraire, Monseigneur, » dit Oxford, « une épreuve envoyée par le ciel, et demandant la patience et la force de l'esprit. Le chevalier le plus brave et le meilleur peut perdre selle; celui-là n'est qu'un fainéant qui reste roulant sur le sable de la lice après l'accident arrivé.

— Un fainéant, dites-vous? » s'écria le duc, dont l'orgueil s'éveillait sous un pareil reproche; « sortez d'ici, Monsieur, et n'y rentrez pas que vous ne soyez demandé!

— Ce qui ne sera pas long, je pense, » dit le comte avec calme; « le temps pour Votre Grâce de quitter ce déshabillé, et de se disposer à recevoir ses vassaux et ses amis avec le cérémonial qui vous convient, à vous et à eux.

— Que voulez-vous dire, seigneur comte? Vous vous mettez bien à l'aise.

— Les circonstances, Monseigneur, les circonstances m'enseignent cette impolitesse. Je pleure la dignité tombée; mais je ne puis honorer celui qui se déshonore en fléchissant comme un enfant sous la verge de l'infortune.

— Qui suis-je donc pour que vous osiez me parler ainsi? » dit Charles, se dressant dans tout son orgueil et toute sa violence naturelle; « êtes-vous autre chose qu'un misérable exilé, pour vous introduire ici, et m'adresser ces reproches irrespectueux?

— Je suis en effet, » répliqua Oxford, « un exilé peu digne d'égards; et je ne rougis pas de ma position, puisque c'est une loyauté sans borne à mon roi et à ses successeurs qui m'y a amené. Mais, en vous, puis-je reconnaître le duc de Bourgogne dans un ermite de mauvaise humeur, dont les gardes ne sont plus qu'une soldatesque en désordre, redoutable seulement pour leurs amis; dont les conseils sont en confusion faute d'un souverain, et qui se blottit dans cet obscur château, comme un loup estropié dans son repaire, n'attendant qu'un souffle de la corne des Suisses pour en ouvrir toutes grandes des portes que personne ne défend; qui ne prend pas pour se protéger son épée de chevalier; et qui, ne sachant pas même mourir comme le cerf aux abois, se laisse mettre en pièces comme un renard?

— Mort et enfer! Traître menteur! » cria le duc d'une voix de tonnerre, mettant la main au côté, mais se voyant sans arme; « il est heureux pour vous que je sois sans épée, car vous n'auriez pu vous vanter d'une insolence impunie. Avancez, Contay, comme un bon chevalier, et confondez ce calomniateur. Dites si mes soldats ne sont pas à leur poste, obéissants et en ordre ?

— Monseigneur, » dit Contay tremblant, tout brave qu'il était dans la bataille, devant la frénésie de Charles, « il y a encore sous vos ordres des soldats nombreux, mais moins bien réglés, je crois, et sous une discipline moindre qu'ils n'avaient accoutumé.

— Je le vois, je le vois, » dit le duc, « vous êtes tous des conseillers insuffisants et mauvais. Écoutez-moi, seigneur de Contay, qu'avez-vous fait, vous et les autres, tenant de nous, comme vous le faites, de grands domaines et de hauts fiefs, pour que je ne puisse m'étendre sur un lit de malade quand j'ai le cœur à demi brisé, sans que mes troupes tombent dans un scandaleux désordre, m'exposant au mépris et aux reproches de tout mendiant étranger?

— Monseigneur, » répliqua Contay plus fermement, « nous avons fait ce que nous avons pu. Mais Votre Grâce a habitué ses généraux mercenaires et ses chefs de compagnies franches à ne prendre d'ordres que de sa bouche. Leurs troupes réclament la solde à grands cris, et le trésorier refuse de la délivrer sans l'ordre de Votre Grâce, alléguant qu'agir autrement pourrait lui coûter la vie. Ces hommes ne sauraient donc être guidés et retenus ni par nous ni par ceux qui composent votre conseil. »

Le duc eut un rire amer, mais il fut évidemment assez satisfait de la réponse.

« Ha, ha! » dit-il, « il n'y a donc que le duc de Bourgogne pour monter ses chevaux indomptés et pour gouverner ses soldats. Écoutez, Contay. Demain, je monte à cheval pour passer la revue des troupes; le désordre, s'il y en a eu, sera réparé. La solde, aussi, sera distribuée. Mais malheur à ceux dont l'offense aura été trop grande! Dites à mes chambellans de préparer mes vêtements et mes armes. J'ai reçu une leçon, » (jetant à Oxford un regard sombre) « et je ne serai pas insulté une seconde fois sans avoir le moyen de me venger. Sortez tous deux. Contay, envoyez-moi mon trésorier avec ses comptes, et son âme est en danger si je trouve à me plaindre de lui ! Sortez, vous dis-je, et me l'envoyez. »

Ils quittèrent la chambre en saluant. Comme ils se retiraient, le duc dit brusquement : « Milord d'Oxford, un mot. Où avez-vous étudié la médecine ? Dans votre fameuse université, je suppose. Votre médecine a fait merveille. Cependant, docteur Philipson, elle aurait pu vous coûter la vie.

— J'ai toujours estimé ma vie peu de chose, » dit Oxford, « lorsqu'il s'agit de rendre service à un ami.

— Vous êtes un ami, en effet, » dit Charles, « un ami sans crainte. Le trouble de mon esprit a été grand, et vous m'avez rudement secoué. Demain, nous en dirons davantage. Je vous pardonne, et je vous estime. »

Le comte d'Oxford se retira dans la chambre du conseil, où la noblesse bourguignonne, informée de ce qui s'était passé, se pressa autour de lui, prodigue de remerciements et de félicitations. Une activité générale en fut la suite ; des ordres furent expédiés dans toutes les directions. Les officiers qui avaient négligé leurs devoirs se hâtèrent de cacher leurs torts ou de les réparer. Un tumulte courut dans tout le camp, mais un tumulte joyeux; car les troupes aiment à faire leur service avec régularité : la licence et l'inaction plaisent un instant au soldat, mais ne sont pas, lorsqu'elles se prolongent, aussi en rapport avec sa nature que la discipline et la perspective d'être employé.

Le trésorier, heureusement pour lui, était un homme de sens et un homme d'ordre; ayant passé deux heures seul avec le duc, il en sortit tout étonné, et déclara que jamais Charles, en ses jours les plus prospères, ne s'était montré plus perspicace en matière de finance, occupation dont, le matin, il n'aurait pas été capable. Le mérite en fut attribué par tous à la visite de lord Oxford, dont la réprimande opportune avait, comme un coup de canon disperse d'épais brouillards, sorti le duc de sa sombre et morose mélancolie.

Le lendemain, Charles passa la revue des troupes avec sa vigilance ordinaire, prescrivit de nouvelles levées, prit diverses dispositions pour l'organisation de ses forces, corrigea les fautes de discipline par des ordres sévères, appuyés de quelques punitions méritées dont les mercenaires italiens de Campo-Basso eurent une large part, et que fit accepter le paiement de l'arriéré, moyen de rattacher les hommes au drapeau sous lequel ils servaient.

Le duc résolut aussi, après avoir consulté son conseil, de convoquer les états dans ses différents territoires, de redresser certains abus dont se plaignait le peuple, et de donner satisfaction à des requêtes précédemment repoussées. Ainsi commença de s'ouvrir avec ses sujets un nouveau compte de popularité, en remplacement de celui qu'avait mis à néant sa témérité.

CHAPITRE XXXV.

*Le vainqueur en son camp, sur son trône le roi,
Le prélat à l'autel, si sublime que soit
Son office sacré, voici l'arme puissante
Qui dans leurs cœurs à tous versera l'épouvante.*

                                  Ancienne comédie.

 partir de ce moment, tout devint activité à la cour et dans l'armée du duc de Bourgogne. L'argent fut perçu, les soldats recrutés, et l'on n'eut plus besoin, pour entrer en campagne, que de connaître avec certitude les mouvements des Confédérés. Mais bien que Charles fût, en apparence, aussi actif que jamais, ceux qui étaient attachés de plus près à sa personne ne lui trouvaient pas la sûreté d'esprit et la fermeté de jugement que l'on admirait en lui avant ces désastres. Il était sujet à des accès de mélancolie chagrine, semblables à celles qui s'abattaient sur Saül, et, lorsqu'on voulait l'en sortir, il devenait furieux. Le comte d'Oxford lui-même semblait avoir perdu l'influence qu'il avait d'abord exercée. Bien que Charles témoignât d'ordinaire de la reconnaissance et de l'affection pour lui, il se sentait évidemment humilié de ce que le comte avait été témoin de son déplorable état d'impuissance, et il avait si peur qu'on le soupçonnât d'être dirigé par lord Oxford, que souvent il repoussait l'avis du comte, uniquement, semblait-il, pour faire preuve d'indépendance.

Dans ces humeurs fantasques, le duc était fort encouragé par Campo-Basso. Le traître voyait à présent les affaires de son maître marcher vers leur chute; il résolut de prêter à ce travail l'aide de son levier, pour se donner un titre à partager les dépouilles. Parmi les amis et les conseillers du duc, il jugeait Oxford un des plus capables; il voyait sur le visage du comte que celui-ci pénétrait ses trahisons, et, par suite, il le haïssait et le craignait. En outre, et pour colorer peut-être, même à ses yeux, l'abominable perfidie qu'il méditait, il affectait l'indignation contre le duc, à raison de la punition récente de quelques maraudeurs de ses bandes italiennes. Il croyait que ce châtiment avait été infligé sur l'avis d'Oxford, et le soupçonnait d'avoir poussé à cette mesure dans l'espoir de faire découvrir que les Italiens n'avaient pas pillé uniquement pour leur profit personnel, mais pour celui de leur chef. Ainsi convaincu de l'hostilité d'Oxford, Campo-Basso aurait trouvé promptement le moyen de l'écarter de son chemin, si le comte n'avait jugé prudent de prendre des précautions; et les seigneurs de Flandre et de Bourgogne, ayant pour aimer Oxford les raisons même qui le faisaient abhorrer de Campo-Basso, veillaient sur lui avec une vigilance dont il n'avait pas lui-même connaissance, mais à laquelle il dut assurément la conservation de sa vie.

Il est vraisemblable que Ferrand de Lorraine ne serait pas resté si longtemps sans tirer parti de sa victoire; mais les Suisses confédérés, force principale de l'armée, insistaient pour que les premières opérations eussent lieu en Savoie et dans le pays de Vaud, où les Bourguignons avaient beaucoup de garnisons; bien qu'elles ne reçussent pas de secours, elles ne furent cependant réduites ni facilement ni vite. Les Suisses, en outre, étant, comme la plupart des armées nationales de ce temps, une espèce de milice, beaucoup retournèrent chez eux pour faire la moisson et pour mettre leur butin en sûreté. Ferrand donc, bien que souhaitant, avec toute l'ardeur d'un jeune chevalier, de poursuivre ses succès, fut empêché de faire aucun mouvement en avant jusqu'au mois de décembre 1476. En même temps, les forces du duc de Bourgogne, pour être moins à charge au pays, étaient cantonnées en des places éloignées, où l'on s'appliquait à perfectionner la discipline des nouvelles levées. Le duc, s'il n'eût écouté que ses désirs, aurait pressé la lutte en concentrant à nouveau ses troupes et en les poussant sur les territoires Helvétiques ; mais encore qu'intérieurement il écumât de rage en songeant à Granson et à Morat, le souvenir de ces désastres était trop récent pour permettre un pareil plan de campagne. Les semaines s'écoulaient, et décembre était avancé, lorsqu'un matin que le duc siégeait en conseil, Campo-Basso entra tout à coup, les traits animés d'un ravissement qui contrastait fort avec le sourire froid, compassé et fin, limite extrême de sa gaieté ordinaire. « Des étrennes, » dit-il, « des étrennes, s'il plaît à Votre Grâce.

— Que nous apporte de bon la fortune ? » dit le duc. « Je croyais qu'elle avait oublié le chemin qui mène chez nous.

— S'il plaît à Votre Altesse, elle y revient, sa corne d'abondance pleine de dons précieux, prête à répandre ses fruits, ses fleurs, ses trésors, sur la tête du souverain d'Europe le plus digne de les recevoir.

— Que signifie tout cela ? » dit le duc Charles ; « les énigmes sont bonnes pour les enfants.

— Cette tête de lièvre, ce jeune fou de Ferrand, qui s'intitule de Lorraine, est sorti de ses montagnes à la tête d'une armée sans consistance, composée de gens de rien comme lui. Et que croyez-vous qu'il fasse ? Ha ! ha ! ha ! il est en Lorraine, et il a pris Nancy. Ha ! ha ! ha !

— D'honneur, seigneur comte, » dit Contay, étonné de la manière gaie dont l'Italien traitait une matière aussi sérieuse, « j'ai rarement entendu un sot rire plus volontiers d'une mauvaise plaisanterie que vous, homme sage, de la perte de la capitale d'une province pour laquelle nous combattons.

— Je ris au milieu des lances, » dit Campo-Basso, « je ris, ha ! ha ! ha ! comme mon cheval de bataille au milieu des trompettes. Je ris aussi en pensant à la destruction de l'ennemi et au partage des dépouilles, comme les aigles poussent des cris de joie à la vue de la proie qu'ils diviseront entre eux ; je ris...

— Vous riez, » dit le seigneur de Contay, poussé à bout, « comme un homme auquel seul appartient la joie, ainsi que vous avez ri après nos pertes de Granson et de Morat.

— Paix, Monsieur, » dit le duc. « Le comte de Campo-Basso a vu la chose comme je la vois. Ce jeune chevalier errant s'est aventuré hors de la protection de ses montagnes. Le ciel m'écrase si je manque à mon serment : je jure que le premier champ de bataille où nous nous rencontrerons verra tomber mort l'un de nous deux ! Nous sommes à la dernière semaine de l'année, et, avant le jour des Rois, nous verrons qui de lui ou de moi trouvera la fève dans le gâteau. Aux armes, Messieurs ! levons le camp de suite, et que nos troupes marchent en Lorraine. Envoyez la cavalerie légère des Italiens et des Albanais, et aussi les Stradiotes, nettoyer le pays en avant-coureurs. Oxford, vous porterez les armes en cette campagne, n'est-ce pas ?

— Assurément, » dit le comte. « Je mange le pain de Votre Altesse ; et, quand des ennemis envahissent vos États, il est de mon honneur de combattre pour Votre Grâce, comme si j'étais né votre sujet. Avec la permission de Votre Grâce, je dépêcherai un poursuivant d'armes, qui portera à mon ancien hôte le landamman des lettres pour lui donner connaissance de mon dessein. »

Le duc y ayant consenti, le poursuivant fut envoyé, et revint quelques heures après, tant les armées s'étaient rapprochées l'une de l'autre. Il était porteur d'une lettre du landamman, toute courtoise, et même amicale, exprimant le regret de la nécessité de porter les armes contre celui qui avait été son hôte, et pour qui il professait la plus haute estime. Le même poursuivant apportait aussi, de la part de la famille de Biederman, des compliments pour leur ami Arthur, et une lettre particulière, adressée à ce dernier, et contenant ce qui suit :

« Rodolphe Donnerhugel est désireux de fournir au jeune marchand, Arthur Philipson, l'occasion de régler l'affaire qui n'a pas été menée jusqu'au bout dans la cour du château de Geierstein. Il le désire d'autant plus qu'il sait que le susdit Arthur lui a fait tort en captivant les affections d'une demoiselle de haut rang, pour qui Philipson n'est et ne peut être autre chose qu'une connaissance passagère. Lorsqu'une rencontre loyale pourra avoir lieu, sur un terrain neutre, Rodolphe Donnerhugel en informera Arthur Philipson. Il sera, autant que possible, au premier rang des éclaireurs. »

Le cœur d'Arthur battit fortement à la lecture de ce défi. Le ton offensé qui y régnait, indiquait les sentiments de celui qui l'avait écrit, et démontrait suffisamment le désappointement de Rodolphe au sujet d'Anne de Geierstein, et la pensée que celle-ci avait accordé ses préférences au jeune étranger. Arthur trouva moyen d'envoyer une réponse à la provocation du Suisse, l'assurant qu'il satisferait avec plaisir à ses ordres, soit au front de la ligne de bataille, soit ailleurs, selon que Rodolphe le désirerait.

Les armées, cependant, se rapprochaient beaucoup, et les troupes légères commençaient à se rencontrer. Les Stradiotes, venus du territoire de Venise, espèce de cavalerie ressemblant à celle des Turcs, faisaient, dans l'armée de Bourgogne, une grande partie de ce service, auquel ils auraient été merveilleusement aptes, si l'on avait pu compter sur leur fidélité. Le comte d'Oxford remarqua que ces hommes, placés sous les ordres de Campo-Basso, donnaient toujours avis que l'ennemi était en ordre médiocre, et en pleine retraite. L'on était, en outre, informé par eux, que plusieurs personnes, pour lesquelles le duc avait une aversion marquée, et qu'il désirait tout particulièrement avoir en ses mains, s'étaient réfugiées à Nancy. Cela augmentait beaucoup l'ardeur du duc pour reprendre cette place, ardeur qui devint ingouvernable, lorsque Charles apprit qu'à la nouvelle de son arrivée, Ferrand et ses alliés de Suisse avaient reculé jusqu'à une position voisine, appelée Saint-Nicolas. La plupart de ses conseillers bourguignons, comme aussi le comte d'Oxford, le détournaient d'assiéger une place d'une certaine force, aussi longtemps qu'un ennemi en état d'agir était à portée de la secourir. Ils insistaient sur ce que l'armée du duc était peu nombreuse, sur la rigueur de la saison, sur la difficulté de se procurer des vivres, et ils exhortaient Charles, après qu'il aurait fait un mouvement forçant l'ennemi à la retraite, à suspendre jusqu'au printemps les opérations décisives. Charles, d'abord, essaya de discuter, et de repousser leurs arguments; mais ses conseillers lui faisant remarquer qu'il allait se mettre, lui et son armée, dans la même situation qu'à Granson et à Morat, il devint furieux de cette observation; l'écume lui vint à la bouche, et il ne sut plus faire autre chose qu'affirmer, avec serments et imprécations, qu'il serait maître de Nancy avant le jour des Rois.

L'armée de Bourgogne s'établit donc devant Nancy, dans une forte position, protégée par un cours d'eau à rive escarpée, et couverte de trente pièces de canon, dont Colvin avait le commandement.

Ayant satisfait à l'obstination de son caractère en réglant ainsi les opérations, le duc parut prêter un peu plus d'attention aux avis de ses conseillers quant à la sûreté de sa personne; il permit au comte d'Oxford, avec son fils, et deux ou trois officiers de sa maison, d'une fidélité éprouvée, de coucher dans son pavillon, indépendamment de la garde ordinaire.

Ce fut trois jours avant Noël que le duc s'établit devant Nancy, et, le soir même, il se produisit un fait propre à justifier les inquiétudes sur la sûreté personnelle du duc. Il était minuit, et tout dormait dans le pavillon ducal, lorsque fut poussé le cri : *trahison!* Le comte d'Oxford, tirant son épée, et saisissant une lumière qui brûlait à côté de lui, se précipita dans la chambre du duc, et trouva celui-ci sur le sol, complètement déshabillé, l'épée à la main, et frappant en tous sens avec tant de furie, que le duc eut peine lui-même à éviter ses coups. Les autres officiers se précipitèrent épée nue, et leur manteau drapé autour du bras gauche. Lorsque le duc se fut un peu remis, et lorsque dans les personnes présentes il eut reconnu ses amis, il les informa, avec agitation et avec rage, que les officiers du tribunal secret avaient, en dépit des précautions prises, trouvé moyen d'entrer dans sa chambre, et lui avaient donné assignation à comparaître, sous les plus hautes pénalités, devant la sainte Vehme, pour la nuit de Noël.

Les assistants écoutèrent cette histoire avec surprise, et plusieurs d'entre eux ne savaient s'ils devaient y voir une vérité, ou un rêve de l'imagination exaltée du duc. Mais la citation fut trouvée sur la table de toilette du duc; elle était écrite sur parchemin, comme le voulaient les formes de la procédure, revêtue de trois croix, et plantée sur la table avec un couteau. Une grosse écharde de bois avait été enlevée de la table. Oxford lut attentivement l'assignation. Elle indiquait, comme de coutume, un endroit où le duc était sommé de venir seul et sans arme, et d'où il serait conduit au siège du tribunal.

Charles, après avoir regardé un instant le parchemin, donna cours à ses pensées.

« Je sais de quel carquois sort cette flèche, » dit-il. « Elle est lancée par ce noble dégénéré, ce prêtre apostat, ce complice des sorciers, Albert de Geierstein. Nous savons qu'il est dans cette bande bigarrée d'assassins et de proscrits qu'a ramassés le petit-fils du vieux violoneux de Provence. Mais, par Saint-Georges de Bourgo-

gne ! ni le capuchon du moine, ni le casque du soldat, ni le bonnet du conspirateur, ne le sauveront après une pareille insulte. Je le dégraderai de la chevalerie, je le pendrai au plus haut clocher de Nancy, et sa fille choisira entre le dernier goujat de mon armée et le couvent des filles repenties.

— Quels que soient vos desseins, Monseigneur, » dit Coutay, « il serait mieux de garder le silence, alors que, d'après ce qui s'est passé, nous pouvons supposer que d'autres que nous sont à portée d'entendre. »

Le duc parut frappé de cette observation, et se tut, ou ne fit du moins que murmurer entre les dents des serments et des menaces. On faisait, pendant ce temps, des recherches minutieuses pour trouver l'intrus qui avait troublé son repos; mais ce fut en vain.

Charles fit continuer les recherches, indigné d'un excès d'audace allant plus haut que ne l'avait jamais tenté ce tribunal secret : la Vehme, quelque terreur qu'elle inspirât aux souverains, n'avait pas osé jusque-là s'attaquer à eux. Une troupe fidèle de Bourguignons fut envoyée, la nuit de Noël, pour observer l'endroit indiqué dans la citation (un carrefour où aboutissaient quatre routes), et pour faire prisonnier quiconque lui tomberait sous la main; aucune personne suspecte ne parut en ce lieu ni dans son voisinage. Le duc n'en continua pas moins d'imputer à Albert de Geierstein l'affront qu'il avait reçu. Il mit sa tête à prix; et Campo-Basso, toujours désireux de plaire à son maître, se chargea de faire en sorte que quelques-uns de ses Italiens, suffisamment au courant de ce genre d'expéditions, amenassent devant lui, mort ou vif, le coupable baron. Colvin, Contay et d'autres rirent sous cape des promesses de l'Italien.

« Tout rusé qu'il est, » dit Colvin, « il saura leurrer le vautour sauvage et le faire descendre du ciel, avant d'avoir Albert de Geierstein en son pouvoir. »

Arthur, à qui les menaces du duc avaient donné sujet de s'inquiéter fort sur le compte d'Anne de Geierstein, et, par intérêt pour elle, sur celui de son père, respira plus librement en voyant le peu de cas qu'on faisait de ces menaces.

Le second jour après cette alerte, Oxford éprouva le désir de reconnaître le camp de Ferrand de Lorraine, ayant des doutes sur l'exactitude des rapports faits sur sa force et sa position. Il obtint pour cela le consentement du duc, qui lui fit présent en même temps, à lui et à son fils, de deux magnifiques chevaux, d'une vigueur et d'une vitesse exceptionnelles, dont il faisait le plus grand cas.

Dès que le bon plaisir du duc fut communiqué au comte italien, celui-ci exprima la plus grande joie d'avoir, pour une exploration de ce genre, le secours de l'âge et de l'expérience d'Oxford; il fit choix de cent Stradiotes, que, disait-il, il avait envoyés quelquefois en escarmouche à la barbe même des Suisses. Le comte se montra fort satisfait de la façon active et intelligente dont ces hommes se comportaient, chassant devant eux et dispersant quelques partis de cavalerie de Ferrand. A l'entrée d'une petite vallée dont le terrain allait en montant, Campo-Basso fit savoir aux nobles anglais que, s'ils pouvaient s'avancer jusqu'au bout de la vallée, ils auraient de là une vue complète de la position de l'ennemi. Deux ou trois Stradiotes partirent au galop pour examiner le défilé, et, revenant bientôt, communiquèrent dans leur langue avec leur chef, qui, déclarant le passage libre, invita le comte d'Oxford à l'accompagner. Ils parcoururent la vallée sans voir un ennemi, mais en sortant pour entrer dans une plaine, au lieu indiqué par Campo-Basso, Arthur qui était à l'avant-garde des Stradiotes, et séparé de son père, vit en effet le camp du duc Ferrand à un demi-mille de distance; mais un corps de cavalerie en sortait, et se dirigeait au galop vers la gorge de la vallée d'où l'on venait de sortir. Le jeune Anglais allait tourner bride et battre en retraite; se fiant à la rapidité extrême de son cheval, il crut pouvoir rester pour se livrer un instant à un examen plus attentif du camp. Les Stradiotes qui l'accompagnaient n'attendirent pas ses ordres pour se retirer, mais revinrent en arrière, ainsi d'ailleurs que c'était leur consigne en cas d'attaque par des forces supérieures.

Arthur remarqua que le commandant de l'escadron dirigé vers lui, montait un puissant cheval sous les pieds duquel tremblait la terre, portait sur son bouclier l'ours de Berne, et faisait penser, par ses proportions gigantesques, à Rodolphe Donnerhugel. Il fut sûr que c'était bien lui lorsqu'il vit le cavalier commander halte à ses hommes et s'avancer seul, la lance en arrêt, à une allure lente, comme pour donner à Arthur le temps de se préparer. Accepter un tel défi dans un tel moment était dangereux, mais le refuser n'eût pas été honorable: le sang d'Arthur bouillait à l'idée de châtier un rival insolent, et, au fond du cœur, il ne fut pas fâché qu'une rencontre à cheval lui donnât de l'avantage sur le Suisse, grâce à sa parfaite connaissance des tournois, auxquels on pouvait supposer Rodolphe moins habile.

Ils se rencontrèrent, selon la formule du temps, « en hommes sous le bouclier. » La lance du Suisse glissa sur le casque de l'Anglais, qu'elle avait voulu atteindre ; celle d'Arthur, dirigée droit contre le milieu du corps de son adversaire, toucha si juste, et fut si bien secondée par l'impétuosité de la course, qu'elle perça non seulement le bouclier de l'infortuné guerrier, mais le plastron de la cuirasse, et une cotte de mailles portée en dessous. Traversant le corps de part en part, la pointe de l'arme ne fut arrêtée que par le dos de la cuirasse ; le cavalier tomba de cheval, comme frappé de la foudre, roula deux ou trois fois sur le sol, déchira la terre de ses mains, puis ne fut plus qu'un cadavre inerte.

Il y eut un cri de douleur et de rage parmi les hommes d'armes dont Rodolphe Donnerhugel venait de quitter les rangs, et plusieurs couchèrent leurs lances pour le venger ; mais Ferrand de Lorraine, qui était là, leur ordonna d'arrêter le vainqueur sans le maltraiter. Cela se fit, car Arthur n'avait pas le temps de tourner bride, et résister eût été folie.

Amené devant Ferrand, Arthur leva sa visière. « Est-ce loyal, » dit-il, « Monseigneur, de faire prisonnier un chevalier qui s'est compromis en répondant, par devoir, à un défi personnel?

— Ne vous plaignez pas, Arthur d'Oxford, » répondit Ferrand, « avant qu'on ne vous ait fait tort. Vous êtes libre, seigneur chevalier. Votre père et vous, vous avez été fidèles à la reine ma tante, et quoiqu'elle ait été mon ennemie, je rends justice à votre loyauté envers elle. Par respect pour sa mémoire, à elle qui fut déshéritée comme moi, et pour plaire à mon grand-père, qui, je le crois, vous voulait du bien, je vous donne la liberté. Je dois veiller aussi sur vous durant votre retour au camp de Bourgogne. De ce côté de la hauteur, nous sommes francs et loyaux ; de l'autre, il y a des traîtres et des meurtriers. Vous veillerez volontiers, seigneur comte, je le suppose », dit Ferrand à l'un des guerriers qui l'entouraient, » à la sûreté de notre prisonnier. »

Le chevalier auquel Ferrand s'adressait, homme de grande taille et d'air imposant, se mit en mouvement pour accompagner Arthur. Ce dernier exprima au jeune duc de Lorraine l'estime que lui inspirait sa conduite chevaleresque. « Adieu, seigneur Arthur de Vere, » répondit Ferrand. « Vous avez tué un noble champion, un ami qui m'était utile et fidèle. Mais vous l'avez fait loyalement et noblement, à armes

égales, en face des rangs. La faute en soit à celui qui a commencé la querelle! » Arthur s'inclina sur sa selle; Ferrand lui rendit le salut, et ils se séparèrent.

Arthur et son nouveau compagnon avaient chevauché quelques instants, lorsque l'étranger lui dit :

« Nous avons déjà voyagé ensemble, jeune homme, et pourtant vous ne me reconnaissez pas. »

Arthur regarda le chevalier, et voyant que le cimier de son casque avait à peu près la forme d'un vautour, son esprit fut traversé de soupçons étranges, confirmés lorsque le chevalier, ouvrant son casque, lui montra les traits sombres et sévères du prêtre de Saint-Paul.

« Le comte Albert de Geierstein ! » dit Arthur.

« Lui-même, » répliqua le comte, « quoique vous l'ayez vu sous un autre costume, et coiffé d'une autre manière. La tyrannie force tout le monde à recourir aux armes, et j'ai repris, avec la permission et sur l'ordre de mes supérieurs, les vêtements que j'avais quittés. Une guerre contre la cruauté et l'oppression est une guerre sainte, comme celle de la Palestine, où les prêtres portent l'armure.

— Seigneur comte, » dit vivement Arthur, « je ne saurais trop vous supplier de rejoindre l'escadron de Ferrand de Lorraine. Vous courez ici un péril contre lequel la force et le courage ne servent à rien. Le duc a mis votre tête à prix ; et de ce lieu jusqu'à Nancy, le pays fourmille de Stradiotes et de cavalerie italienne.

— Je me ris de pareils hommes, » répondit le comte. « Je n'ai pas vécu si longtemps dans un monde rempli d'orages, au milieu des intrigues de la guerre et de la politique, pour tomber sous la main chétive de personnages comme eux. Vous êtes avec moi, d'ailleurs, et je viens de voir que vous êtes capable de vous conduire noblement.

— Pour vous défendre, seigneur, » dit Arthur, voyant en son compagnon le père d'Anne de Geierstein, « je tâcherais de faire de mon mieux.

— Quoi, jeune homme ! » répliqua le comte Albert, avec un dédain moqueur qui n'appartenait qu'à lui ; « aideriez-vous l'ennemi du maître sous le drapeau duquel vous servez contre les soldats payés par ce maître ? »

Arthur fut un peu interdit de cette façon de répondre à des offres de service pour lesquelles il attendait au moins des remerciements. Se remettant de suite, il répliqua : « Comte Albert, il vous a convenu de vous mettre en péril pour me protéger contre ceux qui tiennent pour vous; je suis également obligé de vous défendre contre ceux de notre parti.

— Bien répondu, » dit le comte; « il y a cependant, je crois, un petit partisan aveugle, dont parlent les troubadours et les ménestrels, à l'instigation duquel je pourrais bien être redevable du grand zèle de mon protecteur. »

Sans donner à Arthur, dont l'embarras était grand, le temps de faire une réponse, il continua. « Jeune homme, écoutez-moi. Votre lance a accompli aujourd'hui un acte fâcheux pour la Suisse, pour Berne, pour le duc Ferrand, en tuant le plus brave de leurs champions. Mais pour moi, la mort de Donnerhugel est un événement heureux. Sachez qu'à mesure que ses services le rendaient plus indispensable, il devenait importun en usant, pour solliciter la main de ma fille, de l'influence que le duc Ferrand a sur moi. Le duc, fils d'une princesse, ne rougissait pas de me presser de marier la dernière personne de ma maison (ceux de la famille de mon frère ne sont que des métis dégénérés) à un jeune présomptueux, dont l'oncle était domestique dans la maison du père de ma femme : il se vantait, je crois, de relations de parenté par une voie irrégulière, et ce Rodolphe faisait sonner cela bien haut comme favorable à ses prétentions.

— Assurément, » dit Arthur, « un mariage avec un homme aussi inégal en naissance, bien plus inégal encore à d'autres égards, était trop monstrueux pour que l'on en dût parler.

— Tant que j'aurais eu vie, » répliqua le comte Albert, « jamais pareille union ne se serait formée, quand une dague aurait dû, par la mort des deux fiancés, sauver l'honneur de ma maison. Mais lorsque je ne serai plus, moi dont tous les jours, dont toutes les heures sont comptés, quel obstacle pourrait empêcher un prétendant intrépide, fort de la faveur du duc Ferrand, de l'admiration générale de sa nation, et peut-être des malheureux préjugés de mon frère Arnold, quel obstacle l'empêcherait de triompher de la résistance et des scrupules d'une jeune fille restée seule?

— Rodolphe est mort, » dit Arthur; « puisse le ciel l'absoudre.

de ses fautes! Mais s'il était vivant, et s'il poursuivait ses vues sur Anne de Geierstein, il aurait à livrer un autre combat...

— Déjà décidé, » répondit le comte Albert. « Écoutez-moi, Arthur de Vere! Ma fille m'a dit ce qui s'est passé entre vous et elle. Vos sentiments et votre conduite sont dignes de la noble maison dont vous descendez, et qui tient rang, je le sais, parmi les plus illustres de l'Europe. Vous êtes déshérité; Anne l'est aussi, sauf quelques faibles restes de l'avoir paternel que son oncle peut lui procurer. Si, jusqu'à des jours meilleurs, vous voulez les partager ensemble, ma fille sait qu'elle a mon consentement et ma bénédiction. Il faudra, d'ailleurs, que votre noble père l'approuve, car jamais mon enfant n'entrera dans une maison contre la volonté du chef. Mon frère sera instruit de mon désir. Il l'approuvera; car s'il est mort aux pensées de l'honneur chevaleresque, il est vivant encore pour les vertus sociales, il aime sa nièce, il a de l'amitié pour vous et pour votre père. Que diriez-vous, jeune homme, de prendre pour aide dans le voyage de la vie une comtesse qui n'a rien? Je crois... je dirais presque je prophétise (je suis si près du tombeau qu'il me semble voir au-delà), que bien après qu'aura cessé mon orageuse existence, une lumière brillera un jour sur les couronnes de Vere et de Geierstein. »

De Vere sauta à bas de son cheval, serra fortement la main du comte Albert, et allait s'épuiser en remerciements. Le comte lui prescrivit de se taire.

« Nous allons nous séparer, » dit-il; « le temps est court, et la place est dangereuse. Vous, personnellement, vous n'êtes rien pour moi. Si l'un des projets d'ambition que j'ai poursuivis m'avait conduit au succès, le fils d'un comte banni n'aurait pas été le gendre que j'aurais choisi. Remontez à cheval; les remerciements ne plaisent pas lorsqu'ils ne sont point mérités. »

Arthur quitta la main du comte, et remonta à cheval. Son ravissement prit une forme plus acceptable : il dit comment, par l'amour qu'il aurait pour Anne, par les efforts qu'il ferait pour son bonheur, il exprimerait sa reconnaissance envers le père de sa compagne. Remarquant que le comte écoutait avec plaisir le tableau qu'il traçait de leur vie future, il ne put s'empêcher de s'écrier : « Et vous, seigneur, vous qui serez l'auteur de tout ce bonheur, ne pourriez-vous en être témoin et le partager? Nous nous efforcerons, croyez-moi, d'adoucir l'effet des coups que la fortune vous a infligés, et si un rayon meilleur vient briller sur nous, il sera le bienvenu davantage encore si vous pouvez le partager.

— Bannissez une pareille folie, » dit le comte Albert de Geierstein. « Je sais que la dernière scène approche pour moi. Écoutez, et tremblez. Le duc de Bourgogne est condamné à mort, et les juges invisibles qui, comme la divinité, prononcent et vengent dans le secret, ont remis en mes mains la corde et le poignard!

— Rejetez loin de vous ces affreux symboles! » s'écria Arthur avec chaleur; « qu'on trouve pour un tel office des bouchers et des assassins, et ne déshonorez pas le noble comte de Geierstein!

— Paix, jeune insensé! » répondit le comte. « Le serment que j'ai fait est plus élevé que les nuages du ciel, plus solidement fixé que ces montagnes lointaines. Ne prenez pas mon acte pour celui d'un assassin, bien que, pour le devenir, je pusse invoquer l'exemple du duc. Je n'envoie pas de mercenaires, comme ces vils Stradiotes, chercher à prendre sa vie sans mettre la mienne en péril. Je ne donne pas à sa fille, innocente des crimes qu'il a commis, le choix entre un mariage indigne et une retraite infâme. Non, Arthur de Vere, je cherche Charles avec la résolution d'un homme qui, pour avoir la vie d'un adversaire, s'expose à une mort certaine.

— De grâce, ne parlez plus de cela, » dit Arthur, dans une anxiété cruelle. « Songez que je sers en ce moment le prince que vous menacez...

— Et que vous êtes obligé, » interrompit le comte, « de lui dévoiler ce que je vous dis. Faites-le, je vous le demande; et bien qu'il ait négligé déjà un avertissement du tribunal, je suis heureux de cette occasion de lui envoyer un défi personnel. Dites à Charles de Bourgogne qu'il a fait injure à Albert de Geierstein. Pour l'homme atteint dans son honneur, la vie a perdu tout son prix; et celui pour qui la vie n'est plus rien a tout pouvoir sur celle des autres. Dites-lui de se garder de moi, car si de l'année qui s'approche il voit un second soleil se lever là-haut sur les Alpes, Albert de Geierstein s'est parjuré. Partez, maintenant ; je vois venir des cavaliers sous la bannière de Bourgogne. C'est le salut pour vous ; ce serait le danger pour moi, si je restais plus longtemps. »

Parlant ainsi, le comte de Geierstein tourna bride, et s'éloigna rapidement.

CHAPITRE XXXVI.

> Et le vent furieux apportait sur ses ailes
> Le fracas lointain des combats ;
> La guerre et la terreur marchaient ; et, derrière elles,
> Blessés et morts ne manquaient pas.
>
> MICKLE.

RTHUR laissé seul, et désireux peut-être de couvrir la retraite du comte Albert, courut vers le corps de cavalerie bourguignonne, où se voyait la bannière du seigneur de Contay.

« Soyez le bienvenu, » dit ce gentilhomme, allant vivement à lui. « Le duc de Bourgogne est à un mille d'ici, avec de la cavalerie, pour appuyer la reconnaissance. Il n'y a pas une demi-heure que votre père est revenu au galop, annonçant que vous aviez été conduit dans une embuscade par la perfidie des Stradiotes, et fait prisonnier. Il a accusé Campo-Basso de trahison, et l'a défié au combat. Ils ont été tous les deux renvoyés au camp sous la garde du grand maréchal, pour les empêcher de se battre sur le lieu même, quoique notre Italien, je crois, montrât peu de désir d'en venir aux coups. Le duc tient leurs gages, et ils se battront le jour des Rois.

— Je doute que ce jour doive briller jamais pour quelques-uns de ceux qui l'attendent, » dit Arthur; « mais, si le combat a lieu, je demanderai à le soutenir moi-même, avec la permission de mon père. »

Retournant en arrière avec Contay, ils rencontrèrent un corps de cavalerie beaucoup plus nombreux, sous le grand étendard du duc. Arthur fut aussitôt conduit devant Charles. Le duc entendit, avec une anxiété visible, Arthur appuyer les accusations de son père contre l'Italien, en faveur duquel le prince était si bien disposé. Lorsqu'il lui fut assuré que les Stradiotes avaient dépassé la hauteur, et transmis des communications à leur chef juste avant que celui-ci n'engageât Arthur à se jeter, en quelque sorte, dans l'embuscade, le duc secoua la tête, et fronça ses sourcils épais. « Mauvais vouloir peut-être, vis-à-vis d'Oxford, » murmura-t-il; « ces Italiens sont vindicatifs. » Et relevant la tête, il dit à Arthur de continuer.

Il écouta avec transport le récit de la mort de Donnerhugel, et, ôtant de son cou une lourde chaîne d'or, il la passa à celui d'Arthur.

« Vous prenez pour vous toutes nos gloires, Arthur. C'était le plus gros de leurs ours; les autres, auprès de lui, ne sont que des oursons à la mamelle! J'ai trouvé un jeune David pour se mesurer avec leur pesant Goliath. A-t-il pu, cet imbécile, croire que sa main de paysan gouvernerait une lance! Après, mon brave garçon? Comment en êtes-vous sorti? Par quelle merveille de ruse ou d'agilité?

— Pardonnez-moi, Monseigneur, » répondit Arthur. « J'ai été protégé par leur chef Ferrand. Il a considéré comme un duel ma rencontre avec Rodolphe Donnerhugel; et voulant faire, comme il l'a dit, une guerre loyale, il m'a renvoyé honorablement, avec mon cheval et mes armes.

— Hum! » dit Charles, sa mauvaise humeur le reprenant; « votre aventurier de prince voudrait faire le généreux. Hum! c'est dans son rôle; mais il ne me fera pas régler ma conduite sur la sienne. Continuez votre histoire, Arthur de Vere. »

Arthur continuant à raconter comment et dans quelles circonstances le comte Albert de Geierstein s'était nommé, le duc fixa sur lui un regard perçant, et ce fut en tremblant d'impatience qu'il l'interrompit brusquement par cette question : « Et vous l'avez, j'espère, frappé de votre poignard sous la cinquième côte?

— Non, seigneur duc. Nous étions liés l'un envers l'autre par un engagement mutuel.

— Vous saviez cependant que c'était mon ennemi mortel ? » dit le duc. « Allez, jeune homme, votre tiédeur a effacé votre mérite. L'évasion d'Albert de Geierstein a contrebalancé la mort de Rodolphe Donnerhugel.

— Qu'il en soit ainsi, Monseigneur, » répondit hardiment Arthur. « Je ne demande pas vos louanges, et je ne repousse pas votre censure. J'ai été conduit, dans les deux cas, par des motifs personnels. Donnerhügel était mon ennemi ; et j'ai envers le comte Albert des obligations. »

Les nobles bourguignons qui se trouvaient auprès du duc furent terrifiés de l'effet de ces paroles téméraires. Mais on ne put deviner au juste l'impression produite sur l'esprit de Charles. « Entendez-vous, Messeigneurs, ce cochet d'Angleterre ? Quelle note donnera-t-il un jour, lui qui chante déjà si bravement devant un prince ! »

Quelques cavaliers arrivèrent alors de différents côtés, faisant rapport que le duc Ferrand et son monde étaient rentrés dans leur campement, et que le pays était libre.

« Retirons-nous aussi, » dit Charles, « puisqu'il n'y a pas chance de rompre des lances aujourd'hui. Et vous, Arthur de Vere, suivez-moi de près. »

Arrivé au pavillon ducal, Arthur subit un interrogatoire, dans lequel il ne dit rien d'Anne de Geierstein, ni des paroles du comte qui le touchaient personnellement et qui n'avaient pas d'intérêt pour Charles ; mais il rapporta franchement les menaces d'Albert contre le prince. Le duc écouta avec plus de calme qu'on n'aurait pu en attendre de lui, et lorsqu'Arthur reproduisit ces paroles : « l'homme pour qui la vie n'est plus rien a tout pouvoir sur celle des autres, » le duc dit à son tour : « Il y a une vie au delà de celle-ci, où l'assassiné et l'assassin seront traités tous deux selon leur mérite. » Tirant de son sein une croix d'or, il la baisa dévotement. « C'est en cela, » dit-il, « que je mettrai ma confiance. Si je quitte ce monde, puissé-je trouver grâce dans l'autre ! Holà, seigneur maréchal ! » s'écria-t-il, « amenez-nous vos prisonniers. »

Le maréchal de Bourgogne entra avec le comte d'Oxford, et expliqua que son autre prisonnier avait exprimé un si grand désir d'aller poser lui-même les sentinelles dans la partie du camp confiée à ses troupes, qu'il avait cru devoir se plier à sa requête.

« C'est bien, » dit le duc de Bourgogne, sans autre remarque. « Comte d'Oxford, je vous présenterais votre fils, si vous ne l'aviez déjà serré dans vos bras. Il a conquis *los* et honneur, et m'a rendu bon service. Nous sommes à une époque de l'année où les bons chrétiens pardonnent à leurs ennemis. Ce sont choses dont, jusqu'à présent, je ne me suis guère occupé; mais je me sens, je ne sais pourquoi, un invincible désir d'empêcher le combat entre Campo-Basso et vous. Par égard pour moi, consentez à être amis, et à retirer vos gages de bataille; laissez-moi finir cette année, la dernière peut-être que je verrai, par un acte de concorde.

— Monseigneur, » dit Oxford, « le sacrifice que vous me demandez est léger, puisque vous ne faites que prêter appui à mon devoir de chrétien. J'étais exaspéré de la perte de mon fils. Je remercie le ciel qui l'a sauvé, et Votre Grâce qui le ramène. Être l'ami de Campo-Basso m'est impossible. La fidélité et la trahison, la sincérité et le mensonge, pourraient aussi bien se serrer la main et s'embrasser. Mais l'Italien sera pour moi ce qu'il était avant cette rupture : je ne le compterai pour rien. Je remets mon honneur aux mains de Votre Grâce; s'il reprend son gage, je reprends le mien. On ne soupçonnera pas Jean de Vere d'avoir eu peur de Campo-Basso. »

Le duc remercia Oxford, et retint les officiers pour passer la soirée dans sa tente. Arthur le trouva beaucoup plus doux de manières qu'il ne l'avait jamais vu; sa façon d'être rappela au comte d'Oxford le temps où leur intimité avait commencé, avant qu'un pouvoir absolu et des succès sans limites n'eussent gâté la nature abrupte mais généreuse de Charles. Le duc ordonna de faire aux soldats une distribution de vivres et de vin; il s'enquit avec intérêt de leur campement, du soin des blessés, de la santé de l'armée, à quoi il ne reçut que des réponses peu satisfaisantes. « Si ce n'était le vœu que nous avons fait, » dit-il à part à quelques-uns de ses conseillers, « nous abandonnerions cette entreprise jusqu'au printemps, lorsque nos pauvres soldats feraient campagne avec moins de souffrances. »

Il n'y eut rien autre chose à remarquer dans la conduite du duc, sinon qu'il s'informa à plusieurs reprises de Campo-Basso, et qu'il apprit à la fin que cet officier était indisposé, et que son médecin lui avait ordonné le repos; il s'était donc mis au lit, pour être à même de se rendre à son poste au point du jour, la sûreté du camp dépendant en grande partie de sa vigilance.

Le duc ne fit pas d'observation sur cette excuse, où il vit une preuve de la répugnance secrète de l'Italien à se trouver avec Ox-

ford. Les hôtes du pavillon ducal furent congédiés à onze heures du soir.

Lorsque Oxford et son fils furent dans leur tente, le comte tomba, pendant près de dix minutes, dans une rêverie profonde. Puis, subitement, il dit : « Mon fils, donnez l'ordre à Thibaut et à vos hommes de tenir dès l'aube, ou un peu avant, nos chevaux prêts devant la tente; il serait bon de prier notre voisin Colvin de venir avec nous. Je veux, au point du jour, visiter les avant-postes.

— C'est une résolution bien soudaine, Milord, » dit Arthur.

« Trop tardive peut-être, » répliqua le comte. « S'il y avait eu clair de lune, j'aurais fait ma ronde cette nuit.

— Il fait noir, » dit Arthur, « comme dans la gueule d'un loup. « Mais pourquoi cette nuit, Milord, excite-t-elle en vous des appréhensions particulières ?

— Arthur, vous trouverez peut-être votre père crédule. Ma nourrice, Marthe Nixon, était une femme du nord, remplie de superstitions. Elle disait que tout changement soudain, sans cause apparente, dans la façon d'être d'un homme, s'il passe, par exemple, des excès à la sobriété, de la tempérance aux habitudes de débauche, de l'avarice à l'extravagance, de la prodigalité à l'amour de l'argent, ou autres choses du même genre, indique un changement prochain dans sa destinée ; qu'une grande modification en bien ou en mal (en mal probablement, puisque nous vivons dans un monde mauvais) menace celui dont les dispositions se sont à ce point modifiées. Les idées de cette bonne vieille me sont si fortement revenues à l'esprit, que j'ai résolu de voir par mes yeux, avant l'aurore, si tous nos postes et toutes nos patrouilles autour du camp sont sur le qui-vive. »

Arthur fit à Colvin et à Thibaut les communications nécessaires, et revint se mettre au lit.

Ce fut avant la pointe du jour, le premier janvier 1477, date longtemps mémorable à cause des événements qui la marquèrent, que le comte d'Oxford, Colvin, et le jeune Anglais, suivis seulement de Thibaut et de deux autres serviteurs, commencèrent leur ronde autour du campement du duc de Bourgogne. Durant la plus grande partie de leur excursion, ils trouvèrent les sentinelles et les gardes attentives et à leur poste. C'était une matinée rigoureuse. Le sol était couvert de neige. Cette neige avait dégelé en partie pendant deux jours, et s'était reformée en glace sous l'action d'un froid piquant, qui avait commencé le soir précédent, et qui continuait. On ne pouvait guère voir une nature plus triste.

Mais quelles furent la surprise et l'inquiétude du comte d'Oxford et de ses compagnons, en arrivant à la partie du camp qu'occupaient la veille Campo-Basso et ses Italiens. L'effectif, en cet endroit, compte fait des hommes d'armes et des Stradiotes, montait à près de deux mille hommes : pas un cri de sentinelle, pas un hennissement, pas de chevaux au piquet, pas de gardes le long du camp. Ils firent l'inspection de plusieurs des tentes et des baraques ; elles étaient vides.

« Retournons, » dit le comte d'Oxford, « et donnons l'alarme. Il y a trahison.

— Non, Milord, » répondit Colvin ; « ne rapportons pas de nouvelles incomplètes. J'ai, à cent mètres en avant, une batterie couvrant l'accès de ce chemin creux ; voyons si mes canonniers allemands sont à leur poste, et je crois pouvoir jurer que nous les y trouverons. La batterie commande un passage étroit, par lequel seul on peut approcher du camp ; et si mes hommes sont à leur devoir, je gage ma vie que nous gardons le passage jusqu'à ce que, du gros de l'armée, vous ameniez du secours.

— En avant donc, au nom du ciel ! » dit le comte d'Oxford.

Sans souci du danger, ils galopèrent sur un sol mauvais, glacé à certains endroits, couvert de neige à d'autres. Ils arrivèrent aux canons, très judicieusement placés pour balayer le passage : le sol, à l'extérieur, venait en montant vers la batterie, et descendait doucement du côté du camp. La lune d'hiver sur son déclin, se mêlant aux clartés de l'aube, montra les canons à leur place ; mais pas un homme n'apparaissait.

« Les drôles ne peuvent pas avoir déserté, » dit Colvin étonné. « Il y a de la lumière dans leur cantonnement. Oh ! cette malheureuse distribution de vin ! L'ivrognerie, leur péché ordinaire, se sera emparée d'eux. Je vais les dégriser lestement. »

Il sauta en bas de son cheval, et entra vivement dans la tente d'où venait la lumière. Les canonniers, la plupart d'entre eux du moins, étaient encore là, mais étendus à terre, des verres et des bouteilles semés autour d'eux. Ils avaient tant bu que Colvin, par ses ordres et ses menaces, ne put en réveiller que deux ou trois, qui, en trébuchant, et n'obéissant guère que par instinct, allèrent tant bien que mal à la batterie. Un bruit sourd se fit entendre, semblable à celui de pas d'hommes montant rapidement le passage. « On dirait, » fit Arthur, « le roulement lointain d'une avalanche.

— Une avalanche de Suisses, et pas de neige, » dit Colvin. « Oh !

les ivrognes! Les canons sont chargés, et bien pointés; la décharge arrêtera les Suisses, fussent-ils des diables, et le bruit mettra le camp debout plus vite que nous ne le saurions faire. Oh! les chiens d'ivrognes!

— Ne comptez pas sur eux, » dit le comte; « mon fils et moi, nous prendrons chacun un boute-feu, et, pour une fois, nous nous ferons canonniers. »

Ils mirent pied à terre, confiant les chevaux à Thibaut et aux domestiques. Le comte et son fils arrachèrent l'un et l'autre un boute-feu des mains des canonniers, dont trois seulement furent en état d'aller à leurs pièces.

« Bravo! » cria le grand maître de l'artillerie; « jamais batterie ne fut servie si noblement. A présent, mes enfants... pardon! Milords; mais nous n'avons pas le temps d'être polis. Et vous aussi, satanés ivrognes, songez à ne pas faire feu que je ne le commande; les côtes de ces marcheurs-là fussent-elles aussi dures que les rochers de leurs Alpes, ils verront comment le vieux Colvin charge ses canons. »

Muet et attentif, chacun était auprès de sa pièce. Le son redoutable des pas approchait de plus en plus, jusqu'au moment où la lumière imparfaite permit de voir une colonne d'hommes sombre mais serrée, armée de longues lances, de haches, et d'autres armes, aux rangs de laquelle des bannières apparaissaient vaguement. Colvin les laissa avancer à la distance de vingt toises, et commanda : « Feu! » Mais sa pièce seule partit; une légère flamme brilla à la lumière des autres, que les déserteurs Italiens avaient enclouées, les laissant hors de service quoiqu'elles eussent l'air en bon état. Si toutes les pièces avaient été dans les mêmes conditions que celle tirée par Colvin, la prophétie du grand-maître se serait vérifiée, car la décharge de ce canon seul produisit un effet terrible, faisant dans la colonne des Suisses une longue traînée de morts et de blessés, et renversant la bannière qui marchait en tête.

« Restons encore là, » dit Colvin, « et aidez-moi, s'il se peut, à recharger cette pièce. »

On ne leur en laissa pas le temps. Un homme de grande taille, facile à distinguer à la tête de la colonne ébranlée, releva la bannière tombée; une voix semblable à celle d'un géant s'écria : « Compatriotes, avez-vous vu Granson et Morat, pour vous effrayer devant un seul

canon? Berne! Uri! Schwitz! Bannières en avant! Unterwalden, voici votre étendard! Poussez le cri de guerre! Sonnez les cornes! Unterwalden, suivez votre landamman! »

Ils se précipitèrent comme un océan furieux, avec un rugissement aussi formidable, une course aussi impétueuse. Occupé encore à recharger son canon, Colvin fut tué sur place. Oxford et son fils furent renversés par la multitude, serrée à ce point que ceux qui la composaient ne purent leur porter aucun coup. Arthur réussit à s'abriter sous le canon qu'il avait voulu servir ; son père, moins heureux, fut horriblement foulé aux pieds, et serait mort écrasé sans sa bonne armure. Le flot humain, composé au moins de quatre mille combattants, pénétra dans le camp, continuant ses formidables clameurs, auxquelles se mêlèrent bientôt des bruits soudains et des cris d'alarme.

Une grande lueur rouge s'élevant derrière les assaillants, et faisant honte aux lueurs pâles de cette matinée d'hiver, fut la première chose qui rappela Arthur au sentiment. Le camp était en feu, et résonnait de tous les cris de victoire et de terreur qu'on entend dans une ville assiégée. Se remettant debout, le jeune homme chercha son père autour de lui. Le comte était étendu sans connaissance, comme aussi les canonniers, que leur état avait empêchés de songer à s'échapper. Ayant ouvert le casque de son père, Arthur fut heureux de voir, à certains symptômes, qu'il se ranimait.

« Les chevaux ! les chevaux ! » dit Arthur. « Thibaut, où êtes-vous ?

— Ici, Monseigneur, » dit le serviteur fidèle, qui s'était protégé, lui et les animaux confiés à sa garde, en s'abritant sous un bouquet d'arbres, évité par les assaillants pour ne pas rompre leurs rangs.

« Où est le brave Colvin ? » dit le comte ; « donnez-lui un cheval ; je ne le laisserai pas en péril.

— Ses campagnes sont finies, Milord, » répondit Thibaut ; « il ne se mettra plus en selle. »

Un coup d'œil, un soupir en voyant Colvin devant la bouche de sa pièce, l'écouvillon à la main, et la tête fendue par une hache d'armes suisse, ce fut tout ce que permit la gravité du moment.

« Où aller ? » demanda Arthur à son père.

« Rejoindre le duc, » dit le comte d'Oxford. « Ce ne sera pas en un pareil jour que je le quitterai.

— Avec votre permission, » dit Thibaut, « j'ai vu le duc, suivi d'une dizaine de ses gardes, traverser au grand galop ce cours d'eau profond, et se diriger en plaine vers le nord. J'espère vous guider sur ses traces.

— S'il en est ainsi, » répliqua Oxford, « montons à cheval et suivons-le. Le camp aura été attaqué sur plusieurs points à la fois, et tout doit être perdu puisque Charles s'est enfui. »

Ce ne fut pas sans peine que l'on remit à cheval le comte d'Oxford. Aussi vite que le permettait le retour des forces du comte, Arthur, Thibaut et lui coururent dans la direction qu'indiquait le Provençal. Les autres serviteurs avaient été dispersés ou tués.

Les cavaliers jetèrent plus d'une fois des regards sur le camp, théâtre d'un vaste incendie, aux rouges clartés duquel ils purent découvrir sur le sol les traces de la retraite de Charles. Ils étaient à trois milles environ du lieu de la défaite, dont ils entendaient encore les bruits, mêlés aux cloches de Nancy sonnant la victoire, lorsqu'ils atteignirent un marais à demi gelé, autour duquel quelques cadavres étaient gisant. Le plus en vue était celui de Charles de Bourgogne, possesseur jadis d'un pouvoir sans limites et d'innombrables richesses. On l'avait en partie volé et dépouillé, comme aussi les autres hommes tombés près de lui. Son corps était percé de plusieurs blessures, faites avec des armes diverses. Il avait encore l'épée à la main; et sur son visage raidi par la mort, persistait l'expression féroce qui, d'ordinaire, animait ses traits dans la bataille. Tout à côté de lui, comme s'ils étaient tombés dans un combat mutuel, gisait le cadavre du comte Albert de Geierstein. Celui d'Ital Schreckenwald, le serviteur fidèle mais peu scrupuleux du comte, n'était pas loin. Son maître et lui portaient le costume des hommes d'armes de la garde du duc, déguisement pris sans doute pour exécuter la commission fatale du tribunal secret. On suppose qu'un certain nombre des hommes du traître Campo-Basso avait été engagé dans l'escarmouche où le duc périt, car six ou sept d'entre eux, et le même nombre environ de gardes du duc, furent trouvés près de cet endroit.

Le comte d'Oxford mit pied à terre, et contempla le corps de son frère d'armes défunt, avec la douleur inspirée par les souvenirs d'une affection de jeunesse. Tandis qu'il donnait cours aux sentiments éveillés par ce triste exemple de la chute des grandeurs humaines, Thibaut, scrutant du regard le chemin qu'ils venaient de parcourir : « A cheval,

Milord ! » s'écria-t-il; « on n'a pas le temps de pleurer les morts, à peine celui de sauver les vivants. Les Suisses viennent sur nous !

— Fuis, mon brave ami, » dit le comte; « fuis aussi, Arthur; garde ta jeunesse pour des jours meilleurs. Moi, je ne veux plus fuir. Je m'abandonne à ceux qui arrivent; s'ils m'épargnent, c'est bien; sinon, il y a Quelqu'un là-haut qui me recevra chez Lui.

— Je ne fuirai pas, » dit Arthur, « en vous laissant sans défense. Je reste, et je partage votre destin.

— Je reste aussi, » dit Thibaut; « les Suisses font une guerre loyale quand leur sang n'a pas été trop échauffé par la résistance; ils en ont rencontré peu aujourd'hui. »

Il se trouva que le parti suisse était composé de Sigismond, en compagnie de son frère Ernest, et de quelques jeunes gens d'Unterwalden. Avec bonté et avec joie, Sigismond les reçut à merci; et rendit ainsi, pour la troisième fois, un service important à Arthur, en retour de la bienveillance de celui-ci à son égard.

« Je vais, » dit Sigismond, « vous conduire à mon père, qui sera très content de vous voir. Seulement, il vient d'être bien affligé de la mort de Rudiger, tombé, la bannière en main, sous le seul coup de canon qu'on ait tiré ce matin. Si Campo-Basso n'avait eu muselé les aboyeurs de Colvin, un plus grand nombre de nous aurait été servi comme le pauvre Rudiger. Mais Colvin est tué.

— Campo-Basso était donc en correspondance avec vous ? » demanda Arthur.

« Pas avec nous; nous méprisons des compagnons de ce genre. Mais il se trafiquait quelque chose entre l'Italien et le duc Ferrand. Ayant mis les canons hors de service, et grisé à fond les artilleurs allemands, Campo-Basso est venu à notre camp avec quinze cents chevaux, et a offert d'agir avec nous. « Non, non ! » a dit mon père, « des traîtres ne sont pas admis dans notre armée suisse; » et, tout en entrant par la porte qu'il avait laissée ouverte, nous n'avons pas voulu de sa compagnie. Il est allé avec le duc Ferrand attaquer l'autre bout du camp, où ses troupes ont été admises comme revenant d'une reconnaissance.

— On n'a jamais vu, » dit Arthur, « de traître plus accompli, ni qui ait ourdi sa trame avec autant de succès.

— Vous dites vrai, » répondit le jeune Suisse. « Le duc ne parviendra pas, assure-t-on, à rassembler une autre armée.
— Jamais, jeune homme, » dit le comte d'Oxford, « car le voici mort devant vous (H). »

Sigismond tressaillit. Il éprouvait un respect instinctif et un peu de crainte pour le nom illustre de Charles le Téméraire, et il avait peine à croire que le cadavre mutilé gisant à ses pieds eût été jadis le personnage qu'il avait appris à redouter. Sa surprise fut mêlée de chagrin, lorsqu'il vit le corps de son oncle, le comte Albert de Geierstein.

« Oh, mon oncle ! » dit-il; « mon cher oncle Albert! toute votre grandeur et votre habileté vous ont-elles amené à mourir fracassé, comme un mendiant, au bord d'un fossé? Encore une mauvaise nouvelle à dire à mon père, pour ajouter à l'amertume de la mort de Rudiger. Ce qui me console, c'est que mon père et mon oncle n'avaient jamais pu s'entendre. »

Avec une difficulté nouvelle, on mit une seconde fois à cheval le comte d'Oxford, et l'on allait partir, lorsque le lord anglais dit : « Vous placerez ici des gardes, pour empêcher ces cadavres d'être déshonorés davantage, et pour qu'on les puisse enterrer avec les solennités voulues.

— Par Notre-Dame d'Einsiedeln! je vous remercie de m'y faire penser, » dit Sigismond. « Oui, il faudra que nous fassions pour l'oncle Albert tout ce que l'Église prescrit. Espérons qu'il n'a pas à l'avance absolument engagé son âme à force de jouer avec Satan à pair ou impair. Je voudrais qu'il y eût un prêtre pour garder son pauvre corps; mais cela n'importe guère, puisqu'on n'a jamais ouï dire qu'un démon ait apparu avant l'heure du déjeuner. »

Ils se rendirent au quartier du landamman, à travers des spectacles tels qu'Arthur, et même son père, si accoutumé à la guerre sous tous ses aspects, ne purent les voir sans frémir. En marchant à côté d'Arthur, le naïf Sigismond tâchait d'aborder un sujet offrant assez d'intérêt pour le distraire des horreurs qui les entouraient.

« Avez-vous encore affaire en Bourgogne, maintenant que votre duc est mort?

— Mon père le sait mieux que moi, » répondit Arthur; « mais je crois que c'est terminé. La duchesse de Bourgogne, qui prendra sans doute à présent une certaine autorité dans les États de son défunt mari, est sœur d'Édouard d'York, et ennemie mortelle de la maison de Lancastre, et de ceux qui lui ont été fidèles. Il ne serait ni prudent ni sûr de rester où elle a de l'influence.

— En ce cas, » dit Sigismond, « mon plan réussira. Vous reviendrez habiter avec nous à Geierstein. Votre père sera un frère pour le mien, et un meilleur que l'oncle Albert, que le landamman voyait rarement et avec qui il ne parlait guère ; avec votre père, il devisera du matin au soir, et nous laissera tout le travail de l'exploitation. Vous, Arthur, vous serez avec nous, un frère pour tous, à la place du pauvre Rudiger, mon vrai frère lui, ce que vous ne pouvez pas être. Mais, d'un autre côté, je ne l'aimais pas tant, parce qu'il n'était pas aussi bon enfant. Et puis n'y a-t-il pas Anne, ma cousine Anne? Elle reste maintenant tout à fait sous la conduite de mon père ; elle est à Geierstein, et vous savez, roi Arthur, que nous l'appelions la reine Genièvre.

— Une absurdité, » dit Arthur.

« Une grande vérité, au contraire. Car, voyez-vous, j'aimais à raconter à Anne nos chasses et le reste; mais elle n'en écoutait pas un mot, jusqu'au moment où j'y mêlais quelque chose du roi Arthur; et alors, elle faisait attention comme une poule faisane lorsque le faucon est dans le ciel. A présent que Donnerhugel est tué, sachez que vous épouserez ma cousine quand vous le voudrez tous les deux : personne n'a plus intérêt à l'empêcher. »

Arthur rougit de plaisir sous son casque, et pardonna presque à cette matinée du jour de l'an ses calamités de tant d'espèces.

« Vous oubliez, » répondit-il à Sigismond, aussi tranquillement qu'il put, « que la mort de Rodolphe me fera voir défavorablement dans votre pays.

— Pas le moins du monde; nous n'en voulons pas aux gens de ce qu'ils ont fait sous le bouclier et en loyal combat. C'est comme si vous l'aviez battu à la lutte ou au palet; à cela près que le jeu ne se recommence pas. »

On entrait à Nancy; des tapisseries pendaient aux fenêtres, et les rues étaient remplies d'une multitude tumultueuse et ivre de joie : le succès de la bataille délivrait les habitants de la crainte des formidables vengeances de Charles de Bourgogne.

Les prisonniers furent reçus avec une extrême bienveillance par le landamman, qui les assura de sa protection et de son amitié. Il supportait avec une résignation grave et courageuse la mort de son fils Rudiger.

« Mieux valait, » disait-il, « que son fils fût mort dans la bataille, que s'il avait vécu pour mépriser l'ancienne simplicité du pays, et pour voir dans le butin l'objet du combat. L'or du duc de Bourgogne défunt ferait, » ajoutait-il, « un mal plus irrémédiable aux mœurs des Suisses, que jamais son épée n'en avait fait à leurs corps. »

Il apprit la mort de son frère sans surprise, mais avec une visible émotion.

« C'est la conclusion, » dit-il, « d'un long tissu d'entreprises ambitieuses, offrant parfois de belles perspectives, mais, invariablement, aboutissant à l'insuccès. »

Le landamman ajouta que son frère l'avait informé qu'il était engagé dans une affaire pleine de danger ; presque certain d'y périr, il avait légué sa fille aux soins de son oncle, avec des instructions à ce sujet.

Ils se séparèrent ainsi. Peu de temps après, le landamman demanda avec intérêt au comte d'Oxford de quel côté il songeait à se diriger, et si l'on pourrait lui venir en aide.

« Pour lieu de refuge, » répondit le comte, « je songe à choisir la Bretagne, où ma femme habite depuis que la bataille de Tewkesbury nous a chassés d'Angleterre.

— Ne faites pas cela, » dit le bon landamman, « mais venez à Geierstein avec la comtesse ; si elle peut, ainsi que vous, s'arranger de nos mœurs et de notre vie de montagnards, vous serez le bienvenu, comme dans la maison d'un frère, sur une terre où n'a jamais fleuri la conspiration ni la trahison. Songez que le duc de Bretagne est un prince faible, gouverné par un favori coupable, Pierre Landais. Il vendrait (c'est du ministre que je parle), il vendrait le sang des honnêtes gens aussi facilement qu'un boucher la chair d'un bœuf ; et vous savez qu'il y a, et en France et en Bourgogne, des gens altérés de votre sang. »

Le comte d'Oxford exprima ses remerciements de cette proposition, et son intention d'en profiter, si elle était approuvée par Henri de Lancastre, comte de Richmond, qu'il regardait maintenant comme son souverain.

Pour terminer ce récit, trois mois environ après la bataille de Nancy, le comte d'Oxford banni reprenait son nom de Philipson, amenant avec sa femme quelques restes de leur ancienne fortune, qui les mirent à même de se procurer une résidence convenable près de Geierstein ; l'influence du landamman dans le pays leur permit de s'y faire naturaliser. Le sang noble et les fortunes modestes d'Anne de Geierstein et d'Arthur de Vere, joints à leur inclination réciproque, rendirent leur mariage raisonnable à tous égards. Annette et son amoureux fixèrent leur résidence auprès du jeune couple, non comme serviteurs, mais comme auxiliaires dans la conduite de l'établissement rural. Arthur continua de préférer la chasse à l'agriculture et aux occupations domestiques : il était à même de ne donner à ces dernières qu'un rang secondaire, car son revenu modeste était l'opulence dans ce pays pauvre. Le temps marcha, et cinq années s'étaient écoulées depuis que la famille exilée habitait la Suisse. En l'an 1482, le landamman Biederman mourut de la mort des justes, regretté de tous comme le modèle de ces chefs fidèles et vaillants, simples et

judicieux, qui gouvernèrent les anciens Suisses durant la paix, et marchèrent à leur tête dans les batailles. La même année, le comte d'Oxford perdit sa noble compagne.

L'étoile de Lancastre, à cette époque, monta de nouveau sur l'horizon, et rappela le lord exilé et son fils de leur retraite, pour les mêler de nouveau à la politique. Le collier de Marguerite, gardé comme un trésor, fut employé à l'usage auquel il était destiné, et le produit en fut appliqué à lever les troupes qui, bientôt après, livrèrent la célèbre bataille de Bosworth, où les armes d'Oxford et de son fils contribuèrent tant au succès de Henri VII. Cela changea les destinées de de Vere et de sa femme. Leur ferme de Suisse fut donnée à Annette et à son mari ; et les charmes et la beauté d'Anne de Geierstein attirèrent autant l'admiration à la cour d'Angleterre que jadis aux châlets de l'Helvétie.

NOTES.

A, page 251. — *Le Bourreau.* — *Le récit historique de la mort de Hagenbach.*

Les preuves abondent pour établir qu'au moyen âge, l'office de bourreau était estimé fort honorable en Allemagne. Il y a d'ailleurs des traditions dans le métier, et l'exécuteur, à certaines dates, a valu mieux assurément que les juges; on sait la protestation courageuse de Samson après qu'un de ses aides se fut permis de souffleter la tête de Charlotte Corday. Walter Scott affirme que, de son temps encore, en Chine, en Perse, et dans d'autres royaumes d'Orient, l'exécuteur en chef est l'un des plus grands officiers de l'État, aussi fier des insignes de sa profession qu'aucun chambellan européen de sa clef d'or.

Quant au procès et à l'exécution du chevalier de Hagenbach, voici comment les raconte M. de Barante dans son tome X de l'*Histoire des Ducs de Bourgogne :*

« De toutes parts, on était accouru par milliers pour assister au procès de ce cruel gouverneur, tant la haine était grande contre lui; de sa prison il entendait retentir sur le pont le pas des chevaux, et s'enquérait à son geôlier de ceux qui arrivaient, soit pour être ses juges, soit pour être témoins de son supplice. Parfois le geôlier répondait : « Ce sont des étrangers; je ne les connais pas. — Ne sont-ce pas, » disait le prisonnier, « des gens assez mal vêtus, de haute taille, de forte apparence, montés sur des chevaux aux courtes oreilles? » et si le geôlier répondait : « Oui, » — Ah! ce sont les Suisses, » s'écriait Hagenbach; « mon Dieu, ayez pitié de moi! » Et il se rappelait toutes les insultes qu'il leur avait faites, toutes ses insolences envers eux : il pensait, mais trop tard, que c'était leur alliance avec la maison d'Autriche qui était la cause de sa perte.

« Le 4 mai 1474, après avoir été mis à la question, il fut, à la diligence de Hermann d'Eptingen, gouverneur pour l'archiduc, amené devant ses juges, sur la place publique de Brisach; sa contenance était ferme, et d'un homme qui ne craint pas la mort. Henry Iselin de Bâle porta la parole au nom de

Hermann d'Eptingen, agissant pour le seigneur et le pays; il parla à peu près en ces termes :

« Pierre de Hagenbach, chevalier, maître d'hôtel de monseigneur le duc de Bourgogne et son gouverneur dans les pays de Ferrette et Haute-Alsace, aurait dû respecter les privilèges réservés par l'acte d'engagement; mais il n'a pas moins foulé aux pieds les lois de Dieu et des hommes que les droits jurés et garantis au pays. Il a fait mettre à mort sans jugement quatre honnêtes bourgeois de Thann ; il a dépouillé la ville de Brisach de sa juridiction, et y a établi juges et conseils de son choix; il a rompu et dispersé les communautés de la bourgeoisie et des métiers; il a levé des impôts par sa seule volonté; il a, contre toutes les lois, logé chez les habitants des gens de guerre lombards, français, picards ou flamands, et a favorisé leurs désordres et pillages. Il leur a même commandé d'égorger leurs hôtes durant la nuit, et avait fait préparer, pour y embarquer les femmes et les enfants, des bateaux qui devaient être submergés dans le Rhin. Enfin, lors même qu'il rejetterait de telles cruautés sur les ordres qu'il a reçus, comment pourrait-il s'excuser d'avoir fait violence et outrage à l'honneur de tant de filles ou femmes, et même de saintes religieuses ? »

« D'autres accusations furent portées dans les interrogatoires, et des témoins attestèrent les violences faites aux gens de Mulhausen et aux marchands de Bâle.

« Pour suivre toutes les formes de la justice, on avait donné un avocat à l'accusé. « Messire Pierre de Hagenbach, » dit-il, « ne reconnaît d'autre juge ni d'autre seigneur que monseigneur le duc de Bourgogne, dont il avait commission et recevait les commandements ; il n'avait nul droit de contrôler les ordres qu'il était chargé d'exécuter, et son devoir était d'obéir. Ne sait-on pas quelle soumission les gens de guerre doivent à leur seigneur et maître ? Croit-on que le landvogt de monseigneur le duc eût à lui remontrer ou à lui résister ? et monseigneur n'a-t-il pas ensuite par sa présence confirmé et ratifié tout ce qui avait été fait en son nom? Si des impôts ont été demandés, c'est qu'il avait besoin d'argent. Pour les recueillir, il a bien fallu punir ceux qui se refusaient à payer; c'est ce que monseigneur le duc, et même l'Empereur, lorsqu'ils sont venus, ont reconnu nécessaire. Le logement des gens de guerre était aussi la suite des ordres du duc. Quant à la juridiction de Brisach, le landvogt pouvait-il souffrir cette résistance? enfin, dans une affaire si grave où il y va de la vie, convient-il de produire le dernier grief dont parle l'accusateur ? Parmi ceux qui m'écoutent y en a-t-il un seul qui puisse se vanter de n'avoir pas saisi les occasions de se divertir? N'est-il pas clair que messire de Hagenbach a seulement profité de la bonne volonté de quelques femmes ou filles ; ou, pour mettre les choses au pis, qu'il n'a exercé d'autre contrainte envers elles qu'au moyen de son argent? »

« Les juges siégèrent longtemps sur leur tribunal ; douze heures entières passèrent sans que l'affaire fût terminée. Le sire de Hagenbach, toujours ferme et calme, n'allégua d'autres défenses, d'autres excuses, que celles qu'il avait déjà données sous la torture : les ordres et la volonté de son seigneur, qui était son seul juge et le seul qui pût lui demander compte.

« Enfin à sept heures du soir, à la clarté des flambeaux, les juges, après avoir déclaré qu'à eux appartenait le droit de prononcer sur les crimes imputés au landvogt, le firent rappeler, et rendirent leur sentence qui le condamna à mort. Il ne s'émut pas davantage, et demanda pour toute grâce d'avoir seulement la tête tranchée. Huit bourreaux de diverses villes se présentèrent pour exécuter l'arrêt. Celui de Colmar, qui passait pour le plus adroit, fut préféré.

« Avant de le conduire à l'échafaud, les seize chevaliers qui faisaient partie des juges requirent que messire de Hagenbach fût dégradé de sa dignité de chevalier et de tous ses honneurs. Pour lors s'avança Gaspard Hurter, héraut de l'Empereur, et il dit : « Pierre de Hagenbach, il me déplaît grandement que vous ayez si mal employé votre vie mortelle, de sorte qu'il convient que vous perdiez non seulement la dignité et ordre de chevalerie, mais aussi la vie. Votre devoir était de rendre la justice, de protéger la veuve et l'orphelin, de respecter les femmes et les filles, d'honorer les saints prêtres, de vous opposer à toute injuste violence ; et au contraire vous avez commis tout ce que vous deviez empêcher. Ayant ainsi forfait au noble ordre de la chevalerie et aux serments que vous aviez jurés, les chevaliers ici présents m'ont enjoint de vous ôter les insignes. Ne les voyant pas sur vous en ce moment, je vous proclame indigne chevalier de Saint-Georges, au nom et en l'honneur duquel on vous avait autrefois honoré du baudrier de chevalier. » Puis s'avança Hermann d'Eptingen. « Puisqu'on vient de te dégrader de chevalerie, je te dépouille de ton collier, chaîne d'or, anneau, poignard, éperon et gantelet. » Il les lui prit et lui en frappa le visage, et ajouta : « Chevaliers, et vous qui désirez le devenir, j'espère que cette punition publique vous servira d'exemple, et que vous vivrez dans la crainte de Dieu noblement et vaillamment, selon la dignité de la chevalerie et l'honneur de votre nom. » Enfin Thomas Schutz, prévôt d'Einsisheim et maréchal de cette commission de juges, se leva, et s'adressant au bourreau, lui dit : « Faites selon la justice. »

« Tous les juges montèrent à cheval ainsi qu'Hermann d'Eptingen ; au milieu d'eux marchait Pierre de Hagenbach entre deux prêtres. C'était pendant la nuit ; des torches éclairaient la marche ; une foule immense se pressait autour de ce triste cortège. Le condamné s'entretenait avec son confesseur d'un air pieux et recueilli, mais ferme, se recommandant aux prières de tous ceux qui l'entouraient. Arrivé dans une prairie devant la porte de la ville, il monta sur l'échafaud d'un pas assuré ; puis élevant la voix : « Je n'ai pas peur de la mort, » dit-il, « encore que je ne l'attendisse pas de cette sorte, mais bien les armes à la main; ce que je plains, c'est tout le sang que le mien fera couler. Monseigneur ne laissera point ce jour sans vengeance pour moi. Je ne regrette ni ma vie, ni mon corps. J'étais homme, priez pour moi. » Il s'entretint encore un instant avec le confesseur, présenta la tête, et reçut le coup. »

B, page 330. — *La Sainte-Vehme*.

Célèbre au moyen âge par sa mystérieuse puissance, la *Vehme* (de *fehmen*, exercer la juridiction criminelle, condamner) était un vestige de l'ancienne justice païenne des Teutons adorateurs d'Irminsul. Charlemagne, dans ses luttes contre les Saxons, détruisit le temple qu'avait Irminsul à Eresburg, en Westphalie; mais il passe pour avoir maintenu et favorisé la *Vehme*, en la modifiant, et en la faisant servir à sa propre politique. La *Vehme* subsista longtemps, avec ses Francs Juges et ses innombrables initiés. Elle ne se cachait pas dans les souterrains, comme l'y enferme notre auteur; mais, si elle jugeait en plein air, si l'empereur en était le chef nominal, elle n'en constituait pas moins une justice secrète, car elle jugeait l'accusé sans l'avertir ni l'entendre, frappait à l'improviste le condamné par la main d'un vengeur, et pendait le cadavre à un arbre, l'arme plantée dans la blessure mortelle. La *Vehme* procédait à côté, et souvent au mépris des justices seigneuriales. Ces justices, en Allemagne du moins, étaient si arbitraires et si incomplètes, que le Tribunal secret put, malgré toutes ses terreurs, être considéré par le peuple, à certaines dates, comme une garantie contre l'oppression. Très puissants en Westphalie au douzième siècle, ces tribunaux se développèrent dans une grande partie de l'Allemagne durant les trois siècles qui suivirent. Ils aboutirent à d'immenses abus. Les princes et les empereurs voulurent faire disparaître ces juridictions étranges, et n'y parvinrent qu'à la longue. Maximilien Ier s'appliqua fermement à cette œuvre, qui ne fut menée à fin que par Charles-Quint. La *Sainte-Vehme* n'a pas été seulement une mine de légendes pour les imaginations curieuses de poésie terrible; elle a été, pendant plusieurs siècles, une formidable réalité.

C, page 459. — *Les Troubadours*.

Le beau climat de la Provence et la douceur du dialecte qu'on y parlait avaient fourni aux troubadours et les excitations de la pensée et l'instrument suave et facile pour l'exprimer. Au nord comme au midi, les trouvères comme les troubadours surent *trouver* ou *trovare;* mais ce qu'ils trouvaient les uns et les autres fut d'un caractère un peu différent. La guerre et l'amour se célébraient à toutes les latitudes; la guerre, accompagnée de sorcellerie et d'enchanteurs, avait le premier rang au septentrion, l'amour l'occupait de préférence sous le beau ciel de l'ancienne province romaine. Les mœurs et le langage de Rome s'y étaient poétisés et adoucis; une philosophie amoureuse s'y introduisit, mieux acceptée dans ces climats que dans les régions plus rudes de la langue d'*Oïl*. L'amour platonique était le thème favori de la Provence; mariées ou vierges, les Laures écoutaient leurs Pétrarques, et des engagements mutuels d'un genre spécial se faisaient accepter et s'imposaient même dans la société d'alors. Il y avait, en théorie, une douce alliance de la liberté et de la vertu. C'était un brillant idéal, dont on n'oserait condamner la source inspiratrice, et qui a produit des poésies trop ingénieuses ou trop belles pour que l'on s'insurge absolument contre lui. Mais entre la poésie pure et des aspirations trop humaines, il était difficile de tracer nettement la ligne et de ne point la dépasser. Le domaine du mari et celui de l'amant se confondaient quelquefois; et, dans la poétique des Troubadours, en ces aventures où les deux suzerainetés venaient à se confondre et à se heurter, la pitié ne fut jamais pour le mari.

Tout poëte qu'il est, Walter Scott reconnaît ici les dangers que présentait l'étude du *Bréviaire d'amour* et des autres classiques des Troubadours.

D, page 460. — *Le cœur de l'amant.*

C'est une histoire qui n'appartient pas plus au midi qu'au nord, aux troubadours qu'aux trouvères. Elle est de tous les pays, et a été racontée, avec des nuances, sous le nom de différents personnages. Nous la connaissons surtout comme attribuée à Gabrielle de Vergy, dame de Fayel, mangeant, par vengeance maritale, le cœur de Raoul de Coucy, son amant.

E, page 461. — *Les cours ou parlements d'amour.*

Le temps que regrette le guide est celui des cours ou parlements d'amour, appelés à prononcer sur les droits, les devoirs, et les difficultés de la matière. Le règne des cours d'amour s'étend du douzième au quatorzième siècle, et notre récit se rapporte à la seconde moitié du quinzième siècle. Il est bien vrai que les *Arrêts d'amour* de Martial d'Auvergne sont du quinzième siècle, mais ils ne sont plus que de l'histoire, ou plutôt de l'imagination.

Parmi les exemples célèbres des discussions de ces cours d'amour, on cite le cas suivant. Une dame, entourée de trois adorateurs, prodigue au premier les sourires les plus favorables, presse la main du second, et touche du pied le pied du troisième. Lequel des trois rivaux avait reçu la marque d'amour la plus exquise, et pouvait réclamer le titre *d'ami?*

En dépit du style pédantesque dont on se servait dans les cours d'amour, il est permis de penser que les belles dames, les chevaliers et les troubadours qui y siégeaient, entendaient plutôt donner la preuve de leur *ingéniosité*, que prendre bien au sérieux les arrêts auxquels ils s'appliquaient. C'étaient des jeux d'esprit, alambiqués et lourds peut-être, mais tels que les comportaient et les approuvaient la mode et le goût de l'époque. Voyons-y des hôtels de Rambouillet, contribuant, en dépit de leurs exagérations et de leurs ridicules, à l'épuration de la société.

F, page 523. — *Les ecclésiastiques dans la Sainte-Vehme.*

L'archevêque de Cologne, dit Walter Scott dans une note, était le chef reconnu de tous les *tribunaux libres* ou *tribunaux vehmiques* de Westphalie, en vertu d'un privilège accordé en 1335 par l'empereur Charles IV. Wenceslas confirma ce privilège par un acte de 1382, où l'archevêque est intitulé *Grand maître de la Vehme*, ou *Grand Inquisiteur*. Walter Scott ajoute que ce prélat, et d'autres ecclésiastiques, auraient été autorisés par le pape Boniface III à exercer ces fonctions.

G, page 525. — *Le manteau de M. Pepys.*

Allusion à un passage des *Mémoires* ou *Journal* de Samuel Pepys, secrétaire de l'Amirauté sous les règnes de Charles II et de Jacques II. On y trouve pêle-mêle les événements importants et les choses insignifiantes; notamment un accroc fait au manteau de camelot neuf de l'historien, accroc dont fut coupable le loquet d'une porte. Le tailleur arrangera cela, mais M. Pepys était vexé.

H, page 581. — *La mort de Charles le Téméraire.*

La voici, historiquement, telle que la raconte Philippe de Commines, au livre V de ses *Mémoires* :

« A l'arrivée du comte de Campo-Bache vers le duc de Lorraine, les Alemans lui firent dire qu'il se retirast, et qu'ils ne vouloient nul traître avec eux; et ainsi se retira à Condé au chasteau et passage près de là, qu'il rempara de charettes et d'autres choses le mieux qu'il put, espérant que fuyant le duc de Bourgogne et ses gens, il en tomberoit en sa part comme il fit assez. Ce n'estoit pas le principal traité qu'eust ledist comte de Campo-Bache que celuy du duc de Lorraine, mais peu devant son partement, parla à d'autres, et avec ceux-là conclud, pour ce qu'il ne voyoit point qu'il pût mettre sa main sur le duc de Bourgogne, qu'il se tourneroit de l'autre part quand viendroit l'heure de la bataille : car plutost ne vouloit partir ledit comte afin de donner plus grand épouvantement à tout l'ost dudit duc; mais il asseuroit bien que si le duc de Bourgogne fuyoit, qu'il n'en échapperoit jamais vif et qu'il laisseroit douze, treize ou quatorze personnes qui lui seroient seures, les uns pour commencer la fuite, dès qu'ils verroient marcher les Alemans, et les autres qui auroient l'œil sur ledit duc s'il fuyoit pour le tuer en fuyant : et en cela n'y auroit point de faute, et ay connu deux ou trois de ceux qui demeurèrent pour tuer ledit duc. Après que ces grandes trahisons furent conclues, il se retira devant l'ost et puis se retourna contre son maistre, quand il vit arriver lesdits Alemans comme j'ay dit : et puis quand il vid que lesdits Alemans ne le vouloient en leur compagnie, alla, comme dit est, en ce lieu de Condé.

« Lesdits Alemans marchèrent, et avec eux estoit grand nombre de gens-de-cheval de deçà, qu'on y laissa aller; beaucoup d'autres se mirent aux embûches près du lieu, pour voir si le duc seroit déconfit, pour happer quelques prisonniers et autre butin, et ainsi pouvez voir en quel état s'estoit mis ce pauvre duc de Bourgogne par faute de croire conseil. Après que les deux armées furent assemblées, la sienne qui ja avoit été déconfite par deux fois et qui estoit de peu de gens, et mal en point, fut incontinent tournée en déconfiture, et tous morts ou en fuite; largement se sauvèrent, le demeurant y fut mort ou pris; et entr'autres y mourut sur-le-champ ledit duc de Bourgogne. Et ne veux point parler de la manière, pourtant que je n'y estois point : mais m'a esté conté de la mort dudit duc par ceux qui le virent porter par terre et ne le purent secourir, parce qu'ils étoient prisonniers : mais à leur vue ne fut point tué, mais une grande flotte de gens y survindrent, qui le tuèrent et le dépouillèrent en la grande troupe sans le connoistre; et fut ladite bataille le cinquième jour de janvier en l'an 1476, veille des Rois.

« Un monsieur Claude de Bausmont, capitaine du château de Dier-en-Loraine, tua le duc de Bourgogne. Voyant son armée en déroute, il monta un cheval très agile, et s'efforçant de traverser une petite rivière à la nage pour se sauver, son cheval tomba et le renversa sous lui : le duc cria mercy à ce gentilhomme qui estoit à sa poursuite, mais lui étant sourd et ne l'entendant pas, le tua et le dépouilla sur-le-champ, sans savoir qui il étoit, et le laissa nu dans un fossé où son corps fut trouvé le lendemain après la bataille, lequel le duc de Loraine (à son éternel honneur) fit enterrer avec une grande pompe dans l'église de Saint-George à Nancy, lui-même et toute sa noblesse assistant en grand deuil aux funérailles. L'épitaphe suivante fut quelque temps après gravée sur sa tombe :

Carolus hoc busto, Burgundæ gloria gentis,
Conditur, Europæ qui fuit ante timor.

« J'ai depuis veu un signet à Milan que maintes fois j'avois veu pendu à son pourpoint, qui estoit un anneau : et y avoit un fuzil entayé en un camayeu, où estoient ses armes : lequel fut vendu pour deux ducats au dit lieu de Milan : celuy qui luy osta, luy fut mauvais valet de chambre : je l'ay veu maintes fois habiller et deshabiller en grande révérence, et par grands personnages, et à cette dernière heure lui estoient passés ses honneurs : et périt luy et sa maison comme j'ay dit au lieu où il avoit consenti par avarice de bailler le connestable, et peu de temps après. Dieu luy veuille pardonner ses péchés : je l'ay veu grand et honorable prince, et autant estimé et requis de ses voisins, un temps a esté, que nul prince qui fust en chrestienté, ou par aventure plus. Je n'ay veu nulle occasion pourquoy plus tôt il deust avoir encouru l'ire de Dieu, que de ce que toutes les grâces et honneurs, qu'il avoit receues en ce monde, il les estimoit tous estre procédés de son sens et de sa vertu, sans les attribuer à Dieu, comme il devoit. Et à la vérité, il avoit de bonnes et vertueuses parties en luy. Nul prince ne le passa jamais de désirer nourrir grandes gens et les tenir bien réglés. Ses bienfaits n'estoient pas fort grans : pour ce qu'il vouloit que chacun s'en ressentit : jamais nul plus libéralement ne donna audience à ses serviteurs et sujets. Pour le temps que je l'ay connu, il n'estoit point cruel ; mais le devint peu avant sa mort (qui estoit mauvais signe de longue durée), et estoit fort pompeux en habillemens et toutes autres choses et un peu trop. Il portoit grand honneur aux ambassadeurs et gens estrangers. Ils estoient fort bien festoyés et recueillis chez luy : il désiroit grande gloire, qui estoit ce qui plus le mettoit en ses guerres que nulle autre : il eût bien voulu ressembler à ces anciens princes dont il a été tant parlé après leur mort, et estoit autant hardy comme homme qui ait régné de son temps.

« Or, sont finies toutes ses pensées, et le tout tourné à son préjudice et honte ; car ceux qui gagnent ont toujours l'honneur. Je ne saurois dire vers qui nostre Seigneur s'est montré plus courroucé, ou vers luy qui mourut soudainement et en ce champ sans guères languir, ou vers ses sujets, qui oncques puis n'eurent bien ni repos, mais continuellement guerre : contre laquelle ils n'estoient suffisans de résister aux troubles qu'ils avoient les uns contre les autres, et en guerre cruelle et mortelle. Et ce qui leur a été plus fort à porter, a esté que ceux qui les défendoient estoient gens estrangers qui naguères avoient esté leurs ennemis : c'étoient les Alemans. Et en effet, depuis ladite mort, n'eurent jamais homme qui bien leur voulust, de quelques gens qu'ils se soient aidés.

« Et a semblé, à voir leurs œuvres, qu'ils eussent les sens aussi troublés comme leur prince, un peu avant sa mort : car tout bon conseil ils ont rejetté et cherché toutes voyes qui leur estoient nuisibles, et sont en chemin que ce trou ne leur faudra de grande pièce, ou au moins la crainte d'y recheoir.

« Je serois assez de l'opinion de quelqu'autre que j'ay veu, c'est que Dieu donne le prince selon qu'il veut punir ou châtier les sujets; et aux princes les sujets ont leurs courages disposés envers lui, selon qu'il les veut élever ou abaisser; et ainsi en advint à cette maison de Bourgogne : car, après leur longue félicité et grandes richesses, et trois grands princes, bons et sages, prudens, cestuy-ci qui avoient duré six vingt ans et plus, en bon sens et vertu, il leur donna ce duc Charles, qui continuellement les tint en grande guerre, travail et dépense, et presqu'autant aux jours d'hiver qu'en ceux d'esté, tant que beaucoup de gens, riches et aisés, furent morts et détruits par prisons en ces guerres. Les grandes pertes commencèrent devant Huz, jusqu'à l'heure de sa mort; et tellement que toute la force de son pays fut consommée, et morts ou détruits, ou pris, tous ses gens qui eussent sceu ou voulu deffendre l'estat et l'honneur de sa maison. Et ainsi, comme j'ay dit, semble que cette perte ait été égale au temps qu'ils ont esté en félicité ; car comme je dis l'avoir veu grand, riche et honoré, encor puis-je dire avoir veu tout cela en ses sujets; car je cuide avoir veu et connu la meilleure part d'Europe. Toutefois, je n'ay connu nulle seigneurie, ni pays, tant pour tant, ni de beaucoup plus grande estendue encores, qui fût tant abondant en richesses, en meubles et en édifices, et aussi en toutes prodigalités, despenses, festoyemens et cheres comme je les ay vues, pour le temps que j'y estois. Or, à nostre Seigneur il a plu de faire choir et ruiner tout à coup cette puissante maison. Et telles et semblables œuvres a faite nostre Seigneur, mêmes avant que nous ne fussions nés, et fera encore après que nous serons morts; car il faut tenir pour seur que la grande prospérité des princes, ou leurs grandes adversités, provient de sa divine ordonnance. »

TABLE DES GRAVURES.

N. B. Les planches hors texte sont désignées en caractères italiques.
Les lettres initiales des chapitres ont été reproduites d'après un manuscrit du quinzième siècle.

		Pages.
1.	*Anne de Geierstein*	Frontispice
2.	Titre et attributs..................	1
3.	Les marchands quittent Lucerne....	5
4.	Les voyageurs traversent d'épais brouillards.....................	9
5.	Arthur marche sur le bord du précipice...........................	16
6.	Antonio empêche le vieux Philipson de s'élancer vers le précipice....	21
7.	Le vautour regarde le jeune Arthur..	25
8.	Arthur baise la main de sa protectrice...........................	31
9.	Anne et Arthur prêtant l'oreille au son de la corne.....................	32
10.	Arrivée au château de Geierstein...	37
11.	Arthur baissa la tête et rougit......	41
12.	Rodolphe de Donnerhugel..........	45
13.	Philipson et Arnold Biederman.....	51
14.	Trophée d'armes chez Biederman....	53
15.	Anne vient parler à son oncle.......	54
16.	*Le tir de l'arc*...................	59
17.	Arthur et Rodolphe échangent leurs gants............................	64
18.	Arnold et Philipson causent en se promenant........................	65
19.	Arnold Biederman et son fils Rudiger.	67
20.	Les hauts faits d'Ital Schreckenwald..	73
21.	Philipson lit la lettre qu'a reçue Arnold............................	77
22.	La large coupe circule à la ronde...	80
23.	Ornement du quinzième siècle......	81
24.	Arthur allant au rendez-vous de Donnerhugel.........................	82
25.	Duel entre les deux jeunes gens....	87
26.	Anne accepte les bijoux de Philipson.	92
27.	La diète suisse manifeste son mécontentement.....................	93
28.	Une députation se réunit à Geierstein.	97
29.	La députation se dirige vers Bâle...	103
30.	Ornement du quinzième siècle......	105
31.	La ville de Bâle..................	106
32.	La députation écoute le message des Bâlois...........................	109
33.	Les ruines de Graffs-Lust..........	112
34.	Préparatifs du repas..............	113
35.	La députation se met à table......	117
36.	Arthur contemple Anne de Geierstein.	121
37.	Anne passant près d'Arthur.......	126
38.	Arthur en sentinelle..............	127
39.	Patrouille en reconnaissance.......	131
40.	Anne apparaît de nouveau à Arthur.	137
41.	*Les jeunes gens saluent Donnerhugel et Arthur*........................	143
42.	Rodolphe et Arthur conversent ensemble...........................	149
43.	Légende de la maison d'Arnheim....	155
44.	Les études scientifiques du baron d'Arnheim.......................	158
45.	Le baron d'Arnheim aperçoit un personnage noir à côté de son cheval.............................	161
46.	Une jeune femme était sur le piédestal.	167
47.	La baronne tomba sur le sol de la chapelle.........................	172
48.	Arthur et Donnerhugel se rapprochent du pont du château................	174
49.	*Ils sont sur le point de rentrer à Graffs-Lust*,.......................	175
50.	« Qui vive ! » crie Sigismond en sentinelle............................	179
51.	Arnold écoute la communication de Philipson........................	185
52.	Arthur fait ses préparatifs de départ.	187
53.	Le gouverneur Archibald s'entretient avec Kilian.....................	193
54.	Le gouverneur est abordé par le prêtre de Saint-Paul.................	199
55.	Le gouverneur se fait servir à boire.	202
56.	La sentinelle sonne du cor........	203
57.	Le gouverneur auprès du bourreau..	207
58.	Kilian arrache à Philipson son précieux paquet.........................	213
59.	Archibald contemple les diamants...	217
60.	Les satellites s'inclinant devant le gouverneur......................	219
61.	Arthur dans son cachot............	220
62.	Anne de Geierstein et l'homme noir s'approchent d'Arthur...........	223
63.	Le prêtre noir ouvre la porte de la tourelle.........................	229
64.	Arthur rejoint l'avant-garde de la députation.........................	233
65.	Ornement du quinzième siècle......	237
66.	La députation attend l'ouverture des portes de Ferrette................	238
67.	Kilian interroge les délégués......	241
68.	*Exécution du gouverneur Archibald de Hagenbach*.......................	249

TABLE DES GRAVURES.

N°	Titre	Pages
69.	Les délégués se rendent à la chapelle.	255
70.	Sigismond présente à Philipson le collier de diamants.	261
71.	Les membres de l'ambassade se séparent.	263
72.	Arnold emmène à l'écart le vieux Philipson.	264
73.	Arthur s'occupe de louer des chevaux.	267
74.	Anne chassant au faucon.	273
75.	Philipson et son fils suivent leur guide.	277
76.	Image de Notre-Dame.	281
77.	La chapelle Jean.	282
78.	« Misérable ! » dit le prêtre, en regardant le guide.	285
79.	Le prêtre de Saint-Paul accompagne Philipson.	289
80.	Philipson demande logement dans l'auberge.	292
81.	Philipson conduit ses deux chevaux à l'écurie.	293
82.	Les voyageurs dans la salle chauffée.	297
83.	L'hôte impose silence à Philipson.	303
84.	L'hôte conduit Philipson dans la chambre à coucher.	311
85.	Deux hommes lient les bras de Philipson.	313
86.	Philipson devant le tribunal de la Sainte-Vehme.	321
87.	Philipson est recouché sur son lit.	330
88.	Arthur se remet en route.	331
89.	Arthur rencontre Annette.	335
90.	Annette monte l'étroit escalier d'Arnheim.	340
91.	Annette annonce l'arrivée d'Arthur.	347
92.	Elle donne des instructions à la cuisinière.	349
93.	Arthur conduit à table Anne de Geierstein.	353
94.	Arthur se jette aux pieds d'Anne de Geierstein.	361
95.	Annette annonce la venue de l'intendant.	363
96.	Entrée d'Ital Schreckenwald.	364
97.	Arthur trouve un cheval tout harnaché.	371
98.	Anne et ses gens remontent à cheval.	375
99.	Arrivée à l'auberge du Cerf-Volant.	376
100.	Mendiants à la porte de la cathédrale.	377
101.	Marguerite d'Anjou dans la chapelle.	381
102.	« Madame, » dit le comte, « ne blâmez pas le bon roi René. »	385
103.	Un sergent aux armes de Bourgogne vient pour escorter les Philipson.	393
104.	Marguerite passe une chaîne d'or au cou d'Arthur.	394
105.	Aspect du camp bourguignon.	395
106.	Philipson est introduit auprès du duc de Bourgogne.	399
107.	Le duc regarde une carte de ses possessions.	405
108.	Philipson aux pieds du duc.	411
109.	Sceau de Charles le Téméraire.	413
110.	Colvin offre un repas à Philipson.	414
111.	Le duc entre à l'improviste dans la tente.	419
112.	Le duc visite les avant-postes.	424
113.	Arthur trouve une escorte toute prête.	425
114.	Cortège réuni devant le pavillon du duc.	429
115.	Les membres des États mettent un genou en terre devant le duc.	435
116.	Entrée de la députation suisse.	439
117.	« Prêt contre tous! » dit Donnerhugel en ramassant les gantelets.	445
118.	Le comte de Campo-Basso.	449
119.	Colvin se prépare à mettre son artillerie en mouvement.	455
120.	Oxford accompagne le duc de Bourgogne dans l'expédition contre les Suisses.	458
121.	Thibaut chante le lai du cœur de l'amant.	461
122.	Berger et bergère de la Provence.	465
123.	Le roi René se promenant sur sa cheminée.	469
124.	Arthur en présence du roi René.	473
125.	Un frère lui vient au son de la cloche.	481
126.	Marguerite jette au vent la plume noire et la rose.	489
127.	Arthur baise la main de Marguerite.	490
128.	Arthur et le moine dans le parloir.	491
129.	Le roi René bénit sa fille.	499
130.	Instruments de musique.	502
131.	Chasse au faucon.	503
132.	Entrée de Ferrand de Vaudemont.	509
133.	Sigismond Biederman.	515
134.	Arthur remet à la reine le collier de diamants.	523
135.	Mort de la reine Marguerite.	527
136.	Catafalque dans la cathédrale.	528
137.	Cérémonies funèbres.	531
138.	Le duc Charles s'avance jusqu'à Morat.	535
139.	Colvin à cheval arrive précipitamment.	536
140.	L'armée bourguignonne est repoussée avec de grandes pertes.	539
141.	La bataille de Morat.	545
142.	Charles est pris d'un accès de rage.	551
143.	Campo-Basso devant le duc de Bourgogne.	553
144.	Les officiers accourant auprès du duc de Bourgogne.	559
145.	Mort de Donnerhugel.	563
146.	Arthur se sépare d'Albert de Geierstein.	568
147.	Des cavaliers arrivent de divers côtés.	569
148.	Le duc reçoit ses officiers dans sa tente.	573
149.	Colvin tué pendant qu'il veut recharger son canon.	577
150.	Découverte du corps du duc.	581
151.	Les prisonniers sont reçus par le lanldamman.	585
152.	Grand sceau de Charles le Téméraire.	586

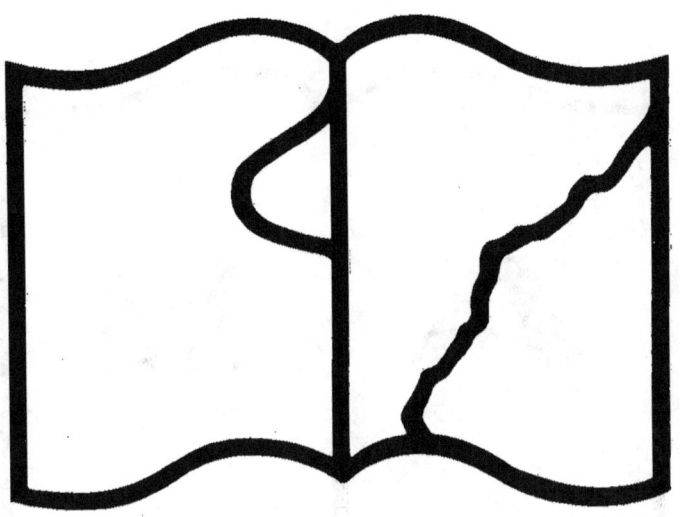

Texte détérioré — reliure défectueuse
NF Z 43-120-11

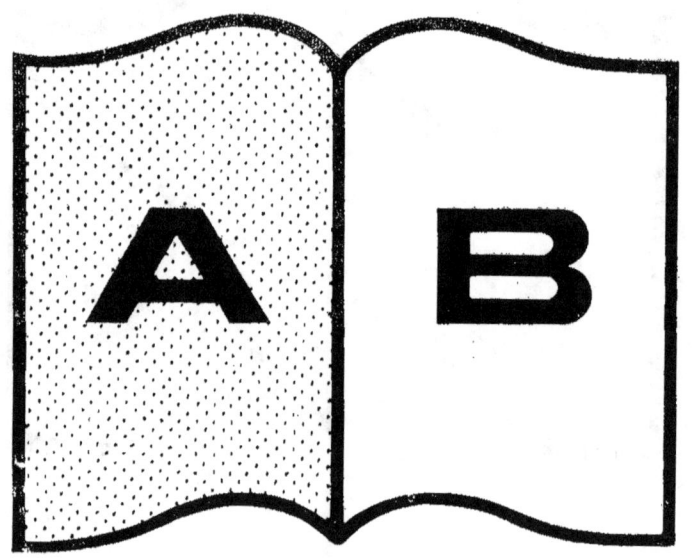

Contraste insuffisant
NF Z **43**-120-14

www.ingramcontent.com/pod-product-compliance
Lightning Source LLC
Chambersburg PA
CBHW060407230426
43663CB00008B/1419